"十二五"国家重点图书出版规划项目
材料科学与工程系列

材料表面工程技术

Material Surface Engineering

● 徐滨士 朱绍华 刘世参 编著

哈爾濱工業大學出版社
HARBIN INSTITUTE OF TECHNOLOGY PRESS

内容提要

本书按照表面工程新兴学科的体系，较为全面系统地介绍了表面工程的理论与技术。在表面工程理论部分重点阐述了表面覆层的形成与结合机理；在表面工程技术部分介绍了多种实用表面工程技术的基本原理、设备和工艺；在表面工程技术的综合运用部分重点阐述了复合表面技术及其设计、技术经济分析等内容。

本书突出表面工程学科“综合、复合、交叉、系统”的特色，重视反映复合表面技术、纳米表面技术等最新进展，强调理论密切联系生产实际。

本书可供材料表面工程专业及相关领域的研究人员和工程技术人员参考。

图书在版编目(CIP)数据

材料表面工程技术/徐滨士，朱绍华，刘世参编著. —哈尔滨：哈尔滨工业大学出版社，2014.12(2020.8 重印)

(材料科学与工程系列)

ISBN 978-7-5603-5112-4

Ⅰ.①材… Ⅱ.①徐…②朱…③刘… Ⅲ.①金属表面处理-研究 Ⅳ.①TG17

中国版本图书馆 CIP 数据核字(2014)第 294603 号

责任编辑　张秀华　杨桦
封面设计　卞秉利
出版发行　哈尔滨工业大学出版社
社　　址　哈尔滨市南岗区复华四道街 10 号　邮编 150006
传　　真　0451-86414749
网　　址　http://hitpress.hit.edu.cn
印　　刷　哈尔滨市工大节能印刷厂
开　　本　787mm×960mm　1/16　印张 31.25　字数 460 千字
版　　次　2014 年 12 月第 1 版　2020 年 8 月第 4 次印刷
书　　号　ISBN 978-7-5603-5112-4
定　　价　68.00 元

前　言

表面工程技术是新世纪工业发展的关键技术之一，它既是先进制造技术的重要组成部分，又为高新技术的发展提供有力支撑。表面工程技术在解决材料和产品耐磨、耐蚀、耐高温和赋予表面特殊功能从而提高产品性能、延长产品使用寿命方面具有特殊功效。开发和应用表面工程技术可以推进制造业和再制造业发展，节约资源和能源，减少环境污染，它是循环经济的重要技术支撑，实现工业可持续发展的一项有效举措。

表面工程技术涵盖了在材料和机件表面上所运用的各种技术，其内容十分广泛。表面工程学科正在逐步完善自身的体系：理论上，表面工程在有关学科交叉、综合、复合的基础上形成了具有特色的基础理论和技术理论；技术上，在对传统技术不断改造创新的基础上，开发出了各种高性能的复合表面技术，并在一些领域中相继推出更高性能的纳米复合表面技术；应用上，表面工程已深入到国民经济的方方面面，为全面建设小康社会发挥着越来越显著的作用，正在产生越来越大的经济效益和社会效益。

本书在表面工程学科体系的构架下，侧重讨论表面工程的基础理论和技术理论、常用表面技术的工艺要点以及表面工程技术设计等内容。书中重点反映复合表面技术设计、纳米表面工程技术方面的最新进展，强调理论联系实际，着力提高学生分析和解决表面工程问题的能力。

完整的材料表面工程技术还应包括材料表面的失效理论及失效分析方法、表面预处理及后加工、表面质量的检测及分析技术，由于篇幅的限制，这些内容没有写入，在哈尔滨工业大学出版社出版的“材料科学与工程”系列教材中，已有所涉及，可以参考。

本书由徐滨士、朱绍华、刘世参等编著。各章节编著人员为：第1章徐滨士、刘世参，第2章朱绍华、陈伯蠡、张平、马世宁、韩荣生、陈威，第3章徐滨士、张平、梁秀兵、朱子新、王海军、吴行，第4章陈威、乔玉林、朱绍华、吴行，第5章马世宁、韩荣生、朱绍华、乔玉林、吴行，第6章朱张校、魏世丞，第7章朱绍华。全书由徐滨士、朱绍华、刘世参统稿。

本书是一部专业性著作，但可用做高等学校相应专业的研究生教材，也可供研究人员和工程技术人员参考。

感谢国家自然科学基金委员会、国家“973”项目办公室、全军装备维修表面工程研究中心、装备再制造技术国防科技重点实验室以及材料科学与工程系列教材总编审委员会的大力支持，并向书中参考文献的作者致以敬意。

编著者

2013年9月

目 录

Abstract

第1章 概 论

表面工程是改善机械零件、电子电器元件基质材料表面性能的一门科学和技术。对于机械零件,表面工程主要用于提高零件表面的耐磨性、耐蚀性、耐热性及抗疲劳强度等力学性能,以保证现代机械在高速、高温、高压、重载以及强腐蚀介质工况下可靠而持续地运行;对于电子电器元件,表面工程主要用于提高元器件表面的电、磁、声、光等特殊物理性能,以保证现代电子产品容量大、传输快、体积小、高转换率、高可靠性的特点;对于机电产品的包装及工艺品,表面工程主要用于提高表面的耐蚀性和美观性,以实现机电产品优异性能、艺术造型与绚丽外表的完美结合;对生物医学材料,表面工程主要用于提高人造骨骼等人体植入物的耐磨性、耐蚀性,尤其是生物相容性,以保证患者的健康并提高生活质量。表面工程中的各项表面技术已应用于各类机电产品中,可以说,没有表面工程,就没有现代机电产品。表面工程是现代制造技术的重要组成部分,是维修与再制造的基本手段。表面工程对节能、节材、保护环境、支持社会可持续发展发挥着重要作用。专家们预言,表面工程将成为21 世纪工业发展的关键技术之一。表面工程已成为从事机电产品设计、制造、维修、再制造工程技术人员必备的知识,成为机电产品不断创新的知识源泉。

1.1 表面工程的内涵及功能

1.1.1 表面工程

“表面工程,是经表面预处理后,通过表面涂覆、表面改性或多种表面技术复合处理,改变固体金属表面或非金属表面的形态、化学成分、组织结构和应力状况,以获得所需要表面性能的系统工程。”由此看出,表面工程的处理对象是金属或非金属的固态表面,获得所需表面性能的基本途径是改变固态表面的形态、化学成分、组织结构和应力状况。表面工程是一项系统工程,因为表面工程是以表面科学为理论基础,以表面和界面行为为研究对象,首先把相互依存、相互分工的零件基体与零件表面构成一个系统,同时又综合了失效分析、表面技术、涂覆层性能、涂覆层材料、预处理和后加工、表面检测技术、表面质量控制、使用寿命评估、表面施工管理、技术经济分析、三废处理和重大工程实践等多项内容。表面工程的系统性集中反映在表面技术设计中,这是表面工程与表面技术的主要不同点,尤其在复合表面技术和纳米表面技术发展起来之后,表面技术设计更为重要。表面工程的技术设计体系如图 1.1 所示。

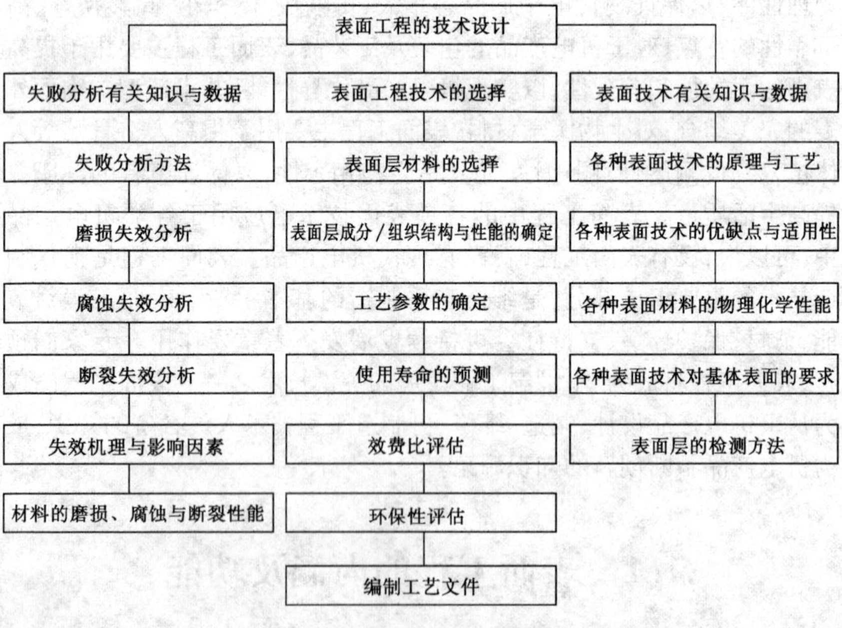

图 1.1　表面工程的技术设计体系

表面工程技术设计的发展方向是表面工程计算机辅助设计系统的建立与应用。首先建立表面工程技术设计专家系统,解决表面技术的选择、评估与技术文件生成等问题;进一步重点建立工艺与性能的理论模型。传统的采用反复试验、修正的方法已无法达到对综合几种不同性能涂覆层复杂体系的优化设计效果,第二代表面工程技术发展起来通过理论建模分析,实现对工艺过程控制的优化;可对表面涂覆层体系的力学和摩擦学性能进行分析,使得可以在已知载荷的情况下,能给出优化的工艺和涂覆层结构体系,或者在给定涂覆层结构体系后,能预测表面体系的承载能力和服役寿命。

1.1.2 表面工程的功能

表面工程可使零件上的局部或整个表面具备如下功能:

①提高耐磨性、耐腐蚀、耐疲劳、耐氧化、防辐射性能;

②提高表面的自润滑性;

③实现表面的自修复性(自适应、自补偿和自愈合);

④实现表面的生物相容性;

⑤改善表面的传热性或隔热性;

⑥改善表面的导电性或绝缘性;

⑦改善表面的导磁性、磁记忆性或屏蔽性;

⑧改善表面的增光性、反光性或吸波性;

⑨改善表面的湿润性或憎水性;

⑩改善表面的黏着性或不黏性;

⑪改善表面的吸油性或干摩性;

⑫改善表面的摩擦系数(提高或降低);

⑬改善表面的装饰性或仿古作旧性等。

表面工程的功能还可以列举很多,如减震、密封、催化等。表面工程的广泛功能和低廉的成本,给制造业和维修、再制造领域注入了活力,推动着制造业的技术创新。

1.2 表面工程技术的分类

表面工程以各种表面技术为基础。国家自然科学基金委员会的自然科学学科发展战略调研报告《金属材料科学》一书将表面工程技术分为三类,即表面改性、表面处理和表面涂覆。随着表面工程技术的发展,又出现了综合运用上述三类技术的复合表面工程技术和纳米表面工程技术(见图1.2)。

表面工程技术
- 表面改性 —— 通过改变基质材料成分,达到改善性能的目的,不附加膜层
- 表面处理 —— 不改变表面材质成分,只改变基质材料的组织结构及应力,达到改善性能的目的,不附加膜层
- 表面涂覆 —— 在基质材料表面上制备涂覆层,涂覆层的材料成分、组织、应力按照需要制备
- 复合表面技术 —— 综合运用多种表面工程技术,通过发挥各表面工程技术的协同效应达到改善表面性能的目的
- 纳米表面工程技术 —— 以传统表面工程技术为基础,通过引入纳米材料、纳米技术达到进一步提升表面性能的目的

图1.2　表面工程技术的分类

1.2.1　表面改性

表面改性是指通过改变基质表面的化学成分以达到改善表面结构和性能的目的。这一类表面工程技术包括化学热处理、离子注入等。转化膜技术是取材于基质中的化学成分形成新的表面膜层,可归入表面改性类(见图1.3)。

表面改性技术
- 扩散渗入(化学热处理)
  - 非金属元素表面渗扩
  - 金属元素表面渗扩
  - 复合元素表面渗扩
- 离子注入
  - 非金属离子注入
  - 金属离子注入
  - 复合离子注入
- 转化膜技术
  - 电化学转化膜
  - 化学转化膜
  - 金属着色技术

图1.3　表面改性技术

1.2.2　表面处理

表面处理是不改变基质材料的化学成分,只通过改变表面的组织

结构达到改善表面性能的目的。这一类表面工程技术包括表面淬火热处理、表面变形处理以及新发展的表面纳米化加工技术等(见图1.4)。

- 表面处理技术
  - 表面淬火热处理
    - 感应加热表面淬火
    - 激光加热表面淬火
    - 电子束加热表面淬火
  - 表面变形处理
    - 喷丸
    - 辊压
    - 孔挤
  - 表面纳米化加工技术

图1.4　表面处理技术

1.2.3　表面涂覆

表面涂覆是在基质表面上形成一种膜层。涂覆层的化学成分、组织结构可以和基质材料完全不同,它以满足表面性能、涂覆层与基质材料的结合强度能适应工况要求、经济性好、环保性好为准则。涂覆层的厚度可以是几毫米,也可以是几微米。通常在基质零件表面预留加工余量,以实现表面具有工况需要的涂覆层厚度。表面涂覆和表面改性、表面处理相比,由于它的约束条件少,技术类型和材料的选择空间很人,因而,属于此类的表面工程技术非常多,应用最为广泛。表面涂覆类的表面工程技术包括电镀、电刷镀、化学镀、物理气相沉积、化学气相沉积、热喷涂、堆焊、激光束或电子束表面熔覆、热浸镀、黏涂、涂装等。其中,有的表面涂覆技术又分为许多分支(见图1.5)。

在工程应用中,常有无膜、薄膜与厚膜之分。表面改性和表面处理均可归为无膜。薄膜与厚膜属于表面涂覆技术中膜层尺寸的划分问题。目前有两种划分方法,一种是以膜的厚度来界定,如有的学者提出,小于25 μm的涂覆层为薄膜,大于25 μm的涂覆层为厚膜。

鉴于25 μm既不是涂覆层性能的质变点,也不是工艺技术的适应点,笔者支持按功能进行分类的提法,即把各种保护性涂覆层(如耐磨层、耐蚀层、耐氧化层、热障层、抗辐射层等)称为厚膜,把特殊物理性能的涂覆层(如光学膜、微电子膜、信息存储膜等)称为薄膜。

- 表面涂覆技术
  - 电化学沉积
    - 电镀
      - 槽镀
      - 滚镀
    - 电刷镀
      - 电刷镀
      - 摩擦电刷镀
  - 化学沉积 —— 化学镀
  - 气相沉积
    - 物理气相沉积
      - 真空蒸发
      - 溅射
      - 离子镀
    - 化学气相沉积
      - 化学气相沉积 (CVD)
      - 等离子体增强 CVD(PCVD)
      - 激光 CVD
  - 热喷涂
    - 火焰喷涂
      - 氧乙炔喷涂
      - 燃气高速火焰喷涂
      - 燃油高速火焰喷涂
    - 电弧喷涂
      - 电弧喷涂
      - 高速电弧喷涂
    - 等离子喷涂
      - 等离子喷涂
      - 高能等离子喷涂
      - 低气压等离子喷涂
    - 特种喷涂
      - 气体爆燃喷涂
      - 电熔爆喷涂
      - 激光喷涂
      - 悬浮液料热喷涂
      - 冷喷涂
  - 堆焊
    - 氧-乙炔火焰堆焊
    - 手工电弧堆焊
    - 气体保护堆焊
    - 埋弧堆焊
    - 等离子弧堆焊
    - 电渣堆焊
    - 电火花堆焊
  - 熔覆
    - 氧-乙炔火焰熔覆
    - 真空电热熔覆
    - 激光熔覆
    - 电子束熔覆
  - 热浸镀
  - 黏涂
  - 涂装
    - 通用涂装技术
    - 特殊涂装技术
      - 静电涂装
      - 电泳涂装
      - 流化床涂装
      - 烧结法涂装

图 1.5　表面涂覆技术

1.2.4 复合表面工程技术

复合表面工程技术是对上述三类表面工程技术的综合运用。复合表面工程技术是在一种基质材料表面上采用了两种或多种表面工程技术,用以克服单一表面工程技术的局限性,发挥多种表面工程技术间的协同效应,从而使基质材料的表面性能、质量、经济性达到优化。

1.2.5 纳米表面工程技术

纳米表面工程技术是充分利用纳米材料、纳米结构的优异性能,将纳米材料、纳米技术与表面工程技术交叉、复合、综合,在基质材料表面制备出含纳米颗粒的复合涂层或具有纳米结构的表层。纳米表面工程技术能赋予表面新的服役性能,使零件设计时的选材发生重要变化,并为表面工程技术的复合开辟了新的途径。

1.3 表面工程的发展

1.3.1 表面工程概念的提出

表面技术的历史悠久,如古人就掌握了镏金技术、贴金技术、油漆技术、淬火技术等。近代的摩擦学、界面力学与表面力学、材料失效与防护、金属热处理学、焊接学、腐蚀与防护学、光电子学等学科的建立促进了多种表面技术的发展并成为表面工程学科发展的理论基础。

但表面工程概念的提出始于20世纪80年代。表面工程学科发展的重要标志是1983年英国伯明翰大学表面工程研究所的建立及1985年《表面工程》国际刊物的发行。1986年在布达佩斯举行的国际材料与热处理第五届年会上,根据联合会主席T. Bell教授的倡议,将"国际材料与热处理联合会"改名为"国际热处理及表面工程联合会",在此之后,有关表面工程国际会议连续不断召开。中国机械工程学会于1987年建立了学会性质的表面工程研究所,1988年出版了我国第一部《表面工程》期刊,并连续出版至今(1998年起改名为《中国表面工程》)。1993年成立了中国机械工程学会表面工程分会,在国内已召开了多次国际表面工程学术会议。我国表面工程方面的学术会议每年都有五六次之多。许多院校和研究单位都设立了表面工程研究所,许多以表面工程命名的企业不断开拓市场。自“六五”计划以来,通过在设备维修领域和制造、再制造领域推广应用表面工程技术已取得了几百亿元的经济效益。

在国家的节能节材“九五”计划中将表面工程应用作为重大措施之一,并列为节能、节材示范项目。材料表面改性作为传统材料性能优化的基础研究也被列入国家自然科学基金“九五”、“十五”优先资助领域。由于表面工程的显著作用和重要地位,许多先进的表面工程技术及其基础理论研究被列入了国家“863”、“973”项目、国家重大技术创新项目、国家科技攻关项目等。

表面工程的基本特征是综合、交叉、复合、优化。表面工程是由多个学科交叉、综合而发展起来的新兴学科,它以“表面”为研究核心,在相关学科理论的基础上,根据零件表面的失效机制,以应用各种表面工程技术及其复合为特色,逐步形成了与其他学科密切相关的表面工程基础理论。表面工程能够以多种方法制备出优于基体材料性能的表面膜层,这层表面材料与制作零(部)件的整体材料相比,厚度薄,面积小,但却承担着重要功能。

当前表面工程事业发展非常迅速,也非常活跃。其原因是:第一,现代工业的发展对机电产品提出了更高的要求,要在高温、高压、高速、重载以及腐蚀介质等恶劣工况下可靠地工作,表面工程在实现这些要求方面具备多种优势;第二,相关科学和技术的发展为表面工程注入了活力、提供了支撑,如高分子材料和纳米材料的发展,激光束、电子束、离子束这三种高能量密度热源的实用化,以及计算机辅助设计建模理论的发展等,都大大拓宽了表面工程的应用领域,丰富了表面工程的功能,提高了表面处理的质量;第三,表面工程适合我国国情,能大量节约能源、资源,有利于环境保护,符合国家可持续发展战略。

1.3.2 表面工程发展的三个阶段

表面工程是当今材料科学与工程领域内一个极富活力、充满希望的领域,也是众多学者关注与研究的热点。特别是最近一二十年来它已成为一门有着独立的研究对象、坚实的理论基础、丰富的研究内容和工程应用背景的综合性交叉学科。表面工程在许多领域发挥着越来越重要的作用,表面工程的发展方兴未艾。表面工程的发展可划分为以下三个阶段。

第一阶段,以单一表面工程技术的品种增加、工艺成熟为主要特征,包括堆焊、热喷涂、电镀、电刷镀、化学镀、化学热处理、离子注入、真空熔结、激光熔覆、激光处理、电子束熔覆、物理气相沉积、化学气相沉积、黏涂、涂装等,它们也称为第一代表面工程技术。

第二阶段,以复合表面工程技术的出现和协同创新为主要特征,即将两种或多种传统的表面技术复合应用,起到"1+1>2"的协同效果。例如,热喷涂与激光(或电子束)重熔的复合,热喷涂与电刷镀的复合,化学热处理与电镀的复合,多材质、多层薄膜技术的复合,表面纳米化加工与渗氮技术的复合等等。这些技术复合已成为表面性能的"倍增器"。这种复合表面工程技术,又称为第二代表面工程技术。

第三阶段,以微纳米材料和纳米技术与传统表面工程技术的结合与实用化为主要特征。目前已进入实用阶段的有纳米电刷镀、纳米等离子喷涂、纳米减摩自修复添加剂、纳米固体润滑膜、微纳米黏涂技术以及表面纳米化加工等。纳米表面工程技术又称为第三代表面工程技术。

以上划分只是为了说明表面工程技术的发展过程,即随着科学技术的发展,表面工程的内涵更加丰富、功能更全面,技术交叉更加频繁,因而表面的服役性能大幅度提高。这不同于机电产品的"更新换代",因为各代的表面工程技术都有其应用的价值,都有其应用范围。在生产中,要根据产品表面的工作需求,按"满足性能要求、性能价格比高、有利于环保"等原则灵活选用。

1.4 发展表面工程的意义

国际上表面工程发展非常迅速,推广应用表面工程非常适合我国国情,表面工程对促进我国国民经济的发展和推进国防现代化,对于我国循环经济的构建和贯彻可持续发展战略具有十分重要的意义。

1. 提升机电产品服役性能、支持制造业技术创新

表面工程本身属于先进制造技术,同时它又对制造技术的创新提供了重要的工艺支持。

表面工程的快速发展及广泛应用被认为是先进制造领域技术创新点之一,对提高机械设备及电子电器产品的性能、质量、增强产品的竞争力,以及加速对引进设备零(部)件的国产化等都发挥着巨大的作用。德国大众汽车公司Volkswagen先生认为:下一代的发动机性能,在很大程度上取决于几百平方厘米的表面上。

机械产品的故障往往是个别零件失效造成的,而零件失效往往是由于局部表面造成的,腐蚀从零件表面开始,摩擦磨损在零件表面发生,疲劳裂纹由零件表面向里延伸。如果应用表面工程技术将机械产品中那些易损零件的易损表面的失效期延长,则产品的整体性能就可以得到提高。

随着现代工业的发展,对机械产品零件表面性能的要求越来越高,这就对制造技术提出了挑战,既推动着表面工程学科的发展,又呼唤着表面工程技术在制造业中的广泛应用。

表面工程的实施可促进机械产品结构的创新。西陵长江大桥悬索调整结构的创新就是一个典型的实例。西陵长江大桥和汕头海湾大桥都是悬索式结构,这种悬索桥的特点是在桥的两端分别建起两个约100 m 高的桥墩,在桥墩上放置两块平面钢板,称为鞍座底板,鞍座底板上放置两排悬索鞍座,再把两条主缆分别架在两排悬索鞍座上,然后在两条主缆上吊挂桥梁板。在建桥的过程中,为了达到力的平衡,需要多次纵向推移悬索鞍座,由于悬索鞍座对底板有很大的正压力,这就给纵向推移带来了很大的困难,为了减少纵向推移力,惟一的办法就是降低悬索鞍座与鞍座底板之间的摩擦系数。国外的办法是在摩擦副间加上几千枚滚针,把滑动摩擦改为滚动摩擦,这样可以有效减少摩擦力,从而减少纵向推移力。但是,这种办法给制造工艺增加了难度。全军装备维修表面工程研究中心提出采用表面工程技术来降低悬索鞍座与鞍座底板之间的摩擦系数的方案,即在悬索鞍座和鞍座底板上制备出复合减摩表面涂层,以减少摩擦副的摩擦系数,从而显著减少纵向推力。这种方案是表面工程在桥梁建设上的一次创新应用,在国内外建桥史上均为首次,它大大降低了大型悬索鞍座及鞍座底板的制造难度,节约了大批经费，保证了大桥顺利建成通车。图 1.6 为用电刷镀技术制备减摩表面涂层的施工照片及涂层结构。

图 1.6　电刷镀制备大桥鞍座底板表面减摩层

表面工程的实施可以促进产品材料的创新。例如大庆石化总厂 8 个直径 6 m、高 20 m 的 ABS 料仓的防腐问题，笔者采用了碳钢材料加内表面电弧喷涂防腐层的方法代替了昂贵的不锈钢仓体。

表面工程的实施还可以促进机械产品性能的创新。例如在切削刀具上应用离子镀新技术，可使刀具寿命延长 2 ~ 10 倍，切削速度、进给量和零件的光洁度亦大幅度提高，为加工自动化提供了有力的支持。

2. 建设节能型社会和保护环境

机械装备运行过程中的磨损、腐蚀、疲劳、老化等失效现象是缩短装备使用寿命、消耗维修费用的基础性因素。1999 年中国工程院组织专家对能源、交通、建筑、机械、化工、基础设施、水利、军事设施与装备等 8 个重点工业部门进行了腐蚀情况调查，我国每年的腐蚀损失包括直接损失和间接损失在内为 5 ~ 6 千亿元。机械工业每年所消耗的钢材中，有一半用于因磨损失效而需要更换的配件上。防治失效的有效途径是在机械产品制造时进行表面处理，即针对不同工况条件，选用合适的表面工程技术来提高零件表面的抗失效能力。在机械装备的运行过程中，如果再使用上表面智能自修复技术，则可起到提高装备的性能、延长装备的寿命、预防装备的故障、减免装备维修的效果，并由此带来节约资源、节省能源、保护环境、支持社会可持续发展的巨大社会效益。

表面工程最大的优势是能够以多种方法制备出优于基体材料性能的表面膜层,该膜层厚度一般从几十微米到几毫米,仅占工件整体厚度的几百分之一到几十分之一,却使工件表面具有了比基体材料更优异的力学性能和物理、化学性能。

采用表面工程措施的费用,一般虽然只占产品价格的5% ~10%,却可以大幅度地提高产品的性能及附加值,从而获得更高的利润,采用表面工程措施的平均回报率高达5 ~20 倍以上。根据英国科技开发中心的调查报告,英国主要依靠表面工程而获得的产值每年超过50 ~100 亿英镑,其他工业化国家的情况也基本相同。

表面工程对节能节材、保护环境另一重大贡献表现在对废旧机电产品的再制造上。

3. 大力推进废旧机电产品再制造

20 世纪全球经济高速发展,新型机电产品极大地丰富了人们的物质文化生活。与此同时,也带来两个负面效应。第一,机械制造业是矿产资源的最大使用者,是能源的最大消耗者,是有害气体和废水的最大排放者。第二,机电产品更新换代频率加快,一方面造成了自然资源的日益匮乏,另一方面造成了机电产品报废数量激增。近几年全球每年至少有2 600 万辆汽车报废,发达国家目前已有1.25 亿台旧计算机废弃不用,世界废弃电脑很快就将达到6.8 亿台。我国2000 年达到报废标准的汽车已达到210 万辆,2003 年,我国进入家用电器报废的高峰期,每年淘汰1 500 万台废旧家电。对这些废旧机电产品处理不当,会形成"汽车垃圾"、"电子垃圾",既要占用大量土地,又对环境造成新的污染。

降低这两个负面效应的有效措施是:

a. 在产品设计和制造阶段,采用包括基于自修复性和再制造性在内的绿色设计,并选用生态材料,实施清洁生产;

b. 在产品运行阶段通过智能自修复技术保障其正常运转,减缓失效,减少故障,延长使用寿命;

c. 在产品进入报废和回收阶段,充分利用再制造技术,使资源利用率最大化,环境污染最小化。

再制造工程是以产品全寿命周期理论为指导,以优质、高效、节能、节材、环保为准则，以先进技术和产业化为手段，用以修复、改造废旧产品的一系列技术措施或工程活动的总称。简言之，再制造是废旧机电产品高科技维修的产业化。再制造工程的基本特征是产品的质量和性能达到或超过原新品，节能60%，节材70%，成本为原新品的50%，大大改善环保。再制造的过程是根据需要将废旧产品进行全部或大部分拆解，并经过清洗、检测，对没有损伤的零件可直接利用；对失效零件进行再制造加工或更换，重新装配后生成等同于或者高于原新品性能的再制造产品。对旧机械零件进行再制造修复与表面强化，所消耗的材料只是零件质量的百分之一到几十分之一，工时费用只是零件价格的5%～10%，但却使零件的性能得到了恢复，甚至提高。这与将该零件回炉变成原材料相比，大大节约能源、资源并保护了环境，所以再制造能够最大化地保留产品制造时的附加值。

再制造不同于维修，维修是在产品的使用阶段为了保持其良好技术状况及正常的运行而采用的技术措施，常具有随机性、原位性、应急性。维修的对象是有故障的产品，多以换件为主，辅以单个或小批量的零(部)件修复。其设备和技术一般相对落后，而且不能形成批量生产。维修后的产品多数在质量、性能上难以达到新品水平。

而再制造是将大量同类的报废产品回收到工厂拆卸后，按零(部)件的类型进行收集和检测，以有剩余寿命的报废零部件作为再制造毛坯，利用高新技术对其进行批量化修复、性能升级，所获得的再制造产品在技术性能上和质量上都能达到甚至超过新品的水平。此外，再制造是规模化的生产模式，它有利于实现自动化和产品的在线质量监控，有利于降低成本、降低资源和能源消耗、减少环境污染，能以最小的投入获得最大经济效益。

机械产品再制造的工艺流程与大修有相似之处，但是两者的效果有明显的区别。第一，再制造是规模化、批量化生产，不同于现在一些作坊式的大修；第二，再制造必须采用先进技术和现代生产管理，包括现代表面工程技术、先进的加工技术、先进的检测技术，这是大修难以全面做到的；第三，再制造不仅是恢复原机的性能还兼有对原机的技术改造，而大修一般不包含技术改造的内容；第四，最主要的不同点是再制造后的产品性能要达到或超过新品性能，这是前三条不同点的必然结果，或者说是设置前三点的出发点和归宿点。大修后的产品在性能和质量上达不到新品的要求,更无法超过新品。

再制造不同于再循环,再循环的基本技术途径是回炉。回炉时,原先注入零件制造时的能源价值和劳动价值等附加值全面丢失,所获得的产品只能作为原材料使用,而且在回炉及以后的成形加工中又要消耗能源。

对废旧机电产品的再利用、再制造和再循环统称为废旧机电产品资源化。而再利用、再制造是废旧机电产品资源化的最佳形式和首选途径。

笔者对国产斯太尔汽车旧发动机剖析的结果表明,占总机质量94.5%的零件都可以再利用或再制造。这说明对废旧机电产品实施再制造可以节约大量原生资源的开采,为子孙后代保留宝贵的资源。资料显示,每应用0.45 kg材料再制造,可以节省2.26~4.08 kg原材料;再制造产品生产所需能源是制造新产品所需能源的1/5~1/4。如果固定设备制造商和汽车制造商能够分别对他们产品的20%和10%进行再制造,则美国的再制造业可以增长200%,这等于减少全美国产品制造链中所需要能量的5%~10%。复印机再制造中每利用1 t铜,可以节约200 t铜矿石、1 t用于采矿的炸药、0.5 t用于浮选的化学制剂、1 t用于熔化的焦炭或油。每年全世界仅再制造业节省的材料就已达1 400万t,可以装满23万个火车车厢,排列起来长2 654.85 km(1 650 mi(英里));节省的能量达到422×10^{15} J(400×10^{12} Btu(英制热单位)),相当于8个平均规模核电站的年发电量,或者1 600万桶原油,能够维持600万辆客车运行1年。

废旧机电产品的再制造还可以带来巨大的经济效益。1996年美国再制造涉及的8个工业领域中,专业化再制造公司超过73 000个,生产46种主要再制造产品,年销售额超过530亿美元(接近1996年美国钢铁产业的年销售额560亿美元),其中汽车再制造是最大的再制造领域,公司总数为50 538个,年销售总额365亿美元,占68%。资料表明,美国2002年再利用、再制造业的年产值为GDP的0.4%。我国2020年GDP预计达到4万亿美元,如果以美国2002年再制造规模作为我国2020年目标,则再制造业年产值可达到160亿美元。

表面工程是再制造的关键技术之一,起着基础性的作用。可以说没有表面工程,实现不了再制造。

箱体零件是设备的基础件，常见的损伤是轴承座孔磨损以及变形。变形造成轴承座孔中心线相对位移和结合面的挠曲。无论是铝、钢或铸铁箱体，表面工程中的电刷镀技术最适用于修复箱体类的这种损伤。

轴类零件上的轴承配合面（静配合面或是动配合面），如果发生磨损超标，视磨损量，可选用电刷镀、热喷涂、堆焊、黏涂等多种方法来修复，通过选择材料和工艺可达到需要的耐磨性。轴上的花键，可视情况选用电刷镀、激光熔覆、微弧等离子堆焊、微脉冲焊等办法修复。

渗碳齿轮齿面的修复曾是修复中的难题，笔者十年前就进行了研究，主要采用堆焊或真空熔结方法修复，成功研制出了专用堆焊焊条、熔结粉末和配套的电解成形加工技术，现在可以采用激光熔覆技术修复。

飞机发动机涡轮叶片和导向器叶片是航空发动机的核心部件，工作在高温燃气气氛中，承受复杂多变的热应力和机械应力，工作条件十分恶劣，而且结构和形状十分复杂。对于失效的涡轮叶片，国外有专业化的厂家，采用现代表面技术进行批量化再制造。

飞机起落架上的活塞杆、冲压设备上的活塞杆以及机床导轨，如果出现划伤，可用导电胶和电刷镀的复合技术修复。

笔者还对军舰船体钢结构大面积腐蚀面用高速电弧喷涂技术，选用专门研制的铝稀土丝材进行治理，使耐腐蚀寿命由原来的5年延长至15年以上。

下面通过重载覆带车辆上的一个重要精密零件的修复，来分析一下技术经济效益。重载车辆行星框架的毛坯是锻造件，锻前坯料质量71.3 kg，经过开坯、模锻等十几道工序的加工，零件形成的质量只有19.5 kg。新品的使用寿命一般不超过6 000 km。损坏的部位只是ϕ175 mm内圆密封环配合面。如果磨损超差后更换新品，则需要71.3 kg的38CrSi钢，需经费1 200元。采用等离子喷涂修复，只需三道工序仅用0.25 kg的铁基合金粉末，而相对耐磨性是新品的2.55倍，使用寿命大于12 000 km，是新品的2倍，修理费用只是新品的十分之一，节材率为99.65%（见表1.1）。这个例子说明了运用表面工程技术进行再制造在提高产品性能、节省钢材、电力及保护环境方面具有重要的意义。

表 1.1　重载车辆行星框架的毛坯及修复材料成本

	质量/kg	质量比	价格/元
毛　坯	73.1	100	290
成品零件	19.5	27	1 200
再制造投入	0.25	0.35	120

4. 促进电子电器高新技术和生物医学材料发展

现代电子电器产品中的各类光学薄膜、微电子学薄膜、光电子学薄膜、信息存储膜、防护功能薄膜等均需要用表面工程技术来制备,促进了当代信息技术、微电子技术、计算机科学技术、激光技术、航空航天技术、遥感遥测技术的发展。如在超大规模集成电路中理想的功能材料是采用化学气相沉积制备的金刚石薄膜,它具有优异的导热性、高介电性和半导体性能;再如以 Fe_2O_3, FeCo, CoCr 等磁性薄膜制备的各种磁盘、磁带销售额已超过 100 亿美元,用 $Bi-Y_2Fe_5O_{12}$(YIG)制备的磁光盘已经问世,用 $Pb(Zr_xTi_{1-x})O_3$(PZT)和 $Pb_{1-x}La_xTi_{1-x/4}O_3$(PLZT)系列铁电薄膜制备的铁电随机存取存储器(FRAM)已达到 1Mbit,其存储容量大,断电后可保存信息,抗辐射能力强,预计到 2020 年 FRAM 将取代大部分现有的各类存储器。

在生物医学材料方面,表面工程技术的作用尤显重要。植入人体内的髋关节、心脏瓣膜、心管支架等结构表面既要求抗腐蚀、耐磨损,又要求具有良好的组织相容性和血液相容性。用表面工程技术制备的类金刚石膜(DLC)和无定形(非晶)CN 膜在临床试验中取得良好效果,在生物医学材料领域有潜在的应用价值。在人造关节上采用超高相对分子质量聚乙烯离子束表面改性技术,可使耐磨性提高 1 ~ 2 个数量级。

5. 提高人民生活水平

表面工程技术不仅能改变金属表面的性能,也能改变非金属(如陶瓷、塑料、木材等)表面的性能,不仅用于机电设备,而且已进入到人民生活的各个方面。表面工程技术在钟表、首饰、灯具、餐具、家具等方面的应用,既经久耐用,又以绚丽的色彩给人们带来温馨;表面工程技术在大型建筑物上的应用,使其豪华壮观,催人奋进。

装饰镀层大多采用空心阴极离子镀、磁控溅射或阴极电弧沉积技术制备。最常用的是 TiN 仿金膜层,但也可以镀出除大红颜色之外的各种颜色膜层,根据装饰以及搭配需要的镀膜色彩选择余地很大。

现代建筑采用大量幕墙玻璃,具有节能控光、调温、改变墙体结构和艺术装饰效果。高档幕墙玻璃大多采用平面磁控溅射沉积的镀膜玻璃。

幕墙玻璃上镀一种光学薄膜材料,使该玻璃对阳光中可见光部分保持较高的透射率,对红外部分有较高的反射率,对太阳光的紫外线部分有很高的吸收率。从而,在白天可保证建筑物内有足够的采光亮度;在夏天可减少通入室内的热辐射,不会使室内温度过高;通过减少紫外线的照射,可减缓室内陈设褪色,延长使用寿命,并有利于人们的身体健康。

未来的汽车玻璃也将采用磁控溅射技术制备一层能透过可见光,却不能反射红外光的薄膜。在烈日光照之下,既不影响视觉,又能降低驾驶室内的温度,使车内人员有如在树阴下的感觉,从节能的角度看,还可以大大减少空调的功耗,这种玻璃还具有防止结霜的效果。

我国的表面工程在过去的二十年已获得重大发展,在国民经济和国防建设中发挥了重要作用。当前表面工程的研究与应用已形成一个前所未有的热潮。在为我国现代化建设和人民生活服务的同时,表面工程学科必将不断地发展。

参考文献

[1] 徐滨士,朱绍华. 表面工程的理论与技术[M]. 北京:国防工业出版社,1999.

[2] 徐滨士,刘世参. 表面工程[M]. 北京:机械工业出版社,2000.

[3] 徐滨士,刘世参. 表面工程新技术[M]. 北京:国防工业出版社,2002.

[4] 徐滨士. 纳米表面工程[M]. 北京:化学工业出版社,2004.

[5] 自然科学基金委员会. 金属材料科学[M]. 北京:科学出版社,1995.

[6] 装甲兵工程学院. 徐滨士院士科研文选[M]. 北京:机械工业出版社,2001.

[7] 徐滨士,李仁涵,梁秀兵. 绿色再制造工程的进展[J]. 中国表面工程,2001,14(2):1-4.

[8] 朱绍华,刘世参,朱胜. 淡绿色再制造工程的内涵和学科构架[J]. 中国表面工程,2001,14(2):5-7.

[9] 徐滨士,刘世参,李仁涵,等. 废旧机电产品资源化的基本途径及发展前景研

究[J]. 中国表面工程,2004,17(2):1-7.
[10] 徐滨士,张伟,刘世参,等. 现代装备智能自修复技术[J]. 中国表面工程,2004,17(1):1-4.
[11] 李金桂,肖定全. 现代表面工程设计手册[M]. 北京:国防工业出版社,2000.
[12] 庄大明,张弓,刘家浚. 功能薄膜的研究现状与应用前景[J]. 中国表面工程,2001,14(4):1-10.
[13] RON GIUNTINI,KEVIN GAUDETTE. Remanufacturing: The Next Great Opportunity for Improving U. S. Productivity[R]. Research Report of OEM Product-services Institute,2003.
[14] STEINHILPER R. Remanufacturing: The Ultimate Form of Recycling[R]. New York: Fraunhofer IRB Verlag,1998.
[15] ROBOT T LUND. The Remanufacturing Industry-Hidden Giant[R]. Research Report,1996.
[16] RALDO FERRER,Whybark D Clay. From garbage to goods: successful remanufacturing systems and skills[R]. Business Horizons, 2000, 11/12.
[17] United States Environmental Protection Agency. Remanufactured Products: Good as New[R]. EPA530-N-002, 1997.

第2章　表面覆层的形成与结合机理

2.1　表面与覆层界面结合概述

表面工程是通过表面涂敷和表面改性以及它们的复合处理来获得所需表面性能的。在表面涂敷和表面改性两大技术群体中,表面改性主要是通过表面形变、表面相变、表面扩散渗入和离子注入等强化手段来改变表面及亚表面的成分、结构和性能。由于其表面成分和结构变化发生在基体材料的表面区域,且这种变化一般是连续的,故这种改性表层通常不存在与材料本体结合不牢的问题。而表面涂敷则不然,在通过各种手段将主要是异种材料的覆层涂敷在基材表面时,由于受到基材表面状态、覆材与基材的性能匹配、工艺因素与环境因素等影响,覆层的形成及其与基体表面的结合会出现极为复杂的情况,覆层的结合性能往往成为影响其使用的制约因素。

在表面工程的理论研究中,有关覆层的形成及其与基体结合机理的研究是极为重要的。由于覆层的形成过程及覆层与基体的界面行为直接决定着覆层的结合性能与使用效果,因而对其进行深入研究是优化覆层成分、结构和工艺方法,从而获得满足服役要求的优质覆层的前提条件与基础工作。表面涂敷技术涉及多种学科门类,对不同覆层的形成和结合机理的研究主要依赖于相应学科理论和先进技术手段的应用和发展,而且不同涂敷技术的研究深度也很不一致,不少问题尚在探讨中。本章仅对工程中较为常用的几类覆层的形成与结合机理加以讨论。

2.1.1 表面与界面

在不均匀体系中至少存在有两个性质不同的相,各相并存必然有界面。两相之间的界面不是一个几何曲面,而是一个具有一定厚度和复杂结构的准三维区域。可以认为界面是由一个相到另一个相的过渡区域。常把界面区域作为另一个相来处理,称为界面相或界面区。所谓表面实际上就是两相之间的界面。习惯上,常把气-固、气-液界面称为表面,而固-液、液-液、固-固之间的过渡区域称为界面。

界面(表面)现象在自然界中随处可见,从大脑皮层的信息交换、植物叶片的光合作用,到日常生活中的洗涤、印染、空气净化、水处理,无不充斥着各种各样的界面过程。表面工程研究的界面问题,主要包括所用表面工程材料(如各种合金、陶瓷、高分子材料、复合材料、镀液、涂料、胶黏剂、活性剂等)在覆层制备和表面改性中的界面行为,及材料表面在使用环境中的腐蚀、磨损等失效现象和机理。对于表面涂敷技术,侧重于研究覆层的形成与结合机理。它涉及覆层制备中的各种物理化学现象,包括金属材料的熔化结晶(或非晶化)、熔融合金化过程、电极过程、晶体结构和缺陷、相变及塑性变形、覆层形成中的化学和电化学反应、高分子材料的固化反应、覆层成分和组织结构与性能的关系等。

1. 固体的表面

在以往很长的一段时间里,人们总是把固体的表面和体内看成是完全相同的,但后来发现固体表面的结构和性质在很多方面与体内有着较大差异。例如晶体内部的三维平移对称性在晶体表面消失了。所以,固体表面是晶体三维周期结构与真空之间的过渡区域。这种表面实际上是理想表面,此外还有清洁表面、实际表面等。

(1)理想表面

理想晶体表面是一种理论上的结构完整的二维点阵平面。它忽略了晶体内部周期性势场在晶体表面中断时的影响,忽略了表面原子的热运动、热扩散、热缺陷及外界对表面的物理-化学作用。这就是说,作为半无限的体内的原子的位置及其结构的周期性,与原来无限的晶体完全一样。

同三维晶体结构一样,由二维晶格结构描述理想晶体对于认识晶体的性质也具有重要意义。二维晶格结构只可能存在 5 种布喇菲格子、9 种点群和 17 种二维空间群。

(2)清洁表面

相对于受污染表面而言,当表面吸附物的摩尔分数在单分子覆盖层上为 1% 量级时,该表面一般称为清洁表面。理想表面是不存在的,而清洁表面是可以获得的,而且随着技术的进步可不断提高其清洁的程度。通常,清洁表面必须在大约 10^{-10} Pa 及以下的超真空室内采用高温热处理、离子轰击退火、真空解理、真空沉积、外延、热蚀、场效应蒸发等方法才能实现。

由于表面原子排列突然发生中断,表面原子配位数减少,相当一部分结合键被割断,因此表面原子将偏离点阵的平衡位置而处于能量较高的状态。晶体的表面能可理解为单位界面面积的自由能增量,一般多以表面张力表示。与晶体中的原子键合状态相比,由于晶体表面原子的部分结合键被割断,使其表面能可用形成单位新表面所割断的结合键数目乘以每个键的能量来近似表达。

由于各晶面原子排列的密度不同,因而当以不同晶面作为其外表面时,其表面能存在一定差别,即晶体表面能具有各向异性的特点。为了降低表面能,晶体往往以原子密度最大的晶面组成其表面。

为减小表面能,使系统稳定,表面的原子必须进行调整。调整方式可以是自行的,使表面的原子排列与内部有明显不同;也可靠外来因素,如吸附杂质,生成新相等。观测结构表明,实际的表面结构与理想的体内结构的差异主要表现为表面弛豫和表面重构。表面弛豫现象表现在晶体结构基本相同,但点阵参数略有差异,特别是在表面及其下少数几个原子层间距的变化上,即法向弛豫(见图 2.1)。重构是指表面原子层在水平方向上的周期性不同于体内,但垂直方向上的层间距与体内相同,常见的有缺列型重构和重组型重构。

表面分析结果证实,许多单晶体的表面实际上不是原子级的平坦,而是表面上有平台(Terrace)、台阶(Ledge 或 Step)和扭折(Kink)。相邻面的台阶和扭折是晶体生长时原子优先沉积的位置,也是表面反应优先发生的场所。原子沉积导致扭折沿台阶的运动,从而使台阶向前推进,相继的台阶不断地扫过晶体表面,最终导致了晶体表面的法向生长。

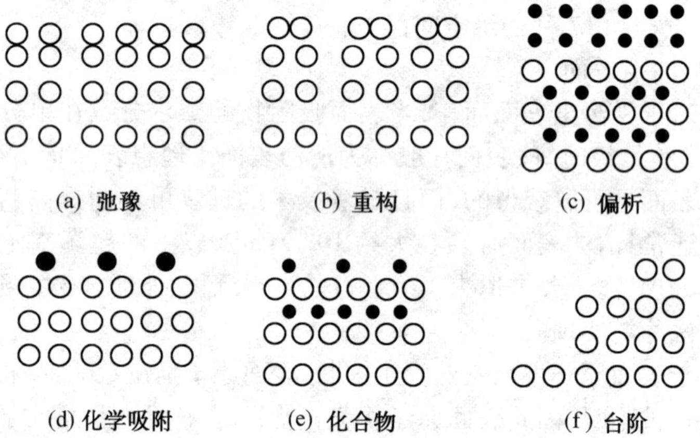

图 2.1　几种清洁表面结构示意图

在平台上可能存在各种点缺陷,最为普遍的就是吸附(或偏析)的外来杂质原子。由于表面原子的活动能力较体内大,形成点缺陷的能量小,因此表面上热平衡点缺陷浓度远大于体内。表面上的正负离子空位对、空位团簇、杂质空位对(团)也属于表面点缺陷。位错往往会在表面露头,可以将它看做是直径为原子尺寸的一根管道,从体内通到表面。如果是螺位错,则在表面形成一个小台阶。

(3)实际表面

实际表面是指经过一定加工处理(切割、研磨、抛光、清洗等)的表面,在日常工作和生产制造中经常遇到这种表面。

①表面的外形和粗糙度

经过研磨和抛光的表面用眼睛直接观察好像光滑如镜,但在显微镜下观察则是起伏不平的,甚至还有裂纹、空洞等缺陷。从原子尺度来看,固体的表面是很不平整的。当两个表面相互接触时,真实的接触面积与表观的接触面积相差很大。

关于表面粗糙度的评定和测量,国家标准中已有相应的规定。

②表面的组织

经过切、磨、挤压、抛光等机械加工的表面,在距表面相当宽的区域内,晶粒尺寸与体内有较大差别。如一块经过研磨抛光的金属在距表面 1 μm 内,晶粒尺寸与体内显著不同。特别是在离表面 0.3 μm 的范围内晶粒尺寸很细，而且表面层上有非晶态存在。在中等摩擦速度下研磨时，金属表面的温度可达 500 ℃以上，摩擦中实际是点接触，这些被称为“热点”的温度有时可达熔点。由于作用时间短，金属的导热性好，高的冷却速度使该区的原子来不及回到平衡位置，因而造成一定数量的晶格畸变，并会在表面产生一薄层非晶态层。

经过机械加工的表面，在离开表面 1～2 μm 范围外就是严重的变形区，其残留损伤有时会达到 100 μm。在残留损伤区域存在着残余应力。

③金属表面的成分

一块金属置于空气中，其表面与空气之间一般有一个相当宽的过渡区。该区由氧化物、氮化物、硫化物、盐类、油脂等有机高分子、尘埃、表面接触过的各种物质痕量以及吸附的 H_2O，CO_2，SO_2，NO_2 等组成。其具体成分与金属本身性质、环境及清洗工艺等有关。图 2.2 是在工业环境下的一种实际金属表面示意图。

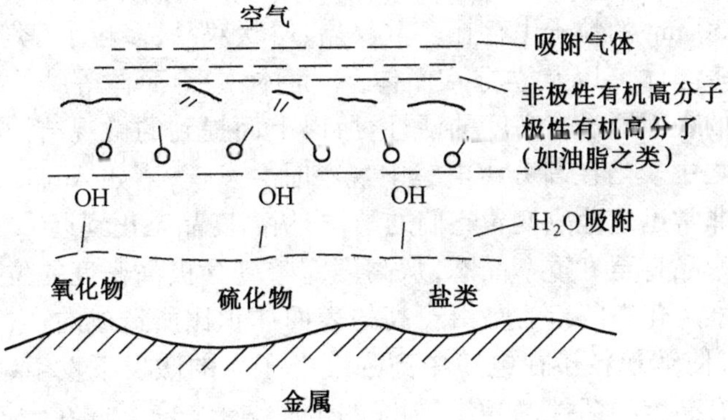

图 2.2　在工业环境下的一种实际金属表面示意图

金属表面的氧化总是无法避免的，其氧化程度与环境温度、氧分压、湿度等因素有关。例如铁在 570 ℃以下表面区的组分为空气/Fe_2O_3/Fe_3O_4/Fe；570 ℃以上表面区的组分为空气/Fe_2O_3/Fe_3O_4/FeO/Fe。

在氧分压较低时首先形成低价氧化物，随着氧吸附时间的增加逐步生成高价氧化物。一般其成分大致为气相/高价氧化物/低价氧化物/金属。

合金表面的氧化物等成分更为复杂。例如经过清洁处理的 Fe-Cr 合金,在 1 200 ℃以下其表面的氧化物成分随 Cr 的质量分数而变:

w(Cr)= 5% 时

气相/Fe_2O_3/Fe_3O_4/FeO/FeO · Cr_2O_3/Fe+Cr_2O_3/Fe+Cr

w(Cr)= 10% 时

气相/Fe_2O_3/Fe_3O_4/FeO · Cr_2O_3/Fe+Cr_2O_3/Fe+Cr

w(Cr)= 25% 时

气相/Cr_2O_3/Fe+Cr

Fe、Cr 是不锈钢的主要成分,Fe-Cr 二元合金表面的富集元素是 Cr,Fe_2O_3、Fe_3O_4 并不致密,但 Cr 的氧化物 Cr_2O_3 致密而坚硬,它能有效地保护不锈钢不生锈。

④纳米粒子的表面

随着物体尺寸的减小,表面的作用就变得越来越明显。当粒子尺寸为10 nm左右时,其表面原子数与总原子数的比例已达 50%。这种超微粒子已失去作为宏观物体的一些物性。电镜研究指出,1.5 ~2 nm 和 20 ~30 nm 的粒子中存在多重双晶、层状双晶、多粒子(类似块状材料中的多晶体),以及立方八面体、十面体、二十面体等结构。由于这种粒子的表面原子有高度的活性,所以上面提到的微观结构处在不停的变换之中。当在高分辨电镜中观察时会发现,诸如 Au、TiO_2 等纳米粒子在非常迅速地改变着它们的结构:从高度晶态化到近乎非晶态,从单晶到孪晶直至五重孪晶态,从高度完整到含极高密度的位错。这种被称为准熔化态的行为是由于高的表面体积比所造成的,它大大降低了熔点,使纳米粒子在电镜中高强度电子束的激发下发生结构涨落。由于具有高度的活性,如将刚制成的金属纳米粒子暴露在大气中,瞬间就会被烧光(氧化);若在非超高真空环境,则将不断吸附气体并发生反应。

具有弯曲表面的材料,其表面应力正比于其表面曲率。纳米粒子因有很大的表面应力作用其上,使其处于受高压压缩(如表面应力为负值则为膨胀)状态。例如半径为 10 nm 的水滴的压力就有 14 MPa。对于固体纳米粒子而言,如果形状为球形,并假定表面应力 σ 各向同性,那么粒子内部的压力应为 $\Delta p = 2\sigma/r$,该式也适用于具有任意形状的小面化晶体颗粒。

当粒子变小时,由于表面原子有许多断键,其表面单位面积的自由能将会增加,结构稳定性将会降低,使其可以在较低的温度下熔化。如小于 10 nm 的金粒子的熔点可以降低数百摄氏度。

由纳米级的粉体经过特殊加工制成的纳米材料,在 X 射线衍射、正电子湮没谱、弹性模量、比热容等测量中显示出一系列的反常现象。实验发现,6 nm 的纳米铁晶体的断裂强度较多晶提高 12 倍,硬度提高 2~3 个数量级。纳米晶粒的 TiO_2 在 180 ℃和 CaF_2 在 80 ℃都能产生塑性变形,这一发现对改善陶瓷材料的韧性具有重要意义。

2. 晶粒间界

多晶材料中晶粒间的交界过渡区称为晶粒间界,简称晶界。晶界对材料的力学、光学、磁学和电学等性能影响很大。在薄膜型和陶瓷型的各种元器件中,晶界常起着关键性作用。

(1)晶界的主要模型

①堆垛层错

晶体可以看成是由一层层的原子按一定方式堆砌而成。晶体的生长常是以密排面来堆垛,而晶体内部的相对滑移也是发生在密排面之间。面心立方与密集六方结构是两种最简单的密集结构,前者的密排面是{111}面,后者是(0001)面。两者的密排面具有相同的六方密排方式,只是六方密排面堆垛方式的不同造成了两种不同的密堆积结构。如果将第 1 层六方密排面的原子位置标为 *A*,则其上可供堆垛的位置有两种,分别标为 *B* 和 *C*。继续向上堆垛,按 *ABCABC*…方式堆垛则成面心立方结构,按 *ABABAB*…方式堆垛则成密排六方结构。

堆垛层错(简称层错),就是在正常堆垛顺序中引入不正常顺序堆垛的原子面而产生的一类面缺陷。以面心立方结构为例,当正常层序中抽走了一原子层,如图 2.3(a)所示,成为 *ABCACABC*…则称其为抽出型层错;而在正常层序中插入一原子层,如图 2.3(b)所示,成为 *ABCACBCA*…则称插入型层错。显然,层错处的一薄层晶体由面心立方结构变为密集六方结构,同样在密集六方结构的晶体中层错处的一薄层晶体也变为面心立方结构。这种变化,并不改变层错处原子最邻近的关系(包括配位数、键长、键角),所产生的畸变能很小。多出一层或少掉一层的层错情况称为本征层错,较为简单。此外还有双重层错(如 *ABA/C/BC*…)或非本征层错存在。

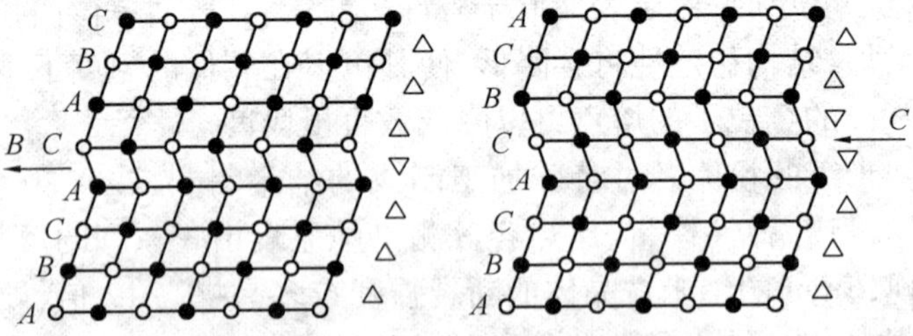

(a) 抽出型层错　(b) 插入型层错

图 2.3　面心立方晶体的堆垛层错

堆垛层错在晶体生长、外延、相变以及冷加工等过程中形成。一般来说,界面能越小,出现层错的几率越大。层错虽然是一种低能界面,但它破坏了晶体的正常周期场,使传导电子产生反常的衍射效应。在半导体单晶器件中,层错对器件性能影响很大。

②孪晶界面

正常顺序堆垛中,如果从某一层起全部变为逆顺序堆垛,例如…*ABCA/B/ACBA*…那么这一原子层显然成为一个反映面,两侧晶体以此面呈镜面对称(见图 2.4),这两部分晶体则呈孪晶关系。由于两者具有反映关系,称为反映孪晶,该界面称为孪晶界面。

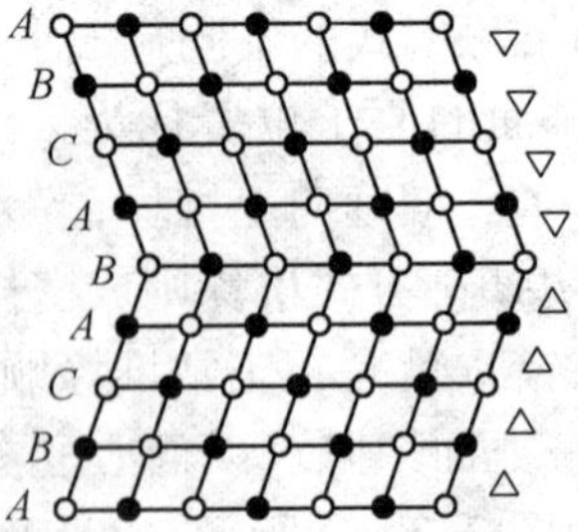

图 2.4　面心立方晶体中{111}面反映孪晶的〈110〉投影图

在形成孪晶界面时,孪晶的两部分完全密合,两边的晶格常数一样,引入的原子错排很小,这种孪晶界面称为共格孪晶界面。考察图 2.3 中的层错图像,不管是抽出型层错还是插入型层错,都相当于有两个紧密相邻、仅一个面间距的反映孪晶界面。如果这两个孪晶界面引起的电子扰动和弹性畸变很小,可不考虑它们的相互作用,则孪晶界面的能量约为层错能的一半。还有一种孪晶界面,其两边的结构晶格常数不等,还安插着一系列的位错来匹配,则称其为非共格孪晶。非共格孪晶界面,由于其有一系列的位错存在,其畸变区和界面能显著大于层错。

孪晶可以在不同的过程中产生,如在晶体生长中产生的称为生长孪晶,在形变中产生的称为机械孪晶,在退火中产生的称为退火孪晶。不同晶体结构常出现的孪晶面有面心立方{111};体心立方{112};密集六方{$10\bar{1}2$};菱形{001};四角{331}。孪晶对晶体性能的影响与堆垛层错相似。

③小角度晶界

当两个相邻晶粒的位向差角度 θ 在0°~10°之间时,这种倾斜晶粒间界称为小角度晶界。小角度晶界的位错结构是多种多样的,最简单位错结构的特殊晶界有倾侧型和扭转型两类。

如图2.5所示,一个简单立方结构晶体中,它的倾侧型小角度晶界可看做是沿界面的中线各转过相同角度 $\theta/2$,中间的过渡区中安插了一定数目的位错使它与晶格匹配。显然,两晶块接触时,如果它们保持各自的晶格完整性,那么将在晶界处形成严重的原子错排现象,如图2.5(a)所示,而若通过局域构成位错的方式,只小量调整界面附近原子的位置,大部分弹性畸变被弛豫,仅位错附近局部错排,如图2.5(b)所示,这样能使界面能大为减小。图中位错间距 D 与 θ 和 b 之间的关系可简化为 $D=b/\theta$。小角度晶界模型已为大量实验所证实,对称倾侧型晶界在许多从熔体中生长的晶体中极为常见。

另一类特殊形态的小角度晶界是扭转型晶界,它的旋转轴和界面垂直。一般情况的小角度晶界是一个曲面,它由纯粹的倾侧晶界和扭转晶界组成。

④大角度晶界

相邻晶粒位向差角度 θ 大于10°的晶界称为大角度晶界。多晶体中的晶界大都是大角度晶界,其情况相当复杂。由于系统平衡时要求Gibbs 自由能为极小,这些大角度晶界具有低能晶界的特征。

大角度晶界已不能用位错模型来描述。现在被广泛认可的大角度晶界结构模型是重合位置点阵模型。如果将被晶界分割的两部分晶体的点阵看成是能相互穿透的,不难想象它们将有一部分点阵是重合的,

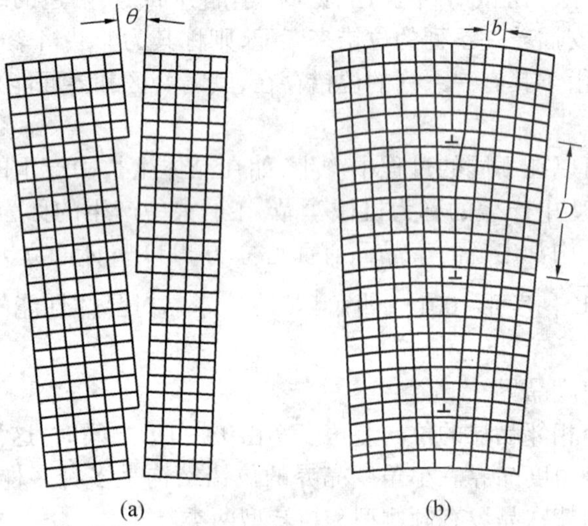

图 2.5　简单立方结构晶体中对称倾侧型亚晶界的位错模型二维图

而且这些重合点阵也将构成一个新的点阵,这就是重合位置点阵。重合点阵与晶界面无关,但晶界面相对于重合点阵的取向关系对于界面结构却有重大影响。并不是任意的取向关系都有高密度的重合点阵,对不同结构的晶体将有各自的特征取向关系,而且是不多的几种。

结构单元模型是另一种已被大量观测结果所证实的晶界模型。由于晶体结构具有周期性,晶界面的错排状态也应具有某种周期性,通过原子位置调整而得到的具有最低交互作用能的界面组态应是一些特征的多边形原子组合,这就是结构单元。图 2.6 为 MgO 晶体中取向差为 24°的〈001〉对称倾侧型晶界的示意图。

由于位错、杂质、第二相,甚或非晶态材料等都能优先聚集到晶界上,故晶界的形态对材料的力学性能和输运等性能具有重大而复杂的影响。

(2)相界

具有不同结构的两固相之间的界面称为相界。不同结构包括同质异构以及不同质材料,它们或结构对称性不同,或点阵参数不同,或键合类型不同,都使相界具有较复杂的结构组态。相界中界面完全有序,两相完全匹配者称为共格相界;界面处失配通过弛豫使错配局限于错

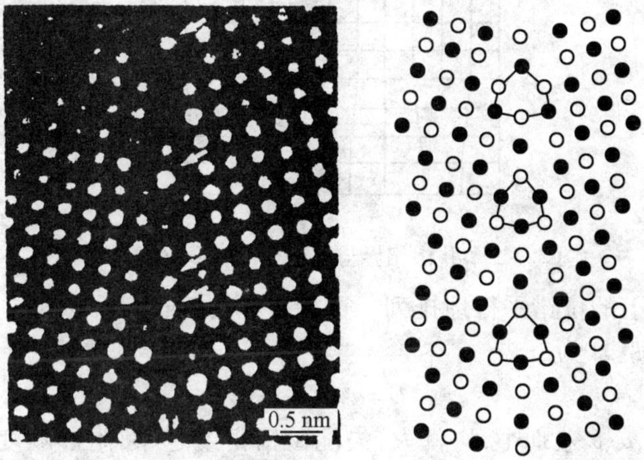

(a) 高分辨电子显微像　　(b) 结构单元示意图

图 2.6　MgO 晶体中取向差为 24°的〈001〉对称倾侧型晶界

配位错处,其余大部分区域仅有很小弹性畸变者称为半共格相界;完全无序的界面称为非共格相界。

①共格相界

具有严格共格关系的相界极为少见。典型的例子是钴相变中出现的面心立方相与密排六方相的相界。在马氏体相变过程中或脱溶沉淀初期,某些相界也可看成是共格相界。实际上由于两相点阵结构和原子间距的差别,为了保持共格关系,相界附近的点阵将发生一定的弹性变形。

②半共格相界

半共格相界是极为常见的一种相界。其中外延生长的薄膜材料和多层膜材料是非常重要的一类。由于相结构对其性能有着重要影响,因而这类相界备受材料科学工作者关注。

若界面两边相邻晶体具有相同或相似的结构,但晶格常数或晶向有小于 10% 的偏差,如果完全靠交界处原子的收缩或扩张来形成晶界,这会因为其弹性畸变过大使得结构不稳定。而通过在界面上形成一定数量的有规则的位错,可使界面能降低,如图 2.7 所示。

由图可见,当材料 B 的晶格常数 b 大于材料 A 的晶格常数 a 时,

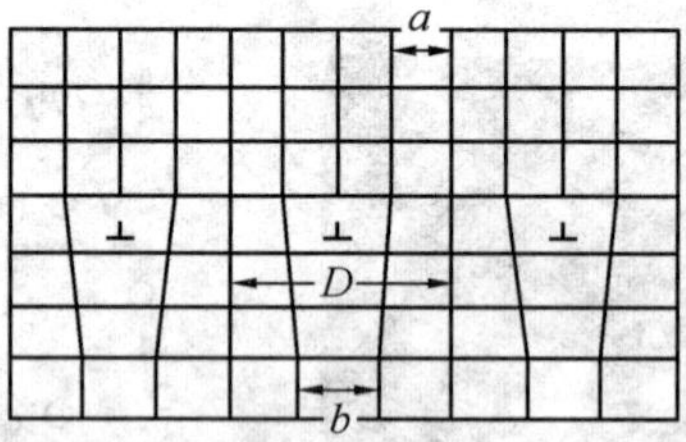

图 2.7　半共格相界与 Van der Merwe 失配位错

在两界面上的位错平行地排列。这种被称为 Van der Merwe 失配位错的位错间距 D 为

$$D=ab/(b-a) \tag{2.1}$$

可见，a、b 差别小，D 就大，失配位错密度越小，附加畸变能越小；而 a、b 差别大，D 就小，失配位错密度越大，畸变能也越大，这时会产生其他类型的位错和缺陷。

从图 2.7 上看，似乎只有交界处一层原子排列有畸变，而实际上畸变区会扩展到相当深度，这就是说有失配位错的半共格相界的宽度比孪晶和层错要大。

当相界两边的空穴浓度不平衡时，失配位错会受力做攀移运动。在高温下失配位错特别容易发生攀移。这种本来分布在界面上的位错会向体内扩展，还可能增殖。这种情况在研究超晶格材料时很容易出现。

在异质外延时，往往有明显的晶格失配，如在蓝宝石($1\bar{1}02$)面上外延(110)硅，晶格失配达 12.5%。在尖晶石上外延硅时如基体材料的化学配比得当，可使晶格失配降到 1%。由于晶格失配，在外延层与基体界面上容易产生 Van der Merwe 失配位错。

③非共格相界

当共存的两相的晶格结构和晶格常数不同时，如 $\alpha-Fe_2O_3$ 是类刚玉结构，$\gamma-Fe_2O_3$ 是尖晶石结构，由于原子排列方式不同，其相界处不可能存在固定的相位关系。这种晶界里必然存在一个原子排列复杂的过渡区。靠近 $\alpha-Fe_2O_3$ 区接近刚玉结构，逐步变形，到靠近 $\gamma-Fe_2O_3$ 区时又接近尖晶石结构。还有一种更可能的情况是由于杂质在晶界的偏析使过渡区形成一个新相(晶界相)，它既非 $\alpha-Fe_2O_3$ 相，又非

γ-Fe_2O_3 相。

对应于共格、半共格和非共格相界的界面能(以 10^{-7} J/cm^2 为单位)分别为:小于 200,200 ~ 500,500 ~ 1 000。

2.1.2　覆层界面结合的类型

关于覆层界面结合的类型,现有几种不同的分类方法,如按相近的工艺方法分类,按相近的原理分类,按增强的性能分类,按所用的能源分类等。由于不少表面覆层技术,其界面的结合涉及两种或多种作用原理,覆层强化的性能是多方面的,使用的能源也不是惟一的,为讨论方便,本节所述的分类主要考虑了工艺方法的相似性,也兼顾了结合机理的相近性。

1. 覆层的冶金结合

(1)覆材与基材的熔化冶金结合

属于这一类的有手工电弧堆焊、埋弧自动堆焊、二氧化碳保护堆焊、等离子堆焊、激光合金化、激光熔敷、电火花涂敷等。它们是将覆层材料(覆材)和基体材料(基材)表面加热至熔化状态,通过液-固相作用,而后再冷却结晶形成覆层。电弧堆焊是这类结合的典型代表。堆焊时堆焊材料与基体材料受电弧加热进行熔池冶炼,电弧移开后,熔池冷却结晶形成堆焊层(覆层或焊缝)。焊缝的结晶属于外延结晶。对于采用匹配的堆焊材料在纯金属上所熔敷的覆层,很难准确确定其边界的位置。这种由外延结晶形成的覆层的冶金结合,其本质是靠形成的金属键的价键力而结合的,具有很高的结合强度。一些拉伸试验表明,覆材与基材的结合强度常会大于覆层的强度。

等离子堆焊由于采用温度高、热量集中的等离子弧作为热源,可控制基材的熔深,降低稀释率。

激光合金化是用高能激光束辐照,使基材表面和覆层合金熔化,凝固后形成新的合金表层。与其相近的是,激光熔敷只将基材熔化到刚刚足以确保覆层能很好地结合,即激光束使工件上非常薄的表层熔化,该薄液层与液态熔敷合金相混合,并伴随着扩散作用冷凝成合金覆层。

电火花涂敷则是利用电极与工件之间的电火花放电,使电极和工件材料局部产生熔化,并相互作用而形成合金覆层。

由于采用的热源和工艺方法的不同,上述工艺在熔敷过程中,基材表面的熔化程度和范围有着较大的差别。但这些覆层与基体的结合都属于异种材料的冶金结合,都遵循覆材与基材受热熔化与冷却结晶的规律。因为基材的熔化是局部的,所以合金覆层与基材之间都存在一定的半熔化(过渡)区和热影响区,其大小和结构随材料成分、加热方法和速度等而异。上述熔敷工艺的工件表面冷却速度变化范围很大。加大冷却速度,可细化晶粒,改变显微组织,形成特殊结构的硬化层。足够高的冷却速度(一般为 10^6 ℃/s 以上)将抑制熔化材料的结晶过程,使内部原子冻结在接近熔点的液体状态,从而形成类似于玻璃结构的非晶态硬化层。用激光束使金属表层快速熔化并离开,造成与基体间足够大的温度梯度,可形成超细化晶体结构或非晶态金属玻璃。

(2)熔融覆材与基材的扩散冶金结合

属于这一类的有各种熔结技术和多种热喷涂技术。熔结(喷涂)时,覆材熔化(熔融),基材基本不熔化,两者间产生液-固相之间的相互作用,界面区扩散是其中的主要过程。

在氧-乙炔火焰喷熔和真空熔结等熔结技术中,熔融的合金涂料与固态基材表面经历了较为充分的相互溶解与扩散过程,其结合可称为扩散冶金结合。由于也可形成金属键,因而覆层结合牢固。熔结过程一般包括喷涂(涂敷涂料)和重熔(熔结)两个步骤。所用的涂料通常为含有硅和硼的自熔剂合金,硅和硼的加入使合金的熔点比大多数钢的熔点低 370~430 ℃。在熔结时,熔融涂料与基材表面之间在热作用下形成了一条狭窄的扩散互熔区,产生了类似硬钎焊的扩散冶金结合。与其相近,采用热浸镀的方法也可以得到类似于软钎焊的带有冶金结合的覆层。

热喷涂层是以高速气流将熔融涂料雾化后喷到工件表面并迅速冷凝而成的。某些涂料,如 Al-Ni、Ni-Al 合金,熔滴到达基材表面后,放热反应还可持续数微秒,可得到一定程度的扩散冶金结合,但多数涂层是以机械嵌合为主。热喷涂层的结合强度约比堆焊、熔结涂层低一个数量级。

如上所述,采用不同的工艺方法和加热热源可以得到各种不同结合性质的表面覆层。目前常用热源在正常规范下的温度和能量密度如表 2.1 所示。其中,激光束等高密度热源可方便地用于上述各种熔敷工艺。

表2.1　几种热源的温度和能量密度

热源种类	氧-乙炔焰	手工电弧焊（埋弧）	钨极氩弧	等离子弧	电子束	激光束
正常规范下的温度/K	3 500	6 000（6 400）	8 000	15 000～30 000		
最大能量密度/（$W\cdot cm^{-2}$）	2×10^3	10^4（2×10^4）	1.5×10^4	$10^5\sim10^6$	$10^8\sim10^9$（聚焦）	$10^7\sim10^9$（聚焦）

2. 化学溶液沉积镀层结合

属于这一类的有电镀、电刷镀、特种电镀、化学镀、阳极氧化、化学转化膜处理等。它们是在化学溶液中利用电极反应或化学物质的相互作用，在制件表面沉积成镀覆层的。电镀、电刷镀、特种电镀（如复合电镀、珩磨镀、摩擦电喷镀、非金属上电镀）是当电流通过电解液时，在阴极基材上沉积金属的过程；阳极氧化是当电流通过电解液时，在阳极基材上形成氧化膜的过程，如铝及铝合金的氧化；化学镀是指含有镀膜金属离子的溶液在还原剂的作用下，在具有催化作用的基材表面上沉积成膜的过程；而化学转化膜处理则是基材表面原子与溶液中阴离子反应，在基材表面形成化合物膜的过程，如氧化物膜、磷酸盐膜、铬酸盐膜等。化学镀和转化膜处理均是在无外电流通过的情况下进行的。与熔池（熔滴）凝固过程相似，电镀等溶液沉积过程，也遵循形核和晶体长大规律，形成具有晶体结构的沉积膜。所不同的是，前者以过冷度为形核生长的动力学条件，后者以阴极极化等为形核生长的动力学条件。化学溶液沉积在某些条件下亦可形成非晶态沉积膜。一定沉积条件下的镀层不仅可以和基材金属形成金属键连接，而且可以顺着基材金属的晶粒生长，形成外延结晶。因而理想的沉积镀层具有较高的结合强度。

3. 气相沉积膜层结合

属于这一类的有物理气相沉积（PVD）、化学气相沉积（CVD）等。PVD包括真空蒸镀、溅射镀和离子镀三种基本方法。它们都是在真空条件下镀制薄膜的技术。其中真空蒸镀是将膜材加热蒸发成气体，而后在基材表面沉积成膜；溅射镀是利用荷能粒子轰击靶材表面，使溅射出来的粒子在附近的基材上沉积成膜；而离子镀则是在气体离子或蒸发物离子的轰击作用下进行蒸发镀膜的。真空蒸镀沉积粒子的能量仅为0.1 eV左右，其沉积的薄膜附着能力和密度一般。而溅射镀和离子镀，则借助电磁场的作用，在气体放电形成的等离子体环境中激活沉积粒子，使其以几至几百电子伏的能量轰击基体。这样形成的薄膜，其结合等性能得到了明显的提高。PVD 技术的处理温度较低，基体一般无受热变形或材料变质问题。

CVD 是一种化学气相生长法。它把含有构成元素的一种或几种化合物、单质元素供给基材，借助气体作用或在基材表面上的化学反应生成要求的薄膜。CVD 反应有热分解、还原、置换等类型，其反应温度多在1 000 ℃左右。许多基材由于难以经受 CVD 的反应高温，因而使其应用大受限制。因为存在着反应气体、反应产物和基材的相互扩散，CVD 镀膜可以获得好的附着强度。等离子体增强化学气相沉积(PECVD)近年来发展很快，它借助于气体辉光放电产生的低温等离子体增强反应物质的活性，促进气体间的化学反应，从而在较低温度下也能沉积出具有好的结合性能的均匀而致密的薄膜。

气相沉积成膜过程也遵循形核与晶体长大的结晶规律，沉积成具有晶体结构的薄膜。改变工艺方法和生成条件，可制备出各种单晶、多晶和非晶态固体膜。

4. 高分子涂层结合

在表面工程技术中，各种高分子涂层制备技术及涂层材料的发展十分迅速。这类涂层包含的范围很广，如普遍采用的涂装(油漆)层、胶黏涂层、黏结固体润滑涂层(干膜)及一些特殊功能高分子涂层等。

利用胶黏剂对被粘物进行连接的技术称为黏结(胶接)技术。表面黏涂技术是黏结技术的一个新的分支。它是将特殊功能胶黏剂(在胶黏剂中加入特殊的填料)直接涂敷于零件表面上，使其具有所需功能的一种表面强化技术。胶黏剂大多由黏料、固化剂等组分组成。合成高分子化合物是胶黏剂中用量最多、性能最好的黏料。固化剂使胶黏剂固化，并可改变黏料的自身结构。黏结(黏涂)层是通过高分子材料的固化反应而形成的。黏结过程是一个复杂的物理化学过程。目前，有关胶黏剂与被粘物界面产生胶黏力的理论，有机械结合、吸附、化学键、扩散等理论。胶黏涂层与基体的结合强度与热喷涂层的结合强度大致相近,其抗拉强度一般为30~80 MPa。

涂装层是有机高分子涂料涂敷于基材表面后干燥而成的膜层(涂膜)。涂料由成膜物质(基料)、分散介质(溶剂和水)、填料(功能填料和着色填料)和助剂等组成。从涂料与胶黏剂的组成来看,黏结(黏涂)层和涂装层与基体的连接是具有共同本质的。如环氧树脂、酚醛树脂、有机硅树脂等作为主要成膜物质(黏料或基料)已在两种涂层中得到广泛应用。在主要成膜物质中加入不同填料形成的耐磨、耐蚀及其他功能涂层已使黏涂层和具有特殊功能的涂装层难以区分。

2.1.3　覆层界面的结合性能与影响因素

1.覆层界面的结合力

在表面涂敷技术中,覆材与基材通过一定的物理化学作用结合在一起,存在于二者界面上的结合力随涂敷类型的不同有着较大的差异。这些力既可以是主价键力,也可以是次价键力。主价键力又称化学键力,存在于原子(或离子)之间,包括离子键力、共价键力及金属键力;次价键力又称范德华力,存在于分子之间,包括取向力、诱导力、色散力。对于有些情况,还存在有氢键力、界面静电引力及机械作用力。当两种物质的分子或原子充分靠近,即它们的距离处于引力场范围内时,由于主价键力或次价键力的作用,便使它们产生吸附引力。主价键力形成化学吸附,次价键力形成物理吸附。次价键力的作用范围一般不超过1 nm;主价键力的作用距离更小,大约为0.1~0.3 nm。价键力与作用距离的关系如图2.8所示。

主价键具有较高的键能,覆层界面引入主价键连接会得到较高的结合强度。分子间的相互吸引势能与分子距离的六次方成反比,各种次价键能远比主价键能小。氢键的键能介于二者之间。原子或分子间的作用能见表2.2。

在覆材与基材之间普遍存在的是分子间的作用力——范德华力。该力的构成是在极性分子间同时存在有取向力、诱导力和色散力;在极性分子与非极性分子间存在有诱导力和色散力;而在非极性分子间只存在有色散力。要想使覆材与基材产生化学键结合,则应使分子具备足够的能量,即能越过一定的能量势垒,接近到主价键的作用距离;此外,元素间还应有要求的化学活性,原子键也不应饱和。

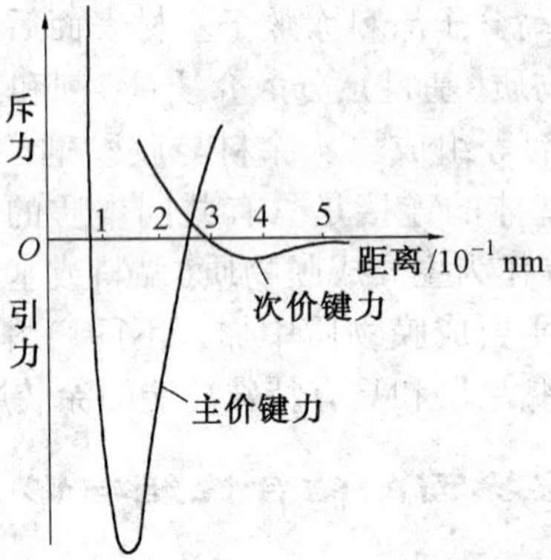

图 2.8　价键力与作用距离的关系

表 2.2　原子或分子间的作用能

作用类型	作用力种类	作用能/(kJ · mol^{-1})
主价键(化学键)	离子键	600 ~ 1 000
	共价键	60 ~ 700
	金属键	110 ~ 350
氢键	氢键	<50
次价键(范德华力)	取向力	<20
	诱导力	<2
	色散力	<40

在不同的涂敷技术中,通过相应能源提供的能量,使覆材与基材的分子(原子)接近到一定距离而获得价键力。其中,堆焊是将覆材与基材的接触面加热至熔化状态,使其接近到原子间的作用距离而形成金属键。熔结过程中,虽然基体表面并未熔化,但熔融的覆材与基材界面间有足够的时间和能量进行相互扩散,可形成以化学键为主的冶金结合带。喷涂过程中,由于覆材的熔滴喷到基体表面后很快凝固,基体表面温度较低,在界面区没有充分的时间进行扩散并形成化合物,因而即使形成化学键,也不占主要成分。化学溶液沉积过程中,通过溶液中的金属离子与金属基体表面进行的电化学或化学反应,可形成金属键,获

得较高的结合强度。气相沉积技术中,真空蒸镀所涉及的多为物理吸附,其他PVD方法由于引入了化学反应、离子轰击、伪扩散、基材表面渗杂质等作用,CVD方法由于气-固相界面上的某些化学反应、高温下的元素扩散等作用,可使膜基界面产生不同程度的化学吸附。不少PVD、CVD方法还可进行某些晶体的外延生长。黏涂过程中,虽然已证明胶黏剂与被粘表面之间能形成化学键,但普遍认为黏附强度主要来自分子间的作用力。

2. 覆层界面结合性能的影响因素

覆层与基体界面的实际结合力(或结合强度)是由试验测定的,它与理论上的分析计算会有很大差别。这是因为实际结合力的大小取决于材料的每一个局部性质,而不等于分子(原子)作用力的总和。实际上覆层与基体难以做到完全接触,界面缺陷、应力集中等会削弱覆层的结合力,因而理论计算值只是理想情况下的极限值。影响覆层结合力的因素在不同涂敷技术中是不完全一样的,但如下一些因素却是共同性的。

(1)覆材与基材的成分、结构及其匹配性

覆材与基材的成分、结构及其匹配性是决定其结合性能的基础因素,下面讨论的润湿性、扩散性及应力状态等影响因素均受其与环境条件的支配和影响。覆材与基材为相同材料时,可获得最佳的结合强度。但覆层与基材通常为异种材料,理论分析和实验结果指出,对于异种的金属晶体,其晶格类型相同或相近,晶格常数相近,在覆材与基材分子(原子)充分接近的条件下(如熔焊时)可获得较高的结合强度。随着高性能覆层、功能覆层与复合材料等覆层的发展,金属与陶瓷、金属与聚合物等非金属材料的膜-基结合种类越来越多,其间的界面结合呈现出极为复杂的情况。其中有些做了研究,大量的问题还未搞清楚。如Ni/MgO的界面,Ni为fcc结构,MgO为岩盐(NaCl)结构,晶格常数分别为$a_{Ni}=0.352$ nm,$a_{MgO}=0.421$ nm,晶格失配较明显,但其热膨胀系数比较接近。样品经清洁处理,在10^{-3} MPa真空度下经1 300 ℃和1 350 ℃热压2 h,结合力为12 MPa。经分析,Ni、Mg元素的混合区约小于40 nm,交界区中(001)MgO平行于(021)Ni,[100]MgO平行于[100]Ni,[010]MgO平行于[012]Ni,这种结构关系有利于减小界面自由能，交界区产生的失配位错集中在 1 nm 范围内。再如广泛用于大规模集成电路的金属-聚合物界面，金属和聚合物在热膨胀系数上往往相差 1 ~ 2 个数量级，在晶格常数和介电常数上也严重失配。研究发现，在 300 ℃慢速蒸发 Cu 而形成的 Cu/聚酰亚胺（PI）界面，Cu 能穿过 PI 到达PI-基体界面和自行聚结，这表明 Cu 之间的结合能大于 Cu 和 PI 的作用能。分析又进一步证明 Cu 和 PI 不存在化学键合。Ni 与 PI 也有类似的情况。而 Cr 在 PI 表面均匀分布，没有发现进入 PI 中生成聚合体，而是与 PI 发生了化学反应。Al 与 PI 的作用特性接近于 Cr。显然，不同界面的结合行为，决定着不同的结合强度。

（2）材料的润湿性能

几乎所有表面涂敷技术都是以覆材在基材表面上的润湿为其结合的前提条件。各种液态物质，如液态金属、熔融涂料、镀液和胶黏剂等，如不能在固态基体上润湿，也就谈不上与基体的结合。当液体-固体之间分子间吸引力大于液体本身分子间吸引力时便会产生润湿。润湿过程的自动进行必须满足液体与固体接触后总体系的自由能降低这一热力学条件。润湿的程度往往以接触角 θ 的大小来表征。$\theta<90°$表明液体对固体有润湿性，$\theta=0°$为完全润湿。要改善覆材对基材间的润湿性能，应正确进行两者间的配伍，彻底清洁基体表面。对不同的工艺方法，还可借助一些适宜的活性物质来改善液-固相界面的润湿性。如熔结工艺中广泛采用含 B 和 Si 的合金覆材；电镀溶液中常加入表面活性剂。

（3）界面元素的扩散情况

元素的扩散是存在于覆材与基材界面的一种普通运动形式。在某些涂覆技术中，如氧-乙炔火焰喷熔和真空熔结中，主要依靠元素扩散在界面形成合金薄层而得到较高的结合强度；CVD 中反应气体、反应产物和基材的相互扩散，离子镀中离子轰击产生的增强扩散作用，对膜-基结合力的提高也有着重要贡献。在覆材与基材间因浓度不平衡，在受热条件下可同时进行多种元素的扩散。扩散主要发生在界面两侧较窄的区域，可形成固溶体、低熔点共晶或金属间化合物。元素扩散与扩散系统的本性（元素的种类、溶剂或接受扩散金属的种类、晶格结构）、温度和时间有关，调整这些参数可改变扩散的进行程度。其中温度的高低反映供给扩散系统能量的大小，温度越高则元素进行扩散的几率越大。此外,第三元素的存在经常对另外两个组元的扩散速度发生显著影响。

(4)基体表面的状态

如 2.1.1 所述,金属表面上一般存在有一定厚度的污染和缺陷层——吸附层(由吸附大气中的 O_2,N_2 等气体,水分及油脂等组成),几至几十纳米的氧、氮、硫等化合物膜层,加工时生成的塑性变形层(或待修复件的腐蚀、疲劳等缺陷层)等,然后才是基体金属本身。对于所有表面涂敷技术,在涂敷前必须有效地清除掉表面上的污染物、疏松层等有害物质,否则难以得到应有的结合强度。

不同的表面涂敷技术要求基体表面具有相应的表面粗糙度。热喷涂及黏涂前的表面糙化处理可在覆层与基体间引入机械连接(抛锚或嵌接)作用,这对于提高结合强度是必不可少的。适宜的表面预处理方法既可改善表面的湿润性和粗糙度,又能得到内聚力强的高能表面层,增加覆层的结合力。

(5)覆层的应力状态

覆层的应力是影响覆层结合强度的重要因素。无论是拉应力作用,还是压应力作用,都会在界面间产生剪应力。而当剪应力大到高于覆层与基体界面间的附着力时,覆层就会开裂、翘曲或脱落。因而应合理地匹配覆材与基材,正确地制定制膜工艺,以尽量减小覆层内应力的影响。

此外,涂敷的工艺参数、覆材粒子与基体表面的活化状态、覆层结晶质量等因素对覆层的结合性能也有不同程度的影响。

2.2　堆焊层的形成与结合

2.2.1　覆层与基体的冶金结合

1. 堆焊概述

堆焊是指为增大或恢复工件尺寸,或使工件表面获得特殊性能的熔敷金属而进行的焊接。即堆焊是用焊接而且是用熔化焊的方法在工件表面熔敷耐磨、耐蚀等特殊性能金属层的一种工艺方法。

堆焊在表面工程技术中占有重要位置,它主要用在以下两个方面。

a. 修复和强化失效零件。用堆焊恢复已损伤零件的尺寸,并可同时提高表面的服役性能。

b. 制造新零件。采用不同性能的材料制成双金属零件。通过堆焊的覆层材料与基体材料的合理搭配,使零件获得良好的服役性能,可大幅度提高其服役寿命。

堆焊的冶金过程和热过程的基本规律与一般焊接工艺没有区别。但是,堆焊的目的不是为了连接工件,而是为了发挥堆焊合金的性能。由于被堆焊工件的服役环境千差万别,基体材料几乎包含了所有类型的金属,因此合理制定堆焊层(覆层)的合金成分是决定堆焊效果的关键。覆层合金成分的设计主要应满足工件服役环境的要求,还要考虑成本等因素。但覆层合金成分与填充的堆焊材料会有较大的差别,这是因为在覆层的形成过程中,堆焊材料与基体材料及其各组分、周围介质之间要进行一系列的复杂的物理化学反应,即焊接冶金反应。把握不同焊接条件下的焊接冶金反应和覆层金属成分、组织和性能的关系及其变化规律,对合理设计堆焊材料,正确控制和调整覆层金属成分和性能,减少焊接缺陷,提高焊接质量具有重要意义。

2. 堆焊覆层的冶金结合

堆焊时,焊条金属和基体金属在焊接电弧的热作用下一起熔化,其覆层形成过程的实质是异种金属的液相冶金过程,即在液相条件下促使构成金属键而形成堆焊金属与基体金属的可靠连接。从理论上讲,两个待连接金属(基体与覆层)接触面在呈液态条件下最易获得理想的冶金结合效果,采用熔焊方法进行堆焊是最便于实现冶金结合的工艺方法。因为两个固体金属表面原子只有接近到有效作用距离(0.1 ~0.3 nm)时,才可通过扩散及再结晶等物理化学过程形成金属键。这在固态下,即使表面经过精加工,由于存在凹凸不平和污染层,实际上是较难做到的,而在液态下就不存在这种障碍。

异种金属间能否真正实现冶金结合还取决于两者间的冶金学上的相容性。在液态下互不相容的两种金属或合金,实际上是不可能实现熔焊连接的,即不能实现冶金结合。在液态与固态都具有良好互溶性的异种金属,利用熔焊可实现冶金结合。晶格类型相近,晶格常数及原子半径也相近的异种金属,具有良好的冶金结合性能。

良好的冶金结合还应以不产生脆性的中间相（金属间化合物）为前提。具有有限溶解度的异种金属也可能实现冶金结合，但是否形成优质堆焊层则取决于固溶体在随后冷却过程中的晶内偏析程度及相变情况。

堆焊与焊接时的冶金过程与普通炼钢等冶炼过程相比，具有如下特点。

a. 焊接冶金反应不止熔池一处，而是分区连续进行的。焊接冶金反应从焊接材料加热熔化开始，经熔滴过渡，至汇入熔池，其反应是分区依次连续进行的。药皮焊条的焊接冶金反应可分为三个区：Ⅰ—药皮反应区（造渣反应区）；Ⅱ—熔滴反应区；Ⅲ—熔池反应区，如图 2.9 所示。

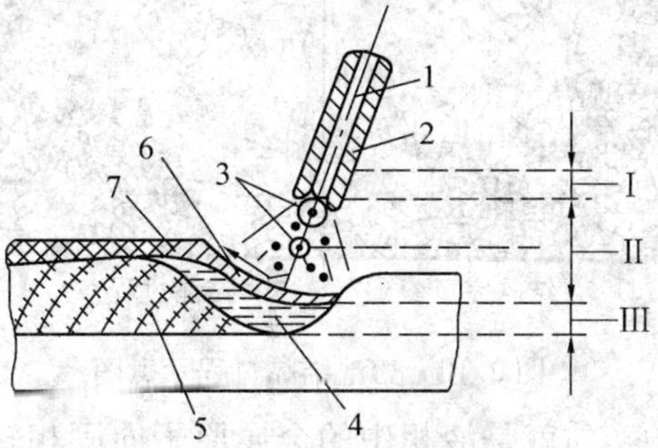

图 2.9　焊接冶金反应区

1—焊芯；2—药皮；3—包有渣壳的熔滴；4—熔池；
5—已凝固的焊缝；6—熔渣；7—渣壳

b. 熔池体积小，冷却速度大，冶金反应短促，不利于达到平衡状态。

c. 熔池中液体金属处于过热状态，冶金反应具有超高温特性。

d. 焊接冶金反应过程中在熔滴、熔渣与熔融金属间存在着特大的反应界面，可促进冶金反应的完成。

e. 熔池在运动状态下结晶，有助于熔池成分的均匀化和冶金反应的进行。

3. 堆焊覆层的外延结晶

金属结晶理论指出，结晶必须在过冷的条件下进行，过冷度越大，自由能降低越多，就越有利于结晶的进行，也就是说过冷度是生成晶核的动力学条件。结晶时的晶核有两种:自发晶核和非自发晶核。对于熔池结晶,非自发晶核起了主要作用。熔池中存在着两种所谓现成的表面:一种是合金元素或杂质的悬浮质点,其在一般情况下起的作用不大;另一种就是熔合区附近加热到熔化温度而还没有熔化的基体金属的晶粒表面。非自发晶核就依附在这些表面上并以这些新生的晶核为核心按照柱状晶的形态,顺着基体金属的晶粒向熔池中心不断长大,好似基材的晶粒外延而长合,形成所谓"外延结晶",或称"联生结晶"(见图 2.10)。

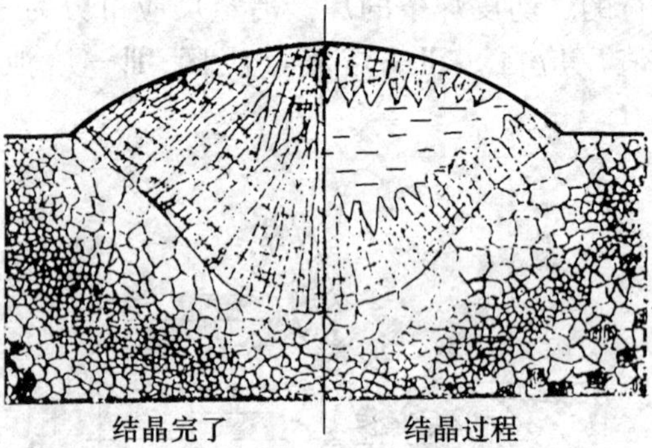

图 2.10　熔池结晶过程示意图

晶核成长的实质就是液相中的金属原子向固相转移的过程,同时要消耗能量。由于现成表面对形成新晶核所需能量少,熔合区附近母材晶粒作为现成表面向熔池中心成长起了主要作用。也就是说,熔池金属开始结晶时总是从靠近熔合线处的基体上晶粒外延长大起来的。但是各晶粒长大的趋势并不相同,有的柱状晶体严重长大到全部液相凝固成固相为止,而有的晶体的成长却半途停止。

熔池的散热方向对晶粒的长大有着很大影响,有的晶粒最易长大方向与散热最快方向(最大温度梯度方向)相一致,便优先得到成长,可以一直长到熔池中心形成粗大的柱状晶。取向与散热最快方向不一致就不利于晶粒成长,这就是覆层(焊缝)中柱状晶体选择长大的结果。一般情况下,熔池呈半个椭球状,柱状晶必然是垂直于熔池边缘曲面向熔池中心成长。

覆层(焊缝)中的凝固结晶组织主要有柱状晶和等轴晶两类。由于结晶条件的不同,柱状晶可以有胞状晶、胞状树枝晶和柱状树枝晶三类形态。对一定成分的合金覆层,液相温度梯度起决定作用。随着温度梯度的降低,成分过冷区将增大,凝固组织将相继是平滑界面、胞状晶、胞状树枝晶、柱状树枝晶和等轴树枝晶组织。覆层凝固组织的最大特点主要表现在各种形态的柱状晶组织。

与其他表面覆层相比,堆焊形成的冶金结合覆层可获得很高的结合强度,但能否达到理想的结合,在考察上述覆层的组织变化的同时,尚需进一步考察以下几个问题:覆层成分控制问题;覆层与基材之间的过渡区(熔合区)问题;基材受热影响变质问题;焊接冶金缺欠的形成问题。只有上述各问题均得到满意地解决,才能实现真正理想的堆焊冶金结合。

2.2.2　覆层成分的控制

1. 覆层杂质的控制

熔化焊时,焊接区内的各种物质(主要是气体、金属和渣)在高温下进行着极为复杂的物理变化和化学反应,其结果直接关系到覆层(焊缝)金属的成分、性质和焊接缺陷的产生。为了使覆层具有优异的性能,并防止缺陷的产生,必须严格限制有害杂质和控制有益的合金成分,尽量使有害杂质侵入少,有益成分损失小。

熔化焊时,焊接区内存在大量气体,其主要来源于堆焊材料、热源周围气氛介质及焊丝和基材表面上的铁锈、油污、涂料等杂质。电弧区内的气体是由 CO,CO_2,H_2O,O_2,H_2,N_2 和它们分解的产物以及金属、熔渣的蒸气等所组成的混合物。

熔池凝固后会混入一些杂质,其中常见的有害杂质有氢、氧、氮、硫和磷。这些杂质的来源、对覆层质量的影响及控制方法见表 2.3。

2. 合金元素的控制

堆焊时,把所需的合金元素通过堆焊材料过渡到覆层中的过程称为合金化。常用的合金化有应用合金焊丝或带极、应用药芯焊丝或药芯焊条、应用合金药皮或黏结焊剂、应用合金粉末等方式。由于填充的堆焊材料在熔池中要与基体材料混合而被稀释,在高温下合金元素要烧损,所以覆层成分不可能与填充的堆焊材料完全相同。

表 2.3 覆层有害杂质的影响及其控制

杂质	来源	对覆层质量的影响	控制方法
氮	主要是焊接区的空气。液态铁凝固时氮的溶解度急剧下降,覆层中过饱和的氮以原子、NO 或离子形式溶入金属	①造成气孔; ②造成时效强化,氮以针状氮化物(Fe_4N)的形式析出,分布在晶界或晶内,使金属的强度、硬度提高,塑性、韧性降低	①加强对焊接区的保护,不同焊接方法覆层含氮量差异很大; ②利用合金元素控制覆层的含氮量,增加焊丝或药皮中的碳可以降低含氮量;Al,Ti,Zr 和稀土元素具有一定的脱氮能力;焊丝中 Mn 的质量分数小于 4% 时可以降低含氮量; ③控制焊接工艺参数
氢	焊接材料中的水分和有机物、吸附水和结晶水、表面杂质及空气中的水等	①氢脆:由氢引起钢的塑性严重下降; ②白点:在外力作用下氢在微小气孔或夹杂处集结造成脆化; ③冷裂纹与气孔	①限制氢的来源,选用不含氢或少含氢的原材料。焊条、焊剂在储存中要防潮,焊前要严格烘干; ②进行冶金处理,在药皮和焊剂中加入 CaF_2、MgF_2、BaF_2 等氟化物,采用 CO_2 气体保护焊等可获得低氢覆层; ③控制焊接工艺参数; ④焊后脱氢处理
氧	焊接材料、工件表面的氧化物和氧化膜,焊区的空气。覆层中的氧绝大部分以氧化物和硅酸盐夹杂物形式存在	使金属强度、塑性、韧性下降;引起红脆、冷脆、时效硬化及物理化学性能的恶化;烧损钢中的有益合金元素使覆层性能变坏,形成气孔等	①控制熔焊材料的含氧量,如焊接要求高的合金钢及活性金属时采用低氧或无氧焊条; ②加入适当合金元素脱氧,如用碱性焊条可以实现 Mn-Si 联合脱氧; ③选用高纯度的惰性气体保护,甚至在真空中施焊; ④控制焊接工艺参数,如采用短弧焊等

续表 2.3

杂质	来　源	对覆层质量的影响	控　制　方　法
硫	熔焊材料	以低熔点共晶 Fe+FeS 或 FeS+FeO 呈片状或链状分布于晶界，增加结晶裂纹的倾向，并降低冲击韧性和耐腐蚀性	①严格按有关标准控制熔焊材料的含硫量；②用冶金方法脱硫，常用锰作为脱硫剂；增加熔渣的碱度或渣中加入 CaF_2 可提高脱硫能力
磷	熔焊材料	磷与铁和镍可以形成低熔点共晶，增加冷脆性，可促使形成结晶裂纹	①限制基材、堆焊材料、药皮、焊剂中的含磷量；②增加渣中的 CaO 和 FeO 的浓度有利于熔池脱硫

(1)稀释率及合金过渡系数

①稀释率

在覆层中局部熔化的基材所占的比例称为稀释率，其表达式为

$$d = B/(B + f) \tag{2.2}$$

式中，d 为稀释率；B 为基材在覆层截面中所占面积；f 为堆焊填充金属在覆层截面中所占面积。

比值 d 应具有熔透的意义，d 值越大，表示基材熔入覆层中的数量越大，所以常称 d 为“熔合比”或“冲淡率”。

若暂不考虑由于冶金反应而造成的成分变化，覆层化学成分将取决于稀释率 d 的大小，在这种情况下，覆层中某一成分 X 的质量分数设为 $w[X]$，其值应为

$$w[X] = dw[X]_B + (1 - d)w[X]_f \tag{2.3}$$

式中，$w[X]$ 为覆层中某元素 X 所应具有的质量分数（未考虑烧损）；$w[X]_B$ 为某元素 X 在基材中的质量分数；$w[X]_f$ 为某元素 X 在堆焊填充金属中的原始质量分数。

$w[X]_B$、$w[X]_f$、d 可由技术资料中查得或用化学分析和试验方法得到。

从式(2.3) 可以看出，只要 $w[X]_B$ 与 $w[X]_f$ 有差别，稀释率 d 就对覆层成分发生影响；而只有当 d 趋近零时，才可获得 $w[X] \approx w[X]_f$，即覆层接近完全由堆焊材料的熔敷金属所构成。为保证覆层获得预定的

合金成分，必须控制最小的稀释率，一般希望控制 d 不超过0.1，且力求整个覆层的熔透深度均匀一致。

② 合金过渡系数

在熔焊条件下，不论采用何种具体焊接工艺方法，堆焊材料（填充金属）中的合金成分均会有或大或小的烧损。为比较不同合金元素的烧损程度，特定义过渡系数为

$$\mu_f = w[X]_d / w[X]_f \tag{2.4}$$

式中，μ_f 为合金过渡系数；$w[X]_d$ 为实际熔敷金属中某元素X的质量分数。

由于通过基材熔入覆层的成分一般可以不考虑其烧损，所以覆层实际成分的质量分数 $w[X]$ 可概括为

$$w[X] = dw[X]_B + (1-d)w[X]_f \cdot \mu_f \tag{2.5}$$

$$w[X] = dw[X]_B + (1-d)w[X]_d \tag{2.6}$$

若已知 μ_f、d 及有关数据，可从以上公式求出合金元素在覆层中的含量；反之，根据对覆层（或焊缝）金属成分的要求，可求出合金元素在堆焊填充金属（焊条或焊剂等）中应具有的含量。

（2）合金过渡系数的控制

熔焊中，合金元素主要损失于氧化、蒸发和渣中的残留。一般说，凡能减少合金元素损失的因素对提高其过渡系数都是有利的。

①合金元素物理化学性质的影响

合金元素的沸点越低，饱和蒸气压越大，焊接时的蒸发损失越大，过渡系数越小。如锰易蒸发，其过渡系数较小。

合金元素对氧的亲和力越大其氧化损失越大，过渡系数越小。例如在1 600 ℃时各元素对氧的亲和力由小至大的顺序为：Cu，Ni，Co，Fe，W，Mo，Cr，Mn，V，Si，Ti，Zr，Al。焊接钢时，位于铁左面的元素几乎无氧化损失；位于铁右面靠近铁的元素，氧化损失较小；而右边远离铁的元素其氧化损失严重。如 Ti，Zr，Al 等因对氧的亲和力大一般很难过渡到覆层中去。一般来讲，合金元素过渡系数的大小次序与该元素氧化物标准生成自由焓 $\Delta G^{\ominus}$ 的排列次序是大体一致的。图 2.11 列出的氧化物的 $\Delta G^{\ominus}$ 与温度的关系可供参考。

当堆焊填充金属中含有多种合金元素时，其中对氧亲和力较大的元素将因其自身的氧化而减少其他元素的氧化损失。例如，碱性药皮

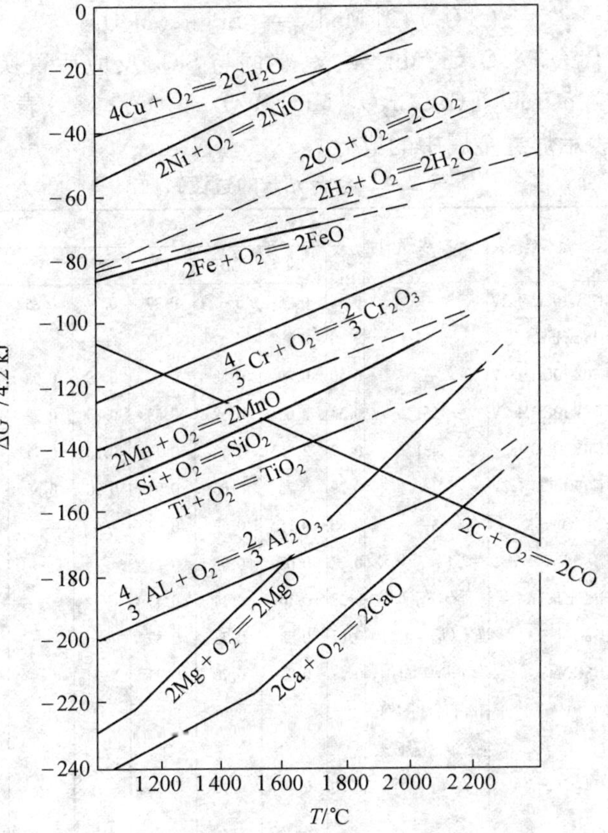

图 2.11　氧化物的 $\Delta G^{\ominus}$ 与温度 T 的关系图
（折合为 1 mol O_2）

中加入铝和钛可提高硅和锰的过渡系数。

②药皮（焊剂）成分的控制

药皮或焊剂的成分决定了气相和熔渣的氧化性、熔渣的碱度和黏度等性能，因此对合金过渡系数的影响很大。药皮或焊剂的氧化性越大，则合金过渡系数越小。如表 2.4 所示，赤铁矿和大理石的氧化性最强，甚至超过了空气和 CO_2，故合金过渡系数最小。由该表可见，除了 Si 外，其他元素均为烧损情况。相对于焊丝，堆焊熔敷金属增 Si，乃是渗 Si 反应所致，因为焊剂中 SiO_2 的质量分数在 20% 左右，焊丝中的各

元素均可与熔融焊剂(熔渣)中的 SiO_2 发生置换反应,即

$$(SiO_2)+2[Me] \rightleftharpoons [Si]+2(MeO) \quad (2.7)$$

式中,Me 代表 Fe,C,Cr,Mn,W,V,它们与 SiO_2 反应后置换出 Si 而形成氧化物 MeO(FeO,CO,Cr_2O_3,MnO,WO_3,V_2O_3);( )表示熔渣的成分,[ ]表示焊缝金属中的成分。

表 2.4 合金元素的过渡系数

焊接方法	焊丝	药皮或焊剂	过渡系数								
			C	Si	Mn	Cr	W	V	Nb	Mo	Ni
空气中无保护焊	H70W10Cr3Mn2V	—	0.54	0.75	0.67	0.99	0.94	0.85	—	—	—
	H18CrMnSiA	—	0.30	0.80	0.67	0.92	—	—	—	—	—
氩弧焊	H70W10Cr3Mn2V	—	0.80	0.79	0.88	0.99	0.99	0.98	—	—	—
埋弧焊	H70W10Cr3Mn2V	251	0.53	2.03	0.59	0.83	0.83	0.78	—	—	—
	H70W10Cr3Mn2V	431	0.33	2.25	1.13	0.70	0.80	0.77	—	—	—
CO_2 保护焊	H70W10Cr3Mn2V	—	0.29	0.72	0.60	0.94	0.96	0.68	—	—	—
	H18CrMnSiA	—	0.60	0.71	0.69	0.92	—	—	—	—	—
手工电弧焊	H18CrMnSiA	赤铁矿(K_C=0.3)	0.22	0.02	0.05	0.25	—	—	—	—	—
	H18CrMnSiA	大理石(K_C=0.3)	0.28	0.10	0.14	0.43	—	—	—	—	—
	H18CrMnSiA	萤石(K_C=0.3)	0.67	0.88	0.38	0.89	—	—	—	—	—
	H18CrMnSiA	$CaO-BaO-Al_2O_3$ 80%(质量分数),萤石 20%(质量分数)	0.57	0.88	0.70	0.95	—	—	—	—	—
	H18CrMnSiA	石英(K_C=0.3)	0.20	0.75	0.18	0.80	—	—	—	—	—
	H08A	钛钙型(K_C=0.68)	—	0.71	0.38	0.77	Ti = 0.125	0.52	0.80	0.60	0.96
	H08A	氧化铁型	—	0.14 ~ 0.27	0.08 ~ 0.12	0.64	—	—	—	0.71	—
	H08A	低氢型	—	0.14 ~ 0.27	0.45 ~ 0.55	0.72 ~ 0.82	—	0.59 ~ 0.64	—	0.83 ~ 0.86	—
$Ar+O_2(\varphi_{O_2}=5\%)$	H18CrMnSiA	—	0.60	0.71	0.69	0.92	—	—	—	—	—
$Ar+O_2(\varphi_{O_2}=5\%)$	H10MnSi	—	0.59	0.32	0.41	—	—	—	—	—	—

表 2.4 的数据表明,氧化造成的烧损是明显的,其中 Mn 的烧损还包括蒸发损失在内。值得指出的是,即使在工业纯氩的焊接条件下也有合金烧损,而在 CO_2 介质中焊接时,由于 CO_2 与熔融金属接触中供氧更为有利,合金成分的烧损比在空气中还要厉害。

试验表明,随着药皮或焊剂中合金元素含量的增加,其过渡系数逐渐增大。最后趋于一定值。当合金元素及其氧化物在药皮中共存时,由质量定律可知,能提高该元素的过渡系数。

若其他条件相同,当合金元素的氧化物与熔渣的酸碱性相同时,有利于提高过渡系数;反之,则会降低过渡系数。

在药皮中合金剂含量不变的情况下,药皮加厚时 μ_f 减小。因为药皮加厚合金剂进入金属所通过的平均路程增加,使氧化和残留损失均有所增大。为提高 μ_f 值,可采用双层药皮,里面一层主要加合金剂,外层加造气和造渣剂及脱氧剂。

③焊接方法和焊接规范的控制

为了提高合金过渡系数,应尽量避免采用对氧亲和力大的焊接材料,或创造低氧或无氧的焊接条件,如用无氧焊剂、惰性气体保护,甚至在真空中焊接。

在黏结焊剂埋弧焊时,焊剂的熔化率取决于焊接规范。但不论熔化率如何随焊接电流和电压变化,锰和铬的过渡系数都随焊剂熔化率的增加而减少。反极性焊接 μ_f 值较小,因为反极性时焊剂熔化率接近于1,而正极性时只有0.45~0.55。

2.2.3　熔合区的特点

1.熔合区的意义

覆层(焊缝)与基体的界面,即熔合线,并非一条简单的光滑曲线,而是呈不规则的类似锯齿的形状。这种参差不齐的“熔合线”可表明该处是一个熔化不均匀的部位。沿熔合线形成的界面不会是基材与熔敷的覆层间的截然分割的分界面。无论是化学成分或组织特征,在异种金属堆焊结合时,基材与覆层间实际上存在着一个“过渡区”,一般称为“熔合区”。堆焊结合与一般焊接接头具有同样的熔合区特征。由图2.12可知,所谓熔合区是一个由半熔化区与不完全混合区构成的覆层与基材之间的过渡区。

(1)半熔化区

焊接条件下,不仅由于电弧熔滴的过渡特性或电弧吹力作用,可能带来基材熔化的不均匀性,而且由于基材最有利的导热方向有差异,也会产生不均匀的熔化现象。尤其不能忽视的是基材中各点的溶质分布并不均匀,其有效熔化温度也就各不相同,与理论上的熔化温度有一定偏差,其结果必然是同时存在局部熔化部位和局部不熔化部位,这种固液两相共存的部位称为“半熔化区”。半熔化区的宽度大小与实际温度梯度 G 的大小有关,如图2.13 所示。因为只有当有效熔化温度低于实际作用的瞬时温度时才能发生熔化,所以 G 越大半熔化区就越小。假设有效液相线为 T_L,有效固相线为 T_S,实际温度梯度为 G,半熔化区宽度 W 可估计为

$$W=\left|\frac{T_L-T_S}{G}\right| \tag{2.8}$$

式中,$G=\Delta T/\Delta z$,Δz 为距离增量,ΔT 为峰值温度增量。

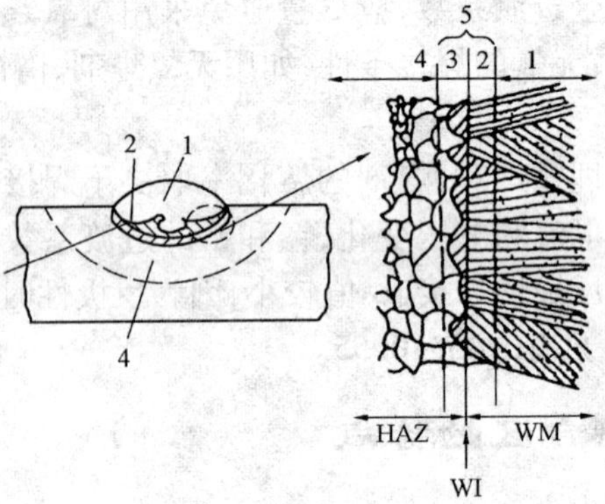

图2.12　熔合区示意图

1—覆层(焊缝,富填充金属成分);2—不完全混合区(富基体成分);3—半熔化区;4—基材变质区(真实热影响区);5—熔合区;WM—焊缝;HAZ—焊接热影响区;WI—覆层(焊缝)与基材的界面,即熔合线

对于碳钢、低合金钢熔合区附近的温度梯度约为300~80 ℃/mm,液固相线的温度范围约40 ℃,因此在一般熔化焊的条件下为

$$W=40/(300\sim80)=0.133\sim0.50\ \text{mm}$$

(2)不完全混合区

图2.12 中的区域2 显然是已经经历了熔化和凝固过程,应属于焊缝或覆层金属的一部分。但由电子探针分析结果发现,其成分富集基材成分且有过渡变化,图2.14 即为一例,表明在这一过渡区域基材成分与填充金属成分未能均匀混合,故称为“不完全混合区”。在不完全混合区内存在化学不均匀性,由界面 WI 开始,化学成分由富基材成分

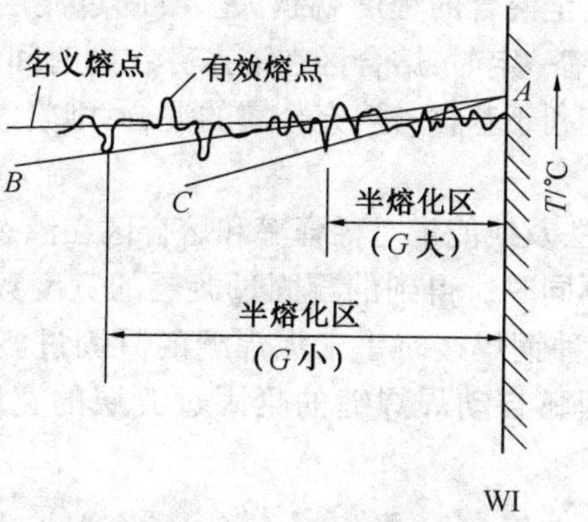

图 2.13　半熔化区的形成示意图

AB—温度梯度 G 较小时的瞬时温度分布；AC—温度梯度 G 较大时的瞬时温度分布

逐渐变为富填充金属成分。这种化学不均匀性的存在是与凝固过程有关的，所以该区也可称为“凝固过渡层”。

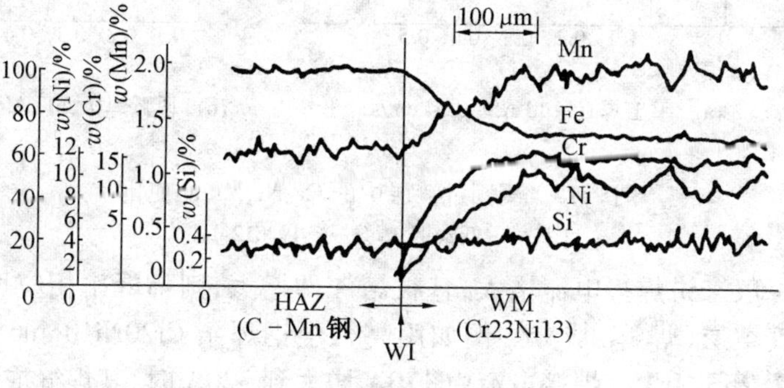

图 2.14　异种钢的熔合区中的成分不均匀性

2. 熔合区的特征

熔合区最大的特征是具有明显的化学不均匀性，从而引起组织的不均匀性，以致给堆焊结合区的物理-化学性能带来很大的影响。熔合区常常可能成为最薄弱的环节，脆性开裂或焊接裂纹都容易在这一部位发生和发展。

(1)凝固过渡层的特性

①稀释率的影响

凝固过渡层的形成主要与堆焊填充金属和基材的差异有关，两者相差越明显,不完全混合的程度就越大。凝固过渡层受稀释率的影响最显著。在稀释率一定时,熔合区在液态存在的时间越长,或熔融金属流动性越好,越有利于基材与填充金属的混合,则凝固过渡层会有所减小。

由于焊接方法及线能量对稀释率和熔合区在液态存在的时间都有影响,所以条件不同时所得到的凝固过渡层的宽度数据并不一致。由图 2.15 可见,异种钢焊接时手工焊焊缝的凝固过渡层的宽度大体为 0.4 ~ 0.6 mm,埋弧自动焊焊缝的凝固过渡层的宽度大体为 0.25 ~ 0.5 mm。

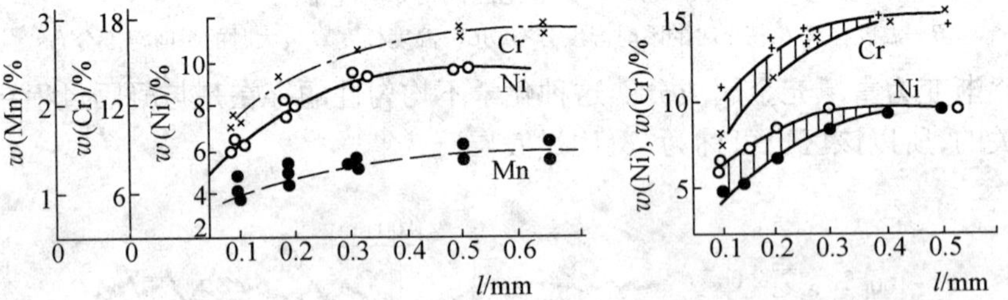

(a) 手工焊 (I=140 A,v=0.14 cm/s)　　(b) 埋弧焊(I=400 A,v=11.1 cm/s)

图 2.15　凝固过渡层中的 Cr、Ni、Mn 的变化
(基材—低碳钢;焊条—Cr19Ni12Mo)

一般来讲焊接电流增大,基材熔深即增大,则稀释率相应增大,从而改变覆层(焊缝)成分。例如用高合金钢焊条 Cr20Ni10Mn6 焊接超高强钢 25SiMnMo,焊接电流由 170A 增大到 320A 时,其焊缝成分中 Cr 的质量分数由 13.88% 变为8.79%,Ni 的质量分数由 6.73% 变为 4.86%,Mn 的质量分数由 3.78% 变为3.43%。可以推之,凝固过渡层的成分必然更不同于焊条金属。

②堆焊填充金属成分的影响

对于大多数异种钢堆焊而言,堆焊填充金属成分对凝固过渡层成分和组织的影响很大。兹以不锈钢焊条在结构钢(碳钢、Cr-Mo 钢等)表面堆焊为例稍作说明。

图 2.16 为经典的焊缝组织图(Schaeffler 图),其横坐标为铬质量分数 $w(Cr_{eq})$,纵坐标为镍质量分数 $w(Ni_{eq})$,其值分别为

$$w(Cr_{eq}) = w(Cr) + w(Mo) + 0.5w(Nb) + 1.5w(Si) \tag{2.9}$$

$$w(Ni_{eq}) = w(Ni) + 30w(C) + 0.5w(Mn) \tag{2.10}$$

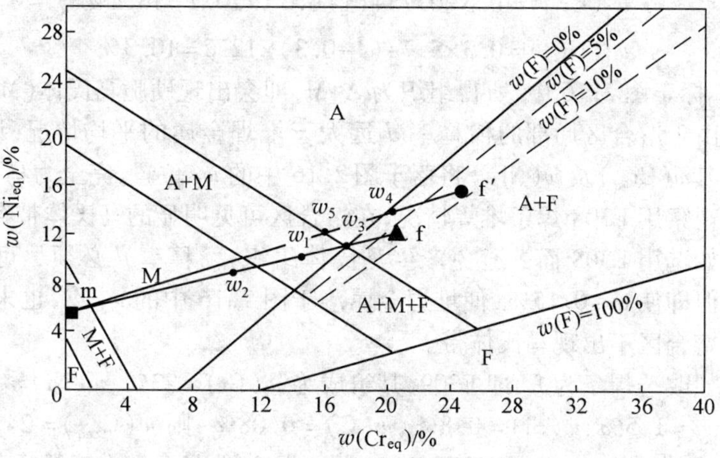

图 2.16　Schaeffler 图

A—奥氏体;F—铁素体;M—马氏体

这是基于钢中元素可分为两类:铁素体化元素和奥氏体化元素。铁素体化元素以 Cr 为代表,其他铁素体化元素按其作用分别折算成 Cr 的质量分数,即 $w(Cr_{eq})$;奥氏体化元素以 Ni 为代表,其他奥氏体化元素折算成 Ni 的质量分数,即 $w(Ni_{eq})$。Schaeffler 图初建立时,考虑的合金元素有限,如计算式(2.9)及式(2.10)所示;后来几经修正,认为可以采用下列计算式

$$w(Cr_{eq}) = w(Cr) + 1.37w(Mo) + 1.5w(Si) + 2w(Nb) + 3w(Ti) \tag{2.11}$$

$$w(Ni_{eq}) = w(Ni) + 0.31w(Mn) + w(Cu) + 14.2w(N) + 22w(C) \tag{2.12}$$

已知稀释率 d 及金属成分,利用 Schaeffler 图可以求得堆焊金属的平均成分。设基材为 m,堆焊材料的熔敷金属为 f。如 m 为低碳钢,$w(C) = 0.25\%$,$w(Mn) = 0.6\%$,$w(Si) = 0.5\%$,其 $w(Cr_{eq})$ 和 $w(Ni_{eq})$ 分别为 0.75% 和 5.7%,这是按式(2.11)及式(2.12)计算的。选定 f 为 E308,其熔敷金属组成为:$w(Cr) = 19\%$,$w(Ni) = 10\%$,$w(Mn) = 1.5\%$,$w(Si) = 0.8\%$,$w(C) = 0.08\%$,则 $w(Cr_{eq}) = 20.2\%$,$w(Ni_{eq}) =$

12.2%。取稀释率 $d=0.3$，设堆焊金属为 w_1，其 $w_1(Cr_{eq})$ 与 $w_1(Ni_{eq})$ 分别为

$$w_1(Cr_{eq})=0.3\times0.75+(1-0.3)\times20.2=14.4\%$$

$$w_1(Ni_{eq})=0.3\times5.7+(1-0.3)\times12.2=10.3\%$$

将 w_1 标于图 2.16 中，所得组织为 A+M，即会出现硬脆马氏体（M）。

由于熔合区局部的稀释率 d 远大于堆焊金属的平均情况，设 $d=0.5$，其 $w(Cr_{eq})$ 及 $w(Ni_{eq})$ 将落于图 2.16 中的 w_2 位置，完全为马氏体。实际观察用 E308 焊条堆焊情况，在熔合区可见明显的马氏体带存在。

如选用 E308 而欲避免产生马氏体组织，稀释率 d 必须尽可能减小。但即使 $d\leqslant0.15\%$，使堆焊金属落于图 2.16 中的 w_3 点，也未必能保证熔合区不出现马氏体带。

如改选焊条为 f′，即 E309，其组成为 $w(Cr)=23\%$，$w(Ni)=13\%$，$w(Mn)=1.5\%$，$w(Si)=0.8\%$，$w(C)=0.08\%$，则 $w(Cr_{eq})=24.2\%$，$w(Ni_{eq})=15.2\%$。此时，只要 $d<0.4$，堆焊金属中不会出现马氏体（图 2.16 中 w_5）；而当 $d<0.2$ 时，堆焊金属中将是 A+F 组织而无马氏体出现（图 2.16 中 w_4）。由于填充金属中镍含量提高，实际观察熔合区的组织，虽然仍可见到马氏体带，但已显著减少。镍含量对熔合区马氏体带的影响，也可参见图 2.17。图 2.17 为 Crl5Ni 系合金焊条含 Ni 量对凝固过渡层中马氏体带的影响。虽然是高强钢（HTl00）焊接情况，但仍可说明问题。提高镍含量，马氏体带总长 L 减少，且可成为断续状。

熔合区马氏体带的存在，将降低韧性，并促使开裂倾向增大。为此，除控制成分，如提高镍量，堆焊实践中一般要求严格限制稀释率，常常要求 $d\leqslant0.1$。

用异质焊条补焊灰铸铁时常常会在熔合区见到白口组织，硬脆而易裂，且难以加工。一般认为含 Ni 焊条有利于减少白口，但是并不都能获得满意的结果，有时仍可见到白口组织，这也和凝固过渡层的存在有关。实验指出，凝固过渡层中 Ni 质量分数大体上不足 15% 的区域的宽度越大，越容易产生白口（见图 2.18）。采用镍的质量分数为 55% 的 Ni-Fe 焊条补焊灰铸铁的点状缺欠时，凝固过渡层中 Ni 的质量分数与补焊时间长短有关。补焊时间 $t=5$ s 时，凝固过渡层中 Ni 质量分数不足 15% 的区域宽度达 120 μm 以上，熔合区存在明显的白口；当补焊点缺欠的时间 $t=24$ s 时，Ni 质量分数不足 15% 的区域的宽度仅

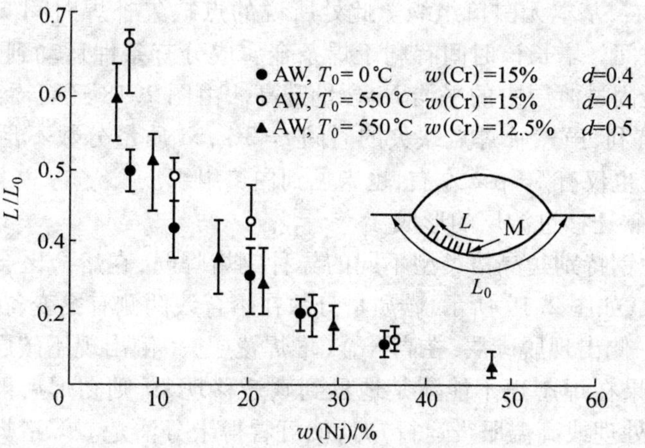

图 2.17　异种钢焊接时 Ni 的质量分数对凝固过渡层中马氏体带的影响

（基体材料为高强钢，焊条为 Cr15Ni 系合金）

AW—焊态；T_0—预热温度；d—稀释率；

L_0—熔合线全长；L—沿熔合线马氏体带总长

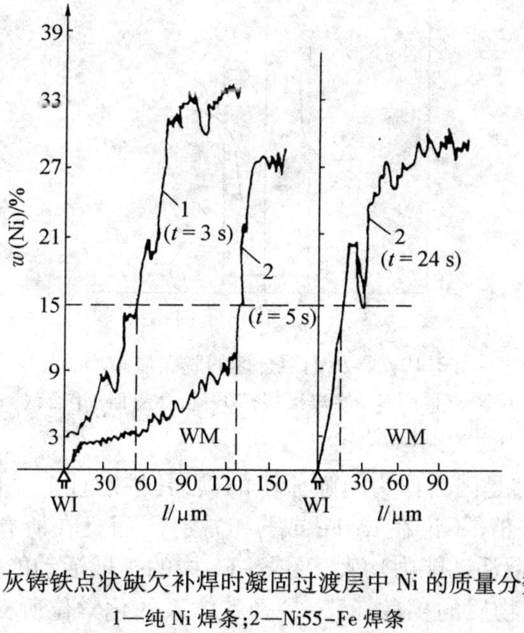

图 2.18　灰铸铁点状缺欠补焊时凝固过渡层中 Ni 的质量分数的变化

1—纯 Ni 焊条；2—Ni55-Fe 焊条

20 μm左右,基本无白口组织。此处所说的点缺欠补焊时间实际是熔池存在时间。增长该时间有利于焊条金属成分有条件运动到熔合线,从而使凝固过渡层中的平均 Ni 含量升高。由图 2.18 还可看到,用纯 Ni 焊条有利,虽然补焊点缺欠的时间 $t=3$ s,Ni 质量分数不足 15% 的区域宽度也仅有 50 μm 左右,也未见到白口组织。

(2)碳迁移过渡层的形成

异种钢特别是晶格类型不同的异种钢熔焊时,在熔合区会见到碳迁移现象,如图 2.19 所示,碳质量分数在熔合线两侧有突变,在低合金(基材)一侧出现脱碳层,在高合金(堆焊覆层)一侧出现增碳层。单道焊时,如果在焊态还不能清楚地见到碳迁移现象,则在焊后再次加热(焊后热处理或高温服役运行)时,就可看得十分清楚。多道焊时在焊态就能见到碳迁移现象。同位素 C^{14} 自射线照相可证明脱碳层与增碳层的存在。也可通过测定硬度间接判定碳迁移现象,如图 2.20 所示。增碳层是由于碳扩散迁移而析出碳化物(呈黑色),会显示高硬度,脱碳层常显示低硬度的铁素体带组织(呈白色)。

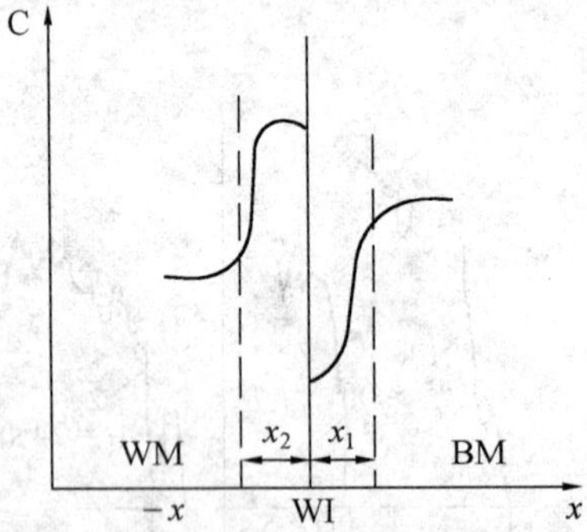

图 2.19　异种钢熔合区的脱碳层与增碳层

BM—基材;WM—堆焊覆层;WI—结合界面(熔合线);

x_1—脱碳层宽度;x_2—增碳层宽度

碳的迁移是因为作为间隙原子的碳,其扩散性能要比其他溶质元素大10^4 ~10^6倍(不论在 α-Fe 或 γ-Fe 中),而且在所有温度下,碳在 α-Fe中的扩散活动能力均大于在 γ-Fe 中的扩散活动能力。从根本上讲,体系中某物质的扩散迁移,是受其体系的化学位所支配的,而化学位又与其活度有密切关系,因活度与浓度之间存在一个活度系数,所

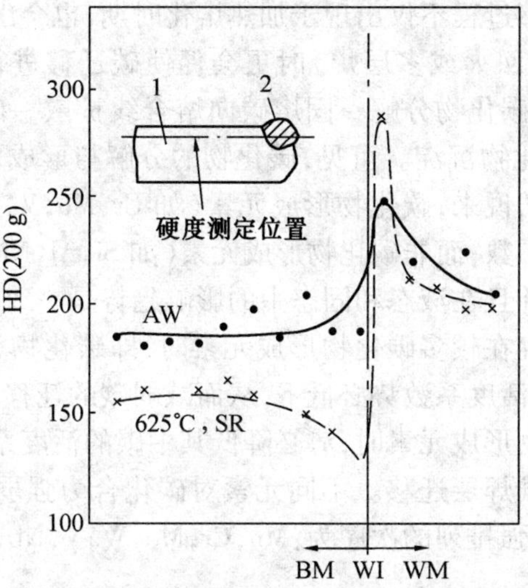

图2.20　异种钢接头的脱碳层与增碳层硬度变化特征

SR—消应力回火处理;1—低碳钢;2—Cr23Ni13

以,活度系数对化学位有很大影响。由于在不同条件下(例如,相结构和状态不同、其他成分的存在等)活度系数可有很大变化,以致常常会出现浓度增大但活度反而变小的情况,也就是说浓度梯度与活度梯度并不一定一致,其结果就会见到“上坡”扩散现象。熔合区的碳迁移就具有“上坡”扩散特征。

除了原子活动能力强这一因素外,影响碳迁移的还有以下几种因素。

①固液相碳分配特性

对于钢铁材料,大多数情况下,溶质元素在液相中的溶解度都比在固相中要大,而碳的分布系数(某元素的分布系数为其在结晶温度下在固态和液态金属中的溶解度的比值)$k_0=0.13$是很小的。k_0值小,表示碳在固相中的化学位高于在液相中的化学位,因而趋向于从固相向液相扩散。熔合区正是存在固液相共存的有利条件,碳易于自基材半熔化区向熔池中扩散。但固液相共存时间有限,很快开始联生结晶,由基材扩散来的碳只能集结在熔合线附近,而来不及向较远处扩散。这样当覆层凝固后,在熔合线两侧即可见到增碳和脱碳的碳迁移现象。

②化学成分的作用

化学成分是影响碳的活度系数的主要因素之一。通常认为从基材到覆层的碳迁移过程不仅出现于加热熔化时期,也会出现于冷却过程。二次加热(焊后回火或多层焊)时更会促使碳迁移进行。碳的迁移过程一般为:基材碳化物分解→固熔碳向熔合线扩散→碳自熔合线扩散移开→合金碳化物沉淀。可见,碳化物的分解与形成对碳迁移有决定性的影响。总的说来,碳化物形成元素(如 Cr,Mo,V,Nb,Mn 等)都会降低碳的活度系数;而非碳化物形成元素(如 Si,Al,Ni 等)都会增大碳的活度系数。并且在液态和固态中的影响趋势是一致的。

若基材中存在较多碳化物形成元素时,即碳化物为稳定的合金碳化物时,则碳的活度系数势必低下,从而减弱碳的迁移。而当堆焊金属中有较多碳化物形成元素时,势必降低其中碳的活度系数,从而促使碳易于自基材向堆焊层迁移。不同元素对碳化合力强弱不同,其影响亦不同,按从弱到强排列的次序为:Mn,Cr,Mo,W,V,Nb,且含量越多,影响越大。

为减小熔合区的碳迁移,如有可能,堆焊填充金属不应含有碳化物形成元素,特别是避免强碳化物形成元素的存在;相反,应尽可能含有较多非碳化物形成元素,特别要重视 Ni 的作用,Ni 可以显著地减少脱碳层和增碳层的宽度。对于基材而言,最好含有强碳化物形成元素。当采用含有较多强碳化物形成元素的堆焊填充金属时,在正式堆焊前预先在基材的堆焊工作面熔敷一层"隔离层"(Buttering)应是有益的。

③晶体结构的作用

碳在 α-Fe 中的活度系数大于在 γ-Fe 中的活度系数,而在固态时又比在液态时大一些。因此,当基材是 α 结构(体心立方结构),而堆焊覆层是 γ 结构(面心立方结构)时,就非常有利于碳自基材向堆焊覆层迁移。用奥氏体钢或合金堆焊材料在结构钢上堆焊,正是这种情况。而当基材与覆层具有相同的晶体结构时,碳的迁移只取决于其他溶质对活度的影响。

④后回火的作用

在焊态下,碳迁移现象一般并不明显。而当再次受热,如多层焊或焊后回火加热,碳迁移将变得明显。加热温度与时间的综合影响,可用"回火参数"P 来概括,表达式为

$$P=T(\lg t+10)\times 10^{-3} \tag{2.13}$$

式中,T 为加热温度,K;t 为加热时间,h。

可见,加热温度影响最大。在不超过 Ac_3 以前,加热温度越高,碳迁移现象越严重。图 2.21 表明,回火参数 P 增大,脱碳层和增碳层宽度均增大。

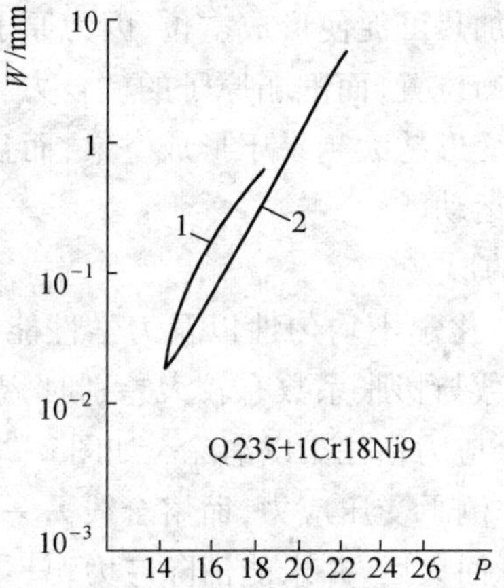

图 2.21　回火参数(P)对增碳层及脱碳层宽度(W)的影响

1—增碳层;2—脱碳层

(3)晶界液化现象

下列一些过程常造成半熔化区的化学不均匀性:

a. 晶界发生迁移,从而使 C,S,P 等扩散物质被推动而析集于晶界;

b. 基材的带状偏析组织与原奥氏体晶界交合时的局部熔化造成的溶质偏析;

c. 共存固液相间的相互作用,使溶质易于转入液相之中,从而使偏析增大;

d. 不均匀的局部熔化所造成的溶质偏析,该现象与晶格位相不同的晶界具有不同的能量有关;

e. 不均匀的新相沉淀(硫化物、碳化物、氮化物)。

晶界偏析常常会促使在真实固相线以下产生所谓晶界局部熔化现象。一般来讲,加热过程的不平衡性增大时,易于在晶界产生局部液化现象。晶界局部液化温度的降低,与金属的成分和组织有很大关系。在发生晶界液化时由于塑性变形的作用,很容易形成大小不同的空穴及微裂纹等缺陷。

(4)物理不均匀性

在半熔化区,由于不平衡加热与冷却,还会出现空位和位错的聚集或重新分布,这是一种物理不均匀性,可能成为延迟裂纹之源。

堆焊时的高温加热可促使形成空位,因为原子的热振动加强有利于激发原子离开平衡位置,而削弱原子的键合力。同时塑性变形也促使形成空穴。塑性变形越大越易于形成空穴,而且空穴往往趋向于向应力集中部位扩散运动。

(5)剩余应力的形成

熔合区的物理-化学不均匀性以及力学性能不均匀性,尤其是异类钢或合金导热系数与膨胀系数有较大差别时,总会引起剩余应力的形成,而且这种剩余应力往往难以消除。如图 2.22 所示,在焊态时,熔合线(WI)外基体一侧承受压应力,而熔合线另一侧则承受拉应力;焊后 700 ℃、保温 2 h 回火后,并未能消除应力,只是分布特征稍行变化而已。照理,回火加热过程中应当发生应力松弛过程,但在冷却过程中,随着弹性性能的恢复,由于异种钢熔合区不均匀的热收缩性,将会重新引起剩余应力。所以,堆焊填充金属的设计或选定,最好考虑其线膨胀系数尽可能与基材相接近。

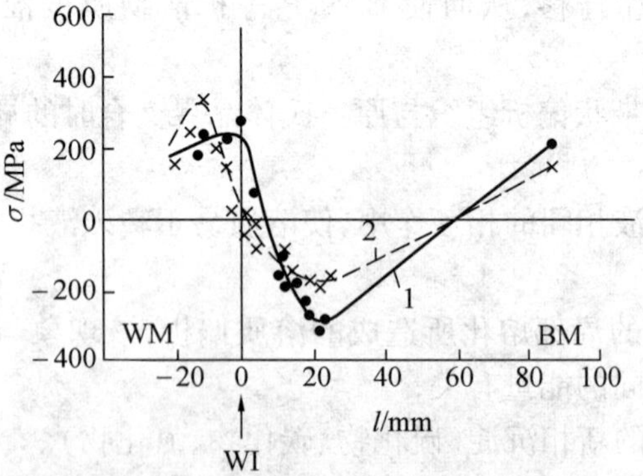

图 2.22 异种钢接头的剩余应力 σ

(BM—20Cr3MoWV 钢,WM—Cr25Ni20 钢)

1—焊态;2—700 ℃、保温 2 h 回火

2.2.4　基材的受热变质

焊接时在热源的作用下,邻近焊道的固态基材发生明显的组织或性能变化的区域,称为焊接热影响区(HAZ),或称近缝区、变质区。

在堆焊过程中,由于基材受到了不均匀的加热,使堆焊层附近各点被迫进行着“特殊的热处理”。其结果会引起不均匀的组织或性能变化,即发生了变质。

造成热影响区组织性能不均匀的根本原因是其各部位所经历的热循环不同。决定焊接热循环特征的基本参数有加热速度、最高加热温度、在相变温度以上停留的时间及冷却速度。其中,冷却速度是指工件上某点的某一瞬时温度的冷却速度。也可采用某一温度范围内的冷却时间来表征冷却速度的快慢。如 800 ~ 500 ℃的冷却时间 $\Delta t_{8/5}$,800 ~ 300 ℃的冷却时间 $\Delta t_{8/3}$ 等,其中最能代表焊接热循环特征的参数是 $\Delta t_{8/5}$。

现代各种焊接方法的焊接质量不仅决定于覆层(焊缝),同时也决定于焊接热影响区。

(1) 焊接热影响区的组织分布

由于基材焊接热影响区上各点距焊缝的远近不同,其所经历的焊接热循环不同,因而就会出现不同的组织。对于常用的低碳钢和低合金钢(不易淬火钢),在一般焊接条件下,淬火倾向较小,其焊接热影响区的组织按加热温度不同可以分为熔合区、过热区、相变重结晶区、不完全重结晶区等区域。

对于焊接淬硬倾向较大的钢种,包括中碳钢、低碳调质高强钢和中碳调质高强钢,焊接热影响区的组织分布与基材焊前的热处理状态有关。如基材焊前是正火或退火状态,则焊接热影响区的组织可分为完全淬火区和不完全淬火区。前者为加热温度高于 Ac_3 的区域,其组织特征是形成粗细不同的马氏体;后者为基材被加热到 Ac_1 ~ Ac_3 温度之间的热影响区,其最后形成的组织是马氏体和铁素体,也可能出现索氏体和珠光体。如果基材在焊前处于调质状态,那么焊接热影响区的组织除存在上述的两个区域外还可能存在回火区。该区域内(低于 Ac_1 的热影响区)组织和性能变化的程度取决于焊前调质处理的回火温度,高于此回火温度的部位将发生回火软化现象。

(2)基材热影响区的硬化与脆化

①基材热影响区的硬化

HAZ 的硬化倾向,从根本上说取决于基材的化学成分。首先是含碳量,它显著影响奥氏体的稳定性,对硬化倾向的影响最大。含碳量越高,越容易得到马氏体组织。马氏体的硬度随含碳量的增高而增大。低碳马氏体的硬度只有 350 ~ 390 HV,而高碳马氏体的硬度可达 600 HV。

合金元素的影响与其所处的形态有关。溶于奥氏体时提高淬硬性;而形成未溶碳化物、氮化物时,则可成为非马氏体相变产物非均匀形核的核心,从而细化晶粒,导致淬硬性下降。

调节工艺参数来增大 $\Delta t_{8/5}$,可以在一定程度上降低淬硬性,但却增大了高温持续时间,不仅使晶粒粗化,也促使淬硬性增大。这显然在工艺控制上会存在矛盾。由于在同样冷却速度下,晶粒越粗大越易于获得马氏体组织,因而应尽可能减小高温持续时间。为此必须减小焊接线能量。

线能量定义为每单位长度焊缝(堆焊金属)从移动电弧输入的能量大小。焊接线能量能综合反映焊接的工艺参数,其表达式为

$$q_w = IU\eta/v \tag{2.14}$$

式中,q_w 为线能量,J/cm;I 为焊接电流,A;U 为电弧电压,V;η 为热效率(与焊接方法有关);v 为焊接速度,cm/s。

一些实验数据表明,减小线能量 q_w 时晶粒直径减小,但硬度却未因晶粒直径的减小而降低,反而随 q_w 的减小而增大(见图 2.23)。

②基材热影响区的脆化

造成脆化的主要原因有以下几方面。

a. 粗晶脆化。热影响区晶粒长大受到基材化学成分、组织状态、加热温度和时间等多种因素的影响。晶粒粗大严重影响组织的脆性。一般来讲,晶粒越粗,则韧-脆转变温度 vT_{rs} 越高。vT_{rs} 的意义为:以冲击试样断口纤维状部分占 50% 为判据所确定的转变温度。vT_{rs} 越低,反映该金属抗脆断性能越好,即韧性越好。vT_{rs} 升高,则反映脆化倾向增大。图 2.24 表明 vT_{rs} 与 $\ln(d^{-1/2})$ 成线性关系。

b. 析出脆化。某些基材在回火时效过程中,从过饱和固溶体中析出碳化物、氮化物、金属间化合物及其他亚稳定的中间相等,使其强度、

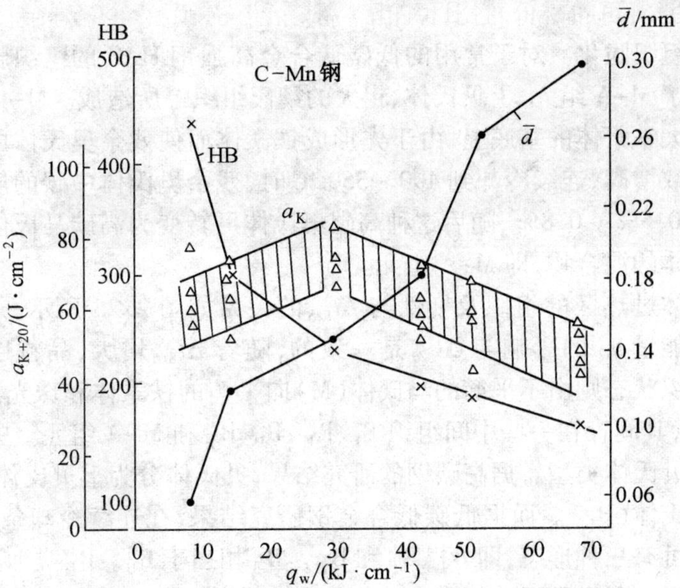

图 2.23　过热区韧性(a_K)、硬度(HB)、晶粒直径($\bar{d}$)与线能量(q_w)的关系

(板厚 16 mm,不预热焊接)

a_{K+20}—U 形缺口冲击试样常温冲击韧度

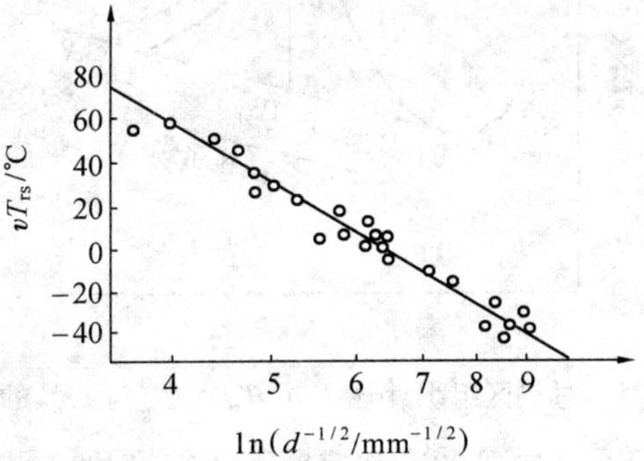

图 2.24　晶粒直径 d 对韧-脆转变温度 vT_{rs} 的影响

硬度和脆性提高,这种现象称为析出脆化。析出物的形态和尺寸对脆化有较大影响。若析出物以弥散的细颗粒分布于晶内或晶界,将有利

于改善韧性，而析出物以块状或沿晶界以薄膜状分布时就会成为脆化源。

c. 组织脆化。对于常用的低碳低合金高强钢 HAZ 的组织脆化主要是由于 M-A 组元、上贝氏体、粗大的魏氏组织等所造成。M-A 组元是在粗大铁素体的基底上，由于先形成铁素体而使残余奥氏体中碳的质量分数增高，连续冷却到 400 ~ 350 ℃时，残余奥氏体中碳的质量分数可达 0.5% ~0.8%，随后这种高碳奥氏体可转变为高碳马氏体与残余奥氏体的混合物，即 M-A 组元。

基体过热区的组织及韧性与 $\Delta t_{8/5}$ 的关系如图 2.25 所示。可见，焊接线能量 q_w 的影响与 $\Delta t_{8/5}$ 是一致的，随着 $\Delta t_{8/5}$ 增大，晶粒逐渐粗化。组织状态则由不平衡的马氏体(M)向平衡的铁素体和珠光体(F+P)变化，其间存在一些中间组织 B_L、$B_{Ⅲ}$、B_U、$B_{Ⅱ}$ 和 M-A 组元。中间组织均为贝氏体类型。据高碳钢的研究结果，贝氏体分为上贝氏体(B_U)与下贝氏体(B_L)。而据低碳低合金钢研究结果，在连续冷却条件下，贝氏体可有三种形态，即 $B_{Ⅰ}$、$B_{Ⅱ}$ 和 $B_{Ⅲ}$。$B_{Ⅱ}$ 相当于 B_U。$B_{Ⅲ}$ 类似于 B_L，但其铁素体形态及惯习面与 B_L 不同，均为条状而非针片状。$B_{Ⅰ}$ 为无碳贝氏体。

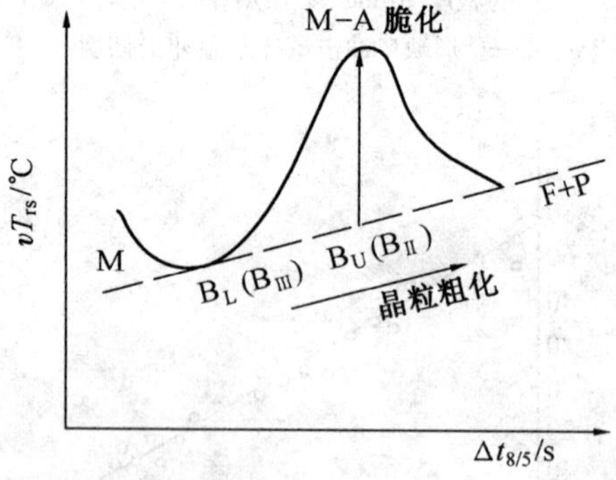

图 2.25　过热区组织、韧性(以 vT_{rs} 表示)与 $\Delta t_{8/5}$ 的关系

M-A 组元只有在中等的冷却速度下才能产生，冷却速度太慢和太快都不能产生；合金化程度较高时，奥氏体的稳定性较大，也不易分解而形成 M-A 组元。一旦出现 M-A 组元，脆性倾向显著增加，即 vT_{rs} 显著增高。

实践证明,低温回火(小于250 ℃)可以改善M-A组元的韧性。

d. 应变实效脆化。对焊接构件进行冷热加工所引起的局部应变、塑性变形,会影响HAZ的性能,特别是断裂韧性。

HAZ的韧性只能通过在可能的情况下调整基材合金元素的体系和采取某些工艺措施在一定的范围内加以改善。如对低合金钢,应控制含碳量,使合金元素的体系为低碳微量多种合金元素的强化体系,使之在焊接冷却时在HAZ分布有弥散强化的质点,在组织上能获得低碳马氏体、下贝氏体和针状铁素体等韧性较好的组织。合理制定焊接工艺,正确地选择焊接线能量和预热、后热温度是提高基材韧性的有效措施。由图2.23可见,对于所考察的C-Mn钢而言,为获得良好的韧性线能量有最佳值。应控制线能量既不可太大,以免过热致晶粒粗化;又不可过小,以免过分快冷而致组织硬化。

2.2.5 焊接缺陷的控制

1. 焊接裂纹及控制

焊接裂纹一般有两种情况。一种是在堆焊层金属从液态到固态凝固的末期(固-液态)产生的裂纹,可称为"热裂纹"。一种是在堆焊金属已完全凝固之后,在冷却到接近室温时形成的裂纹,可称为"冷裂纹"。

堆焊接头产生裂纹的临界条件可以表达为

$$\delta_{min} \leqslant \varepsilon \tag{2.15}$$

式中,ε为形成裂纹的局部位置实际产生的拉伸应变量;δ_{min}为形成裂纹的局部位置所具有的最低塑性。

ε主要与材料的膨胀系数有关,也与拘束度有关。而δ_{min}则主要取决于材质特性。

(1)热裂纹的产生及控制

①热裂纹的产生及其影响因素

热裂纹是高温下在焊缝金属和焊接热影响区中产生的一种沿晶裂纹。在高温阶段当晶间延性或塑性变形能力δ_{min}不足以承受当时发生的应变ε时,即发生高温沿晶裂纹。这类裂纹一般沿焊缝的轴线连续或断续地分布,从微观上看主要沿晶界或亚晶界分布。热裂纹的沿晶特征主要是富集于晶界的杂质引起的。金属结晶时,先结晶的金属比较纯,后结晶的杂质较多,并富集于晶界。钢中的硫、磷等杂质都具有形成低熔点共晶的作用,在金属凝固过程中,低熔点共晶被排挤在晶界形成一种“液态薄膜”。由于收缩时受到拉伸应力,这种毫无强度的液态薄膜便被拉裂。

焊缝结晶裂纹的产生主要决定于:

a. 脆性温度区 T_B 的大小,T_B 越大产生结晶裂纹的倾向也越大;

b. 在脆性温度区内金属的塑性,塑性越小越容易产生结晶裂纹;

c. 在脆性温度区内的应变增长率,增长率越大越容易产生结晶裂纹。

以上三方面中,脆性温度区的大小和金属的塑性主要取决于冶金因素(化学成分、结晶条件、偏析程度、晶粒的大小和方向等);而应变增长率主要取决于力的因素(被焊金属的热物理性质、焊件的刚度、焊接工艺和温度场的分布等)。在诸因素中化学成分的影响是最本质的。

在碳钢和合金钢中:硫和磷能形成多种低熔点共晶,能显著增大裂纹倾向;碳能加剧硫、磷等元素的有害作用,是钢中影响结晶裂纹的主要元素,所以常用碳当量来评价钢种焊接性的难易;镍在低合金钢中易与硫形成低熔点共晶,引起结晶裂纹;但锰具有脱硫作用,能置换 FeS 为 MnS,并使薄膜状 FeS 改变为球状分布,从而提高了焊缝的抗裂性。

②热裂纹的防止措施

ⅰ冶金因素方面

a. 控制硫、磷、碳等有害杂质的含量。在被焊金属和焊丝中硫、磷的质量分数应小于0.03% ~0.04%,对于焊接低碳钢和低合金钢用的焊丝中的碳的质量分数一般不超过0.12%;焊接高合金钢时硫、磷的质量分数必须限制在0.03%以下,焊丝中的碳的质量分数更要严格限制,甚至要求在0.03%以下。对一些重要的焊接结构采用碱性焊条和焊剂可以有效控制有害杂质。

以 Mn13 为例,堆焊合金含磷量偏高时,奥氏体晶界会出现较多易熔液膜,因而在凝固后期拉伸应变增大时,易沿此液膜存在的晶界开裂。高镍钢或合金(如 Cr25Ni20,Cr15Ni35,Ni-Cr17Mo17W4),不仅硫或磷会造成偏析液膜,硅也会形成偏析共晶液膜,因而均促使产生“热裂纹”。如图 2.26 所示,只有限制 $w(\text{Si})<0.3\%$ 才可防止产生裂纹。

甚至在 Ni 合金焊接中微量 Mg（质量分数小于 0.12%）也会形成共晶液膜（$Ni+Ni_2Mg$ 共晶），从而促使形成热裂纹。含镍量越高，对杂质偏析越敏感。在同样含磷量条件下，Cr25Ni20 比 Cr18Ni8 钢更易产生热裂纹。

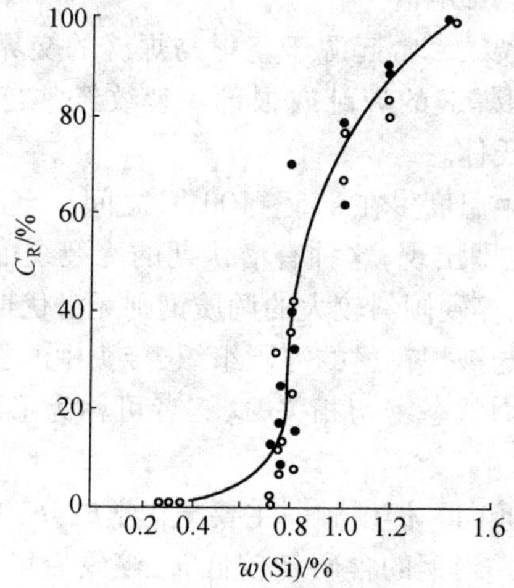

图 2.26　镍合金焊接时硅质量分数对热裂纹的影响（C_R—裂纹率）

总之，必须查明不同堆焊合金所敏感的有害杂质，尽可能提高堆焊合金纯度。

b. 向焊缝加入细化晶粒的元素。广泛采用的办法是向焊缝加入 Mo，V，Ti，Nb，Zr，Al 和稀土等细化晶粒元素。其中钛、锆和镧、铈等稀土元素能形成高熔点的硫化物，对消除结晶裂纹有良好作用。

ⅱ工艺方面

工艺方面主要是采用合理的焊接规范，进行预热缓冷，选择合理的接头形式，采用多层焊及注意焊接次序等。

（2）冷裂纹的产生及控制

①冷裂纹的产生及其影响因素

冷裂纹是由于材料在室温附近温度下脆化而形成的裂纹。由于冷裂纹往往是在零件的工作温度区间产生，一旦产生后会在工作应力的作用下迅速扩展，造成灾难性事故，因而更具危险性。

冷裂纹多发生在中碳钢、高碳及合金结构钢的焊接接头中，特别是易出现在热影响区。其常见的分布形态主要有以下几种。

a. 焊道下裂纹。距熔合线 0.1 ~ 0.2 mm 的近缝区中形成的微小裂纹，其走向大体与熔合线平行，也有垂直的。常发生在淬硬倾向大、含氢量较高的焊接热影响区。

b. 焊趾和焊根裂纹。常起源于基材与焊缝的交界、且有明显应力集中的缺口部位，即焊缝的焊趾或根部。裂纹经常与焊缝方向一致。组织均为粗大的马氏体。

c. 冷裂纹的发生温度多在 -75 ~ 100 ℃之间。至于冷裂纹的发生时间，有些焊后不立即出现，这种有潜伏期的冷裂纹可称延迟裂纹；有的焊后立即出现，如淬硬倾斜较大的调质钢则无潜伏期。

冷裂纹的形成与被焊钢材的淬硬组织、接头中的氢含量及其分布、接头所处的拘束应力状态密切相关，这三者可称为形成冷裂纹的三大要素。

a. 钢种的淬硬倾向。淬硬倾向主要与化学成分、焊接工艺、结构板厚和冷却条件有关。当钢的含碳量较低时，淬硬后得到的是低碳条状马氏体，其韧性较好，裂纹敏感性稍小；而含碳量提高时，就会转变为片状马氏体，由于在片内存在着平行的孪晶，亦称为孪晶马氏体。它硬而脆，对裂纹和氢脆的敏感性特别强。一般说来，钢的组织对裂纹和氢脆的敏感程度大致按下列顺序增加：铁素体或珠光体、下贝氏体、低碳马氏体、上贝氏体、粒状贝氏体、岛状 M-A 组元、高碳孪晶马氏体。

由于马氏体转变是不平衡转变，相变速度快，因而淬硬还会产生空位和位错等缺陷，它们的聚集会造成裂纹源。

表 2.5 简要概括了常见堆焊合金及其典型组织特点。由此可知，多数堆焊合金的典型组织都存在脆性组织单元，如硬脆马氏体、莱氏体、网状碳化物、共晶等。其中一些碳化物硬度甚高，如 Cr_7C_3 的硬度达 1700 HV。所以它们产生裂纹的倾向相当大，并且多半是冷裂性质。

b. 氢的作用。焊接条件下，氢分解成原子或离子状态，并大量溶于熔池中。在随后的冷却和凝固过程中，氢来不及逸出而以过饱和状态残存在焊缝内。过饱和的原子氢或在金属晶格中自由扩散，或进入金属缺陷后成为分子状态。前部分具有活动能力的氢称为“扩散氢”，后部分称为“残留氢”。扩散氢在冷裂纹形成中起着重要作用，它决定了裂纹形成过程中的延迟开裂特点及其断口上的氢脆开裂特征，许多文献把氢引起的延迟裂纹称为“氢致裂纹”或“氢诱发裂纹”。

表 2.5　堆焊合金及其典型组织特点

类　型	合金系统示例	典　型　组　织
中碳合金钢	5Cr3Mo，5Cr5Mo4，4Mn6Si （w(C)= 0.3% ～0.6%）	马氏体+残余奥氏体
高碳合金钢	7Cr3Mn2Si，7Cr3SiMoNi （w(C)= 0.6% ～1.0%）	马氏体+残余奥氏体
中碳热稳定钢	3Cr2W8，5CrMnMo，5W8Cr5Mo2V	马氏体+残余奥氏体
高速钢	W18Cr4V（w(C)= 0.7% ～1.0%）	马氏体+网状碳化物
马氏体钢	2Crl3，3Crl3，4Crl3	马氏体
	Cr12	莱氏体
奥氏体钢	0Crl8Ni9，00Cr23Ni13	奥氏体+铁素体
	2Crl8Ni8Si7Mn2	奥氏体+硅化物
	Mnl3Mo2（w(C)= 1.0%） Mnl3Crl3（w(C) ≈0.8%）	奥氏体（快冷） 奥氏体+碳化物（缓冷）
合金铸铁	Cr30Ni7，Cr28Ni14Si4 （w(C)= 2.5% ～5.0%）	奥氏体+共晶碳化物+残余奥氏体（w(C)= 4% ～5%） 马氏体+共晶碳化物+残余奥氏体（w(C)= 2.5%）
	Cr4Mo4，W9B，Cr5V5 （w(C)= 2.0% ～4.0%）	亚共晶组织：马氏体+残余奥氏体+合金碳化物
碳化钨合金	W45MnSi，W60 （w(C)= 1.5% ～4.0%）	基地+WC、W2C 颗粒（基地：合金钢或铸铁，镍基合金或钴基合金）
钴基合金	Co-Cr30W5（w(C)= 0.7% ～1.4%）	奥氏体+共晶（γ+碳化物）
	Co-Cr30W12（w(C)= 1.75% ～3.0%）	过共晶组织：粗大 CrW 复合碳化物+共晶（γ+碳化物）
镍基合金	Ni-Crl6Si5B4（w(C)= 0.6% ～1.0%）	奥氏体+碳化物+硼化物
	Ni-Cr17Mo17W4（w(C)<0.1%）	奥氏体+金属间化合物

氢在奥氏体中的溶解度要比在铁素体中的溶解度大得多。由于焊

缝与近缝区基材的相变不同步,冷却中当焊缝中的 A 已分解转变为 F 时近缝区仍为 A 组织,这样氢很快地越过熔合线向尚未发生分解的近缝区扩散。因氢在 A 中的溶解度大而扩散速度小,在近缝区转变前不能扩散到距熔合线较远的基材中,便在熔合线附近形成了富氢地带。当滞后转变的富氢热影响区发生 A 向马氏体转变时,氢难以扩散离开,便以过饱和状态残留在马氏体中,促使该区域进一步脆化。这就是冷裂纹易于在熔合区产生的原因。若该区域还有缺口存在,则更加剧了裂纹的敏感性。当焊接某些超高强钢时,有时由于焊缝合金成分复杂,使得热影响区的组织转变先于焊缝进行,这时氢就从热影响区向焊缝扩散,就可能在焊缝出现裂纹。

冷裂纹不仅与上述的“相变诱导扩散”有联系,还与氢的“应力诱导扩散”过程有联系。焊接接头在应力的作用下,会在微观缺陷构成的裂纹敏感区域附近形成局部三维应力场。氢具有向该区域扩散的倾向,应力随着氢的扩散而增高,缺口尖端塑性应变也随之加大。当氢扩散聚集的浓度达到临界值时,就会发生开裂并扩展。其后,氢又不断向新的三维应力场扩散、聚集。这种过程周而复始地断续进行,直至成为宏观裂纹。

c. 应力的作用。在焊接条件下主要存在以下应力:不均匀加热及冷却过程中产生的热应力;金属相变时产生的组织应力;结构自身拘束条件所造成的应力。上述三种应力都受到各种条件的拘束,可把三种应力的综合作用统称为拘束应力。

②冷裂纹的防止措施

总的原则是控制影响冷裂纹的三大因素,即消除一切氢的来源、改善组织及尽可能地降低拘束应力。

i 冶金措施

应尽量选择抗裂性好的优质钢材和焊接材料,注意堆焊金属与基材的合理配合。可考虑选用低氢或超低氢焊条,并严格控制焊条药皮的含水量。一般情况下,焊接材料中的水分、油污、铁锈及空气中的湿气是焊缝金属中富氢的主要来源,要重视其防潮。对于某些淬硬倾向不太大的高强钢将焊条进行 450 ℃烘干后使用可防止冷裂纹产生;采用奥氏体焊条既可避免采取预热措施又能防止冷裂纹产生;在焊条中复合加入表面活性元素 Te、Se 和稀土元素 Re 等可显著提高接头的抗冷裂性能;使用碱性药芯焊丝 CO_2 气体保护焊,能获得低氢焊缝。

ⅱ工艺措施

包括正确选择焊接规范、焊前预热、焊后缓冷、焊后后热及焊后热处理等。确定预热温度时,必须综合考虑钢种成分、焊接材料、坡口形式、焊缝金属含氢量等因素;选用合适的后热工序可适当降低预热温度和代替某些重要焊件的中间热处理。对于一些低合金高强钢厚壁容器的焊接采用后热 300 ~ 350 ℃,保温 1 h,可避免裂纹,并能使预热温度降低 50 ℃。

对于表 2.5 中列出的许多产生裂纹倾向大的堆焊合金,为提高其塑性,常常不得不采用高温预热办法来改善组织,有时还要采用"短小焊道"、"分散断续"的施焊工艺,以减小收缩应变。如高碳低合金堆焊合金一般应预热350 ~ 400 ℃;铬-钨、铬-钼热稳定堆焊合金一般应预热 400 ℃,焊后缓冷;高铬马氏体堆焊合金中 2Cr13、3Cr13 需预热 300 ~ 400 ℃,而碳的质量分数大于 1% 的 Cr12 一般应预热 500 ℃以上;高铬合金铸铁堆焊合金一般应预热 400 ~ 600 ℃。但 Mnl3 奥氏体钢堆焊合金为另一种典型,堆焊后急冷可获得单一奥氏体组织,产生裂纹的倾向显著减小。而若堆焊后缓冷,则得到奥氏体和碳化物的混合组织(见图 2.27),韧性很差,产生裂纹的倾向明显增人。所以高锰钢堆焊绝对不可进行预热,而是要采用小电流,断续焊,焊后立即浇水冷却,以便减少堆焊区过热。

此外,要尽量降低焊接接头的拘束应力,如设计上应防止焊缝分布过于密集,尽可能消除应力集中部位,特别是缺口效应。

2. 气孔的形成及控制

气孔是指覆层(焊缝)表面或内部形成的连续或不连续的孔洞。其存在将显著降低金属的强度、塑性以及气密性、耐蚀性等性能,并可造成应力集中及裂纹。

①形成气孔的条件

气孔的实质是熔池凝固期间未能来得及浮出而残留于已凝固堆焊金属中的气泡。气泡的形成受扩散控制,须经形核与长大才能稳定存在。在焊接条件下,存在着有利于气泡产生的条件。首先,过热的熔池金属会从外界吸收大量气体(H_2, N_2 等),其数量可显著超过开始凝固

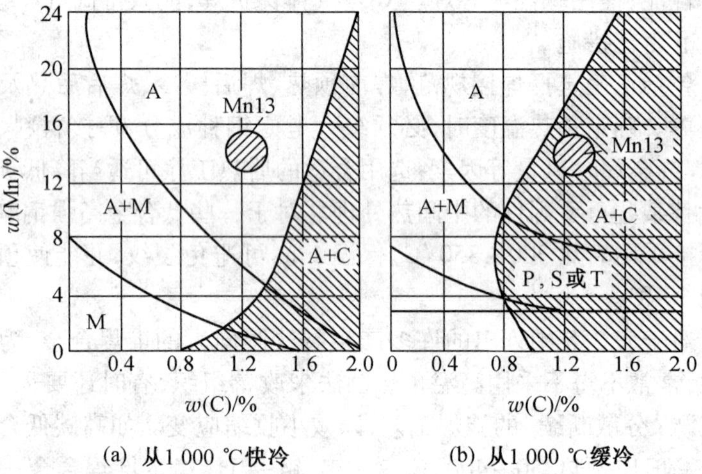

图 2.27　高锰钢堆焊组织图

时的溶解度，同时还由于化学反应形成根本不溶于金属的气体（CO，H_2O，H_2S 等），从而可使液态金属被气体过饱和。这样，在结晶前缘固液相的交界处，按溶质分布规律（分布系数小于 1）可知，气体的过饱和度将更大。其次，固液共存的结晶前缘正是气泡形核的良好基地，形成气泡所需能量最小。

一旦形成气泡并稳定存在后，周围气体可继续扩散至气泡之中，气泡即长大，同时还要向外逸出。产生气孔的条件可表示为

$$v_e \leqslant R \tag{2.16}$$

式中，R 为熔池金属凝固速度；v_e 为气泡浮出速度，可用 Stokes 公式表示为

$$v_e = K(\rho_L - \rho_G) r^2 / \eta \tag{2.17}$$

式中，ρ_L 为液体金属密度；ρ_G 为气泡密度；r 为气泡半径；η 为液体金属黏度；K 为常数。

分析可得以下结论。

a. 熔池金属凝固速度 R 越快，越不利于气泡浮出，越易产生气孔。

b. 液体金属迅速进入凝固后，其黏度 η 会迅速增大，不利于气泡浮出。特别是焊缝根部（尤其是熔深大时）容易产生气孔。有的合金（如镍及其合金）液态时流动性较差，即具有更大的 η 值，所以更易形

成气孔。

c. 由于气泡密度 ρ_G 远小于液体金属密度 ρ_L，因而气泡浮出速度主要取决于金属密度。ρ_L 越小，则 v_e 值越小。所以轻金属（Al，Mg）焊接时易于产生气孔。

d. 气泡半径 r 越大，越利于浮出。换言之，原始气体数量不足以使气泡半径增大时，产生气孔的可能性很大；而原始气体数量多到可以使气泡半径大到足以完全浮出时，反而不易产生气孔。

e. 如采用预热，降低焊接速度，降低 R，造成 $v_e>R$ 的条件，可能使气泡来得及完全浮出，从而不产生气孔。若 $v_e\approx R$，则可形成外表可见的“外气孔”；若 $v_e<R$，则将形成外表难见的“内气孔”。所以，是否形成“内”或“外”气孔，应与气体种类无关，而主要取决于 v_e 与 R 的对比关系。

②气孔形成的控制

ⅰ工艺措施

首要的是消除各种气体来源。如认真清除焊接部位的氧化膜、铁锈、油污和水分；正确进行焊条和焊剂的烘干（一般碱性焊条的烘干温度为 350 ~ 450 ℃，酸性焊条的烘干温度为 200 ℃）；合理保管和存放焊接材料；清除保护气体中的气体杂质（H_2，O_2，N_2）。其次，要正确进行焊接工艺操作，合理控制焊接工艺参数，创造熔池中气体逸出的有利条件。

ⅱ冶金措施

要正确选择焊接材料，焊接材料的氧化性与还原性的平衡对气孔形成有显著影响。研究表明，当熔渣氧化性增大时，形成 CO 气孔的倾向随着增大；相反，还原性增大时，则形成氢气孔的倾向增加。在焊条药皮和焊剂中加入 CaF 及 SiO_2 可降低氢气孔倾向；在酸性焊条药皮中加入较强氧化性物质，有利于防止氢气孔产生。CO_2 保护焊时，引起气孔的重要原因是 CO，焊丝中必须含有足够的 Si、Mn 等脱氧元素。

2.3　热熔融涂层的形成与结合

热熔融涂层是由熔融态的涂料在固态基材表面上凝固并与之结合

而获得的涂层。热熔融涂层主要包括工程中常用的热喷涂涂层和熔结涂层。本节重点讨论热喷涂涂层。

2.3.1 热喷涂涂层的形成

1. 热喷涂的基本过程

热喷涂的基本过程包括:

a. 通过热源加热使喷涂材料成为液态或熔融态;

b. 通过气流或焰流使液态或熔融态的材料细化成熔滴;

c. 使液态或熔融态颗粒获得一定速度后喷涂到基体材料上形成涂层。

上述工艺过程是在极短的时间内进行的。特别是过程 a 与 b 几乎是同时进行的。在粉末喷涂时,由于喷涂材料为粉末,就不存在过程 b。过程 c 所占时间略长,例如丝材火焰喷涂时,如熔滴的飞行速度为 50~80 m/s,则熔滴从喷枪出来到基材表面所需时间大约为 10^{-2} ~ 10^{-3} s。对于近期发展起来的高速(或超音速)电弧喷涂、超音速等离子喷涂等新技术,由于其喷涂粒子的飞行速度已提高到接近音速至数倍音速,故相应的飞行时间可降低一个数量级。

2. 涂层的形成

(1)熔滴的形成与飞行

对于粉末喷涂,喷涂粉是在与喷涂方法相应的焰流(如氧-乙炔火焰粉末喷涂中的氧-乙炔焰流、等离子弧喷涂中的等离子焰流、爆炸喷涂中的混合气体爆炸冲击波)的裹挟中被加速和加热,并熔化成熔滴的。而对于丝材(或棒材)喷涂,则是用与喷涂方法相应的热源(如氧-乙炔火焰丝材喷涂中的氧-乙炔火焰、电弧喷涂中的电弧)将丝端连续加热到熔化状态,并借助于高速气流将熔化状态的丝材金属雾化成熔滴的。

喷涂方法、喷涂材料和工艺条件不同,熔滴的尺寸范围也不同。普通喷涂的雾化粒子一般为数十微米至数百微米;而在最近开发的纳米热喷涂中,涂层结构粒子已减小到200 nm 左右。装甲兵工程学院用高速电弧喷涂系统对其新开发的纳米粉体材料(其中 $w(TiO_2)=13\%$ 的 $Al_2O_3+TiO_2$)进行了实验,该纳米粉平均粒度为 80 nm,造粒处理后的平均粒径为 30 μm,喷涂后的涂层是由亚微米晶和纳米晶组成的一种混晶结构。

目前,用数字高速摄像和高速摄影等方法已能清楚地观测到丝材喷涂的熔滴粒子形成和雾化过程。如装甲兵工程学院分别用数字高速摄像和脉冲激光光屏法观测了用高速电弧喷涂系统喷涂几种实芯和粉芯丝材的电弧形态,粒子形成、雾化过程及粒子场的分布,图 2.28 是喷涂 Fe_3Al 粉芯丝材时丝端(电极端部)液滴形成与分离的几帧图像。测试表明,在宏观的电弧正常燃烧过程中存在着较频繁的瞬间断弧现象,电弧始终处于引弧-断弧-再引弧的循环之中;粒子(液滴)最初形态及尺寸与喷涂材料、电极极性、气流速度、电流大小等参数有关;粒子在飞行过程中受高速气流的作用不断地雾化(如喷涂铝丝材时,平均粒子尺寸由距枪口 15 mm 处的 42.1 μm 下降到距枪口 315 mm 处的 30.82 μm);高速电弧喷涂形成的粒子比普通电弧喷涂的更为细小和均匀。

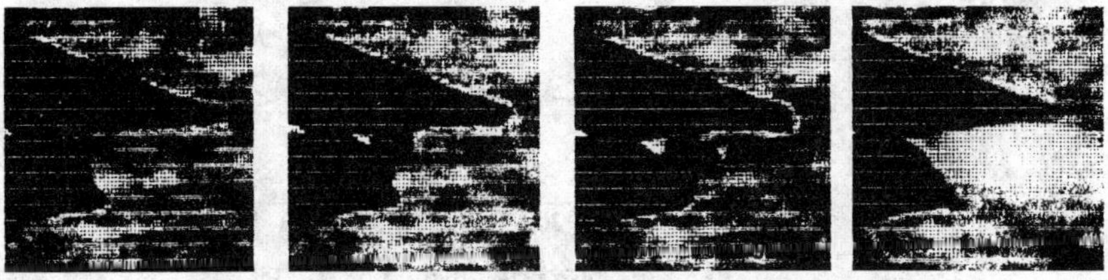

图 2.28　高速电弧喷涂时电极端部的几帧图像

(ZG-1 高速电弧喷涂系统,喷涂 Fe_3Al 粉芯丝材,直径 3 mm,电压 32 V,电流 200 A)

高速电弧喷涂喷枪出口处的气流通常为超音速,喷涂丝材的加入使该处的超音速流场发生变化,产生强涡流、斜激波和二次马赫锥。液滴在丝端受到气体动力、重力、斑点力、气体阻力、表面张力等的综合作用,主要是气体动力与阻力(包括气流造成的涡流吸力)推动液滴脱离丝端,并使其在飞行中进一步雾化。电弧喷涂气流流速沿喷枪口轴线的分布以及 3Cr13 喷涂粒子平均速度与喷涂距离的关系分别如图2.29 和图 2.30 所示。

液滴材料在形成和飞行过程中要发生氧化、蒸发和升华,并很容易吸收气体。一般情况下,组成涂层的颗粒外表包有一层氧化膜,在颗粒之间的熔融部分则不存在这种氧化膜。与喷涂材料相比,涂层的含碳量要降低,电弧喷涂由于电弧温度高与保护性差,降低会更为明显。

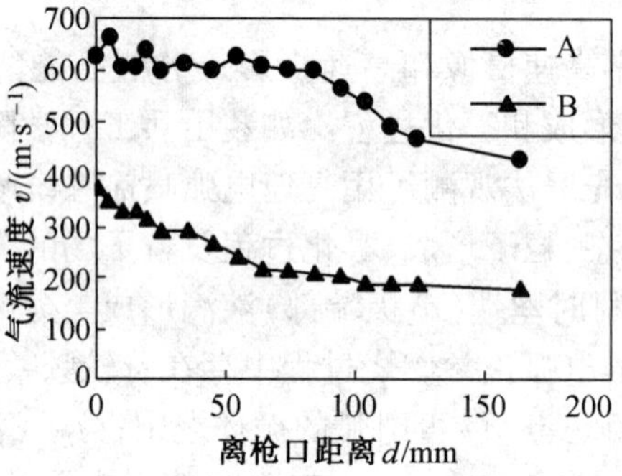

图 2.29　气流流速沿喷枪口轴线的分布

A—高速电弧喷涂;B—普通电弧喷涂

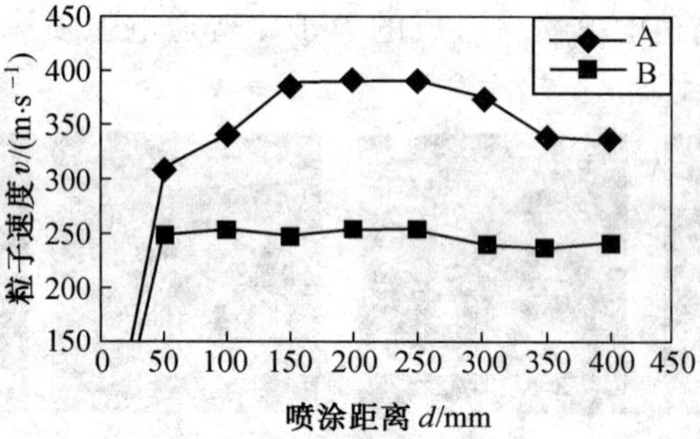

图 2.30　3Cr13 粒子平均速度与喷涂距离的关系

A—高速电弧喷涂;B—普通电弧喷涂

喷涂熔滴在到达基材之前,保持在液态或熔融态。熔滴在离开电弧(或火焰芯部)加热区后,温度会急剧下降,其主要原因是热辐射,同时还伴有对流和蒸发。熔滴体积越大温度下降越慢。

(2)熔滴在基材上冲击着落

熔滴撞击着落在基材上会形成如图 2.31 所示的片状,并放热冷却。熔滴颗粒在基材表面形成第一层涂层后,待第二个颗粒撞击同一表面区约经 0.1 s 左右,这段时间可以使第一层颗粒得到冷却。第二层薄片形成后将通过已形成的薄片向基体方向散热。

喷涂熔滴冲撞到基材后的温度及其分布与熔化的喷涂材料、熔滴颗粒大小、热容量等有关。为达到良好的冶金结合,希望熔滴冲撞到基材时的瞬时温度能够达到基材的熔点以上。

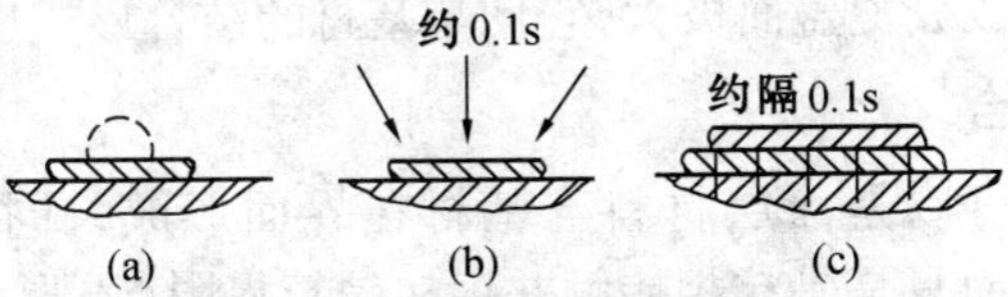

图 2.31　涂层形成示意图

在涂层形成过程中，受喷涂条件的影响，有时会产生孔隙等缺陷，如图 2.32 所示。当熔滴平行地喷向基材表面，冷却结晶所形成的小薄片不能完全重叠，会形成如图 2.32（a）、（b）所示的孔隙；在基材表面上的凹陷处若含有空气或其他气体，也会形成孔隙并发生涂层结合不良的现象，如图 2.32（c）所示。

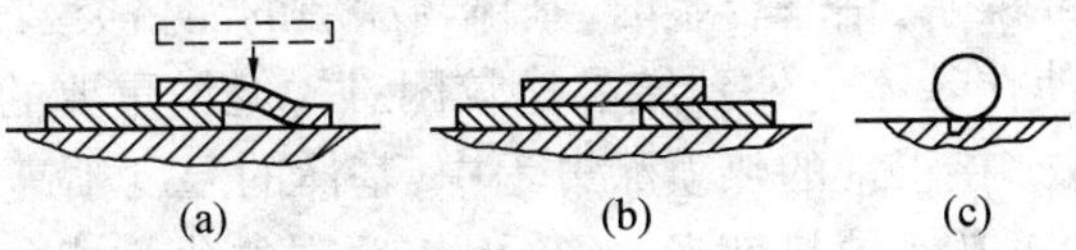

图 2.32　涂层孔隙形成示意图

涂层的缺陷还与喷涂粒子的状况有关。当被加热到过热状态的粒子中含有气体时，在其表面能和撞击力很大的情况下会发生飞散，如图 2.33（a）所示；在热应力作用下喷涂薄片中会产生裂纹，并导致与基体结合不良，如图 2.33（b）所示。喷涂粒子大小不同在喷涂过程中的运动倾向也不同，与大粒子相比，小粒子沿气流运动的倾向大并向外围扩散，这样就更易于氧化并造成与基材的结合较差，如图 2.33（c）所示。

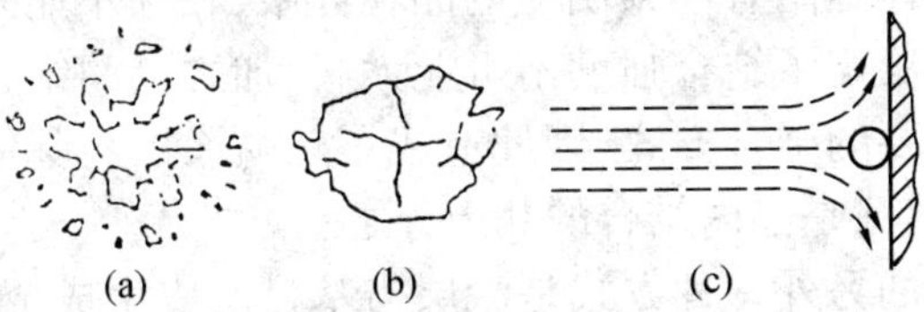

图 2.33　涂层缺陷的产生示意图

2.3.2　热喷涂层与基材的结合形式

热喷涂层的种类很多。从成分上看，有纯金属、合金、陶瓷、复合材料和高分子材料。从材料的供应形态来看，又可分为丝材、粉末等。由于这些材料的成分覆盖面极大，它们与基材的结合形式也差别极大。

1. 冶金结合

冶金结合可以是涂层材料与基材在界面形成共同晶粒（联生结晶），或者在界面只是晶粒相接触并存在晶粒界限（不形成共同晶粒），也可以相互间发生反应生成金属间化合物。形成共同晶粒的情况，可称为“晶内结合”，不形成共同晶粒而只是相互接触的情况称为“晶间结合”。

一般来说，热喷涂工艺中的涂层材料与基体的结合很少见到晶内结合的作用。也就是说，涂层材料在基体表面上的结晶过程，主要不是对基体晶格的外延。究其原因，首先是材料的差异。在钢基体上喷涂铝、陶瓷材料或镍基、钴基合金时，基体与涂层的晶格类型、晶格常数均极不匹配，这使在基体上外延结晶比较困难。但最重要的因素还是基体的温度太低。在正常的热喷涂过程中，基体的温度不高于 200 ~ 300 ℃。这可以减小基体的热变形，并确保熔覆层的化学成分不至于在喷涂过程中发生较大的偏离。在这样低的基体温度下，熔融金属所具有的能量（包括热能和动能）还不足以克服原子间的势垒，达到形成晶内结合的程度。但由于某些涂层材料自身的放热作用，也可能在某些显微点上出现局部熔化，导致该点形成晶内结合。

高速运动的熔融液滴撞击到基体表面后迅速铺开呈薄片状。冷的基体表面不仅为熔滴的结晶提供了极大的过冷度，而且还为其提供了现成的固态表面。于是在基体表面上迅速发生了形核和长大的结晶过程。涂层与基体之间有一条明显的晶粒界限，相互不能外延。由于这种结合的性质决定了结合强度不可能太高，加之晶间结合多是热喷涂层与基体最重要的结合方式，因此造成了热喷涂层与基体的结合强度比较低，其数值只是晶内结合的几十分之一。

冶金结合的另外一种方式是涂层与基材反应生成金属间化合物。这种反应的先决条件是必须有扩散过程（后面讨论的熔结工艺为扩散过程提供了条件）。一般认为，基材与涂层间的扩散所生成的化合物有利于提高结合强度。但在热喷涂工艺中，熔滴从接触基材表面到完成结晶过程，其时间很短，一般不大于 0. 1s。因此，大多数研究者认为，在这类工艺中没有基材与涂层相互扩散并生成化合物的过程。但有的研究者则认为，在这么短的时间里，扩散并生成化合物的过程仍能有条件地发生。例如,热喷涂常用的打底材料镍包铝粉末,在 660 ~ 680 ℃即发生剧烈的放热反应。即使在熔滴到达基材表面之后,放热反应还要持续若干微秒,有充分的热量促成与基材的反应,有可能形成某种形式的冶金结合,从而提高结合强度。尽管其他研究者认为,使用有放热效应的粉末所导致的结合强度的提高并不一定归功于扩散型化合物的产生,但这种提高确是一个不争的事实。

2. 机械嵌合

机械嵌合指具有一定动能的熔滴碰撞到经过粗糙处理的基材表面后与表面上的凸起和凹陷处形成的机械咬合。涂层的微粒与表面、微粒与微粒之间靠相互箝镶而连在一起。在粗糙度较大的表面(如经过粗粒喷砂的表面或有机制沟槽和螺纹的表面)上热喷涂时,机械嵌合具有重要作用。

实验表明,当在沟槽深度为 0.63 μm 的表面上喷涂镍包铝时,结合强度为 36 ~41 MPa。如果表面经过喷砂粗糙化后,则结合强度可达到 45 MPa。这在一定程度上反映了机械嵌合的作用。表面越粗糙,机械嵌合的效果越大。目前相当多的人认为,热喷涂层与基体的结合强度主要是靠其间的机械嵌合作用。在工程上,喷涂表面的粗化已成为必不可少的重要的预处理工序。

3. 物理-化学结合

所谓物理结合是指借助于分子(原子)之间的范德华力将喷涂层与基材结合在一起。在熔滴飞行速度高、撞击基材表面后变形充分的情况下,涂层的原子或分子与基材表层原子之间的距离接近晶格的尺寸,就进入了范德华力的作用范围。范德华力虽然不大,但在涂层与基材的结合中是一种不可忽视的作用因素。

在热喷涂高分子化合物的场合,应考虑化学结合的贡献。化学结合是指涂层分子与基材表面原子生成化学键而形成的结合。例如在喷涂环氧树脂时,环氧树脂中含有的脂肪族羟基($\underset{\displaystyle\text{OH}}{\underset{|}{\text{—CH—}}}$)、醚键(—O—)和环氧基($\text{—CH}\overset{}{\underset{\diagdown\text{O}\diagup}{\text{——}}}\text{CH—}$)被加热活化。当环氧树脂聚合物分子与基材表面紧密接触时,这些极性基团有利于与金属原子形成

化学键并形成物理吸附,从而获得一定的结合强度。

2.3.3 影响结合强度的主要因素

1. 润湿性

将一液滴置于固体表面上,若液-固-气系统中通过液-固界面的变化可使系统的自由能降低,则液滴就会沿固态表面自动铺开。润湿程度的好坏用液体在光滑固态表面上润湿角 θ 的大小来衡量(见图2.34)。

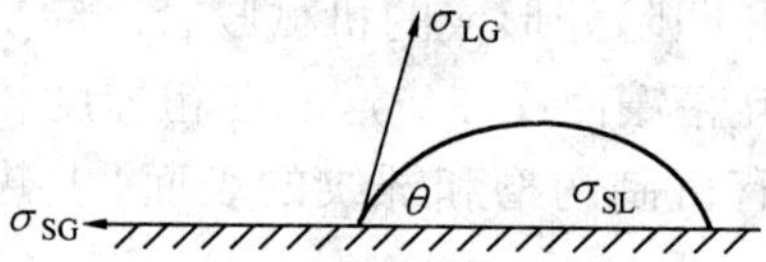

图 2.34 液-固-气界面示意图

如果用 σ_{SL},σ_{LG}和 σ_{SG}分别表示固-液、液-气和固-气界面间的界面张力,则在平衡状态下液-固-气三相交点处的力应该达到平衡,即

$$\sigma_{SG}=\sigma_{SL}+\sigma_{LG}\cdot\cos\theta \tag{2.18}$$

或者

$$\cos\theta=\frac{\sigma_{SG}-\sigma_{SL}}{\sigma_{LG}} \tag{2.19}$$

可以看出,润湿角 θ 与各界面张力的相对数值有关。而 θ 角是大于还是小于90°(即 $\cos\theta$ 小于零还是大于零),则取决于 σ_{SG}和 σ_{SL}的相对值。若 $0<\theta<90°$,即为有润湿性;若 $90°<\theta<180°$,即为润湿性不好。当 $\theta=0°$时,为完全润湿;而当 $\theta=180°$时,则为完全不润湿。

正确地选择涂层材料并使之与基材相匹配,是获得良好润湿性的首要问题。喷涂中常用的 Ni-Cr-B-Si 系列合金虽然可以在低、中碳钢表面上润湿,却不能很好地在钢的渗碳层表面上润湿。这类问题应当在选择涂层材料时就予以考虑,以免在施工后发生剥落而造成损失。属于润湿不良的金属匹配有:Fe-Ag,Fe-Pb,Fe-Cd,Fe-Bi,Cu-Bi,Cu-Pb,Cu-Mo,Cu-W,Cr-Bi,Cd-Al,Pb-Al,NiCrBSi-渗碳层,NiCrBSi-镀铬层等。

2. 孔隙

形成孔隙的原因与液态金属的流动性以及液态金属与基材的润湿性有关。当熔滴的温度偏低时,液态金属的流动性差,不易将已凝固的涂层颗粒之间的空隙填满。经验证明,若是喷涂粉末在飞行过程中未完全熔化,则涂层的孔隙率会大幅度增加。在熔滴充分熔化且流动性好的情况下,熔滴与固态金属(包括已凝固的熔滴颗粒和基体表面)的润湿性则起着决定性的作用。如果润湿性良好,液态金属便可借助自身的动量和毛细现象的共同作用充满颗粒间的空隙和凹陷。尽管液态金属与已凝固的颗粒是同质的,从理论上讲应该可以完全润湿,但实际上由于氧化的作用,在熔滴表面和凝固的颗粒表面可能存在着局部甚至是完整的氧化膜,使熔滴与固态金属的润湿性降低。即使熔滴的流动性和润湿性均好,熔滴在凝固之前是否有足够的时间流动并填充空隙和凹陷仍是一个问题。如果基材的温度偏低,熔滴撞击表面后的冷却过于迅速,也同样会造成孔隙率的上升。

在热应力作用下,凝固后的涂层常会产生裂纹。孔隙或裂隙的存在,降低了涂层的有效承载面积,破坏了涂层的连续性,从而损害了涂层与基材的结合强度。孔隙还能降低涂层本身的强度。例如,钢丝的拉伸强度为1 000 MPa左右,而同质材料热喷涂涂层的拉伸强度则在300 MPa以下。

3. 氧化作用

覆层中,某些已凝固颗粒表面的氧化物质地疏松,会直接危害涂层的强度。涂层裂纹的位置多发生在颗粒与颗粒之间,这与氧化物的存在不无关系。

熔滴的大小对氧化的敏感程度不一。小熔滴比大熔滴更容易氧化。一方面,小熔滴的比表面积大,表面活性强,容易氧化;另一方面,小熔滴的质量小,更容易在气流的作用下飞向焰流的外围,在失去了原有保护情况下与外界空气接触氧化,导致结合性能差。

4. 基材表面状态

基材的表面状态包括表面的清洁程度和表面粗糙度。当表面上有水分、油脂、铁锈和氧化物等污物时,由于它们妨碍熔滴与基体的润湿,阻隔熔滴与基体分子之间的靠近,会大大降低喷涂质量。

粗糙化后的表面上存在着大量的沟槽和凹坑。这有利于增加涂层与基材的机械嵌合强度。同时,表面上大量的沟槽有利于熔滴在表面上的铺展,因为毛细作用会促使液态金属沿着沟槽在表面上展开。

喷丸处理是一种常用的表面预处理方法。它首先将基材表面的各种杂质清除,露出新鲜的基材表面,然后使表面粗糙化。有资料表明,喷丸处理可以将表面积增加 10 倍以上,也就是说在粗糙表面上喷涂可使熔滴接触的实际面积大幅度增加。

基材表面温度也可归在表面状态的范围之内。喷涂前对基材进行整体预热或用喷枪火焰对基体表面加热,使表面温度上升,会提高涂层的结合强度。

2.3.4 提高涂层结合强度的措施

(1)采用表面活化物质以改善液-固界面的润湿性

在热喷涂和熔结工艺中,广泛使用着含有 Si 和 B 的合金粉末,如 Ni-Cr-B-Si,Fe-Cr-B-Si,Co-Cr-B-Si 等。在高温下,B 和 Si 能使表面的氧化物还原,从而起到了清理表面的作用。还原反应所生成的氧化硼和氧化硅又复合成低熔点的良好熔剂——硅酸硼,有利于液态金属在基材表面上的润湿。

(2)保持基材表面的清洁与活性

在对表面进行除油、除锈和去除氧化膜的工序后,新鲜的金属表面遇到空气还会生成氧化物。为了保持表面的活性,可在惰性气体或真空中喷涂。对一些以压缩空气为气源的工艺,如电弧喷涂,宜使用空气去湿装置,保证空气质量。

(3)提高熔滴的飞行速度和动能

在熔滴与基材撞击的瞬间,熔滴的飞行速度和动能应尽量大些,以使液态金属在基材表面上变形更充分,能够更好地流动并填充空隙。同时熔滴速度越大,雾化效果越好,形成的粒子越细小,越容易得到细致密实的涂层。为了提高涂层质量,以提高焰流速度为核心的高速电弧喷涂、超音速喷涂和爆炸喷涂等工艺越来越受到人们的重视。

(4)对基材表面进行喷丸等粗糙化处理,增加覆层的结合强度

(5)尽量延长熔滴撞击到基材表面后液态的停留时间

这样既可以保证液态金属在基材表面上的充分流动、铺展并填充孔隙,又可以使液态金属与基材相互扩散,以期获得更好的冶金结合的效果。为了达到此目的,应尽量提高熔滴的温度。此外,对基材表面进行预热也是经常使用的一种办法。

(6)基材表面在瞬间、微区内的熔融,有利于提高结合强度

为做到这点,通常的方法是用镍包铝、铝包镍粉进行打底,利用其放热效应形成基材表面的微区熔融。

(7)采用过渡涂层

若涂层 A 与基材 B 的结合性能不能令人满意,可以考虑在 A,B 之间加入过渡层 C。C 的选择条件是它与 A,B 的结合性能良好。利用 A-C,C-B 的过渡连接实现 A 与 B 的满意结合。

(8)降低残余应力

涂层与基材热膨胀系数的差异往往造成二者之间产生残余应力。采用过渡涂层可以大大减少残余应力。

(9)在涂层材料中加入稀土元素

有资料报道,在电弧喷涂铝丝材中加入适量的稀土元素,可以有效地提高结合强度。

(10)优化工艺参数

在热喷涂工艺中,工艺参数的优化对于涂层的结合强度的提高至关重要。通过测试喷涂功率与结合强度的相互关系,可以得到一条曲线,从而找到优化的功率范围。当功率低于此范围时,喷涂材料不能充分熔化;而功率高于此范围时,则发生"过烧"。一方面,熔滴中的合金元素烧损;另一方面,液态金属的剧烈气化使飞行中的熔液很不稳定,甚至可能爆散。含气体较多的熔滴在撞击基材表面时也非常容易飞散开来,不能形成完整的涂层。

在电弧喷涂中,由于喷涂电压的变化范围一般不大,通常多是通过调节电流来调节喷涂功率。涂层的质量不仅受到所选电流大小的直接影响,而且也受到喷涂过程中电流的稳定性的较大影响。实验证明,使用普通硅整流电弧喷涂电源与使用带有计算机模糊控制系统的逆变电源相比,喷涂电流的波动率可由前者的 33% 下降到后者的 11%(见图 2.35)。电流波动率的减小使得电弧燃烧稳定,微观断弧现象减少,从而导致涂层粒子均匀致密,质量提高。

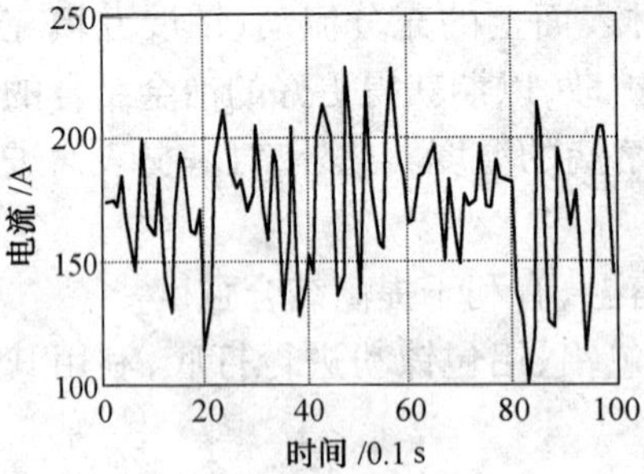

(a) 喷涂硅整流电源

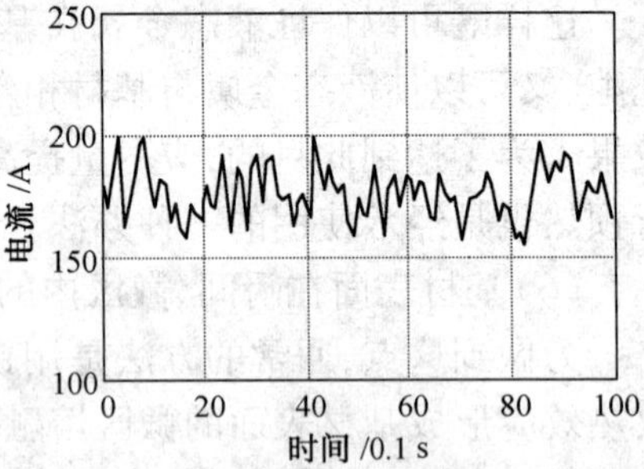

(b) 带有计算机模糊控制系统的逆变电源

图 2.35　电弧喷涂电流的波动率测量

2.3.5　熔结结合的特点

熔结的含意较广，采用的方法较多。生产中常用的有氧-乙炔火焰粉末喷熔、等离子喷熔和真空熔结等方法。它们所使用的涂层材料多为自熔合金粉末。

熔结一般包含喷涂（或涂敷）和重熔（或熔结）两个过程。前者是为了在工件表面喷撒（涂抹）涂层材料，后者则是用热源将涂层材料加热至熔融状态、润湿工件，进行自熔合金的脱氧、造渣等反应，以便得到结合牢固的熔敷层。

1. 涂层合金的润湿性及基材的适应性

熔结合金对工件表面的润湿性是指合金在工件表面上漫流和铺展的能力。只有合金能在固态基材表面充分铺展，既不流淌又不成球状，才能实现液态合金向固态基材的扩散和固态基材向液态合金中的溶解。影响润湿性的主要因素有以下几方面。

（1）涂层合金和基材的成分

基材表面生成的一些氧化膜会阻碍界面扩散反应的进行，降低润湿性。如含有活性元素 Al 或 Ti 的钢材，无论在空气中还是在 1.33 Pa 低真空下加热，在表面均能生成较致密稳定的 Al_2O_3 或 TiO_2 膜。从氧化物生成的自由能判断，无论 PSR-1 号的 NiCrBSi 涂层合金，还是 Co-50 号的 CoCrW 涂层合金都不能置换 Al_2O_3，TiO_2 中的 A1 和 Ti，都不能浸润 Al_2O_3 和 TiO_2 膜。为改善一些零件表面的润湿性，需要对其进行预处理,或在表面镀上 3 ~ 5 μm 的镀铁层。

除了工件中与氧亲和力大的元素(如铝、镁、钛、铌、钴、钨、钼、铜)在预热时表面会产生较多的氧化物,影响涂层合金对它的润湿外,某些钢材(如马氏体铬钼钢)在熔结时发生相变,会产生较大的组织应力,当应力超过涂层的自身强度时将产生裂纹;常用镍基和铁基合金的线[膨]胀系数多数在$(14 \sim 16)\times10^{-6}\ K^{-1}$,当基材的线[膨]胀系数小于$12\times10^{-6}\ K^{-1}$或大于$18\times10^{-6}\ K^{-1}$时,会因涂层产生过大的拉或压应力,导致裂纹或脱皮。上述情况可归纳为工件金属材料对熔结工艺的适应性不良。国内外将不同金属材料对熔结工艺的适应性归纳为以下几种。

a. 不需特殊处理就可熔结的材料。包括碳的质量分数小于0.25%的一般碳素结构钢;锰、钼、钒总的质量分数小于 3% 的结构钢;18-8型不锈钢和镍不锈钢;灰铸铁、可锻铸铁和球墨铸铁;纯铁和纯铜等。

b. 需预热 250 ~ 375 ℃且熔结后缓冷的材料。包括碳的质量分数大于0.4% 的碳素结构钢;锰、钼、钒的质量分数大于 3% 的结构钢;铬的质量分数大于或等于 2% 的结构钢等。

c. 不适于熔结的金属材料。熔点比所用合金粉末的熔点还要低的材料,如铝、镁及其合金;某些铜合金;铬的质量分数大于 18% 的马氏体高铬钢;热硬性高的镍铬、镍铬钼合金钢等。

(2) 基材的表面性质和状态

表面越清洁润湿性越好;粗糙表面的润湿性比光滑的好。

(3) 工艺条件

重熔温度升高使熔化合金表面张力降低,合金易铺展。但温度过高导致熔化合金流动性过大,造成流淌,并且会使工件表面的熔蚀加重。

润湿性的好坏还与熔结时的介质有关。在真空或氩气保护介质下润湿良好,在空气介质中则可能润湿不好。

2. 界面元素的互扩散

在热喷涂与熔结工艺中,尽管经常使用的涂层材料都是自熔性合金粉末,涂敷过程中涂层材料均被加热到熔融状态,但由于热喷涂是在较低温度的基材表面瞬间完成,而熔结是在与熔融涂层合金同温度的基材表面以相对较长的时间完成,涂层与基材有足够的时间和能量相互扩散,因而其结合强度约差一个数量级。熔结的抗拉强度一般在几百兆帕,有资料介绍,火焰喷熔与火焰重熔涂层与基材的抗拉强度可高达 600 MPa,抗剪切强度在 300 MPa 以上。

熔结时,一旦涂层合金熔化并润湿基材表面,便开始了合金元素与基材元素间的扩散与互溶,最后在合金与基材界面上出现一层几十到一百多微米的互溶区。这是一个熔敷层与基材间的过渡层,其熔点较基材为低,成分与熔敷层合金不完全相同,它使得熔敷层与基材间形成了类似于钎焊的牢固的冶金结合。该过渡层的组织对熔敷层的强度影响较大。如果其组织是固溶体,具有良好的强度和塑性,则会有较高的结合强度;如果形成的是共晶组织,由于共晶熔点低且性能较脆,将使结合强度变低;如果形成的是金属间化合物,由于化合物脆而硬,将使结合强度显著降低。

熔结温度对上述互熔区的宽度有较大影响。熔结温度越高,互溶区越宽。图 2.36 是 Ni-Cr-B-Si-81 涂层合金在 4Cr10Si2Mo 基体上,用电子探针进行分析的互溶区 Ni,Fe 两元素的分布曲线。由图可见,1 130 ℃熔结温度的互熔区比 1 090 ℃的加宽了,大量的 Fe 从基体扩散到涂层合金中,并“稀释”了涂层。金相分析表明,在涂层中还出现了不希望出现的针状相,影响了合金的性能。因此,在保证涂层合金充分熔融并与基体金属扩散互熔的前提下,熔结温度低些为好。当然,温度不能过低,否则会因合金熔融不充分而形成多孔疏松的涂层。

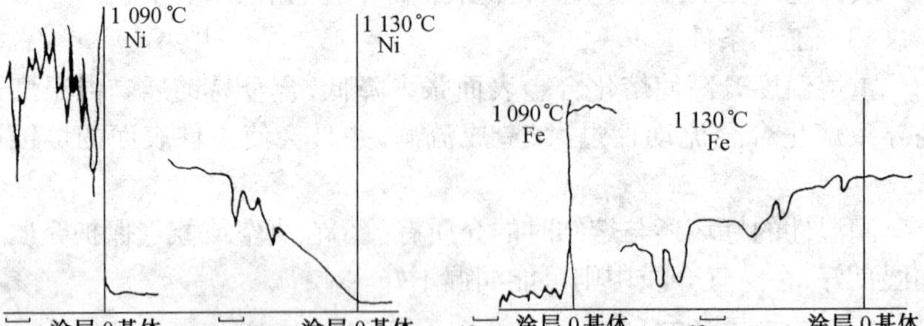

(a) Ni的分布曲线　　(b) Fe的分布曲线

图 2.36　Ni、Fe 两元素的分布曲线

分析 Ni-Cr-B-Si 涂层的组织构造,得出其相组成主要包含有表 2.6 列出的母体相、熔相和硬相三种。

表 2.6　Ni-Cr-B-Si 自熔剂合金的相组成

相　别	相　组　成	显微硬度(HV)
母体相	Ni-Cr, Ni-(Cr, Fe), Ni-(Cr, Si)	340
熔　相	$Ni-Ni_3B$, $Ni-Ni_2B$	900
硬　相	$\varepsilon-CrB$, CrB_2, Cr_7C_3	1 400 ~ 2 000

对采用氧-乙炔火焰喷熔、喷涂后氧-乙炔火焰重熔(二步法)与等离子喷涂后炉内重熔三种工艺制备的 WC 增强镍基自熔合金涂层与 38CrMoAl 钢基材的结合界面形态的研究表明,在涂层熔化过程中涂层合金与基材之间发生成分的相互扩散,以基材中的 Fe 向熔融涂层的扩散为主,基材表面温度高时 Fe 的扩散量较大、扩散距离较远。界面处形成的是致密完整的 Fe-Ni 单相固熔体组织(白亮区)。表 2.7 为其中火焰喷熔界面附近的成分分布。

表 2.7　WC 增强 Ni 基自熔剂合金火焰喷熔涂层成分分布

区域	Ni	Cr	Fe	Si	Al	Mo	W
A(近界面的基材)	0.91	1.37	96.78	—	0.43	0.52	—
B(界面白亮层)	15.74	2.69	78.72	2.57	0.17	0.21	—
C(涂层底部)	20.68	5.13	65.17	3.11	—	—	5.91
D(涂层中下部)	53.10	3.50	38.61	3.31	—	—	1.46
E(涂层中部)	60.52	3.42	29.55	4.27	—	—	2.24
F(涂层上部)	69.52	4.18	15.95	7.29	—	—	2.43

注:喷涂粉末 75NiCrBSi 的成分(质量分数):(Cr 为 15% ~18%,Fe 为 14% ~17%,B 为 3% ~4.5%,Si 为 3% ~4%,C 不大于 1%)及 WC 为 25%。

某些涂层合金与基材熔结时会在界面上产生金属间化合物,例如在钢表面上熔结含有大量钼颗粒的合金时,就会在界面上产生 Fe_3Mo_2, Fe_7Mo_6 之类的金属间化合物。由于有些金属间化合物的硬度极高,韧性欠佳,故对界面的综合力学性能可能产生负面的影响,当涂层受到冲击载荷时,会首先在金属间化合物处萌生裂纹,进而导致涂层剥落。因此,促进或避免某种金属间化合物的形成是选择涂层材料并使之与基材匹配时所必须考虑的一个问题。

2.4 镀层的形成与结合

镀层是采用电镀（或化学镀）所获得的一种覆层。通常电镀（或化学镀）都是在有大量电解质及溶剂分子的溶液中使金属表面形成覆层的过程，称之为湿法镀，区别于金属的气相沉积之类的干法镀。就镀层的晶体学结构来说，金属的湿法镀和干法沉积表现出完全相同的物理现象，具有相似的研究方法和制取方式。但是湿法镀层的形成及界面结合机理却更多地涉及物理、化学以及金属学等学科，其理论研究的进展完全依赖于上述各学科的理论和先进技术手段的应用及发展。由于湿法镀的体系更复杂、品种更繁多，目前关于其镀层的结合机理的研究多为具休镀种体系，还缺少全面论述的专著，故本节主要介绍电镀工艺中镀层结合理论的一些基本观点。

2.4.1 金属电沉积的反应步骤

电沉积过程发生于电极-溶液的界面，因此要理解镀层沉积的原理，便要分析电极-溶液界面的基本反应和与此相联系的各个反应步骤。电沉积进行时，电流从一个固体相的电极通过界面流入溶液，然后又穿越溶液与另一电极的界面从这个电极流出。电荷的传递是由一连串性质不同的步骤串联而成的一种复杂过程，在有些情况下还可能包含有并连其中的副反应。由于串联的约束，整个过程中的各个步骤的进行速度要被迫趋于相等，这样电极上不可逆反应速度才能进入稳定状态，电子才能按顺序正常地流动。

一般金属电沉积的历程可以区分为以下几个步骤。

a. 传质过程。镀液内参与反应的粒子向界面输送，以供沉积需要。

b. 表面转化。反应粒子在界面电荷交换前的前置转化，即反应前的准备步骤。

c. 电化学步骤。在界面上进行电子交换。

d. 相生成。放电后的金属离子形成镀层。

上述串联过程的整体反应速度将受反应最难或最慢的步骤控制，即其余的步骤将被迫以相同的速度进行，因而各步骤是既相互联系又相互影响的。在金属离子电沉积中,一般液相传质步骤往往进行得比较慢,因而该步骤常决定整个电极反应的进行速度。

1. 液相传质

在电镀中,电极界面处的金属离子因不断发生放电而被消耗,这种消耗由溶液本体中的离子来补充。这种消耗与输送过程使得越靠近电极表面处的离子浓度越低,即形成了向电极方向的浓度梯度。在溶液中,反应粒子的传送(液相传质)是通过电迁移、对流和扩散 3 种方式来完成的。

(1) 电迁移

这是溶液中带电粒子在电场作用下向电极迁移的一种传质过程。在通常的镀液中,都含有大量的不参加电极反应的导电物质,它们的存在使得靠电迁移输送反应粒子只占很小部分,甚至可以略去不计。所以单从这个角度而言,为改善镀液各种性能而加入的某些盐类对电迁移的效果是不利的。

(2)对流

溶体各部分间由于密度差、温度差等会引起对流,电镀中搅拌溶液或使零件运动等也有助于液相传质。但对流主要发生在液体的内部,在电极表面总会存在有相对静止的滞流层,即对流流动时的附面层——Prandtl 层。由于界面处的流速为零,因此向着电极界面方向也存在流速的梯度。溶液运动的流速越大,滞流层厚度 δ_{pr} 越小。可见对流作用一般也不是反应粒子向电极表面传质的有效方式。

(3) 扩散

在溶液中,若某一组分存在着浓度差,即使在静止的情况下,也会发生该组分由高浓度处向低浓度处的传送,即扩散。在电极表面附近的浓度变化区域 —— 扩散区内,离子浓度由电极表面处的浓度 C_S 逐渐增加到溶液本体浓度 C_0。稳态下扩散层的有效厚度 δ 与实际沉积时的工艺参数有关。假设浓度梯度为线性,并以电流密度 I 表示扩散流量,则

$$I = nFD\frac{C_0 - C_S}{\delta} \tag{2.20}$$

式中,D 为扩散系数,多数离子的 D 值接近于 $1 \times 10^{-5}\ cm^2/s$。通电前 $C_0 = C_S$,C_S 随着 I 的增大而减小。当 $C_S = 0$ 时,I 达到最大值,称为极限

电流密度 I_d，即

$$I_d = nFD\frac{C_0}{\delta} \tag{2.21}$$

将式(2.21)代入式(2.20)，可得

$$C_S = C_0\left(1 - \frac{I}{I_d}\right) \tag{2.22}$$

由式(2.21)可见，极限电流密度反比于扩散层的厚度 δ，而 δ 又受许多因素的影响。例如，在自然对流的条件下垂直放置的等电位平面，其

$$\delta = \left[\frac{1}{k}\cdot\frac{Dvl}{ag(C_0 - C_S)}\right]^{0.25} \tag{2.23}$$

式中，v 为运动黏度；k 为常数；l 为平面的高度；g 为加速度；a 为与电流密度有关的常数，即

$$a = \left(\frac{1}{\rho}\right)\frac{\partial\rho}{\partial C}$$

可见，在长的垂直电极上，δ 与其高度的 0.25 次方成正比，而与浓度差的0.25 次方成反比；相应的局部极限电流 I_d 与 $l^{0.25}$ 成反比，而与 $C^{1.25}$ 成正比，δ 也与溶液的黏度（流动性）有关。

电极表面附近影响电沉积的液层及其厚度范围为：紧密层厚度约为0.2 ~ 0.5 nm；分散层厚度可弥散达1 ~ 10 nm；扩散层厚度通常为 10^3 ~ 10^5 nm；而对流流动时的附面层 δ_{pr} 的厚度约为0.1 ~ 1 mm。显然扩散层远比界面双电层厚（电极 - 溶液界面双电层由紧密层和分散层组成）。

电镀速度受扩散过程控制时的阴极电极电位可表示为

$$\varphi = \varphi_e + \frac{RT}{nF}\ln\left(1 - \frac{I}{I_d}\right) \tag{2.24}$$

式中，φ，φ_e 分别为受扩散控制时的阴极极化电位和开路时的平衡电位；R 为气体常数；T 为绝对温度；n 为电极反应的电子数；F 为法拉第常数。

而扩散过电位 $\eta_{扩}$ 为

$$\eta_{扩} = \varphi_e - \varphi = -\frac{RT}{nF}\ln\left(1 - \frac{I}{I_d}\right) = \frac{RT}{nF}\ln\frac{I_d}{I_d - I} \tag{2.25}$$

扩散控制时的极化曲线如图2.37所示。曲线表明，电流 I 在 I_d 范

围内时电镀能够正常进行。如果超过 I_d 则电流效率下降，镀层恶化。

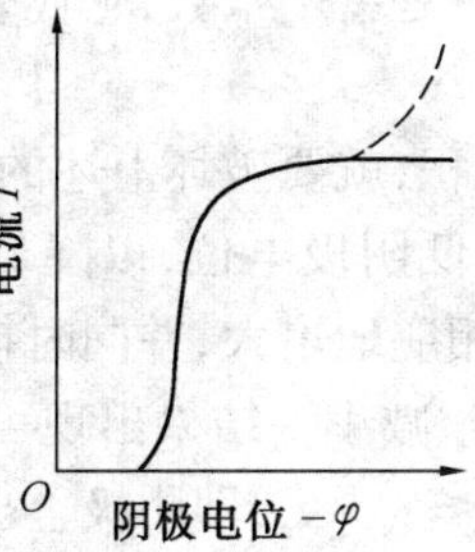

图 2.37　扩散控制时的极化曲线示意图

2. 表面转化

金属离子在电解液中的存在形态视电解液的组成而定，既可以是水化了的简单离子，也可以是同某种络合剂络合了的络离子。研究结果表明，最后能在电极与溶液界面处实际进行还原的金属离子，都是通过传质到达界面附近经过转化而成的较简单的离子。这种转化可能是脱去水化、配位数降低或配位形式改变等。如配位数较高的络合离子或水化程度较大的简单离子转化为配位数较低的络合离子或水化程度较小的简单离子，以 X 为配位体（络合剂）的络离子转化为以 Y 为配位体（另一种络合剂）的络离子。这种转化改变了粒子存在的形态，满足了界面反应的需要。

若表面转化步骤进行缓慢，便会制约整个沉积过程而成为控制步骤。表面转化步骤对电极极化的影响类似于电化学步骤。

3. 电化学步骤

金属电极（被镀工件）浸入含有该金属离子的溶液中的电极反应为

$$M^{n+}(\text{溶液}) + ne^- \underset{i_a^0}{\overset{i_k^0}{\rightleftharpoons}} M(\text{电极}) \tag{2.26}$$

式中，i_k^0 与 i_a^0 分别表示离子还原成金属的阴极反应速度（阴极反应电流密度）和金属溶解而进入溶液的阳极反应速度（阳极反应电流密度）。这两种反应是在同一电极上发生的。当此两方向相反的反应速度相等,即 $i_k^0 = i_a^0 = i^0$(i^0 称为交换电流密度)时,反应达到平衡,此时的电极电位即是平衡电位 φ_e。在电极材料、表面状态、溶液浓度和温度不变的情况下,交换电流密度 i^0 是一个常数,它代表着一种特定条件下的电化学反应的反应速度。

为了实现金属的电沉积,就要破坏上述的平衡状态。为此,需要借助外电源提供的能量来降低阴极电位,以降低阴极反应所需要的活化能,使阴极的反应速度 i_k 相应地增大,并同时提高阳极反应所需要的活化能,使阳极的反应速度 i_a 减小。结果出现可以用仪表度量的阴极净电流密度(又称外电流)$I_k = i_k - i_a$,即阴极上出现了以一定速度进行的金属离子还原成金属镀层的净反应。阴极电位 φ 变负后,其偏离平衡电位的差值 $\eta_k = \Delta\varphi_k = \varphi_e - \varphi$,即为过电位(极化值)。$\eta_k$ 对 I_k 的影响可用动力学方程表示为

$$I_k = i^0\left[\exp\left(\frac{\alpha nF}{RT}\eta_k\right) - \exp\left(-\frac{\beta nF}{RT}\eta_k\right)\right] \tag{2.27}$$

式中,α,β 分别为阴、阳极反应的传递系数。可以看出,如果 I_K 比 i^0 大很多,则 i_k 必然比 i_a 大很多,则上式第 2 项可略去,电化学步骤将成为控制步骤,上式可以近似写为

$$I_k \approx i_k = i^0\left(\exp\frac{\alpha nF}{RT}\eta_k\right) \tag{2.28}$$

$$\eta_k = \varphi_e - \varphi = \frac{RT}{\alpha nF}\ln\frac{I_k}{i^0} \tag{2.29}$$

电化学步骤控制(电化学极化)和扩散步骤控制(浓差极化)的特征是不同的。前者在较小的电流密度下就出现阴极电位的急剧变负,即出现较大的极化值(见图 2.38);后者则要到电流密度接近或等于极限电流时才出现极化值的急剧增大。在实际电镀中总希望用较高的电流密度来提高生产率,但其值受到极限电流密度的限制。使用的电流密度越趋于这个极限时,传质不足的影响也就表现得越加强烈。因此,在大多数情况下,电镀过程实际上会表现为传质和电化学步骤的混合控制,而使用的电流密度显著地低于极限电流密度。

传质和电化学步骤混合控制的阴极极化与电流密度的关系为

$$\eta_k = \frac{RT}{\alpha nF}\ln\frac{I_k}{i^0} + \frac{RT}{\alpha nF}\ln\left(\frac{I_d}{I_d - I_k}\right) \tag{2.30}$$

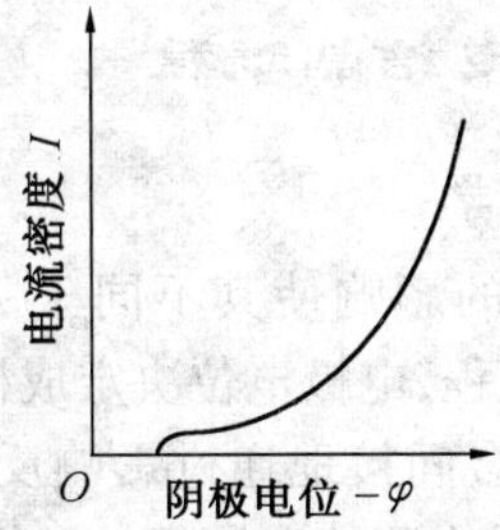

图 2.38　金属电沉积过程受电化学步骤控制时的极化曲线

图 2.39 是混合控制时的极化曲线。它大致可分为三个区域：Ⅰ区为以电化学步骤控制为主；Ⅱ区的电流密度约在 $0.1I_d \sim 0.9I_d$ 之间，阴极过程逐渐从电化学步骤控制转为混合控制；Ⅲ区为扩散步骤控制。

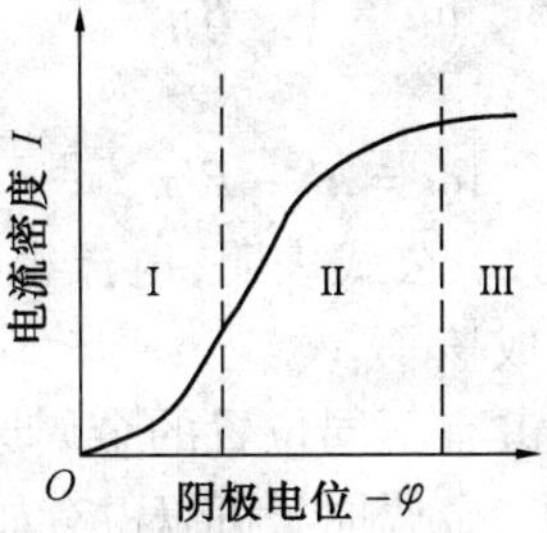

图 2.39　传质和电化学步骤混合控制时的极化曲线

4. 相生成

新相生成步骤即反应产物生成新相（如形成晶态结构或气泡）的步骤。对于这种在电场作用下溶液中的粒子构成电极上的晶态结构的过程，Fischer 首先引入“电结晶”一词来概括。

电流通过镀液在电极间建立电场，被镀金属离子从溶液的本体中通过传质不断输送到电极表面区，经过表面转化后金属离子在阴极上得到电子被还原成金属原子，而后进入固相的电极表面结构形成新相，这些便是阴极上金属电沉积所经历的过程。

在各种不同电极过程中，任何一个电极过程都包括传质步骤、电化学步骤和新相生成步骤，某些电极过程还包括电化学步骤之前和之后的转化或其中之一，某些除了连续反应外还可能出现平行反应。

2.4.2　金属的电结晶过程

1. 电结晶过程的动力学

金属电结晶中，电场的影响使其不同于一般过饱和溶液等的结晶。电场直接影响结晶过程，电极电位决定成核方式，过电位提供镀层沉积生长的动力；电场也会间接地通过影响反应区的局部环境（如析氢导致 pH 值变化，改变反应区的温度等）而使沉积物改变，也可促使形成氧化物、氢氧化物夹杂等。

在自然界中，生成新相总是和"偏离平衡"相联系的。在电结晶过程中，也只有出现了一定的过电位后才能生成新的晶粒。Erdey – Gruz 和 Valmer 曾给出形成晶粒时成核电流密度 i 与过电位 η 关系。对于三维晶核

$$\ln i = A - B\eta^{-2} \tag{2.31}$$

而对于二维晶核

$$\ln i = A' - B'\eta^{-1} \tag{2.32}$$

式中，A,B,A',B' 均为常数。公式表明，电流密度与过电位关系密切，电流密度升高，易于促使成核。

晶面（电极表面）上占有不同位置的金属原子具有不同的能量。例如在理想晶体的晶面上，金属原子可以占有如图 2.40 中所示的 a,b,c 三种位置，其能量顺次降低。晶面上的原子只有到达 c 位置才能稳定下来。据此，金属离子的放电结晶可按不同的方式进行。

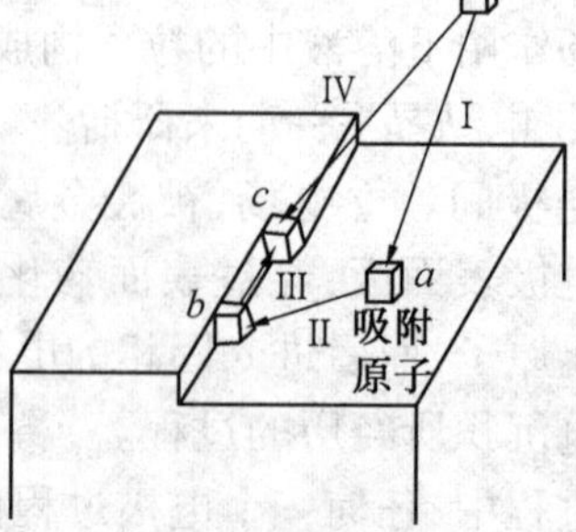

图 2.40　结晶过程的几种可能历程

a. 放电过程在“生长点”上发生(图 2.40 的过程 Ⅳ) 放电步骤与结晶步骤合而为一。

b. 放电过程在晶面上的任何位置发生,放电后的粒子先在电极表面上吸附,成为“吸附原子”(过程 Ⅰ),然后通过表面扩散转移到“生长线”或“生长点”(过程 Ⅱ、Ⅲ),以求能量达到最低。按这种方式,放电与结晶分开进行,而且电极表面上存在一定浓度的吸附原子。

c. 吸附原子在晶面上扩散的过程中,热运动导致彼此偶然靠近而形成新的二维或三维原子簇,以及新的生长点或生长线。如果这种原子簇达到了一定尺寸,还可能形成新的晶核。

在实际电镀条件下,被镀表面很少是单晶或单纯的指数面,一般都是杂有不同指数的晶面或台阶。不同晶面的表面能并不相同,因而结晶过程的速度也不相同。例如,铜单晶各面的交换电流密度 $i^0\{110\} > i^0\{100\} > i^0\{111\}$,各相应于 2×10^{-3},1×10^{-3},4×10^{-4} A·cm^{-2}。不同的沉积速度会造成优势生长现象,其结果使得快生长面消失,低晶格指数面让位于高晶格指数面。在此过程中,一些原有的晶面可能逐渐消失而会形成一些新的晶面。这样往往会促成在一定的电结晶条件下得到一定的沉积层结构。

实际晶体中总是包含有大量的位错,如果晶面绕着位错线生长,特别是绕着螺旋位错线生长,生长线就不会消失(见图 2.41)。在某些电沉积层的表面上,用低倍显微镜就可以观察到螺旋生长的台阶。一些“金字塔”形的晶粒则可能是一对方向相反的螺旋位错所引起的。

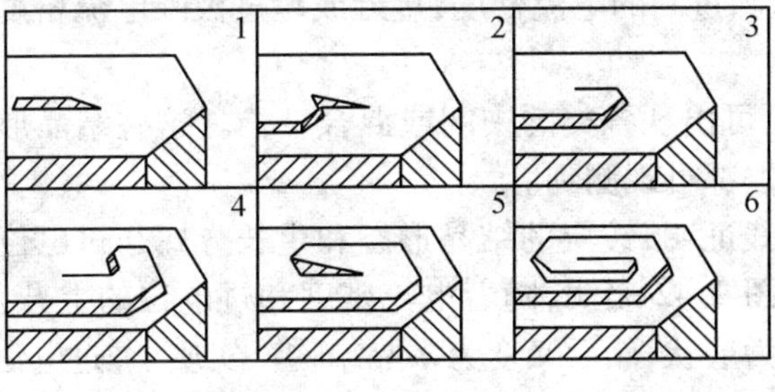

图 2.41　晶体沿着位错生长形成的螺旋位错形貌

生产条件下的研究结果表明:在被镀工件表面上,除了位错之外,针孔、气孔、划痕乃至微裂纹等缺陷都可以作为成核的中心。基体材料表面的杂质，特别是非金属夹渣也常是优先成核生长的部位。

2. 沉积物形态

电沉积层的结晶结构取决于沉积的金属本身的晶相学特征，但其形态与织构则在很大程度上决定于电结晶过程的条件。外加电位对基体金属自由能的影响和阴离子吸附等因素，是造成电结晶形态和结构不同于一般结晶的直接原因，并因此造成镀层形态和结构的多样性。镀层的结晶形态通常有以下几种。

① 层状。常见结构，有时每层还包括许多小的台阶。

② 金字塔状。往往在低电流密度下出现，其尺寸随电流密度的增大而减小。

③ 块状。可看做截头锥体。往往是因杂质或表面活性物质的吸附使垂直方向的生长受抑制而形成。

④ 屋脊状。杂质或表面活性物质的吸附使层状结构转化成条形的屋脊状。

⑤ 立方层状。属于块状与层状之间的过渡结构。

⑥ 螺旋。螺旋形生长成金字塔形，成层排列地转上顶尖。

⑦ 枝晶。树枝状的结晶，可以是二维或三维的。易于从简单盐类镀液中出现。电流密度大或杂质夹带也易于形成类似矮枝或小的突疣。

⑧ 晶须。属于线状的单晶。往往在高电流密度和带有有机杂质时出现。

⑨ 粉状。过高的电流密度，接近或超过极限电流密度时易于使镀层呈粉状。

此外，还可出现各类的中间或混合结构。这些结晶形态用电镜等表面分析方法都可观测到。

生产实践证明，镀层的结晶形态和生长方式与过电位和电流密度关系密切。图 2.42 表明，随着电流密度和过电位的上升，结晶形态由金字塔状变为层状，然后又变为多晶结构。实质上，过电位才是决定结晶形态的首要因素，而过电位与电流密度又是密切相关的。显然，吸附原子（或吸附离子）的浓度和局部电流密度分布取决于过电位，晶核的临界尺寸、结晶生长过程中活性的阶梯数量实质上也取决于过电位。此外，对于结晶形态有着决定性影响的有机物质在电极表面上的吸附也取决于过电位。电位还间接影响溶液的表面张力等,这也影响到结晶的形态。

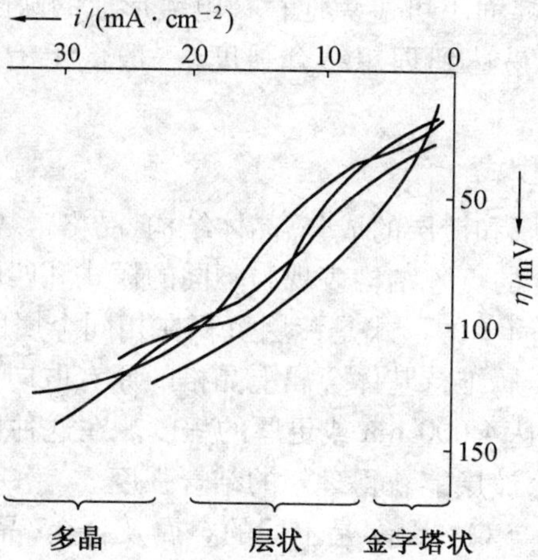

图 2.42　铜电结晶过程中电流密度和过电位与结晶形态之间的关系

Barnes 很早就指出,过电位上升时结晶形态依下列方式转变,即棱锥或屋脊状 → 层状 → 块状 → 细致的多晶状。

很高的电流密度会增强外向生长趋势而减弱层状生长。此时会因局部电流密度更高而导致枝晶的出现。

2.4.3　镀层的结合及其影响因素

1. 镀层结合的特点

电镀是一种偏离热平衡态较远的动力学过程,镀层的生长也是趋向于尽可能低的能量状态,使镀层获得与基体金属表面层和镀层内聚力相适应的结合力。这种结合力主要取决于结合面点阵原子间的结合模式和电镀工艺的影响。

镀层金属结合的主要特点如下。

a. 镀层的结合薄层是与基体晶格匹配或外延生长的紧密结合层。在晶体学上属晶间、晶内或它们的混合结合形式。

b. 结合力的物理化学本质是结合界面点阵群间的金属键力。因而理想结合强度高,与金属的内聚力强度具有相同的数量级。

c. 绝大多数被镀金属基体是多晶体，获得的大多数金属镀层是细晶体结构。

d. 金属结合界面不可避免地存在电镀形成的缺陷和内应力，镀层实际结合强度不易达到理想结合强度，一般低于冶金覆层的结合强度。

2. 镀层结合模式

由于基体金属和镀层的成分、晶体结构、晶格常数及镀敷工艺条件等不同，镀层结合的点阵结构表现为不同的模式和匹配关系。

结合模式中简单的形式是镀层沉积在相同金属的基体上，在适宜的条件下，镀层金属维持基体金属上晶格的原有取向外延生长，基体结构的外延可能到达 4 000 nm 或更厚的程度。在这种情况下，结合力就是金属的内聚力，镀层能获得理想的结合强度。

实际镀层结合双方大多是不同的金属及合金，晶体结构和晶格常数都有差异。为了达到牢固的结合，要求结合双方金属的晶体结构相同（或相似），晶格常数相近。这种结合关系，可用图 2.43(a) 或 (b) 所示的结合模式图表示。即在起镀开始，新相沿着基体结构外延生长，并有可能到达相当的厚度（100 ~ 500 nm）。在平行方向上晶格间距不超过 15% 的情况下，会出现晶格取向的平行。此时，根据金属结合层形成条件不同，镀层金属会暂时地按照基体金属的晶格常数进行伸展或收缩生长，然后通过位错调整就可逐渐过渡到镀层金属所固有的晶格常数。对于这种初始金属镀层适应基体金属晶格畸变的情况，在一定工艺条件下，同样也会导致结合面基体金属晶格对镀层晶格的过渡性适应应变。例如铜和镍都是相同的面心立方晶格类型，晶格常数分别为 0.361 nm 与 0.352 nm，晶格常数仅相差为 2.5%，能够达到紧密结合，是常用的组合镀层；铁和铬也都是相同的体心立方晶格，晶格常数分别为 0.287 nm 和 0.288 nm，几乎相等，即使二者都是硬金属，也能保证有良好的结合。

当镀层与基体的晶格类型不同，或它们的晶格参数相差较大时，会产生新的晶体（晶核），其晶体结构将根据电镀条件和被镀金属固有结晶的不同而异，并将沿基体金属的结晶方向而成长，形成初期结合层，如图 2.43(c) 所示。

如果沉积层的结晶结构和基体材料完全不同，实际上也常常在最

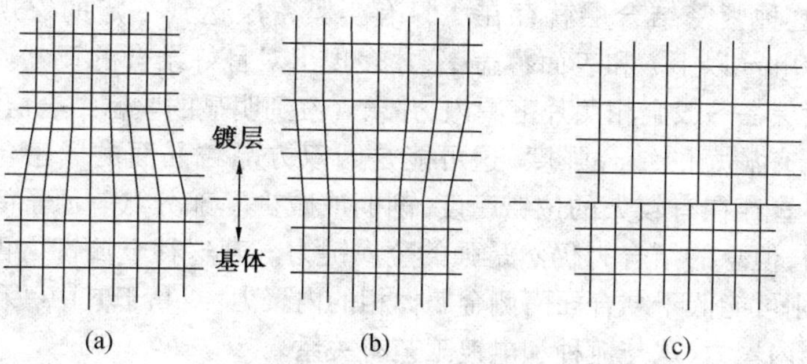

图2.43　镀层的结合模式

适宜的条件下出现一定程度的外延生长。这种最佳沉积条件一般是：基体的表面层结构具有大的晶粒，电沉积过程参数有利于侧向生长，基体表面层结构充分暴露等等。从电结晶过程的特征来说，就是要求沿阴极与溶液的界面上粒子（包括待放电的离子和吸附原子）的运动要较自由，即传质或粒子的迁移较为方便，同时界面上的离子浓度要高。这样，基体表面结构对沉积生长的控制将在较低的电流密度、较高的镀液浓度、较高的镀液温度、较小的搅动条件下进行，易于形成沉积层结构的外延取向。

在实际生产中，当基体表面经过机械抛光，或加入了大量的表面活性添加剂时，电镀过程中基体表面结构对沉积层生长的影响就会很快消失，影响镀层结构的主要因素将集中在镀液配方、镀液的实际状态和电镀过程的工艺参数等方面。因而增加电流密度、使极化升高或加入有机添加剂等，往往会减少外延的程度。

在正常情况下，随着沉积层的增厚，镀层结构从外延开始，经历一个过渡阶段之后，便转入自身的结构模式，表现出由镀液和工艺参数决定的镀层择优取向特性。镀层延续生长到某种厚度之后，常形成小晶面和发展出特殊的织构。在一些条件下，晶体形态随着小平面的集聚形式而发展，镀层的外表面将随镀层厚度的增大而变得粗糙。

对于镀层结合界面这种延续双方应变的过渡及消失，并使镀层获得良好结合的薄层区域，我们称之为紧密结合层。显然它包括了可能存在的基体金属在结合面的应变区域与镀层外延生长区域，以及可能的匹配生长区域和因结合界面原子互相扩散形成的合金化区域等等。原则上讲，只要结合界面双方点阵能达到原子间的距离，发生金属键合作用,这种紧密结合层就存在。只有当紧密层达到一定的宏观厚度(如100 nm以上)和表面覆盖率,才表现出对良好结合的贡献。许多实际镀层在一般金相照片范围内,并未观察到明显的紧密结合层特征,也可具有满意的结合强度,这可能是因双方晶粒晶面的紧密包覆所致。尽管存在有较大的位错密度,削弱或减少了部分点阵原子间的金属键力,但总的结合力仍然是强的金属键力。若这种金属键力再遭到破坏,则可能低于结合面两侧金属体相的内聚力,或高于其中一种金属材料的内聚力,这与镀种和电镀工艺有关系。

两种以上的原子共沉积为合金镀层时,其晶体结构取决于组成元素的原子结构和镀层形成工艺。一般同种原子间内聚力更大时,将形成共晶型合金镀层;若异种原子间作用力更大时,将形成混合型(固溶体)合金镀层。获得的合金镀层可为微晶或非晶态结构,若将其受热晶化,则析出金属间化合物成为共晶型合金镀层。在合金镀层的金属结合中,也可能存在因基体金属表面和合金镀层的互相连续应变而形成的紧密结合层。如对合金镀层生长初期的研究过程中,就观察到了某些合金组分的优先沉积现象。总之,镀层合金化有利于改变晶体结构和晶格参数,调整位错的不匹配关系,使镀层和基体实现良好结合。

3. 镀层结合的影响因素

对于具体工件的电镀,由于下列工艺因素和环境条件等影响,得到的实际镀层结合强度远低于理论计算结果。

(1) 表面污染物和氧化膜

金属基体表面上没有污染物和氧化膜是形成良好结合的首要条件。电镀前工件表面吸附的浮尘、油脂和胶体类物质,以及侵蚀造成的挂灰(如碳、碳化物和其他水解产物)等都必须彻底除净。污染物夹杂在镀层结合面,将阻隔点阵间金属键的形成,使结合强度降低(如果氧化膜不太厚,且在阴极表面能够溶解或还原,还可获得令人满意的结合力)。另外,镀液中表面活性剂选用不当或浓度过高,也易在电镀初期优先形成强吸附阻隔层而降低结合力。

(2) 基体的弱表面层

零件表面存在与体相结构不一致的弱表面层,易使镀层沿该处剥落,而不是沿结合的界面破坏。有时肉眼就可见剥落镀层上的基体金属薄层。这种弱表面层可能是未除净的氧化皮、钝化膜或零件入镀槽前于空气中暴露时间过长而新生的氧化膜，也可能是材料固有的或过腐蚀形成的多孔表面，还可能是零件表面机械加工或压力加工时压入的一些杂质，或者是此类工艺通常形成的强度比本体材料低的畸变表面层。出现这种情况，不能通过改善电镀的工艺参数等因素来提高结合强度，只能预先采取措施，避免或除去弱表面层。对于多孔材料的压铸件，还需制备细密表面层以形成相对结合良好的紧密层。

(3) 有缺陷的弱起始层

镀层存在有缺陷的弱起始层会导致不良的结合。当剥离镀层时，基体金属表面往往黏附有薄镀层的痕迹。这类弱起始层有初镀时形成的疏松置换层，有因零件表面未洗净处理液就直接电镀、夹带杂质、起镀时产生烧焦或温度过低时入槽等不适工艺而形成的疏松结合层。在选择的工艺参数不合适、镀液严重污染等情况下电镀，也会造成金属镀层本身脆化、组织不致密及结合强度的降低。

(4) 镀层的内应力

镀层存在内应力的现象相当普遍。较大的内应力会使结合界面耐蚀性能变差，引起零件变形，甚至使镀层裂纹、起皮或剥落。高拉应力的镀层还会显著降低基体材料的疲劳强度。

不同种金属结合时点阵的错配和畸变会给镀层引入应力，由组织结构反常而造成的应力对镀层的结合性能往往有更大的影响。当各种因素的作用引起镀层收缩时，镀层表现出的应力为拉应力，反之，镀层趋向于膨胀时则表现为压应力。

根据镀层内应力测定的特点，通常将内应力分为宏观内应力和微观内应力。宏观内应力在镀层的整体上表现出来，它能使镀层整体变形，类似于材料的残余应力；微观内应力仅在晶粒大小尺寸上表现出来，它常影响镀层的硬度，而在宏观尺寸上净值为零。镀液中的添加剂、光亮剂、整平剂及各种表面活性剂往往直接影响镀层的宏观内应力。铬、镍、铁、钴等镀层常具有很高的内应力，而铜、金、银、锌等镀层的内应力一般比较低。随着条件的变化，内应力不仅改变大小，也会改变符号。镀层的微观内应力与其显微硬度联系紧密，晶粒的大小、位错密度、杂质的吸附、添加剂和氢的吸附等凡能导致形成高的微观内应力的因素，几乎都能造成镀层显微硬度的提高。由于微观内应力能在很宽的范围内变化，因而电沉积金属的硬度与其他冶炼方式得到的金属的硬度相比会有很大的不同。

镀层的内应力受以下几个主要方面的影响。

a. 镀层厚度。镀层厚度增加,其结构和外延生长情况逐渐改变,导致内应力改变。

b. 电流密度。一般电流密度升高,应力增加。

c. 镀液温度。一般温度升高,应力减小。

d. 溶液成分。溶液成分不同,其内应力也不同。溶液中的添加剂的影响,有时比主盐还要大;溶液的 pH 值及电流波形等参数也影响镀层的内应力。

关于内在宏观应力的形成机理有位错、聚结、过能量、渗氢、夹杂等模型。其中渗氢模型似乎特别适宜于镀铬这类有大量析氢的沉积过程。含有氢的水溶液在通电(如电镀、除油)或不通电(如弱腐蚀、酸洗)的情况下都可能有氢析出。氢除了以气泡的形式逸出外,也向金属内部渗入。氢渗入金属中有时形成气袋,也可能形成氢化物。氢在开始时使镀层的晶格膨胀,沉积过程中随着氢的扩散逸出,晶格便因收缩而产生拉应力。如果氢不离开镀层,而是向有利的结点及位错、空穴、隙缝、裂纹等缺陷处扩散而聚集,就会形成气袋而产生压应力。气袋中的高压将使镀层膨胀,造成镀层的宏观压应力。吸氢对镀层结合的危害直接表现为氢脆,它能使镀层脱落,使基材产生裂纹源。

(5) 预处理与预镀工艺的作用

预处理与预镀工艺的采用,对镀层结合性能的影响极为显著。预处理包括机械处理、化学除油及电化学处理。而预镀则是用专门的预镀液在预处理好的工件上镀覆形成有利于金属结合良好的过渡或阻挡结合层,其主要目的是避免在正式电镀时生成弱的电镀起始层。

对指定的电镀溶液,当镀种金属的平衡电位高于基体金属的平衡电位(即基体金属更活泼)时,易发生置换反应,在电镀初期可能形成疏松置换层,造成镀层结合不良。对有的镀层体系,采用工件带电入槽电镀,或先大电流冲镀(闪镀)后调为正常电镀参数,都能以快于置换反应的速度,形成连续、紧密的电镀覆盖薄层,而获得良好的结合强度。例如表面为活化态镍层的工件就可带电入槽,直接进行酸性镀铜。但有的金属结合体系,如钢铁表面上直接镀正电位的 Au、Ag、Cu 等时,会出现结合不良的现象,对此应选用合适的镀液体系,用中间电位金属预镀能与双方结合良好的过渡金属薄层(约 0.01 ~ 1 μm 即可)。预镀金属的选择有时还需考虑晶格类型和参数的互相匹配问题。预镀的时间一般很短,可用数秒内的大电流冲镀或闪镀,也可用十余分钟的常规电流密度预镀。

2.5　气相沉积层的形成与结合

2.5.1　气体与固体的相互作用

在气相沉积中,蒸发或溅射的物质沉积在基体(衬底、基片)表面形成镀膜,是从气态向固态进行状态转化的结果,这一过程可称之为"气相凝结"。在此过程中,蒸发或溅射的气体物质与固体的衬底间的相互结合,主要是通过物理吸附和化学吸附来实现的。

1. 物理吸附

用化学反应中键的观点来考虑,物理吸附是因为表面上的原子键处于饱和状态,表面变得不活泼,表面上只是由于范德华力(即分子力,包括取向力、诱导力、色散力)等静电的相互作用使原子和分子间产生吸附作用而结合。

物理吸附的分子力 f 常用半经验公式表示为

$$f = \frac{\lambda}{r^s} - \frac{\mu}{r^t} \quad (s > t) \tag{2.33}$$

式中,r 为两分子中心间的距离;λ,μ,s,t 都是正数,由实验确定。λ/r^s 是正的,代表斥力;$-\mu/r^t$ 是负的,代表引力。f 的变化曲线如图 2.44(a) 所示。

在 $r=r_p$ 处,斥力与引力相互抵消,$f=0$。r_p 一般为0.3 ~ 0.4 nm。

当 $r>r_p$ 时,$f<0$,引力使分子接近;当 $r<r_p$ 时,$f>0$,斥力使分子离开。r_p 是平衡位置。

分子力的有效作用距离很小,在 1 nm 以内。

分子间的相互作用常用图2.44(b) 的位能曲线来表示。由上式可推出分子位能 E_p 的公式为

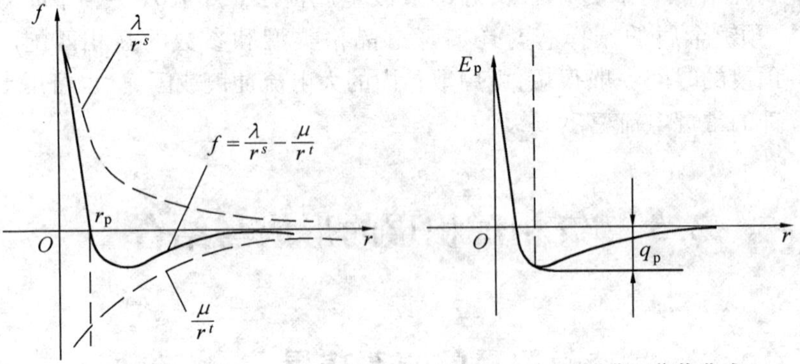

(a) 分子力曲线　(b) 分子位能曲线

图 2.44　物理吸附的分子力及分子位能曲线

$$E_p = \frac{\lambda'}{r^{s'}} - \frac{\mu'}{r^{t'}} \tag{2.34}$$

可见,E_p 与 f 公式的形式相似,二者曲线的形状也类似。分子位能曲线是一条向下凹的曲线,分子在 r_p 处位能最小,最稳定。

在真空镀膜中,气相分子(金属蒸气、水及油等分子)与固相表面(基体)接近到分子力的有效作用距离,且在 r_p 处的动能小于位能的绝对值时,气相分子就在距基体表面 r_p 处做微小振动,即气相分子被吸附在基体上。这一物理吸附过程是放热过程,放出的热量 q_p(位能曲线凹坑深度)称物理吸附热。q_p 在数值上与液化热相近(一些物质的吸附热及液化热可从表格中查出)。

物理吸附的吸附热较小,约为 8 ~ 20 kJ · mol^{-1}(相当于 0.1 ~ 0.2eV/ 分子)。物理吸附类似于蒸气的凝聚和气体的液化,没有电子转移,分子结构变化不大。被吸附的气体可以是单层的,但更多场合下是多层的。物理吸附是不需要激活能量的自发过程。

2. 化学吸附

化学吸附的力是主价键力,包括离子键力、共价键力和金属键力。固体表面分子有剩余空悬键存在,当气相分子进入剩余键力的作用距离(约 0.1 ~ 0.3 nm),且该力尚未饱和时,气相分子就会被吸附在固体表面上。

化学吸附的位能曲线如图 2.45 所示。在曲线的 $r > r_a$ 范围与图

2. 44(b) 相同，这说明靠近表面的分子首先进行物理吸附。这是因为物理吸附发生在任何分子之间，并且其作用距离较价键力的大的缘故。当气体分子的初始动能使其与固体表面分子接近到主价键力作用距离从而越过位垒 E_a（即 $r < r_a$）时，即引起化学吸附，最终放出大量的热能。显然，分子距离为 r_c 时处于最稳定的化学吸附状态。而分子（原子）间的距离从 r_a 减小到 r_c 时，势能共减少了 $E_d = q_c + E_a$。其中 E_d 为化学吸附的解吸激活能，简称脱附能；q_c 为化学吸附热，其值和化学反应的生成热相近。由于化学吸附位能曲线的凹坑比物理吸附的凹坑深，因而化学吸附更稳定。

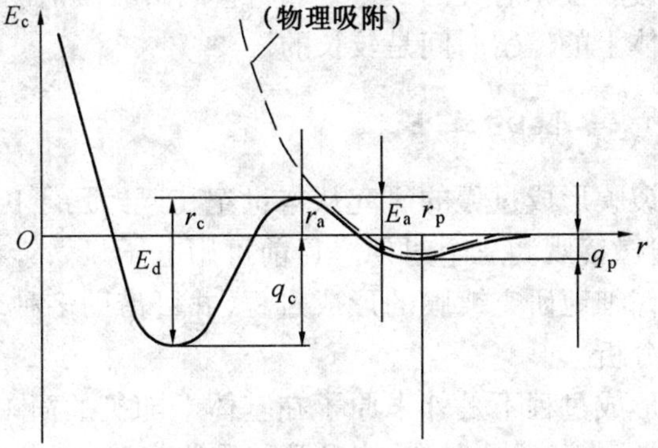

图 2. 45　化学吸附的位能曲线

化学吸附时，基体原子与被吸附的分子（原子）间发生化学反应，其间的电子云重新分布或移动，旧的化学键被破坏，新的化学键产生。化学吸附热约为 170 ~ 350 $kJ \cdot mol^{-1}$。一些物质的化学吸附热、化合物生成热及化学激活能可从有关表格查出。

在真空镀膜中，气相分子必须在物理吸附的基础上，越过能量位垒 E_a 这个“峰”，即必须获得位能 E_a 加以激活才能产生化学吸附，故 E_a 称为“化学激活能”。创造金属蒸气分子和基体分子主价键力发生作用的条件，以便形成牢固的化学吸附，是增强膜 - 基界面间附着强度的重要手段。

化学吸附有特殊的选择性，它与基体表面原子的电子结构和吸附原子（分子）的结构有关，不同晶面的化学吸附性质也各不相同。

常见气体对大多数金属而言，其吸附强度由大到小大致可以按下列顺序排列：O_2，C_2H_2，C_2H_4，CO、H_2，CO_2，N_2。

向表面碰撞的分子，或被表面所吸附，或被反射回到空间。被吸附的分子有时会得到解吸激活能而从表面上脱附。向表面碰撞的气体分子被物理吸附或化学吸附的几率一般为 0.1 ~ 1。对蒸发金属可近似考虑为 1。

被吸附的气体分子停留在表面上的时间，可通过平均吸附时间 τ（即吸附到表面上到从表面上解吸所需时间的平均值）来确定。

$$\tau = \tau_0 \exp(E_d/RT) \tag{2.35}$$

式中，τ_0 为常数；R 为气体常数；T 为绝对温度。

由于与镀膜技术有关的一些金属材料的解吸激活能 E_d 值均较大，故膜材在基体上的停留时间是较长的。

2.5.2 薄膜的生长

对真空镀膜形成过程的研究从本世纪初起经历了肉眼观测、电子衍射、电子显微镜观测三个时期。目前可用电子显微镜在边蒸发边观察的过程中仔细地研究镀膜的形成过程，并可借助多种现代仪器进行深入的微观分析。

薄膜的形成过程不是外来原子在基体上随机的简单的堆积，而是根据形成条件，生长成非晶态、多晶及单晶的薄膜。

薄膜的形成过程有三种基本类型，如图 2.46 所示。

a. 核生长型（Volme-Weber 型）。

b. 单层生长型（Frank-Van der Merwe 型）。

c. 单层上的核生长型（Stranski-Krastanov 型）。

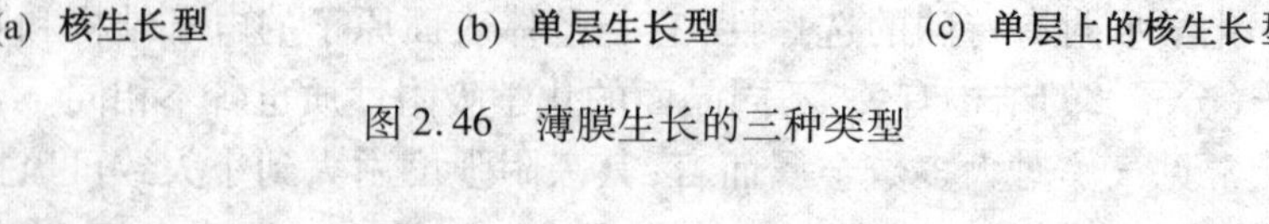

(a) 核生长型　　(b) 单层生长型　　(c) 单层上的核生长型

图 2.46　薄膜生长的三种类型

1. 核生长型

核生长型是在基体表面上形核、核生长、合并，进而形成薄膜。沉积膜中大多数属于这种类型。图 2.47 表示了核生长型薄膜的形成过程。

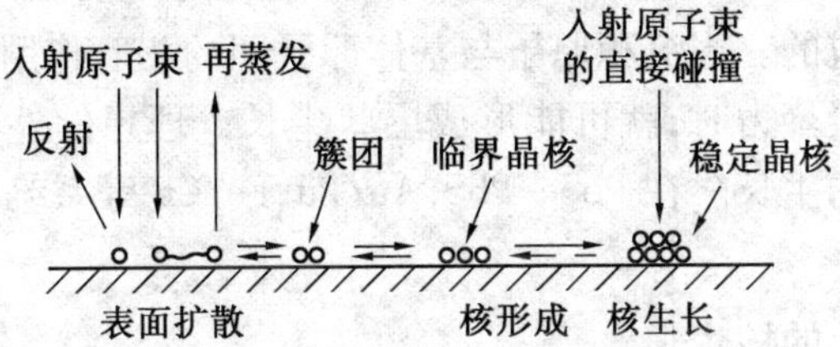

图 2.47　基体表面上的形核与生长

①形核

从蒸发源蒸发出的原子和基体碰撞，部分被反射，多数被吸收。吸收的原子在基体表面上发生表面扩散，沉积原子之间产生二维碰撞，形成簇团，或许停留一段时间发生再蒸发。

簇团和表面扩散原子相碰撞，或吸附单原子，或放出单原子。此过程反复进行到原子数超过某一临界值时即变为稳定的三维晶核。

能否在基体表面形核取决于撞击基体表面粒子的流量和再蒸发粒子的流量、基体温度和蒸发材料的蒸气压等因素。对于一定的入射粒子流量，存在着沉积的临界温度。提高蒸发速率和降低基体温度有利于晶核的形成。最初的晶核按统计规律分布，大小一般为几纳米，晶核间的平均距离为几十纳米。

②晶核长大

稳定的晶核通过捕获表面扩散原子或靠入射原子的直接碰撞而长大，形成岛状。

③岛状核合并成网膜

岛状核长大到互相接触时，开始发生合并，进而形成网膜。晶核长大过程中也存在再结晶过程，再结晶对最终得到的薄膜结构有着非常重要的影响。

④网膜发展成连续膜

在沉积中网膜的厚度增加，开口和沟道被填充，进而变成连续膜。

这时入射膜材的原子即开始撞击同类原子，其结合能即可提高，反射或解吸现象便明显减少。

目前由电镜可以看到约 1 nm 的小岛和岛的成长与兼并过程。

2. 单层生长型

单层生长型是沉积原子在基体表面上均匀地覆盖，以单原子层的形式逐次形成的。当沉积原子与基体原子间的相互作用较强并大于沉积原子间的凝聚力时，就可能形成层状生长。理想的外延生长就应该是这种类型的生长。在 PbSe/PbS，Au/Pd，Fe/Cu 等系统中可以见到单层生长。

3. 单层上的核生长

这种生长是在最初 1～2 层的单原子层沉积之后，再以形核长大的方式进行。当沉积原子与基体表面原子的相互作用强，且沉积原子的凝聚能很大时，会发生这种面层上的核生长。产生这种生长的材料与基体的组合比较少。一般在清洁的金属表面上沉积金属时容易产生，例如 Cd/W，Cd/Co 等属于这种生长模式。

薄膜到底以哪种型式生长，无疑是由薄膜物质的凝聚力与薄膜-基体间吸附力的相对大小、基体温度等因素决定的，但详细情况目前还没有搞清楚。

影响薄膜生长的主要因素有以下几方面。

a. 基体温度。基体表面温度高于沉积的临界温度，由于沉积粒子的再蒸发而不能形成薄膜。在临界温度之下，基体温度较低时沉积粒子依靠自身能量难于在机体表面进行长程迁移和扩散，得到的膜层组织多为粗大柱状、锥状晶。提高基体温度沉积粒子的迁移、扩散能力增强，膜层组织转化为细柱状晶。基体温度超过膜材的再结晶温度时，薄膜组织为再结晶等轴晶。

b. 镀膜真空度。真空度低时，蒸发气体原子与残余气体碰撞的几率高，平均自由程短，沉积效率低。同时也使蒸发原子的能量降低，这些低能原子或其碰撞后形成的原子团达到基体表面后，很难迁移、扩散，致使膜层形成粗大的锥状晶。

c. 蒸发速率。在一定的真空度下蒸发镀膜，残余气体碰撞基体表面的速率是一个常数，因此以较高的沉积速率生成的膜层中残余气体的含量较低。

d. 基材与膜材。基体材料与镀膜材料原子间的亲和力较强时，初始形核数量较多，膜-基结合力较大。基材与膜材的膨胀系数不同时，结合界面会产生应力。

2.5.3　不同晶态的形成

1. 多晶薄膜的形成

薄膜生长过程通常是通过上述岛状结构中“岛”渐渐生长而成的。由于岛长到一定大小时将形成各种各样的界面，因而一般情况得到的是多晶体薄膜，即由多数微小的结晶集合在一起形成的薄膜。薄膜结构最显著的特征是晶粒细小，晶粒尺寸小于 1 μm。难熔化合物的晶粒尺寸常小于 100 nm，某些情况下小到 5 ~ 10 nm。用真空镀膜制成多晶薄膜是方便的，而制成单晶薄膜和非晶态薄膜则需要有一定的条件。

2. 单晶薄膜的形成

所谓单晶就是材料的所有部分任一晶轴的取向完全相同，其所有的原子或分子均以正确的规则进行排列。由于岛状生长的薄膜必然是许多晶粒的集合，因而实际上被称为单晶膜的物质是取向大致相同的晶粒集合体，其相邻晶粒的晶轴稍有差异。在真空镀膜中，制成单晶薄膜的技术统称为外延技术。概括地说，外延技术就是在某一单晶基体（或核心）上低速率地严格按一定取向生长薄膜的方法。

用真空镀膜技术制备单晶时，需要控制很多因素，其中最主要的是基体取向和外延温度。为了得到单晶膜常用单晶基体，这是因为在单晶基体上生成单晶膜时应力较小。在实用上，基体与薄膜采用同种物质，例如在 n 型硅单晶的(111)面上生长 p 型硅单晶薄膜，称为同质外延。基体物质与薄膜物质不同时，也可以生长成单晶膜，这称为异质外延。在实际操作中保持解理面的新鲜是很重要的，经常采用的办法是在真空环境中就地劈开解理面，在不受环境污染的条件下制膜。但是对 Cu，Ag，Au 来说要得到良好的外延，还要适当地对基体表面施加污染或制造缺陷才行。制备单晶膜时必须使基体保持在某一临界温度以上，一般把这个临界温度称为外延温度。外延温度随物质组合的不同有较大的改变，与蒸发速率也有一定的关系。

分子束外延时,分子束的分子入射到加热的基体表面后,与基体表面进行的反应步骤包括:分子束的分子或原子吸附在基体表面;吸附的分子在表面迁移和离解为原子;该原子与近基体原子结合,成核并外延成单晶薄膜;在高温下部分吸附在基体薄膜上的原子脱附。

人们已经研究了 Ga 和 As 分子束在 GaAs(100)基体上生长 GaAs 的动力学模型。由图 2.48 可见,无论用 As_2 或 As_4 分子束,其在 GaAs 基体上的行为都是先被吸附形成弱束缚状态,然后再由化学吸附结合到晶格结点上。其中,图2.48(a)表示 As_2 分子首先被物理吸附,当它在薄膜迁移遇到成对的 Ga 原子时分解形成 Ga-As 键,进行晶体生长。若表面有很多 Ga 原子,As_2 的黏附系数(被化学吸附的分子数与入射到基体表面分子数的比值)将增大,甚至接近 1;当表面没有自由的 Ga 原子或温度高于 500 ℃时,As_2 的黏附系数很小。在没有 Ga 原子的情况下,As_2 将不分解而脱附或在 330 ℃的温度下生成 As_4 而脱附。图 2.48(b)表示 As_4 分子首先被物理吸附。在基体温度大于 180 ℃时被吸附的 Ga 原子的分布控制着 As_4 的淀积与反应。由于 As_4 分子与相邻的 Ga 原子的表面化学反应是成对相互作用的过程,所以尽管 GaAs 表面被一个 Ga 原子层覆盖着,As_4 的黏附系数也不超过 0.5。由上可见,只要有相对于 Ga 束流过剩的 As_2 或 As_4 束流,则在一定的温度下都可以生长出理想的 GaAs。

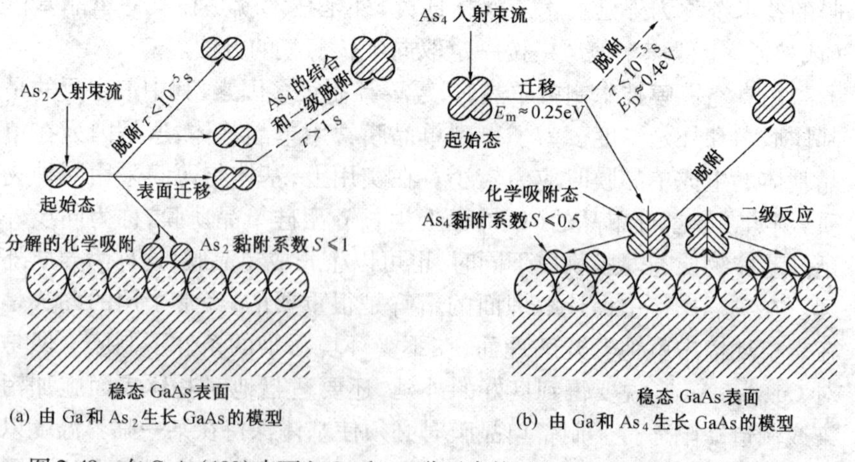

图 2.48 在 GaAs(100)表面上 Ga 和 As 分子束外延生长 GaAs 的相互作用模型

与真空蒸镀法相比用溅射法可在较低基体温度下制得单晶薄膜。如ZnSe单晶体材料需在1 000 ℃下合成，采用溅射法可在150 ℃基体温度下制成。在$Bi_{12}GeO_{20}$单晶基体上外延生长$Bi_{12}TiO_{20}$膜时，基体温度要在400~450 ℃。

3. 非晶态薄膜的形成

制作非晶态材料的常规方法是液态急冷法，它要使材料在高温液态下以10^5~10^6℃/s以上的冷却速度急剧冷却，使结晶过程无法进行。急冷是制作非晶态的必要条件之一，但并不是充分的条件。结晶学上的晶体结构、缺陷的数量和形式、材料的晶态转变温度、材料沉积的机构及工艺参数等都是制成非晶态材料的重要因素。

蒸镀、溅射镀膜、等离子体增强化学气相沉积及离子束混合等技术是制备非晶态材料的常用方法。目前已能得到非晶态的物质有：Be，Y，Ti，V，Nb，Ta，Cr，W，Mn，Re，Ni，Co，Pd，Ga，C，Si，Ge，Sb，Bi，As，Se，Te以及一些合金。

如用溅射法制造非晶膜时，为使基体稳定低于薄膜的结晶温度，在通常的溅射装置中基体经常需要通水冷却，甚至用液氮或液氦冷却，并设法减少靶对基体的热辐射。溅射SiC靶时，要得到非晶SiC膜其基体温度必须低于500 ℃。成膜室内存在某些残余气体时会使材料的结晶温度提高，如在W，Mo，Ta，Zr和Re膜中含有摩尔分数为1%的N_2时，就易于得到非晶膜。大多数高熔点化合物（如氧化物、碳化物、钛酸盐、铌酸盐、锡酸盐等）和C，S，Ge，Si，Se和Te等的结晶温度较高，易于在室温或更高温度下制得非晶薄膜。按现有经验归纳起来：具有面心立方晶格和六角密集晶格结构的物质，难以成为非晶体；共价键的物质容易形成非晶体；过渡金属容易形成非晶体。

在实际装置中，基体温度必须低于某一临界温度才能制作非晶态薄膜。为消除非晶态薄膜的缺陷须进行退火处理，退火温度应在晶化温度之下进行。

2.5.4　不同沉积方法的成膜及薄膜结构特点

1. 蒸发镀膜的薄膜结构特点

前面介绍的薄膜生长过程主要指蒸发镀膜。用蒸镀可制成多晶、单晶和非晶薄膜,一般工艺条件下形成多晶薄膜,晶粒尺寸一般在10～100 nm。通常薄膜结构由微晶粒密堆积成的柱状体或锥状体组成。当蒸气流斜入射到基体表面时,柱状体斜向生长。

由于膜生长过程中受基体表面状态、基体温度和工艺参数等影响,薄膜的结构很不相同。尤其是基体温度及镀膜后回火温度对结晶状态、晶粒尺寸影响最显著。温度高、膜厚、晶粒尺寸大,非晶态可以转变为晶态。如在高真空下在单晶硅基体上镀硅膜,基体温度在800 ℃、550 ℃、320 ℃及室温时,分别形成完整的单晶硅膜,有很多堆垛层错缺陷的单晶硅膜、多晶硅膜及非晶态硅膜。晶粒尺寸小,密堆集密度高,结晶缺陷密度高,一般表现出薄膜的硬度高,与基体的附着力较好。分立排列或排列不紧密的柱状体,大大增加了薄膜比表面,使其具有强吸收水蒸气和内部产生浸蚀的作用,薄膜的化学性能不稳定,薄膜密度减小,表面粗糙,附着性能变差。

2. 溅射镀膜的薄膜结构特点

溅射镀膜的薄膜生长过程与蒸发镀膜基本相同。与蒸发镀膜相比,溅射镀膜时每个粒子到达基体时所带的能量很大,热蒸发原子所带能量大约为0.2 eV,溅射原子大约为1～50 eV。溅射膜层的特殊结构和性能主要是由于这些到达基体的溅射粒子所带的高能量所致。高能溅射粒子在成膜过程中产生的实际效果是:使膜表面温度上升,使膜的表观结构发生变化,使膜层和基体的附着力增加,会形成准稳态相的膜层(如类似金刚石相的碳膜和非晶态膜等)。选择性附着和选择性反溅射效应还引起膜层组分发生变化。由于高能粒子打入膜层的效果,还引起膜层中杂质气体的混入、缺陷的产生及内应力的增加等等。

溅射薄膜的结构同样受多种工艺参数的影响,其中以溅射气压和基体温度的影响更为显著。图2.49是描述薄膜结构与氩气压力 p_{Ar} 和基体温度 T 对膜材料熔点 T_m 比值的一种关系模型图(磁控溅射沉积约25 μm的钼、铬、钛、铁、铜和铝合金膜)。图中Ⅰ区 T/T_m 小,原子迁移率低,加之阴影效应,形成由锥形晶粒组成的多孔结构,晶粒间有空洞,附着不良;过渡区是由密排纤维状晶粒组成的过渡结构,晶粒致密,膜密度较高;Ⅱ区由晶界致密的柱状晶粒组成,随着 T/T_m 加大,晶粒变大,表面出现凹凸不平;Ⅲ区 T/T_m 大,由等轴晶粒组成,主要由体扩散再结晶过程形成。

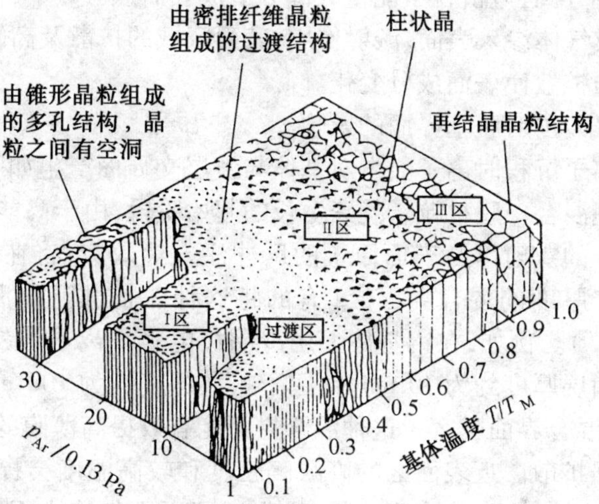

图 2.49　基体温度和氩气压力对金属膜结构的影响

3. 离子镀的成膜及膜结构特点

离子镀是指基体表面和沉积膜经受高能粒子轰击的原子级薄膜沉积过程。在离子镀中轰击离子的能量大约为几至数百电子伏。

(1)离子轰击在离子镀过程中的作用

①离子轰击基体产生的效果

在膜层沉积之前，离子对基体表面的轰击作用会产生下述许多效果。

a. 离子溅射清洗。可清除基体表面的污染层和氧化物。

b. 产生缺陷。轰击粒子传递给晶格原子的能量 E_t 决定于粒子的相对质量，即

$$E_t = \frac{4M_iM_t}{(M_i+M_t)^2}E \qquad (2.36)$$

式中，M_i 为入射粒子质量；M_t 为靶原子质量；E 为入射粒子能量。

若人射粒子传递给靶原子的能量超过离位阈(约 25eV)，则晶格原子就会产生离位并迁移到间隙位置，从而形成空位和间隙原子等缺陷。其凝聚会形成位错网络。

c. 破坏表面结晶结构，改变表面形貌，增加表面粗糙度。

d. 温度升高，轰击粒子能量大部分变成表面热。

e. 造成气体渗入表面，溅射作用、表面区域的扩散及高缺陷浓度和高温的增强扩散使表面成分变化。

②离子轰击对膜基界面的影响

膜材离子沉积时离子轰击对基体与镀层交界面产生如下影响。

a. 物理混合。膜材粒子凝聚生长的起始阶段，由于高能粒子注入，被溅射原子的散射以及表面原子的反冲注入等效应，将在膜-基界面处形成一定厚度的混合界面层（有的将这种非扩散型的混合层称为"伪扩散层"）。例如，在钢基体上用冷阴极电弧源离子镀钛膜时，钛-铁混合界面层厚度约为 30 nm，钛原子扩散深度约为 100 nm。而且负偏压越高，混合界面越宽。这种混合界面能有效提高薄膜的附着强度。

b. 增强扩散。近表面区的高缺陷密度和较高温度会提高扩散率，离子轰击会进一步强化表面偏析，增强沉积原子和基体原子的相互扩散。离子镀能使金属材料表面合金化。

c. 增加基体表面的成核密度。离子轰击造成表面形貌等变化，可以提供更多的成核位置。

此外，离子轰击可能溅射掉结合得较为松散的原子，可以改善表面覆盖度，增加绕射性。

③离子轰击在膜生长中的作用

在离子镀过程中，离子对膜的轰击作用可影响膜的形态、结晶组分及其各种性能。

a. 离子轰击作用能消除柱状晶。如利用磁控溅射离子镀在铜基体上沉积铝膜时，基体负偏压小于 1 000 V 时是粗大的柱状晶，负偏压高于 1 000 V 时可消除柱状晶。这是因为高能离子的轰击破坏了粗大柱状晶的形成条件。

b. 影响膜层的内应力。通常，真空蒸镀薄膜具有拉应力，溅射沉积薄膜具有压应力。由于离子镀中的离子轰击会强迫原子处于非平衡位置，因此可以增加其应力。但通过增强扩散和再结晶等应力释放过程，也可以使应力减弱。一般来说，材料熔点越高，离子轰击越容易使其膜层应力增加。

c. 可以提高材料的疲劳寿命。如 Q235 钢试样分别经离子镀铝、钛、不锈钢及铬之后，疲劳寿命可提高 1 倍至几倍。这是由于高能粒子轰击使基体表面产生压应力和使基体表面合金化所致。

(2) 离子镀薄膜的结构模型

在离子镀膜的诸多工艺参数中，基体温度和入射粒子能量二参数尤为重要。图 2.50 是基体温度、入射粒子能量与薄膜结构的一种关系模型（用二极离子镀镀铜、锌、锗材料薄膜，膜厚约 1.5 μm）。图中入射粒子能量较低时为无定型；能量在 350 eV 以上，基体温度低，或入射粒子能量较低，基体温度 T 与膜材熔点 T_m 比值在 0.4 左右时，为细小柱状多晶结构（Ⅱ区）；当入射粒子能量在 500 eV 以上，$T/T_m \leqslant 0.1$，或 $T/T_m \geqslant 0.5$，而入射粒子能量在 200 eV 时，为疏松的大晶粒柱状体结构（Ⅲ区）。可见，在较低基体温度下，粒子轰击能使膜晶粒细化。用较高粒子能量轰击或基体加较高温度，两者对薄膜结构所起的作用类似。

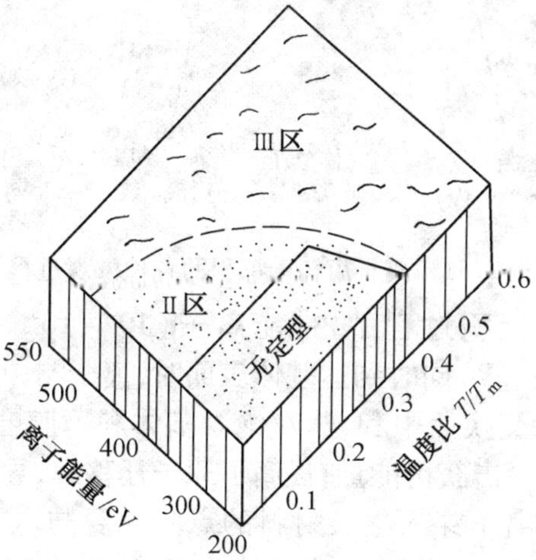

图 2.50　离子镀 Cu、Zn、Ge 薄膜结构模型

4. 离子束辅助沉积的成膜特点

离子束辅助沉积（IBAD）是把离子束注入与常规气相沉积相结合的薄膜合成方法。它是一个在离子注入过程中物理及化学效应同时起作用的过程。物理效应包括碰撞、能量沉积、迁移、增强扩散、成核、再结晶、溅射等；化学效应包括化学激活、新化学键的形成等。图 2.51 示出了离子束辅助沉积所发生的各种微观过程。

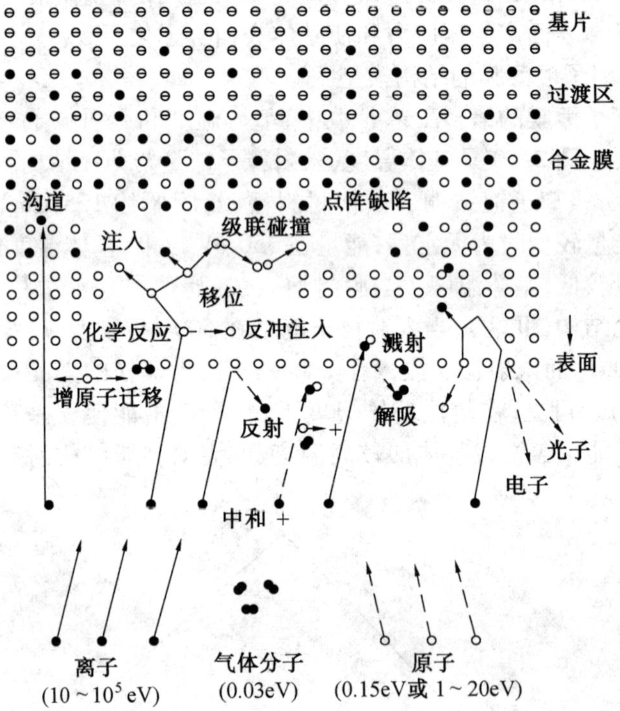

图 2.51　离子束辅助沉积的各种微观过程

离子束辅助沉积过程中，带能离子（10 ~ 10^5 eV）和沉积原子（0.15 eV或1 ~20 eV）同时到达基体表面时，离子与中性气体分子或沉积原子发生电荷交换而中和，这对绝缘基体和薄膜会产生电荷积累。沉积原子经离子轰击获得能量，提高了原子迁移率，导致不同的晶体生长和晶体结构。离子穿入生长材料的点阵中要与电子发生非弹性碰撞，与原子发生弹性碰撞，产生离子注入、反冲注入和溅射过程。某些能量较高的撞击原子又会产生二次碰撞，即产生级联碰撞。级联碰撞导致沿离子入射方向剧烈的原子运动，形成膜原子与基体原子的界面过渡区。级联碰撞还增加了膜原子的迁移能力及化学激活能力，有利于调整两相的原子点阵排列，形成合金相。此外，高能离子束的轰击也会引起辐射损伤，产生点阵缺陷、间隙缺陷和缺陷聚集团。轰击过程中部分缺陷得到退火，部分缺陷保留下来，将影响薄膜的结构和性能。

在 IBAD 过程中，离子的轰击使薄膜晶粒变细，晶化程度提高并呈现强烈织构倾向。TiB_2 膜在 Si(111)基体上呈现(002)织构,在 Si(100)基体上为(100)织构;TiN 膜主要形成(200)织构。当 N/Ti 比大于1,则在膜中(111)取向增强。如果用低能离子轰击,也会出现(220)取向择优生长。

IBAD 法不仅因得到较宽的膜-基原子的界面过渡区而获得很高的薄膜结合力,而且还可通过控制界面区的合金成分为某些附着性差的薄膜提供易于结合的成分梯度层。如在高速钢上直接沉积立方氮化硼(c-BN)膜难以获得良好的结合性能,而通过用 IBAD 法在基体表面沉积一层逐渐增大的 $BN_x(0 \leqslant x \leqslant 1)$ 成分梯度层,直到 B,N 趋近于等原子比后再沉积 c-BN 膜,将有助于改善膜-基界面应力状态,提高结合力。图 2.52 是在硅片和高速钢上沉积 c-BN 膜的原子力显微镜三维照片。

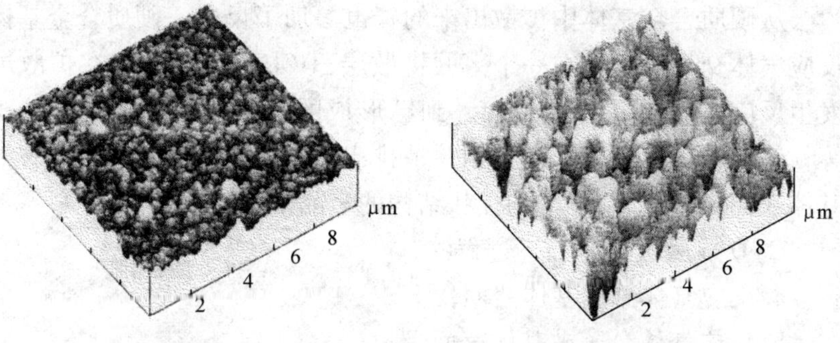

(a) 硅片　　(b) 高速钢

图 2.52　立方氮化硼薄膜的原子力显微镜照片

5. 化学气相沉积的成膜特点

化学气相沉积(CVD)是一种化学气相生长法。它使气态物质经固相扩散、热分解、还原、氧化、水解等化学反应,把固态物质沉积在基体表面上。在 CVD 过程中,只有发生在气相-固相交界面的反应才能在基体上形成致密的固态薄膜。CVD 中的化学反应受到气相与固相表面的接触催化作用,产物的析出过程也是由气相到固相的结晶生长过程。在 CVD 反应中基体和气相间要保持一定的温度差和浓度差,由二者决定的过饱和度产生晶体生长的驱动力。

例如,由 $TiCl_4$,CH_4,H_2 的混合气通过化学反应在硬质合金表面沉

积 TiC 的过程如图 2.53 所示。反应方程为

$$TiCl_4(g)+CH_4(g)\xrightarrow[950\sim1\,050\ ℃]{H_2}TiC(s)+4HCl(g) \qquad (2.37)$$

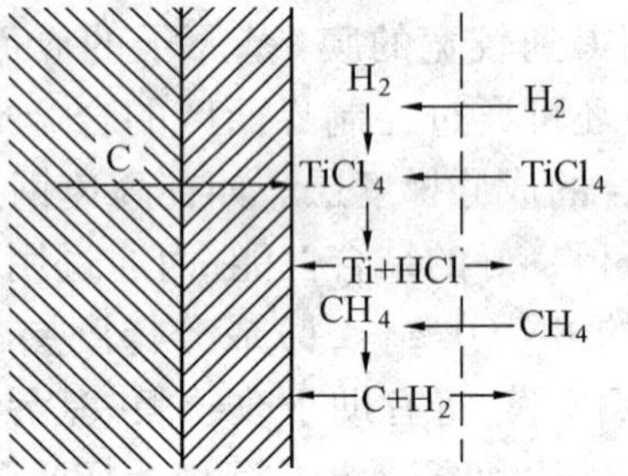

图 2.53 硬质合金表面沉积 TiC 的过程

从硬质合金基体中扩散出来的碳也参加了反应。硬质合金基体和反应气体交界面上存在一个薄的扩散层，$TiCl_4$，CH_4，H_2 等在扩散层中发生反应，形成 Ti-C 键并加入到已形成的晶格中。反应副产物 HCI 等气体从膜表面反扩散到气相并被排出。TiC 成核后，晶粒生长，如果基体表面成核率高，就得到柱状结构的多晶薄膜。

CVD 成膜大致有如下过程：

a. 反应气体到达基体表面；

b. 反应气体分子被基体表面吸附；

c. 在基体表面进行化学反应、形核；

d. 生成物（气体副产物）从基体表面脱离；

e. 生成物在表面扩散。

在这些反应中速率最慢的反应决定了全反应过程速率。

CVD 薄膜的显微组织与其材料和生成条件密切相关。CVD 膜显微组织可分为图 2.54 所示的三种类型。图 2.54(a)所示是一种带圆丘顶的柱状晶。图 2.54(b)所示仍然是柱状晶，但表面显现更加明显而规则的刻面特征。图 2.54(c)所示则是由细小等轴晶组成。一般说来，SiO_2，Al_2O_3，Si_3N_4 等陶瓷材料和介电材料倾向得到非晶态和微晶组织，如图 2.54(c)所示。而金属材料薄膜倾向于柱状晶组织，如图 2.54(b)和(c)所示。对于承载结构材料细晶结构是理想的组织，而对

于如半导体那样的功能材料，单晶外延膜往往是所希望的组织。对于CVD膜同时出现两种，甚至三种混合组织都是可能的，特别是厚膜，要得到完全均匀的组织则是困难的。如用扫描电镜研究CVD的TiC薄膜得出，对于6 μm厚的薄膜，最初2 μm由10～100 nm的细小的等轴晶组成，而膜层最上层部分的晶粒尺寸约要大一个数量级，这些大晶粒有明显的大角度晶界。

(a) 柱状晶区　(b) 显现刻面的柱状晶区　(c) 细等轴晶区

图2.54　CVD膜显微组织示意图

在等离子增强化学气相沉积（PECVD或PCVD）中，借助于气体辉光放电产生的低温等离子体来增强反应物质的化学活性，促进气体间的化学反应，以便在较低温度下能在基体上成膜。构成分子的原子间化学键所需能量约为几个电子伏，而异常辉光放电形成的低温等离子体中，电子的平均能量为1～10 eV，可有效地使气体分子激发、离解和电离。等离子体中电子能量分布是很宽的，可能同时存在几种复杂的化学反应。此外，阴极辉光区中，会发生剧烈的气体电离，荷能粒子的轰击和辐照作用，为沉积薄膜提供了清洁而高活性的表面，其能量也被生长中的薄膜所吸收。总之，PCVD的成膜有如下主要特点。

a. 等离子体对基体和膜层表面的清洗作用提高了膜层的附着力。

b. 低温成膜对基体影响小，并可避免高温成膜造成的晶粒粗大及膜层和基体间生成脆相等问题。

c. PCVD在较低压力下进行。等离子体环境中的粒子碰撞、电离等作用提高了膜厚及成分的均匀性，膜层组织致密，针孔少，内应力小，不易产生裂纹。

d. 薄膜结构多是含有不同化学键的非平衡态膜，不少为非晶态。

2.5.5 薄膜的附着力及其影响因素

1. 不同界面的附着

薄膜与基体结合界面的形态对薄膜的附着性能有着决定性影响。

(1)机械界面

基体表面粗糙,沉积原子有足够大的迁移率时,膜材原子会进入基体的小孔和缝隙中,形成机械镶嵌的界面。基体表面的粗糙度对薄膜的附着力有显著影响。

(2)突变界面

基体结构致密,表面光滑,且薄膜与基体间无扩散与化学反应,可形成清晰的突变界面。这种单分子层之间的简单附着,其牢固程度取决于材料的表面能与界面能。具有高表面能的同种或能互溶材料相互附着牢固,表面能低的异种或不互溶材料相互附着性差。受污染的表面,因表面能降低而附着不良。总体说来,相同材料附着好;能互相形成固溶体材料次之;具有不同键型的材料难以得到良好附着,如金属与塑料。

(3)化合物界面

其特点是在薄膜与基体之间发生化学反应而形成成分固定的化合物,包括金属化合物、其他化合物和氧化物。

(4)扩散界面

其特点是薄膜与基体之间的成分发生逐渐的变化。当薄膜与基体具有互溶性或部分互溶性时,若给界面层的原子 1 ~ 10 eV 能量,则可使原子通过界面进行互相扩散。这种扩散形成的界面层有利于薄膜与基体间形成牢固结合,可降低薄膜与基体材料因热膨胀系数不同而引起的热应力。通过在镀膜时给基体加热、电场吸引荷能粒子、镀后处理等措施能促使扩散的发生。

(5)伪扩散界面

其特点是界面上出现成分上的坡度。当具有很大能量的粒子轰击基体时会形成这种界面,它不需要互溶和热动力学上的扩散活性能量。这种界面同样有利于薄膜与基体的牢固附着。

在分析与沉积方法有关的薄膜的附着性能时,表2.8中列出的数值可供参考。

表 2.8　和原子相互作用有关的能量近似值

原子相互作用	能量/eV
物理吸附的气体	0.1 ~ 0.5
化学吸附的气体	1 ~ 10
表面上的化合物膜	1 ~ 10
热蒸发原子	平均 0.2 ~ 0.3，最大 1
用 900 eV 的 Hg^+ 溅射的 Cu 原子	平均 10，最大 100
固体中的结合能	2 ~ 5

不同的沉积原子能量会改变界面的性质。例如沉积在不互溶的金属基体上的金属薄膜会出现突变界面，而在高能级下溅射的同一薄膜，则会出现伪扩散界面。

一般说来，易氧化元素的薄膜，附着力较大。例如当 Ti 和 Cr 蒸发到含氧的基材，如玻璃或陶瓷上时，会形成附着力良好的薄膜，而惰性的金沉积在玻璃上则附着强度就很弱（只有 0.1 ~ 1 MPa）。当薄膜与基体的结合为弱吸附时，可在其间沉积一层易氧化的中间层来提高其结合力。如在玻璃上镀金时，可先镀一层铬再镀金，以使之附着牢固。当在两个分开的沉积周期中沉积多层膜时，薄膜在工序间会受大气污染，这时往往要沉积一层和氧起作用的金属作中间层，以改善层间的结合性能。

2. 影响薄膜附着力的因素

（1）材料的影响

附着性与物质表面能和界面能有密切关系。设基体材料的表面自由能为 σ_j，膜层物质的表面自由能为 σ_m，两者间的界面自由能为 σ_{jm}，则膜层与基体的附着能量（即将薄膜从基体揭下所需要的功）W 为

$$W=\sigma_j+\sigma_m-\sigma_{jm} \tag{2.38}$$

在这里，自由能简单说来是局限在表面或界面的应变能。如果基体与膜层是同一种材料，那么在界面就不存在应变，则 $\sigma_{jm}=0$，$\sigma_j=\sigma_m$，这时 W 获得最大值 $2\sigma_m$。可以设想，对于晶体相似的材料，由于 σ_{jm} 较小，两者之间可能获得较大的附着能。高熔点物质或高硬度物质多具有较大的表面自由能，若将其中两种晶体结构相近的物质形成膜–基

的结合,将获得较大的附着能。

在膜层形成的初期,薄膜也显示出如同液体的性质,也可将讨论润湿性的方法用于膜层的形成,也可用膜材与基材的接触角 θ($\cos\theta=(\sigma_j-\sigma_{jm})/\sigma_m$)来评价其间的润湿性,即 θ 小润湿性好,润湿性与附着性具有同等的意义。

膜-基材料晶体结构、热膨胀性能及润湿性能等匹配性均表现出两者气相沉积中的适应性。实践表明,在金属和合金基体上易于形成 TiC、TiN 等陶瓷涂层。

(2)温度的影响

通常,对被沉积表面加热(含沉积过程中或沉积完成之后)能促进膜材与基材原子的相互扩散,会使附着力和附着能增加。如将基体加热到 200 ℃进行真空蒸镀时铝-铁系统的附着性能可提高约 5 倍。图 2.55 表示的是在铁板上蒸镀 100 nm 厚的铝膜时基体温度对附着力的影响。对金-玻璃系统,加热能使附着力提高几倍,使附着能从(2 ~ 3)$\times10^{-5}$ J/cm^2 增加到(2 ~4)$\times10^{-4}$ J/cm^2。

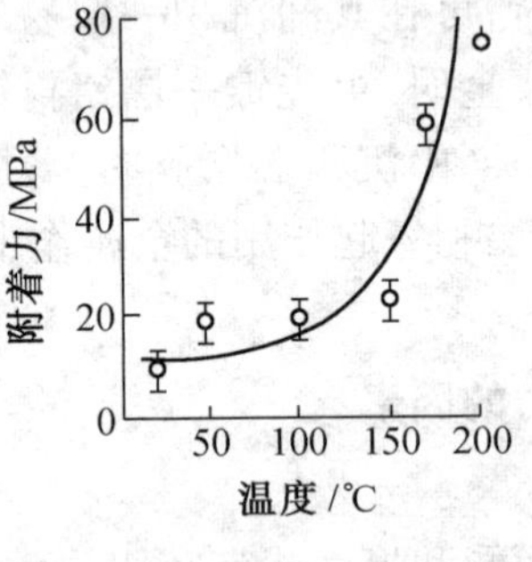

图 2.55　基体温度对附着力的影响

(3)轰击的效果

离子轰击能去除基体表面的污染层,使基体表面活化并造成原子量级的凹凸不平,从而使附着力增加。铜-玻璃、铝-玻璃、铝-铁等系统利用离子轰击可使附着性能最大提高 10 倍,图 2.56 表示铝膜附着力与轰击时间的关系。

在离子镀中,入射离子的能量取决于其加速电压,因而增加基体上的偏压同样可提高薄膜的附着力。

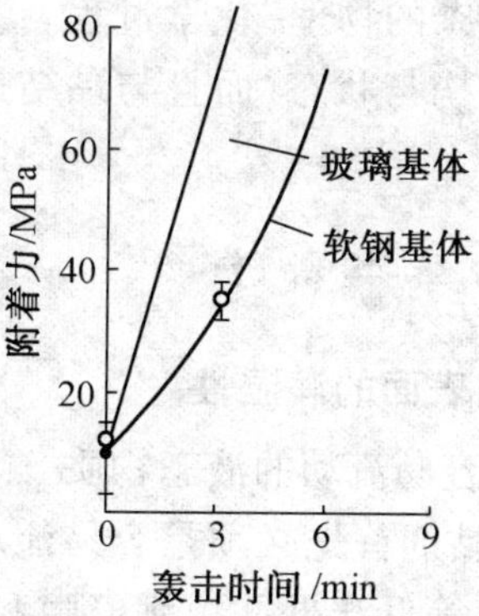

图2.56　附着力与轰击时间的关系

(4)基体清洁度的影响

在同样薄膜-基体组合条件下,影响附着力的许多因素中,基体的清洁度常表现为主要因素。如果基体表面吸附着水或油的分子层,被蒸发的金属蒸气分子就只能附着在水或油的分子层上,这就大大减弱了薄膜的附着强度。为获得应有的附着力,必须按规定彻底清除基体上的污物,这里包括基体安放在真空室前的清洁及安装在真空室后的加热轰击等处理。

2.6　黏涂层的形成与结合

黏结是借助于胶黏剂在固体表面产生的黏结力,将同种或不同材料连接在一起的过程。黏结主要有结构黏结和非结构黏结两种。结构黏结用于连接结构单元,其所用的胶黏剂及其黏结点必须能承受结构应力;非结构黏结主要指表面黏涂、密封和功能性黏结等,它所用的胶黏剂及其黏结点除了满足必须的黏结强度外,根据应用场合的不同,还要保证其应有的功能要求。如在表面工程技术中用的最多的耐磨表面黏涂层要有高的针对不同摩擦学机制的耐磨性,固体润滑黏涂层(涂膜)要有高的在不同使用环境下的润滑性,耐蚀表面黏涂层要有高的抗不同腐蚀介质的耐蚀性,而修补表面划伤、凹坑、制造缺陷以及获得导电、绝缘等性能的黏涂层又各有其相应的特殊要求。

黏结过程是一个复杂的物理-化学过程。黏结效果不仅取决于胶黏剂和被粘物表面的结构与状态，而且与黏结过程的工艺条件密切相关。

2.6.1 黏结的基本条件

1. 胶黏剂对被黏结表面的润湿性

(1)胶黏剂必须是容易流动的液态物质

在黏结过程中，胶黏剂首先必须是容易流动的液态物质。液态能使胶黏剂自动流向凹坑等低洼处并填满缝隙和孔洞，在被黏结表面形成均匀的胶黏剂薄层，为分子接触提供机会。黏度是对流动阻抗的一种度量，流动是高分子链段在熔体空穴之间协同运动的结果，并受链缠结、分子间力、增强材料的存在和交联等因素所制约。从物理化学的观点看，胶黏剂的黏度越低，越有利于界面区分子接触程度的提高。为此，可采用低相对分子质量聚合物作基料，用溶剂或水搅制成溶液或乳液，还可采用稀释剂调制其黏度。根据特殊要求也可加入触变剂，在压力的作用下提高胶黏剂的流动性。但实际工艺上又往往要求胶黏剂有一定的黏度和初始黏结力，故许多胶黏剂都是具有一定黏度范围的液相物质。可把压敏胶看成是一种高黏度的流体或一种在压力下容易流动、变形的半固体物质。

(2)胶黏剂对被黏结表面的润湿

胶黏剂与被粘物之间形成润湿状态，是黏结接头具有良好黏结性能的先决条件。为便于研究，通常把胶黏剂当做一种液体，把被粘物当做一种固体，即用液体-固体体系当做胶黏剂-被粘物体系的研究模型。

处于表面区的液体分子，有一个方向(表面以外)，没有受到同种分子的吸引作用，它们受力情况与非表面区的处于各向分子力作用平衡状态的分子不同。表面区分子由于受力不平衡，产生了一种向内收缩的力，这就是表面张力 σ_L，单位是 N/m。液体的表面张力通常在液体-蒸气的环境中测定，测得的数值是液体-气体界面的界面张力 σ_{LG}，σ_{LG} 值非常接近于 σ_L 值。

从热力学角度提出的单位面积表面区的自由能数值与表面张力相

等,但单位是 J/m^2。缩小表面积能导致自由能的下降,故是一个自动进行的过程。

液体与固体表面接触时,处于界面区的两种分子在朝向各相内部方向受到同种分子的吸引作用。在朝向界面方向,受到来自界面分子力的吸引作用。此两种吸引力的合力称为界面张力 σ_{SL}。

将一液滴滴在固体表面上,形成图2.34的形状。设在固-液-气三相界面上,固-气的界面张力为 σ_{SG},固-液的界面张力为 σ_{SL},液-气的界面张力为 σ_{LG}。在三相交界处自固-液界面经过液体内部到液-气界面的夹角叫做接触角,以 θ 表示。则三相界面张力 σ_{SG},σ_{SL},σ_{LG}之间的关系一般服从式(2.18),即 $\sigma_{SG}=\sigma_{SL}+\sigma_{LG}\cos\theta$。该式也称为Young方程。

Young方程是研究液-固润湿作用的基础。一般地,接触角的大小是判定润湿性好坏的判据。

设有α,β两相,其相界面张力为 $\sigma_{\alpha\beta}$,在外力的作用下分离为独立的α和β相,表面张力分别为 σ_α 和 σ_β。在这一过程中外界所做的功 W_a 为

$$W_a=\sigma_\alpha+\sigma_\beta-\sigma_{\alpha\beta} \tag{2.39}$$

W_a 是将结合在一起的两相分成独立的两相外界所做的功,称为黏附功。

固体对液体的润湿作用一般可用黏附功大小来表征。在液体-固体接触体系中,分离单位面积界面两相吸引作用所需的功即为黏附功 W_{SL}。由此可知,液体与固体分子相互吸引力越大,黏附功也越大,则润湿性能越好。对固-液界面

$$W_{SL}=\sigma_S+\sigma_{LG}-\sigma_{SL} \tag{2.40}$$

式中,σ_S 是固体处在真空中的表面张力,它与 σ_{SG}的关系一般为

$$\sigma_S-\sigma_{SG}=\pi \tag{2.41}$$

π 称为扩展压(平衡膜压)。因为在气-液-固三相体系中,气-液-固均达到平衡,即固、液表面都吸附了气体,因此式(2.40)可写成

$$W_{SL}=\sigma_{SG}+\sigma_{LG}-\sigma_{SL} \tag{2.42}$$

与Young方程结合可得

$$W_{SL}=\sigma_{LG}(1+\cos\theta) \tag{2.43}$$

上式将液-固之间的黏附功与接触角联系起来。如果式中 $\theta=0°$,

则$W_{SL}=W_c=2\sigma_{LG}$,即黏附功等于液体的内聚功 W_c,固-液分子间的吸引力等于液体分子与液体分子的吸引力,因此固体被液体完全润湿;而当 $\theta=180°$时,$W_{SL}=0$,也就是固-液之间没有吸引力,分离固-液界面不需做功。此时固体完全不为液体润湿。实际上,固-液之间多少总存在吸引力,接触角 θ 在 0°~180°之间。接触角越小,黏附功越大,润湿性越好。

(3)润湿过程的三种类型

①黏附润湿过程

这是液体直接接触固体,变气-液表面和气-固表面为液-固界面的过程。设液体黏附在固体上的面积为 a,在等温等压条件下,由热力学可得过程的表面自由焓降低为

$$-\Delta G_a=a(\sigma_{SG}-\sigma_{SL}+\sigma_{LG}) \tag{2.44}$$

或

$$-\Delta G_a/a=\sigma_{SG}-\sigma_{SL}+\sigma_{LG}=W_a \tag{2.45}$$

上式表明黏附润湿过程的"推动力"为($\sigma_{SG}-\sigma_{SL}+\sigma_{LG}$),它等于系统在黏附过程中形成单位液-固界面时自由能的降低值,此值又称黏附功 W_a。

②浸湿过程

即将固体浸入液体,使原来的气-固表面由液-固界面所代替。若固体面积为 a,则浸湿过程中系统自由焓降低为

$$-\Delta G_a/a=\sigma_{SG}-\sigma_{SL}=-W_i \tag{2.46}$$

W_i 称为浸湿功,其大小可以反映液体在固体表面取代气体的能力。令$A=-W_i$,A 称为黏附张力。只有 $A>0$ 的过程才能发生浸湿。$A<0$ 为不能浸湿,这是因为液体分子与固体表面上分子的黏附力小于液体分子自身的内聚力之故。

③铺展润湿过程

这是液体与固体表面接触后,在固体表面排除空气而自行铺展的过程,即以液-固界面取代气-固表面同时液体表面也随之扩展的过程。若液体自发铺展的覆盖面积为 a,则相应的自由焓降低为

$$-\Delta G_a/a=\sigma_{SG}-\sigma_{SL}-\sigma_{LG}=S_{L/S}=W_a-W_c \tag{2.47}$$

式中($\sigma_{SG}-\sigma_{SL}-\sigma_{LG}$)为铺展过程的推动力,定义为铺展系数 $S_{L/S}$,在恒温恒压下,$S_{L/S}\geqslant 0$ 液体可自由铺展。换言之,当固-液的黏附功不小于液体的内聚功,即 $W_a\geqslant W_c$ 时,液体可以自行铺展在固体表面上。

显然,对于同一系统,三种润湿可依次表示为 $W_a>A>S_{L/S}$。换言之,若 $S_{L/S}\geqslant 0$,必然 $W_a>A>0$,即凡能铺展的必定能黏附润湿与浸湿,反之则未必。可见铺展是润湿程度最高的一种润湿。液体表面张力对三种润湿贡献是不同的,增大 σ_{LG} 对黏附润湿有利,对于浸湿不起作用,而对于铺展润湿是不利的。由于 σ_{SG} 与 σ_{SL} 测定的困难,使上述三种润湿的公式应用不便。借助 Young 方程,可将三种润湿的发生条件以能量判据和接触角判据的对应关系列出

黏附润湿	$W_a=\sigma_{LG}(1+\cos\theta)\geqslant 0$	$\theta\leqslant 180°$
浸　　湿	$A=-W_i=\sigma_{LG}\cos\theta\geqslant 0$	$\theta\leqslant 90°$
铺展润湿	$S_{L/S}=\sigma_{LG}(\cos\theta-1)\geqslant 0$	$\theta=0°$或不存在

可见,只要已知液体的表面张力及接触角即可用以上能量判据式算得 W_a,A 和 $S_{L/S}$。在以接触角表示润湿性时,习惯上规定 $\theta=90°$为润湿与否的标准。$\theta>90°$为不润湿,$\theta<90°$为润湿,$\theta=0°$时为铺展。对一定液体,$\theta>90°$的固体称为憎液固体,$\theta<90°$的固体称为亲液固体。对三种润湿,降低 σ_{SG} 与增加 σ_{SL} 均对润湿不利,反之则有利。

(4)固体表面的润湿性质

固体的表面张力 σ_{SG} 越大,越易被一些液体所润湿。一般液体的表面张力除汞外都在 100 mN/m 以下,以此为界可把固体表面分为高能表面和低能表面。前者如常见的金属、硫化物、无机盐等,它们有较高的表面自由焓。金属和其他无机高熔点固体的 σ_{SG} 常在 0.5 ~ 1.5 J/m^2;后者包括一般的有机固体及高聚物,其的表面自由焓与液体大致相当,约在 100 ~ 25 mJ/m^2 左右,它们的润湿性能与液固两相的表面组成与性质密切相关。

高能表面原则上能被一般液体润湿或铺展。水、油液体在干净的金属、玻璃表面上就是如此。但若这些表面被污染,就会呈现很差的润湿性。固体表面形成了液体的吸附膜时,其 σ_{SG} 比在真空中相差一个表面压 π,将式(2.41)代入式(2.18)可知,固体表面吸附膜产生的表面压使接触角变大,润湿性变差。

2. 黏结力的形成

(1) 主价键力(化学键力)

当胶黏剂与被黏结表面的原子接近到约 0.3 nm 以内时可形成结

合力强的主价键力。

离子键力是离子化合物中正负离子间的静电作用力，它与正负离子所带电量的乘积成正比，与正负离子间的距离的平方成反比。当含有一定活性基团的胶黏剂黏结金属时，活性基团与黏结界面上的金属氧化物（如含羧基的胶黏剂与金属氧化膜）作用可能形成离子键（或配位键）。

共价键是通过两原子的有关电子云重叠形成的。而原子间的相互作用力是由两原子核对重叠电子云的吸引产生的。共价键是一种比较牢固的化学键，但当共价键被拉断时，原子间的作用力立即变为零。绝大多数有机分子中的原子间是共价键连接的。胶黏剂中的异氰酸酯基与金属表面上的单层氢氧化物反应，玻璃表面上的羟基与胶黏剂中的环氧基、羟基和异氰酸酯反应等能生成共价键。胶黏剂与被黏结表面能够满足形成共价键量子化学条件的情况并不多，大多数主要靠其分子间力的作用。另外，由于界面不平衡的应力集中在某些点上，致使一些共价键先被拉断，从而引起黏结强度大大降低。

关于黏结界面化学键的形成问题，是近来的一个研究热点。一些人对黏结界面存在化学键提出了自己的证据，如有人提出环氧胶与钢基体黏结时，界面处胶黏剂中的 N 原子和 O 原子与钢基体中的 Fe 原子有配位键生成。

(2)次价键力（分子间力）

当胶黏剂与被黏结物均由含极性基团的极性分子组成时，两相界面的黏附力包括分子偶极矩引起的取向力。任一化合物分子的偶极矩是其组成中所有键的偶极矩矢量和。分子偶极矩值是分子间作用力的一个重要参数。极性分子取向力相互作用的势能与分子偶极矩的平方成正比，与分子间距离的 6 次方成反比，也与绝对温度成反比（分子热运动会扰乱分子的取向）。该势能除了取向作用的贡献外，还有诱导作用的贡献。通常分子相互作用的取向力越大，黏附强度也越高。

极性分子与非极性分子相遇，其相互作用的势能没有取向作用的贡献，但可以存在诱导作用的势能。在极性分子场的作用下，非极性分子产生诱导偶极矩，它与此极性分子在非极性分子处产生的场强成正比。

非极性分子之间以弱的色散力相互吸引，这种色散力是瞬时偶极之间相互作用的结果。所谓瞬时偶极是指分子内正负电荷中心的瞬时不重合状态。分子色散力相互作用的势能是随分子的电离能和极化率的增大而增加,随分子间距离的增大而急剧减少。低分子物质的色散力较弱,高分子物质的色散力相当可观。

总之,两个极性分子之间同时存在色散力、取向力和诱导力,只有在较大偶极矩的情况下取向力才能成为主要贡献;极性分子与非极性分子之间存在诱导力和色散力;而两个非极性分子之间只有色散力。虽然大多数胶黏剂与被黏结物黏结主要依靠分子间力的作用,但有时氢键等也参与其作用。

氢键是某些氢化物分子间的一种特殊的作用力。当氢原子与某些处于周期表右侧的非金属元素,如F、O、N等原子构成分子时,构成共价键的电子就会偏离氢而更接近于另外的原子,使分子具有强极性,H带正电,而另外的原子带负电。以图2.57中的HF和H_2O为例,一个分子中的氢与另一分子F或O原子形成以虚线表示的氢键。氢键是弱键中的强者,但要比共价键小一个数量级。由于满足氢键生成条件的含有F—H键、O—H键、N—H键等原子团的有机高分子或分子链之间都可形成氢键,因而形成氢键的物质相当广泛。氢键对胶黏剂黏结力的形成、大小都有重要意义。

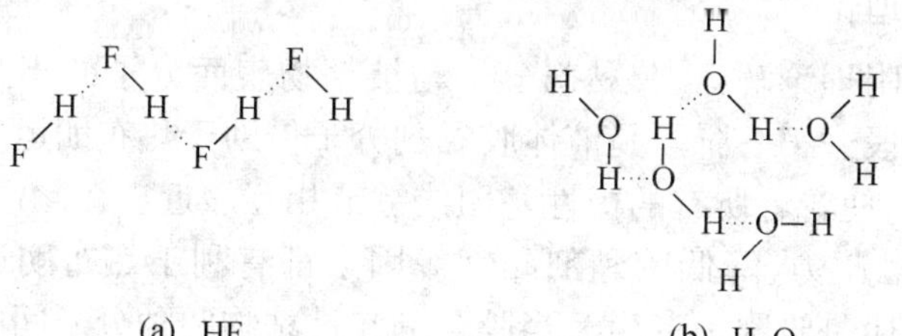

(a) HF　　(b) H_2O

图2.57　分子之间的氢键

(3)机械结合力

被黏结和黏涂的表面是固体表面,固体表面在微观上都是凹凸不平、沟痕遍布的,有些表面还是多孔的。胶黏剂利用它的流动性和毛细作用渗入被黏结表面的微孔、凹坑和缝隙,固化后在界面产生咬合力,这种机械镶嵌(锚合)作用形成的机械结合力,对于表面粗糙、多孔材料及织物、皮革、纸等的黏结强度具有显著贡献。

(4)界面静电引力

当高分子胶黏剂与金属表面密切接触时,由于金属对电子的亲和力低,容易失去电子,而非金属对电子的亲和力高容易得到电子,故电子可从金属移向非金属,使界面两侧出现接触电势,形成双电层,产生静电引力。静电作用仅存在于能够形成双电层的黏结体系。

(5)扩散结合力

当聚合物之间进行黏结(如塑料、橡胶采用高分子胶黏剂黏结)时,由于胶黏剂分子链本身或其链段通过热运动引起相互扩散,使界面处的分子互渗成一个过渡层,固化后达到牢固结合。

上述形成黏结力的各作用力中范德华力是普遍存在的,其他作用力仅在满足某些相应条件下存在。

2.6.2　黏结现象的各种理论解释

多年来国内外研究者对黏结的原理发表了大量论著,提出了机械论、吸附论、化学键理论、分子理论、电磁理论等。由于黏结现象涉及表面物理、表面化学、高分子化学、无机化学、机械学和电学等多学科的复杂现象,用上述任何一种理论均难以圆满解释,只能说明部分现象和问题。本节只对其中的几种胶黏理论作简单介绍。

1. 吸附理论

按照吸附理论解释,胶黏剂分子与被粘物表面分子的相互作用过程有两个阶段。第一阶段是液体胶黏剂分子借助于热布朗运动向被粘物表面扩散,使二者所有的极性基团或链节相互靠近。在此过程中,升温、施加接触压力、降低胶黏剂黏度等因素都有利于热布朗运动的加强。第二阶段是吸附力产生。当胶黏剂与被粘物两种分子间的距离达到1~0.5 nm时,两种分子便产生相互吸引作用,并使分子间的距离进一步缩短到能够处于最大稳定状态的距离。

胶黏剂-被粘物表面的黏结力与吸附力具有某种共同本质,这可以通过二者存在某种共同的规律性给予说明。一个固体吸附剂对气体或液体吸附质作用的等温吸附公式为

$$x \propto KC^n \tag{2.48}$$

式中,x 为吸附强度,即单位表面积或质量的吸附剂所吸附的吸附质的质量;C 为吸附质的含量;K,n 为与吸附体系有关的特性常数。

Mclaren 在研究醋酸乙烯-氯乙烯-顺丁烯二酸共聚物胶黏剂黏结纤维素时,发现黏结力与胶黏剂中能够与纤维素分子形成氢键的羧基基团的含量之间有类似于等温吸附公式的关系,即

$$F=A+B[C]^{m} \tag{2.49}$$

式中,F 为胶接强度;C 为羧基含量;A,B,m 为常数,其中 $m\approx0.5\sim0.7$。

De Bruyne 在研究酞酸酐固化环氧树脂黏合铝的过程中也得到类似的结果。黏结强度与环氧树脂中羟基含量的2/3 次方成正比。

吸附理论正确地把黏结现象与分子力的作用联系起来。近年来,很多学者指出,在充分润湿的情况下,聚合物的色散力作用已能产生足够高的黏结力。黏结体系分子接触区的稠密程度是决定黏结力大小的最主要因素。实际上没有必要孤立地研究胶接强度与极性的关系。胶黏剂的极性太高,有时候会严重妨碍润湿过程的进行而降低黏结力。

分子间作用力是提供黏结力的普遍存在的因素,但不是惟一因素。在某些特殊情况下其他因素也会起主导作用。

2. 扩散理论

扩散理论认为,仅限于界面上分子的相互接触难于获得高黏附强度,还必须使黏附两相的聚合物分子链间发生向界面层的相互扩散作用。也就是说,先由胶黏剂润湿于被粘物表面而产生两相界面间的相互接触,继而通过两相分子的布朗运动或链段的摆动产生扩散现象。这种扩散作用是穿越胶黏剂-被粘物的界面交织地进行的。扩散结果黏附界面形成交织网络,导致界面的消失和过渡区的产生,并通过扩散的分子或链段的缠绕及其内聚力使两相连接起来,形成牢固黏结接头或覆层。

(1) 扩散作用与聚合物的相溶性

两个相互接触聚合物间的相互扩散是一种溶解现象,因此这种扩散作用既涉及多组分胶黏剂与被黏聚合物的相溶性,也受到胶黏剂中多组分配制和固化过程中相溶性的影响。从工艺角度来讲,相溶性是指两种聚合物之间容易相互分散而得到性能稳定的混合物的能力;从热力学角度来讲,相溶性是指任何比例混合后所形成的均相体系的能力。聚合物的溶解性质的影响因素可大致归纳为以下几种:

a. 化学组成相近,则易于相互亲合溶解;

b. 线型或支化结构形态的聚合物可以溶解，体型的高聚物只能溶胀，不能溶解；

c. 柔性链聚合物的分子便于运动和扩散，容易溶解，如具有柔性链的聚乙烯醇能溶于水，而刚性链的纤维素分子不溶于水；

d. 结晶的聚合物比非结晶聚合物难溶解；

e. 聚合物分子链越长，相对分子质量越大，分子间内聚力越大，溶解性越差。

(2)溶解度参数 δ 的影响

聚合物黏附界面的扩散作用和其溶解过程相类似，都可视为一个“混合”过程。两种物质能够自动互溶的热力学条件是它们的混合自由能 ΔG 小于零，即

$$\Delta G=\Delta H-T\Delta S<0 \tag{2.50}$$

式中，ΔH 为混合热；ΔS 为混合熵变；T 为热力学温度。

如果满足 $\Delta G<0$，就必须使 $\Delta H<T\Delta S$。

ΔH 与两混合物质的溶解度参数 δ 值的关系为

$$\Delta H=V_m\varphi_1\varphi_2(\delta_1-\delta_2)^2 \tag{2.51}$$

式中，V_m 为混合体系的总体积；φ_1，φ_2 为两物质的体积百分数；δ_1，δ_2 为两物质的溶解度参数。

上式适用于非极性或弱极性分子在混合时不放热或吸热的体系。

溶解度参数是确定聚合物与溶剂的溶解性和聚合物与聚合物之间的相溶性的重要参数。如两聚合物的 δ 值相等，即 $\delta_1-\delta_2=0$ 时，ΔH 等于零，那么，它们的混合(互扩散)过程将是自动进行的。不同溶解度参数的胶黏剂对聚酯膜的黏附强度的影响就是扩散理论的一个例证。如图 2.58 所示，只有与被黏附材料聚对苯二甲酸乙二醇酯(PET)的溶解度参数 $10.3\times10^3(\mathrm{J\cdot m^{-3}})^{1/2}$ 相近的胶黏剂才能产生较高的黏附强度。对于聚合物，通常是 $|\delta_1-\delta_2|$ 不大于 2 时方可相溶，但对小分子来说，此值稍大些也无妨。

(3)扩散系数的影响

任何扩散过程的动力学公式可表示为

$$\mathrm{d}m/\mathrm{d}t=-D\mathrm{d}c/\mathrm{d}x \tag{2.52}$$

式中，m 为单位接触面积扩散物质的数量；D 为扩散系数；t 为时间；$\mathrm{d}c/\mathrm{d}x$ 为浓度梯度。

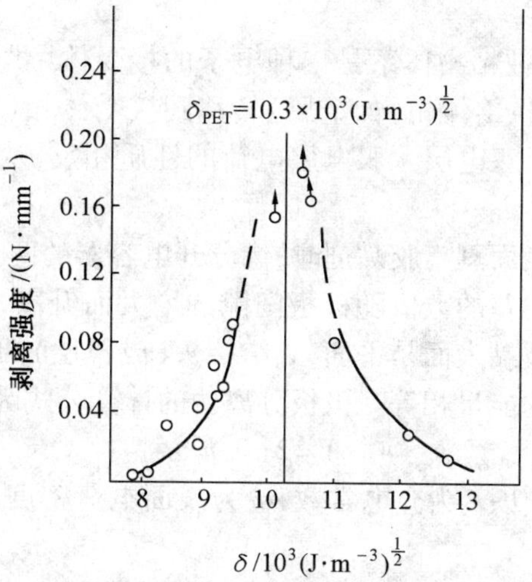

图 2.58　不同溶解度参数的胶黏剂对聚酯膜的黏附强度的影响

扩散系数 D 取决于多方面因素。例如，扩散物质相对分子质量对 D 的影响为

$$D = KM^{-a} \tag{2.53}$$

式中，M 为相对分子质量；a 为体系的特征常数，K 为常数。

在黏结体系中，降低胶黏剂的相对分子质量有助于增加其分子的扩散能力，但相对分子质量过低会使胶黏剂的内聚强度明显下降，故必须选择适宜相对分子质量的胶黏剂。

聚合物间的扩散作用也受其分子结构形态的影响。各种聚合物分子链排列堆集的紧密程度不同，其扩散行为有显著不同。大分子内有空穴或分子间有孔洞结构者，扩散作用就比较强。天然橡胶有良好的自黏性，而乙丙橡胶自黏性差，就是由于前者具有空穴及孔洞结构而后者没有的缘故。

聚合物间的扩散作用还受到两聚合物的接触时间、黏结温度等作用因素的影响。两聚合物相互黏结时，黏结温度越高，时间越长，其扩散作用也越强，由扩散作用导致的黏结力就越高。

扩散理论在解释聚合物的自黏作用方面已得到公认。但对不同聚合物之间的黏结，是否存在穿越界面的扩散过程，目前尚有争议。

3. 静电理论

当胶黏剂-被粘物体系是一种电子的接受体-供给体的组合形式时,由于电子从供给体相(如金属)转移到接受体相(如聚合物),在界面区两侧形成了双电层。双电层电荷的性质相反,从而产生了静电引力。

从被粘物表面剥离胶黏剂时,像分开电容器的两个极板一样,能产生电位差。电位差的数值随极板间隙的增大而升高,到了一定程度便开始放电。若被黏表面是平面,黏结接头(或覆层)的黏附功可看做与两极板所贮存的能量相等。极板分离功的计算公式为

$$W=2\pi\sigma^2 h/\varepsilon \tag{2.54}$$

式中,W 为分离功;ε 为介电常数;σ 为表面电荷密度;h 为两极板间拉开的距离。

当剥离速度较慢时,大部分电荷从极片中漏逸,故在 h 值很小时,原有的电荷就很快消失,剥离过程仅消耗少量的功。但快速剥离时,由于缺乏足够的时间放电,因而在发生放电前,能保持较高的电荷密度而使接头的剥离强度增大。

在干燥环境中,从金属表面快速剥离胶层时,可用仪器或肉眼观察到放电的光、声现象,证实了静电作用的存在。

2.6.3 黏涂层的形成机理

表面黏涂层一般由黏料、固化剂和具有一定特性的填料和辅助材料组成。以有机高分子黏料为基的胶黏剂制备的黏涂层与有机高分子涂料制备的涂膜,其成膜机理没有本质上的区别。高分子涂层(涂膜)的形成过程是黏性流体通过化学方法(聚合反应)和物理方法(溶剂挥发、熔融体冷却)转变成黏弹性固体的过程。液态的胶黏剂涂布并润湿于被粘物表面之后必须通过适当方法将其固化,才能承受各种负荷。依照固化成膜时是否发生化学反应,有交联型、非交联型和混合型之分。非交联型仅通过物理干燥成膜,溶胶、凝胶过程是可逆的。交联型依靠成膜时的化学反应结合成高相对分子质量的膜层。其最有代表性的交联硬化机构有游离基参与的硬化、缩合反应硬化及由附加反应引起的硬化。

高分子黏涂层的成膜主要依靠黏料和固化剂发生化学反应,形成

网状体型结构产物，将胶黏剂的各组分包络在“网状体”中，形成固化物涂层。如环氧树脂的固化、交联的基本原理是环氧树脂上的环氧基 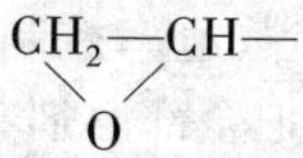 与固化剂上的活泼氢（如氨基—NH_2 或—NH—）进行反应。因此原则上有活泼氢的化合物都可以作为环氧树脂的固化剂。其中最有实用价值的固化体系有胺固化体系，酸、酸酐固化体系和合成树脂固化体系。如伯胺和仲胺靠活泼氢起固化、交联作用。伯胺和环氧树脂反应生成仲胺，该仲胺再起固化剂作用生成叔胺，叔胺起催化剂作用，生成聚合物。采用伯胺和仲胺作固化剂的交联反应为

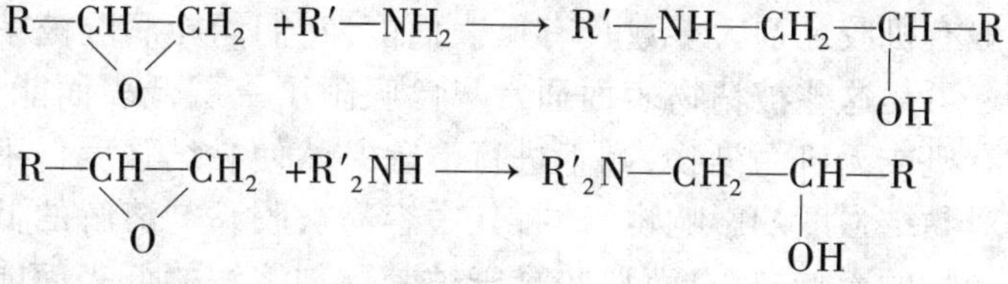

用羧酸作固化剂的交联反应为

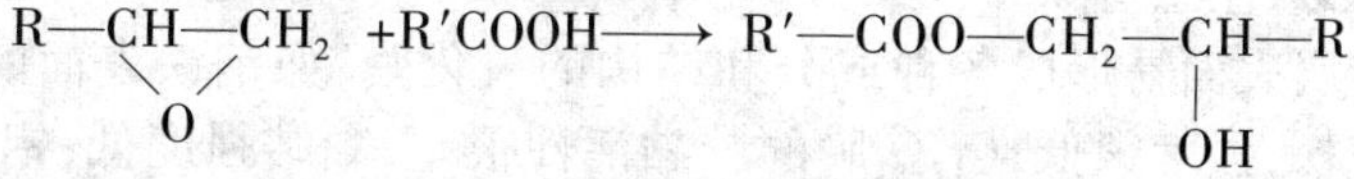

固化过程中伴随交联的发展，涂层玻璃化温度、硬度和弹性模量升高。交联反应的程度对涂层的耐溶剂性、耐药品性及耐候性等有显著影响。

高分子涂层的非交联型成膜主要依靠溶剂从涂液中蒸发。关于纯溶剂的蒸发存在两种观点：一种是根据液态及其蒸发气体平衡时的气体分子运动论导出的，溶剂的蒸发量可表示为

$$W=\varepsilon\sqrt{M/2\pi RT}\cdot pS \tag{2.55}$$

式中，W 为蒸发面积为 S 时溶剂的蒸发量；ε 为修正系数；M 为溶剂的物质的量；p 为饱和蒸气压；R 为气体常数；T 为蒸发温度。

另一种认为溶剂的蒸发受蒸气的扩散支配，溶剂分子从液体内部穿过表面层进入蒸气层而后扩散到流动空气层，其蒸发量为

$$W=\frac{K}{RTp_x}DM=K'(DM) \tag{2.56}$$

式中，p_x 为外压；D 为扩散系数；K、K'为由试验条件决定的常数。

试验证明，上述两式都是成立的。

一般来说,溶剂从涂液中蒸发可分为两个阶段:第一个阶段是蒸发初期从表面层向空间扩散;第二个阶段是随着涂液浓度的增高,溶剂在涂层内部的扩散,这时溶液挥发速率主要受涂层内部扩散速率控制。如不进行加热,溶剂蒸发的第二阶段进行是缓慢的,很难把全部溶剂蒸发掉。溶剂的选择对涂层质量有着很大的影响。

2.6.4 黏结强度的影响因素与控制

1. 被粘物表面状态

(1)被黏结表面的清洁程度

一般有机胶黏剂大多数具有低表面能,它们均能润湿被粘物的高能表面。可是这些被粘物表面通常早已吸附了一层低表面能、低内聚强度的有机或无机污染物,如不进行清除必然使黏结强度低下。不同污染物对黏结强度的影响也不同,其中容易被胶黏剂溶解的低表面能有机污染物的影响较小,而那些难于被胶黏剂溶解的低表面能有机污染物,必须注意清除。

金属表面易形成各种成分和结构的氧化膜,如钢铁表面的 Fe_2O_3 膜很疏松,强度很低;Cr_2O 膜的胶黏活性很差,黏结强度低;铝表面在常温下生成的水合氧化物膜是内聚力弱的界面层,但以化学氧化法处理铝合金表面使其生成一层细密透明的无水氧化物膜,它对一般胶黏剂的黏附强度可比除油处理的铝合金提高 1 ~ 6 倍。为获得良好的黏结强度应去除金属表面的有害氧化膜。

对于油类污染物,常用有机溶剂、碱性或酸性除油法、电化学除油法等去除。对塑料表面用有机溶剂除油时,应注意选择那些不会使塑料溶解、溶胀或龟裂的溶剂。如对聚氯乙烯、聚苯乙烯可用乙醇;对聚烯烃类、氟塑料和聚酯采用丙酮;对环氧树脂、酚醛树脂等常用甲醇。用碱性或酸性除油法选择配方和工艺时,注意不要对被粘金属或非金属表面产生腐蚀和影响制品质量。

(2)表面粗糙度

在能够润湿的前提下,适当增加被粘物的表面粗糙度值,就相当于增加了胶黏剂与被粘物的实际接触面积,有利于黏结强度的提高。对表面进行适当粗化处理,不仅能因改变表面状态,增加表面积而提高机械结合力,同时还能改变界面上的应力分布,提高被黏结物的表面能,促进胶黏剂在被黏结物表面的润湿,进而改善其结合性能。

形貌不同的粗糙表面,造成胶黏剂与被粘表面机械镶嵌程度的不同。若被黏结表面过于粗糙,会因凹凸不平产生空心或胶层断裂而影响黏结强度。若被黏结表面是不能润湿的低能固体表面,粗化处理是无效的。

(3) 表面预处理

黏结前,对被黏结表面所采用的预处理(或称表面制备)方法和处理质量,对黏结强度的影响十分显著。对金属表面的预处理有物理的和化学的方法,包括简单的机械擦拭、综合机械打磨、化学清洗和酸洗等;对高分子材料的表面预处理主要用化学方法,例如氧化法、酸或碱的表面反应、磺化、卤化、氯硅烷处理及表面接枝处理等,合适的表面预处理方法,能有效改变被粘物的表面形态或表面化学结构,形成牢固的高能表面薄层,从而能改善被胶黏剂的润湿程度,提高黏结强度。用环氧树脂为黏结剂黏结钢、铝、钛时,不同表面预处理方法对其黏结强度的影响情况见表2.9。

2. 黏结体系的内应力

产生内应力的原因主要有两个方面:一是胶黏剂在固化过程中由于体积收缩而产生的收缩应力;二是因胶黏剂和被粘物的热膨胀系数不同,在固化过程和使用时调到温度变化而产生的热应力。此外,两相分子的接触不均与介质对胶黏剂及被粘物作用等也会产生内应力。胶黏剂层内部若有裂缝或气泡也会导致内应力产生和应力集中。内应力主要存在于界面区且分布不均匀,一般被粘物端部的内应力要比其他部位的大。

内应力会随胶黏剂或被粘物分子的蠕动而逐渐下降。因此在胶黏剂中如果加入有利于分子运动的增塑剂等物质,能有效减少或消除内应力;在胶黏剂中加入无机填料,调解热膨胀系数,也可降低内应力,如在黏结金属时,可在胶黏剂中加入适量的金属粉末作填料。在100份环氧树脂中加入100~280份硅粉,膨胀系数可由$(2\sim3)\times10^{-5}$/K增加到$(5\sim6)\times10^{-5}$/K;改变黏结工艺,如采用逐步升温,随炉冷却等措施可降低内应力,减少应力集中。

表 2.9　金属表面预处理与黏结强度的关系

被粘金属	处理方法	对水的接触角/(°)	剪切强度/(MPa)
铝	未处理	67	17.2
	脱脂	67	19.3
	$H_2SO_4/Na_2Cr_2O_7$ 处理	0	36.3
	$H_2SO_4/Na_2Cr_2O_7$+高温烘	78	25.5
钛	未处理	50~75	9.5
	脱脂	61~70	22.4
	$H_2SO_4/Na_2Cr_2O_7$ 处理	10	43.2
不锈钢	未处理	50~75	36.6
	脱脂	67	43.3
	$H_2SO_4/Na_2Cr_2O_7$ 处理	10	49.7
钢	未处理	77	3.6
	三氯乙烯溶剂处理	42	13.0
	氯仿(超声波振动 12 min)	34	14.8
	麻抛光(30 s)*	42	13.4
	喷砂清理*	36	16.3
	盐酸+水各 50% 体积分数(3.5 min)	37	14.3
	硝酸+水各 50% 体积分数(5 s)	35	16.6
	硫酸+重铬酸盐(0.5 min)	34	13.7
	碱(pH=12.6),82 ℃,10 min	36	15.5

3. 弱界面层

弱界面层的产生主要是由于胶黏剂、被粘物、环境介质如空气、水分、油污以及其他低分子物质彼此共同作用的结果。即它们中的各种低分子物质如添加剂、助剂、聚合过程中杂质及某些金属氧化物等通过吸附、扩散、迁移和凝聚等作用,在部分或全部界面形成了这些结合强度差的低分子富集区。

实验结果表明，聚乙烯熔体冷却或结晶时，其低相对分子质量部分会富集在表面区形成弱界面层，从而引起黏结强度下降（如用聚乙烯黏结铝其黏结强度仅为聚乙烯本身强度的百分之几），若以不同方法除去聚乙烯中的含氧杂质或将聚乙烯表面的低分子成分转化为高分子交联结构，其黏结强度将会显著增加。

4. 工艺条件

形成黏结接头（覆层）时的温度对黏结强度有一定影响。提高温度会使胶黏剂分子的热运动加强，导致扩散作用增强，有利于黏结强度的提高。一些试验指出，加热固化黏结体系的耐久性要比室温固化好。

一般来讲，黏结压力增大有利于胶黏剂均匀地铺展在被粘表面上，使胶黏剂与被粘表面的实际接触面积增加。压力的影响对流动性差的胶黏剂更为显著。

胶层的厚薄对黏结强度也有一定影响。胶层过厚，胶层内形成气泡等倾向加大，并且因热膨胀量增加而引起的热应力也增加。但胶层厚度也并不是越薄越好。对受冲击负荷小而弹性模量也小的胶来说，胶层稍厚则抗冲击强度高。弹性模量大的胶，冲击强度与胶层厚度无关。胶层的厚度要根据胶黏剂种类和实际条件经过实验来决定。一般合成胶黏剂以 0.05 ~ 0.10 mm 为宜，无机胶黏剂以 0.1 ~ 0.2 mm 为宜。

除温度、压力和涂胶厚度外，工艺条件还有湿度、介质、时间等因素。

5. 胶黏剂的组成及性质

(1) 相对分子质量及其分布

黏结强度不仅与胶黏剂的相对分子质量有关，而且还与胶黏剂的相对分子质量的分布有关。胶黏剂相对分子质量的降低有利于增加其分子扩散能力。其原由是随着相对分子质量的提高，易于扩散到被粘物表面层内的分子自由链端数目减少，大分子的中间链段向被粘表面扩散成为主要形式，但空间位阻使链段较难扩散到被粘物的分子间隙。反之相对分子质量减小，其流动性变好，对被黏结表面的润湿程度提高。但相对分子质量过小会使胶黏剂的内聚强度明显下降。因而只有选用适当相对分子质量的胶黏剂，才能获得良好的黏结强度。以聚异丁烯相对分子质量与黏结强度的关系为例:当聚异丁烯相对分子质量在 7 000 时,黏结强度几乎为零,破坏形式为内聚破坏;当相对分子质量增大到 20 000 时剥离强度达到最大值 3.62 $N\cdot cm^{-1}$,破坏形式为内聚或界面的混合破坏;而当相对分子质量增大到 100 000 时,剥离强度又大幅度减少至 0.66 $N\cdot cm^{-1}$,破坏形式变为黏结破坏,即界面破坏。

聚合物相对分子质量分布较宽时,其高分子链端数目增加,导致聚合物自由体积与高分子链及链段可动性增加,胶黏剂的内聚强度下降。低聚物与高聚物混合时往往呈内聚破坏,而当其中高聚物含量增高时,由于胶层内聚力增加,转而呈界面破坏。对于相对分子质量分布的影响必须具体分析,综合考虑。有时胶黏剂相对分子质量分布加宽,会因其中的低相对分子质量部分具有降低黏度的作用,可使胶黏剂更好地铺展润湿,而获得较高的黏结强度。

(2)结晶度

高聚物大分子借分子间的作用力聚集成固体,又按其分子链的排列有序与无序而形成晶态或非晶态物质。结晶是聚合物分子呈有规律排列的聚集状态。结晶结构的不同,使同一聚合物可以具有不同的性质。结晶性聚合物存在着结晶区和非结晶区,它的力学性能主要与聚合物的相对分子质量和结晶度(结晶部分的含量)有关。聚合物的结晶度、晶粒大小及晶体结构对黏结性能都有一定影响。

一般聚合物结晶度增大,其屈服应力、强度和模量均有提高,而伸展率和耐冲击性能降低。高结晶度的聚合物的分子排列紧密有序。结晶度的提高使分子间的相互作用力增大,分子链难于运动,脆性、各向异性增加,黏结性能下降。由于常希望作胶黏剂的聚合物具有各向同性的性能,所以采用非晶态聚合物为宜。但是适当的结晶有时可以在较宽的范围内具有良好的内聚强度。

工业上常采用改变冷却速度或异相成核方法来抑制过高结晶度的产生。

(3)聚合物分子的极性

有的理论认为,高表面能被黏结物的黏结力是随着胶黏剂的极性增强而增大;低表面能被黏结物则是随着胶黏剂的极性增强,因黏结体系的润湿变差,黏结力下降。这是由于低能的非极性被黏结表面不易与极性胶黏剂形成低能结合,润湿不好所致。根据吸附原理,极性较强的基团(如环氧树脂分子中的环氧基、羟基、醚键等)的相互作用,可显著提高黏结强度,所以含有较多极性基团的聚合物都被作为胶黏剂的主体材料选用。

对非极性材料,可采用化学处理的方法(如采用萘钠处理聚四氟乙烯),使其表面产生极性,以便采用极性胶黏剂进行黏结。

(4)固化剂等成分的加入量

固化剂加入量不足会使固化不完全,而固化剂加入过多将使涂层脆性增大,环氧树脂的胺类固化剂的加入量通常按下式计算,即

$$G=(M/H_n)\times E \tag{2.57}$$

式中,G 为固化 100 g 环氧树脂所需胺质量;M 为胺的摩尔分子量;H_n 为胺基活泼氢原子的总数;E 为环氧树脂的环氧值。

粉末填料的加入可以降低涂层的收缩率,因而提高涂层的黏结强度。但加入量过多会因涂层中起黏附作用的黏料减少导致结合强度下降。

增韧剂参加高分子黏合剂反应使结构相对分子质量加长,形成的大分子具有柔韧性,减少了涂层的脆性。适量加入增韧剂可提高涂层的结合强度,但加入量过多也会使涂层结合强度下降。

参考文献

[1] 徐滨士,朱绍华. 表面工程的理论与技术[M]. 北京:国防工业出版社,1999.
[2] 冯端,师昌绪,刘治国. 材料科学导论[M]. 北京:化学工业出版社,2002.
[3] 恽正中. 表面与界面物理[M]. 成都:电子科技大学出版社,1993.
[4] 孙大明,席光康. 固体的表面与界面[M]. 合肥:安徽教育出版社,1996.
[5] 李超. 金属学原理[M]. 哈尔滨:哈尔滨工业大学出版社,1988.
[6] 陈伯蠡. 焊接冶金原理[M]. 北京:清华大学出版社,1991.
[7] 周振丰,张文钺. 焊接冶金与金属粘接性[M]. 第 2 版. 北京:机械工业出版社,1992.
[8] 周振丰. 焊接冶金学[M]. 北京:机械工业出版社,1997.
[9] 陈铮,周飞,王国凡. 材料连接原理[M]. 哈尔滨:哈尔滨工业大学出版社,2001.
[10] 装甲兵工程学院. 徐滨士院士科研文选[M]. 北京:机械工业出版社,2001.
[11] 钱苗根. 材料表面技术及其应用手册[M]. 北京:机械工业出版社,1998.

[12] 张甲英.优质高效低成本电弧喷涂技术开发及提高喷涂过程稳定性研究[D].石家庄:军械工程学院,2001.
[13] 徐滨士,刘世参.表面工程新技术[M].北京:国防工业出版社,2002.
[14] 吴仲行.真空熔结技术[J].表面工程,1991(2):34-36.
[15] 黄子勋.实用电镀技术[M].北京:化学工业出版社,2002.
[16] 黄子勋,吴纯素.电镀理论[M].北京:中国农业机械出版社,1982.
[17] 周仲柏,陈永言.电极过程动力学基础教程[M].武汉:武汉大学出版社,1989.
[18] 姜晓霞,沈伟著.化学镀理论[M].北京:国防工业出版社,2002.
[19] 曲敬信,汪泓宏.表面工程手册[M].北京:化学工业出版社,1998.
[20] 石森森.固体润滑材料[M].北京:化学工业出版社,2000.
[21] 程传煊.表面物理化学[M].北京:科学技术文献出版社,1995.
[22] 胡福增,陈国荣,杜永娟.材料表界面[M].上海:华东理工大学出版社,2001.
[23] 张玉龙.粘接技术手册[M].北京:中国轻工业出版社,2001.
[24] BHUSHAN B. Handbook of Tribology[M]. New York: McGraw-Hill Inc., 1991.
[25] WAKE W C. Adhesion and the Formulation of Adhesives[M]. London: Applied Science Publishers, 1982.
[26] HALE D L, SWAWK W D, Haggard D C. In-flight particle measurements of twin wire electric arc sprayed Aluminum[J]. Thermal Spray Technology, 1998(7).
[27] LECH PAWLOWSKI. The Science and Engineering of Themal Spray Coatings [M]. New York: John Wiley and Sons Ltd., 1995.

第3章 堆焊及热喷涂技术

3.1 堆焊技术

3.1.1 堆焊技术概述

堆焊是为了增大或恢复焊件尺寸,或使焊件表面具有特殊性能的熔敷金属层而进行的焊接。

利用焊接方法赋予机械零件表面以特殊的防腐、耐磨性能是堆焊技术的主要研究内容。堆焊最初的目的是对已损坏的零件进行修复,恢复其尺寸,并使表面性能得到一定程度的加强。堆焊技术发展到现在,已不甘于仅在维修行业中大显身手,而是越来越多地将触角伸进制造业的领域,形成了焊接技术研究的一个重要分支。例如,在制造某些耐磨零件的时候,不能全部用高硬度的耐磨材料整体制造这些零件。因为:其一,高硬度的耐磨材料往往含有较多的贵金属,整体使用这些材料势必大大提高制造成本;其二,高硬度的耐磨材料大多较脆,整体使用满足不了韧性方面的要求,容易断裂;其三,高硬度的耐磨材料难于加工,整体制造在工艺上有困难。鉴于这种情况,如果用普通材料制造基体,然后在表面上堆焊一层耐磨合金,则既可以满足强度要求,又可以获得满意的耐磨性能。在工艺上降低了产品的加工难度,在经济上降低了产品的成本,提高了产品的竞争力,真可谓一箭多雕。

科研和工程技术人员在堆焊领域里做了大量的工作,从设计形形色色在不同工况下工作的堆焊材料,到制造种类繁多的堆焊设备,都在不断取得进展。

手工电弧堆焊是应用最广泛的一种堆焊方法。随着焊接材料的发展和工艺方法的改进,应用范围更加广泛。例如:加入铁粉的焊条可使生产率显著提高;采用酸性药皮的焊条可以大大改善堆焊工艺性能,降低粉尘含量,有利于改善焊工的工作条件;应用碳极手工电弧熔化自熔剂合金粉末,可获得熔深浅、表面光整、性能优异的堆焊层。

振动电弧堆焊在汽车、拖拉机的旧件修复中已得到全面推广,经济效益也很显著。应用二氧化碳、水蒸气及熔剂层下保护的振动电弧堆焊工艺,可使堆焊层的质量和性能得到进一步提高。

宽带极堆焊是一种生产率极高的堆焊方法。利用已成形的合金带,可以在达 300 mm 的宽度上一次堆焊成形。且熔深浅,合金元素损失少,效率高,特别适用于对大面积的平整表面进行表面改性。

高频感应堆焊具有操作简便、熔深浅和生产效率高等优点,已成功地应用于堆焊农机犁铧。

氧-乙炔火焰堆焊的特点是火焰温度低,堆焊后可保持复合材料中硬质合金的原有形貌和性能,是目前应用较为广泛的抗磨堆焊工艺。用于堆焊高炉料钟零件,可使寿命提高 3 ~ 8 倍。

3.1.2 堆焊合金的分类、应用及选择

为了适应复杂的应用环境,人们研制出了许许多多的堆焊材料。为了能正确方便地选择堆焊材料,必须对各种堆焊合金进行合理的分类。材料的成分和组织结构对使用性能和应用范围起着决定性的作用。在了解了各种材料的使用性能和应用范围之后,我们便可以针对工程实际中遇到的问题按图索骥,找出若干种可能的选择。再根据各自的工艺条件和经济性,决定使用何种合金或焊接材料产品(如焊条、带材、丝材、粉末等);而有时所选出的材料直接决定了焊接材料产品的形式(如粉末等),这时就需要根据材料的供应形式寻找合适的堆焊工艺。

一般地,将堆焊材料按其成分分为铁基、钴基、镍基、铜基合金和碳化物等几大类。

1. 铁基合金

铁基合金是应用最广泛的一种堆焊合金。这不仅仅是因为其价格低廉、经济性好,而且经过成分、组织的调整,铁基合金可以在很大范围内改变自身的强度、硬度、韧性、耐磨性、耐蚀性、耐热性和抗冲击性。

由于合金含量和冷却速度的不同,铁基合金堆焊层的组织可以是珠光体、马氏体、奥氏体或莱氏体。成分和显微组织基本上决定了该合金的应用范围。当然,合金元素的加入也会使堆焊层产生某些特殊的性能。例如,W、Mo、V 和 Cr 可以使材料的高温性能得到提高。

(1)珠光体合金

珠光体钢实质上是合金成分不高的低碳钢。这类钢的含碳量较低(w(C)<0.25%),合金元素总的质量分数不超过5%。因此,焊后得到珠光体组织(亦包括索氏体和屈氏体),其硬度为 HRC20~38。珠光体堆焊层由于硬度较低,耐蚀性亦不佳,故常用于机械零件恢复尺寸时的打底层,意在提高堆焊的经济性或形成底层基体金属和顶层高合金在成分和性能上的良好过渡层。在少数情况下,珠光体堆焊层也可以直接用于对耐磨性要求不高的工作表面。

珠光体钢的焊接性良好,对稀释率的要求也不严。采用的工艺方法以手弧焊和熔化极自动堆焊为主。

手弧焊常用的珠光体堆焊焊条有 D102,D107,D112 和 D127 等。

(2)马氏体合金

在正常的焊接条件下,马氏体钢堆焊层的焊态组织为马氏体。其中碳的质量分数在0.1%~1.0%之间,同时含有 Mn、Mo、Ni 等元素,使其具有"自淬硬"性能。根据淬硬性和冷却条件的不同,焊后组织在马氏体和马氏体+贝氏体之间变化。

马氏体钢堆焊层又可按其含碳量分为低碳、中碳和高碳马氏体三种堆焊层。其中 w(C)≤0.3%的为低碳马氏体,w(C)=0.3%~0.6%的为中碳马氏体,w(C)=0.6%~1.0%的为高碳马氏体。其硬度也随着含碳量和含合金量的变化而在25~60HRC 之间变化。马氏体钢堆焊层的硬度比珠光体钢高,而韧性和抗冲击性则较低。随着含碳量的增加,这种趋势越来越明显,耐磨性也有所提高。

马氏体钢堆焊层最理想的应用是在抗金属间磨损的场合,例如各种齿轮、轴类的堆焊。在低应力磨粒磨损的场合也能获得比较满意的使用效果,例如铧犁、挖泥斗的堆焊等。在高应力磨粒磨损和有中度以上冲击的工况下,马氏体钢的应用比较少见,其耐热性和耐蚀性亦不能令人满意。

马氏体钢堆焊层的焊接性比珠光体钢差。因此,焊前对母材表面要进行除油除锈,对裂纹敏感性比较强的母材要考虑焊前预热和焊后热处理。马氏体钢的主要堆焊工艺方法是手工电弧堆焊和熔化极自动堆焊。手工电弧堆焊常用的焊条为 D167,D172,D207,D212,D227,D237 等。施焊前务必注意对焊条进行烘干。低氢型焊条的烘干条件为 300 ~ 350 ℃下烘干 1 h,钛钙型为 100 ℃下烘干 1 h。熔化极自动堆焊根据工艺不同,可以选择不同供应形式的焊接材料(如粉芯焊丝、带材、丝材等),然后再选用低碳、中碳或高碳的不同成分。由于产品种类繁多,这里不一一赘述。

在马氏体钢堆焊层中,还有非常重要的一类是高速钢和工模具钢的堆焊层。为满足较高的红硬性要求,高速钢堆焊层中添有大量的 W,Mo,V 和较多的 C,例如典型的 18-4-1 型焊条(D307),堆焊层中 $w(W)=18\%$,$w(Cr)=4\%$,$w(V)=1\%$ 和 $w(C)=1.0\%$,可用于金属切削刀具的堆焊;热锻模和冷冲模的堆焊则要求表层具有较好的抗冲击性,同时还要有足够的硬度,常用的焊条有 D337,D397,D327,D027 和 D036 等。

(3)耐磨奥氏体合金

耐磨奥氏体合金主要分为高锰钢和铬锰钢两大类。典型高锰钢中 $w(C)=1.0\% \sim 1.4\%$,$w(Mn)=10\% \sim 14\%$;低铬锰奥氏体钢中 Cr 的质量分数不超过 4%,Mn 的质量分数在 12% ~ 15% 之间,并含有一些 Ni 和 Mo;高铬锰奥氏体钢堆焊层中 $w(Cr)=12\% \sim 17\%$,Mn 的质量分数约为 15%。

高锰钢和铬锰奥氏体钢在堆焊后具有相同的组织结构,均为奥氏体组织。焊态的硬度也相似,在 200 ~ 250 HB 之间。它们最显著的共同特点是加工硬化性能非常强。在受到较大的冲击载荷以后,表面硬度可达 450 ~ 550 HB。因此耐磨奥氏体堆焊层对低应力磨粒磨损的抗力并不出众,但特别适合在有冲击的高应力磨粒磨损的场合中使用。可用于堆焊破碎机的腭板、挖掘机的斗齿、铁路辙叉等零部件。其中高铬锰奥氏体堆焊层还具有较好的耐蚀性和抗氧化性。

高锰钢堆焊层的工艺性能比较好,但有时会出现热裂倾向。为此,推荐使用较小的线能量,例如 $\phi3.2$ 的焊条,施焊时焊接电流只要 70 ~ 90 A 即可。在低合金钢基体上堆焊高锰钢和低铬锰奥氏体钢时,由于母材的稀释作用,会在焊层中出现马氏体脆化区,使堆焊层在冲击载荷下产生裂纹进而引起剥落。故建议在堆焊之前先用高合金奥氏体不锈钢打底作过渡。而高铬锰奥氏体堆焊层不必使用过渡层。

常用的高锰钢堆焊焊条是 D256 和 D266；低铬锰钢焊条暂时无国标牌号；高铬锰钢焊条有 D276，D567，D577 等。

(4)耐磨双相中锰合金

耐磨双相钢中 $w(C)=0.6\%\sim1.0\%$，$w(Mn)=6.0\%\sim10.0\%$，并含有适量的 Ni、Cr、Mo。其中 C 和 Mn 的含量均比高锰钢低很多。

由于 C、Mn 含量的降低，焊态组织不再是稳定的奥氏体，而是由介稳奥氏体和质量分数在 10% 以下的马氏体组成的双相组织。虽然焊后硬度为 250～300 HB，但介稳奥氏体在工况中应力和冲击的作用下发生马氏体相变并迅速强化，使表面硬度达到 550～700 HB。即使表层金属被磨掉，新露出来的表面也同样会发生硬化，使耐磨性获得再生。所以，此材料特别适用于中高应力磨粒磨损、接触疲劳或二者相复合的工况。可用于堆焊高接触应力滚柱轴承、挖掘机斗齿、铁路辙叉等工件。在某些场合，其耐磨性要优于高锰钢。

本合金由装甲兵工程学院获发明专利，焊条已经成批生产，暂无国标牌号。

(5)耐腐蚀合金

耐腐蚀合金以铬镍奥氏体不锈钢和高铬马氏体不锈钢为主。由于其耐蚀性和抗氧化性，不锈钢的使用非常广泛。不锈钢能在表面生成稳定致密的氧化铬膜，这种膜能使表面免受进一步的氧化和阻止腐蚀介质的进一步作用。但在某些条件下，由于氧化膜不稳定，不锈钢也会产生点蚀、晶间腐蚀或总体腐蚀。高铬马氏体不锈钢除具有耐蚀性外，还有一定的热强度，可用于抗中温(300～600 ℃)的金属间磨损。

为了使堆焊层具有良好的耐蚀性，其显微组织最好为单相奥氏体或马氏体。在低合金钢基体上堆焊不锈钢时，必须首先仔细地对合金系统进行设计。利用 Schaeffler 组织图，可以在已知母材成分、填充材料成分和稀释率的条件下判断堆焊层的相组成。堆焊奥氏体不锈钢时，在第一层不得含有马氏体，但含有 3%～5% 铁素体却对获得致密的堆焊层有利。当堆焊一层不能完全满足厚度、成分和性能方面的要求时，往往需要堆焊第二、第三层。

不锈钢可制成带、丝、粉、焊条等填充材料，可供选择的堆焊工艺也比较多。埋弧堆焊是目前最常用的工艺方法,可采用单丝、多丝和带极作为填充金属。采用多达6根的多丝堆焊是很常见的。带极堆焊则常在大型压力容器表面堆焊时使用。手工电弧堆焊的应用当然非常广泛。管状焊丝和等离子粉末堆焊也很常见。

为了减小稀释率,通常用正接极或交流进行不锈钢的堆焊。线能量的选择也以偏小为原则。

堆焊奥氏体不锈钢时,往往首先用高铬镍的23-13型或26-21型焊接材料作过渡层;而高铬马氏体不锈钢的堆焊则不需要过渡层,但一般需要150~300 ℃的预热。

耐腐蚀不锈钢堆焊材料的品种繁多,其中带材、丝材的牌号选择可参考同质钢材的牌号。手工电弧焊焊条的选择可在以A(奥氏体)、C(铬)和D(堆焊)等字母打头的系列中寻找。

(6)高合金铸铁

高合金铸铁堆焊层中w(C)=1.5%~6.0%,并含有w(Cr)=3%~35%及适量的W、Ni、Mo、V、Ti、B等元素。按相结构分,又分为含有马氏体、残余奥氏体和莱氏体的马氏体合金铸铁,以及由奥氏体加莱氏体共晶的奥氏体合金铸铁。大量的碳、铬、钼、钨提供了大量的碳化物,在加硼的情况下还有一定的硼化物。因此,堆焊层的抗高应力磨粒磨损能力有较大的改善,而耐冲击性和韧性却相应较低。马氏体合金铸铁堆焊层的宏观硬度为50~60 HRC,耐磨、耐蚀、耐热和抗氧化性能较好,但不耐冲击;奥氏体合金铸铁堆焊层的硬度为45~55 HRC。虽然硬度相对较低,但由于在奥氏体基体上分布着大量的高硬度碳化物,其抗低应力磨粒磨损能力较高,抗高应力磨粒磨损的能力不佳,但可以抗一定程度的冲击,可磨削加工。

高合金铸铁堆焊层在工业中的应用很广。马氏体合金铸铁常用于堆焊矿山和农业机械上与矿石、泥沙接触的零件,奥氏体合金铸铁则常用于粉碎机辊、挖掘机齿等有中度冲击磨粒磨损的场合。特别值得一提的是,含有Cr的质量分数在为25%以上,并有W,Mo,Ni,Si,B多种合金元素的高铬合金铸铁硬度高,耐磨性好,耐热、耐蚀和抗氧化性也不差,在生产中应用很广泛。

高合金铸铁的堆焊工艺一般采用手工电弧堆焊居多,也可用粉芯焊丝进行半自动或全自动的自保护和气体保护电弧堆焊。

高合金铸铁堆焊层的开裂倾向较大,故堆焊层数一般不超过两道。有时为减小开裂倾向,可用 Crl9Nil8Mn7 焊条作为过渡层。奥氏体合金铸铁堆焊层的开裂倾向小于马氏体合金铸铁堆焊层。为了防止开裂,可根据实际情况进行预热,预热温度最高可达400 ℃,焊后要缓冷。

常用的马氏体合金铸铁焊条有 D608,D678 和 D698 等;奥氏体合金铸铁焊条在国内尚未见定型产品;高铬合金铸铁焊条有 D618,D628,D642,D667,D687 等。

2. 钴基合金

钴基合金本身具有耐蚀性、耐热性以及抗黏着磨损等性能。钴基合金主要有两大系列:第一系列是 Co-Cr-W-C 系;第二系列是Co-Mo-Cr-Si 系。前者用 M_7C_3 型碳化物强化,使该系列的抗磨粒磨损性能得到提高;后者用拉弗斯相强化,在抗金属间磨损,例如齿轮啮合面的磨损方面性能优越。

钴基合金价格昂贵,在一般情况下应优先选用铁基或镍基合金。而在高温腐蚀、高温磨损等条件下可以考虑用钴基合金。例如,高温高压阀门、热剪机刀刃、燃汽轮机涡轮叶片等场合。

为了节约堆焊材料,降低稀释率,堆焊钴基合金时多采用氧乙炔火焰堆焊或粉末等离子堆焊。个别情况下也用手工电弧堆焊。常用的 Co-Cr W-C 系的堆焊材料有 RCoCrA(Co-Cr28-W4-C1.1 粉末或 D802 焊条),RCoCrB(Co-Cr29-W8-C1.35 粉末或 D812 焊条),RCoCrC(Co-Cr30-W12-C2.5 粉末或 D822 焊条)。常用的 Co-Mo-Cr-Si系列中有 T-800 合金(Co-Mo28-Crl7-Si3)粉末等。

手工电弧堆焊时,宜采用直流反接,小电流短弧焊,并适当预热($T \geqslant 300$ ℃),焊后注意缓冷。

3. 镍基合金

镍基合金中最常见的是 Ni-Cr-B-Si 系和 Ni-Cr-Mo-W 系,此外还有 Ni-Cr-Mo-C,Ni-Mo-Fe 和 Ni-Cr-W-Si 等系。

Ni-Cr-B-Si 系列以高硬度的硼化铬作为强化相,有较高的耐低应力磨粒磨损能力,优良的耐腐蚀、耐热和抗高温氧化性能。主要用于高温下低磨粒磨损和高温腐蚀的工况,但其抗冲击性能较差。

Ni-Cr-Mo-W 系列主要用于耐腐蚀的场合,但也可作为高温耐磨材料。其强度高、韧性好、耐冲击,特别是可机械加工性能使其应用日趋广泛。

Ni-Cr-Mo-C 系列堆焊层中含有碳化物,可作为钴基耐磨堆焊合金的代用品。

Ni-Mo-Fe 系(Ni-20Mo-20Fe)最适于在耐盐酸、耐碱的化工设备中应用。

镍基合金的堆焊工艺方法主要是氧乙炔火焰堆焊(重熔)、粉末等离子堆焊和手工电弧堆焊。有时也用铸造焊丝 TIG 焊。镍基合金堆焊时一般无需预热,但要求用较小的线能量。粉末等离子堆焊时应仔细清理待焊表面,除尽锈和油污。

常用的镍基合金堆焊材料有 Ni337 焊条,F121,F122 粉末等。

4. 铜基合金

铜基合金按成分可分为紫铜(纯铜)、黄铜(铜-锌合金)、青铜(铜-锡、铜-铝、铜-硅合金)和白铜(铜-镍合金)。

铜合金兼有在某些条件下良好的耐蚀性能和抗黏着磨损性能。黄铜和青铜在金属与金属间的磨损场合具有优良的性能,被广泛地用来修理轴承表面;硅青铜和铝青铜耐海水腐蚀的能力很强,铝青铜还有抗气蚀的性能。铜基合金耐磨粒磨损和耐高温蠕变的能力差,且易受硫化物和氨盐的腐蚀。

惰性气体保护焊是堆焊铜合金时的首选工艺。其中 TIG 焊适用于小零件、小面积的修复堆焊,MIG 则适用于大厚度零件、大面积的堆焊。手工电弧堆焊也很常用,但由于焊接过程中氧气被卷到电弧气氛之中,手弧焊出现气孔的机会比较大,不易保证铜合金表面的完整性,影响耐蚀性能。不论是气保护焊还是手弧焊,焊接时均推荐用较小的电流,以免母材过多地熔入堆焊层,造成使用性能的下降。

选择铜基合金堆焊材料时,可参考同质的铜基合金的使用范围和应用场合。

5. 碳化物

碳化物以 W 的碳化物为主,还包括 Ti,Mo,V,Ta 和 Cr 的碳化物。它们的共同特点是硬度很高。其中碳化钨的应用最为普遍。

碳化钨的制造工艺分铸造和烧结两种。尽管碳化钨的熔点很高,但在电弧的直接作用下也会分解，所以不能用焊接技术堆焊纯的碳化钨。常用的方法是将碳化钨颗粒放进钢管或合金管内，然后制成电焊条或直接作为氧乙炔堆焊的填料。也可以将碳化钨放入镍基、钴基合金之中吹制成粉，以供等离子堆焊或氧乙炔堆焊使用。

碳化物堆焊层是由基体（铁基、钴基、镍基或铜基合金）与嵌入其中的碳化物颗粒组成的复合材料。在严重的磨粒磨损场合，基体的强度非常重要，直接关系到堆焊层的整体耐磨性。例如以钢为基体时，一部分碳化钨溶解入基体。碳和钨的溶入使基体发生马氏体相变。基体本身的耐磨性增强，也为嵌在其中的碳化钨颗粒提供了更为强有力的支持。

碳化物堆焊层在石油钻井设备上应用普遍，在冶金、矿山、制糖、发电等部门的应用也越来越广泛，例如堆焊钻井用扶正器、糖厂蔗刀、打桩机锤头、铲斗斗齿等等。

碳化物堆焊层的工艺方法主要是氧乙炔火焰堆焊、手工电弧堆焊和粉末等离子堆焊。堆焊时，总的原则是不要使碳化物过热分解。例如，用氧乙炔中性焰堆焊时，注意不要用焰芯加热合金颗粒。

纳入标准的碳化钨堆焊焊条有 D707 和 D717。

3.1.3　堆焊合金的选择原则与过渡形式

1. 选择堆焊合金的原则

选择堆焊合金的原则是在满足使用要求的前提下，综合考虑工艺性和经济性后，按最优的性能价格比做出合理的决断。

根据使用条件，选择堆焊合金的步骤如下：

a. 分析工作条件，确定失效类型及对堆焊层的要求；

b. 选择几种可供采用的堆焊合金；

c. 分析堆焊合金与基材的相容性，同时要考虑热应力和裂纹倾向的大小；

d. 堆焊零件的现场试验；

e. 根据使用寿命和成本进行评价，选出最佳方案；

f. 选择堆焊方法，制定堆焊工艺。

根据工作条件选择堆焊金属的一般规律见表3.1。

表 3.1　堆焊合金的选择

工作条件	可供选择的合金种类
金属与金属间滑动摩擦,高接触应力	过共晶钴基合金,含拉弗斯相的钴基合金
金属与金属间滑动摩擦,低接触应力	低合金耐磨堆焊钢
金属与金属间滑动摩擦,兼有腐蚀与氧化	钴基或镍基合金
低应力磨粒磨损,冲击侵蚀	高合金铸铁
低应力严重磨粒磨损	碳化物
气　蚀	不锈钢,钴基合金
重冲击	高锰钢,铬锰钢
重冲击+腐蚀+氧化	过共晶钴基合金
高温下金属间磨损,黏着	过共晶钴基合金,含拉弗斯相的钴基合金
冲击磨损	高锰钢
高温蠕变,热稳定性	钴基合金或含碳化物的镍基合金
海水腐蚀	铜基合金
一般腐蚀	铬镍奥氏体不锈钢
中温(≤500 ℃)热强性,腐蚀	高铬马氏体不锈钢

2. 堆焊合金的过渡形式

用堆焊进行表面改性的主要机理是堆焊层的合金化,也就是把所需的合金元素通过焊接材料有效地过渡到堆焊金属中去,使堆焊金属的性能得到明显改善。

常用的合金化方式有以下几种。

(1)应用合金焊丝和带极

将所需的合金元素加入到焊丝或带极中去,并配合适当的药皮或焊剂进行焊接,从而达到合金化的目的。这种方法的优点是合金元素不易损失,过渡效率高,焊层中合金元素的含量均匀稳定;缺点是商品化的合金焊丝种类有限,特殊成分的焊丝和带极需专门冶炼,一些硬而脆的合金难以拉制成丝或轧制成带。

(2)应用粉芯焊丝或管状焊条

所谓粉芯焊丝是用钢带卷成管状,中心用合金粉末配以一定的焊剂填充制成的焊丝。为了加强对焊接区的保护,在施焊时多用 CO_2 保护焊或用埋弧焊。使用手工电弧焊时,须在管状焊丝表面涂制一层药皮,制成管状焊条。这种过渡方法的特点是合金比例可以任意调整,从而得到各种成分的堆焊金属,合金的损失比较少。缺点是管状焊丝不易制造,合金粉末混合时难以保持均匀。

(3)应用合金药皮或陶质焊剂

这种方式是将所需的合金元素以纯金属或铁合金的形式加入到焊条药皮或陶质焊剂中去,焊丝则为普通焊丝。其优点是简单方便,容易制作。但由于氧化损失比较大,并有一部分残留在渣中,故合金利用率较低。用陶质焊剂埋弧焊时,焊缝成分受电弧电压的影响较大,焊接规范的波动容易造成堆焊金属成分不均匀。当合金粉末在药皮中的含量较大时,手工电弧焊的工艺性受到一定影响,粉尘量大大增加,影响工人的身体健康。

(4)应用合金粉末

将要求的合金制成具有一定颗粒度的粉末,将其直接输送到焊接区,用热源加热熔化后即可获得堆焊层。等离子堆焊和氧乙炔手工堆焊多采用这种合金过渡形式。有时,可先将粉末喷涂在工件表面上,再用热源将其熔化。这种方式的优点是合金利用率高,不必经过轧制、拔丝等工序,故可堆焊一些高硬度堆焊层。其缺点是焊缝成分不太均匀,一些特殊的粉末需要专门冶炼和雾化制粉。

3.1.4 堆焊方法

1. 手工电弧堆焊

手工电弧堆焊的特点是设备简单,工艺灵活,不受焊接位置及工件表面形状的限制,因此成为最常见的一种堆焊方法。

堆焊是在工件表面的某一部位熔敷一层特殊的合金层,其目的是恢复被磨损、腐蚀了的零件尺寸,提高工作面的耐磨、耐蚀或耐热等性能。由于工件的工作条件十分复杂,堆焊时必须根据工件的材质及工作条件选用合适的焊条。例如,在磨损了的零件表面进行堆焊,通常要根据表面的硬度要求选择匹配的焊条;堆焊耐热钢、不锈钢零件时,要选择和基体金属化学成分相近的焊条，其目的是保证堆焊金属和基体有相近的性质。具体的材料选择可参见3.1.2和3.1.3两节。

在保证焊缝成形的前提下，堆焊电流的选择应以偏小为原则。这样做的好处是既可获得较高的强度，又可以保证堆焊金属不会被母材过度稀释。

2. 埋弧自动堆焊

埋弧自动堆焊的原理如图3.1所示。电弧在焊剂下形成。由于电弧的高温作用，熔化了的金属形成的金属蒸气与焊剂蒸发形成的焊剂蒸气在焊剂层下形成了一个密闭的空腔，电弧就在此腔内燃烧。空腔上部的熔融态的焊剂隔绝了外部的大气。液态金属在腔内气体压力和电弧磁吹的共同作用下被排挤到熔池的后部，并在那里结晶；随金属一起流向熔池后部的熔渣，由于相对密度较轻，在流动的过程中逐渐上浮并与液态金属相分离，最后形成覆盖在焊道表面的渣壳。埋弧自动堆焊的堆焊层质量好。由于熔渣的保护，减少了空气中 N_2，H_2，O_2 对熔池的侵入；焊道的化学成分均匀，成形美观。埋弧焊还可以根据工作条件选择焊剂，向焊缝中过渡合金元素。例如在堆焊耐磨层时，可选用高硅高锰焊剂，使焊层成为高硅锰合金。埋弧焊的生产效率很高，适于自动化生产。此外，工人的工作条件较好，无弧光威胁，粉尘量低。

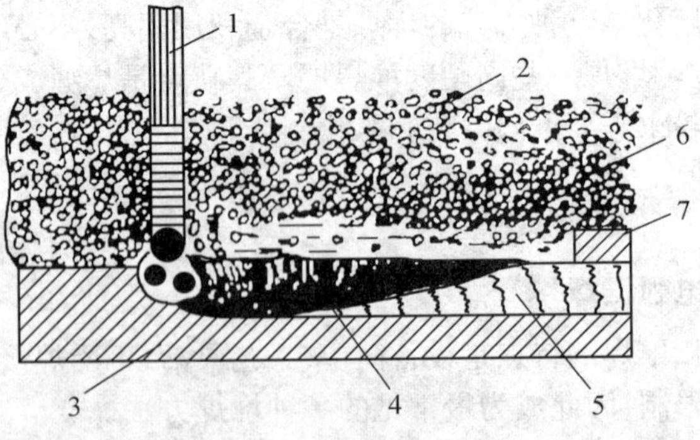

图3.1　埋弧自动堆焊示意图

1—焊丝；2—焊剂；3—基体；4—熔化金属；
5—凝固焊层金属；6—熔渣；7—渣壳

埋弧焊的缺点是设备较为复杂，且焊接电流大，工件的热影响区也大，故不适于体积小、容易变形的机械零件的焊接。

埋弧堆焊常用的焊丝有 H08，H08A，H08Mn，H15，H15Mn 等。有些硬度高且耐磨性更好的焊丝如 H2Crl3，H3Crl3，H30CrMnSiA 和 H3Cr2W8V 也在可选之列。常用焊丝的牌号、化学成分及用途见表 3.2。

表 3.2　常用焊丝的化学成分(质量分数)、焊后组织及用途

牌　号	C	Si	Mn	Cr	Ni	焊后组织	用　途
H08	≤0.10	≤0.30	0.3 ~ 0.55	≤0.15	≤0.30	铁素体	尺寸恢复
H08Mn	≤0.10	≤0.30	0.80 ~ 1.0	≤0.15	≤0.30	铁素体	尺寸恢复
H15	0.11 ~ 0.18	≤0.30	0.35 ~ 0.65	≤0.20	≤0.30	铁素体+珠光体	尺寸恢复
H15Mn	0.11 ~ 0.18	≤0.30	0.8 ~ 1.10	≤0.20	≤0.30	铁素体+贝氏体	尺寸恢复，抗轻微磨损
H30CrMnSiA	0.25 ~ 0.35	0.90 ~ 1.20	0.8 ~ 1.10	0.8 ~ 1.10	≤0.30	珠光体+马氏体+贝氏体	齿轮、轴类及恢复尺寸
H2Crl3	0.16 ~ 0.24	0.30 ~ 0.60	0.30 ~ 0.60	12 ~ 14	≤0.60	铁素体+马氏体+贝氏体	耐磨耐蚀堆焊≤450 ℃
00Cr20Ni10	≤0.025	—	—	20	10	奥氏体	耐蚀堆焊
00Cr25Ni11	≤0.02	—	—	25	11	奥氏体	耐蚀层的过渡堆焊
13Crl4Ni3Mo	0.13	0.25	0.7	14	Mo0.6		热轧辊
3CrW8V	0.30 ~ 0.40	V0.2 ~ 0.50	0.2 ~ 0.4	2.2 ~ 2.7	W7.5 ~ 9.0		热模具

埋弧堆焊用焊剂来保证电弧稳定燃烧，保护熔池不受空气的侵害，防止焊缝金属的氧化和氮化，过渡合金元素，改善焊缝的化学成分和组织，防止产生裂纹、气孔和其他缺陷，减少飞溅和防止烧损。从成分上看，埋弧焊剂中的 Si，Mn，F 含量各有高中低之分。其中低氟焊剂可交直流两用，高氟焊剂只能用于直流。常用的焊剂有 HJl30，HJl50，HJl72，HJ230，HJ250，HJ260，HJ330 和 HJ430 等。选用焊剂时要注意其成分和使用范围。为了改善堆焊层的使用性能，除了选用合适的焊剂之外，还可根据需要在焊剂中加入其他合金剂，如石墨、锰铁、铬铁等，

对堆焊层进行合金化。埋弧自动堆焊可用于轴类、轮毂类等机械零件的尺寸修复和表面强化。

3. CO_2 气体保护堆焊

CO_2 气体保护堆焊是采用 CO_2 气体作为保护介质的一种堆焊工艺，其原理如图 3.2 所示。

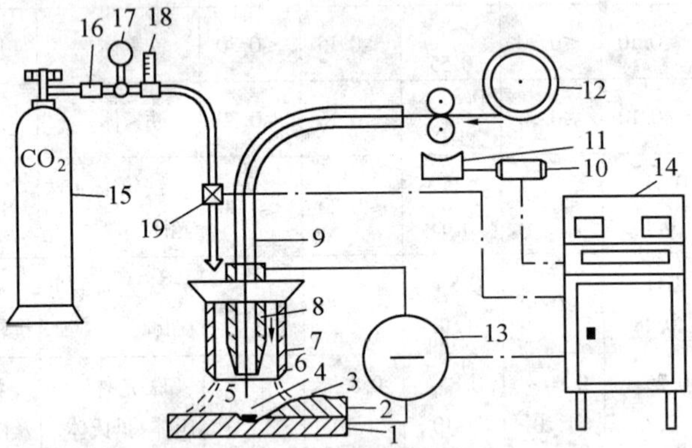

图 3.2　CO_2 气体保护堆焊

1—工件；2—堆焊层；3—熔池；4—电弧；5—焊丝；6—CO_2 保护气体；7—喷嘴；8—导电嘴；9—软管；10—送丝电机；11—送丝机构；12—焊丝盘；13-焊接电源；14—控制箱；15—CO_2 气瓶；16—干燥预热器；17—压力表；18—流量计；19—电磁阀

CO_2 气体以一定的速度从喷嘴中吹向电弧区，形成了一个可靠的保护区，把熔池与空气隔开，防止 N_2，H_2，O_2 等有害气体侵入熔池，从而提高了堆焊层的质量。

CO_2 是一种氧化性气体，在焊接过程中对熔融金属中的 Fe，Si，Mn 等元素起氧化作用。生成的氧化物形成渣浮在焊层表面，在堆焊层冷却时收缩脱落。

CO_2 气体保护堆焊的主要优点是：由于 CO_2 的保护作用，堆焊层的质量好；CO_2 的氧化作用能抑制氢的危害，焊层中含氢量低，且对表面的油锈不太敏感；由于电流密度高，电弧热量集中，工件的热变形小；堆焊层硬度高且均匀，焊层内的含碳量随 CO_2 气体流量的增加而增加；生产率高而成本低，表现在熔敷效率高、不需要清渣、CO_2 供应容易等方面。

这种工艺同时也有不少缺点。例如:其合金化手段是通过合金焊丝向焊层过渡,不利于调整焊层的化学成分;焊丝的化学成分对产生气孔和飞溅都比较敏感;由于电弧吹力较强,使熔合比增高;CO_2 的氧化性强,合金元素烧损严重等。

CO_2 气体保护堆焊所用的材料主要是 CO_2 气体和焊丝,它们是决定焊层质量和性能的主要因素。

CO_2 气体的标准是:$\varphi(CO_2)>99\%$,$\varphi(O_2)<0.1\%$,$H_2O<1.22\ g/m^2$。对质量要求高的焊缝,CO_2 的体积分数应大于 99.5%。

焊丝的成分应根据母材及对焊层的要求来选择。为了解决 CO_2 氧化性所引起的问题,如合金元素的烧损、气孔、飞溅等等,焊丝必须具有足够的脱氧能力。常用的焊丝有:H08MnSi,H08MnSiA,H08Mn2SiA,H04Mn2SiTiA,H10MnSi,H10MnSiMo,H08MnSiCrMo,H08Cr3Mn2MoA 等。

4. 振动电弧堆焊

振动电弧堆焊是一种复合技术。它在普通电弧堆焊的基础上,给焊丝端部加上了振动。其特点是熔深浅,堆焊层薄而均匀,工件受热少,堆焊层耐磨性好,生产率高,成本较低。

图 3.3 是电磁振动电弧堆焊的原理简图。交流电磁铁 11 使整个送丝系统产生 100 Hz 的振动。当振动使焊丝和工件相互接触时,电流迅速增加,短路电流使焊丝端部迅速熔化。同时,串连在回路中的电感器 5 贮存能量。此后,振动使焊丝与工件逐渐远离,焊丝端部的熔融金属发生颈缩。在焊丝与工件最后分离的时刻,一部分熔融金属过渡到工件上,并在焊丝和工件之间留下了一段空间。这时,回路中的电流突然减小,电感器的自感电动势与电源的空载电压之和将气体击穿,在工件与焊丝之间产生电弧放电。电弧的燃烧加热了焊丝端部并维持了熔池的存在。当工件与焊丝之间的间隙由于振动而增大到一定距离时,放电终止。在下一个振动周期,焊丝又会与工件短路,循环往复,实现了振动电弧堆焊。

除了用电磁铁产生振动之外,偏心轴或凸轮等机构也常用于振动电弧堆焊以产生振动。

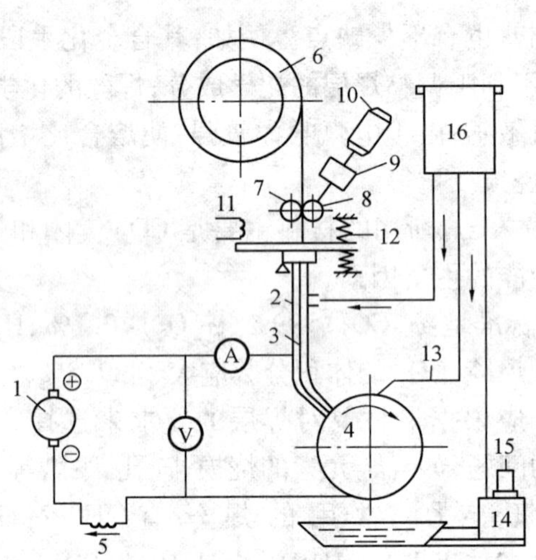

图 3.3　电磁振动电弧堆焊原理简图

1—电源;2—焊嘴;3—焊丝;4—工件;5—电感器;6—焊丝盘;7—送丝压紧滚轮;8—送丝滚轮;9—减速器;10—送丝电动机;11—交流电磁铁;12—振动器的调节弹簧;13—冷却液供给开关;14—冷却液沉淀箱;15—水泵;16—水箱

振动电弧堆焊的保护方法主要有:向电弧区喷射水蒸气、二氧化碳,或用焊剂作为保护介质。

水蒸气虽然不是理想的保护气体,但较空气的氧化性低,且廉价易得,故可作为振动电弧堆焊的保护介质。在施焊时,将水蒸气以一定压力送入电弧区,吹去堆焊过程中产生的飞溅物和氧化物,并在电弧周围形成与外界空气隔绝的保护区。水蒸气的搅动还有助于熔池中气体的逸出和熔渣的上浮,减少了堆焊层中的气孔与夹渣。

CO_2 保护堆焊的优点在前面已有阐述。而焊丝的振动则可使堆焊层的质量有进一步的提高。

使用焊剂作为保护介质的埋弧振动堆焊是普通埋弧堆焊的一个变种。它既保持了埋弧堆焊保护可靠、生产率高、焊层质量好的优点,又通过强制性的短路过渡降低了工作电流,减小了焊接热影响区和焊接变形。

振动电弧堆焊应用于一些薄壁零件和轴类的修复取得了良好的效果。

5. 等离子堆焊

等离子堆焊是以联合型或转移型等离子弧作为热源，以合金粉末或焊丝作为填充金属的一种熔化焊工艺。

与其他堆焊工艺相比，等离子堆焊的弧柱稳定，温度高，热量集中，规范参数可调性好，熔池平静，可控制熔深和熔合比（熔合比可控制在5%～15%）；熔敷效率高，堆焊焊道宽（焊枪摆动可控宽度为3～40 mm，厚度0.5～8 mm），易于实现自动化；粉末等离子堆焊还有堆焊材料来源广的特点。其缺点是：设备成本高，噪音大，紫外线强，产生臭氧污染等。

按照填充材料的填充方式不同，等离子堆焊又可分为以下几种形式。

(1)冷丝等离子堆焊

冷丝等离子堆焊把焊丝作为填充材料，不经预热直接送入焊接区进行堆焊。凡能拉制成丝的合金如不锈钢、铜合金等，多采用自动送丝法；对铸成棒状的（如钴基合金），常采用手工送丝。

(2)热丝等离子堆焊

热丝等离子堆焊是利用焊丝自身的电阻进行预热后，再送入等离子弧区进行堆焊。可用单丝或双丝送进，如图3.4所示。由于焊丝预热，使堆焊的熔合比下降到5%左右，并大大提高了熔敷速率（可达13～27 kg/h）。另外，预热焊丝可去除焊丝表面的氢，从而减少了堆焊层中的气孔。

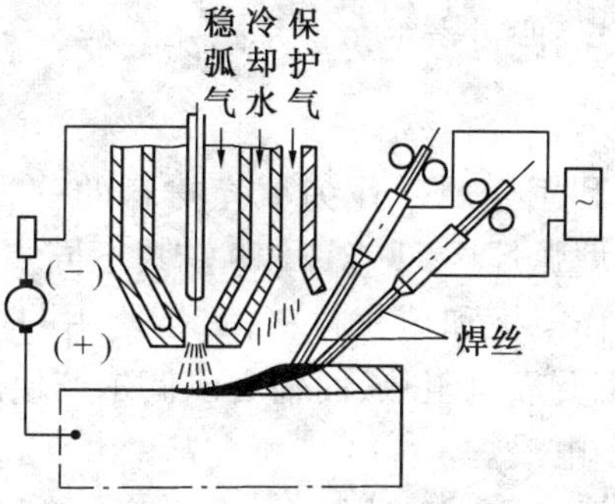

图3.4　双热丝等离子堆焊示意图

(3)预制型等离子堆焊

预制型等离子堆焊是将堆焊合金预制成一定的形状并放置在待堆焊表面,然后将其用等离子弧熔化而形成堆焊层。这种方式适用于堆焊形状简单且批量大的零件,如柴油机排气阀的密封面等。

(4)粉末等离子堆焊

粉末等离子堆焊是将合金粉末送入等离子弧区并将其熔化而获得堆焊层的一种堆焊方法。其焊枪的结构示于图3.5。绝大多数合金都可以制成粉末,故粉末等离子堆焊的材料来源十分广泛,不像丝材那样,受到材料延展性的限制。这种工艺的优点是堆焊质量好,容易实现自动化。

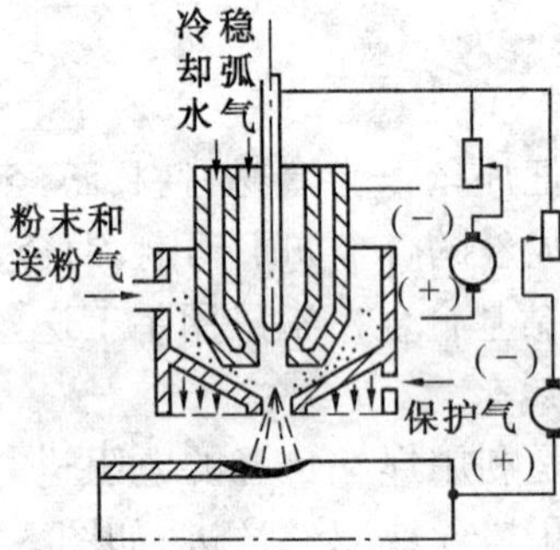

图3.5 粉末等离子焊枪示意图

等离子堆焊已成功应用于重要的机械零件的修复或再制造。

由于等离子堆焊在设备、工艺、材料方面都与等离子喷涂有许多相似之处,读者对有关问题可参见等离子喷涂一节。

6. 宽带极堆焊

宽带极堆焊是利用金属带作为填充材料的一种焊剂层下堆焊方法。其过程类似于埋弧焊(参见图3.1)。其不同点在于,一是用金属带而不是用金属丝作电极和填充材料;二是所用的焊剂具有良好的导电性,带极的熔化主要靠电阻热,而辅之以偶尔产生的电弧。从这一点上来说,它更类似于电渣焊。

常用的带极宽度有60 mm,75 mm,120 mm和150 mm不等。带厚0.4~0.5 mm。也就是说,在可达150 mm的宽度上,焊缝一次成型。

堆焊效率高是宽带极堆焊的一大突出优点,每小时可堆焊 1 m^2,堆焊层高度 3 ~5 mm。熔合比低是该工艺的另一优点,一般不大于 15%,低时可在 5% 以下。表 3.3 是带宽为 60 mm 时的典型工艺参数。

表 3.3 典型的宽带极堆焊规范参数

带宽/mm	带厚/mm	电压/V	电流/A	焊速/($m \cdot h^{-1}$)	干伸长/mm
60	0.5	25 ~ 27	790 ~ 860	10.8	30

但是,普通的宽带极堆焊往往会发生较严重的咬边现象,带极中心部分的熔深也会大于两边。这种现象是由磁场对电流的反作用(洛伦兹力)所引起的。从物理学中我们知道,当在两条平行导线中通以方向相同的电流时,电磁力的作用将使它们相互吸引而靠近(见图 3.6)。如果把带极看成无数条相互平行的导线,就很容易理解这个问题。其结果是,带极两侧的熔池中的金属,被迫向熔池中央流动,形成了咬边;带极中央部位,由于电磁力的作用,电流密度比两边大,熔深也自然要稍深。

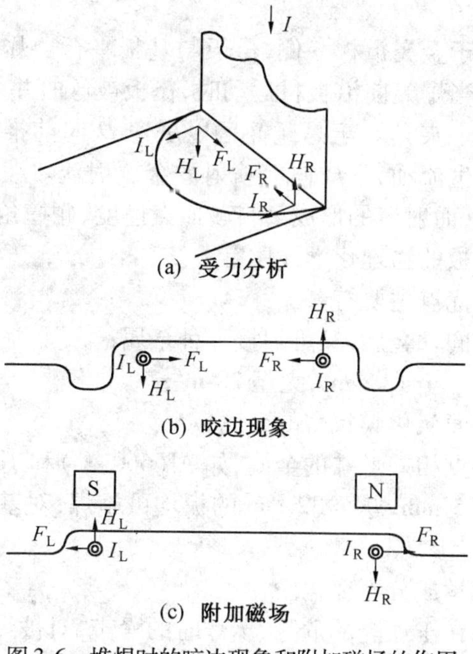

图 3.6 堆焊时的咬边现象和附加磁场的作用

F—电磁力;H—磁场强度;I—电流;L—左;R—右

纠正这种错误的思路很简单,只要在带极两侧施加一个方向相反的磁场就可以了,如图3.6(c)所示。这里有两点值得注意:一是附加磁场强度要靠实验来确定;二是如果附加磁场方向与焊接电路所产生的磁场方向相同,咬边现象会变得更严重。

宽带极堆焊在化工、核电工业中常被用于反应釜、交换器等大型容器表面的制造、修复或再制造。由于受材料延展性的限制,带极堆焊材料以不锈钢类为主,也可见到马氏体钢和珠光体钢的带极产品。

7. 爆炸覆合

爆炸覆合是利用炸药爆炸的可控能量,在两层或多层同种或异种金属间形成冶金结合的一种冷压焊接过程。施焊时,由于两块金属间的高速高压碰撞,在碰撞速度和碰撞角均合适的情况下,会在板间形成一股高速射流。阻碍冶金结合的表面污物层被射流所排除。而碰撞点附近的金属在高压作用下,即形成冶金结合。

图3.7为平行配置爆炸原理图,随着覆板与基板间碰撞产生射流并生成波状接合区。

将炸药层置于金属覆板一侧,覆板与基板平行。炸药在一个点或一条线上引爆。当爆轰前沿板材运动时,覆板被弯曲并加速至板速 v_p,在两板之间形成一夹角。于是碰撞区以爆速 D 向前推进。碰撞点前的高压使金属发生流动,形成向前喷射的金属射流。覆合质量的优劣直接与射流有关,而射流的形成又与碰撞点速度、碰撞角、覆合板速度、碰撞点压强及两板的物理化学性质有关。

爆炸覆合的优点主要有:

①既可焊接同种金属,又可焊接异种金属;

②焊接面积小至13 mm^2,大至28 m^2;

③可焊接表面氧化膜致密的金属;

④可焊接熔点相差悬殊的金属,如Al(660 ℃)和Ta(2 995 ℃);

⑤薄至0.025 mm,厚至32 mm的板均可施焊,对基板的厚度几乎没有限制;

⑥可保持化学成分不变化。

其缺点主要在于炸药的危险,爆炸时的噪声,对被焊材质有一定的韧性要求,不易于实现自动化等等。

爆炸覆合自20世纪60年代出现以来,已在许多工业领域中逐渐

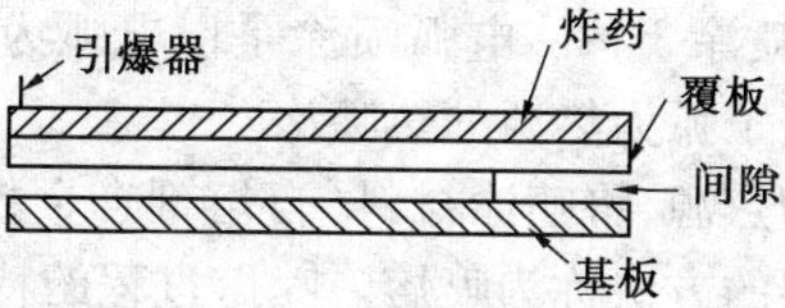

(a) 爆炸覆合的配置

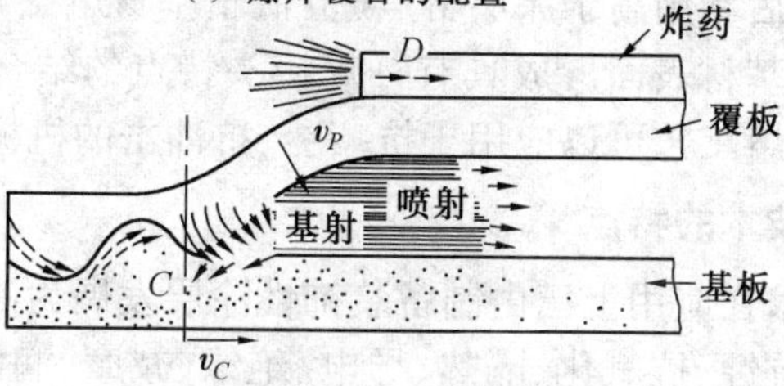

(b) 爆炸覆合的过程

图3.7　平行配置爆炸覆合

得到了应用。在化工容器方面,常用其在普通材料上包覆一层贵金属,来提高抗腐蚀能力并降低生产成本。例如将钛铜包覆在碳钢容器表面,以防止盐酸中氯的腐蚀作用。在维修、再制造焊接方面,爆炸焊可用来修复磨损了的平面或柱面,在磨损表面包覆一层金属以恢复尺寸,然后进行机械加工至最终尺寸。包覆层的耐磨性能有时会优于原来的材料。

3.2　热喷涂技术

3.2.1　概述

1. 基本概念

热喷涂是以一定形式的热源将粉状、丝状或棒状喷涂材料加热至熔化或熔融状态的同时用喷射气流使其雾化,喷射在经过预处理的零件表面上,形成喷涂层。

根据热源来分,热喷涂有4种基本方法:火焰喷涂、电弧喷涂、等离子喷涂和特种喷涂。火焰喷涂就是以气体火焰为热源的热喷涂。目前,火焰喷涂按火焰喷射速度分为火焰喷涂、气体爆燃式喷涂(爆炸喷涂)及超音速火焰喷涂 3 种。电弧喷涂是以电弧为热源的热喷涂。等离子喷涂是以等离子弧为热源的热喷涂。

以气体火焰为热源,将喷涂材料(自熔剂合金粉末)通过特殊工艺方法重熔喷涂涂层的方法称为喷熔。喷熔过程的特点是先在基材表面上喷上涂层,然后利用高于涂层熔点(但低于基材熔点)的温度使涂层熔融,以使其与基材表面形成具有钎焊接头特点的结合。喷熔的结合强度高,因而喷熔工艺可以应用于抗疲劳、抗冲击的机械零件。

2. 热喷涂技术的特点

热喷涂技术在应用上已由制备装饰性涂层发展为制备各种功能性涂层,如耐磨、抗蚀、抗氧化、隔热、导电、绝缘、减摩、润滑、防辐射等涂层。热喷涂既可用于修复,又可用于制造。由于涂层材料和性能优于基体,用其对零件表面进行涂敷,能使产品质量得到大幅度提高。

表 3.4 和表 3.5 分别列出了热喷涂工艺的特点及热喷涂与其他方法的比较。

表 3.4 热喷涂工艺特点

	等离子喷涂法	火焰喷涂法	电弧喷涂法	气体爆燃式喷涂法
冲击速度 /($m\cdot s^{-1}$)	400	150	200	1 500
近似温度值 / ℃	12 000	3 000	5 000	4 000
典型涂层孔隙率/%	1 ~ 10	10 ~ 15	10 ~ 15	1 ~ 2
典型结合强度/MPa	30 ~ 70	5 ~ 10	10 ~ 20	80 ~ 100
优　点	孔隙率低,结合性好,多用途,基材温度低,污染低	设备简单,工艺灵活	成本低,效率高,污染低,基材温度低	孔隙率非常低,结合性极佳,基材温度低
限　制	成本较高	通常孔隙率高,结合性差,对工件要加热	只应用于导电喷涂材料,通常孔隙率较高	成本高,效率低

表 3.5　常用表面技术的比较

	热喷涂法	焊接法	电镀法
尺　寸	手工操作时无限制，否则受装置的限制	无限制	受电镀槽尺寸的限制
几何形状	通常只适用于简单形状	对小孔有困难	范围很广
零件的材料	几乎不受限制	金属	导电物
表面材料	几乎不受限制	金属	金属、简单合金
厚度/mm	1 ~ 25	≤25	≤1
孔隙率	1% ~ 15%	通常无	通常无
结合强度	一般	高	良好
热输入	低	通常很高	无
预处理	喷砂	机械清洁	化学清洁和刻蚀
后处理	通常不需要	消除应力	消除应力和脆性
公　差	相当好	差	良好
可达到的表面光洁度	相当好	一般	极佳
沉积率/($kg \cdot h^{-1}$)	1 ~ 30	1 ~ 70	0.25 ~ 0.5

3.2.2　氧-乙炔火焰喷涂与喷熔

火焰喷涂法是以氧-燃料气体火焰作为热源，将喷涂材料加热到熔化或半熔化状态，并高速喷射到经过预处理的基体表面上，从而形成具有一定性能的涂层的工艺。

燃料气体包括乙炔（燃烧温度 3 260 ℃）、氢气（燃烧温度 2 871 ℃）、液化石油气（燃烧温度约 2 500 ℃）和丙烷（燃烧温度达 3 100 ℃）等。乙炔和氧结合能产生最高的火焰温度。

火焰喷涂法的另一发展是使用液体燃料，例如用重油和氧作热源，粉末与燃料油混合，悬浮于燃料油中。此法与其他方法相比，粉末在火焰中有较高的浓度并分散均匀，热传导性更好。很多氧化物（例如氧化铝、氧化硅、富铝红柱石即 $Al_6Si_2O_{13}$）宜采用此法进行喷涂。

氧-乙炔火焰喷涂(喷熔)可以喷涂各种丝材、棒材和粉末材料,各种方法的性能比较见表3.6。

表3.6 不同热喷涂(喷熔)方法特性的比较

项目	丝材喷涂	棒材喷涂	粉末喷涂	粉末喷熔	气体爆燃喷涂
喷涂材料	熔点低于2 900 ℃的金属或复合材料	熔点低于2 900 ℃的陶瓷材料	熔点低于2 900 ℃的合金和陶瓷材料	自熔剂合金粉末	金属、合金、陶瓷等粉末
基体材料	金属、非金属、陶瓷	金属、非金属	金属、非金属、陶瓷	金属	金属、陶瓷
火焰温度/℃	2 700~3 200	2 700~3 200	2 700~3 200	2 700~3 200	4 000
基体表面温度/℃	260~320	260~340	260~320	1 010~1 180	200
微粒速度/($m \cdot s^{-1}$)	65~140	170	50~130	50~130	700~800
喷涂效率/($kg \cdot h^{-1}$)	2.5~3.0	0.5~1.0	陶瓷1.5~2.5 金属3.5~10	3.5~10	1~3
喷涂厚度/mm	0.05~5.0	0.025~0.05	0.10~5.0	0.12~5.0	0.03~0.30
结合形态	机械、物理、化学	机械	机械、物理、化学	冶金结合	显微冶金结合
孔隙率/%	5~8	1~20	8~10	无孔隙	1~2
基体组织有无变化	无	无	无	有	无
基体有无变形	无	无	无	有	无

1. 氧-乙炔火焰丝材喷涂技术

以氧-乙炔作为加热金属丝材的热源,使金属丝端部连续被加热达到熔化状态,借助于压缩空气将熔化状态的丝材金属雾化成微粒,喷射到经过预处理的基材表面并形成牢固结合的涂层。图3.8为氧-乙炔火焰丝材喷涂原理示意图。

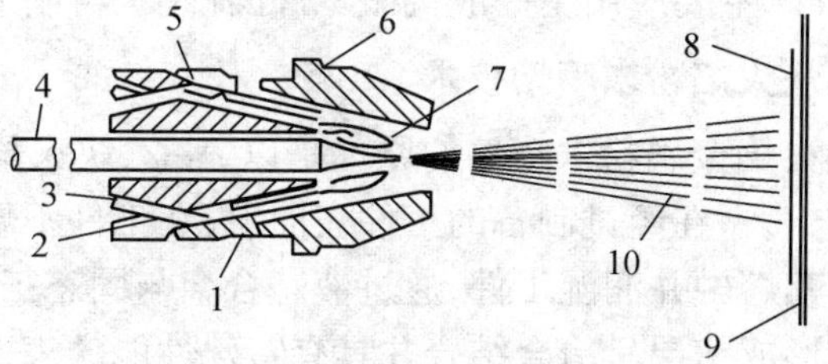

图3.8　氧-乙炔火焰丝材喷涂原理示意图

1—空气通道;2—燃料气体;3—氧气;4—丝材或棒材;5—气体喷嘴;6—空气罩;7—燃烧的气体;8—喷涂层;9—制备好的基体;10—喷涂射流

氧-乙炔火焰丝材喷涂的特点:与粉末材料喷涂相比,装置简单、操作方便;容易实现连续均匀送料,喷涂质量稳定;喷涂效率高,耗能少;涂层氧化物夹杂少,气孔率低;对环境污染少。它主要应用于一般机械零件的修复与再制造。

2. 氧-乙炔火焰粉末喷涂技术

氧-乙炔火焰粉末喷涂也是采用氧-乙炔火焰作为热源,但喷涂材料采用粉末。图3.9为氧-乙炔火焰粉末喷涂原理图。喷涂粉末从喷枪上料斗通过进粉口漏到氧与乙炔的混合气体中,在喷嘴出口处粉末受到氧-乙炔火焰加热至熔融状态或达到高塑性状态后,喷射并沉积到经过预处理的基体表面,从而形成牢固结合的涂层。

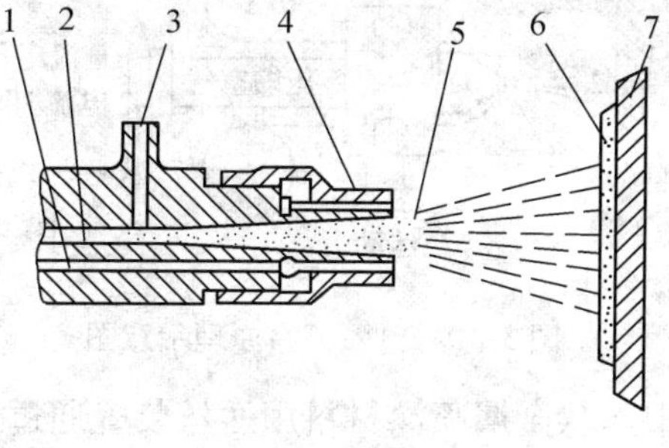

图3.9　氧-乙炔火焰粉末喷涂原理

1—氧-乙炔气体;2—粉末输送气体;3—粉末;4—喷嘴;5—火焰;6—涂层;7—基体

氧-乙炔火焰粉末喷涂具有设备简单、工艺操作简便、应用广泛灵活、适应性强、经济性好、噪声小等特点,因而是目前热喷涂技术中应用最广泛的一种。主要应用于一般机械零件的修复、再制造。

3. 氧-乙炔火焰粉末喷熔技术

氧-乙炔火焰金属粉末喷熔的原理是以氧-乙炔火焰为热源，把自熔剂合金粉末喷涂在经过制备的工件表面上，在工件不熔化的情况下，加热涂层，使其熔融并润湿工件，通过液态合金与固态工件表面的相互溶解与扩散，形成一层呈冶金结合并具有特殊性能的表面熔敷层。

喷熔包括两个过程：一是喷涂过程；二是重熔过程。重熔过程的目的是要得到无气孔、无氧化物、与工件表面结合强度高的涂层。主要应用于要求结合强度高、抗接触疲劳载荷的机械零件的修复或再制造。

3.2.3 电弧喷涂

电弧喷涂技术是20世纪80年代兴起的热喷涂技术，电弧喷涂设备的发展与更新，使它成为目前热喷涂技术中最受重视的技术之一。

1. 电弧喷涂技术的特点

电弧喷涂是以电弧为热源，将熔化了的金属丝用高速气流雾化，并以高速喷到工件表面形成涂层的一种工艺。

图3.10是电弧喷涂原理示意图。

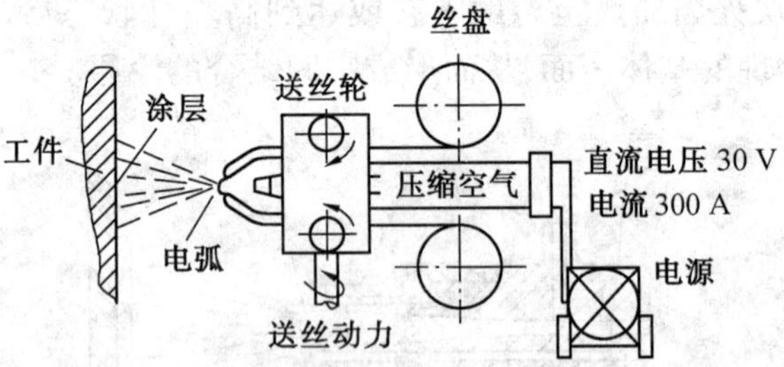

图3.10　电弧喷涂原理示意图

喷涂时，两根丝状金属喷涂材料用送丝装置通过送丝轮均匀、连续地分别送进电弧喷涂枪中的导电嘴内，导电嘴分别接电源的正、负极，并保证两根丝之间在未接触之前的可靠绝缘。当两金属丝材端部由于送进而互相接触时，在端部之间短路并产生电弧，使丝材端部瞬间熔化并用压缩空气把熔化金属雾化成微熔滴，以很高的速度喷射到工件表面，形成电弧喷涂层。

电弧喷涂具有如下主要特点：

a. 可以在不提高工件温度、不使用贵重底层材料的情况下获得高的涂层结合强度（大于20 MPa），涂层性能良好。

b. 效率高，比火焰喷涂提高2～6倍。

c. 节能效果突出，能源利用率显著高于其他喷涂方法，能源费用降低50%以上。

d. 经济性好，其费用通常仅为火焰喷涂的1/10。

e. 安全性高，仅使用电和压缩空气，不用氧气、乙炔等易燃气体。

由于电弧喷涂具有上述特点，在国际上已部分取代火焰喷涂和等离子喷涂。据统计，20世纪末，在所有热喷涂技术中，电弧喷涂的市场比例占第三位。

2. 电弧喷涂的设备

电弧喷涂设备系统由电弧喷涂枪、控制箱、电源、送丝装置及压缩空气系统等组成。

(1) 电弧喷涂电源

国外近年来电弧喷涂电源均采用平的伏安特性。平的伏安特性的电弧喷涂电源可以在较低的电压下喷涂，使喷涂层中的碳烧损大为减少（约减少50%）；可以保持良好的弧长自调节作用，在送丝速度变化时，喷涂电流按正比增大或减小，维持稳定的电弧喷涂过程；根据喷涂丝材选择一定的空载电压，改变送丝速度可以自动调节电弧喷涂电流，从而控制电弧喷涂的生产率。

图3.11为研制电源的外特性图。该电源的动特性良好，外特性略降，约为2 V/100 A以下。图3.12为CMD-AS电弧喷涂设备的总图。

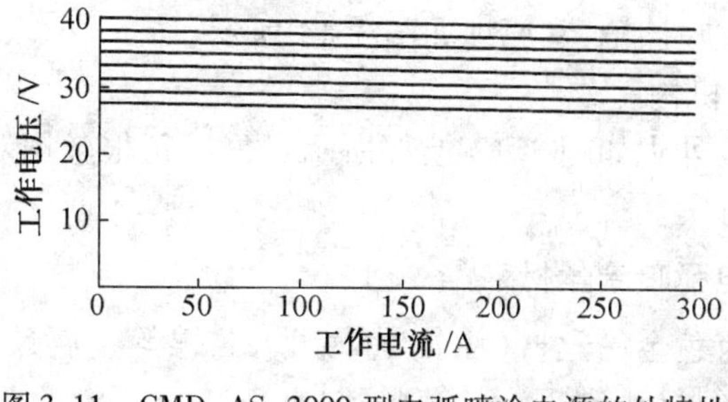

图3.11　CMD-AS-3000型电弧喷涂电源的外特性

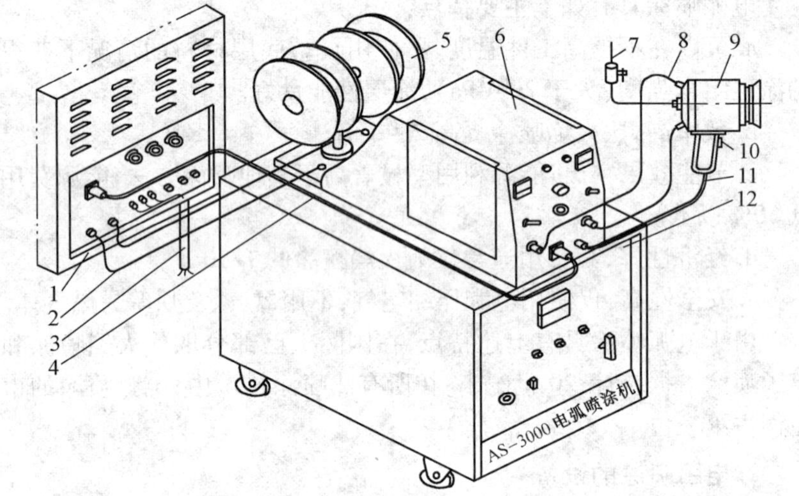

图 3.12 CMD-AS 电弧喷涂设备的总图

1—电源控制箱后板;2—电缆线 50 mm²(两根);3—三相绝缘导线;4—遥控导线;5—丝盘;6—送丝机构;7—高压胶管(内径 ϕ15 mm);8—送丝软管(2 ~ 3 mm);9—电弧喷枪;10—手柄开关;11—导线;12—电源控制箱

(2)电弧喷涂枪

电弧喷涂枪是电弧喷涂设备的关键装置。图 3.13 为 CMD-AS-3000 型电弧喷涂枪结构简图。从图 3.13 可以看出,连续送进的丝材在喷涂枪前部以一定的角度相交,由于丝材各自接于直流电源的两极而产生电弧,从喷嘴喷射出的压缩空气流将熔化的丝端金属吹散,形成稳定的雾化金属粒子流。

为提高喷涂粒子的速度,改善涂层的质量,装甲兵工程学院研制成功了高速电弧喷涂枪,其原理如图 3.14 所示。

(3)送丝机构

送丝机构外观如图 3.12 上部所示。采用每根丝用双主动送丝轮推送的设计方案。

3. 普通电弧喷涂丝材

主要有有色金属丝材(由铝、锌、铜、钼、镍等金属及其合金制成)和黑色金属丝材(由碳钢、不锈钢等制成)。

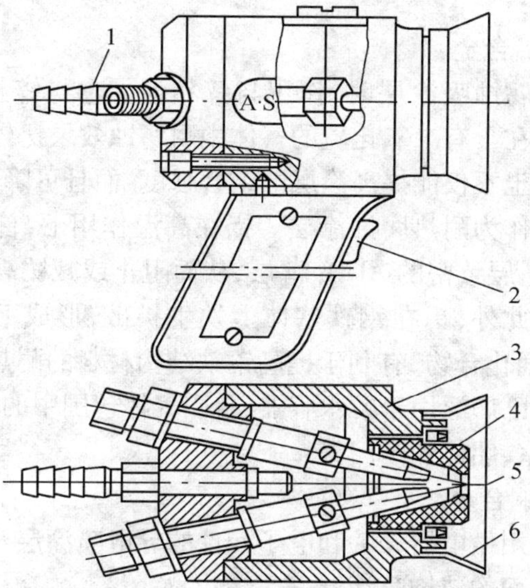

图 3.13　CMD-AS-3000 型电弧喷涂枪结构简图

1—压缩空气接头;2—手柄开关;3—喷枪体;4—导电嘴;5—金属丝材;6—挡弧罩

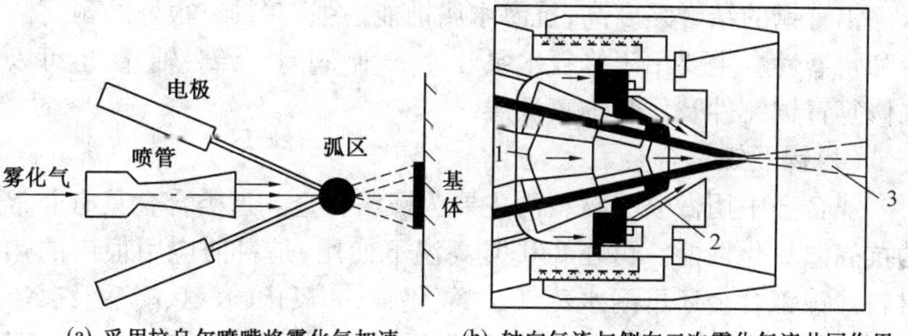

(a) 采用拉乌尔喷嘴将雾化气加速　(b) 轴向气流与侧向二次雾化气流共同作用

图 3.14　高速电弧喷涂枪示意图

1—电弧喷涂丝;2—压缩气流;3—喷射微粒流

(1)锌及锌合金

锌为银白色金属。在大气中或水中具有良好的耐腐蚀性,而在酸、碱、盐中不耐腐蚀,当水中含有二氧化硫时,它的耐腐蚀性能也很差。

在锌中加入铝可以提高喷涂后的耐腐蚀性能,因此目前也大量使用 Zn-Al 合金喷涂材料。

锌喷涂层已广泛应用于室外露天钢铁构件,如水门闸、桥梁、铁塔和容器等。

(2)铝及铝合金

铝用做防腐蚀喷涂层时,作用与锌相似。它与锌相比,相对密度小,价格低廉,在含有二氧化硫的气体中耐腐蚀效果比较好。在铝及铝合金中加入稀土不仅能提高涂层的结合强度,而且可降低孔隙率。

铝还可以作为耐热腐蚀涂层。铝在高温作用下,首先涂层表面发生氧化,形成一层致密的 Al_2O_3 薄层,从而阻止或减缓高温氧化和高温腐蚀的发生。此外,铝在钢铁基体上发生扩散,形成 $FeAl_3$、Fe_2Al_5 及 $FeAl_2$ 等金属间化合物,有利于提高钢铁结构材料的耐热腐蚀性能。

铝喷涂层已广泛用于贮水容器、硫磺气体包围中的钢铁构件、食品贮存器、燃烧室、船体和闸门等。

(3)铜及铜合金

纯铜主要用做电器开关和电子元件的导电喷涂层及塑像、工艺品、水泥等建筑表面的装饰喷涂层。

黄铜喷涂层广泛用于修复磨损及加工超差的零件,修补有铸造砂眼、气孔的黄铜铸件,也可作为装饰喷涂层使用。

铝青铜的结合强度高,抗海水腐蚀能力强,并具有很好的耐腐蚀疲劳和耐磨性。主要用于修复水泵叶片、气闸阀门、活塞、轴瓦,也可以用来修复青铜铸件及作装饰喷涂层。

(4)镍及镍铬合金

镍合金中用做喷涂材料的主要为镍铬合金。这类合金具有非常好的抗高温氧化性能。可在 880 ℃高温下使用,是目前应用很广的热阻材料。镍铬合金还可耐水蒸气、二氧化碳、一氧化碳、氨、醋酸及碱等介质的腐蚀,因此镍铬合金被大量用做耐腐蚀及耐高温热喷涂层。例如,美国采用 45CT(其中 $w(Cr)=45\%$,$w(Ti)=4\%$,其余为 Ni)丝材电弧喷涂锅炉管道取得了良好效果。不锈钢丝材电弧喷涂能够获得良好的耐磨防腐涂层。

(5)钼

钼在喷涂中常作为黏结底层材料使用,还可以用做摩擦表面的减摩工作涂层,如活塞环、刹车片、铝合金气缸等。

(6)碳钢和低合金钢

碳钢和低合金钢是广泛应用的电弧喷涂材料。它具有强度较高、耐磨性好、价格低廉等特点。电弧喷涂过程中碳和合金元素易烧损，易造成涂层多孔和氧化物夹渣，使涂层性能下降。因此宜采用碳元素较高的碳钢，以弥补碳元素的烧损。

4. 粉芯丝材

由于受到拉丝成形工艺的局限，上述实芯丝材的品种和数量受一定的限制。采用实芯丝材进行电弧喷涂时，不可能获得某些具有特殊性能的功能涂层。粉芯丝材的出现在一定程度上解决了这个问题。粉芯丝材由于只要调配不同的粉芯并配合相应的带材就可以获得不同性能的喷涂层，因而应用前景广泛。

粉芯丝材是由金属外皮包覆着一定粒度的不同类型的金属、合金粉末或陶瓷粉末构成的，兼备实心丝材及合金粉末喷涂材料的优点，具有合金成分调节容易、调节范围广、可获得特殊合金成分涂层和提高涂层质量等独特的优越性，在国内外已得到成功应用。20 世纪 80 年代初，德国 Drzeniek 等将其成功应用于电弧喷涂以来发展迅速，随后 Steffens 等把高碳铬铁粉及铬的碳化物（$Cr_7C_3+Cr_3C_2$）粉末、稀土等与低碳钢带制成粉芯丝材，并进行电弧喷涂制备耐磨涂层，认为采用粉芯丝材进行电弧喷涂能获得与等离子喷涂层相当的耐磨涂层。在美国，把粉芯丝材成功用于飞机发动机大修及汽车工业、电站锅炉和厚的耐磨板及防滑涂层方面。英国金属喷涂股份有限公司研制了 Stelloy35，50，51 三种既提高涂层硬度，又改善涂层完整性的镍基粉芯丝材电弧喷涂材料，其主要合金系为 Ni-Cr-B-Si 系。加拿大 Dallaire 等也开展了粉芯丝材的研究并且已取得了成功的应用。装甲兵工程学院、北京有色金属研究总院、北京工业大学等单位在热喷涂粉芯丝材的研究上做了大量的工作，并研制了 30 余种热喷涂粉芯丝材，在轴类、柱塞、造纸烘缸、钻杆、风机叶片等修复及燃煤电站锅炉管道防护上得到一定的应用。

装甲兵工程学院最早用 7Cr13 管状焊丝进行过电弧喷涂试验，对喷涂工艺性及喷涂层的力学性能和磨损性进行研究。发现在润滑条件下，电弧喷涂 7Cr13 涂层表现出良好的减摩耐磨性能，特别是在高温高载下，摩擦系数有下降的趋势，大大低于相同条件下的 GCr15 钢的摩擦系数。最近开发出几种新型电弧喷涂粉芯丝材，其中 Fe-Al/WC 和 Fe-Al/Cr_3C_2 金属间化合物复合涂层在 650 ℃的冲蚀磨损抗力大大高于20 g和102钢基体,高于Fe-Al涂层,与等离子喷涂 Cr_3C_2-NiCr涂层相当,有希望作高温耐冲蚀/腐蚀涂层;Al/Al_2O_3复合涂层已用于舰船甲板的防腐防滑;ZnAlMgRe涂层可用于海洋气候环境下的钢结构的腐蚀防护。

近些年来,耐磨耐蚀热喷涂粉芯丝材的研究热点,主要在金属陶瓷复合涂层、非晶态涂层、纳米结构涂层等方面。非晶合金涂层作为一种新的材料,目前主要有Fe-B,Fe-Ni-B,Fe-Cr-B-Si,Fe-Cr-Ni-Mo,Ni-Cr-B,Ni-Cr-B-Si等合金系。金属陶瓷复合涂层是目前研究和应用最多的热喷涂耐磨涂层。电弧喷涂纳米结构涂层技术由于其相对较低的设备成本和涂层呈现出优异的性能,将会成为纳米粉体材料热喷涂技术开发的一个重要方向。

因此,采用适宜拉拔的带材(如低碳钢带、不锈钢带、镍带、镍铬带、铝带、锌带等)加上合金或陶瓷粉末制成的粉芯丝材,喷涂后可获得较好的耐磨损、耐腐蚀、耐高温及高结合强度等性能的涂层,是一种颇具潜力的结构涂层材料。

目前常用的粉芯丝材,包括7Cr13耐磨丝材,低碳马氏体丝材,Al/Al_2O_3,Al-SiC粉芯防滑丝材,Fe_3Al,Fe_3Al/WC,FeCrAl/WC等抗高温腐蚀冲蚀丝材及Zn基防腐丝材等,其主要应用领域如表3.7所示。

表3.7 常用粉芯丝材及应用领域

丝　材	主要成分	主要应用领域
7Cr13耐磨丝材	FeCCrMn	马氏体不锈钢组织,涂层硬度高,可用于造纸烘缸、压力柱塞、曲轴等零部件修复
低碳马氏体丝材	FeCrNiMo	低碳马氏体组织,膨胀系数小,可以喷涂较厚的涂层,具有较好的韧性和耐磨性,可以用做打底涂层
奥氏体不锈钢丝材	FeCrNi	奥氏体不锈钢组织,配合适当的封孔剂,涂层具有良好的耐晶间腐蚀与点蚀性能
FH-16防滑丝材	Al/Al_2O_3	铝基复合陶瓷涂层,具有较高的摩擦系数和良好的摩擦系数保持能力,可用做防腐防滑耐磨涂层

续表 3.7

丝　材	主要成分	主要应用领域
非晶合金丝材	Fe-B、Fe-Ni-B、Fe-Cr-B-Si、Fe-Cr-Ni-Mo、Ni-Cr-B、Ni-Cr-B-Si	可制备非晶合金涂层，具有很高的耐磨、耐蚀性能，用于轴类、柱塞、造纸烘缸、钻杆、风机叶片等修复及燃煤电站锅炉管道防护
Fe-Al 复合丝材	Fe-Al/WC	可制备 Fe-Al 金属间化合物复合涂层，可应用于电厂燃煤锅炉管道等高温冲蚀磨损防护
Zn 基防腐丝材	ZnAlMg ZnAlMgRe	用于海洋气候环境下舰船、港口设备、海上石油平台等装备的腐蚀防护

5. 电弧喷涂工艺

电弧喷涂工艺基本上包括工件表面的制备、喷涂、喷后处理等几个大步骤。工件表面的预处理是一个十分重要的步骤，它往往关系到整个工艺过程的成败。

表 3.8 为 $\phi3$ mm 常用丝材电弧喷涂工艺规范参数。

表 3.8　电弧喷涂工艺规范参数

丝材名称	丝材直径/mm	电弧电压/V	工作电流/A	压缩空气/MPa
铝	3	34	150	>0.55
锌	3	28	120	>0.5
铝青铜	3	35	200	>0.5
碳钢	3	35	200	>0.5

6. 电弧喷涂技术的发展方向

为了获得更优异的涂层性能，使电弧喷涂技术能应用在更多的领域，应进一步研究、开发电弧喷涂技术。

(1)电弧喷涂技术理论

由于电弧喷涂已经成为十分重要的热喷涂技术，对它的理论研究显得日益重要。目前电弧喷涂技术的理论研究主要集中在电弧喷涂过程、涂层性能以及涂层热应力计算及其模拟等方面。

(2)电弧喷涂设备

设计新型的电弧喷涂系统及电弧喷涂涂枪,提高涂层质量,降低涂层的孔隙率;改进送丝方式,使喷涂操作更方便;提高喷涂电源的稳定性;对喷涂设备进行自动化改造等。

(3)开发电弧喷涂新材料

为了适应不同工况的防腐、耐磨以及其他性能要求,开发不同的喷涂丝材是最有活力的发展方向。采用管状丝材可方便地改变喷涂材料的化学成分,以保证涂层制备时形成所要求的组织结构,而同时又不影响喷涂丝材制造时的工艺性能。开发应用管状丝材将大大拓宽电弧喷涂的丝材范围。

(4)开发新型的电弧喷涂方法

a. 高速电弧喷涂技术。以提高涂层与基体的结合强度、涂层的致密度和内聚强度,降低涂层的氧化物含量等。

影响电弧喷涂涂层质量的主要工艺参数有电弧喷涂电压,喷涂电流(送丝速度),压缩空气的压力和质量。在空气压力方面,空气压力直接影响电弧喷涂过程中的熔滴雾化效果和熔滴粒子喷射速度,还影响丝材端部电弧燃烧的稳定性。在空气质量方面,空气质量关系到喷涂粒子的氧化程度及冶金质量。最新研究结果表明,采用高压空气流或燃料燃烧产生的高速射流作雾化气流,可加速熔滴的脱离,使粒子加速度显著增加,并提高电弧的稳定性,保证金属熔滴的有效雾化。同时由于射速的增加缩短了粒子和空气的接触时间,限制了不利化学变化的发生,减少了粒子氧化和气化,使涂层质量和机械性能明显提高。因此,提高压缩空气的压力和改善压缩空气的质量,是提高电弧喷涂涂层质量的主要途径。

高速射流电弧喷涂技术就是依据以上思想,通过提高喷涂压缩空气压力和改善空气质量,使电弧喷涂的效率和涂层质量得到进一步提高,从而使电弧喷涂技术上升到一个新的高度。

b. 真空电弧喷涂技术。以大幅度地降低氧化物的含量,降低孔隙率,提高涂层结合强度。

c. 保护气体电弧喷涂技术。以降低熔滴材料的烧损率、涂层的孔隙率和氧化物的含量等。

电弧喷涂技术在重要零件修复、再制造以及桥梁、船舶、塔架、锅炉等构筑物的防腐方面具有很大应用价值。

3.2.4　等离子弧喷涂

1. 概述

等离子弧喷涂是以等离子弧为热源的热喷涂。等离子弧是一种高能密束热源，电弧在等离子喷枪中受到压缩，能量集中，其横截面的能量密度可提高到 105 ~ 106 W/cm^2，弧柱中心温度可升高到 15 000 ~ 33 000 K。在这种情况下，弧柱中气体随着电离度的提高而成为等离子体，这种压缩型电弧为等离子弧。根据电源的不同接法，等离子弧主要有下述三种形式（见图 3.15）。

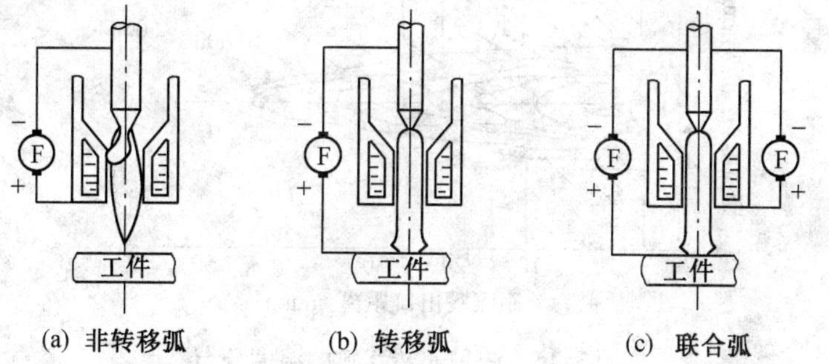

图 3.15　等离子弧的三种形式

(1) 非转移型等离子弧

非转移型等离子弧简称为非转移弧，如图 3.15(a) 所示。它是在接负极的钨极与接正极的喷嘴之间形成的，而工件不带电。等离子弧在喷嘴内部不延伸出来，但从喷嘴中喷射出高速焰流。非转移弧常用于喷涂、表面处理及焊接或切割较薄的金属或非金属。

(2) 转移型等离子弧

转移型等离子弧简称为转移弧，如图 3.15(b) 所示。它是在接负极的钨极与接正极的工件之间形成的，在引弧时要先用喷嘴接电源正极，产生小功率的非转移弧，而后工件转接正极将电弧引出去，同时将喷嘴断电。转移弧有良好的压缩性，电流密度和温度都高于同样焊枪结构和功率的非转移弧。转移弧主要用于切割、焊接及堆焊。

(3) 联合型等离子弧

联合型等离子弧由转移弧和非转移弧联合组成，如图 3.15(c) 所示。它主要用于电流在 100 A 以下的微弧等离子焊接,以提高电弧的稳定性。在用金属粉末材料进行等离子堆焊时,联合型等离子弧可以提高粉末的熔化速度而减少熔深和焊接热影响区。

等离子弧具有如下特点。

①温度高,能量集中

图 3.16 是对 400 A 非转移型等离子弧温度的测量结果(氩气流量为10 L/min)。由图可见,在喷嘴出口处中心温度已达到了 20 000 K 以上。

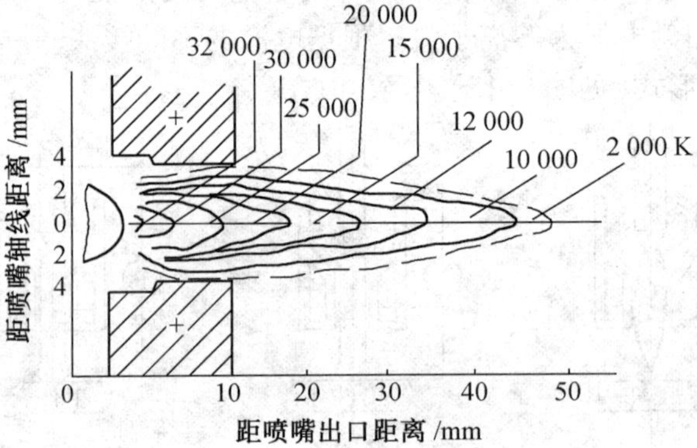

图 3.16　一种非转移弧的温度分布

等离子弧温度高、能量集中的特点有很大的应用价值。在喷涂或焊接、堆焊时,它可以熔化任何金属或金属陶瓷;可以获得高的生产率、减少工件变形和热影响区。

②焰流速度高

进入喷枪中的工作气体被加热到上万摄氏度高温,体积剧烈膨胀,因而等离子焰流自喷枪中高速喷出,具有很大的冲击力,提高了喷涂层的性能。作为喷涂用的等离子弧的焰流速度通常为几百米每秒。

③稳定性好

由于等离子弧是一种压缩型电弧,弧柱挺拔、电离度高,因而电弧位置、形状以及弧电压、弧电流都比自由电弧稳定,不易受外界因素的干扰。

④调节性好

压缩型电弧可调节的因素较多,在很广的范围内稳定工作,可以满足等离子工艺的要求,这是自由电弧所不能达到的。

2. 等离子喷涂原理及特点

(1)等离子喷涂的原理

图 3.17 是等离子喷涂原理示意图。

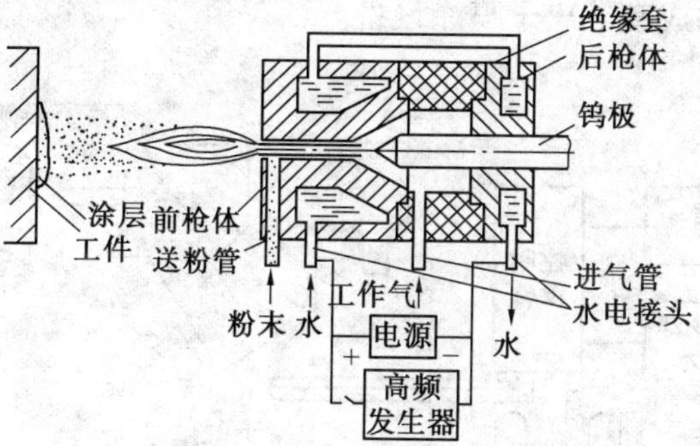

图 3.17　等离子喷涂原理示意图

图的右侧是等离子体发生器,又叫等离子喷枪,根据工艺的需要经进气管通入氮气或氩气,也可以再通入 5% ~10%(体积分数)的氢气。这些气体进入弧柱区后,将发生电离,成为等离子体。由于钨极与前枪体有一段距离,故在电源的空载电压加到喷枪上以后,并不能立即产生电弧,还需在前枪体与后枪体之间并联一个高频电源。高频电源接通使钨极端部与前枪体之间产生火花放电,于是电弧便被引燃。电弧引燃后,切断高频电路。引燃后的电弧在孔道中受到三种压缩效应,温度升高,喷射速度加大,此时向前枪体的送粉管中输送粉状材料,粉末在等离子焰流中被加热到熔融状态,并高速喷打在零件表面上。

(2)等离子喷涂的主要特点

a. 零件无变形,不改变基体金属的热处理性质。

b. 涂层的种类多。由于等离子焰流的温度高,可以将各种喷涂材料加热到熔融状态,因而可供等离子喷涂用的材料非常广泛,可以得到多种性能的喷涂层。

c. 工艺稳定,涂层质量高。在等离子喷涂中,熔融状态粒子的飞行速度可达 180 ~480 m/s,远比氧-乙炔焰粉末喷涂时的粒子飞行速度 45 ~120 m/s 高。等离子喷涂层与基体金属的法向结合强度通常为 40 ~70 MPa,而氧-乙炔焰粉末喷涂一般为 5 ~10 MPa。

3. 等离子喷涂设备

等离子喷涂设备主要有电源、控制柜、喷枪、送粉器、循环水冷却系统、气体供给系统等，其配置如图3.18所示。另外，等离子喷涂需要的辅助设备有空气压缩机、油水分离器和喷砂设备等。目前我国已能生产多种型号的成套等离子喷涂设备。

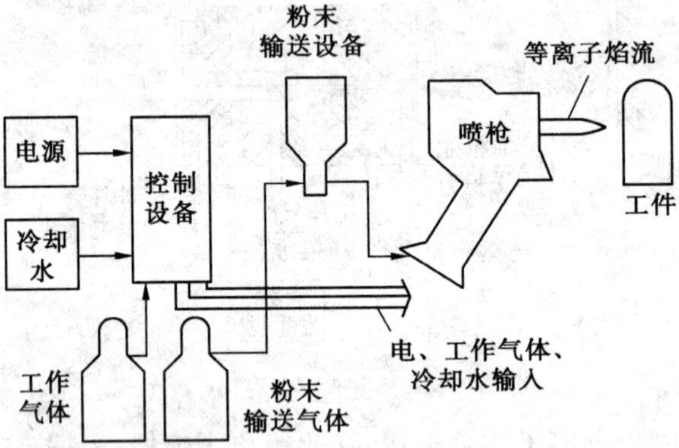

图3.18　等离子喷涂设备组成示意图

(1)等离子喷枪

喷枪是等离子喷涂设备的核心装置。

根据用途的不同，可将等离子喷枪分为外圆喷枪和内孔喷枪两大类。外圆喷枪主要用于零件外圆表面的喷涂，也可用于直径较大的浅内孔表面的喷涂；内孔喷枪用于较深内孔表面的喷涂。

等离子喷枪的结构一般由前枪体、后枪体及绝缘体三部分组成。前、后枪体均由黄铜制造，绝缘体由玻璃纤维绝缘棒等绝缘材料制成。前枪体中密封固定着由紫铜制成的喷嘴，接电源的正极；后枪体固定着由钟钨合金制成的钨极，接电源的负极。

①外圆喷枪

图3.19为PQ-77A型外圆等离子喷枪的结构。它的结构简单，便于推广应用，其额定功率为40 kW。

GP-80型喷枪有PQ-1SA，PQ-1JA，PQ-1NA，PQ-2NA，PQ-3NA等几种型号。前两种喷枪主要用于外表面的喷涂。PQ-1SA是手提式的；PQ-1JA用于机械喷涂。后三种喷枪主要用于不同孔径的内壁喷涂，它们的最大功率和应用范围见表3.9。

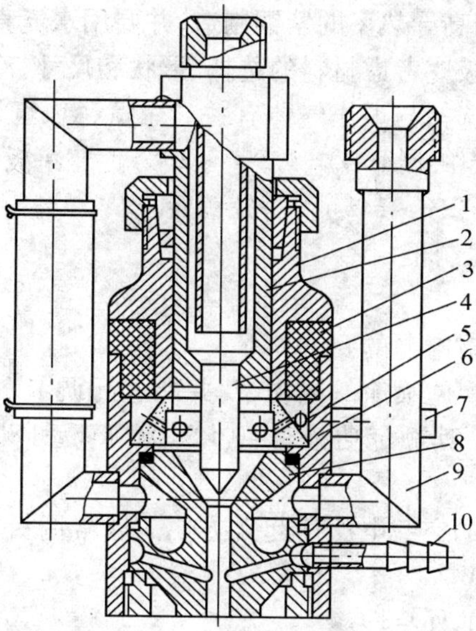

图 3.19　PQ-77A 型等离子喷涂枪的结构

1—后枪体；2—钨极夹头；3—绝缘套；4—钨极；5—隔热均气环；6—前枪体；7—排气管；8—喷嘴；9—进水管；10—送粉管

表 3.9　各种型号喷涂枪的最大功率应用和范围

型　号	最大电流/A	最大功率/kW		喷涂范围/mm	
		Ar	N_2	可喷涂最小孔径	喷涂深度
PQ-1SA、1JA	1 000	80		外表面(平面、外圆、曲面等)	
PQ-1NA	500	40		102	500 ~ 700
PQ-2NA	500	37.5	38.5	60	450 ~ 600
PQ-3NA	500	30	40	45	450

②内孔喷枪

PQ-1NA，PQ-2NA，PQ-3NA 是大、中、小型三种内孔喷枪。

③喷嘴和钨极

等离子喷枪中最关键的部件是喷嘴，其次是钨极（阴极）。

a. 喷嘴。喷嘴是非转移型等离子弧的阳极，温度很高的弧柱通过喷嘴内壁喷出，因此喷嘴内壁将要接收大量的热量。为了不使喷嘴过热及熔化,需要用高导热率的紫铜制造,并要用水流直接强迫冷却。

b. 阴极。阴极应考虑材料的选择、形状和尺寸、冷却方式等。

阴极材料的选择与工作气体有关。用氩、氮、氢等工作气体时,过去常用钍钨极(其中 $w(ThO)=1.5\% \sim 2\%$)代替钨极,近年来多用铈钨极(其中$w(CeO)=2\% \sim 3\%$)代替钍钨极。

(2)电源及控制柜

①电源

等离子喷涂对电源的要求如下。

a. 具有正常实施喷涂的电功率,并能进行调节。目前我国生产的等离子喷涂电源,其额定功率有 40 kW,50 kW 和 80 kW 三种主要规格。

b. 具有一定的空载电压使起弧方便。通常用氮气起弧时,空载电压应不低于 190 V。

c. 具有陡降的外特性。

②控制柜

等离子喷涂控制柜的主要作用是向等离子喷枪供应冷却水、工作气、送粉气、工作电流及高频电流,能方便地调节水、气和电,并加以显示。控制柜中还备有各种保护装置,带有误操作保护环节,可保证全套设备正常安全地工作。

为了提高生产效率和保证涂层质量稳定,该装置在自动操作时,能保证喷枪在最好条件下起弧和灭弧,参数稳定,重复性好,能很好地满足喷涂工艺要求,并为实现全自动化喷涂提供了有利条件。

(3)送粉器

送粉器的功用是向等离子喷枪均匀、定量地输送喷涂粉末。对送粉器的主要技术要求是送粉量准确度高、送粉量调节方便,以及对粉末粒度的适应范围广。

4. 喷涂工艺参数的确定

(1)基体金属的温度

一般情况下预热温度为 100 ~ 150 ℃,在喷涂碳化钨粉时减少碳的烧损,基体应保持常温。可以在烘干箱中进行预热,也可以在喷涂前关闭送粉器先用等离子焰流预热。

(2)喷涂距离和喷涂角度

根据经验,在喷涂镍包铝粉末时,喷涂距离一般为 100 ~ 110 mm;喷涂陶瓷粉末,喷涂距离为 50 ~ 8 mm。

为获得致密涂层,在喷涂时,等离子焰流轴线与被喷涂工件表面之间的角度(即喷涂角度)不应小于 45°,即以 90° ~ 45°的角度对工件表面进行喷涂。

(3)主气及送粉的流量

通入喷枪用于压缩电弧并发生电离的气体为主气,并称为离子气。用于带动粉末的气体称为送粉气。常用的主气流量为 2 m^3/h,送粉气体的流量一般为 0.6 ~ 0.8 m^3/h。

(4)送粉量及电功率

送粉量及电功率是喷涂过程中需要经常变动且互相联系的最主要的参数,其重点是保证二者的恰当匹配。送粉量和功率的恰当匹配,指的是对于由一定牌号一定粒度组成的粉末,在不同的送粉量下,应当采用不同的电功率。当送粉量不变时,如果电功率过小,则粉末熔化不良,粉末碰撞工件时变形不充分,弹跳损失大,沉积效率低,并使涂层中夹杂的生粉多,与基体结合不牢。反之,如果电功率过大,虽然粉末的熔化的撞击变形良好,但粉末氧化烧蚀太多,涂层中夹着较多的烟尘,同样使沉积效率降低,结合不牢。生产中确定送粉量和电功率最佳对应值是采用喷涂沉积效率试验方法,一般取沉积效率曲线中最高点处的电功率值为最佳值。

作者经对设备维修中常用的 Fe 03,Fe 04,Ni 04,WF 311,WF 315,115 Fe 六种粉末在不同电功率下做了涂层结合性能的综合性试验,所得的共同规律如下。

a. 六种粉末改变电功率喷涂时的沉积效率曲线都是“馒头”形。对于一定的粉末,一定的送粉量有一个最佳电功率值,此时沉积效率最高。

b. 对这六种粉末在改变电功率喷涂时,进行了玻璃片上熔化情况观察,圆柱试件对接黏结结合强度试验、喷涂试片弯曲试验和杯突试验。试验发现,在用沉积效率最高的电功率喷涂时,粉末的熔化状况最充分,各项结合性能测试指标最好,从而说明了粉末熔化情况对涂层与基体的结合性能有决定性影响,同时也为生产单位在现场确定喷涂的工艺参数提供了简便有效的方法,即以沉积效率曲线来确定最佳功率。以此功率值进行喷涂,可以保证涂层与基体结合良好。按这种方法喷涂试验的 200 多个修复零件,经过实际运行考核,涂层与基体结合良好。

沉积效率的测定一般采用称重法。沉积效率是指沉积在零件表面上的涂层质量与同时间内所输送的喷涂粉末质量之比,可表示为

$$\eta = (g_1 / g_2) \times 100\% \tag{3.1}$$

式中,η 为沉积效率,%;g_1 为单位时间内获得的涂层质量,g/min;g_2 为单位时间内输送的粉末质量,g/min。

(5)喷枪移动速度

调节喷枪的移动速度实际上是控制每次喷涂的涂层厚度,每次喷涂的厚度不宜太厚。一般情况下不要超过 0.25 mm,对于要求喷涂厚度较大的涂层,应以两次或多次喷涂为好。

综上所述,要获得高质量的涂层,必须选用上述主要工艺参数的最佳配合。表 3.10 为几种材料的喷涂工艺参数。

表 3.10　几种材料的喷涂工艺参数

喷涂材料	功率/kW	工作气体流量 /($m^3 \cdot h^{-1}$)	送粉气流量 /($m^3 \cdot h^{-1}$)	送粉率 /($kg \cdot h^{-1}$)	粉末粒度 /目
Al_2O_3	20 ~ 25	N_2 2.5, H_2 0.3	N_2 0.5	1 ~ 1.5	220
ZrO_2	22 ~ 28	N_2 2.0, H_2 0.3	N_2 0.6	1	160
Fe-Cr-B-Si	25 ~ 26	N_2 2.6	N_2 0.5	2.5	200
Ni-Cr-B-Si	22 ~ 24	N_2 1.6, H_2 0.1	N_2 0.6	2.4	200
W	22 ~ 28	N_2 2.25, H_2 0.3	N_2 0.6	3 ~ 5	200 ~ 320
MFTC0404 (Ni/A1)	24 ~ 26	N_2 2.2, H_2 0.2	N_2 0.6	0.8 ~ 1.2	170 ~ 270
MO	15 ~ 20	Ar 1.8, N_2 0.2	N_2 0.45		160 ~ 320
耐磨铸铁	10 ~ 15	Ar 1.8, N_2 0.15	N_2 0.5		160 ~ 320
Cr	电压:40 V 电流:300 A	Ar 1.8, N_2 0.2	N_2 0.4		160 ~ 320
Fe	电压:40 V 电流:300 A	Ar 1.8, N_2 0.2	N_2 0.45		160 ~ 320

5. 等离子喷涂用粉末及气体

(1)等离子喷涂用粉末

按粉末成分、特性可将喷涂用粉末分为纯金属粉末、合金粉末、自熔剂合金粉末、陶瓷粉末、复合粉末、塑料粉末等。涂层材料虽有几百种,但常用的只有几十种。

(2)等离子喷涂用气体及其选择

等离子喷涂的工作气和送粉气应根据所用的粉末材料,选择费用最低、传给粉末的热量最大、与粉末材料有害反应最小的气体。

最常用的气体有氮、氩气,有时为了提高等离子焰流的焓值,在氮气或氩气中可分别加入5%~10%(体积分数)的氢气。

喷涂所用的气体要求具有一定的纯度,否则钨极很容易烧损,氮和氢要求纯度不低于99.9%(体积分数),氩气不低于99.99%(体积分数)。

近年来空气等离子喷涂装置也已达到成熟阶段,只要在喷涂材料上解决氧化问题,则可使喷涂成本大大降低,这是一种很有前途的喷涂工艺。此外,近年来用水对等离子弧压缩的水稳等离子喷涂装置也有较快的发展。如捷克的水稳等离子喷涂装置送粉量可比气体等离子喷涂提高10~15倍,而成本只是气体等离子喷涂的1/10。

6. 等离子喷涂的应用

等离子喷涂技术在机械零件修复、再制造与表面强化方面已获得广泛应用。

实车考核及应用证明,利用该技术在装备重要零部件上制备碳化钨耐磨陶瓷涂层、碳化铬高温耐磨抗氧化陶瓷涂层、氧化锆热障陶瓷涂层,可在恢复尺寸的同时大幅度提高其表面的耐磨、耐高温、耐冲蚀性能。在发电厂锅炉高温过热器上喷涂抗高温冲蚀和燃气热腐蚀的$NiCr-Cr_3C_2$陶瓷涂层,解决了锅炉过热器的高温冲蚀问题;在新型大功率装甲车辆发动机的排气管上制备ZrO_2热障/防腐涂层,明显改善了动力舱的热平衡以及排气管的耐腐蚀性;飞机发动机火焰筒内表面由于受到高温(1 500~2 000 ℃)、高速(3 000 m/s)燃气的直接作用,筒壁局部(边缘、孔洞)应力集中部位开裂、掉块。根据其材料、结构和燃烧工况,喷涂抗氧化、高温及抗磨涂层,同时采用梯度涂层结构,可显著提高其耐热冲蚀性能及涂层与基体的结合性能。

3.2.5 塑料粉末火焰喷涂

20 世纪 40 年代末,人们已试验研究塑料火焰喷涂,但真正应用到工业部门还是在 70 年代。

1. 塑料粉末火焰喷涂的原理

塑料粉末火焰喷涂是利用火焰将塑料粉末加热到熔融状态并喷射到工件表面,形成涂层的一种工艺。如图 3.20 所示,用压缩空气将塑料粉末通过喷枪的中心管道喷出;在塑料粉末的外围喷出冷却用的压缩空气,以构成幕帘;在最外层则为燃烧气体形成的火焰。这样,加热火焰隔着压缩空气幕帘将塑料粉末加热至熔融状态,从而形成涂层。

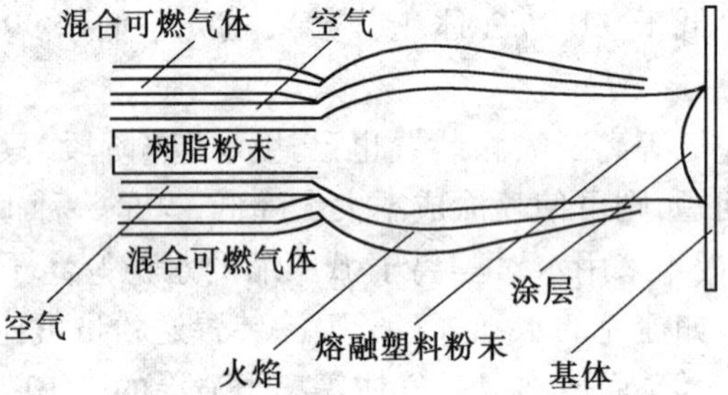

图 3.20 塑料粉末火焰喷涂原理

当然,还可以用如图 3.21 所示的原理实现塑料粉末喷涂。它是将加热火焰置于中心,火焰外围为空气幕帘,最外层为塑料粉末。

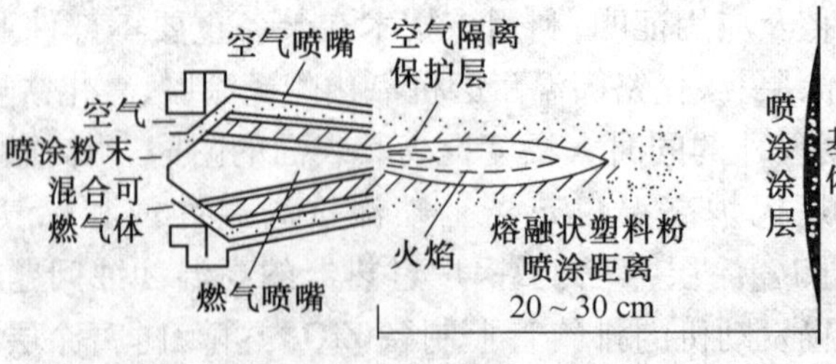

图 3.21 塑料粉末火焰喷涂的另一种形式

塑料粉末喷涂的关键问题是塑料粉末加热程度的控制。塑料粉末的燃烧、过熔或熔融不良都会影响喷涂层的质量和结合强度。为此,塑料喷涂的加热火焰一般不采用氧-乙炔火焰,而采用压缩空气-丙烷火焰或氧-丙烷火焰。除此以外,还在加热火焰与塑料粉末之间添加一层用压缩空气流形成的幕帘,以保护和控制塑料粉末的加热程度。这种加热火焰、压缩空气幕帘和塑料粉末的多层结构,正是塑料粉末火焰喷涂与火焰金属合金粉末喷涂的不同之处。

2. 塑料粉末火焰喷涂装置

(1)SNMI 型塑料喷涂装置

图 3.22 表示 SNMI 型塑料喷涂装置的组成。各种塑料粉末火焰喷涂装置一般都由塑料火焰喷枪、送粉器、控制部分组成。火焰喷枪以中心送粉式为主,利用燃气(乙炔、氢气、煤气等)与助燃气(氧气、空气)燃烧产生的热量将塑料粉末加热至熔融状态及半熔融状态,在运载气体(常为压缩空气)的作用下喷向工件表面形成涂层。塑料粉末送给罐有两种:一种是塑料粉末专用的大容量流动式粉末压力送给罐;另一种是金属、陶瓷、塑料粉末通用的小容量吸引式送粉罐(带有振动器)。用压力送给罐送粉平稳,可调节性好,可以大容量送粉。控制部分是调整和控制喷涂用各种气体的专用装置,以便获得最佳的参数。一般装有流量计、减压器和压力计、送粉用运载气体的开关,还有保证安全而设置的气动阀门机构等。

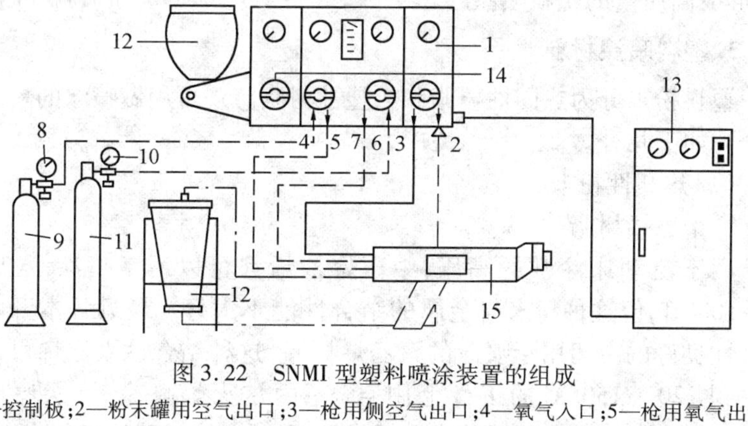

图 3.22　SNMI 型塑料喷涂装置的组成

1—控制板;2—粉末罐用空气出口;3—枪用侧空气出口;4—氧气入口;5—枪用氧气出口;6—燃气入口;7—枪用燃气出口;8—氧气表;9—氧气瓶;10—燃气表;11—燃气瓶;12—粉末罐;13—压缩空气机;14—输送气体开关;15—喷涂枪

(2)SCHORI 型塑料喷涂装置

英国的 SCHORI 公司研制和销售的塑料喷涂枪的结构如图 3.23 所示。从该喷枪的端部可以同时喷出三股射流;喷枪的中心有一根铜管喷嘴,喷涂粉末通过此管喷出;在中心铜管的外侧喷出冷却空气流,以冷却中心铜管,防止塑料粉末在枪管内壁熔化黏着,进一步避免塑料粉末在火焰中燃烧劣化;在冷却空气流的外围喷射氧气-丙烷混合气体并形成喷涂火焰。

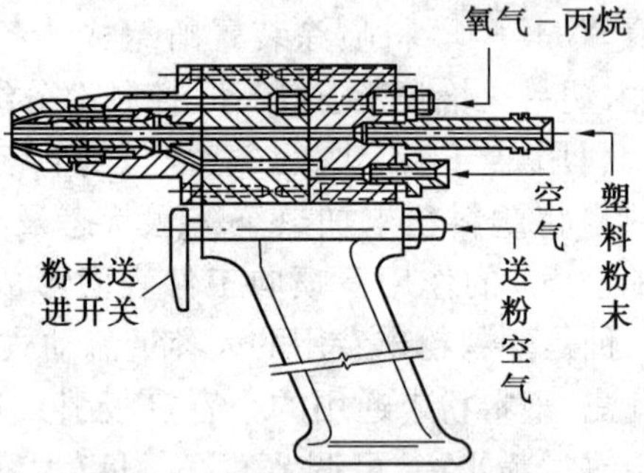

图 3.23　SCHORI 型塑料喷枪的剖面图

该喷涂装置通过控制调节冷却空气流量、火焰温度、在火焰中塑料粉末的飞行时间和距离等参数,使粉末适度地熔融并沉积在被喷涂表面,形成高质量的塑料喷涂层。

3. 塑料喷涂材料

塑料粉末分为热固性树脂和热塑性树脂。现可用做喷涂的粉末大致分为如下几种。

(1)热塑性粉末

①聚乙烯树脂

用于流动床涂敷的高压、中压聚乙烯都可以用于喷涂,粒度为 65～100 目,但这种粉末与金属的结合性能不太好。最近日本开发了结合性良好的专门用于喷涂的聚乙烯树脂,这种结合性聚乙烯可以在预热到 120～150 ℃的工件上用空气-丙烷火焰喷涂,涂层厚度为 300 μm～3 mm。这种塑料的成本低,是一种有前途的喷涂材料。

②尼龙

尼龙 11、尼龙 12 被广泛地应用,市场出售的尼龙粉末接近球形,在常温下的流动较好。若将工件预热到 200 ℃左右喷涂,可获得耐磨性好、表面光滑的尼龙涂层。尼龙粉末的粒度以 70 ~ 200 目为好,涂层厚度可达 350 μm ~ 1 mm。

③EVA 树脂

EVA 树脂是由德国公司开发的一种聚烯烃塑料,是一种新型的喷涂材料。这种树脂结合性好,涂层表面光滑,粉末在喷涂装置的软管中流动性好,又因其熔融温度与分解温度的差值较大,所以喷涂工艺性良好,不易燃烧,容易控制。涂层耐自然气候和耐药性都很好,但缺点是较软。一次喷涂可达 300 μm ~ 2 mm。

(2)热固性粉末

当前市场上仅有环氧树脂一种热固性粉末。该粉末由树脂、染料、添加剂、硬化剂以及其他微量添加剂组成。喷涂时为控制涂层因收缩而产生的应力,可加入 TiO_2,$CaCO_3$,SiO_2 等添加物。

喷涂时,先将工件预热至 100 ~ 150 ℃,粉末喷涂在工件表面的同时发生硬化效应,直到完全硬化为止,所有过程均靠一把喷枪实施。由于控制温度比较困难,所以有时采用喷涂后再加热的工艺。

4. 塑料喷涂工艺

在全军装备维修表面工程研究中心研制的火焰塑料喷涂装置(包括塑料喷涂枪、送粉器和控制箱)上进行了塑料火焰喷涂工艺试验。试验用喷涂材料为:PE 聚乙烯粉末,粒度为 80 目;尼龙 1010 粉末,粒度为 100 ~ 120 目。

塑料喷涂的工艺流程为:待喷涂表面的净化和粗化处理(喷砂)→喷涂表面的预热→喷涂→清理。

喷涂用的燃烧气体为丙烷、氧气的混合气体。丙烷的压力为 0.05 MPa,流量为 0.2 m^3/h。除此以外,用压缩空气作幕帘,其压力为 0.4 MPa,流量为 3 ~ 5 m^3/min,具体流量视送粉情况调节。

将火焰调至微碳化焰后对已喷砂处理的工件表面预热,先送入压缩空气,然后即送粉喷涂。喷涂时,喷枪端面离工件的距离约 200 ~ 300 mm,视粉末的沉积情况进行调节。

用上述喷涂工艺,可得到满意的 PE 聚乙烯和尼龙 1010 喷涂层。

火焰塑料喷涂涂层可用于一些重要零部件表面的腐蚀防护。

3.2.6 特种喷涂

随着科技与工业的迅速发展,特别是高科技的需要,对热喷涂涂层材料和性能的要求越来越高。因此,为满足特殊喷涂需要的特种喷涂应运而生。

1. 超音速火焰喷涂

JET-KOTEⅡ型超音速火焰喷涂是20世纪80年代在美国出现的一种新型火焰喷涂装置。该装置是利用一种特殊火焰喷枪获得高温、高速焰流用来喷涂碳化钨等难熔材料并得到优异性能的喷涂层。

(1)JET-KOTEⅡ超音速火焰喷涂装置

超音速火焰喷涂装置如图3.24所示。

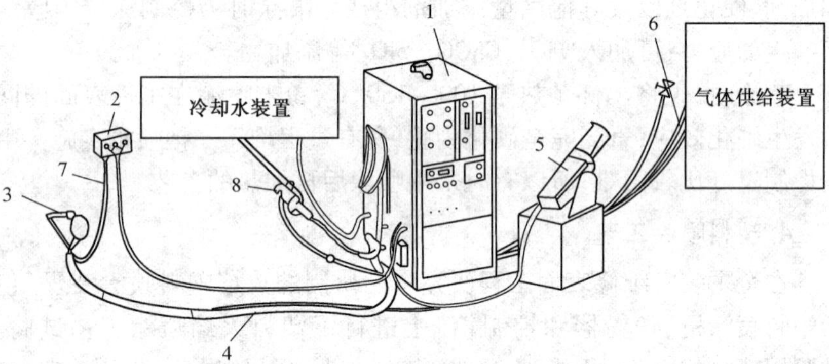

图3.24 JET-KOTEⅡ超音速火焰喷涂装置

1—控制柜;2—操纵盘;3—喷涂枪;4—软管;5—送粉器;
6—软管;7—点火装置;8—冷却水泵

通过控制柜调节送粉量及可燃气和氧气,通过送粉器5用氮气输送和调节送粉量。该装置采用MAPP-C_3H_4可燃气与氧气混合形成燃烧气体,并用燃烧的氢氧火焰点燃。在停止喷涂时,仍维持这个氢氧焰的燃烧。用氮气通过燃烧室的中央输送喷涂粉末。

图3.25为超音速火焰喷枪的构造原理图。通过气体接口1氧气与可燃气混合并在较高压力下燃烧。当高温气流离开燃烧室时,经膨胀喷嘴而加速,形成超音速焰流。用氮气将粉末通过入口4送到粉末通道5。由图3.25的横截面可以看出,中央是粉末通道5,周围有4个燃烧气体通道。

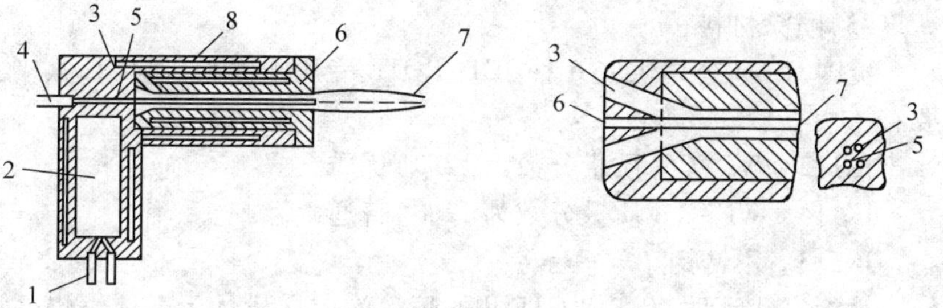

图 3.25　JET-KOTE 喷枪原理图

1—可燃气与氧气接口;2—燃烧室;3—气体通道;4—粉末送给入口;
5—粉末通道;6—喷枪嘴;7—喷涂焰流;8—冷却水通道

该喷枪的特点是:

a. 混合气体在燃烧室内燃烧,使火焰中的含氧量降低,有利于保护粉末不被氧化;

b. 火焰温度达 2 760 ℃,速度大于 1 400 m/s,有时可达 1 770 m/s;

c. 粉末从火焰中央通过,保护性好、温度高;

d. 喷涂焰流长度大,直径收缩小,使能量密度大而集中。

(2)喷涂工艺

JET-KOTE 喷涂最适合喷涂碳化钨材料。过去喷涂这类合金主要依靠工艺复杂的气体爆燃式喷涂。

超音速火焰喷涂工艺的主要参数是喷嘴长度、燃气的压力和喷涂距离等。

表 3.11 为喷涂工艺参数与涂层硬度和沉积效率的关系。喷涂材料为 JK-112。

表 3.11　喷涂工艺参数与涂层硬度和沉积效率的关系

参　数	喷　嘴　长　度							
	150/mm				300/mm			
燃气压力/MPa	0.6		0.63		0.6		0.63	
喷涂距离/mm	178	305	178	305	178	305	178	305
涂层硬度 HV	1 278	1 108	1 442	1 273	1 236	1 036	1 510	1 411
沉积效率	0.71	0.71	0.56	0.56	0.87	0.87	0.63	0.63

(3)喷涂材料

美国 Cabot 公司供应 6 种 JET-KOTE 专用喷涂粉末材料,其中主要有:

JK112　WC-Co(质量分数为 12%)优质

JK114　WC-Co(质量分数为 12%)普通

JK513　不锈钢

喷涂实践证明,JET-KOTE Ⅱ 的喷涂涂层质量优于气体爆燃式喷涂,见表 3.12。

表 3.12　三种喷涂工艺的比较

喷涂工艺	涂层硬度 HV	磨损试验机上的磨损量/mg
JET-KOTE Ⅱ	1 275	0.66
气体爆燃式喷涂	1 195	0.97
等离子喷涂(80kW)	995	0.84

JET-KOTE 涂层结合强度也高于其他工艺,其数值大于 70 MPa。JET-KOTE Ⅱ 已广泛应用于喷涂切割刀片、风机叶片、泵叶轮、挤压螺旋、密封环、锅炉管道等。

2. 超音速等离子喷涂

超音速等离子喷涂是美国 Browning 工程公司继超音速火焰喷涂之后推出的又一项新技术。

PLAZ-JET 设备是直接由等离子切割设备改装而成的。因此,该设备保留了其原有的切割能力,同时还具有喷涂粉末和丝材的双重功能,是目前惟一可以进行丝材等离子喷涂的设备。

(1)PLAZ-JET 设备的性能

PLAZ-JET 设备主要由喷枪(割炬)、送粉装置、送丝装置、送气装置、冷却水循环系统、控制装置和电源组成,并带有计算机接口线路,可用计算机来控制喷涂操作。PLAZ-JET 设备有 15 kW,80 kW 和 175 kW 三个级别。作为割炬使用时,该设备能够切割 50 mm 厚的大部分金属,最大切割厚度为 76 mm。切割电流在 50 ~ 400 A 之间可以连续调节,并可以实现机械化操作。在进行等离子喷涂时,需要将割炬改装为喷枪,用获得专利的 PLAZ-JET 喷嘴取代割炬的陶瓷保护帽,并采用辅助的冷却水循环系统来冷却喷嘴，以延长其使用寿命。喷涂过程中，喷枪内的等离子弧速度高达约 3 660 m/s，温度约达 18 000 ℃。该设备可与市场上出售的大多数送粉器和送丝机构配套使用，可以喷涂的各种金属、合金、碳化物和陶瓷材料有 100 多种，所获得的喷涂效率，不锈钢丝为 34 kg/h，铝丝为 25 kg/h，WC/Co 粉末为 6.8 kg/h，沉积效率约为 90%，明显优于其他热喷涂技术。

为了获得超音速的等离子射流，PLAZ-JET 设备在工作时所消耗的气体量很大。表 3.13 为 PLAZ-JET PJS80 型（80 kW）设备要求配备的气体调节器容量。

表 3.13 PLAZ-JET PJS80 型设备的气体调节器容量

等离子主气（Ar）		等离子辅气（N_2）		等离子辅气（H_2）		冷却气（N_2）		送粉气（空气）	
流量/（$L\cdot min^{-1}$）	压力/kPa	流量/（$L\cdot min^{-1}$）	压力/kPa	流量/（$L\cdot min^{-1}$）	压力/kPa	流量/（$L\cdot min^{-1}$）	压力/kPa	流量/（$L\cdot min^{-1}$）	压力/kPa
47	700	141	1 400	94	1 400	10	700	57	600

（2）涂层性能

超音速等离子喷涂的涂层质量与喷涂距离、送粉（送丝）速度、气体流量和喷涂功率等参数有关，但对参数的变化并不敏感。由于 PLAZ-JET 设备刚刚问世不久，目前可以得到的有关涂层性能的数据较少。根据 Browning 公司的对比试验，由 PLAZ-JET 设备所获得的涂层孔隙率可以达到 1% 以下。而涂层的其他性能则略优于普通的等离子喷涂层。

3. 高效能超音速等离子喷涂

装甲兵工程学院经过多年的研究与实践，研制出低功率、小气体流量条件下获得高效能超音速等离子喷涂的喷枪，并配套开发了具有状态点实时监测、LED 智能显示、PLC 喷涂过程自动控制系统、大功率逆变式等离子喷涂电源、高精度螺杆式送粉器和高效循环冷却系统。

上述高效能超音速等离子喷涂系统（HEP-JET）如图 3.26 所示。

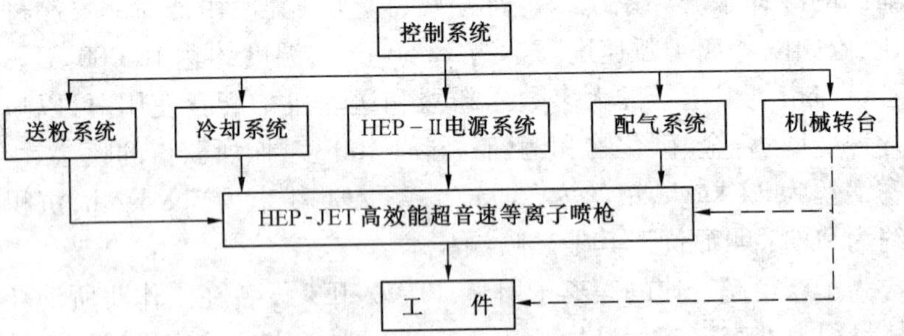

图3.26　高效能超音速等离子喷涂系统

(1)HEP–JET系统性能

①超音速等离子(HEP–JET)喷枪技术特性

等离子喷涂枪是该系统中最为关键的部件。其技术特性如下。

a.小功率、小气体流量,充分利用了热源,提高了能量转换率。

b.高效率的单阳极拉伐尔喷嘴设计,喷嘴压缩孔道长度被减短,喷枪热效率、射流热焓得到提高。

c.采用以机械压缩为主、气动力压缩为辅的射流加速方案。依靠对电弧初始段的强烈压缩效应迫使阳极斑点前移来拉长电弧,实现对电弧区段的加速。

d.采用内送粉结构设计,将喷涂粉末直接送到等离子焰流的高温区(外送粉是将粉末送入焰流区),有效提高了等离子弧热能的利用率,改善了粉末的熔化状况,提高了沉积率。

e.由两路进气减为一路进气,增强了电弧初始段的气动力效果。在保证气体流速情况下,可以降低气体流量。

f.喷枪结构紧凑、轻巧,质量功率比(G/W)小,电极和喷嘴使用寿命长,可维修性强。

g.通过气体流量和电参数的合理匹配,可实现等离子射流温度热焓和速度的大范围调节,适用范围宽。

②HEPJ–Ⅱ控制柜技术特性

HEPJ–Ⅱ控制柜用于对HEP–JET系统中各部件进行操作和控制,其技术特性如下。

a.由系统状态监视器对系统主要部件状态进行监测,以LED方式显示检查结果或故障原因,声光报警。

b. 以 PLC(可编程控制器)为核心,完成超音速等离子喷涂的全部时序操作功能,具有操作简单、抗干扰能力强的特点。控制柜的动作时序如图 3.27 所示(其中纵坐标 y 为逻辑关系)。

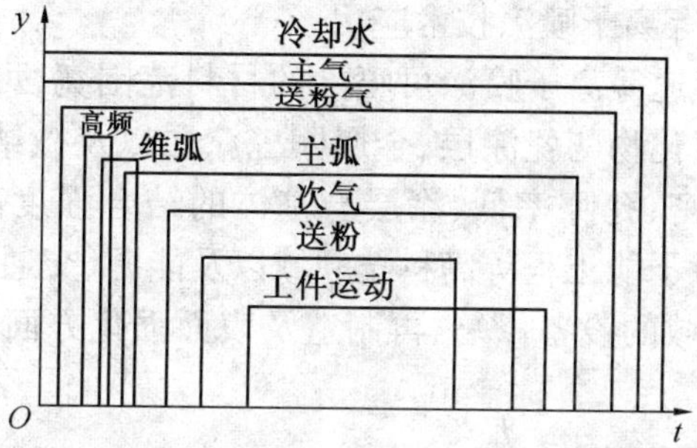

图 3.27　超音速等离子喷涂动作时序图

c. NECT 和 NFPA 码安全控制。电器组件和气路组件隔离,保证电、气路元器件清洁、散热。

d. 自动/手动操作及预置模式选择。

e. 可实现单/双极喷枪、单/双送粉器以及 $Ar+H_2$,$Ar+N_2$,纯 N_2 及 N_2+H_2 等多种配气方案的转换。

③HEPJ-Ⅱ电源技术特性

采用 IGBT 20 kHz PWM 全桥整流逆变技术。研制成功的超音速等离了喷涂逆变电源,解决了超音速等离子喷涂大功率(80 kW)、大电流(600 A)、高工作电压(220 V)、冲击电流大、连续工作时间长和抗高频干扰强的技术难点。设计的陡降外特性如图 3.28 所示。

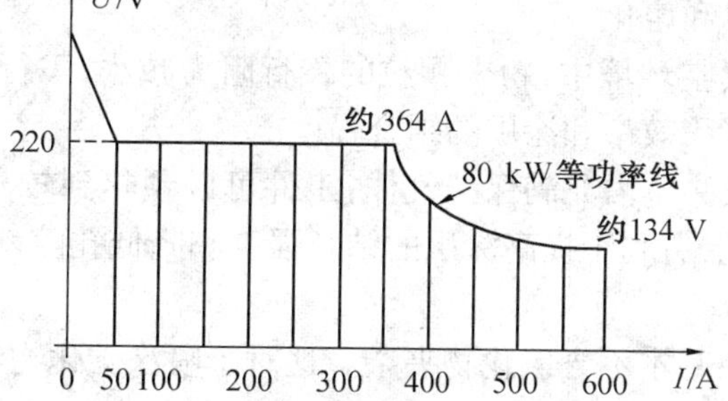

图 3.28　超音速等离子喷涂电源外特性图

电源主要特性:恒流时精度优于 1%;恒功率时精度优于 5%;最大

输出电流600 A。(负载电流为364 A时,电压大于等于220 V,将电流364 A设定为最大功率起始点,即电流大于364 A时,允许输出最大功率均为80 kW,此时控制方式仍为恒流控制。)

(2)超音速等离子喷涂技术应用

高效能超音速等离子喷涂可喷涂的材料范围宽,可制备各种高质量的氧化物和碳化物陶瓷涂层、金属陶瓷涂层以及微纳米结构陶瓷涂层,涂层组织致密、孔隙率低、涂层与基体的结合强度高。在航空、航天、海洋工程、原子能工程等高科技领域以及能源、交通、纺织、电子、轻工、新材料等领域的设备修复、再制造及表面强化方面,具有广泛的应用价值。

4. 低压等离子喷涂

等离子喷涂一般都是在大气中进行的。在喷涂时,射流中吸入的空气使喷涂颗粒发生氧化并降低射流的能量,使喷涂颗粒的速度降低和加热不足。

为了克服上述缺点,并解决一些有毒材料(如铍和氧化铍)不能在大气中喷涂的问题,德国在20世纪70年代发明了低压等离子喷涂技术。

低压等离子喷涂,就是在一个密封的气室内,用惰性气体(氩气或氮气)排出室内的空气,然后抽真空至5 kPa,在这种保护气氛下的低真空环境里进行等离子喷涂。低压等离子喷涂具有以下特点。

a. 在低真空环境中,等离子射流的长度由常压下的40~50 mm被拉长到400~500 mm,使粉末颗粒在射流中的停留时间延长,有利于粉末颗粒的加热和熔化。

b. 在低真空环境中,粉末颗粒的飞行阻力减小,飞行速度提高,提高了粉末的沉积效率和涂层的结合强度。

c. 由于喷涂室内充满保护气体,工件可以预热到较高的温度而不至于发生氧化,有利于提高涂层的结合强度和降低孔隙率,涂层孔隙可降至1%以下。

d. 涂层中基本不含氧化物夹杂。这对于喷涂碳化物等易烧损材料特别有利。

低压等离子喷涂设备比较复杂,要求有良好的真空系统,设备的价格很高。目前主要用于尖端技术部门,喷涂一些难熔金属、活性金属和碳化物等材料。

5. 气体爆燃式喷涂

气体爆燃式喷涂简称爆炸喷涂，是 20 世纪 50 年代初由美国联合碳化物公司发明的技术，当时简称为 D-GUN。目前，乌克兰、中国已掌握该项技术。

(1)气体爆燃式喷涂原理

气体爆燃式喷涂原理如图 3.29 所示。喷涂时首先要将一定比例的氧气和乙炔气送入到喷枪内，然后再由另一入口用氮气与喷涂粉末混合送入。在枪内充有一定量的混合气体和粉末后，由电火花塞点火，使氧-乙炔混合气发生爆炸，产生热量和压力波。喷涂粉末在获得加速的同时被加热，由枪口喷出，撞击在工件表面，形成致密的涂层。

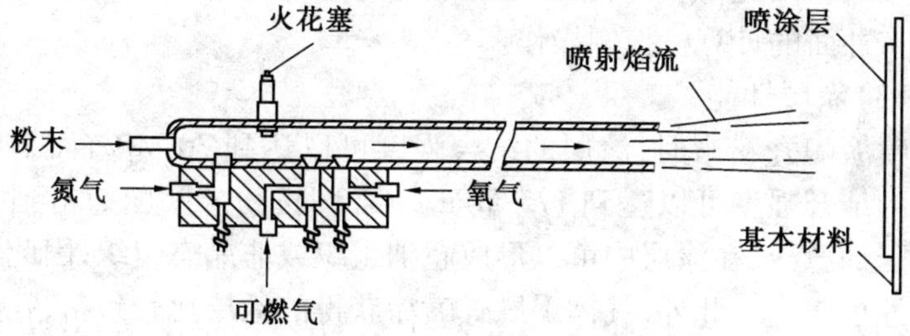

图 3.29　气体爆燃式喷涂原理

由于喷涂粒子的飞行速度高，因此即使在较小的角度下喷涂时，涂层质量仍然高于同等条件下的等离子喷涂层。当喷涂角度在 60°～90°的范围内变化时，涂层的质量几乎不受影响。

气体爆燃式喷涂时的工艺条件见表 3.14。气体爆燃式喷涂过程可以4 次/s的频率反复进行。每次喷涂的厚度为 4～6 μm，喷涂最小半径约为 25 mm。因为气体爆燃式喷涂是脉冲式的，基体受热作用时间短，工件表面的温度可以被控制在 150 ℃以下。

表 3.14　气体爆燃式喷涂时的工艺条件

爆燃流压力 /kPa	爆燃波速度 /($m \cdot s^{-1}$)	爆燃流温度 /℃	喷涂粒子速度 /($m \cdot s^{-1}$)	喷涂粒子温度 /℃	噪声 /dB
600	2 930	7 500	760	3 540	150

(2)气体爆燃式喷涂设备

气体爆燃式喷涂设备由气体爆燃式喷枪、送粉装置、气体控制装置、旋转和移动工件的装置、隔音防尘室等部分组成。设备由计算机进行控制,以获得最佳的喷涂条件。

气体爆燃式喷枪由内径为 25 mm,长 200 mm 的水冷式枪身和气体供给机构组成。气体爆燃式喷涂适用的粉末范围很广,包括合金、碳化物、陶瓷和金属陶瓷等各种材料,粉末颗粒的尺寸不小于 10 μm。在喷涂过程中,将很细的粉末均匀地送入到喷枪,在技术上是非常困难的。因此,联合碳化物公司研制的送粉装置也是气体爆燃式喷涂技术的关键设备之一。

气体爆燃式喷涂时不仅产生强烈的噪音,还伴随有极细的粒尘向四处飞散。因此,整个喷涂都是在隔音防尘室内进行的,并由设在隔音防尘室外面的计算机控制操作。

(3)涂层性能

喷涂陶瓷粉末时,涂层的结合强度可以达到 70 MPa,而金属陶瓷涂层的结合强度可以达到 175 MPa。喷涂时,粉末颗粒撞击到工件表面后受到急冷,在涂层中可以形成超细组织或非晶态组织,因此涂层的耐磨性也较高。此外,气体爆燃式喷涂获得的涂层比较致密,孔隙率可以达到 2% 以下。

3.2.7 热喷涂微/纳米结构涂层

随着纳米材料的研究开发与应用,微/纳米结构涂层(Nanostructure Coating)的制备成为热喷涂技术重要的发展方向。与传统涂层相比,纳米结构涂层在强度、韧性、抗蚀、耐磨、热障、抗热疲劳等方面会有显著改善,且部分涂层可以同时具有上述多种性能。热喷涂技术是制备微/纳米结构涂层较好的具有发展前景的技术之一。

通常情况下,燃料种类(C_3H_6,C_2H_2,H_2 等)、燃气比、喷涂距离(以上对 HVOF 技术而言)、功率、电流电压值、等离子弧流速度(Subsonic or Supersonic)、离子气和送粉气比例(以上是对 PS 技术而言)、喂料速度、基材温度等参数对纳米颗粒的氧化程度、颗粒长大、涂层致密度、结合强度等有影响。

纳米热喷涂涂层可分为 3 类:单一纳米材料涂层体系(纳米晶);

两种或多种纳米材料构成的复合涂层体系(纳米晶+非晶纳米晶);添加纳米材料的复合体系(微晶+纳米晶)。目前大部分的研发集中在第 3 种,即在传统涂层技术基础上,喷涂纳米结构颗粒喂料,可在较低成本情况下,使涂层功能得到显著提高。

纳米热喷涂技术中研究的关键技术与科学问题主要有:

a. 纳米结构喂料的制备方法及其对涂层性能的影响;

b. 纳米颗粒材料热喷涂层与基体间的界面问题;

c. 纳米颗粒材料在热喷涂层动态制备过程中的物理、冶金、化学等过程;

d. 热喷涂层中纳米颗粒材料与其他材料之间的协同效应。

纳米材料热喷涂原理如图 3.30 所示;纳米结构热喷涂层和传统热喷涂层(WC/Co)的制备过程如图 3.31 所示。

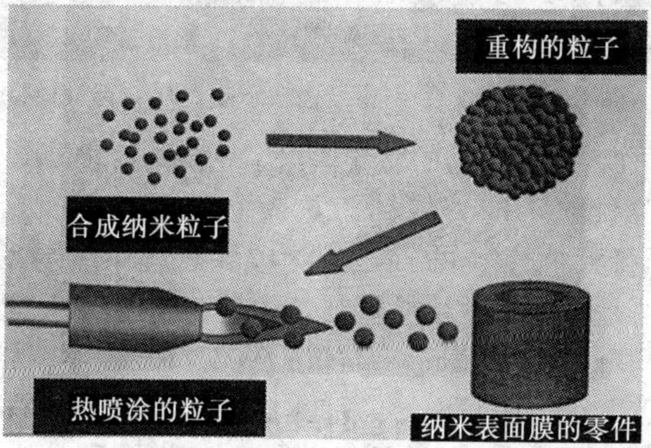

图 3.30　纳米材料热喷涂原理图

1. 热喷涂纳米结构颗粒喂料的制备

(1)制备方法

热喷涂颗粒的粒度范围通常为 140 ~ 325 目。过细的粉末会产生烧损和飞扬等问题,给送粉加大困难,沉积效率也受影响。近些年,由于高速火焰喷涂(HVOF)和高功率等离子喷涂(HPPS)的出现,使喷涂颗粒向细微级发展。HVOF 和 HPPS 焰流和颗粒飞行速度高,缩短了颗粒在焰流中的受热时间,大粒度颗粒在未熔化之前就已达到基体表面,难以形成理想涂层,而粉末细化,可改善这一状况。当前,有些公司已推出专门用于 HVOF 喷涂的系列粉,粒度范围常在-270 ~ +500 目之

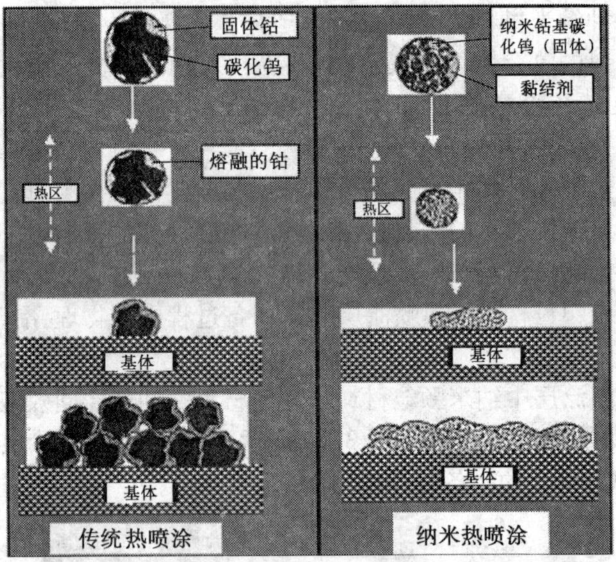

图 3.31　传统热喷涂和纳米结构热喷涂层的制备过程示意图

间。粉末细化后,对送粉器的质量提出了更高的要求。

纳米颗粒材料不能直接用于热喷涂:一方面是因为尺寸(1 ~ 100 nm)和质量太小,另一方面是因为喷涂过程中容易发生烧结。解决问题的办法是将纳米颗粒材料制备成具有一定尺寸,能够直接热喷涂的纳米结构颗粒喂料(Nanostructure Feedstock)。纳米结构颗粒喂料的制备是沿着两个方向发展的:一是构筑式,即由纳米结构材料重组为微米级的纳米结构颗粒喂料;另一方向是粉碎式,即从块体材料开始,将其粉碎、细化加工为纳米结构颗粒喂料。从现有文献报道看,纳米结构颗粒喂料的制备主要采用构筑式,构筑式又可具体分为以下几种。

①液相分散喷雾合成法

液相分散喷雾合成法工艺流程如图 3.32 所示:

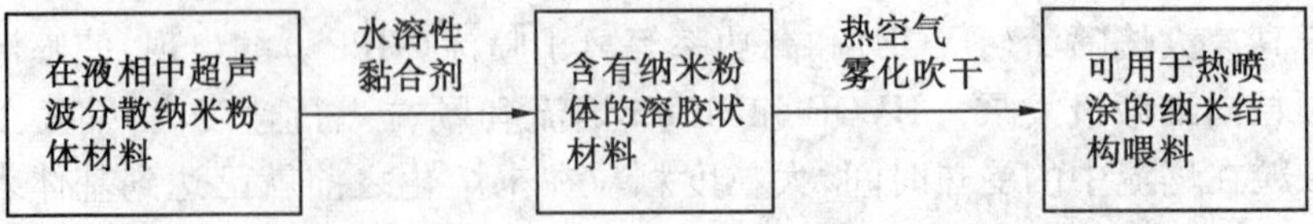

图 3.32　液相分散喷雾法制备热喷涂用纳米结构喂料

黏合剂可选能溶解在分散介质(水或有机溶剂)中的,具有一定黏结性能,且为无灰型的高聚物,如醋酸纤维素、硝基纤维素等。

②原位生成喷雾合成法

其基本思路是:按液相合成法在液相中先生成纳米颗粒,通过超滤、渗透、反渗透及超离心等手段除去纳米颗粒以外的多余组分,加入适当的液相介质和其他组分,再用液相分散喷雾干燥合成法制备纳米结构颗粒喂料。原则上任何液相合成纳米颗粒的方法均可用于原位生成喷雾干燥合成法。与液相分散喷雾干燥合成法相比,此法不仅简化了操作,而且可防止纳米颗粒在干燥过程中出现的硬团聚和颗粒长大的发生,因此可获得粒度可控,且尺寸分布窄的纳米结构颗粒喂料。现以沉淀法为基础的液相反应原位喷雾干燥法具体说明如下:选择一种或多种合适的可溶性金属盐类,按所制备的材料组成计量配制成溶液,使各元素呈离子或分子状态,再选择合适的沉淀剂,通过水解等操作,在溶液中原位生成纳米颗粒,用超离心技术分离介质以外的多余组分,然后再按液相分散喷雾合成法制备纳米结构颗粒喂料。

在液相合成法中,介质、分散方法、pH 值、温度、浓度、喷雾干燥条件等都会对纳米结构颗粒喂料的品质产生影响,应加以控制。要获得高性能的纳米结构涂层,对纳米结构颗粒喂料而言,有三点是至关重要的:一是组成纳米结构颗粒喂料的纳米颗粒粒度分布要均匀;二是纳米结构颗粒喂料具有高颗粒密度、低孔隙率;三是纳米结构颗粒喂料要有较高的强度。为改善纳米结构颗粒喂料品质,液相法合成纳米结构颗粒喂料除加入适量的高聚物黏结剂外,还应考虑以下添加剂:纳米颗粒生长抑止剂、合金化促进剂或固溶强化剂、涂层/基体润湿剂、抗絮凝剂、消泡剂、水解调节剂等。

③机械研磨合成法

通过机械研磨、高能球磨等方法直接将微米粉或非晶金属箔加工成纳米结构颗粒喂料。具体的加工过程为:在干燥的高真空料机内通入 Ar(或 N_2)作保护气,或在 CH_3OH 和液 N_2 介质中,通过对磨球/颗粒质量比、磨球数量和尺寸、能量强度、球磨温度、介质等参数的控制,高速运转的硬质高能钢磨球与研体之间相互碰撞,使粉末颗粒反复进行熔结、断裂、再熔结,使晶粒不断细化,达到纳米尺寸。在除去 CH_3OH 和液 N_2 介质后,纳米颗粒材料会因自身的静电引力自行团聚为微米级的纳米结构颗粒喂料。

通过构筑式制备纳米结构颗粒喂料的方法还有:惰性气体凝聚原位加压成形法,机械研磨结合加压成形法等。

(2)纳米颗粒特点

纳米氧化铝颗粒主要以 α-Al_2O_3 和 γ-Al_2O_3 为主。选用 α-Al_2O_3 进行喷涂是最稳定的,不会因加热、冷却而发生相变;TiO_2 的添加可以降低热喷涂层的脆性,有利于提高基体与涂层的结合强度和涂层的抗热冲蚀性能。以上两种原始纳米颗粒的粒度为 40~80 nm。

纳米 Al_2O_3 和 TiO_2 颗粒的原始形貌和粒度分布如图 3.33 和图 3.34 所示。纳米颗粒存在团聚现象,在 MasterSizer 激光粒度测试仪上测定的颗粒粒度的分布范围较宽,纳米 Al_2O_3 的粒度大体在 80~780 nm 之间;纳米 TiO_2 颗粒的粒度分布一部分是一个尖峰(约 230~490 nm),另一部分是一个不规则的分布(约 780 nm~19.31 μm),这说明该纳米颗粒材料发生了团聚。使用前,可以采用超声处理将纳米颗粒的软团聚打碎,减小纳米颗粒的粒度分布范围,使颗粒恢复1~100 nm 的尺寸范围,能够更好发挥纳米颗粒的优异性能。

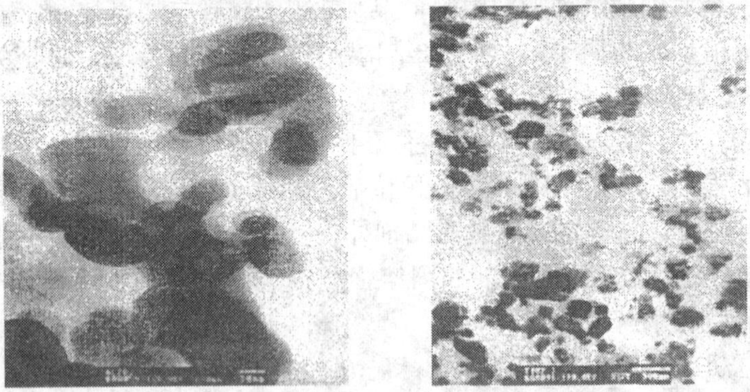

(a) 纳米 Al_2O_3　　(b) 纳米 TiO_2

图 3.33　纳米颗粒的 TEM 图

(3)纳米结构喂料

美国 Nanophase Technology Corporation™ 用含质量分数为 13% 的 TiO_2 的 Al_2O_3 纳米结构颗粒喂料制备的喷涂的宏观形貌和微观组织 SEM 照片如图 3.35 所示。颗粒喂料的粒度分布如图 3.36 所示,粒度范围为 40~70 μm,平均粒径为 44 μm。

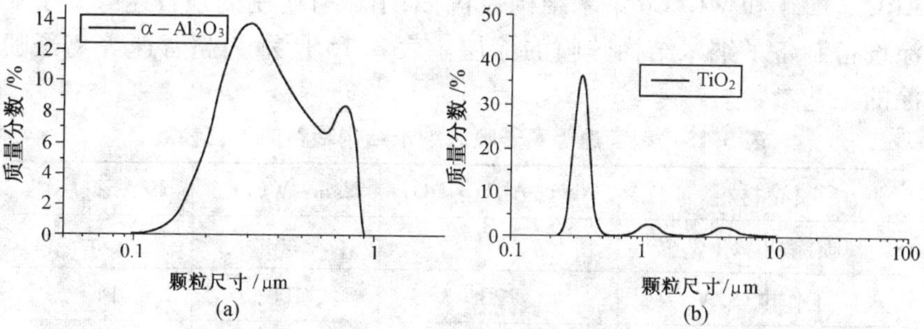

图 3.34　纳米颗粒的粒度分布

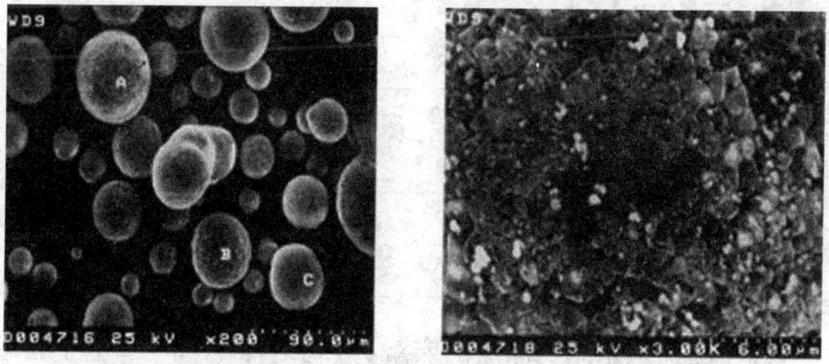

(a)　纳米结构颗粒喂料　　(b)　颗粒微观形貌

图 3.35　纳米结构颗粒喂料 SEM 照片

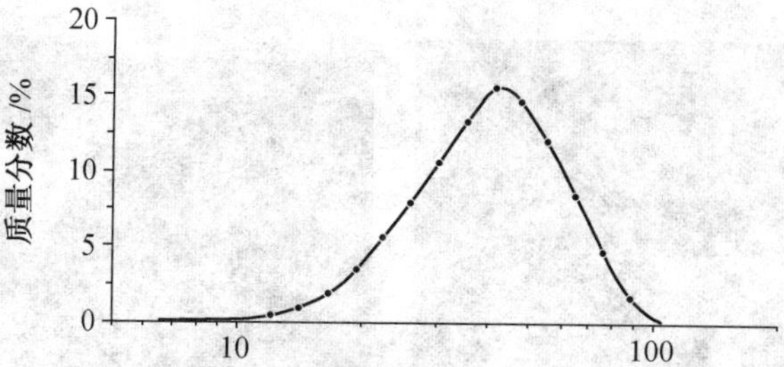

图 3.36　纳米结构喂料的粒度分布

2. 等离子喷涂纳米结构涂层

(1)纳米结构涂层组织

全军装备维修表面工程研究中心采用与美国纳米公司合作开发的

Al_2O_3/TiO_2 和 WC/Co 纳米结构喂料，采用自行研制的超音速等离子喷涂设备制备了纳米结构热喷涂涂层。表 3.15 所示为超音速等离子喷涂的工艺参数。

表 3.15　超音速等离子喷涂纳米结构喂料的工艺参数

喷涂材料	Nano-Al_2O_3/TiO_2	Nano-WC/Co	Ni/Al 打底层
喷涂功率/kW	30	25	35
工作电压/V	120	100	140
工作电流/A	250	250	250
Ar,H_2 压力/MPa	0.9	0.9	0.9
Ar 流量/($m^3 \cdot h^{-1}$)	3.8	4	3.8
H_2 流量/($m^3 \cdot h^{-1}$)	0.12	0.1	0.15
喷涂距离/mm	150	150	140
送粉 N_2 压力/MPa	0.7	0.7	0.7
送粉 N_2 流量/($m^3 \cdot h^{-1}$)	1.0	1.0	1.0

等离子喷涂纳米结构涂层的宏观、微观结构(SEM)和电子衍射图如图 3.37 和图 3.38 所示，涂层的 X 射线衍射谱如图 3.39 所示。涂层的显微硬度为 $HV_{0.2}1284$，涂层主要由 α- Al_2O_3，γ- Al_2O_3 和板钛矿的 TiO_2 组成。

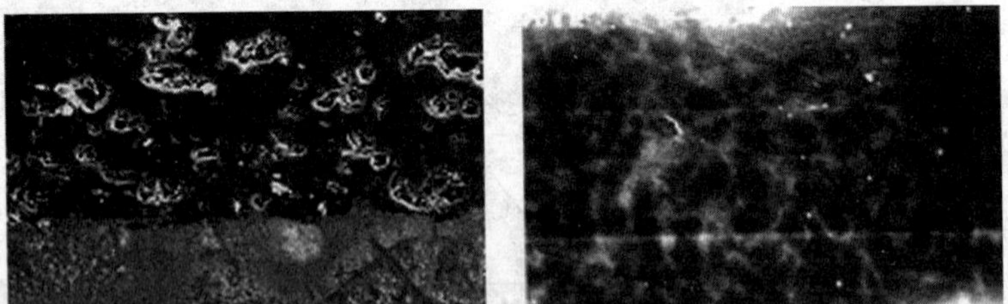

图 3.37　等离子喷涂纳米结构涂层

(2)涂层结合强度和硬度

纳米结构 Al_2O_3/TiO_2 涂层的结合强度和显微硬度如表 3.16 和表 3.17 所示。

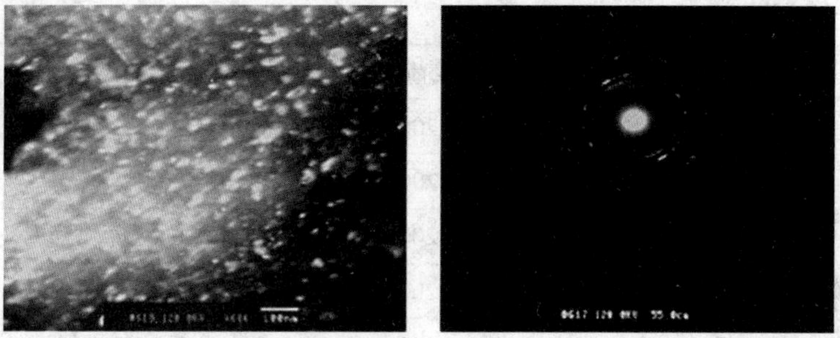

图 3.38　涂层的微区形貌和电子衍射图

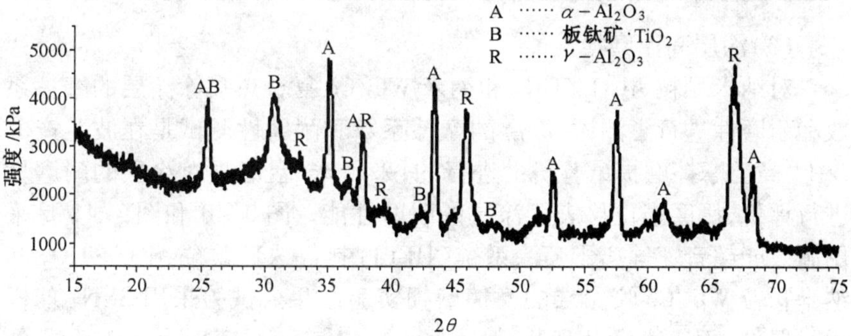

图 3.39　复合纳米热喷涂涂层 X 射线衍射谱图

表 3.16　纳米 Al_2O_3/TiO_2 涂层的结合强度

试样编号	拉力/kN	结合强度/MPa
1	13.8	27.2
2	12.0	23.6
3	19.2	37.8
4	18.3	36.1
5	21.2	41.8
平均值		33.3

表 3.17 纳米 Al_2O_3/TiO_2 涂层的显微硬度

测试点	载荷/g	显微硬度(HV)
1	200	1 284
2	200	1 196
3	200	948
4	200	1 116
5	200	1 284
平均值		1 166

(3)涂层高温磨损性能

对纳米颗粒 Al_2O_3/TiO_2 和纳米 WC/Co 复合热喷涂涂层的摩擦系数和耐磨性进行了测试,涂层的摩擦系数和耐磨性测试是在波兰产的 T-11 高温摩擦磨损试验机上进行的,采用球-盘磨损对涂层的耐磨性进行评价,用磨损位移表征涂层的耐磨性能。图 3.40 和图 3.41 是采用高效能超音速等离子喷涂系统(HEPJ)制备纳米颗粒 Al_2O_3/TiO_2 和纳米颗粒 WC/Co 喷涂层的摩擦磨损实验结果。试验采用 Si_3N_4 球作为对偶件,所加载荷为 15N,摩擦半径为 10 mm,线速度为 0.3 m/s,滑动距离为 500 m。试验测得纳米颗粒 Al_2O_3/TiO_2 涂层-Si_3N_4 的平均摩擦系数约为 0.8,而纳米颗粒 WC/Co 复合涂层-Si_3N_4 的平均摩擦系数约为 0.5,从摩擦磨损实验结果得知,纳米 WC/Co 复合涂层($HV_{0.2}$ 1618)的耐磨性优于纳米 Al_2O_3/TiO_2 涂层的耐磨性。纳米结构复合涂层的耐磨性与传统热喷涂层相比提高了 3 ~ 8 倍。纳米颗粒复合热喷涂层可望用于一些苛刻的耐磨环境下零件的表面。

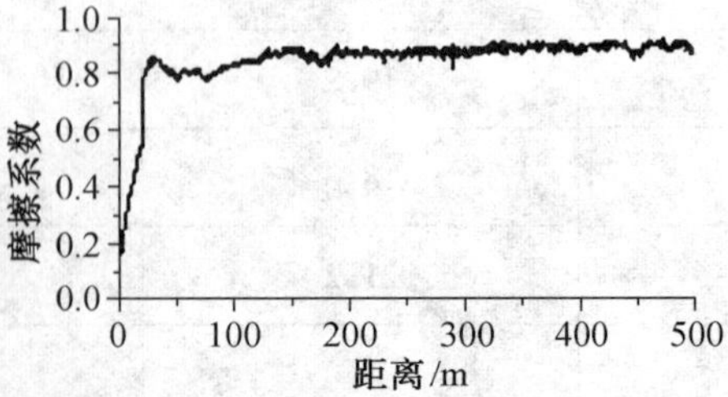

图 3.40 纳米 Al_2O_3/TiO_2 复合涂层摩擦系数

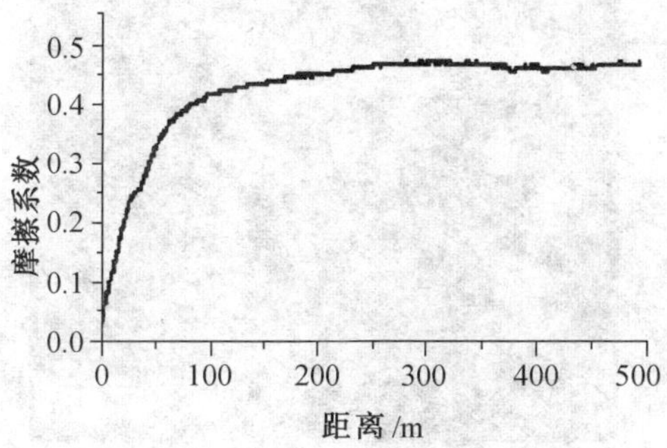

图3.41　纳米WC/Co复合涂层摩擦系数

(4)国内外纳米材料等离子喷涂研究状况

美国R.S. Lima等人成功制备等离子喷涂氧化锆纳米结构涂层并研究了涂层组织结构。纳米结构氧化锆涂层主要用做热障涂层。纳米结构喷涂喂料的粒度分布为10~100 μm,形貌如图3.42所示。

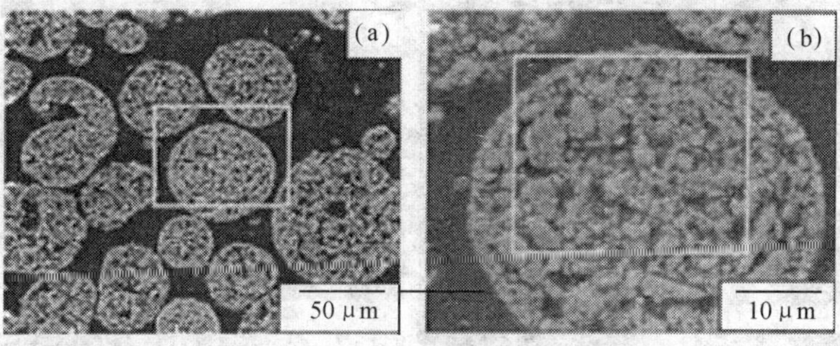

图3.42　纳米结构氧化锆颗粒喂料

美国M. Gell等人系统研究了等离子喷涂陶瓷纳米结构涂层的发展。实验采用了纳米结构的 Al_2O_3 和 TiO_2 混合后重组的质量分数为13%的 TiO_2 的 Al_2O_3-TiO_2 喷涂喂料,并分别采用SEM,XRD,TEM,EDX等手段分析和测定了纳米结构涂层的组织结构和机械性能。喷涂喂料中 Al_2O_3 以 α-Al_2O_3 和 γ-Al_2O_3 的形式存在,TiO_2 以锐钛矿的形式存在,而重组后的 TiO_2 以金红石形式存在。重组后的纳米结构喷涂喂料(含胶黏剂)的SEM照片如图3.43所示。纳米喷涂喂料的粒度为15~150 μm。

纳米结构喷涂层的SEM和TEM照片如图3.44所示。图3.44(a)的F区为完全融化后的扁平状态淬火 γ-Al_2O_3,P区为部分熔化区(见

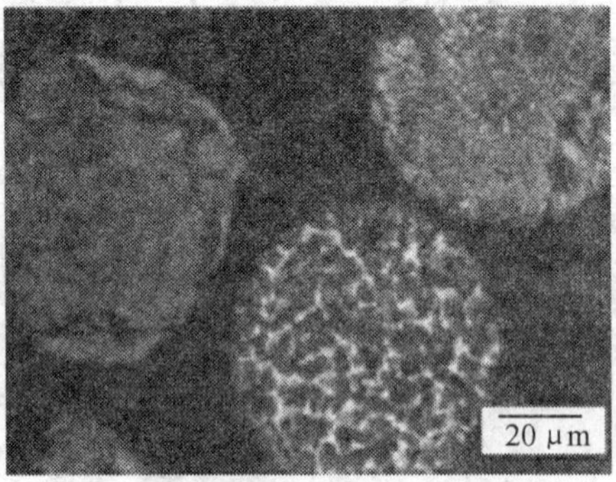

图 3.43　纳米颗粒和纳米结构喷涂喂料

图 3.44(b)),成分为 $\gamma-Al_2O_3$(白色)包围着 $\alpha-Al_2O_3$(黑色),图 3.44(c)、(d)分别为 $\gamma-Al_2O_3$ 和 $\alpha-Al_2O_3$ 晶粒的 TEM 像。纳米结构涂层的抗冲蚀能力为传统颗粒喷涂层的 4 倍。目前,该涂层已在美国海军舰船和潜艇上应用。

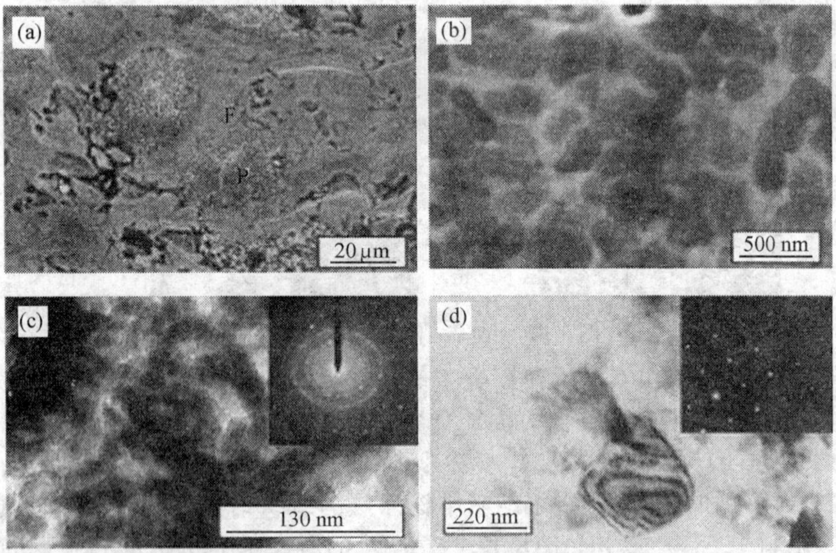

图 3.44　等离子喷涂质量分数为 13% 的 TiO_2 的 $Al_2O_3-TiO_2$ 纳米结构涂层的 SEM 和 TEM 照片

美国 T. D. Xiao 等人采用 Metco9MB 等离子喷涂设备喷涂质量分数为 13% 的 TiO_2 的纳米结构 Al_2O_3/TiO_2 喂料,并将获得的纳米结构涂层与传统粉末喷涂层相比。研究表明,在 $n-Al_2O_3/TiO_2$ 涂层中,单

个的 Al_2O_3 纳米晶粒与 TiO_2 纳米晶粒之间有较好的润湿性。TEM 分析表明，传统粉末涂层与纳米结构涂层中扁平状颗粒平均尺寸均为 40 μm 左右，传统粉末喷涂层中的扁平颗粒是由微米级粉末变形生成，而纳米结构涂层是由纳米结构喂料中的纳米尺寸晶粒组成。实验表明，纳米结构涂层的耐磨性与传统粉末喷涂层相比提高了 3～8 倍。D. G. Atteridge 等人采用高能等离子喷涂技术（HEPS）喷涂 WC/Co 微米级纳米结构喷涂喂料，获得纳米结构等离子喷涂层。分别对传统微米级实心粉（WC/12Co）、微米级纳米结构空心喂料（WC/12Co）和实心喂料（WC/12Co）三种高能等离子喷涂层的磨损性能进行了对比分析，结果显示，实心喂料涂层的冲蚀磨损率是空心喂料涂层的 1/2，是传统实心粉涂层的 1/3 左右。由于高能等离子喷涂采用 200 kW 以上喷涂系统，使得纳米结构喂料在喷涂过程中熔化效果较好，颗粒冲击基体的速度高，获得的涂层具有组织致密、孔隙率低、结合强度高等特点。

国内，中科院上海硅酸盐研究所祝迎春等人研究了等离子喷涂过程中纳米 TiO_2 的结构变化和离子注入特性。通过 XRD 和 TEM 分析研究表明，等离子喷涂过程中纳米颗粒的相变和显微结构的变化不同于常规烧结过程。在常规烧结过程中，TiO_2 纳米颗粒由无定型转化为锐钛矿结构和红金石结构，其颗粒尺寸均匀生长。在等离子喷涂过程中则转化为一种三斜晶系物相。并且等离子喷涂的 TiO_2 纳米颗粒粒径分布范围较宽，在喷涂层的纳米颗粒内部发现了超细微结构。涂层具有多孔性，纳米颗粒的尺寸为 10～150 nm。同时，涂层还表现出良好的 Li^+ 注入电流和电化学稳定性。等离子喷涂涂层形貌和涂层的 X 射线衍射如图 3.45 所示。

从目前国外研究状况来看，等离子喷涂纳米结构涂层的开发研究的相关报道相对比较多，也是最有可能实现广泛实用化的纳米颗粒材料热喷涂技术。

3. 高速火焰喷涂纳米结构涂层

高速火焰喷涂（HVOF）因其相对较低的工作温度，纳米结构喂料承受相对较短的受热时间，以及形成的纳米结构涂层组织致密、结合强度高、硬度高、孔隙率低、涂层表面粗糙度低等而备受推崇。

M. L. Lau 等人将（45±11）μm 的 Cu 粉与质量分数为 10% 的 Al 粉混合经过机械冶金后获得具有非晶/纳米晶结构的喷涂喂料，然后通过

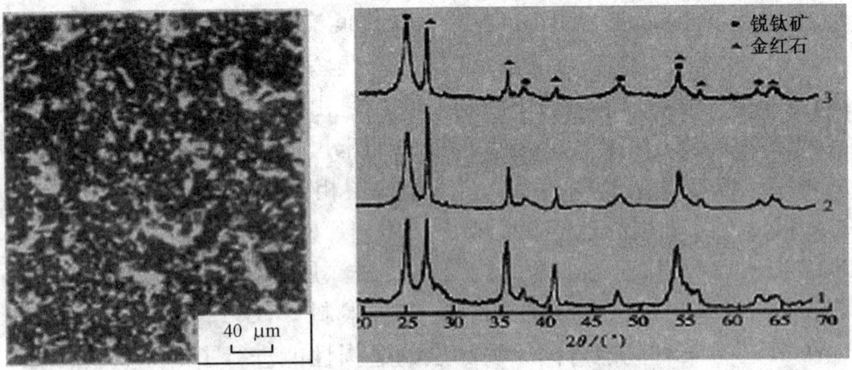

图 3.45　等离子喷涂纳米结构 TiO_2 涂层形貌和 X 射线衍射图

HVOF 技术喷涂到不锈钢基体上。涂层的 TEM 分析表明,涂层是由纳米晶的 Cu 和非晶的 Al_2O_3 组成,非晶/纳米晶涂层的成功制备对提高涂层的防腐蚀性能具有重要意义。

美国 RUTGERS 大学和美国海军研究室的研究人员共同开发了一种制备纳米 WC/Co 粉的专利技术。该技术称为喷射转换工艺。该工艺大致可分为三个步骤:第一步是溶液混合,即将 W 和 Co 的水化合物混合;第二步是用喷雾干燥法将混合后的水合物制成前驱物粉粒;第三步是用热化学转换法将前驱物粉粒还原和碳化,制成晶粒为纳米级的 WC/Co 粉,其大小为几十微米。优点之一是纳米结构的 WC/Co 的力学性能远优于传统 WC/Co。纳米结构 WC/Co 粉硬度是传统 WC/Co 粉的 2 倍,而且在耐开裂、耐磨耗性方面也远优于传统的 WC/Co 粉。此外,纳米结构 WC/Co 粉不仅硬而且更有韧性。纳米结构 WC/Co 的第 2 个特点是用它烧结成的切削工具,其纳米级的晶粒尺寸可使工件的加工表面具有纳米级的表面光洁度。用上述工艺制成的 WC/Co 的第 3 个优点是 WC 和 Co 混合均匀。A. H. Dent 等人的研究表明,HVOF 技术喷涂 WC/Co 系列纳米结构喂料形成的涂层,尤其是 WC/12Co 和 WC/15Co 纳米结构涂层与 WC 涂层相比具有更加优异的耐磨性能,Co 元素的添加可以改善涂层脆性,对提高涂层耐磨性有益。采用 HVOF 制备纳米结构的 WC-Co 涂层,涂层组织中可以观察到纳米级 WC 微粒散布于非晶态富 Co 相中,WC 颗粒与基相间结合良好。涂层显微硬度明显增加,涂层耐磨性提高。

目前,HVOF 技术被认为是制备高温耐磨涂层较为理想的技术,

WC/Co 系列纳米结构涂层的成功制备将大大拓宽 HVOF 技术在耐磨领域的应用前景。

4. 电弧喷涂纳米结构涂层

电弧喷涂制备纳米结构涂层的设计思想如图 3.46 所示。首先将纳米粉体材料制备成微米级的纳米结构喂料,然后以喂料和其他合金元素为芯,以金属为外皮制备电弧喷涂用粉芯丝材,喷涂后获得纳米结构电弧喷涂层。

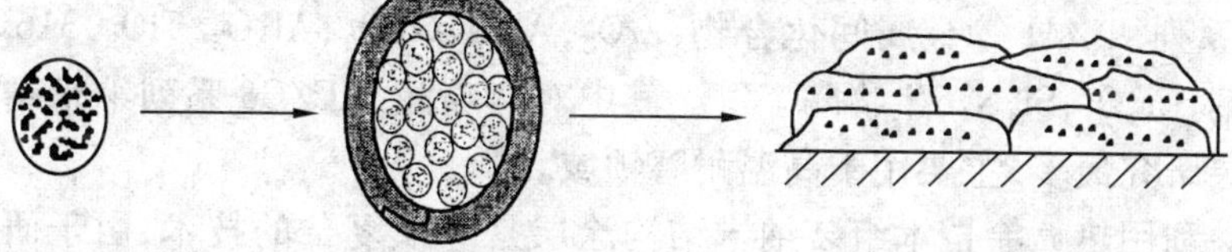

图 3.46　电弧喷涂纳米结构涂层的制备

美国 D. G. Atteridge 和 M. Becker 等人进行了电弧喷涂(TWAS)纳米结构涂层的研究工作,喷涂粉芯丝材组成如表 3.18 所示,其中外皮和芯材料的体积比为 1 : 1,喷涂粉芯丝材的电压要比喷涂实心丝材时低。

表 3.18　喷涂粉芯丝材组成

编号	外皮材料	芯　材　料
1	Ni	质量分数为 6% 的 WC 的 WC/Co 微米级纳米结构喂料
2	Ni	质量分数为 15% 的 WC 的 WC/Co 微米级纳米结构喂料
3	430 不锈钢	质量分数为 6% 的 WC 的 WC/Co 微米级纳米结构喂料

采用 TWAS 技术将以上三种丝材喷涂到经过喷砂预处理的碳钢基体上,喷涂电流 200 A,喷涂电压 25 ~ 35 V,喷涂厚度为 1 mm。对喷涂后的涂层成分分析表明,三种电弧喷涂层中,Co 的质量分数为 15% 时,喷涂层中纳米晶 WC 的质量分数在 25% 左右;Co 的质量分数为 6% 时,喷涂层中的纳米晶 WC 的质量分数在 30% 左右。随着 WC 含量的增加和电压的升高,涂层的耐磨性得到改善。冲蚀磨损实验表明,质量分数为 6% 的 Co 的 430 不锈钢-WC/Co 粉芯丝材纳米结构喷涂

层的耐磨性能优于镍基喷涂层。镍基纳米结构涂层的结合强度大于 60 MPa,涂层的结合强度也随着涂层中纳米晶 WC 含量的增加而略有增加。三种涂层的结合强度测试分别为:编号 1 为 52 MPa,编号 2 为 63 MPa,编号 3 为 71 MPa。镍基纳米结构涂层的孔隙率为 3%,430 不锈钢基纳米结构喷涂层的孔隙率为 7%。电弧喷涂纳米结构涂层技术由于其相对较低的设备成本和涂层呈现出优异的性能,将会成为纳米粉体材料热喷涂技术开发的一个重要方向。

目前,国外用热喷涂方法研究开发的纳米结构涂层主要有:WC/Co 系列,Ti/Al 等金属间化合物,ZrO_2,Al_2O_3/ZrO_2,Al_2O_3/TiO_2,316 不锈钢,Cr_2O_3,Si_3N_4,生物陶瓷等。其中对热喷涂 WC/Co 系列纳米结构涂层研究最多,主要用于高温耐磨领域。

利用热喷涂技术组装纳米结构涂层是一项复杂的技术,由于研究开发时间较短,涂层还不能达到设计要求,涂层结构颗粒多为 100 ~ 200 nm 左右的亚微颗粒,未真正达到纳米级,涂层致密度也不够高。由于颗粒在室温下产生小尺寸效应的颗粒尺寸是小于 100 nm,且颗粒强度总体上遵守 Hall-Petch 关系——颗粒越小,强度越高。从这个意义上讲,涂层性能还没有突破性进展,利用热喷涂技术生成纳米结构涂层的发展空间还很大。目前,国内还没有完全掌握热喷涂用纳米结构喂料的制备工艺,研究工作还局限在从国外购买纳米结构喂料进行喷涂,在该领域的研究水平与美国等发达国家相比还有较大差距。国内热喷涂纳米颗粒材料的研究尚处于试验研究阶段,涂层的制备成本还限制着该技术的广泛应用。但从已有的研究结果来看,用热喷涂技术制备的纳米结构涂层防腐、耐磨性能优异,尤其是在航空发动机方面具有良好的应用前景。我国正在加强非晶/纳米晶结构涂层的研究力度。相信,不久的将来,在纳米热喷涂基础研究不断深入的前提下,微/纳米颗粒材料热喷涂技术将在我国国民经济建设中发挥重要作用。

参考文献

[1] 徐滨士,朱绍华. 表面工程的理论与技术[M]. 北京:国防工业出版社,1999.
[2] 徐滨士. 纳米表面工程[M]. 北京:化学工业出版社,2004.
[3] 徐滨士. 表面工程与维修[M]. 北京:机械工业出版社,1996.
[4] 徐滨士. 工程机械维修文集[M]. 北京:人民交通出版社,1981.

[5] 中国机械工程学会焊接学会. 焊接手册[M]. 北京:机械工业出版社,1992.
[6] 徐滨士. 维修焊接[M]. 天津:天津科学技术出版社,1985.
[7] 徐滨士. 等离子喷涂及堆焊[M]. 北京:中国铁道出版社,1986.
[8] 徐滨士. 表面工程新技术[M]. 北京:机械工业出版社,2002.
[9] 徐滨士,马世宁. 发展优质高效的表面新技术——电弧喷涂技术[J]. 材料保护,1993(12):10-14.
[10] 徐滨士. 21 世纪热喷涂材料及应用[J]. 稀有金属材料及工程,2000(1):488-495.
[11] 美国金属学会. 金属手册[M]. 第 9 版. 北京:机械工业出版社,1991.
[12] 徐滨士,马世宁. 电弧喷涂 7Cr13 包芯管状焊丝材涂层磨损性能研究[J]. 表面工程,1995(4): 33-37.
[13] 温瑾林,耿维生,刘爱华. 管状丝材的电弧喷涂[J]. 沈阳工业大学学报,1997,19(2): 1-6.
[14] 菅泰雄. 溶射皮膜の技術評價[J]. 表面技術,1998,49(6): 58-62.
[15] 川瀬良一,暮石正義,前原健治. ァ-ク溶射におけるァ-ク現象とワィャ溶融[J]. 溶接學會論文集, 1984,2(2) : 280-285.
[16] 小林紘二郎. 最新の表面改性、機能そぅ制技術[J]. 溶接技術,1999(8): 66-72.
[17] 相板隆行など. 溶射にぉけゐ最近應用の展開[J]. 溶接技術,1999(8): 79-84.
[18] 沖幸男. ブラズマ溶射法の最新技術[J]. 表面技術,1998,49(6): 44-51.
[19] 清水保雄. 高速フレーム溶射法の最新技術[J]. 表面技術,1998,49(6): 38-43.
[20] 原田良夫. 溶射技術の最新動向. [J] 表面技術,1998,49(6): 31-37
[21] ZATT J H. A quarter of a century of plasma spraying[J]. Ann[M]. Rev. Mater. Sci., 1983,13: 9-12.
[22] KASSABJI F, DURAND J P, Jacq G. Thermal spray applications for the next millennium: A business development [J]. Proceedings of the 15th ITSC, Nice, France, 1998: 1677-1680.
[23] STEFFENS H D, BABIAK Z, WEWEL M. Recent developments in arc spraying [J]. IEEE Transactions on Plasma Science, 1990,18(6): 974-979.
[24] SCHOOP M U. A new process for the production of metallic coatings[J]. Chem. Met. Eng., 1920(8): 404-406.
[25] THORPE M L. Thermal spray: Industry in transition[J]. Advanced Materials & Processes, 1993(5): 50-61.

[26] DRZENIEK H, STEFFENS H D. Cored wires for arc and flame spraying[J]. Proceedings of the 1st NTSC, Orlando, 1987: 33-40.

[27] SAMPSON E R. Cored wire application using electric are spray[J]. Proceedings of the 15th ITSC, Nice, France, 1998: 133-137.

[28] STEFFENS H D, BABIAK Z. Wear resistant composite coatings produced by arc spraying using cored wires[J]. Proceedings of the 4th NTSC, Pittsburgh, USA, 1991: 331-336.

[29] American Welding Society. Thermal spraying: Practice, theory and application [M]. New York: Academic Press, 1985.

[30] UNGER R H, BELASHCHENKO V E, KRATOCHVIL W R. A new arc spray system to spray high density, low oxide coatings[J]. Proceedings of the 15th ITSC, Nice, France, 1998: 1489-1493.

[31] LEE S W. High-temperature wear behavior of plasma spray coating in Co-based alloy[J]. Proceedings of the 15th ITSC, Nice, France, 1998: 299-303.

[32] OUYANG J H, SASAKI S. Effects of different additives on microstructure and high-temperature tribological properties of plasma-sprayed Cr_2O_3 ceramic coatings [J]. Wear, 2001, 249: 56-67.

[33] LIU G H, ROBBEVALLOIRE F, GRAS R, et al. Improvement in tribological properties of chromium oxide coating at high temperature by solid lubricants[J]. Wear, 1993, 160: 181-189.

[34] BORISOVA A L, MITZ I V, et al. Arc sprayed coatings of ferroalloy-based flux-cored wires[J]. Proceedings of the 1st International Spray Conference, New Orleans, Louisiana, 2000: 705-708.

[35] DALLAIRE S. Hard arc-aprayed coating with enhanced erosion and abrasion wear resistance[J]. Proceedings of the 1st International Spray Conference, New Orleans, Louisiana, 2000: 575-582.

第 4 章　表面黏涂技术

4.1　黏涂技术

4.1.1　概述

表面黏涂技术是指以高分子聚合物与功能填料（如石墨、二硫化钼、金属粉末、陶瓷粉末和纤维）组成的复合材料胶黏剂涂敷于零件表面，实现特定用途（如耐磨、抗蚀、绝缘、导电、保温、防辐射等）的一种表面工程技术。它是黏结技术的一个新分支。

近几十年来，随着黏涂剂不断出现，表面黏涂技术也得到较大发展。德国研制的爱司凯西（SKC）及钻石（DIAMANT）两大系列冷黏耐磨涂层较早应用于机床制造业中。如应用于重型龙门铣床的工作台导轨、横梁导轨、液压活塞等部件上使用效果很好。其他国家的产品，如瑞士的麦卡太克（MeCaTec）10 号和 12 号用于修复严重冲蚀磨损的水轮机叶片。美国贝尔佐纳系列产品用于石油化工、造纸、机械等行业。我国广州机床研究所研制的 HNT 环氧耐磨涂层材料是国内较早研制出的产品，用于机床导轨或其他摩擦面；襄樊市胶黏技术研究所研制的 AR-4，AR-5，装甲兵工程学院研制的 TG 系列超金属修补剂都广泛地应用于机械零部件耐磨损和耐腐蚀修复及预保护处理等领域，收到了很好的使用效果。

表面黏涂技术工艺简单，不会使零件产生受热变质和变形，可以用来修补有爆炸危险（如井下设备、贮油、贮气管道）的失效零件。它安全可靠，又无需专门设备，现场作业，节省工时，在不停产条件下就能进行施工。

黏涂技术在设备维修等领域中应用十分广泛,不仅用于密封、堵漏、绝缘、导电,还广泛应用于修补零件上的多种缺陷,如裂纹、划伤、尺寸超差、铸造缺陷等。

由于胶黏剂性能的局限性,目前该表面工程技术的应用受到下述一些限制。

a. 表面黏涂层在湿热、冷热交变、冲击条件下,以及其他复杂环境条件下的工作寿命是有限的。

b. 有机胶黏剂构成的表面黏涂层耐温性不高,一般不超过350 ℃。无机胶黏剂可耐1 000 ℃高温,陶瓷胶黏剂耐温达2 000 ℃以上,但较脆。

c. 表面涂层有较高的抗拉、剪切强度,但抗剥离强度较低。

d. 使用有机胶黏剂,尤其是溶剂型胶黏剂存在易燃、有毒等安全和环境问题。

4.1.2 表面黏涂层的组成

表面黏涂层一般由黏料、固化剂和具有一定特性的填料及辅助材料组成。

(1)黏料

黏料或称基料,种类很多,如热固性树脂、合成橡胶等,其中在表面黏涂层中应用较多的是具有三向交联结构、耐热、耐水、耐介质性好的黏料。黏料的分类及主要用途见表4.1和表4.2。

(2)固化剂

固化剂的作用是与黏料发生化学反应,形成网状立体聚合物,把填料包络在网状体之中,形成三向交联结构。

(3)功能填料

功能填料在黏涂层中起着重要作用,如抗磨、减摩、耐蚀、绝缘、导电等。根据不同的涂层可选不同功能的填料,如耐磨减摩涂层可选硬质抗磨填料或减摩填料;耐腐蚀涂层可选耐化学性好的陶瓷和塑料;导电涂层可选导电性好的银、镍、铜、炭黑或石墨作填料。

常用的填料见表4.3。

（4）辅助材料

辅助材料包括增塑剂、增韧剂、稀释剂、固化促进剂、偶联剂、消泡剂、防老化剂等，其作用是改善涂层性能，如韧性、抗老化性以及降低胶的黏度、提高涂敷质量等。

表 4.1　胶黏剂的分类及主要用途

	有机胶黏剂							无机胶黏剂
	天然胶黏剂	合成高分子胶黏剂						
		热固型高分子胶黏剂		热塑型高分子胶黏剂		混合型高分子胶黏剂		
		种　类	用　途	种　类	用　途	种　类	用　途	
结构胶		环氧树脂 聚氨酯	金属、塑料、玻璃、木材等	聚丙烯酸酯、聚甲基丙烯酸酯	金属、塑料（次受力结构）	酚醛-缩醛型	铝、镁、不锈钢、非金属	为多组分磷酸盐、硅酸盐，硼酸盐、在高温下烧结而成，主要用于耐高温金属、陶瓷的胶接
						酚醛-环氧型	金属、非金属	
						酚醛-丁腈橡胶	金属、非金属	
		有机硅 聚酰亚胺(PI)	金属、塑料、皮革、橡胶等			酚醛-缩醛-有机硅	金属、非金属	
		聚苯并咪唑(PBI)	金属耐高温用、塑料、木材			环氧酚醛	金属、非金属	
						尼龙-环氧	金属、非金属	
						尼龙-酚醛	金属、非金属	
						环氧-缩醛	金属、非金属	
非结构胶	动物胶、植物胶 用途：用于木材、皮革、纸张、纤维的胶结	酚醛树脂	木材、纸张、金属、塑料	聚酰胺(尼龙)	金属、皮革、纸张	酚醛-氯丁橡胶	橡胶、金属与橡胶	
		脲醛树脂	木材、纸张	合成橡胶	金属与橡胶、橡胶塑料、织物			
		间苯二酚甲醛树脂	金属、木材、石棉、水泥	聚醋酸乙烯酯	同上用途			
		聚酯树脂	聚酯薄膜、光学设备	聚乙烯醇缩醛	同上用途			
		呋喃树脂	热塑性树脂、石墨	过氯乙烯树脂	同上用途			

表 4.2　合成胶黏剂的分类及主要用途

类　别	重要品种	主要用途
热固性树脂胶黏剂	1. 脲醛树脂	胶合板、集成材木材加工
	2. 酚醛树脂	胶合板、砂布、砂轮
	3. 酚醛-丁腈	金属结构、金属-非金属胶接
	4. 酚醛-缩醛	金属结构,金属-非金属胶接层压材料
	5. 三聚氰胺树脂	胶合板、贴面
	6. 环氧树脂	金属结构、金属-非金属胶接、硬塑料黏合
	7. 环氧-尼龙	金属结构
	8. 环氧-丁腈	金属结构、金属-非金属胶接
	9. 环氧-聚硫	金属结构、金属-非金属胶接、密封
	10. 聚氨酯	耐低温胶、金属结构、金属-非金属胶接
	11. 不饱和聚酯	玻璃纤维增强塑料
	12. 丙烯酸双酯	金属零件胶接、耐压密封
	13. 有机硅树脂	耐高温胶、金属零件固定,电气绝缘件胶接
	14. 杂环高分子	耐高温金属结构胶
热塑性树脂胶黏剂	1. 氰基丙烯酸酯	硫化橡胶、金属零件、硬质塑料
	2. 聚乙烯及其共聚物	软质塑料制品
	3. 乙醋(乙烯-醋酸乙烯共聚物)热熔胶	木材加工、包装、装订
	4. 聚醋酸乙烯酯	木材、织物、木制品加工
	5. 聚乙烯醇	纸制品、乳液胶黏剂的配合剂
	6. 聚乙烯醇缩醛	安全玻璃、织物加工
	7. 聚氯乙烯和过滤乙烯	聚氯乙烯制品
	8. 聚丙烯酸	压敏胶
	9. 聚乙烯基醚	压敏胶
橡胶胶黏剂	1. 氯丁橡胶	金属-橡胶黏合、塑料、织物黏合
	2. 丁腈橡胶	金属-织物黏合、耐油橡胶制品黏合
	3. 丁苯橡胶	橡胶制品黏合、压敏胶
	4. 改性天然橡胶	橡胶制品黏合、压敏胶
	5. 羧基橡胶	金属-非金属胶结
	6. 硅橡胶	密封
	7. 聚硫橡胶	耐油密封

表 4.3　常用的填料

名　称	功　能	参考用量	生　产　单　位
铝粉	增强、耐热	30 ~ 50	东北轻合金加工厂
铜粉	导电、导热、装饰	30 ~ 100	营口金属颜料厂
银粉	导电、导热	50 ~ 100	
石英粉	提高硬度、增加流动性	20 ~ 100	秦皇岛市石粉厂
氧化铝粉	增强	30 ~ 50	天津化工研究院
白炭黑	增加触变性	5 ~ 10	沈阳化工厂
高补强白炭黑	增强	3 ~ 5	吉林化工研究院
硅微粉	增强	30 ~ 100	浙江湖州硅微粉厂
轻质碳酸钙	降低成本	30 ~ 70	上海碳酸钙厂
硅灰石粉	降低成本	30 ~ 50	吉林省梨树硅灰石矿业公司
高铝填粉	增强、降低成本	50 ~ 60	温州电化厂朝阳化工分厂
三氧化二锑	阻燃、抗氧化	30 ~ 50	四川蛇纹矿化工分厂
二硫化钼	耐磨、减摩	50 ~ 60	上海胶体化工厂
石墨粉	耐磨、导电、导热	30 ~ 40	上海碳素厂
石棉粉	耐热	20 ~ 50	开封石棉制品厂
钛白粉	增强、增白	20 ~ 30	广州钛白粉厂
羟基铁粉	导磁	50 ~ 60	陕西省兴平化肥厂

注:参考用量为每百克环氧树脂的固化剂加入量(g)。

4.1.3　表面黏涂工艺

表面黏涂工艺通常包括以下几个步骤。

(1)初清洗

初清洗主要是除掉待修复表面的油污、锈迹。

零件的初清洗可在汽油、柴油或煤油中粗洗,最后用丙酮或化学除油剂、除锈剂清洗。

(2)预加工

对黏涂来讲,表面具有适当的粗糙度可以增大黏涂面积,有利于胶黏剂渗透,增强机械嵌合作用,从而提高涂层与物体表面的结合强度。此外,为了保证零件的修复表面有一定厚度的涂层,在涂胶前也必须对零件进行机械加工。

常用的预加工方法有手工打磨、喷砂、机械加工等。

零件的待修表面的预加工厚度一般为0.5～3 mm。为了有效地防止涂层边缘损伤，待黏涂面加工时，两侧应该留1～2 mm宽的边。为了增强涂层与基体的结合强度，待黏涂面应加工成“锯齿形”。

(3)最后清洗及活化处理

最后清洗可用丙酮清洗；有条件时可以对黏涂表面喷砂，进行粗化活化处理，彻底清除表面氧化层；也可进行火焰处理、化学处理等，以提高黏涂表面活性。

对一些非极性表面，如聚乙(丙)烯、聚四氟乙烯等，如不引入活性基团很难黏涂，通过进行专门的表面处理，可以解决这些问题。表面处理与否、方法如何，对黏涂层的结合强度影响很大。即使是对于可进行油面黏涂的第二代丙烯酸酯胶、吸油性环氧胶、厌氧胶等，经过表面处理，也可以使黏结强度进一步提高。表面处理不仅可以改变被黏表面的化学结构，为可能形成的化学键结合创造条件，提高涂层与基体的结合强度，而且能够提高涂层的耐久性和使用寿命。

(4)配胶

黏涂层材料通常由多组分组成。为了获得最佳效果，必须按比例配制。每次配胶量的多少，应根据胶黏剂的适用期、季节、环境温度和实际用量大小而定，随用随配。胶黏剂各组分在混合搅拌均匀后，应该立即进行黏涂。

(5)黏涂涂层

涂层的施工有刮涂法、刷涂压印法、模具成形法等。施工时具体采用哪种方法，应根据涂层设计方式，涂覆面积大小、零件形状及施工现场情况等条件而定。

①刮涂法

刮涂法是先把胶黏剂涂在清洗好的零件表面上，然后用金属或非金属刮刀把多余的胶黏剂刮掉，以达到要求的尺寸。刮涂法操作工艺简单，一般情况需后续加工，这种方法适用于轴颈等修复。

②刷涂压印法

刷涂压印法是先把胶黏剂涂敷在清洗好的表面上，再用制好的与之配对的摩擦副压制成形。这种方法不需后续加工，适用于大中型机床导轨面的制造和修复。

③模具成形法

模具成形法分模具涂敷成形法和模具注射成形法两种。是先在模具上涂脱模剂，再注胶，待固化后脱模，一次成形。这种方法不需后续加工，适用于孔颈及批量修复的零件。

(6)固化

不同的胶黏剂，固化剂的固化条件不同。有的需要靠光的照射而引起固化，如光敏胶黏剂；有的需要隔绝空气固化，如厌氧胶；还有些需要加温加压固化。黏涂时，多数胶黏剂室温即可固化。但即使可以低温或室温固化的胶黏剂，经过适当的加热处理后，黏涂层的结合强度也会普遍提高。温度高，固化快。一般涂层室温固化需 24 h，达到最高性能需 7 d，若加温 80 ℃固化，只需2 ~3 h。

(7)修整、清理或后加工

对于不需后续加工的涂层，可用锯片、锉刀等修整零件边缘多余的黏涂层。涂层表面若有大于 1 mm 的气孔时，先用丙酮清洗干净，再用胶修补，固化后研平。

对于需要后续加工的涂层，可用车削或磨削的方法进行加工，以达到要求的尺寸和精度。

4.1.4　表面黏涂层的质量保障

耐磨、耐腐蚀、耐热等不同性质的涂层，其质量保障措施不同。

耐磨黏结涂层的失效形式主要有两种：一是涂层的磨损失效；二是黏结失效，即涂层脱落。

磨损失效是耐磨黏结涂层的主要失效形式之一。一是由于强度不足而造成的变形磨损。主要采取增强的办法。具体措施有：在涂层中引入苯环或其他一些刚性较大的链段；增加聚合物的交联程度；增加极性基团含量，充分利用氢键，提高分子间的作用力等；也有通过加入一些刚玉、石英或金属粉等填料来提高刚性的。磨损的另一种主要形式属脆性破坏。在耐磨黏结涂层的设计中采取的相应措施有：增加柔性链段的比例；接枝橡胶类柔性支链；引入取代基，降低结晶性等；还可以添加一些专门的增韧剂，如聚硫橡胶、丁腈橡胶、邻苯二甲酸酯类及填加纤维(晶须)状材料(如石棉、云母、玻璃纤维)等。

提高耐磨黏结涂层抗磨性的另一条途径是涂层中引入适量的耐磨

填料。填料的种类、大小、形状等特性是影响黏涂层耐磨性的重要因素，基础胶黏剂对填料的润湿程度、黏结强度是填料能否起到抗磨作用的关键。

黏结失效是耐磨黏结涂层失效的另一重要形式。提高涂层黏结强度的主要措施有：

a. 采用高强度胶黏剂；

b. 通过树脂改性，增加极性基团含量，提高黏着力；

c. 偶联剂处理，具体方法可以涂刷偶联剂底层，在涂料中添加偶联剂，如南大-42，KH-550，KH-560 等；

d. 改善涂料的黏度，增加润湿性等；

e. 通过增韧或添加其他改性剂的方法来改变涂层与基体间的应力状态。

黏结是一种界面过程，除胶黏剂本身外，待涂表面的处理也是影响黏结强度的重要方面。适当的表面处理，提高被黏表面的洁净程度，增大被黏表面的粗糙度都会收到很好的效果。

对耐腐蚀性而言，从涂层材料本身考虑，首先黏料和填料要有好的耐蚀性，另外黏料与填料结合要紧密，以提高涂层抗渗透性，因此，黏料和填料的选择十分重要。从施工工艺讲，要提高涂层的耐腐蚀性，涂料混合必须十分均匀，且要和基体充分浸润，黏结力高，才能保证涂层质量。

黏料的选择首先是浸润性要好，其次是与填料附着力强。填料的选择一是选择硬质耐磨耐蚀填料，二是选择活性填料。活性填料如片状硅酸盐矿物，分子表面存在有反应活性的羟基（Si-OH 硅醇基），可以与含羟基的聚合物反应，形成网状结构的整体。一般填料是分散在聚合物网状结构之中，而活性填料与聚合物反应结合在一起，从而提高了“架桥密度”，增加了抗渗透性。

4.1.5　表面黏涂质量的无损检测

表面黏涂层的黏涂质量非破坏检测称为无损检测。无损检测技术是应用物理学原理，通过对比表面黏涂完好的部分和有缺陷部分在物理性质上的差异，来判断缺陷的形状、大小、所在位置，并寻求某一物理性质的变化或缺陷程度与黏涂强度间的关系，以判断材料的黏涂质量。

常用的无损检测方法见表4.4。

表4.4　无损检测方法

声学检测	热学检测	电学检测	光学检测	其　他
敲击法 声撞法 声阻抗法 声谐振法 超声波法 共振和阻尼法 声发射法	红外线法 液晶检测法	电阻法 介电法 微波法	目视检测 射线照相法 全息照相干涉法	真空法 渗透法

其中常用的是声谐振法与超声波法。声谐振法的基本特点是用换能器来激励被测件振动，并将这种谐振与标准试件比较，进而判断被测件各种类型的缺陷。该法常用的仪器有阿汶(Arnin)声冲击仪、福克(Forker)黏结检测仪等。超声波法分为超声穿透法与超声波脉冲反射法。超声穿透法是利用测量穿过被测黏涂件的超声波穿透率来进行检测的，如接收能量比发射能量显著减少，则可断定大部分能量由于缺陷存在而被反射。脉冲反射法就是利用脉冲超声波入射至被测件，并测量从界面反射回来的回波进行检测的。

4.1.6　黏涂材料及黏涂工艺的新进展

1.黏涂材料的新进展

(1)改进现有黏料品种的性能

水乳型黏料和热熔型黏料是当前最有发展前途的黏料品种。为了改善它们的性能以适应不同的使用要求，采用共聚、共混合交联方法进行改性。通过共聚既可降低大分子链段间的规整性和结晶度，还可引入各种极性或非极性支链和双链的链节，从而改善共聚物的机械性能和耐老化性能。共混方法工艺简单，很容易获得性优、价廉的产品。交联可提高聚合物的使用温度、耐老化性和抗蠕变性等。当前发展较快的乳液有聚乙酸乙烯及其共聚物和丙烯酸酯共聚乳液。

(2)研制具有特色的新品种

如利用氨基甲酸酯或端羧基液体丁腈橡胶改性环氧树脂，制成第二代环氧胶黏剂，提高了韧性和强度。同样，用聚氨酯或弹性体改性厌氧胶的主体材料，具有较好的韧性和抗老化性能。这说明当前胶黏剂的性能有向结构胶发展的趋势。

2. 黏涂工艺的新进展

(1)微胶囊技术

发展单组分包装的胶黏剂一直为人们所关注。通常采用两个途径:一个途径是用潜伏性固化剂提高贮存期;另一途径是将固化剂或促进剂包封在微胶囊中，配制成稳定的单组分胶液。使用时通过加压等方式使胶囊破裂。固化剂或促进剂与主体胶接触，而迅速固化。

(2)涂胶和包装上的新技术

由于水基胶黏度低，初始黏结力小，在应用上有一定的限制。采用双液混喷的新技术，可得到较好的效果。其中一液是以丙烯酸乳液为基础的主剂，另一液是以能使乳液产生凝聚的有机金属盐溶液，涂布时采用双头喷枪，二者分别从两个喷头喷出，在空中混合，涂布于被粘物表面上，从而很快凝聚产生初黏力，可以达到与溶剂型相似的效果。此法已用于汽车顶板、冰箱、冷库等隔热层的黏涂。

(3)辐射能固化新工艺

目前有些国家正在本着节能、快速固化、无公害的考虑，大力采用紫外线或电子束固化新工艺，并已投入小批量生产。一般来说，紫外线固化设备简单，投资少。但由于紫外线能量低，穿透能力差，所以要求被黏材料之一要有透光性，同时还必须加光引发剂，吸收紫外线形成激发态分子或活性自由基，从而导致不饱和高聚物进行接枝、交联等反应，达到固化目的。电子束固化需有发生器设备，投资费用大，但电子束能量大，穿透力强，对被黏材料不要求透光性，也不需要加光引发剂，并可用于较厚的胶层或涂膜。生产中究竟采用哪种辐射方式固化，需根据胶黏剂的组成结构、固化体系、设备投资等条件而定。

此外，国外在采用微机调配配方、机器人涂胶等方面的技术也在兴起。

4.2　黏结固体润滑膜

黏结固体润滑膜是将固体润滑剂分散于有机或无机黏结剂中,采用喷涂、刷涂或浸涂等方法涂敷于摩擦表面上,经固化而成的膜。黏结固体润滑膜(又称干膜润滑剂)厚度一般为 20 ~ 50 μm,厚的可大于 100 μm。干膜具有与基体相同的承载能力,摩擦系数通常在 0.05 ~ 0.2 之间,最小可达 0.02。因其可以在高温、高负荷、超低温、超高真空、强氧化还原和强辐射等环境下有效地润滑,而获得了从民用机械到空间技术等各个方面的广泛应用。

黏结固体润滑膜与黏涂层、涂装层在本质上是相同的,只是由于应用目的和场合的不同,在涂层(涂膜)组成和制膜工艺方面各有其特点。有的将黏结固体润滑膜视为功能涂料的一种,因而有时又叫做润滑涂料。

4.2.1　有机黏结固体润滑膜

1. 环氧树脂黏结干膜

以环氧树脂为黏结剂,EMR 为固化剂,邻苯二甲酸二丁酯为添加剂与固体润滑剂 MoS_2 所组成的干膜具有较好的摩擦学性能。按环氧树脂、邻苯二甲酸二丁酯、固化剂、MoS_2 的质量比为 1 : 0.07 : 0.072 : (3 ~4)的配比在不锈钢表面进行喷涂,常温下固化 5 d,而后在 MHK-500 型环-块试验机上进行摩擦学性能测定。在负荷 327 N、转速 1 000 r/min 下,其摩擦系数为 0.07 ~ 0.16,磨损寿命为 144 ~ 212 m/μm。

为了提高干膜的摩擦学性能,根据“协同效应”,在 MoS_2 中添加石墨,MoS_2 与石墨的质量比为(4 ~ 15) : 1。按环氧树脂、邻苯二甲酸二丁酯、固化剂、(MoS_2+石墨)的质量比为 1 : 0.07 : 0.072 : 3.5 的配比,以同样的方法制备干膜。在同样的测试条件下,测得的摩擦系数基本相同,但磨损寿命却增加到 186 ~ 274 m/μm。进一步的试验得出,不同的基材影响着干膜的黏着强度。干膜如果浸泡在油中会降低其耐磨性。

以环氧树脂为黏结剂，环氧丙烷丁基醚为固化剂，邻苯二甲酸二丁酯为添加剂，并添加各种填充剂和固体润滑剂所组成的 HNT 涂层系列配方见表 4.5。基材表面涂敷该涂层后，在常温下固化 24 h 后即可投入使用。为增加涂层的结合强度，在涂层固化时应对其施加约 0.1 MPa 的压力。在龙门铣床的铸铁导轨表面涂敷 HNT 涂层，按正常条件运行，其年磨损量为 5 ~ 7 μm。

表 4.5 HNT 环氧复合涂层配方

组分 \ 加入量及配方号	HNT11-J5	HNT17-5	HNT20-1	HNT21-4
	加入量/g			
环氧树脂(6101)	100	100	100	100
邻苯二甲酸二丁酯	10	10	15	15
环氧丙烷丁基醚	12	10	10	15
气相二氧化硅	2	1	2	1
铁粉	25	15	25	15
二氧化钛		30	15	30
MoS_2	100	80	80	80
石墨	25	20	20	20
总量	274	266	267	276

2. 聚酰亚胺黏结干膜

聚酰亚胺树脂在-200 ~ 260 ℃范围内具有优良的机械性能，可作为干膜的黏结剂。但该树脂因成本高、加工困难而限制它的应用。为此首先合成了聚(氨基)双马来酰亚胺树脂。该树脂具有聚酰亚胺的优良性能，但价格低、能溶解在一些有机溶剂中。以聚(氨基)双马来酰亚胺树脂为黏结剂，氟化石墨或 MoS_2、石墨为固体润滑剂，二甲基甲酰胺为稀释剂，喷涂在不锈钢表面静置 12 h，然后在 240 ℃固化 3 h 而成的几种干膜的性能见表 4.6。在室温下和高真空($1.333\ 22\times10^{-4}$ Pa)下的试验条件为：负荷 25 MPa；滑动速度 1.25 m/s。可见，室温下 IF-3 干膜有优良的摩擦学性能,高真空下氟化石墨黏结膜的性能不如 MoS_2 黏结膜,但优于石墨黏结膜。

表 4.6　几种聚双马来酰亚胺干膜性能

组成(质量)	室温下性能			真空下性能			备注
	膜厚/μm	摩擦系数	磨损寿命/(m·μm^{-1})	膜厚/μm	摩擦系数	磨损寿命/(m·μm^{-1})	
氟化石墨:树脂=0.5:1	33 35	0.04~0.07 0.03~0.07	612 602				
氟化石墨:树脂=0.6:1	54 43	0.04~0.07 0.04~0.09	777 870	41 44	0.02 0.02~0.03	69 86	IF-3
氟化石墨:树脂=0.7:1	42 52	0.05~0.09 0.05~0.11	462 452				
氟化石墨:树脂=1:1	59 54	0.04~0.08 0.03~0.07	238 274				
MoS_2:树脂=1.52:1	38 39	0.05~0.13 0.08~0.10	72 84	29 37	0.01~0.02 0.01~0.03	258 126	
石墨:树脂=0.6:1	37 31	0.06~0.07 0.05~0.09	662 707	47	0.26	13	

以聚双马来酰亚胺为黏结剂,固体润滑剂为氟化石墨+MoS_2 及氟化石墨+石墨,分别制成的 IF-1 及 IF-2 干膜,其使用温度可达300 ℃,蒸发率低,且有耐辐射能力。IF 干膜已成功用于航天工业机械的防冷焊和润滑。

以改性聚酰亚胺树脂为黏结剂,在固体润滑剂 MoS_2 中添加 Sb_2O_3,在 300 ℃下固化 2 h 所制备的干膜称为 PI 干膜。其组成为聚酰亚胺、MoS_2、Sb_2O_3 的质量比为 1:3:1。可用于-178 ~300 ℃温度范围及真空条件下,其磨损寿命为 270 m/μm。

用环氧树脂来改性聚双马来酰亚胺使聚合物的综合性能进一步提高,以其作为黏结剂,MoS_2 作润滑剂,二甲苯和间甲酚为溶剂,喷涂后在 200 ℃下固化 2 h 形成的干膜称为 DMI-2 干膜。它比以聚双马来酰亚胺为黏结剂的 DMI-1 干膜(润滑剂、溶剂和制备过程均与前者相同,仅改在 240 ℃下固化 2 h)的摩擦学性能有进一步提高。在 MHK-500 型试验机上,以 30CrMnSi 钢作基材和对偶件,在转速 1 000 r/min 下进行摩擦学性能测定,其结果见图 4.1。可见,两种干膜的摩擦系数和耐磨性均随负荷的增加而减小,但 DMI-2 干膜的耐磨性比 DMI-1 的好。试验还得出,两种干膜的摩擦系数均随转速的增加而减小,耐磨性都有提高,但在不同速度下 DMI-2 干膜的耐磨性更好。在高真空下测试,DMI-2干膜也表现出良好的摩擦学性能。

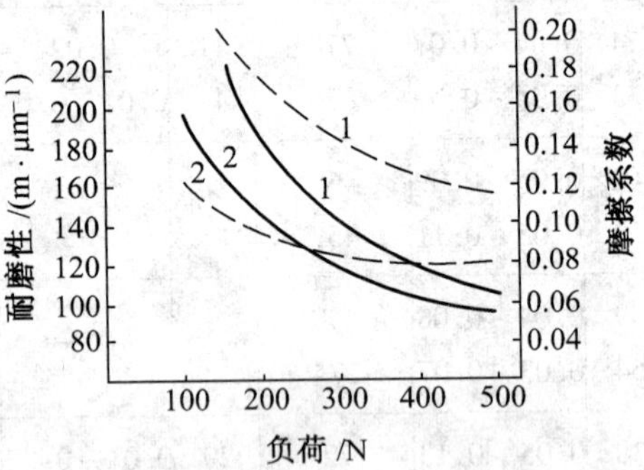

图 4.1　两种干膜在不同负荷下的摩擦学性能

1—DMI-2 干膜;2—DMI-1 干膜

——摩擦系数;---耐磨性

3. 粉末喷涂黏结干膜

粉末喷涂聚合物基固体润滑黏结膜具有与悬浮液涂层膜相同的摩擦学性能,可以实现 100% 固体粉末的喷涂。膜厚 100 ~ 300 μm,有较好的弹性和韧性。喷涂方法可采用流化床法、高压静电喷枪法、粉末电泳法、氧-乙炔焰喷涂法等。用做黏结剂的聚合物有聚乙烯、聚丙烯、聚丁烯、聚酰胺(尼龙)等热塑性树脂和环氧、酚醛、聚氨酯等热固性树脂。

以聚酰胺作黏结剂的粉末喷涂干膜,常根据基体工况要求再添加其他材料组成复合膜。如添加环氧树脂可提高干膜的黏结强度(尼龙 1010 添加环氧树脂后黏结强度由 10.6 MPa 提高到 64.1 MPa),添加 Al 粉或 Cu 粉可提高干膜的导热性和抗压强度,添加石英粉(或刚玉粉)可提高干膜的硬度、强度和耐热性能等。在应用中,如由尼龙+石英粉组成的干膜可用于发电机驱轴轴承；由尼龙粉+MoS_2 粉+Cu(Al)粉组成的干膜可用于滑动轴承、凸轮轴、纺织机械和车床主轴等；由尼龙粉+MoS_2 粉(或 MoS_2+石墨)组成的干膜可用于机床导轨、滑动轴承、柴油机的起动活塞等；由尼龙粉+玻璃粉组成的干膜可用于发动机气缸套；由尼龙粉+环氧树脂粉等组成的干膜可用于水力机械中轮机和水泵的叶片和轴等；由尼龙 1010 粉(100 份)+MoS_2 粉(50 份)经常温冷喷涂或 180～200 ℃热喷涂所形成的干膜可用于齿轮箱、光杆和丝杆等。

由低压聚乙烯(90 份)+MoS_2 粉(10 份)经热喷涂(聚乙烯熔融后喷涂)所组成的干膜可用于车床的挂轮箱、溜板箱和尾座等；在耐热、耐多种酸碱和溶剂的氯化聚醚中，添加 MoS_2、石墨和 PTFE 所组成的干膜可用于化工池槽内壁、输液管道和齿轮的耐磨涂层、铝质旋塞的密封涂料等。

4.2.2　无机黏结固体润滑膜

无机黏结固体润滑膜是以硅酸盐、磷酸盐、硼酸盐等无机盐以及陶瓷、金属等作为黏结剂的黏结型润滑材料。它虽然具有使用温度宽、耐辐射、真空出气率低、与液氧液氢的相容性好等优点，但因存在脆性大、耐负荷性差、摩擦学性能不如有机膜等不足，目前多数限于在特殊工况(如液氧液氢介质、特殊高温、忌有机蒸气污染的航天机械等)使用。

在硅酸盐黏结干膜中，以硅酸钾为黏结剂，MoS_2 和石墨为固体润滑剂，水作稀释剂的黏结干膜称为 SS-2 干膜。该膜可适于-178～400 ℃温度范围内工作。在不锈钢上喷涂 40～50 μm 厚的这种干膜在 TimKen 试验机上，以负荷 315 N、速度 2.5 m/s 的条件做试验，测得其摩擦系数为 0.06～0.08，平均磨损寿命为 120 m/μm。在真空试验机上，真空度为 $1.333\ 22\times10^{-4}$ Pa、负荷 25 MPa、速度 1.25 m/s 的条件下，48 μm 厚的干膜的摩擦系数为 0.04～0.08，磨损寿命为108 m/μm。在 $1.333\ 22\times10^{-3}$ Pa 真空中，于 650～700 ℃下处理 15 min，或在 450 ℃下处理 5 h 后，其润滑性能仍然良好。在 Co^{60} 源的射线下累积辐照量达 1.75×10^{13} C/kg 后，7 次试验的平均磨损寿命达 100 m/μm。SS-2干膜具有良好的贮存稳定性，可以满足液氧输送泵轴承的润滑要求。

以硅酸钾为黏结剂，MoS_2、石墨和银粉为润滑剂，水作稀释剂的黏结干膜称为 SS-3 干膜。该干膜的耐磨性优于 SS-2 干膜。在 SS-3 干膜基础上通过改进工艺制成的 SS-4 干膜在 TimKen 试验机上，以负荷 320 N，转速1 000 r/min的条件做试验，测得其摩擦系数为 0.09 ~ 0.016，平均磨损寿命为 206 ~ 417 m/μm（膜厚 20 ~ 50 μm，室温）。测定表明，SS-4干膜的摩擦系数随负荷和速度的增加而减小，磨损寿命随负荷和速度增加而降低。在 CZM 型真空试验机上对 10 ~ 20 μm 的 SS-4 干膜进行摩擦学性能测定（真空度 1.333 22×10^{-4} Pa，负荷 15 MPa，滑动速度1.0 m/s，栓、盘材料均为不锈钢），结果见图 4.2。可见，SS-4干膜在真空条件下的摩擦系数随负荷和速度的增加而减小，磨损寿命随负荷和速度的增加而降低。另外在真空条件下的试验表明，与 Ti 合金、Al 合金等基材相比，栓材和盘材均为不锈钢时，其摩擦系数最小，耐磨性最好；在膜厚对耐磨性的影响上，当膜厚为8 ~ 32 μm 范围内，其耐磨性随厚度的增加而急剧下降，大于 33 μm 后才趋于平稳。由于薄的 SS-4 干膜的耐磨性较好，所以可以用在滚动轴承和精度要求较高的相对运动部件上。

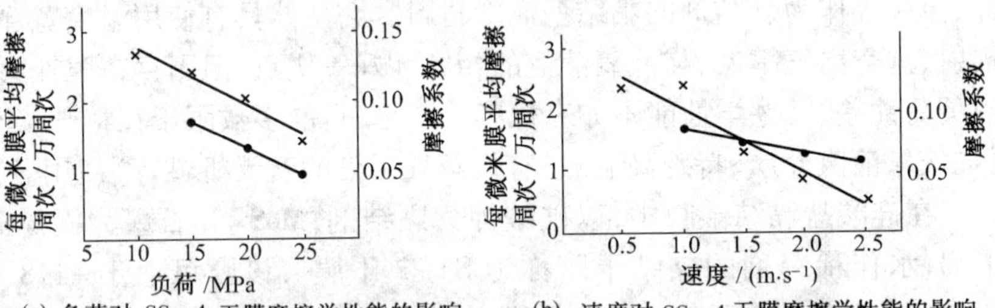

(a) 负荷对 SS－4 干膜摩擦学性能的影响　　(b) 速度对 SS－4 干膜摩擦学性能的影响

图 4.2　真空条件下 SS-4 干膜的摩擦学性能

●—摩擦系数；×—耐磨性

以磷酸盐为黏结剂，石墨、氟化石墨和 BN 为固体润滑剂，水为稀释剂的黏结干膜是为了在室温到700 ℃的宽范围内使用而研制的。在 650 ~ 700 ℃的温度下，该干膜的摩擦系数很小，但耐磨性很差。将干膜喷剂进行表面活化处理后，再进行喷涂，可提高干膜的结构强度和耐磨性。

对于黏结固体润干膜的润滑和失效机理的某些研究得出：一般黏结固体润干膜的磨损寿命受速度的影响比负荷的影响更敏感，即润滑膜在重负荷、低速度下的使用寿命长于在同样 PV 值下低负荷、高速度下的耐磨寿命；部分黏结固体润干膜的磨损过程主要是由于摩擦过程中所产生的小气泡的作用，气泡的形成、扩大和破裂是这部分润滑膜的主要失效过程；在摩擦对偶表面上转移膜的形成及其性质是影响干膜摩擦学性能的重要因素之一，如在摩擦中能迅速在对偶表面上形成与基材结合良好的均匀的转移膜，则摩擦系数就低而稳定，耐磨寿命长。

4.2.3　黏结固体润滑膜的应用

黏结固体润滑膜的应用范围如下。

(1) 在高低温条件下的应用

由于这类干膜在适用温度范围内无相的变化，且摩擦系数比较稳定，因而被广泛用于解决润滑油脂所无法解决的高低温机械的润滑和防黏问题。在从-200 ℃下的极低温到接近 1 000 ℃的高温下都有可供应用的黏结固体干膜。如各类发动机(包括火箭发动机)的高温滑动部件、远程炮炮膛、热加工模具、炼钢机械、耐高温烧蚀紧固件等；低温下的火箭氢氧发动机涡轮泵齿轮和超导设备的有关部件等。

(2) 在高负荷条件下的应用

由于含 MoS_2 和石墨等层状固体润滑剂的干膜，其耐负荷性超出极压性能好的润滑油脂的 10 倍以上，且长期静压后不会从摩擦面流失，因而可解决许多高负荷下的润滑难题。如鱼雷舵机涡轮涡杆组件、坦克支承传动系统、大型桥梁与立体高速公路支承台座、建筑减震支承移动系统等润滑，以及机床卡盘和金属冷热加工模具的润滑等。

(3) 在真空机械中的应用

由于润滑油脂在真空中会急剧蒸发干燥而失效，因而可考虑选用黏结固体润滑涂层。含 MoS_2 的黏结固体润滑膜在其他条件相同的情况下，其在真空中的摩擦系数约为大气中的 1/3，耐磨寿命比大气中长几倍甚至几十倍，是用于真空机械的首选品种。例如，人造卫星上的天线驱动系统、太阳电池帆板机构、星箭分离机构及卫星搭载机械等都使用了黏结固体润涂层技术。

(4) 在其他方面的应用

这类干膜还具有耐蚀、防污、减振和降噪的作用。某些黏结固体润滑膜的耐蚀性能甚至与某些耐蚀涂料相当；纺织机械、复印机、印刷机等设备采用固体润滑膜解决了污染问题,使产品质量明显提高;汽车等车辆采用黏结固体润膜能明显降低振动和噪声;钟表和电子仪表传动机构、照相机快门机构、计算机磁盘和电子音像设备磁带驱动机构等采用黏结固体润膜使其反应灵敏,精度得到大幅度提高。此外,它还可以作为动密封材料、非金属材料的润滑材料以及辐射环境和水介质环境中的润滑材料等。

4.3 纳米胶黏剂

一般说来,采用在合成树脂中加入增塑剂、增韧剂等增韧方法来提高韧性,可以使其冲击强度成倍地提高,但是又不可避免地使材料的其他性能如模量、耐热性能、拉伸强度等有所下降。纳米粒子在黏结黏涂技术中的开发与应用,为全面提升有机胶黏剂的性能提供了可能。

4.3.1 纳米有机胶黏剂的制备方法

纳米有机胶黏剂的制备方法大致可归纳为四大类:纳米粒子与有机高分子直接混合、在有机高分子基体中原位合成纳米粒子、聚合物基体原位聚合法和纳米粒子与有机高分子同时生成法。

1. 纳米粒子与有机高分子直接混合

这种方法是将制备好的纳米粒子与有机高分子直接共混。主要的共混方法有如下几种。

(1)机械力共混

机械力作用下的共混,通常被认为是简单的物理分散,主要是借助外界剪切力或撞击力等机械能,使纳米粒子在高分子介质中充分分散的一种形式。机械力共混的具体形式有研磨法、胶体磨法、球磨分散法、砂磨分散和高速搅拌法等。机械力共混法的作用机理并不明确,但一般认为,通过机械力的作用,有机高分子和纳米粒子获得一定能量,从而引起被分散体内一些物理和化学的变化,以及伴随着一系列的化学反应。如纳米粒子的特殊的表面结构与有机高分子反应。从而在纳米粒子表面生成有机高分子膜或保护层,使纳米粒子更易分散。

(2)超声波分散法

超声波对颗粒物质的分散具有重要作用,但其原因并不十分清楚。一个普遍的观点是超声波的空化效应,即液体介质中微泡的形成和破裂伴随能量的释放。空化效应所产生的瞬间内爆具有强烈的振动波,液体在空气泡的快速形成和突然崩溃产生短暂的高能微环境,使在一般条件下不能发生的化学变化成为可能。超声波是降低纳米粒子团聚的有效方法,利用超声波空化时产生的局部高温、高压或强冲击波和微射流等,可以大幅度地弱化纳米粒子间的相互作用,有效地防止纳米粒子团聚,但应避免使用过热超声搅拌,因为随着热能和机械能的增加,纳米粒子碰撞的概率也增加,反而导致进一步的团聚。

(3)高能处理法

这种方法是通过高能粒子作用,在纳米粒子表面产生活性点,使表面容易与其他物质发生化学反应,从而使纳米粒子表面改性,达到易分散的目的。如利用紫外光辐射将甲基丙烯酸甲酯接枝到纳米颗粒表面上。

(4)化学改性法

化学改性分散法是利用纳米粒子的表面基团,与有机化合物反应,使纳米粒子表面包覆一层有机膜,从而增加了纳米粒子在有机介质中的分散稳定性。化学改性通常有两种方法,一种是利用有机大分子的末端极性基团与纳米粒子表面进行化学反应,使聚合物接枝到纳米粒子的表面。另一种方法是利用可聚合的有机小分子在纳米粒子表面的活性点上发生聚合反应,使纳米表面生成聚合物层。

2. 在有机高分子基体中原位合成纳米粒子

利用聚合物特有的官能团对金属离子的吸附及基体对反应物运动的空间位阻,或是基体提供了纳米级的空间位阻,进行原位反应,生成纳米粒子,从而构成有机高分子纳米复合材料。这种方法常用于制备金属、硫化物和氧化物等纳米粒子复合高分子材料。

3. 聚合物基体原位聚合法

聚合物基体原位聚合法是指在纳米粒子的有机单体的胶体溶液中,有机单体在一定条件下,原位聚合生成有机聚合物,形成分散有纳米粒子的复合高分子材料。如可以先将纳米粒子与环氧低聚物混合,生成纳米化的环氧树脂。

4. 纳米粒子与有机高分子同时生成法

该法是指纳米粒子与高分子基体同步原位形成纳米高分子复合材料。如插层原位聚合法、蒸发-沉淀法、溶胶-凝胶法等。

4.3.2 纳米粒子对有机胶黏剂性能的影响

纳米材料被称为“21 世纪材料”，由于它具有一系列特殊的物理化学性能，因此对提升胶黏剂的性能具有重要的意义。

(1)纳米金刚石对环氧树脂胶黏剂性能的影响

纳米级金刚石粉是用爆炸技术合成的新材料，它不但具有金刚石的特性，而且具有小尺寸效应、大比表面积效应、量子尺寸效应等纳米材料的特性。俄、美等国在纳米金刚石粉的应用开发方面，已做了大量的研究工作，在润滑剂、电镀液、涂料、新型抗磨材料、储氢材料等方面均有重要应用。含金刚石的纳米胶黏剂具有优异的耐磨性和很高的黏结强度。表 4.7 给出了纳米级金刚石粉添加量对胶黏剂耐磨性影响的试验结果。

表 4.7 纳米金刚石粉添加量对胶黏剂耐磨性的影响

纳米金刚石粉添加量 $w(C)/\%$	磨痕宽度/mm	磨损体积/mm^3	耐磨性/mm^{-3}
0	352	1.268 0	0.79
4	333	1.058 7	0.94
8	258	0.498 4	2.01
12	252	0.465 9	2.15

可以看出，随着纳米级金刚石粉在胶黏剂中添加量的增加，涂层的耐磨性提高，当添加量为 8%（质量分数）时，耐磨性是未添加的 2.54 倍，继续增大添加量，耐磨性提高不明显，且成本提高，因此以 8%（质量分数）为最佳。

纳米金刚石粉对胶黏剂拉伸强度、拉伸剪切强度影响的试验结果见表 4.8。可见，随着纳米金刚石粉在胶黏剂中添加量的增加，胶黏剂的拉伸强度提高，当添加量为 8%（质量分数）时，拉伸强度比未添加的提高 27.5%，添加量继续增大，拉伸强度反而下降。

表 4.8　纳米金刚石粉添加量对胶黏剂性能的影响

金刚石粉添加量 w(C)/%	0	4	8	12
拉伸强度/MPa	38.9	39.4	49.6	30.9
拉剪强度/MPa	13.1	10.8	15.3	8.0

(2)纳米 SiO_2 对环氧树脂胶黏剂性能的影响

纳米 SiO_2 添加量对纳米 SiO_2/环氧树脂复合胶黏剂的力学性能影响见表 4.9。从表中可以看出，在一定范围内，随着纳米 SiO_2 粒子添加量的增加，所得复合胶黏剂的冲击强度、拉伸强度和断裂伸长率逐渐增加，当纳米 SiO_2 粒子的添加量为 5 g 时，各种性能均达到一极大值（18.0 kJ/m^2，53.55 MPa，30.6%）；之后，随着纳米 SiO_2 添加量的增加，各种性能均下降。此外，不加纳米 SiO_2 粒子的纯 E-54 的冲击强度、拉伸强度和断裂伸长率分别为 9.29 kJ/m^2，48.84 MPa，20.94%；相比之下，纳米 SiO_2/环氧树脂复合胶黏剂的冲击强度提高了 94%，拉伸强度提高了 9.8%，断裂伸长率提高了 46%。这说明纳米 SiO_2 粒子起到了增强增韧作用。它突出了纳米级 SiO_2 优良的填充特性，使材料性能得到较大的提高。

表 4.9　纳米 SiO_2 添加量对纳米 SiO_2/环氧树脂胶黏剂的力学性能的影响

纳米 SiO_2 添加量/g	冲击强度 /(kJ·m^{-2})	拉伸强度 /MPa	断裂伸长率/%	纳米 SiO_2 添加量/g	冲击强度 /(kJ·m^{-2})	拉伸强度 /MPa	断裂伸长率/%
0	9.29	48.84	20.94	4	16.51	52.99	29
1	10.78	50.53	25	5	18.0	53.55	30.6
2	13.5	51.41	26.8	6	16.31	52.08	28.6
3	15.0	51.94	28	7	12.4	50.37	24.2

注：环氧树脂 100 g，$m_{偶联剂}$: $m_{纳米颗粒}$ = 5 : 100，DMBA 8 g，固化条件为 80 ℃ 1 h、120 ℃ 1 h。

(3)纳米 TiO_2 对环氧树脂胶黏剂性能的影响

纳米 TiO_2 添加量对环氧树脂胶黏剂的力学性能影响如表 4.10 所示。可见，随着纳米 TiO_2 添加量的增加，TiO_2/环氧树脂胶黏剂的各项力学性能逐渐升高。当 TiO_2 的添加量为 5g 时，胶黏剂的强度和模量最大,拉伸强度为未添加的4.85倍,弯曲强度为2.46倍。

表4.10 纳米 TiO_2 的添加量对纳米 TiO_2/环氧树脂胶黏剂的力学性能的影响

纳米 TiO_2 添加量/g	冲击强度 /(kJ·m^{-2})	拉伸强度 /MPa	拉伸弹性模量/MPa	弯曲强度 /MPa	弯曲弹性模量/MPa
0	13.8	8.0	428	43.5	1 297
1	69.3	33.8	1 441	77.0	2 249
3	121.3	35.3	1 573	80.0	2 255
5	66.5	38.8	1 640	107.0	3 056
7	40.0	36.7	1 446	86.6	2 757

4.3.3 纳米胶黏剂应用实例

纳米胶黏剂由于具有优异的性能,可广泛应用黏涂、堵漏和修复等领域。下面以纳米胶黏剂修复管道泄漏为例,说明纳米胶黏剂的施工工艺。

管道用于输送各种液体、气体、灰渣等,流体内包含的各类污染物严重侵蚀管壁,造成管壁变薄甚至局部腐蚀穿孔、应力开裂,引起泄漏,情况严重时将造成停产。当管内压力较大,用胶棒、木塞、铅条无法止漏时,为达到不停车带压堵漏的目的,可采用引流堵漏法,其具体堵漏工艺如下。

a. 取一块5 mm以上厚度的钢板,根据泄漏点的位置钻孔,如图4.3所示。

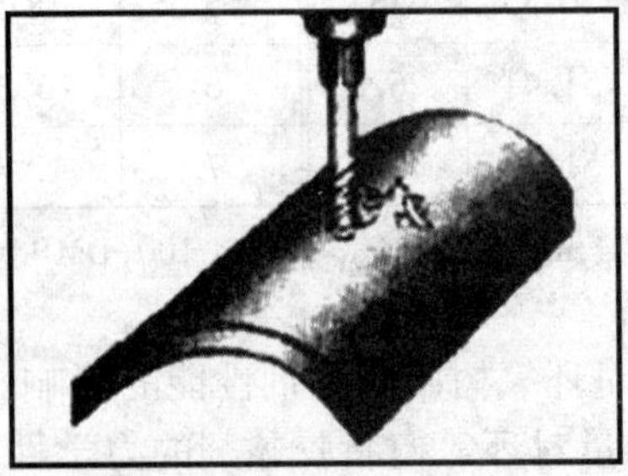

图4.3 钻孔图

b. 将双组分纳米胶黏剂按产品说明书进行配制,充分调匀备用。

c. 将钢板内壁及泄漏点周边位置均匀涂敷纳米胶黏剂。当板上的螺孔对准泄漏点时,迅速将其黏到管道上,如图 4.4 所示。板一定要与基体黏牢、黏实,只允许泄漏介质从螺孔中冒出。

d. 待钢板与基体间的纳米胶黏剂基本固化后,将相应直径的螺钉涂敷纳米胶黏剂后,带压堵上螺孔,如图 4.5 所示。

e. 堵漏处的加固补强,如图 4.6 所示。

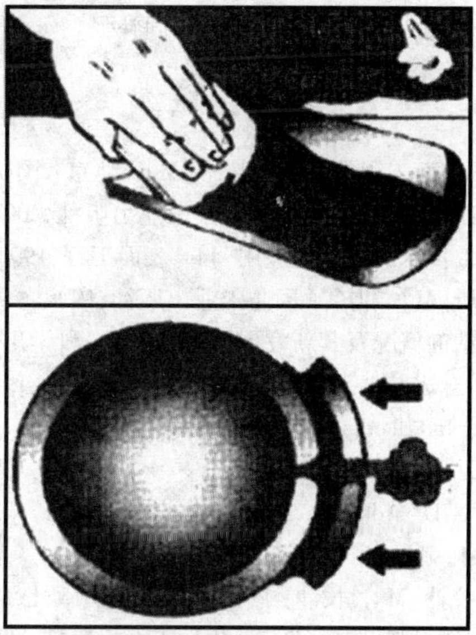

图 4.4　涂敷纳米胶黏剂及粘贴

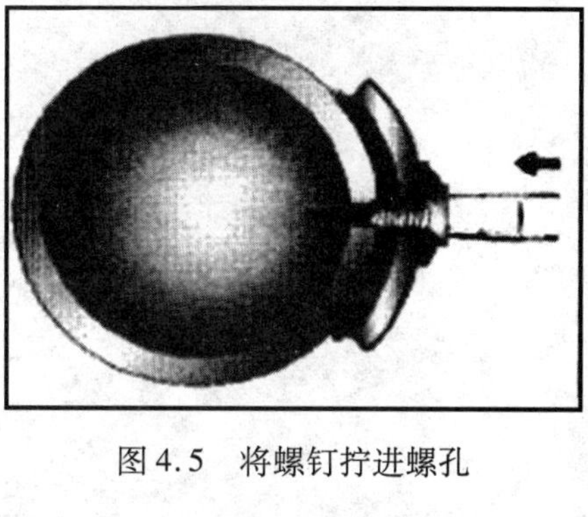

图 4.5　将螺钉拧进螺孔

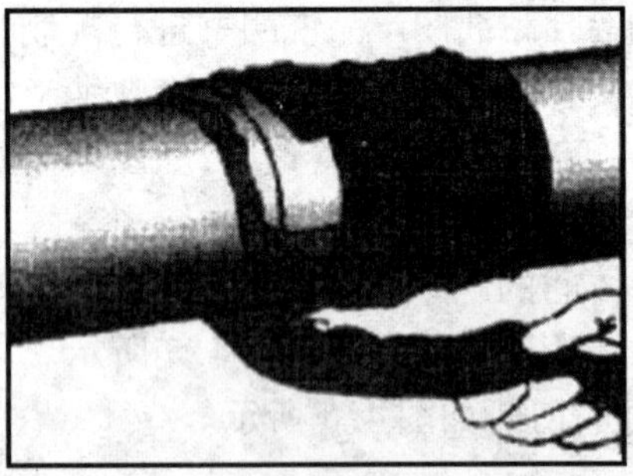

图 4.6　堵漏处的加固补强

参 考 文 献

[1] 徐滨士,朱绍华. 表面工程的理论与技术[M]. 北京:国防工业出版社,1999.
[2] 徐滨士. 纳米表面工程[M]. 北京:化学工业出版社,2004.
[3] 周平安. 冷粘涂敷技术的特点及应用[J]. 表面工程,1990(1).
[4] 夏文干. 胶接手册[M]. 北京:国防工业出版社,1995.
[5] 王致禄. 合成胶粘剂概况及其新发展[M]. 北京:科学出版社,1994.
[6] 杨玉昆,廖增琨. 合成胶粘剂[M]. 北京:科学出版社,1980.
[7] WU S H. Polymer Interface and Adhesion[M]. New York:Marcel Dekeer,Inc., 1982.
[8] SCHNEBERGER G L. Adhesive in Manufacturing[M]. New York:Marcel Dekeer,Inc.,1983.
[9] 张向宇. 胶接与胶补[M]. 长沙:湖南科学技术出版社,1979.
[10] 石森森. 固体润滑材料.[M] 北京:化学工业出版社,2000.

第5章 表面薄膜层技术

5.1 电镀、电刷镀及复合镀技术

5.1.1 电镀、复合电镀及化学镀

电镀技术是一种用电化学方法在基体(金属或非金属)表面沉积金属涂层的技术。它能使溶液(即镀液)中的金属离子,有序地在溶液和基体接触表面获得电子,还原成金属原子并沉积在基体表面,形成宏观金属层——镀层。经过近200年的发展,现代电镀技术已是一类综合应用当代科学技术成就的十分重要的表面工程技术,具有非常宽广的应用领域。按其技术原理区别和应用理论成熟情况,本节主要介绍电镀、复合电镀和化学镀等基本类型。

1. 电镀

(1)电镀基础

电镀的基本原理如图5.1所示,在分别接入直流电源正负极的两洁净铜片间,以硫酸铜溶液作为介质,就构成了一个简单的电镀铜装置。

电镀时,在外电场作用下,阳极(接正极的铜片)表面铜原子失去电子,氧化成铜离子进入溶液;而运动到阴极(接负极的铜片)表面的铜离子则获得电子,还原成铜原子,沉积在阴极表面形成铜镀层。可见,阴极过程对电镀层的质量起决定性的作用。现在人们已经能够通过作出阴极电流密度 I 随阴极电位 φ(相对值)变化的关系曲线(极化曲线),观测和分析不同 $\varphi - I$ 条件下的镀层性能及外观研究电极过程

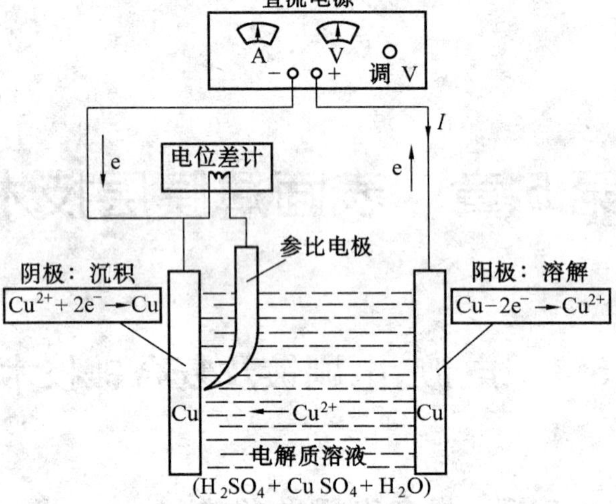

图 5.1　电镀原理示意图

和控制镀层质量。其一般变化规律如图 5.2 所示,图中 I/I_d 是阴极金属离子沉积的最大或极限电流密度(即完全浓差极化电流密度)。

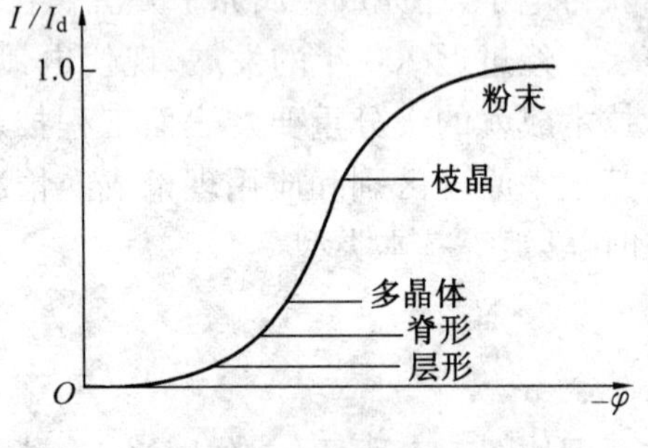

图 5.2　极化曲线及与镀层质量关系图

这里的阴极电位是阴极沉积金属在外加电流或自腐蚀时所具有的实际电位值,也称极化电位。可用电位稳定的参比电极测量其相对值,如图 5.1 所示。它主要由阴极沉积金属的平衡电极电位值 φ_e 和过电位值 η 构成。

金属平衡电极电位是零电流密度(外加电流和自腐电流均为零)时金属电极所固有电位值。该电位的本质是单金属电极和电解质溶液中的该金属离子充分接触平衡时,其固/液界面产生了双电层结构。这种双电层结构是电极/溶液双电层结构,如图 5.3 所示,它不同于一般金属界面的静双电层结构，其间始终存在金属溶解和沉积速度相同形成的等值交换电流密度 i^0，溶液一侧的剩余电荷层也因热运动离散地分布在界面薄液层内，是一种保持动态平衡的扩散双电层结构产生的稳定电位值。

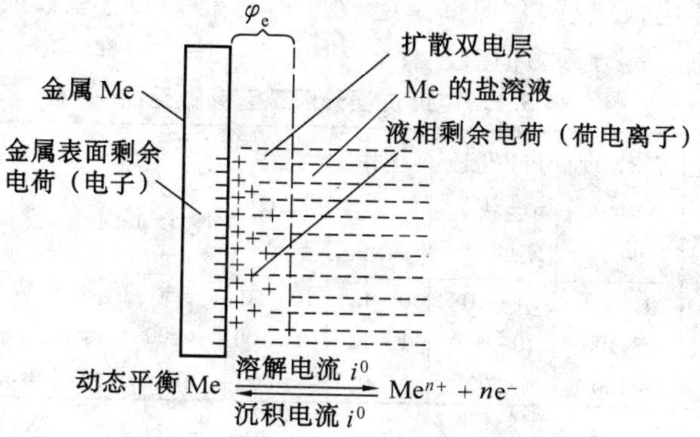

图 5.3　平衡电极电位产生示意图

平衡电极电位与标准电极电位 φ^0 以及电解质溶液中该金属离子的活度 $\alpha_{Me^{n+}}$（其值近似于金属离子的浓度）等因素有关，可用电极反应和相应的能斯特公式表示，即

$$Me^{n+}+ne^-=Me \qquad \varphi=\varphi^0+(RT/nF)\ln\alpha_{Me^{n+}} \tag{5.1}$$

为了实现电镀的阴极反应，必须施外压破坏（即降低）金属电极的平衡电极电位，加大金属离子还原沉积的电场驱动力，产生净的还原反应，形成宏观阴极电流密度 I。这种工作电极电位偏离原平衡电位并产生宏观电流的现象称为电极极化，可用过电位 η 来定量描述。因此，电镀阴极极化时的过电位和极化电位值可表示为

$$\eta=\varphi_e-\varphi \quad 或 \quad \varphi=\varphi_e-\eta \tag{5.2}$$

原则上讲，达到金属沉积的极化电位就可实现电镀，但水溶液中的阴极极化电位要受到析氢电位的限制。当金属离子沉积需要的极化电位低于氢离子还原的极化电位时，溶液中 H^+ 将优先还原而不可能达到金属离子还原的极化电位。如 Be，Mg，Al，Ti 等平衡电位较负的单金属镀层是不可能在水溶液中获得的。对于平衡电位较氢离子放电电位正的其他金属，不仅在水溶液中可获得单金属镀层，当与其极化电位相近时，还可实现多元素的共沉积，形成合金镀层。关于电沉积的过程及

镀层组织结构等基础知识见第2章。

(2)电镀工艺及特点

电镀工艺是指工件的电镀施工过程,可概括表示为:工件→机械处理→化学处理→(电)化学精处理→预镀→电镀→镀后处理。工艺的主体和重点是电镀过程,它包括了电镀技术的主要工艺参数或指标范围,表5.1给出了部分参考值。

表5.1 电镀过程一般工艺参数范围

工艺类型	沉积速度/(μm·min^{-1})	沉积电流密度/(A·cm^{-2})	工作电压/V	工作温度/℃	镀层最大厚度/μm	应用
一般电镀	0.1~2	1~10	0~12	10~60	50	挂镀,滚镀或装饰镀等
高、快速电镀	2~100	10~500	1~30	10~100	500	刷镀,喷镀,线材电镀等
其他电镀	<100	<500	<30	<100	2×10^3	非水溶液电镀,电铸等

不同金属基体有不同的电镀工艺特点,现选择几种常用材料的工艺特点分述如下。

①钢铁

钢铁的电镀工艺最为成熟。预处理后,一般可直接在弱酸或弱碱性电解液中镀Zn,Cr,Fe,Cd,In,Co,Ni,Sn,Pb等平衡电位较铁负或相近的金属镀层,经预镀处理(如预镀镍或预镀铜等)后,可续镀Cu,Ag,Pd,Au等不活泼金属。在预处理时要特别注意:钢铁的主要成分是中等活泼的铁元素,易氧化,大气中易腐蚀生锈,在水和碱性溶液中化学稳定性相对较好,易被酸侵蚀溶解,故常采用高温碱液除油污,用稀盐酸或与硫酸的混酸溶液除弱表面层和活化表面。对高、中碳钢基体酸侵蚀后,要特别注意除净石墨和碳化物等挂灰,以防形成虚镀层,结合不实;还要尽量避免氢脆,多采用阳极电化学精处理。对铸铁件经机械和预备除油处理后,用碱性阳极电解除油比较有利于清洁干净孔穴和裂痕处;若用阴极或交流法电解除油易污染镀液;酸侵蚀液中一般要加入少量氟化物利于除去铸铁表面的杂质硅;而碱液除油或酸侵蚀后,均需进行彻底清洗。

②铝及铝合金

铝及铝合金性质活泼表面极易被氧化,制备出的活性表面能快速形成新的氧化膜;电位负,易溶于酸、碱和与较高电位金属形成不致密的置换镀层；膨胀系数大，与镍、铬镀层直接结合时会产生足够的热膨胀应力，使镀层因冷、热而破裂；还因其铸件有砂眼、气泡及孔隙等较多缺陷，易滞留残液和气体物质，造成结合面处的腐蚀或应变破坏，最终出现镀层起泡和脱落现象。

因此，铝及铝合金是难电镀的金属，但镀后应用价值大，是现代电镀技术应用、发展较快的领域。目前发展的工艺很多，成熟、通用的工艺步骤主要有：热强碱液（有时含氟离子）溶解及刻蚀氧化膜和其他弱表面层；硝酸或与氢氟酸的混酸溶液均匀弱侵蚀处理；在含辅助配合剂的强碱液中置换预浸锌或高锌合金（如 Zn-Fe 合金结合更好）；第二次酸弱侵蚀和浸锌或锌合金处理；在弱酸至弱碱液中冲击预镀镍或低电位的铜镀液闪镀铜。其中的第二次侵蚀、浸锌工艺有利除去不均匀的弱浸锌表面层和使表面金属间合金化，再次形成更细致均匀的锌及合金薄覆盖层，比纯铝基合金更易于进行预镀处理。由于锌的熔点不高，镀层不能在较高温度下使用，且锌镀层易发生横向侵蚀，在腐蚀时导致起泡和剥落，故直接预镀锌合金、镍或铜也有许多成功应用的工艺方法。

③不锈钢及特种钢

这类基体材料一般耐蚀和易被钝化，但易被氢氟酸或硝酸、碱性电解液处理所侵蚀。因此，电解除油液要碱度低、温度低、时间短；强酸侵蚀后，若表面有脱碳，必须清除（如刷洗）；活化后应立即预镀或直接镀铜、镍、铬等。例如不锈钢经活化、清洗后，可带电放入高硫酸和硫酸铜镀液中大电流密度冲击预镀铜；或在预镀溶液中先阳极活化，再闪镀镍。

④铜合金

铜合金一般不耐碱，故应选用中等碱性的除油液进行短时间除油处理。实践中，多用溶剂蒸气除油法和乳化法先进行充分预除油。另外，铜合金大多含有 Pb，Sn，Ni 等合金成分，侵蚀用的酸仍以使用含氟硼酸或氢氟酸的溶液为好。

（3）电镀应用

①单金属镀层

电镀单金属镀层，约有 30 余种。单金属镀层多用于传统的防护、装饰、耐磨和导电等目的。如质软的锌镀层属钢基阳极保护性镀层，常经钝化、染色和涂覆保护膜后用于钢铁件的防护-装饰；而硬度高、耐蚀性好的有镍镀层，属钢基阴极封闭防护镀层和铜基阳极保护镀层，广泛用做镀铬、贵金属、枪黑和黑镍的底层及各种功能性镀层；质柔可塑的铜镀层可用于防渗氮、渗碳镀层，或多层组合镀层中的结合底层和材料表面导电镀层。还有高硬耐磨的铬镀层，装饰性和稳定性均好且电接触性好的金、铂等贵金属镀层等。

实用镀层更多地将各种单金属镀层或同种不同性的镀层甚至是其他镀层互相巧配，形成综合性能优良的组合镀层。

②合金镀层

金属离子和一种或多种其他元素在阴极共沉积，可以形成合金镀层。合金镀层品种已达240种，工业化的约40种，如Ni与Fe，P，W，Sn等元素形成的镍系合金镀层。通常，合金镀层比单金属镀层有较高的硬度和致密性，较高的耐蚀、耐磨及耐高温性，或良好的磁性、钎焊性以及色泽丰富的美丽外观。但形成合金镀层的条件较高，必须有选择性好的配合剂、表面活性剂和良好的工艺条件。

一般来说，常温电沉积的合金镀层与高温冶金法得到的合金覆层相比，具有结晶细致、耐蚀性好、硬度高、韧性小等特点，表现出更优异的化学稳定性和物理机械性能，具有特殊的功能扩展潜力。如Ni-P非晶态镀层的发现，就开辟了电镀非晶态合金镀层的新领域。

③电镀新技术应用

现代电镀技术的发展是以新技术应用为依托的。如大功率调制电流直流电源的应用，使人们可以更精确地控制和利用电极过程；利用超声波搅拌技术改进了传质条件，大大提高了表面处理质量和效率；利用高性能的配合剂、添加剂和惰性阳极材料、喷射技术等实现了高速电镀的广泛应用；激光技术还可用于催化和加速电极过程，实现镀层形状和性能的精雕细刻。现代科技的各种新技术、新材料在电镀中的综合应用，拓宽了以获得各种功能镀层或材料为目的的电镀应用范围。

2. 复合电镀

利用电镀方法获得复合镀层是现代电镀技术应用最具活力的新领域。复合电镀就是在电解质溶液中加入一种或数种不溶性固体颗粒，在金属离子被还原的同时，将不溶性的固体颗粒均匀地夹杂到金属镀层中的过程。复合镀层是一类以基质金属（被沉积金属）为均匀连续相，以不溶性固体颗粒为分散相的金属基复合材料。复合电镀的主要特点如下。

a. 具有一般电镀优点。可采用一般的单金属或合金镀种，同样易于实施和控制，而不需精密、昂贵的设备和高温、真空等条件。

b. 扩展了复合材料的品种和性能。凡能稳定存在于镀液中的固体微粒都可成为复合镀层的分散相；复合镀层基质金属和分散微粒间具有清晰的相界面，且易保持它们各自特性，又能维持复合镀层典型的综合性能。

c. 在同一基质金属的复合镀层中，微粒的品种、大小和含量可以在较宽范围内调整，即复合电镀为改变和调整材料的机械、物理和化学性能提供了极大的可能性和多样性。这是现代材料的“裁剪”术。

d. 复合电镀可以获得普通电镀得不到的镀层及性能。如将铬粉在铁镍合金镀液中制得的(Fe-Ni)-Cr复合镀层进行热处理，可得无裂纹的Fe-Ni-Cr三元合金不锈钢镀层。

(1)复合镀层形成规律

复合镀层是近20年发展起来的新工艺，还未形成完善的理论体系，关键是还未形成统一的复合沉积机理和理论模型。对其公认的规律简述如下。

①复合电镀的基本条件

复合电镀除要求具备一般电镀条件外，对复合微粒性能的要求有以下几点。

a. 悬浮。复合镀要求微粒能均匀地悬浮在镀液中(通常采取各种搅拌手段)，以保证获得微粒均匀弥散的复合镀层。

b. 微粒大小。在复合电镀溶液中，微粒太细易结块，太大难均匀悬浮，获得的镀层中颗粒分布不均。通常镀液中加入的固体微粒粒径控制在0.01～40 μm之间，对粒径大于40 μm的固体颗粒(或长纤维)，可采用人工布粒(或布线)的方法进行特殊复合电沉积。

c. 微粒性质。固体微粒在镀液中应有良好的化学稳定性，不溶、不污染镀液。

d. 微粒表面状态。微粒在镀液中的表面润湿性、表面电性能及与电极和基质金属的亲合性，直接影响了微粒进入镀层的能力。除了入槽前必要的清洗和润湿等预处理外，还应有针对性地选用表面活性剂使固体微粒亲水;酌情在镀液中加入一定量的阳离子表面活性剂,使其表面荷正电,利于向阴极迁移和被阴极表面俘获。

②复合电沉积的基本规律

大量的实践研究表明,微粒与金属离子共沉积过程包括三个步骤。

第一步:悬浮于镀液中的微粒,由镀液深处向阴极表面附近输送。其主要动力是搅拌形成的动力场。

第二步:微粒黏附于阴极表面上。此步骤动力学因素复杂,与微粒、电极基质金属、镀液、添加剂和电镀操作条件等因素有关。

第三步:微粒被阴极上析出的基质金属牢固嵌入。

目前,关于第二步的实质和机理尚无完善的理论解释。有的认为,表面呈有效正电荷密度分布的微粒在电场力等作用下,到达阴极表面,并伴随金属离子还原沉积,经历了弱吸附、强吸附和被不断增厚的金属镀层捕获等过程。其中弱吸附的微粒,很易被电沉积的基质金属压出,或被流体所冲走,只有部分有利的强吸附微粒易被俘入镀层。因而,复合电镀液的微粒浓度虽大,镀层的微粒含量并不高。复合电镀一般表现为强吸附的慢控制步骤,目前的研究尚不能很好解释所有现象。

(2)影响复合镀层质量的因素

复合电镀层生成的基本条件是被沉积金属和微粒的协同沉积,它决定了镀层的质量。复合量的增加,可突出镀层的特殊性质,如硬度、耐磨性、耐腐蚀性和润湿性等。其影响因素有:微粒表面有效电荷密度为正且大时,一般有利于提高镀层微粒含量;一般 0.1 ~ 10 μm 的微粒被阴极俘获的几率高;球形微粒更难被阴极捕获,在极限值内微粒浓度增大,镀层微粒含量有所提高;微粒共沉积量随阴极电流密度提高有先升后缓降的趋势;适当强度的搅拌既有利于微粒均匀进入镀层,又不至于冲刷掉已吸附的微粒。另外镀液类型及品种、添加剂、pH 值、温度、极化性和表面微观电流分布同样影响复合镀层的质量和微粒的复合量。

(3)复合镀层的结构与特性

复合镀层是金属连续相和固体微粒分散相的机械混合体,其性能是两类材料结构组织和性能的综合体现。固体微粒细微时(如粒径小于0.5 μm),镀层细密,微粒会阻碍基质金属位错的移动和晶格的畸变,属微粒弥散增强镀层。实际复合镀层中微粒粒径多为 0.1 ~ 15 μm 之间，多为功能性微粒弥散复合镀层。

理论分析表明，复合电镀层中微粒含量为30%～50%（体积分数）时，强度可达最大值。一般随着复合镀层中微粒含量的增加，硬度增大（软质微粒则可降低），塑性降低。通常将复合镀层中的微粒含量维持在2%～10%（体积分数）范围内。

(4)复合镀层的应用

复合镀层开发应用较多的主要有镍基、锌基、铜基和银基等复合镀体系，其中许多性能优异的复合镀液已商品化。复合镀层按用途可分为装饰-防护性复合镀层、功能性复合镀层及用做结构材料的复合镀层三大类。

①装饰-防护性复合镀层

此类镀层在工业生产中已大规模应用。例如，极大提高了耐蚀性能的微孔铬镀层，其底层为镍封闭的薄层复合电镀层（$Ni-SiO_2$，$Ni-BaSO_4$，Ni-高岭土等），表面镀铬时不导电的微粒就形成了铬镀层的微孔，而独具耗散腐蚀电流的特性；近年来飞速发展的缎面镍就是分别含有高岭土、玻璃粉、滑石粉或$BaSO_4$，Al_2O_3等的镍基复合镀层，具有结晶细致、孔隙少、内应力低、耐蚀性好和外观柔和舒适等优点；而用TiO_2，SiO_2或铝粉等的锌基复合镀层代替钢铁表面的普通锌镀层，能经济地使其耐蚀性提高2～5倍，外观得到改善。

②功能性复合镀层

功能性复合镀层发展活跃，前景广阔。有镍-金刚石、镍-金刚砂、铜-刚玉等耐磨而坚硬的复合镀层；有镍-硫化钼、铜-石墨、镍-聚四氟乙烯等低摩擦系数的自润滑镀层；还有$Ni-SiO_2$，$Ni-Al_2O_3$，$Ni-ZrO_2$，$Ni-MoS_2$等具有催化功能，经真空烧结而具光电转换效应的$Ni-TiO_2$和电接触功能的$Ag-La_2O_3$，Au-WC等复合镀层。

③用做结构材料的复合镀层

这类镀层常为各种陶瓷粉末、晶须、细纤维与基质金属共沉积，厚度在1 mm以上的增强型复合镀层。

3. 化学镀

化学镀是一种无电镀敷镀层的新方法，其本质是靠溶液中的还原剂使金属离子还原并沉积在零件表面的过程。化学镀区别于电镀的主要特点是：无需外加电场；形状复杂的工件可获得十分均匀的镀层；镀层致密、孔隙少、硬度高；可适用于金属、非金属、半导体等基体的镀敷；设备和器具简单，投资少；但所用溶液的工艺维护、再生较麻烦，材料成本较高。

化学镀已广泛应用于石化、电子、汽车等工业领域。重要的类型有化学镀铜、化学镀镍磷合金和近年快速崛起的复合化学镀，钴、银、金、钯也是工业常用的化学镀层。随着激光、脉冲、辐射等现代技术在化学镀工艺中的成功应用，化学镀在表面处理技术中越显重要，其开发应用范围已更广泛地涉及航空、机械、纺织、石化及国防工业等领域。

(1)化学镀原理

①化学镀机理

化学镀的反应式为

$$AH_n + Me^{n+} \rightleftharpoons A + Me + nH^+ \qquad (5.3)$$

式中还原剂 AH_n 将金属离子 Me^{n+} 还原为金属 Me 和非金属物质 A。

化学镀具有局部原电池（或微原电池）的电化学反应机理。如图5.4所示，还原剂分子 AH_n 在基体表面形成的吸附态分子 $A \cdot H_n$ 受基体金属催化活化，共价键减弱至失去电子而氧化为产物 A（化合物、离子或单质），同时释放出 H^+ 或 H_2，其中吸附在表面的类金属单质 A 可与获得电子的金属原子共沉积为合金镀层。

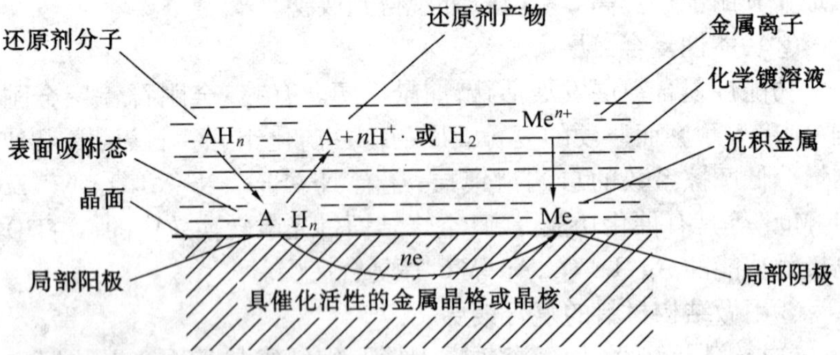

图5.4　化学镀原理示意图

②实现化学镀的工艺条件

实现化学镀必须具备如下条件：

a. 化学镀液中还原剂的电极电位要显著低于被镀金属的电极电位；

b. 镀液要有足够的稳定性和使用寿命；

c. 镀件基体表面对化学镀反应要有良好的催化活性或自催化活性；

d. 反应产物的积累不妨碍化学镀的正常进行；

e. 具有易调控镀速和镀层质量的手段或措施。

③化学镀溶液

溶液的配方设计是实现化学镀的保证。化学镀溶液的主要成分与功能如下：

a. 金属盐类提供欲镀金属的离子；

b. 还原剂在活性表面催化下起还原作用，和金属盐一起构成溶液的基本成分；

c. 稳定金属离子、防止主盐沉淀或水解的配合剂；

d. 防止沉积过程中析氢和槽液 pH 剧变的缓冲剂；

e. 保证沉积速度与镀层成分最佳 pH 值的调整剂；

f. 有助提高反应速度的加速剂（促进剂）；

g. 防止槽液自然分解、控制还原反应的稳定剂；

h. 润湿剂、光亮剂等其他添加剂。

④化学镀的速度与质量控制

化学镀过程中金属离子和还原剂的消耗、酸度的增大均使沉积速度减慢；温度升高可加速反应；pH 值能较大程度地改变还原剂的电极电位和催化反应活性；搅拌能有效加速表层镀液流动传质，保证镀层均匀无孔。目前还发展了超声波、辐射、激光等先进的表面能量控制手段，用于直接控制和催化表面沉积过程，改善镀层性能。

（2）化学镀铜

①反应

化学镀铜使用溶液的基本成分是甲醛和硫酸铜。pH 为 11 ~ 13 时，甲醛在 Pd，Ag，Ni，Cu 等催化基体上都有良好的还原活性。其电化学反应机理是

在局部阳极　$$2HCHO+4OH^- -2e^- \longrightarrow 2HCOO^- +H_2\uparrow +2H_2O \tag{5.4}$$

在局部阴极　$$Cu^{2+}+2e^- \longrightarrow Cu \tag{5.5}$$

但该镀液稳定性较差，在碱性溶液中易发生有害反应，即

$$2Cu^{2+}+HCHO+5OH^- = Cu_2O+HCOO^-+3H_2O \quad (5.6)$$

$$Cu_2O+H_2O = Cu+Cu^{2+}+2OH^- \quad (5.7)$$

式中,Cu^{2+}实为配离子,被还原为不稳定的 Cu^+,会自分解析出金属铜粉而催化分解镀液,故要加入能与 Cu^+作用的稳定剂。

②应用

化学镀铜层因有良好的导电性、可焊性、韧性及经济性而成为重要镀种,用于非导体的金属化处理、印刷线路板和集成电路的导电镀层及各种镀覆技术的底层。

化学镀铜液有低稳定性和高稳定性及低速沉积和高速沉积之分。工艺上已由高温高速发展为常温高速。在替代有毒害物甲醛的化学镀铜液研究中,也有了许多成功的应用实例。

(3)化学镀镍磷合金

化学镀镍过程中,还原剂的反应产物通常被共沉积在镀层中,获得的化学镀镍层实际上是镍一类金属合金镀层,如普遍使用的化学镀镍镀层就是含磷量为 1% ~14%(质量分数)的 Ni-P 合金镀层。

①反应

用次磷酸盐为还原剂,可在 Pd、Rh、Pt、Fe、Co 等活性金属的催化下镀镍,其电化学反应机理包括了次磷酸根失电子的阳极过程和配合态镍离子、氢离子及次磷酸根离子得电子的阴极过程。

局部阳极反应 $$H_2PO_2^-+H_2O-2e^- = H_2PO_3^-+2H^+ \quad (5.8)$$

局部阴极反应 $$Ni^{2+}+2e^- = Ni\downarrow \quad (5.9)$$

$$2H^++2e^- = H_2\uparrow \quad (5.10)$$

$$H_2PO_2^-+2H^++e^- = P\downarrow+2H_2O \quad (5.11)$$

显而易见,式(5.10)为伴随在沉积过程中的不利副反应。另外,在液相还可能发生下列有害副反应,即

$$H_2PO_2^-+H_2O = H_2PO_3^-+H_2\uparrow \quad (5.12)$$

$$H_2PO_3^-+Ni^{2+} = NiHPO_3\downarrow+H^+ \quad (5.13)$$

$$Ni^{2+}+2H_2PO_2^-+2H_2O = Ni\downarrow+2H^++H_2\uparrow+2H_2PO_3^- \quad (5.14)$$

特别是在酸度接近中性时,更易催化次磷酸的自分解反应式(5.12),促使低溶解度的亚磷酸镍因过饱和而按式(5.13)结晶析出,继而成为诱使镀液分解反应式(5.14)的催化晶核。故通常控制化学镀镍溶液

pH 值在 10 ~ 8 的弱碱性或5 ~ 4的弱酸性范围内，并加入适当的镍离子配合剂和镀液稳定剂，以及采取严格控制的高温施镀来确保镀速和稳定性。

②应用

缘于镍的易钝化、磷对镀层结构组织的影响，化学镀镍磷合金具有优异的化学稳定性、耐磨性，具有硬度高、脆性大、光滑、易于钎焊等特点，是表面处理领域中近年发展速度最快的工艺之一。其系列镀液品种多、性能优异。有高、中、低磷镀液，暗与光亮镀液，高稳定镀液，快速镀液，厚镀层镀液（一次镀 300 μm 以上）等。近年商品化开发的镀液已具有调整简便，易于自动化操作，镀液性能高、寿命长，以及生产效率高、成本低等优点。例如低磷镍纳米晶镀层硬度高，具有更佳的耐磨耐蚀性，特别适用于要求耐磨而又不能经受高温处理的材料（如铝及合金）；而高磷镍镀层为难得的非晶态镀层，用于包覆金刚石等硬质材料，可提高其强度、抗氧化温度和热稳定性以及其粉末冶金的润湿性。另外还有特殊性能的 Ni-B、Ni-C 等镍基合金化学镀层。

(4) 复合化学镀

化学镀对微粒具有较强的复合能力，用悬浮微粒镀液可获得微粒含量相当高的复合镀层。但化学镀液的稳定性差，要求微粒必须无催化活性和有尽可能低的浓度，复合化学镀液中还需加入特殊的稳定剂。

目前，化学镀复合镀层的主要目的是抵抗磨损。例如以聚四氟乙烯微粒为分散相获得的化学镀复合镀层 Ni-P-PTFE，因其自润滑性、不黏性和低的摩擦系数而广泛适用于计算机、模具、齿轮等。类似的还有 Ni-P-$(CF)_n$，Ni-P-CaF_2，可用于发动机内壁、活塞环、轴承等机器的滑动部件，尤其适用于高温下需润滑的部件，是一种优异的耐磨干态润滑复合镀层。另外还有高耐磨性和耐热性的化学复合镀层 Ni-P-SiC，Ni-B-Al_2O_3 等，可广泛用于模具、钻头和气缸套、活塞环等的表面强化。

5.1.2　电刷镀

电刷镀（Brush Electro-Plating ISO2080—1981）技术是电镀技术的新发展，是表面工程的重要组成内容，在国家“六五”到“九五”计划期间连续被列为国家重点推广的新技术项目。它具有设备轻便、工艺灵活、镀积速度快、镀层种类多、结合强度高、适应范围广、对环境污染小、省水省电等一系列优点，是机械零件修复和强化的有效手段，尤其适用于大型机械零件的不解体现场修理或野外抢修。

1. 电刷镀技术的基本原理

由图 5.5 可以看出，电刷镀技术采用一专用的直流电源设备，电源的正极接镀笔作为刷镀时的阳极，电源的负极接工件，作为刷镀时的阴极。镀笔通常采用高纯细石墨块作阳极材料，石墨块外面包裹上棉花和耐磨的涤棉套。刷镀时使浸满镀液的镀笔以一定的相对运动速度在工件表面上移动，并保持适当的压力。这样在镀笔与工件接触部位，镀液中的金属离子在电场力等作用下传输到工件表面，并在工件表面获得电子被还原成金属原子，这些金属原子沉积结晶就形成了镀层。随着刷镀时间的增长镀层增厚。

电刷镀沉积金属的原理与槽镀相同，可以表示为

$$M^{n+}+ne^{-}\longrightarrow M$$

式中，M^{n+} 为金属正离子；n 为该金属的化合价数；e^{-} 为电子；M 为金属原子。

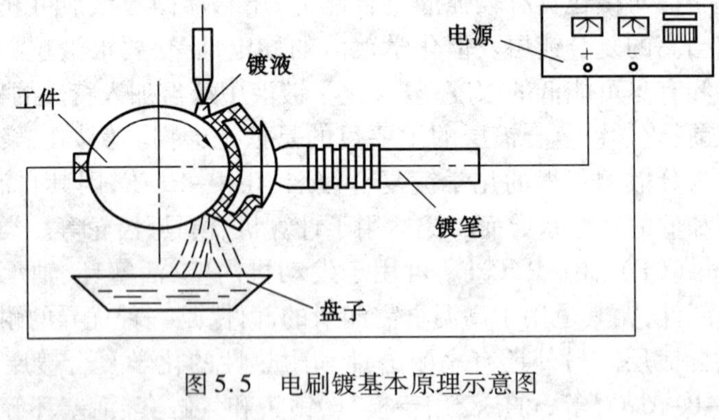

图 5.5　电刷镀基本原理示意图

2. 电刷镀技术的特点

电刷镀技术的主要特点，可以从 3 个方面叙述。

①设备特点

电刷镀不需要镀槽，也不需要挂具。其设备多为便携式或可移动式，体积小、质量轻，便于现场使用或野外抢修，且一套设备可以完成多种镀层的刷镀。

镀笔(阳极)材料主要采用高纯细石墨,是不溶性阳极。石墨的形状可根据需要制成各种样式,以适应被镀工件表面形状。刷镀某些镀液时,也可以采用金属材料作阳极。

设备的用电量、用水量比槽镀少得多,可以节约能源、资源。

②镀液特点

电刷镀溶液大多数是金属络合物水溶液,络合物在水中有相当大的溶解度,并且有很好的稳定性。因而镀液中金属离子含量通常比槽镀高几倍到几十倍。

不同镀液有不同的颜色,透明清晰,没有浑浊或沉淀现象,便于鉴别。

性能稳定,能在较宽的电流密度和温度范围内使用,使用过程中不必调整金属离子浓度。

不燃、不爆、无毒性,大多数镀液接近中性,腐蚀性小,因而能保证手工操作的安全,也便于运输和储存。除金、银等个别镀液外均不采用有毒的络合剂和添加剂。现在无氰金镀液已研制出来。

镀液固化技术和固体制剂的研制成功,给镀液的运输、保管带来了极大方便。

③工艺特点

电刷镀区别于电镀(槽镀)的最大工艺特点是镀笔与工件必须保持一定的相对运动速度。正是由于这一特点,带来了电刷镀的一系列优点。

由于镀笔与工件有相对运动,散热条件好,在使用大电流密度刷镀时,不易使工件过热。其镀层的形成是一个断续电结晶过程,镀液中的金属离子只是在镀笔与工件接触的那些部位放电还原结晶。镀笔的移动限制了晶粒的长大和排列,因而镀层中存在大量的超细晶粒和高密度的位错,这是镀层强化的重要原因。镀液能随镀笔及时供送到工件表面,大大缩短了金属离子传输路径,不易产生金属离子贫乏现象。加上镀液中金属离子含量很高,允许使用比槽镀大得多的电流密度,因而镀层的沉积速度快。

使用手工操作,方便灵活,尤其对于复杂型面,凡是镀笔能触及的地方均可镀上。非常适用于大设备的不解体现场修理。

3. 电刷镀工艺

(1)电刷镀的一般工艺过程

电刷镀的一般工艺过程见表5.2。

表5.2　电刷镀一般工艺过程

序号	工序名称	工序内容、目的	备　注
1	表面准备	去除油污,修磨表面,保护非镀表面	
2	电净	电化学去油	极性一般正接
3	强活化	电解刻蚀表面,除锈,除疲劳层	极性反接
4	弱活化	电解刻蚀表面,去除碳钢表面炭黑	极性反接
5	镀底层	镀好底层,提高界面结合强度	极性正接
6	镀尺寸层	快速恢复工件尺寸	极性正接
7	镀工作层	达到尺寸精度,满足表面性能要求	极性正接
8	镀后处理	吹干,烘干,涂油,低温回火,打磨,抛光等	根据需要选择

注:以上工艺过程,每道工序间都需用清水冲洗干净上道工序的残留镀液。

(2)电刷镀主要工艺参数的选择

影响镀层质量的工艺参数较多,这里仅对电压、相对运动速度、温度的影响和选择原则作一概述。

①刷镀电压

刷镀电压的高低,直接影响金属沉积速度和镀层质量。当电压偏高时,刷镀电流相应提高,使镀层沉积速度加快,易造成组织疏松、粗糙。当电压偏低时,不仅沉积速度太慢,而且同样会使镀层质量下降。所以,为了保证得到高质量的镀层和提高生产效率,应按每种溶液确定的电压范围灵活使用。例如:用特殊镍打底层,开始用18 V较高电压短时间刷镀,以提高电流密度,促使多生核,细化镀层晶粒,5～10 s后,降到正常工作电压12 V。又如,用快速镍镀较大面积的工作层时,开始选用工件电压14 V,待随着工件与镀液温度上升和镀层接近最终尺寸时,应把电压降到12 V,以获得晶粒细密、表面光亮的镀层。

②镀笔与工件的相对运动速度

刷镀时,镀笔与工件之间必须做相对运动,这是刷镀技术的一大特点。相对运动速度太慢时,镀笔与工件接触部位发热量大,镀层易发黑，局部还原时间长，镀层生长太快，组织易粗糙。若镀液供送不充分，还会造成局部离子贫乏，组织疏松。相对运动速度太快时，会降低电流效率和沉积速度，形成的镀层虽然致密，但应力太大易脱落。相对运动速度通常选用 8 ~ 12 m/min。

③电刷镀的温度控制

在刷镀操作的整个过程中，工件的理想温度是 15 ~ 35 ℃，最低不能低于 10 ℃，最高不宜超过 50 ℃。镀液的使用温度应保持在 25 ~ 50 ℃范围内。为了防止镀笔过热，在刷镀层厚时，应同时准备多支镀笔，轮换使用。

(3) 刷镀工艺参数对镀层硬度的影响

①电流密度的影响

电流密度增高，阴极提供的电子增多，镀层生核多，晶粒细化，镀层致密，内应力增加，使硬度有所提高。但当增大到一定程度后，硬度反而降低，降低的原因是电流密度过高使晶粒生长过快，形成粗大晶粒。同时内应力过高并沿镀层中的裂缝释放导致镀层结构松弛。

②相对运动速度的影响

相对运动速度过快，镀层单位面积上沉积速度会降低，导致镀层晶粒细化，应力增大，易造成镀层剥落。而相对运动速度过慢，散热不利，造成镀层局部变黑，接触时间过长使镀层组织粗大，降低镀层表面硬度。

③镀液温度的影响

镀液温度对镀层硬度的影响，主要反映在镀层晶粒的粗细上。一般来说，镀液温度过高或过低，镀层晶粒易于长大。

④不同热处理温度的影响

表 5.3 列出了几种常用镀层在不同温度热处理后的硬度值。

由表 5.3 可见，常温下较硬的镀层加热至 100 ~ 200 ℃时有一定的二次强化效果。继续加热，除镍-磷非晶态镀层以外都产生软化，只是软化速度不同，在 600 ℃左右，这些镀层硬度都比常温硬度至少下降 40% 左右。但是惟独镍-磷镀层与众不同，在 400 ℃时它的硬度达到峰值，600 ℃时仍能保持常温时的硬度。由此可见，非晶态组织的镀层具有比其他镀层都好的耐高温性能。

表 5.3　不同温度热处理后几种镀层硬度值 HV

镀层	室温	100 ℃	200 ℃	300 ℃	400 ℃	500 ℃	600 ℃
致密快镍	448	451	481	541	423	202	—
快速镍	508	472	480	527	376	189	—
镍-钨 50	376	509	449	364	386	438	—
镍-钨“D”	558	565	512	502	415	367	357
镍-磷(非晶态)	460	455	548	578	750	640	460
特殊镍	386	551	512	501	446	371	242
铁合金 1	662	715	778	693	740	563	303

(4)刷镀工艺参数对镀层相对耐磨性的影响

①工作电压和相对运动速度的综合影响

当工作电压较高时,电流密度上升,增加了电场的不均匀性,亦增加了电化学极化作用;而相对运动速度加快,则使浓差极化增加,阴极周围金属离子严重缺乏,造成镀层组织粗糙疏松、硬度下降和耐磨性降低。当工件电压较低、相对运动速度又慢时,镀层的相对耐磨性也不高。当工作电压较高时,宜用略低的相对运动速度;对于在适中的工作电压范围内,则可随电压升高加快相对运动速度,反之亦然。

②温度的影响

镀液与基体温度过高,会造成镀层组织的晶粒粗大、结构松弛等,可以从改善散热条件着手控制这种影响,一般来讲,在 35 ℃左右时较易获得相对耐磨性好的镀层。

③不同热处理温度的影响

表 5.4 是对几种镀层在不同热处理温度下加热、保温、冷却后再进行相对耐磨性试验的结果。从表中可见,室温下致密快速镍镀层的相对耐磨性最高,而随温度升高,快速镍镀层的相对耐磨性有增加,致密快镍的却减小,惟有镍-钨 50 镀层的相对耐磨性没有明显的变化,说明这种镀层在温度发生变化情况下仍能保持其耐磨性能。另外镍-磷非晶态镀层在温度变化条件下耐磨性能也不会降低。

表 5.4　不同温度不同镀层的相对耐磨性

镀层	室温	100 ℃	200 ℃	300 ℃	400 ℃	500 ℃
快速镍	0.87	0.9	1.21	1.05	1.08	—
致密快镍	1.64	0.92	0.92	0.86	1.07	1.06
镍-钨 50	1.2	1.2	1.17	1.00	1.13	1.20

4. 电刷镀技术的应用范围

(1)恢复磨损零件的尺寸精度与几何精度

在工业领域中,因机械设备零部件磨损造成的经济损失是十分巨大的,用电刷镀恢复磨损零件的尺寸精度和几何精度是行之有效的方法。

(2)填补零件表面的划伤沟槽、压坑

零件表面的划伤沟槽、压坑,是运行的机械设备经常出现的损坏现象。尤其在机床导轨,压缩机的缸体、活塞,液压设备的油缸、柱塞等零件上最为多见。用刷镀或刷镀加其他工艺修补沟槽、压坑是一种既快又好的方法。

(3)补救加工超差产品

生产中加工超差的产品,一般说来超差尺寸都很小,非常适合用电刷镀修复,使工厂成品率大大提高。

(4)强化零件表面

用电刷镀技术不但可以修复磨损零件的尺寸,而且可以起到强化零件表面的作用。例如在模具型腔表面刷镀 0.01 ~ 0.02 mm 的非晶态镀层,可以使寿命延长 20% ~ 100%。

(5)提高零件表面导电性

在电解槽汇流铜排接头部位镀银,可减小电阻,降低温升,使用效果良好。

为了提高大型计算机的工作可靠性,在电路接点处电刷镀金处理,既能保证接点处接触电阻很小,又能防止接点处金属氧化造成断路。

(6)提高零件的耐高温性能

如钴-镍-磷-铌非晶态镀层的晶化温度可达 320 ℃,在 400 ~

500 ℃高温下,镀层由非晶态向晶态转变后,同时析出第二相组织,这些第二相组织是弥散分布在镀层中的硬质点,可以有效提高镀层耐高温磨损的性能。

(7)改善零件表面的钎焊性

在难钎焊的材料表面上刷镀某些镀层后,钎焊将变得非常容易,而且有较高的结合强度。

(8)减小零件表面的摩擦系数

当需要零件表面具有良好的减摩性时,可选用铟、锡、铟锡合金、巴氏合金等镀层。试验证明,在滑动摩擦表面或齿轮啮合表面上刷镀0.6~0.8 μm 的铟镀层时,不仅可以降低摩擦副的摩擦系数,而且可以有效地防止高负荷时产生的黏着磨损,具有良好的减摩性能。

利用复合刷镀方法,在镍镀液中加入二硫化钼、石墨等微粉,也可减小镀层的摩擦系数,并起到自润滑作用。

(9)提高零件表面的防腐性

当要求零件具有良好的防腐性时,可根据防腐要求和零件工作条件选择镀层。所谓阴极性镀层有金、银、镍、铬等,所谓阳极性镀层有锌、镉等。

(10)装饰零件表面

电刷镀层也可以作为装饰性镀层来提高零件表面的光亮度或工艺性。如在金属制品、首饰上镀金、镀银层会使这些制品更为珍贵。在一些金属、非金属制品上还可以进行仿古刷镀,如在秦兵马俑上刷镀仿青铜色。

5. 电刷镀技术的新进展

(1)电刷镀层的抗接触疲劳性能

刷镀 Ni-W50 或致密快镍镀层在中等载荷情况下能够承受一定的接触疲劳应力,这是由刷镀层性能决定的。X 射线分析镀层的组织结构表明:Ni-W50 和致密快镍镀层均是单相的面心晶格镍组织,由 Ni-W,Ni-Co 状态图知,刷镀层中 W,Co 不会形成第二相。W,Co 固溶于镍基体中,会引起晶体点阵的畸变,镀层组织为超细晶粒,镀层硬度提高。刷镀层的高硬度是镀层能承受接触疲劳应力的主要原因。

Ni-W50 镀层厚度在 0.02 mm 左右时,具有较高的接触疲劳寿命。尽管此时对应的镀层残余拉应力达最高,但由于镀层原始裂纹少,组织致密,表面硬度高,综合作用使镀层具有较高的接触疲劳寿命。

致密快镍镀层在较宽的厚度范围内可以承受接触疲劳应力,具有较高的疲劳寿命,原因是镀层厚度小于0.08 mm时,均是残余压应力;当厚度大于0.08 mm时,具有较小的拉应力值。镀层厚度小于0.1 mm时,表面粗糙度均可达0.8以下,镀层中虽然也存在着一定数量的原始缺陷,但综合作用使得镀层能够在一定厚度范围内承受接触疲劳应力。

在高载荷情况下,镀层抗接触疲劳性能急剧下降。

(2)电刷镀非晶态镀层

在常温条件下,应用电刷镀的方法,使用Co-Ni-P系列合金刷镀液,可以获得非晶态镀层。其中以低Co^{2+}浓度加入含铌添加剂的镀液获得的刷镀层,性能最为优异。该镀层在常温和较高温度下均具有较高的硬度和良好的耐磨性。

Co-Ni-P非晶态合金镀层的晶化温度为331.9 ℃,晶化后所析出相为fcc+未知相。

Co-Ni-P(低Co^{2+}浓度,含铌添加剂的镀液)非晶合金镀层的显微硬度随热处理(均为保温30 min)的变化而变化。当温度低于300 ℃时,镀层的显微硬度值基本保持不变。331.9 ℃以上开始晶化,随温度的进一步升高,一方面镀层中结晶的晶粒数目增加,晶粒细化。另一方面,镀层的晶化过程可能是从表面开始,逐步向内部晶化的,由于表面晶化层具有较高的密度(非晶合金的密度比相应的晶态合金约小1%~3%),会对镀层内部密度较低的未晶化部分产生压应力,这两种因素的共同作用,使镀层在热处理温度300 ℃以上的显微硬度值增大,并于400 ℃时达到最大值($752HV_{0.05}$)。温度高于400 ℃时,镀层产生再结晶,使显微硬度下降较快。450 ℃以上,镀层的显微硬度再次增大,可以认为是析出第二相(未知相)造成镀层的弥散强化的结果。当热处理温度高于500 ℃后,镀层的再结晶起主要作用,因此镀层的显微硬度降低。

(3)电刷镀复合镀层

复合镀层按其结构可分为层状镀层和弥散镀层。所谓层状镀层,是指由两种或几种金属元素依次沉积而形成的多层镀层。各层金属都具有本身的物理、化学和机械性能,层状镀层中的某一层或几层可以是单金属,也可以是二元合金、三元合金。所谓弥散镀层,是指在金属镀液中加入不溶性固体微粒,使这些固体微粒与金属镀液中的金属离子共沉积,并均匀地弥散在金属镀层中。复合刷镀主要是指获得这种复合镀层。复合刷镀溶液中加入的不溶性固体微粒可以是非金属元素,如石墨、金刚石微粉;也可以是无机化合物,如金属的氧化物(氧化硅、氧化铝、氧化钛、氧化铬)、碳化物(碳化钨、碳化钛、碳化硅、碳化锆)、氮化物(氮化钛、氮化硼、氮化钨)、硼化物(硼化钛)、硫化物(二硫化钼)等;还可以是有机化合物,如聚氯乙烯、聚四氟乙烯、尼龙粉等。最新研究表明,在电刷镀溶液中加入纳米材料(如金刚石纳米材料),可把复合刷镀提高到一个新水平。

在工艺方法上,用摩擦电喷镀比用刷镀可以获得更好的沉积效果。

(4)摩擦电喷镀技术

摩擦电喷镀是在综合槽镀、刷镀、流镀等多项技术优点的基础上,新发展起来的一项金属电化学沉积技术,具有沉积速度快,镀厚能力强、镀层质量高等突出优点。

摩擦电喷镀使用专用金属阳极,工作时,阳极与工件保持一定距离,镀笔上的摩擦块紧贴工件表面。工件与阳极保持一定的相对运动速度,镀液通过镀笔杆输送到阳极,以一定的压力从阳极上的诸多小孔中喷洒到工件表面上。在电场的作用下,镀液中的金属离子在工件表面产生还原反应,金属离子获得电子还原成金属原子沉积结晶形成镀层。与此同时,镀笔上的摩擦块则随着镀笔与工件的相对运动而摩擦新形成的镀层,摩擦作用能限制镀层晶粒的长大和镀层表面的氧化膜的形成,还能有效地改善工件表面粗糙度引起尖峰和凹谷沉积速度不一致的弊端。因而摩擦电喷镀能获得组织致密、晶粒细化、力学性能良好的镀层。

(5)稀土元素在电刷镀技术中的应用

在刷镀镍、致密镍、镍钨合金等镀层过程中,都有一定数量的氮、氢、氧气体元素进入镀层,它们比一般钢材中的氮、氢、氧气体元素的含量高很多,这对镀层性能有较大影响。如果在电刷镀溶液中加入适量的稀土综合添加剂,就可以与氢形成 ReH_2,ReH_3 稀土氢化物,与氧形成 Re_2O_3,ReO 稀土氧化物,与氮形成 ReN 稀土氮化物。稀土化合物的形成大大降低了镀层中气体元素的有害作用。

稀土氢化物的形成,可以减少氢致裂纹,提高镀层抗疲劳强度,增加镀层安全厚度。

稀土氧化物的形成,既减少了镀层中因片状氧化物造成的应力,又消除了分布在晶界上的微量杂质的有害作用,起到了强化和稳定晶界的作用。

稀土氮化物的形成,使氮化物以高度弥散的状态分布于镀层中,增加镀层的硬度、强度、耐磨性和耐蚀性。

由于稀土元素的相界、晶界的选择分布效应,因而阻止晶粒长大,起到了细化晶粒的作用。

稀土元素的加入,能在镀层表面形成一层富稀土合金层,该稀土合金层在大气中氧化,形成牢固的保护层,提高镀层的抗氧化和抗腐蚀能力。

(6)电刷镀与其他表面技术的复合

电刷镀技术与热喷涂、钎焊、黏涂、激光重熔与微精处理、离子注入等技术相复合可以大幅度地提高涂层的性能,这在“复合表面技术的设计与选择”一节中将作较详细地介绍。

5.1.3　纳米复合镀

1. 纳米复合镀技术定义

纳米复合镀技术就是在电解质溶液中加入一种或数种纳米尺度的不溶性固体颗粒,并进行充分的分散,使纳米不溶性固体颗粒均匀悬浮在溶液中,利用电沉积或化学沉积的原理,使金属离子被还原的同时,将纳米尺度的不溶性固体颗粒均匀地弥散在金属镀层中的工艺方法。

2. 纳米复合镀技术的特点

a. 纳米复合镀仍保留原电镀、电刷镀、化学镀的优点,使用原有设备和工艺,只要采用纳米复合镀液即可获得纳米复合镀层。当然在具体施镀过程中,为了使溶液中的纳米不溶性固体颗粒不沉淀,而且更容易到达阴极(工件)表面,不排除使用各类搅拌装置。

b. 纳米复合镀层由两类材料组成。一类是被还原沉积的基质金属,是均匀的连续相;另一类是纳米不溶性固体颗粒。由于对纳米不溶性固体颗粒分散的困难性和纳米固体颗粒的易团聚性,镀层中的一部分不溶性固体颗粒会以微米尺度存在。

c. 凡能稳定存在于镀液中的纳米不溶性固体颗粒都可以成为纳米

复合镀层的分散相(不连续相)。纳米复合镀层中的纳米固体颗粒对镀层的力学性能、摩擦学性能都有明显的贡献。

d. 在同一基质金属的纳米复合镀层中,纳米不溶性固体颗粒的成分、尺寸、含量、纯度等,对纳米复合镀层性能有不同程度的影响,优化这些影响因素可以获得性能/价格比最佳的纳米复合镀层。这也是获得含纳米结构的金属陶瓷材料的有效途径。

e. 纳米复合镀技术的关键是制备纳米复合镀溶液。不同材料的纳米复合镀溶液,有不尽相同的纳米复合镀工艺,可获得不同性能的纳米复合镀层。

3. 纳米复合镀技术的基本原理

纳米复合镀技术是近几年才开始研究的新技术,目前纳米复合镀技术的机理尚无科学的、权威的理论解释。尤其是涉及纳米不溶性固体颗粒在阴极动力学过程中的表现行为、作用机理,更无深入的研究,也未见国内外文献报导。

关于纳米不溶性固体颗粒是如何到达阴极(工件)表面,并在基质金属中弥散分布,有3种不甚成熟的说法,仅供参考。

(1) 选择性吸附说

纳米不溶性固体颗粒加入到电解质溶液中之后,进行充分的机械复合(超声振动、机械研磨、磁力搅拌等),使纳米不溶性固体颗粒均匀地弥散分布在电解质溶液中。机械复合过程中,一些纳米不溶性固体颗粒就会有选择地吸附电解质中的某些金属正离子。电镀、电刷镀过程中,在电场力的作用下,金属正离子携带着纳米不溶性固体颗粒向阴极(工件)表面运动,到达阴极后发生还原反应,在金属正离子被还原成金属原子的同时,纳米不溶性固体颗粒也被陆续还原的金属原子捕获,并镶嵌在金属基质镀层中。与此同时,由于纳米不溶性固体颗粒十分贴近工件表面,不仅会发生范德华力式的物理吸附,而且由于纳米颗粒自身的特性,富集在纳米颗粒表面的电子还会与工件表面金属或镀层金属上的原子产生化学键的吸附。这也正是纳米复合镀层的结合强度高于普通复合镀层结合强度的推理解释。当然这一解释的科学性还要靠实验验证。

(2)络合包覆说

首先对纳米不溶性固体颗粒进行表面预处理,然后把处理过的纳米不溶性固体颗粒与电解质溶液进行充分的机械复合，同时向复合溶液中加入表面活性剂、络合剂等材料。使复合后的溶液中纳米不溶性固体颗粒与金属正离子同时被络合包覆在一个络合离子团内。在电镀、电刷镀、化学镀时，络合离子团到达阴极（工件）表面后发生还原反应，金属离子被还原成原子的同时，纳米不溶性固体颗粒也就被陆续还原的金属原子所嵌镶，最终形成纳米不溶性固体颗粒在镀层基质金属中的弥散分布。

（3）外力输送说

在电镀、电刷镀、化学镀过程中，采取一定的工艺措施，如使用搅拌器，对复合镀溶液进行搅拌，使复合镀溶液中的纳米不溶性固体颗粒运动起来，在运动中部分到达阴极（工件）表面的纳米不溶性固体颗粒被还原的金属原子捕获，发生共沉积。有时使用输液泵或镀笔把镀液源源不断的输送到工件表面，镀液中的纳米不溶性固体颗粒随之被输送到工件表面，其中一部分纳米不溶性固体颗粒在工件（阴极）表面被金属原子捕获，发生共沉积。大多数纳米不溶性固体颗粒又回到溶液中。化学镀中，需把镀液加热到一定温度，对镀液加热会促进镀液中纳米不溶性固体颗粒的运动，有利于共沉积。

当然外力输送的力要适度。例如搅拌力太弱，输送到工件表面的纳米不溶性固体颗粒太少，不利于共沉积。而如果搅拌力太大，镀液中的纳米不溶性固体颗粒受外力太大，运动过于激烈，到达工件表面的纳米不溶性固体颗粒还没来得及与金属共沉积，就在外力作用下又从工件表面上掉下来，回到溶液中，反而不利于共沉积。

纳米不溶性固体颗粒与金属原子的共沉积是一个复杂的过程。以上说法，各有其一定的道理，也都有其明显的不充分。因此，共沉积的过程，可能 3 种说法的情况会同时发生，是共同作用的结果，也可能是在某一特定工艺条件下一种或某两种说法起主要作用。虽然目前这一切还都没有得到充分的证实，然而，我们围绕这 3 种说法采取的工艺措施毕竟产生了良好的效果。

4. 纳米复合镀溶液

（1）概述

纳米复合镀溶液与普通复合镀溶液的根本区别就在于将溶液中复合的微米尺度材料改变为纳米尺度材料。复合材料尺度的这一变化，给镀液的配制带来一系列困难，而成功配制出的纳米复合镀溶液，又给复合镀技术带来一系列优点，可以说是复合镀技术里程碑性质的进展。因此，对纳米复合镀溶液提出适当的要求，并对该溶液具备的特点进行描述就显得十分重要。

(2) 纳米复合镀溶液的配制工艺

纳米复合镀溶液的配制工艺过程如图5.6所示。首先应当根据镀种和对镀层材料的要求，选择基质镀液，然后对镀液的理化性能进行调整。同时根据对镀层性能的要求，选择纳米不溶性固体颗粒的成分、尺寸、性能，并对其进行预处理。然后将经过预处理的纳米不溶性固体颗粒，按一定比例，加入到基质镀液中并进行充分的复合处理，直至将加入到镀液中的纳米不溶性固体颗粒的团聚真正打开，使其保持规定的纳米尺寸，并在镀液中均匀悬浮。最后对镀液进行性能检测，获得合格的纳米复合镀溶液。

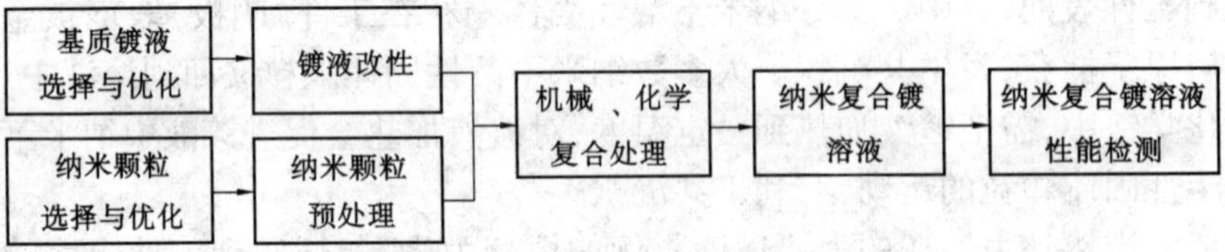

图5.6　纳米复合镀溶液配制工艺过程

(3)纳米不溶性固体颗粒的选择原则

a. 纳米不溶性固体颗粒的尺寸通常在30～80 nm范围内有利于在溶液中悬浮，有利于与金属原子共沉积，有利于在镀层中弥散分布，有利于发挥镀层材料中纳米颗粒的独特作用。

b. 纳米不溶性固体颗粒材料化学稳定性好，不与镀液发生化学反应，如不被镀液腐蚀、溶解或生成其他物质。

c. 纳米不溶性固体颗粒易于清洗、改性，在复合过程中，易于打破团聚。

d. 纳米不溶性固体颗粒材料具有优良的理化性能、力学性能、摩擦学性能，如高硬度或高耐磨性、低摩擦系数、耐高温、耐高寒、与基体金属膨胀系数相宜等。

e. 纳米不溶性固体颗粒材料成分纯度要高，不含其他杂质。颗粒直径要均匀，颗粒直径分布概率应大于80%。

f. 纳米不溶性固体颗粒材料来源广泛,成本不高,便于推广应用。

(4)对纳米复合镀溶液的要求

纳米复合镀溶液应以普通常用电镀、电刷镀、化学镀溶液为基液,与纳米不溶性固体颗粒、表面活性剂、分散剂等材料复配而成,对其具体要求如下。

a. 溶液中要富含纳米不溶性固体颗粒,其添加比例可达 20 ~ 50g/L。

b. 纳米不溶性固体颗粒在溶液中能均匀悬浮,溶液长时间搁置后,纳米不溶性固体颗粒不团聚、不沉淀。

c. 溶液具有良好的理化性能。使用普通的复合镀工艺及工艺装备,就能完成纳米复合镀,对操作者不增加更多的技术要求。

d. 纳米不溶性固体颗粒容易与溶液中的金属离子共沉积,沉积速度不低于普通复合镀。纳米不溶性固体颗粒能在镀层中均匀弥散,不能出现因添加纳米不溶性固体颗粒造成镀层性能下降的情况,也不能出现因添加纳米不溶性固体颗粒影响镀层厚度的情况。

e. 溶液无毒、无腐蚀、不燃烧、不爆炸,只要不污染,就可反复使用。

f. 溶液配制成本不宜高,能配置多种纳米材料的纳米复合镀溶液,尤其要能配制廉价纳米材料的纳米复合镀溶液,以获得性价比高、宜于推广应用的效果。

(5)纳米复合镀溶液的特点

a. 溶液中纳米不溶性固体颗粒含量高,能长时间均匀悬浮在溶液中。

b. 仍保持普通复合镀溶液的优点,无毒性(不含各类氰化物)、无腐蚀、不燃烧、不爆炸,便于操作者使用,便于携带。

c. 镀积速度快,容易实现纳米不溶性固体颗粒与溶液中的金属离子共沉积,形成弥散分布的金属基复合镀层。

d. 不需增添或更换新工艺装备,使用普通复合镀工艺装备及工艺参数,使用纳米复合镀溶液,即可获得性能优异的纳米复合镀层。

e. 复合镀过程中,无需调整溶液金属离子浓度和纳米颗粒含量,当溶液消耗一定量后,只需适量加入新溶液即可继续使用。

f. 纳米复合镀溶液性价比高。

(6) 纳米复合镀溶液的性能

①纳米复合电刷镀溶液的性能

纳米复合电刷镀溶液一般在室温下保存,在室温下初始使用。表5.5给出了几种常用纳米复合电刷镀溶液在室温下的性能。

②纳米复合电刷镀溶液性能与温度的关系

纳米复合镀溶液中含有大量正离子、酸根离子等,溶液性能与其离子活动特性相关,因此与温度密切相关。

表5.5 几种常用纳米复合电刷镀溶液与普通电刷镀溶液在室温下的性能

溶液种类		密度/($g \cdot cm^{-3}$)	pH值	电导率/($\Omega \cdot cm$)
普通电刷镀镀液	快　镍	1.170	7.51	92.275
复合电刷镀镀液	n-Al_2O_3/Ni	1.172	7.46	95.731
	n-ZrO_2/Ni	1.171	7.56	87.322
	n-TiO_2/Ni	1.171	7.53	88.934
	n-SiO_2/Ni	1.171	7.47	93.773

图5.7为几种镍基纳米复合电刷镀溶液pH值与温度的关系曲线。可以看出,加入不同的纳米不溶性固体颗粒材料对电刷镀溶液pH值影响不大,但是随着温度升高,复合电刷镀溶液pH值呈线性明显下

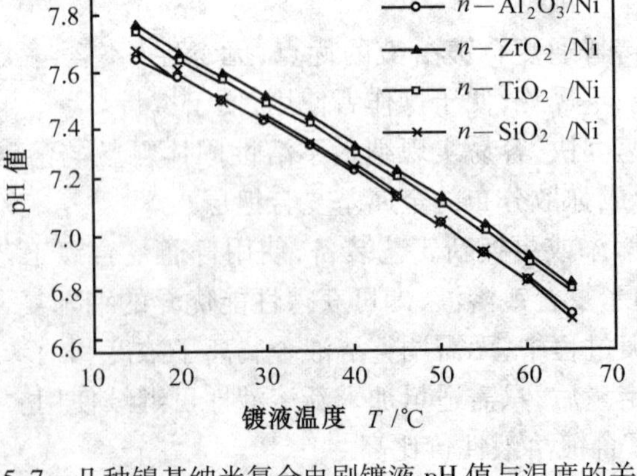

图5.7 几种镍基纳米复合电刷镀液pH值与温度的关系

降。这是因为镀液主盐是强酸弱碱盐 $NiSO_4$，随温度升高，镍盐水解度增大，H^+浓度增大，pH 值减小。

图 5.8 为几种镍基纳米复合电刷镀溶液电导率随温度变化的关系曲线。可以看出，随温度升高，纳米复合电刷镀溶液的电导率呈直线规律增大。

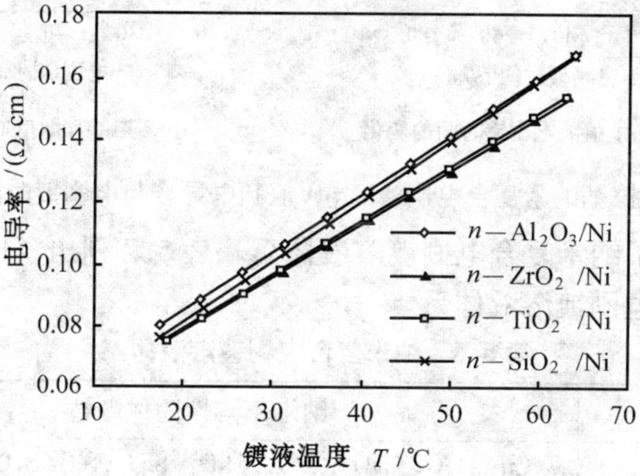

图 5.8　几种镍基纳米复合电刷镀液电导率与温度的关系曲线

③电刷镀过程中纳米复合电刷镀溶液性能的变化

在实际电刷镀中，随电刷镀过程的进行，纳米复合电刷镀溶液中金属离子和纳米颗粒不断消耗，电刷镀溶液温度也不断升高，这些因素的变化引起纳米复合电刷镀溶液性能发生变化。图 5.9 给出了几种镍基纳米复合电刷镀溶液体系的 pH 值和电导率与电刷镀时间的关系。它反映出在电刷镀过程中，随电刷镀时间的增长复合镀溶液的 pH 值减小，而电导率增大。

(7)常用纳米复合电刷镀溶液体系

常用的纳米复合电刷镀溶液的基质镀液主要包括镍系、铜系、铁系、钴系等单金属电刷镀溶液及镍钴、镍钨、镍铁、镍磷、镍铁钴、镍铁钨、镍钴磷等二元或三元合金电刷镀溶液。

所加入的纳米不溶性固体颗粒可以是单质金属或非金属元素，如纳米铜、石墨、纳米碳管、纳米金刚石等，也可以是无机化合物，如金属的氧化物(n-SiO_2，n-Al_2O_3，n-TiO_2，n-ZrO_2)、碳化物(n-TiC，n-SiC，n-WC)、氮化物(n-BN，n-TiN)、硼化物(n-TiB_2)、硫化物(n-MoS_2，n-FeS)等，还可以是有机化合物，如聚氯乙烯、聚四氟乙烯、尼龙粉等。

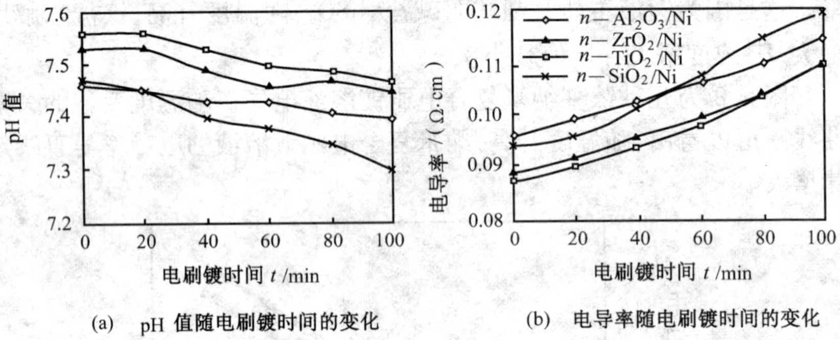

图 5.9 几种镍基纳米复合电刷镀液 pH 值和电导率与电刷镀时间的变化关系

表 5.6 列出了纳米复合电刷镀溶液体系。表 5.7 列出了比较成熟的几种纳米复合电刷镀溶液体系。

表 5.6 纳米复合电刷镀溶液体系

基质金属	纳米不溶性固体颗粒
Ni，Ni 基合金	Cu，Al_2O_3，TiO_2，ZrO_2，ThO_2，SiO_2，SiC，B_4C，Cr_3C_2，TiC，WC，BN，MoS_2，金刚石，PTFE（聚四氟乙烯）
Cu	Al_2O_3，TiO_2，ZrO_2，SiO_2，SiC，ZrC，WC，BN，Cr_2O_3，PTFE
Fe	Cu，Al_2O_3，SiC，B_4C，ZrO_2，WC，PTFE
Co	Al_2O_3，SiC，Cr_3C_2，WC，TaC，ZrB_2，BN，Cr_3B_2，PTFE

表 5.7 较成熟的纳米复合电刷镀溶液体系

基质镀液	纳米不溶性固体颗粒
快速 Ni 镀液	Cu，Al_2O_3，TiO_2，ZrO_2，SiO_2，SiC，金刚石

纳米不溶性固体颗粒的选择主要是根据复合镀层的用途、镀液的种类、电刷镀工艺来选择其种类、粒度和加入量。

5. 纳米复合镀层的组织与性能

(1) 纳米复合镀层的形成机理

纳米复合镀层的形成是一个复杂的电沉积或化学沉积过程，对其机理尚无深入的研究。根据有关参考资料可以归纳为以下几个主要步骤。

a. 纳米复合镀液中的金属正离子到达阴极（工件）表面，镀液中的纳米不溶性固体颗粒也随之到达工件表面，在双电层（电场力）的作用下，水化的金属离子一方面要失去水化膜，另一方面向阴极表面迁移，失水后的金属离子中空闲价电子的能级得到提高，并与阴极表面上电子的能级接近，创造了电子转移的必要条件。纳米不溶性固体颗粒在范德华力的作用下也进一步靠近表面。

b. 金属水化离子在阴极放电（获得电子），被还原成吸附原子，实质上是电子在阴极上与金属离子间的跃迁，完成了电子从阴极界面向电解液界面的转移，使脱水的离子获得电子形成失水的吸附原子。吸附原子还与纳米不溶性固体颗粒互相吸附、镶嵌、堆积，形成结晶。

c. 金属吸附原子与最靠近基体金属晶格上的原子发生置换，即镀层金属晶格上的原子跃迁到基体金属晶格上，基体金属晶格上的原子跃迁到镀层金属的晶格上，形成置换固溶体，置换现象只发生在镀层与基体的界面上。

d. 形成置换固溶体的必要条件是镀层金属与基体金属的晶格类型一致或有相同的晶面（如同为面心立方或同为体心立方晶格），晶格常数相同或相近，原子半径相近，便于跃迁置换，镀层金属与基体金属原子互相置换的越多，镀层与基体金属的结合强度越高。（当两者之间的原子可以任意置换时，称为无限置换固溶体；当受某些因素约束，不能任意置换时，称为有限置换固溶体。）纳米不溶件固体颗粒弥散分布在镀层基质中，它对镀层金属原子和基体金属原子只有吸附作用，而不能发生置换。

e. 随着纳米复合镀过程的进行，镀液中的金属正离子不断在阴极（工件）表面上被还原，纳米不溶性固体颗粒不断被镶嵌在镀层中，纳米复合镀层不断加厚。最终形成一定厚度、与基体结合强度较高、纳米不溶性固体颗粒弥散分布的纳米复合镀层。

在纳米复合电镀和纳米复合化学镀过程中，镀层金属的结晶是连续进行的，形成的镀层基质金属是连续相，被牢固镶嵌的纳米不溶性固体颗粒是不连续相。

而在纳米复合电刷镀过程中，由于纳米复合电刷镀的工艺特点是刷镀笔与工件要保持一定的相对运动速度，因而纳米复合电刷镀溶液中的金属阳离子，仅在刷镀笔（阳极）与工件（阴极）接触的部位被还原。当刷镀笔移开时，这里的还原过程即终止，只有当刷镀笔重新移回到这里时,这里的金属阳离子还原过程才继续进行。因此,纳米复合电刷镀镀层是断续结晶形成的。这种镀层具有超细晶结构,高密度位错,大量的孪晶和其他晶体缺陷。纳米不溶性固体颗粒的弥散镶嵌起到了强化镀层的作用。

(2) 纳米复合镀层的组织

使用纳米复合镀技术制备的纳米复合镀层,其表面形貌、组织和性能与基质镀液、加入的纳米不溶性固体颗粒直径以及电刷镀工艺参数的选择有关。

下面以 n-Al_2O_3/Ni 纳米复合电刷镀层为例,介绍纳米复合电刷镀层的表面形貌和组织特征。

与金属电刷镀层组织相比较,纳米复合电刷镀层组织更加细小、致密,其镀层表面粗糙度小。图 5.10 为扫描电镜(SEM)观察的快镍电刷镀层和两种纳米复合电刷镀层的表面形貌。图 5.10(a)为快镍电刷镀层,图 5.10(b)和图5.10(c)分别为镀液中纳米不溶性固体颗粒含量为 10 g/L 和 30 g/L 的 n-Al_2O_3/Ni 复合镀层。可以看出,快镍电刷镀层表面形貌为菜花状,n-Al_2O_3/Ni 复合电刷镀层比快镍电刷镀层的表面颗粒细小,表面更光洁。比较图 5.10(b)和图5.10(c)可以看出,n-Al_2O_3/Ni 复合刷镀层的组织随着镀液中纳米颗粒含量增大而变得更加细小、致密。

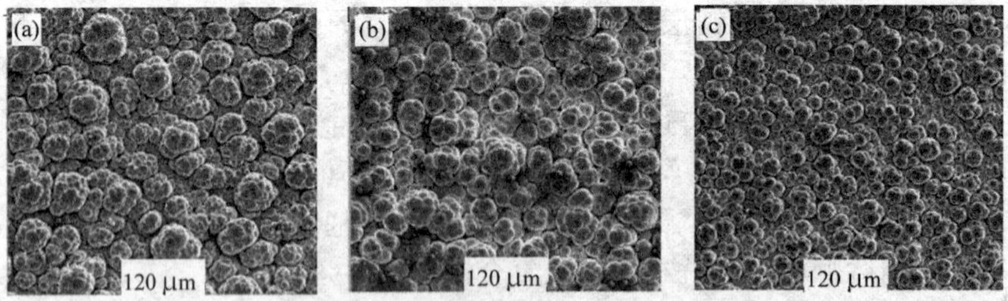

(a) (b) (c)

图 5.10 镀层的表面形貌

图 5.11 是纳米复合电刷镀层的横断面结构。该图是在 20#钢表面先电刷镀特镍打底层,再电刷镀 n-Al_2O_3/Ni 复合镀层后,所观察到的镀层的横断面形貌。由图可见,纳米复合电刷镀层与特镍打底层间基本不存在裂纹和孔隙等缺陷,整个纳米复合电刷镀层与基体金属表

面不仅结合很好，而且甚至基体金属表面的初始凹坑、沟槽、裂纹等缺陷处也被电刷镀层填满，形成了良好的镶嵌，提高了镀层与基体的结合强度。

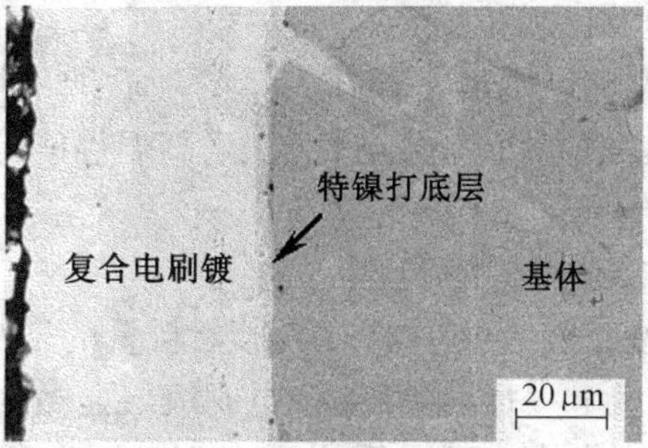

图 5.11　n-Al_2O_3/Ni 复合电刷镀层的横断面

由 n-Al_2O_3/Ni 复合电刷镀层的微观组织分析发现，其镀层由基质 Ni 金属和大量弥散分布的 n-Al_2O_3 颗粒构成。图 5.12 为镀液中纳米颗粒含量为20 g/L的 n-Al_2O_3/Ni 复合电刷镀层的透射电镜（TEM）照片，其中图 5.12（a）、（b）为透射电镜明场像，图 5.12（c）为图 5.12（b）中 A 区域的选区电子衍射花样。图 5.12（a）、（b）中白色箭头所指颗粒及其他灰色颗粒状物为 n-Al_2O_3 颗粒，可以看出，在基质 Ni 中 n-Al_2O_3 颗粒均匀弥散分布，并且 n-Al_2O_3 颗粒与基质 Ni 之间结合紧密，界面处不存在明显缺陷。图 5.12（c）为非晶电子衍射花样，这可以说明，n-Al_2O_3/Ni 复合电刷镀层中还含有一些非晶态的镍。

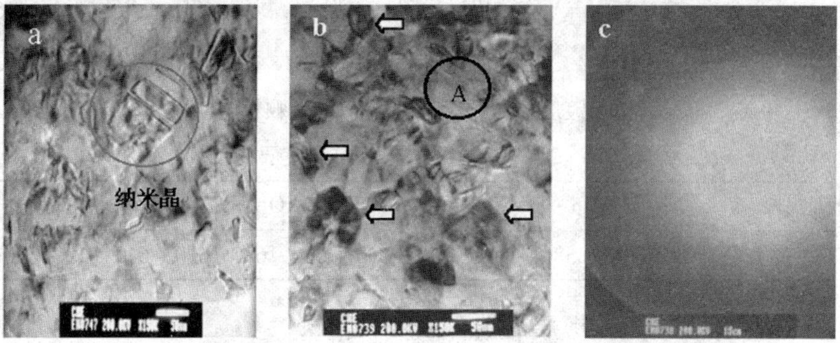

图 5.12　纳米颗粒在 n-Al_2O_3/Ni 复合电刷镀层中的分布

n-Al_2O_3/Ni 复合电刷镀层的组织由微晶、纳米晶和非晶组成。其中微晶 Ni 为基质相，$n-Al_2O_3$ 颗粒为弥散相，$n-Al_2O_3$ 颗粒在基质 Ni 中弥散分布，同时含有一定量的 Ni 纳米晶和非晶，其量化的比例有待进一步研究。

（3）纳米复合镀层的性能

纳米复合电刷镀层中由于存在大量的硬质纳米颗粒，且组织细小致密，因此其硬度、耐磨性、抗疲劳性能、耐高温性能等均比相应的金属电刷镀层好。

①纳米复合电刷镀层的硬度

复合镀层的硬度随镀液中加入纳米颗粒量的增加而增高，且存在极大值。图 5.13 为 $n-Al_2O_3/Ni$ 复合电刷镀层显微硬度随镀液中的纳米颗粒含量变化的曲线。可以看出，在镀液中 $n-Al_2O_3$ 颗粒含量为 30 g/L 时，$n-Al_2O_3/Ni$ 复合电刷镀层的显微硬度达到极大值，约为快镍电刷镀层的 1.5 倍。表 5.8 给出了纳米颗粒含量优化条件下几种镍基纳米复合电刷镀层的硬度。

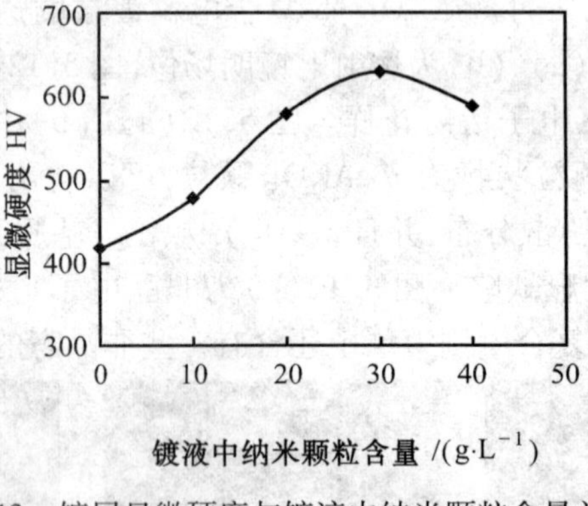

图 5.13 镀层显微硬度与镀液中纳米颗粒含量关系

表 5.8 几种镍基纳米复合电刷镀层的硬度

镀层体系	$n-Al_2O_3/Ni$	$n-TiO_2/Ni$	$n-SiO_2/Ni$	$n-ZrO_2/Ni$	$n-SiC/Ni$	$n-Dia/Ni$
硬度 HV	660 ~ 700	580 ~ 640	650 ~ 690	630 ~ 680	600 ~ 640	610 ~ 650

②纳米复合电刷镀层的结合强度

试验测得，纳米复合电刷镀层的结合强度大于普通金属电刷镀层。图5.14是采用冲击法测得的几种电刷镀层的临界载荷。临界载荷越大，说明电刷镀层的结合强度越高。由图可以看出：未打底层的电刷镀层结合强度低；经打底后，电刷镀层的结合强度大幅度提高；复合电刷镀层的结合强度明显大于普通电刷镀层；复合电刷镀层的结合强度还与加入的纳米颗粒种类有关，n-SiC/Ni 复合电刷镀层的结合强度大于 n-Al_2O_3/Ni 纳米复合电刷镀层。

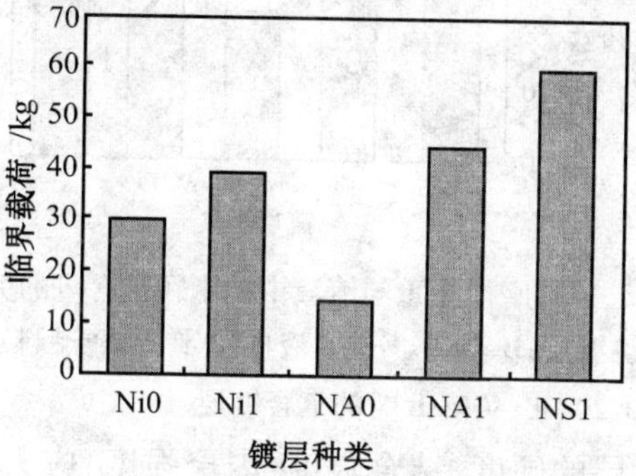

图 5.14　冲击法测试的不同电刷镀层的临界载荷

Ni0 和 Ni1—未经和经过特镍打底的快镍镀层；NA0 和 NA1—未经特镍和经过特镍打底的 n-Al_2O_3/Ni 纳米复合镀层；NS1—特镍打底的 n-SiC/Ni纳米复合镀层

③纳米复合电刷镀层的耐磨性

图 5.15 为 n-Al_2O_3/ Ni 复合电刷镀层的磨损失重与镀液中纳米颗粒含量的关系。由图可以看出，由于纳米颗粒的加入，复合电刷镀层的耐磨性明显优于快镍刷镀层。在镀液中 n-Al_2O_3 颗粒含量为 20 g/L 时，n-Al_2O_3/Ni 复合电刷镀层的耐磨性最好，比快镍电刷镀层提高约 1.5 倍。以快镍电刷镀层的相对耐磨性为 1，表 5.9 给出了几种镍基纳米复合电刷镀层的相对耐磨性。

表 5.9　几种镍基纳米复合电刷镀层的相对耐磨性

镀层体系	快镍	n-Al_2O_3/Ni	n-TiO_2/Ni	n-SiO_2/Ni	n-ZrO_2/Ni	n-SiC/Ni	n-Dia/Ni
相对耐磨性	1	2.2～2.5	1.9～2.2	2.0～2.4	1.5～2.0	1.6～2.0	1.4～1.8

④纳米复合电刷镀层的抗接触疲劳性能

电刷镀层的抗接触疲劳性能是指其抵抗循环载荷作用下破坏的能

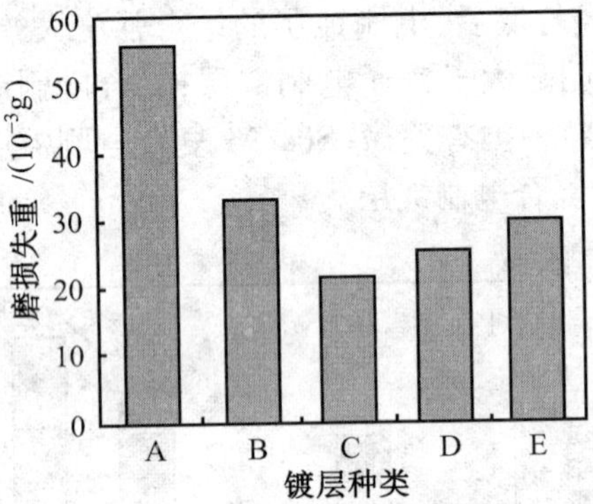

图 5.15　磨损失重与镀液中纳米颗粒含量的关系
A—快镍镀层;B、C、D、E—镀液中纳米 Al_2O_3 颗粒含量分别为 10、20、30、40 g/L 时的复合镀层

力。它与电刷镀层的硬度、结合强度、内聚强度、应力状态均有密切关系。纳米复合刷镀层的抗接触疲劳强度直接受电刷镀工艺参数(电压、电流、温度、相对运动速度等)、基质镀液种类和纳米颗粒种类及含量等因素的影响。图 5.16 为 n-Al_2O_3/Ni复合电刷镀层的抗接触疲劳特征寿命(载荷 2 940 N/mm^2)与镀液中纳米颗粒含量的关系。纳米颗粒的质量浓度为 0 g/L 的电刷镀层是普通快镍镀层。可以看出,其抗接触疲劳性能较差,抗接触疲劳特征寿命仅为 10^5 周次;n-Al_2O_3/Ni 复合电刷镀层的抗接触疲劳性能可达 10^6 周次,在 n-Al_2O_3 纳米颗粒含量为 20 g/L 时,镀层的抗接触疲劳特征寿命可达最高值 2×10^6 周次。但是,此后随着纳米颗粒含量的增加,其抗接触疲劳性能急剧下降。表

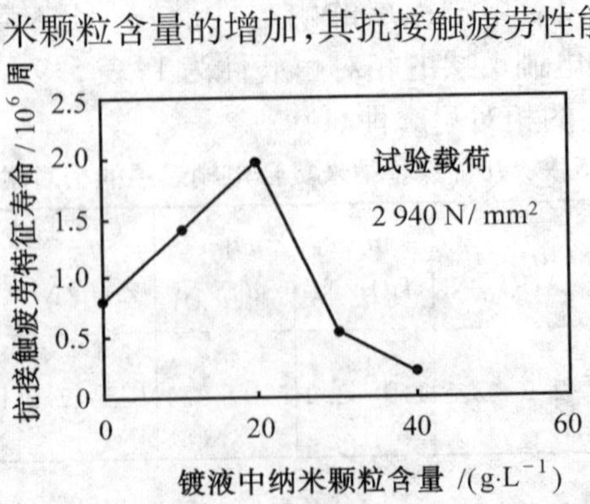

图 5.16　n-Al_2O_3/Ni 复合电刷镀层的抗接触疲劳性能

5.10为多次试验测试得到的几种镍基纳米复合电刷镀层在不同试验载荷条件下的抗接触疲劳特征寿命。结果表明：纳米复合电刷镀层的抗接触疲劳性能与加入的纳米颗粒材料种类有关；随试验载荷增大，纳米复合电刷镀层的抗接触疲劳寿命缩短。

一定种类、一定含量的纳米颗粒能有效提高纳米复合电刷镀层的抗接触疲劳性能，纳米颗粒对复合电刷镀层抗接触疲劳性能的影响可能存在如下机制：纳米颗粒的存在使得复合电刷镀层金属组织更加细小致密，其中存在大量晶界，对镀层起到晶界强化作用；复合电刷镀层中弥散分布着大量纳米颗粒硬质点，对复合电刷镀层起到弥散强化作用。在接触疲劳循环载荷作用下，纳米复合电刷镀层中产生疲劳裂纹，镀层金属中的大量细小晶界和弥散分布的纳米颗粒能有效阻碍疲劳裂纹的扩展，从而提高其抗接触疲劳性能。但是，当镀液中纳米颗粒含量很高时，由于电刷镀液分散能力的限制，镀液中可能存在纳米颗粒团聚体，这些团聚的纳米颗粒沉积在复合电刷镀层中很可能引发初始微裂纹，从而导致复合电刷镀层性能下降。

表5.10　几种纳米复合电刷镀层的抗接触疲劳特征寿命（$\times10^6$ 周次）

刷镀层体系	2 940（$N\cdot mm^{-2}$）试验载荷	3 920（$N\cdot mm^{-2}$）试验载荷
快　镍	1.20	0.92
n-Al_2O_3/Ni	1.98	1.20
n-SiO_2/Ni	1.48	1.34
n-TiO_2/Ni	1.47	0.94
n-ZrO_2/Ni*	1.55	—

注：镀液中纳米颗粒含量为20 g/L。

⑤纳米复合电刷镀层的抗高温性能

复合电刷镀层中的纳米颗粒可以有效阻碍涂层中的位错运动和微裂纹扩展，因此可在一定程度上对涂层所受载荷起到支撑作用，这直接表现为其高温硬度和高温耐磨性等性能的提高。

图5.17给出了几种电刷镀层的硬度与温度的关系。图中曲线表明，n-Al_2O_3/Ni、n-SiC/Ni和n-Dia（金刚石）/Ni 3种复合电刷镀层的硬度在各个温度下均高于快镍电刷镀层；快镍电刷镀层的硬度在高于200 ℃后即快速降低，当温度达300 ℃时，其硬度HV仅为250左右；几

种复合电刷镀层的硬度直到温度达 400 ℃时才表现出下降趋势，在 500 ℃时，$n-Al_2O_3/Ni$ 复合电刷镀层的硬度仍高达 HV 450 左右。

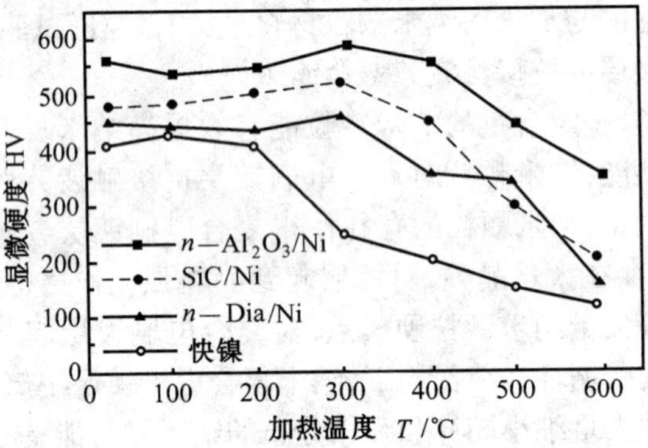

图 5.17　电刷镀镀层硬度与温度关系

图 5.18 分别给出了快镍电刷镀层和几种纳米复合电刷镀层在相同试验条件下磨痕深度随温度的变化曲线。在相同温度下，纳米复合电刷镀层的磨痕深度小于快镍电刷镀层的磨痕深度。这说明，纳米颗粒提高了纳米复合电刷镀层的高温耐磨性能。400 ℃时的复合电刷镀层的磨痕深度小于室温和 200 ℃时的磨痕深度，这是由于复合电刷镀层在 400 ℃条件下发生了再强化现象。同时，复合电刷镀层的高温耐磨性能与所用纳米颗粒种类有关。添加不同纳米颗粒的几种复合电刷镀层的耐磨性能由高到低的顺序排列为 $n-Al_2O_3/Ni$、$n-SiC/Ni$ 和 $n-Dia/Ni$。

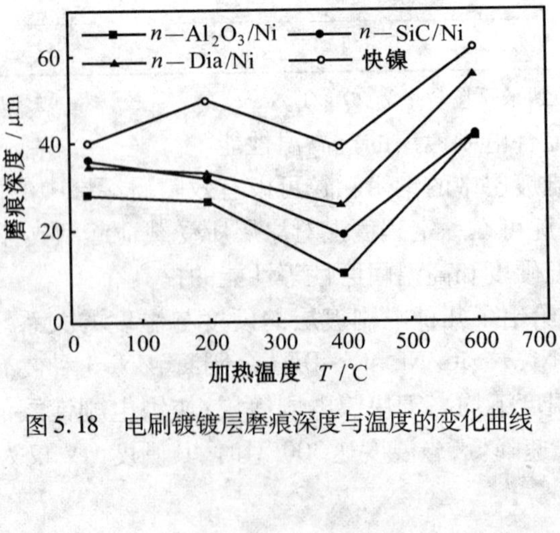

图 5.18　电刷镀镀层磨痕深度与温度的变化曲线

一般地,金属电刷镀层只适宜在常温下应用。而纳米复合电刷镀层尤其是纳米 n-Al_2O_3/Ni 复合电刷镀层在400 ℃时仍具有较高硬度和良好的耐磨性,可以在400 ℃条件下工作。

6. 纳米复合镀层的强化机理

纳米复合镀层与基体的结合同样是依靠电化学行为产生的镀层基质金属与基体金属间的金属键力、镀层与基体金属接触过程中的扩散迁移及分子间的范德华力、镀层-基体间的机械嵌合力等作用的结果。在镀层与基体金属的结合强度上,主要是金属键的贡献,其次才是机械结合和物理结合的贡献。

纳米复合电刷镀镀层有着比普通电刷镀镀层和电镀镀层更高的硬度和耐磨性,它的强化机理是什么呢?通过采用X射线衍射和透射电镜对几种镍基镀层组织结构的分析研究,结论是,镍基镀层的强化机理是超细晶强化、高密度位错强化、固溶强化和纳米颗粒效应强化。

研究分析表面复合刷镀层的晶粒尺寸约为0.01~0.07 μm的超细晶,超细晶粒的获得与刷镀工艺特点密切相关。刷镀时局部允许比槽镀大几倍到几十倍的电流密度,这种大电流密度使过电位和双电层的电场强度很高,促进电结晶形核,因而形成大量的超细晶核。电刷镀工艺中的相对运动也是形成超细晶粒镀层的主要原因之一,相对运动使镀层金属在由形核到长大的完整历程中被人为地打断。由于相对运动实质上是单位面积上电流密度的作用时间,时间的断续造成局部晶粒尚未来得及长大就暂停了连续生长。等下一次单位面积通电时,又得从头开始形核,从而使镀层晶粒细化。另外,镀液是有机络合物的水溶液,金属离子含量高,而且以络合离子的形式存在,络合剂与金属离子形成的络合离子提高了阴极极化作用,这也是获得超细晶粒的原因之一。超细晶粒的存在,使单位体积内的晶界增多,变形抗力增大,从而使镀层得到强化。

位错是金属晶体的一种线缺陷,但是非常高的位错密度反而能收到降低晶体易动性的效果。经测算电刷镀层的位错可达 $10^{11\sim12}$ 条/cm,位错密度增大,使镀层的晶体处于一种动态的相对稳定,变形几率减小,镀层得以强化。另外,位错缠绕和微孪晶,则都是因电刷镀过程中高度的不平衡电结晶过程造成的,它们对造成镀层晶体点阵畸变,提高抗变形能力也能起到一定的作用,也是使镀层强化的重要因素。

对镍-钨合金镀层来说，X 射线衍射谱线中得到的仅是单相镍组织，这表明合金元素如钨、钴等成分已固溶于镍晶格中，形成了间隙固溶体，间隙固溶体也会引起晶体点阵的畸变，故固溶体强化的作用也能对镀层强化起到一定的作用。

纳米不溶性固体颗粒弥散在镀层中，对镀层的强化在多个方面发挥作用。首先，纳米不溶性固体颗粒自身的硬度、强度对镀层起到了整体支撑作用，镀层中的这些硬质点对提高镀层的耐磨极为有利；其次，纳米不溶性固体颗粒，增加了镀层的位错阻力，能有效阻止晶体的滑移，增大了变形抗力，即提高了镀层的强度；其三，纳米不溶性固体颗粒的小尺寸效应，使镀层金属结合得更加牢固，使镀层与基体金属结合得更加紧密，有效提高了镀层的结合强度。当然，纳米颗粒对镀层的强化作用还需进一步深入研究。

7. 纳米复合镀工艺

纳米复合电镀过程中，根据实际工件材料、形状、表面状况、技术要求等不同情况，可在一般工艺过程的基础上，增加或减少相应的工序。同时应当注意，工序间须用清水冲洗上道工序的残留液体。工件的非镀表面，也须保持清洁，并进行遮蔽。

(1)纳米复合电镀的挂具

纳米复合电镀与电镀一样，要特别注意合理地设计或选择挂具。挂具是纳米复合电镀的必备工具，它既要可靠地固定镀件，又要保证电流均匀地流经镀件，因此，对挂具提出以下要求。

a. 挂悬材料应当机械强度较高、导电性能良好，不易被镀液腐蚀、价格不贵。常用的挂具材料有钢、铜、黄铜、磷青铜、钛及不锈钢等。

b. 为避免挂具在电镀时消耗电能和镀液，或在退镀和酸洗时被腐蚀，要对挂具的非导电部位进行绝缘处理，可在非导电部位包扎绝缘带或浸涂绝缘防锈材料。

c. 挂具结构合理，便于装夹工件和导电，挂具的尺寸应满足镀槽和工件两方面的要求，以提高设备利用率和镀层质量。

(2)纳米复合电镀溶液的搅拌

为保持纳米不溶性固体颗粒在复合电镀溶液中良好的悬浮，镀槽内应安装镀液的搅拌装置，如阳极摇摆式、板泵式、空气搅拌式、机械搅拌式、零件转动式、离心悬浮式、倾斜旋转式、超声振荡式、电磁振荡式等。可根据实际情况选用。

(3)纳米复合电刷镀工艺参数

纳米复合电刷镀工艺参数选择

工作电压	10 ~ 14 V
相对运动速度(镀笔与工件)	6 ~ 10 m/min
电源极性	正接或反接
镀液温度	15 ~ 50 ℃

影响镀层质量的工艺参数较多,对电压、相对运动速度、温度的选择原则可参考普通电刷镀工艺。

(4)纳米复合化学镀工艺要点

实现纳米复合化学镀工艺,最主要的工作应当是配制纳米复合化学镀溶液,制作纳米复合化学镀工艺设备,控制纳米复合化学镀工艺参数。

值得注意的是,配制纳米复合化学镀溶液的难点,除了保持纳米不溶性固体颗粒在溶液中的分散与悬浮外,还要添加适量的稳定剂,以保持溶液的稳定性。同时,加入溶液中的纳米不溶性固体颗粒也应尽量选用对基质金属催化活性低的材料。

纳米复合化学镀工艺设备除满足一般化学镀工艺的要求外,还应强调具备对镀液的加温、保温装置与搅拌装置,使纳米化学镀溶液在化学镀过程中保持一定的温度和一定的流动,这是形成纳米复合化学镀层的重要条件。具体的做法,还要靠不断探索,由于目前的实践较少,这里不多赘述。

8. 纳米复合镀技术的应用

纳米复合镀技术不仅是表面处理新技术,也是零件再制造的关键技术,还是制造金属陶瓷材料的新方法。纳米复合镀技术是在电镀、电刷镀、化学镀技术基础上发展起来的新技术,它是纳米技术与传统技术的结合。因此,纳米复合镀技术不仅保持了电镀、电刷镀、化学镀的全部功能,而且还必然地拓宽了传统技术的应用范围,获得更广、更好、更强的应用效果。

(1) 提高零件表面的耐磨性

由于纳米陶瓷颗粒弥散分布在镀层基体金属中,形成了金属陶瓷镀层,镀层基体金属中的无数纳米陶瓷硬质点,使镀层的耐磨性显著提高。使用纳米复合镀层可以代替零件镀硬铬、渗碳、渗氮、相变硬化等工艺。

(2) 降低零件表面的摩擦系数

使用具有润滑减摩作用的纳米不溶性固体颗粒制成纳米复合镀溶液,获得的纳米复合减摩镀层,镀层中弥散分布了无数个固体润滑点,能有效降低摩擦副的摩擦系数,起到固体减摩作用,因而也减少了零件表面的磨损,延长了零件使用寿命。

(3) 提高零件表面的高温耐磨性

纳米复合镀使用的纳米不溶性固体颗粒多为陶瓷材料,形成的金属陶瓷镀层中的陶瓷相具有优异的耐高温性能。当镀层在较高温度下工作时,陶瓷相能保持优良的高温稳定性,对镀层整体起到支撑作用,有效提高了镀层的高温耐磨性。

(4) 提高零件表面的抗疲劳性能

许多表面技术获得的涂层能迅速恢复损伤零件的尺寸精度和几何精度,提高零件表面的硬度、耐磨性、防腐性,但都难以承受交变负荷,抗疲劳性能不高。纳米复合镀层有较高的抗疲劳性能,因为纳米复合镀层中无数个纳米不溶性固体颗粒沉积在镀层晶体的缺陷部位,相当于在众多的位错线上打下无数个“限制桩”,这些“限制桩”可有效地阻止晶格滑移。另外,位错是晶体中的内应力源,“限制桩”的存在也改善了晶体的应力状况。因此,纳米复合镀层的抗疲劳性能明显高于普通镀层。当然,如果纳米复合镀层中的纳米不溶性固体颗粒没有打破团聚,颗粒尺寸太大,或配制镀液时,颗粒表面没有被充分浸润,那么沉积在复合镀层中的这些“限制桩”很可能就是裂纹源,它不仅不能提高镀层的抗疲劳性能,反而会产生相反的结果。

(5) 改善有色金属表面的使用性能

许多零件或零件表面使用有色金属制造,主要是为了发挥有色金属导电、导热、减摩、防腐等性能,但有色金属往往因硬度较低,强度较差,造成使用寿命短,易损坏。制备有色金属纳米复合镀层,不仅能保持有色金属固有的各种优良性能,还能改善有色金属的耐磨性、减摩性、防腐性、耐热性。如用纳米复合镀处理电器设备的铜触点、银触点,处理各种铅青铜、锡青铜轴瓦等,都可有效改善其使用性能。

（6）实现零件的再制造并提升性能

再制造以废旧零件为毛坯，首先要恢复零件损伤的尺寸精度和几何形状精度。这可先用传统的电镀、电刷镀的方法快速恢复磨损的尺寸，然后使用纳米复合镀技术在尺寸镀层上镀纳米复合镀层作为工作层，以提升零件的表面性能，使其优于新品。这样做，不仅充分利用了废旧零件的剩余价值，而且节省了资源，有利于环保。在某些备件紧缺的情况下，这种方法可能是备件的惟一来源。

纳米复合镀是一个新技术，人们对它的研究还不够深入，本章涉及的许多内容也很不尽如人意。无论是设备、镀液、工艺上，还是镀层形成机理、强化机理、纳米作用机理上，以及镀层应用领域上，都有大量的工作要做。通过不断深入的开发研究，纳米复合镀技术的工艺、理论将更加完善，一个应用前景广阔的纳米复合镀技术必将展示在我们面前。

5.2　气相沉积技术

气相沉积技术所包括的膜层沉积方法有真空蒸发镀膜、溅射镀膜、离子镀膜、化学气相沉积、等离子体增强化学气相沉积等多种。这类真空镀膜是一种干式镀膜，它与湿式镀膜（电镀和化学镀）相比，具有膜不受污染，纯度高，膜材与基材选择广泛，可制备各种不同功能性薄膜，节省材料，不污染环境等特点。由于真空镀膜的应用范围极广，与高新科学技术密不可分，因而近年来发展十分迅速。

5.2.1　真空蒸发镀膜

蒸发镀膜、溅射镀膜和离子镀膜一起组成物理气相沉积（PVD）。蒸发镀膜是真空镀膜技术中发展最早、应用最广的一种。相对后发展起来的溅射镀膜及离子镀膜，其设备简单，价格便宜，工艺容易掌握，可进行大规模生产。

1. 基本原理

真空蒸发镀膜是在真空环境中把镀膜材料加热熔化后蒸发（或升华），使其大量原子、分子离开熔体表面，凝结在被镀件基体（衬底、基片、基板）表面上来形成镀膜的。为了提高蒸发原子与基体的附着力，应对基体适当加热。为了使蒸发顺利进行,应具备要求的真空条件和膜材蒸发条件。

(1)蒸发过程中的真空条件

真空蒸发镀膜常用的真空度为 $1\times10^{-2}\sim2\times10^{-4}$ Pa。真空度如果不高,镀膜材料将受到残余气体的污染,影响膜的质量。真空室中的残余气体主要来源于真空室内各种表面的解吸放气、蒸发源释气、真空泵油的反扩散及系统的漏气。真空度低时,蒸发原子、分子在向基体沉积过程中,将与残余气体分子频繁碰撞冷却,在空间凝聚成小的团粒落到基体及真空室壁。尤其是动能小的粒子将使镀膜组织松散,表面粗糙。

为获得充分的真空条件,真空室内蒸气分子的平均自由行程应大于蒸发源与基体的距离(蒸距)。气体分子的平均自由行程为

$$\lambda = \frac{kT}{\sqrt{2}\,\pi d^2 p} \tag{5.15}$$

式中,p 为气体压强;T 为绝对温度,K;k 为玻耳兹曼常数;d 为气体分子直径。

设蒸距为 L,并把 L 看成是蒸气分子已知的实际行程,若从蒸发源蒸发出来的蒸气分子数为 N_0,蒸气分子在距离小于 L 即发生碰撞的分子数为 N_1,则

$$\frac{N_1}{N_0} = 1 - \exp\left(\frac{L}{\lambda}\right) \tag{5.16}$$

当 $\lambda = L$ 时,有63% 的蒸发分子会发生碰撞。可见,平均自由行程必须远大于蒸距才能避免在蒸气分子迁移过程中与残余气体分子发生碰撞。

(2) 膜材的蒸发

真空条件下材料的蒸发比在常压下容易得多,所需的蒸发温度大幅度下降。如铝在一个大气压下必须加热到 2 400 ℃ 才能蒸发,而在 10^{-3} Pa的真空下只要加热到847 ℃ 就可以大量蒸发。大多数金属是先达到熔点后从液相中蒸发,某些材料如铁、镉、锌、铬、硅等可以从固态直接升华到气态。

膜材在气化过程中所需要的气化热随温度的升高而逐渐减少。气化热的作用主要用来克服膜材原子间的吸引力使其逸出到气相,另外赋予逸出分子的动能(其大小平均每个原子为 $\frac{3}{2}kT$)。

在蒸气压为 p(Pa) 时，单位时间在单位面积上膜材的蒸发质量 G_m[kg/(m^2·s)] 可表示为

$$G_m \approx 4.37 \times 10^{-3}\left(\frac{M}{T}\right)^{1/2} p \tag{5.17}$$

式中，M 为膜材相对分子质量。

蒸发合金时会出现分馏(成分的部分分离)，易蒸发的组分先蒸发，使薄膜成分取决于合金中不同组分蒸气压的比值。蒸发合金时可采用单一成分的多元蒸发和细小合金颗粒的瞬时蒸发等方法加以控制。

2. 蒸发源

在真空条件下大多数金属材料都要求在 1 000 ~ 2 000 ℃ 的温度下进行蒸发。目前对低熔点膜材多采用电阻加热蒸发，而对高熔点镀材则需选用能量密度高的电子束和激光束作蒸发源。

(1) 电阻加热蒸发源

金、银、铜、铝、氧化锡等较低熔点金属或化合物等可以用钨、钼、钽等难熔金属制成的蒸发源加热蒸发。钨、钼、钽的熔点分别为 3 380 ℃、2 580 ℃、3 000 ℃。

根据镀材形状等不同，难熔的发热源可以由丝材和箔材制成多种形状。图 5.19 所示的是其中几种典型形状。

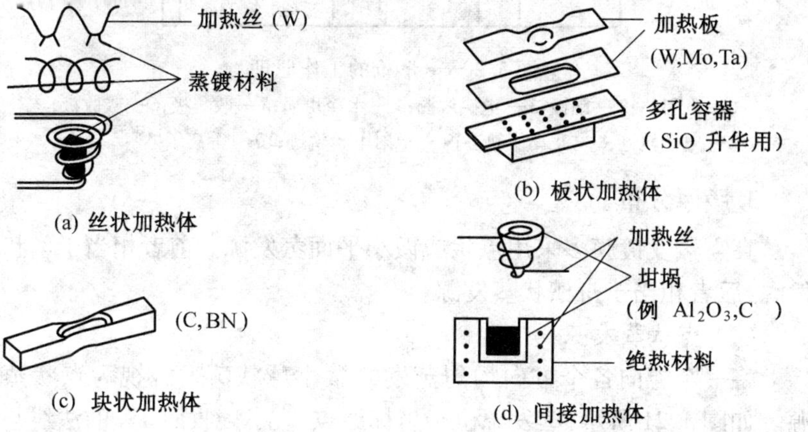

图 5.19　蒸发源的几种常用形状

铝、铁、镍、钴、钛等高温时会与钨、钼等形成合金，一旦形成合金，

不但铝等难以蒸发,钨丝、钨舟等将很快烧断。目前多采用导电氮化硼制成的蒸发舟来蒸发铝等材料。

(2) 电子束蒸发源

发射电子束的电子枪类型较多,有直射枪、环形枪和 e 形枪。图 5.20 是e形枪的工作原理图。阴极灯丝加热后发射出具有0.3 eV初始动能的热电子,这些热电子在阴、阳极间电场力的约束下不但会聚成束状,而且受磁场的作用沿$E \times B$方向偏转。到达阳极孔时电子能量可提高到 10 keV。通过阳极孔的电子束,在偏转磁场作用下偏转 270° 角之后射到坩埚内的膜材表面上,轰击膜材使其加热蒸发。图中的吸收极6用于吸收有害的散射电子,收集极5用于捕获由于入射电子与蒸气云中性原子相碰撞而游离出来的正离子。

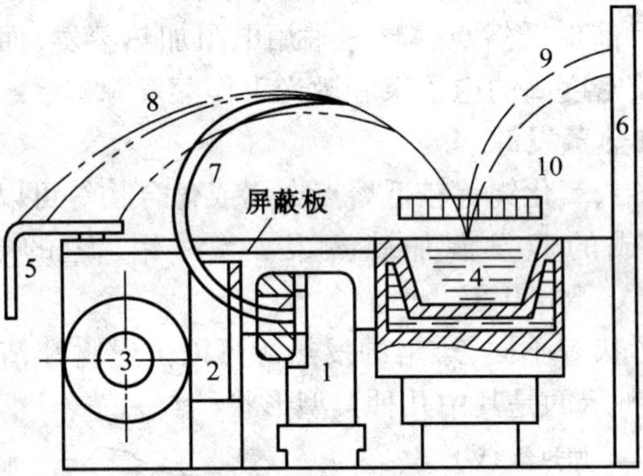

图 5.20　e形枪的工作原理

1— 发射体;2— 阳极;3— 电磁线圈;4— 水冷坩埚;5— 收集极;6— 吸收极;7— 电子轨迹;8— 正离子轨迹;9— 散射电子轨迹;10— 等离子体

3. 膜厚分布

真空蒸发镀膜多采用点状或微小平面蒸发源。前者相当于丝状蒸发源,后者相当于舟槽状蒸发源。

(1) 点状蒸发源

将一个能向各个方向均匀蒸发的微小球状蒸发源视为点状蒸发源。如图 5.21 所示,蒸发源位于坐标原点 O,小接收面 dS_2 的法线与蒸发方向的夹角为β,距蒸发源距离为 r。若蒸发源以每秒 m 克的速率向各方向蒸发,且中间不发生任何碰撞,则在 dS_2 表面沉积的膜厚 t 可表

示为

$$t=\frac{m}{4\pi\rho}\cdot\frac{\cos\beta}{r^2} \tag{5.18}$$

式中,ρ 为膜材密度(g/cm^3)。

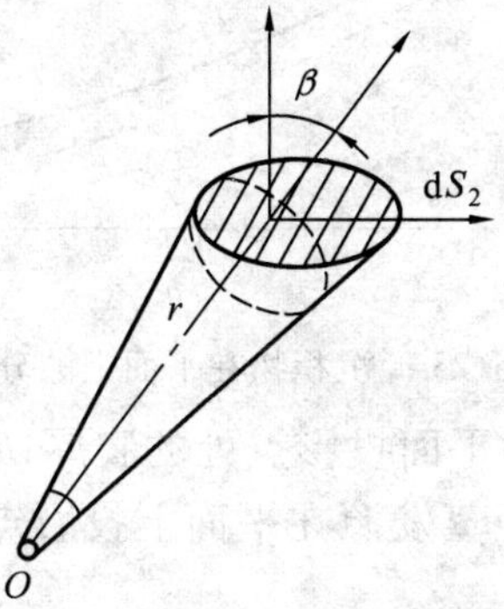

图 5.21　点状蒸发源的发射

(2) 小平面蒸发源

如图 5.22 所示,这种蒸发源的发射具有方向性。当小平面蒸发源的法线与该源和接收面间的连线成 θ 角时,则膜厚为

$$t=\frac{m\cos\theta\cos\beta}{\pi\rho r^2} \tag{5.19}$$

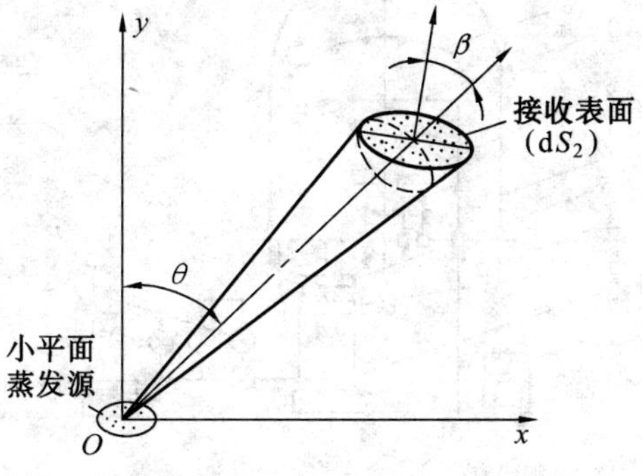

图 5.22　接收角度对膜厚的影响

(3) 点源和小平面源对平面的蒸发

当点状蒸发源对平面,或小平面源对平行平面蒸发时,接收平面上的膜厚变化率如图 5.23 所示。

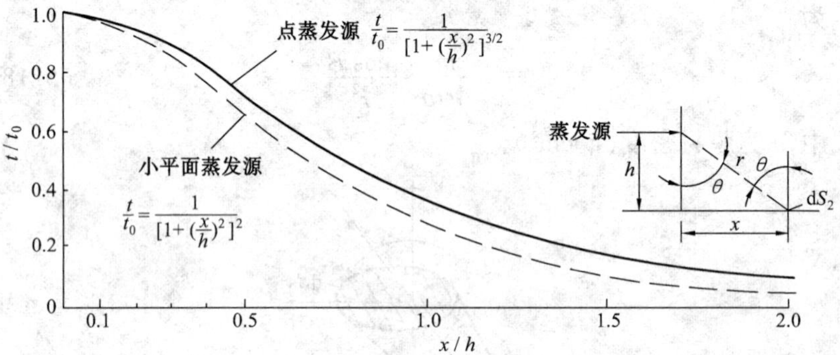

图 5.23　沉积物在平面上的分布

图中 t_0 为蒸发源对平面投影点处的膜厚；h 为蒸发源距平面的距离；x 为平面上任一点距蒸发源在平面上投影点的距离；t 为任一点的膜厚。

4. 蒸发镀膜装置

图 5.24 为一种常用电阻加热的蒸发镀膜装置示意图。钟罩式真空室用液压升降，蒸发源用箔状或丝状直热式。加热器可将工件加热至 100 ~400 ℃。直流辉光放电兼清洗电源的电压从数百伏至 2 000 V 可调。蒸镀前常以离子溅射清洗工件 15 min 左右。

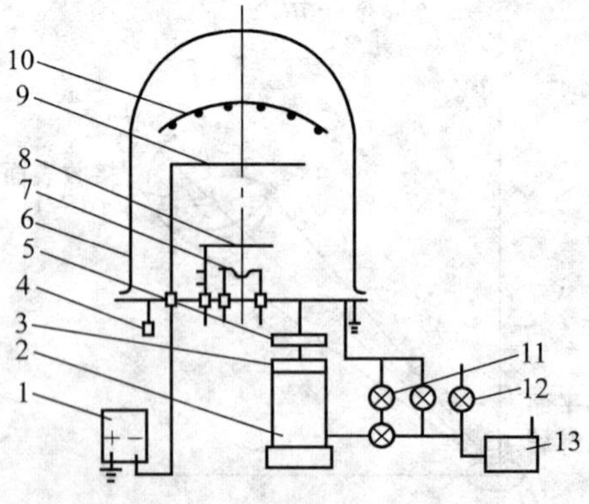

图 5.24　常用真空蒸发镀膜装置

1—直流辉光放电清洗电源；2—油扩散泵；3—水冷障板；4—规管；5—高真空阀门；6—真空室钟罩；7—蒸发源（加热体）；8—挡板；9—工件架；10—加热器；11、12—放气阀门；13—机械泵

图 5.25 为一种直射式电子枪蒸发的卷筒式镀膜装置。该装置用于蒸镀铝，其卷带宽 1 m，蒸发器功率 65 kW，蒸发速率为 8 kg/h，卷绕速率为 10 m/s，膜厚 50nm。

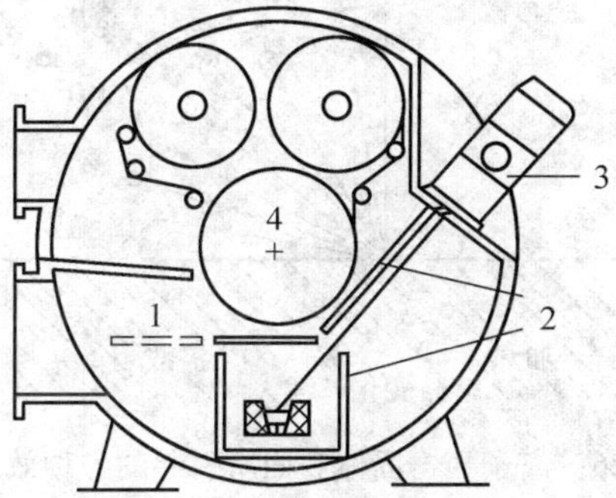

图 5.25　卷筒式蒸发镀膜装置

1—挡板；2—冷却遮蔽板；3—电子枪；4—冷鼓

5.2.2　溅射镀膜

溅射镀膜指的是在真空室中，利用荷能粒子轰击靶材（膜材）表面，通过粒子动量传递打出靶材中的原子及其他粒子，并使其沉积在基体上形成薄膜的技术。由于溅射镀膜具有可实现大面积快速沉积，几乎所有金属、化合物、介质均可做靶，镀膜密度高，附着性好等突出优点，因而近年来发展很快，应用很广。

1. 溅射现象

用带有几十电子伏以上动能的粒子轰击材料表面，将材料激发为气态的这种溅射现象，广泛应用于表面的镀膜、刻蚀、清洗和表面分析等技术。由于离子易于在电磁场中加速或偏转，所以荷能粒子一般为离子。当离子轰击表面时会产生许多效应，如图 5.26 所示。除了靶材的原子和分子最终成膜之外，其他效应对膜的生长也会产生很大的影响。在大多数辉光放电沉积工艺中，图中的各种效应在基体上同样可能发生，即在基体自偏压等作用下，基体也应被视为溅射靶。

2. 溅射产额

溅射产额定义为一个入射正离子所溅射出的靶原子数，单位是原

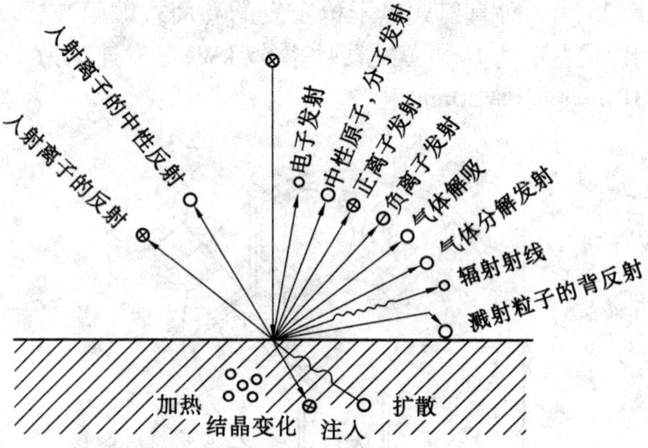

图 5.26　离子轰击固体表面所引起的各种效应

子·离子$^{-1}$,用 S 表示。S 与以下因素有关。

①靶材

溅射产额随靶材原子序数的变化表现出某种周期性,即随靶材原子 d 壳层电子填满程度的增加 S 变大。图 5.27 为氩溅射不同靶材的 S。

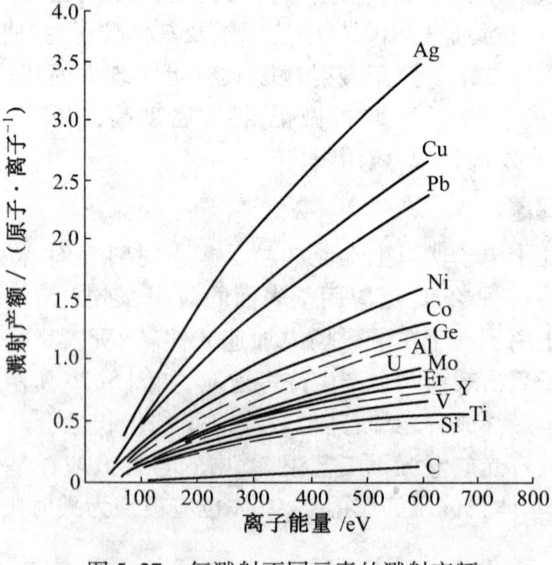

图 5.27　氩溅射不同元素的溅射产额

②入射离子的能量

当离子能量从零增加到某值时，才产生溅射，该值称为溅射阈值。对于大多数金属溅射阈值在 10 ~ 35 eV 范围内。超过阈值，在 150 eV 以前，S 与离子能量平方成正比；在 150 ~ 1 000 eV时，S 和离子能量成正比；在(1 ~ 10) keV 时，S 变化不显著；能量再增加，S 出现下降趋势。

③离子的入射角

入射角 θ 从零增加到 60°左右，S 单调增加；θ=70° ~ 80°时，S 达到最高；θ 再增加，S 急剧减少，在 θ=90°时，S=0。图 5.28 为这种变化的典型曲线。

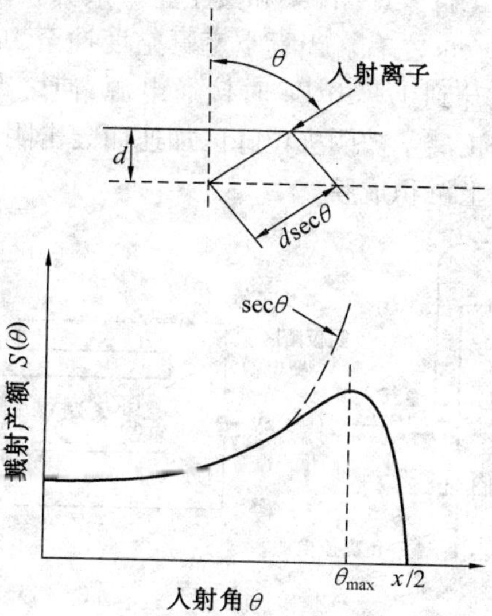

图 5.28　离子入射角对溅射产额影响的典型曲线

④入射离子的种类

入射离子中 Ne，Ar，Kr，Xe 等惰性气体可得到较高的溅射产额。考虑经济性，常用氩气作为工作气体。

此外，溅射产额与晶体结构和靶材温度也有一定的关系。

沉积速率是指从靶材上溅射出来的材料，在单位时间内沉积到基片上的厚度 Q，即

$$Q = CIS \tag{5.20}$$

式中，C 为溅射装置特性的常数；I 为离子流。

经离子轰击产生的溅射原子的平均能量约 10 eV，大约是蒸发原

子动能(在 300 K 大约 0.04 eV,在 1 500 K 大约 0.2 eV)的 100 倍。随着入射离子能量的提高,溅射原子中能量较高的比例增加。

3. 溅射方法

溅射技术的成膜方法较多。具有代表性的有直流二极(三极或四极)溅射、磁控(高速低温)溅射、射频溅射、反应溅射、偏压溅射等。

(1)二极溅射

图 5.29 为直流二极溅射装置示意图。这种装置由阴、阳极组成。用膜材制成的靶为阴极(必须是导体)。其上接 1 ~ 5 kV 负偏压。阳极是放置被镀件的工件架(工件架和真空室一般为接地极),两极间距一般为数厘米至 10 cm 左右。当真空室真空度抽至 10^{-2} ~ 10^{-3} Pa 后,通入氩气。当压力升到 1 ~ 10 Pa 时接通电源,使之产生异常辉光放电。等离子区中的正离子被阴极位降区加速而轰击阴极靶。被溅射出的靶材原子在基体上沉积成膜。

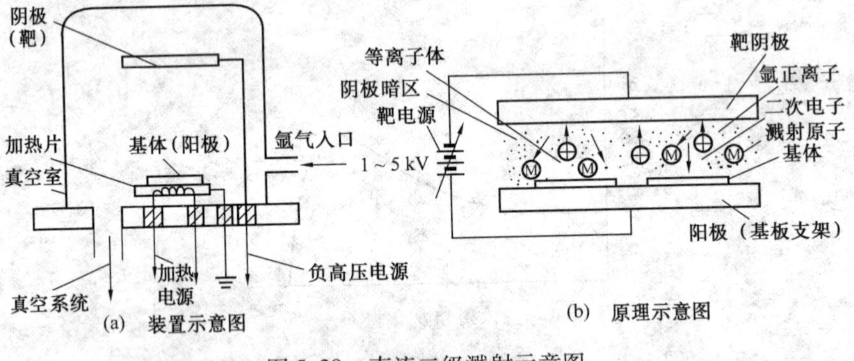

图 5.29 直流二级溅射示意图

辉光放电特性中的异常辉光放电区是溅射工艺的工作区域。在此区域中阴极表面全部被辉光放电覆盖,阴极放电电流密度随放电电压的升高而增加。形成异常辉光放电的关键是气体放电的击穿电压(自持放电点燃电压)U_z,而 U_z 又是气体压力 p 与极间距离 d 的乘积的函数,即 $U_z=f(pd)$。描述此变化规律的曲线称作 Paschen 曲线,几种气体的 Paschen 曲线如图 5.30 所示。在大多数辉光放电溅射过程中,pd 值位于曲线最低点的左边,需要相对较高的击穿电压。

二极溅射方法虽然简单,但放电不稳定,沉积速率低。为了解决提高溅射速率,改善膜层质量等问题,又制作出三极溅射装置(在二极溅

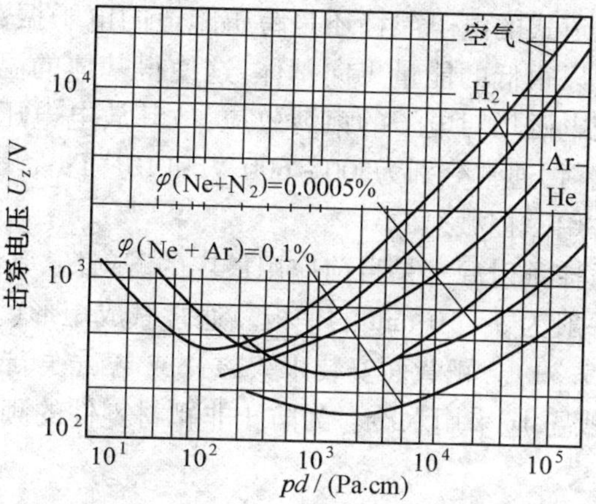

图 5.30　几种气体的 U_z 与 pd 关系曲线(Paschen 曲线)

射装置的基础上附加热阴极)和四极溅射装置(在二极溅射靶和基体垂直的位置上,分别放置一热阴极和辅助阳极)。如采用射频电源(频率常为 13.56 MHz)作为靶阴极电源,又可做成二极或多极射频溅射装置,这种装置能溅射绝缘材料。

(2)磁控溅射

磁控溅射又称高速低温溅射,对比二极溅射,其沉积速率高,工作气压低,镀膜质量高,工艺稳定,便于大规模生产。它的发展引起了薄膜工艺的深刻变化。

①磁控溅射原理

尽管磁控溅射源在结构上有多种形式,但都要具备两个条件:建立与电场垂直的磁场;磁场方向与阴极表面平行,并组成环形磁场。如在图 5.31 所示的平面磁控靶结构原理图中,在实质上为二极结构的阴极靶后面设置了磁铁,磁铁在靶面上产生水平分量的磁场。电场和磁场的这种布置,正是为了对离子轰击靶材时放出的二次电子进行有效的控制。二次电子在加速飞向基体时受磁场 B 的洛仑兹力作用以摆线和螺旋线状的复合形式做圆周运动。这些电子的运动路径不仅很长,而且被电磁场束缚在靠近靶表面的等离子体区域内沿跑道转圈,在该区中通过频繁地碰撞电离出大量 Ar^+ 用以轰击靶材,从而实现了高速率溅射。电子经数次碰撞后能量逐渐降低,逐步远离靶面,并最终跑向阳极基体。同时,沿磁力线方向也存在着按螺旋形轨迹振荡的电子运动。无论是跑道式的电子漂移还是跨越跑道的电子振荡,都在产生丰富的电离之后以很低的能量飞向基体,这使得基体的温升也较低。由于增加了正交电磁场对电子的束缚效应,故其放电电压和气压都远低于直流二极溅射,通常分别为500 ~600 V 和 10^{-1} Pa。

②几种常用磁控溅射源

a. 平面磁控溅射源。是目前应用最广的溅射源,其结构简单,加工方便。靶材一般为 3 ~10 mm 的平板。通常做成矩形(见图 5.31(b))和圆形(见图5.32)。靶背面安装永久磁铁或电磁铁,或二者的复合结构。为控制靶温,应采用水冷。为防止非靶材零件的溅射,应设置屏蔽罩。

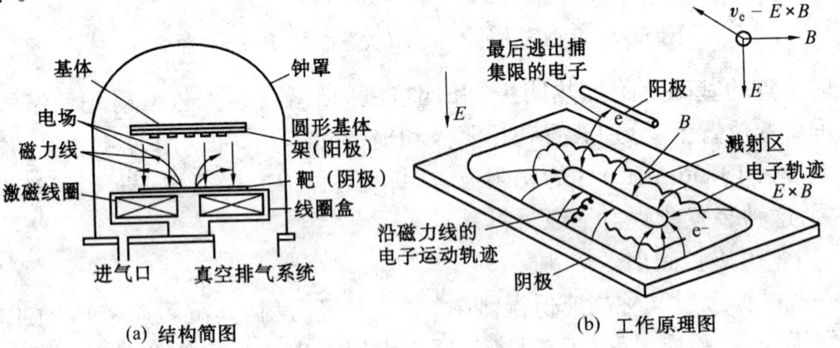

图 5.31 平面磁控溅射源原理图

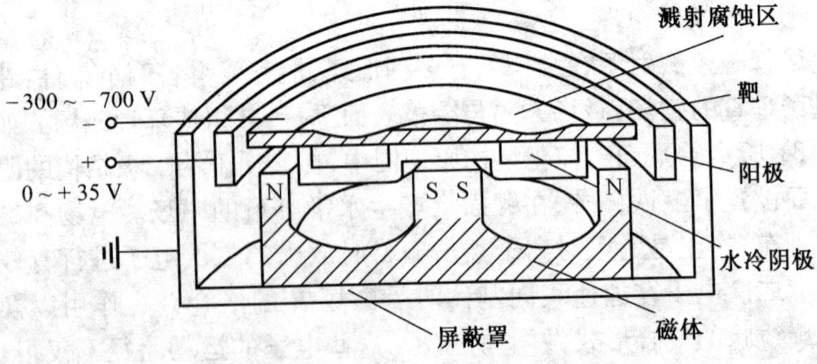

图 5.32 圆形平面磁控溅射源

平面磁控溅射的平均电流密度为 4 ~60 mA/cm^2,功率密度为 1 ~36 W/cm^2,基体与靶的距离为 5 ~10 cm。

b. 同轴圆柱形磁控溅射源。图 5.33 为永磁式同轴圆柱形磁控溅射源结构示意图。该柱状源由永磁环和水冷柱状阴极靶组成。每个永磁环之间用纯铁垫片隔开。永磁环以同极性相邻放置。其形成的磁场如图 5.33 所示，即在每个永磁环的中间断面上磁力线平行于靶表面并与电场正交。磁力线与靶表面封闭的空间就是束缚电子运动的等离子区域。

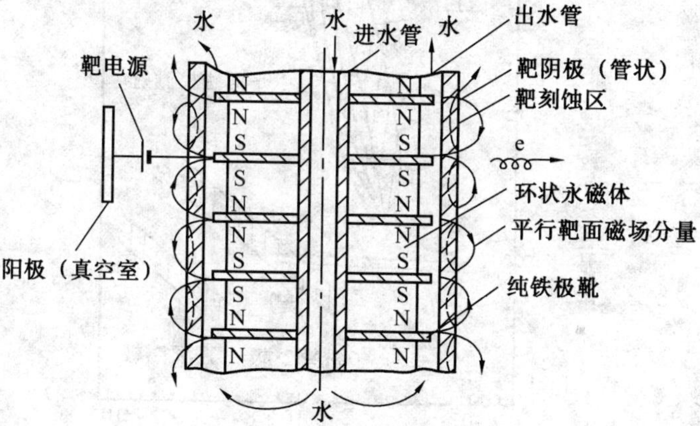

图 5.33　圆柱形磁控溅射源

c. S 枪磁控溅射源。如图5.34所示，S 枪的靶阴极为锥状环形（或环形），圆盘状阳极位于阴极中心，阴、阳极均有水套冷却。环形磁铁套在阴极外侧。由于靶表面形成的曲线形磁场与电场构成正交电磁场，因此由阴极发射出的二次电子在靶表面环形区域中做摆线和螺旋

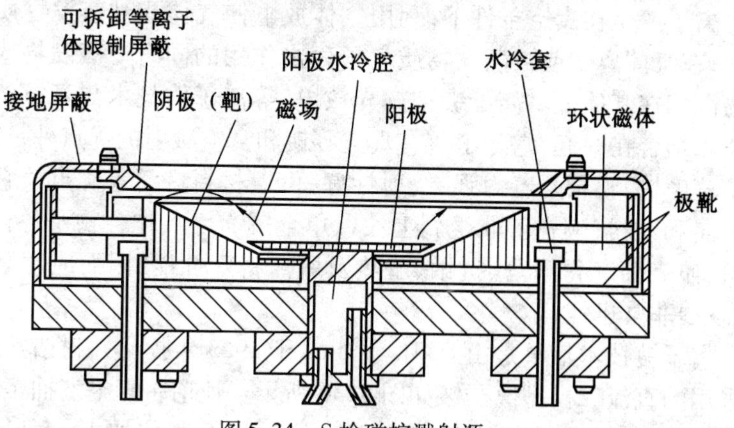

图 5.34　S 枪磁控溅射源

线的复合运动。

图 5.35 对比了几种有代表性的溅射方法的靶电流密度与靶电压的关系。显然,磁控溅射法能在数百伏的较低电压下获得大的电流密度。

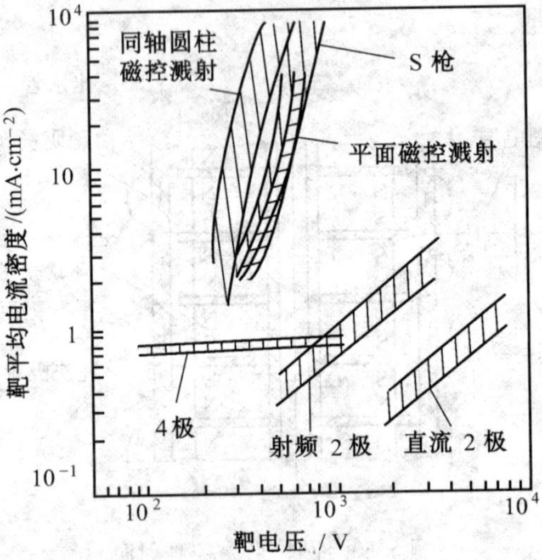

图 5.35 不同溅射方法的靶电流密度与靶电压的关系

5.2.3 离子镀膜

1. 离子镀原理

离子镀是在真空条件下,利用气体放电使气体或被蒸发物质部分离化,在气体离子或被蒸发物质离子轰击作用的同时把蒸发物或其反应物沉积在基体上。离子镀把辉光放电、等离子体技术与真空蒸发镀膜技术结合在一起,它除了兼有真空蒸镀和真空溅射的优点外,还具有沉积速度快、膜层附着力强、绕射性好、可镀材料广泛等优点。它可以在金属和塑料、陶瓷等非金属上涂覆单金属、合金、化合物及各种复合材料,使表面获得耐磨、抗蚀、耐热及所需特殊性能,因而应用十分广泛,发展非常迅速。

离子镀技术最早是由 D. M. Mattox 于 1963 年提出并付诸实践的。他采用的直流二极型离子镀如图 5.36 所示。镀前将真空室抽至6.65×10^{-3} Pa 以上真空,后通入氩气至 10^0 ~ 10^1 Pa。基体加 1 ~ 5 kV 负偏压。接通电源后产生辉光放电,在阴极和蒸发源之间形成等离子区。镀材蒸气粒子在向基体的飞行过程中与电子及离化的或被激发的氩原子发生碰撞,部分被电离成正离子。被电离的镀材离子与气体离子一起受电场加速,以较高的能量轰击工件和镀层表面。这种轰击作用一直伴随着离子镀的全过程。

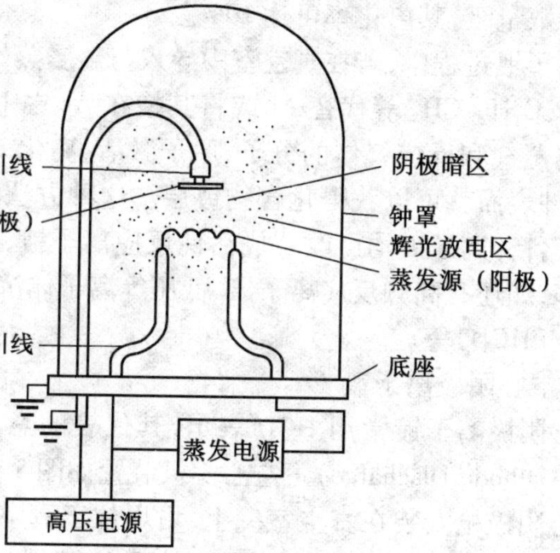

图5.36　离子镀原理示意图

离了镀膜区别于一般真空蒸镀的许多特性都与离子、高速中性粒子参与镀膜过程有关。因而离化率(即被电离的原子占全部蒸发原子的百分比)是离子镀过程中的一个重要指标。特别是在活性反应离子镀的情况下,该指标尤为重要,因为它是活化程度的主要指标之一。被蒸发原子和反应气体的离化程度对膜层的各种性能都能产生直接的影响。

目前使用的离子镀装置中,Mattox 直流二极型气体分子的离化率为0.1% ~2%;射频激励型约10%;空心阴极放电型约22% ~40%;电弧放电型约60% ~80%。

2. 离子镀的类型及装置

离子镀的类型较多,膜材的气化方式有电阻加热、电子束加热、等离子电子束加热、高频感应加热等。气化分子或原子的离化方式有辉光放电型、电子束型、热电子型、等离子电子束型以及各种类型的离子源等。

(1)多极型离子镀和活性反应离子镀

三极型离子镀是在图5.36二极离子镀的阴极(基体架)下方,横向安置一对电子发射极和收集极,使电子横向穿过蒸发的粒子流,增加碰撞电离;而多阴极方式是在阴极(基体)边配置几个热阴极,利用热阴极发出的电子促进电离。这两种型式的放电开始的真空度可比二极型高一个数量级,其离化率可达10%。

在离子镀过程中,若在真空室中导入与金属蒸气起反应的气体,如以O_2,N_2,C_2H_2,CH_4等代替Ar或将其掺在Ar之中,并用不同放电方式使金属蒸气和反应气体的分子、原子激活、离化,促进其间的化学反应,在工件表面就可以获得化合物镀层。这种方法称为活性反应离子镀。由于各种离子镀均可改装成活性反应离子镀,因此反应性离子镀种类较多,如还有高频反应离子镀、低压等离子体沉积(LPPD)、空心阴极离子镀(HCD)等。

(2)空心阴极离子镀

空心阴极离子镀常用HCD表示,其代表的意义是空心阴极放电(Hollow Cathode Discharge)。空心阴极装置如图5.37所示。用钽管制作的空心阴极枪安装在真空室壁上,坩埚位于真空室底部。钽管接主电源负极,坩埚接正极,电源电压0~100 V。辅助阳极和阴极作为引燃放电的两极。工作时,先将真空室抽至高真空,后由钽管向真空室通入氩气,开启引弧电源。当钽管端部的气压达到辉光放电点燃条件时便产生辉光放电。氩气在钽管内被电离后,氩离子在电场作用下以很高能量不断地轰击钽管内壁。当钽管温度上升到2 300~2 400 K时,就从钽管表面发射出大量的热电子,辉光放电转变为弧光放电。放电电压由数百伏降至几十伏,电流由毫安级突然增加至数十至数百安。由钽管发出的热电子在接通主电源后被引出,并在偏转磁场作用下打在坩埚上,使镀膜材料蒸发。空心阴极枪发射的是高密度的低能电子束。由于金属蒸气通过等离子体电子束区域时,受到高密度电子流中电子的碰撞而离化,因此空心阴极枪既是镀料的蒸发源又是蒸发粒子的离化源。

目前我国有多种实用HCD改进装置,如有的省去辅助阳极或抑制栅极、偏转线圈、一次聚焦线圈,有的为钽管另设压差室。HCD法已成功地用于装饰、刀具、模具等镀膜工艺中。

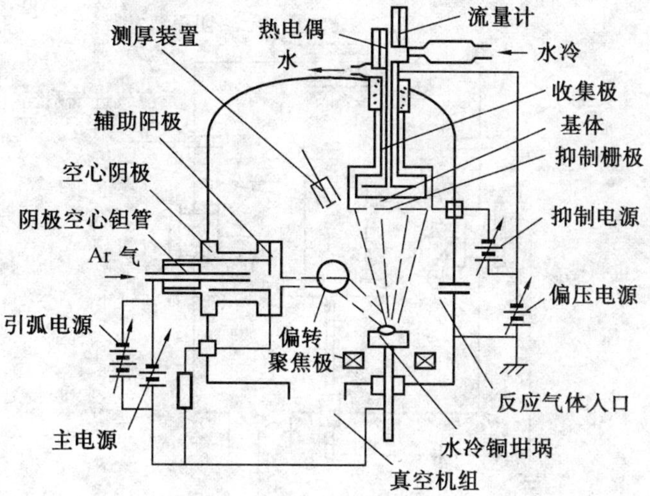

图 5.37　空心阴极离子镀装置示意图

(3)多弧离子镀

多弧离子镀是采用真空电弧放电的方法在固体的阴极靶材上直接蒸发金属,这种装置不需要熔池。图 5.38 是多弧离子镀装置示意图。将被蒸发的膜材做成阴极靶,安装在镀膜室的四周或顶部。镀膜室和阴极靶分别接主弧电源正、负极,基体接负偏压。抽真空至 10^{-2} Pa 后向镀膜室内通氩气或反应气。调整室内真空度达 $10 \sim 10^{-1}$ Pa 时即可引弧。引弧是通过引弧电极与阴极靶的接触与分离来引发弧光放电(见图 5.39)。放电时在阴极表面产生强烈发光的阴极辉点,辉点直径在 100 μm 以下,辉点内的电流密度可达 $10^5 \sim 10^7$ A/cm^2。这种电流局部集中产生的焦耳热使该区域内的材料爆发性地蒸发并电离,发射电子和离子,同时也放出熔融阴极材料的粒子。阴极辉点以每秒几十米的速度做无规则运动,使整个靶面不断地被消耗。

多弧电子镀的工作原理基于冷阴极真空弧光放电理论。其电量的迁移主要借助于场电子发射和正离子电流。放电时阴极前产生大量金属蒸气,阴极附近气压增高,气体自由程缩短。蒸气原子所产生的正离子堆积的结果形成空间电荷云。正离子和阴极形成偶电层,在阴极表面很短的距离内产生的极强电场导致场电子发射。在切断引弧电路之后这种场电子发射型弧光放电仍可自动维持。

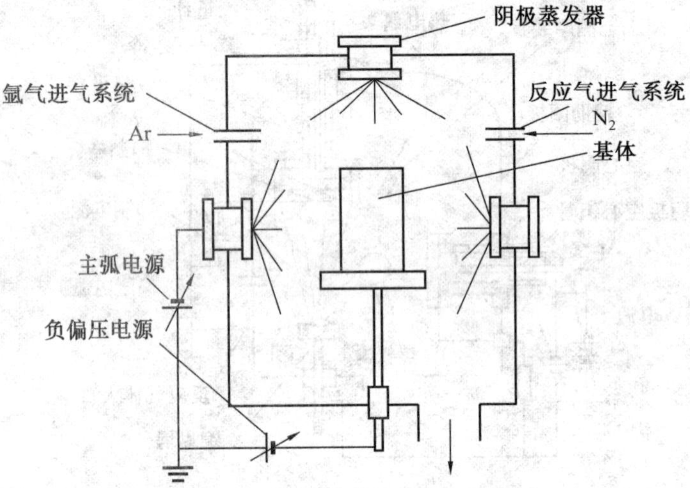

图 5.38　多弧离子镀装置示意图

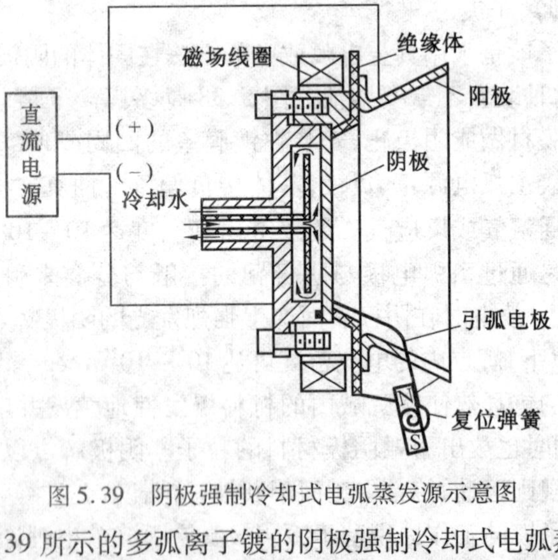

图 5.39　阴极强制冷却式电弧蒸发源示意图

在图 5.39 所示的多弧离子镀的阴极强制冷却式电弧蒸发源中，圆板状阴极用水从背后强制冷却。绝缘材料使圆锥状阳极与阴极隔开。在蒸发源周围设置磁场线圈。引弧电极安装在有回转轴的永久磁铁上。磁场线圈通电时，由作用于永久磁铁的磁力使轴回转，并通过电极由接触到拉开产生的火花引发电弧。

上述电弧蒸发源的阴极靶一般为 ϕ 60 mm ~ ϕ 80 mm 左右，常称为小弧源。一台设备须装两个、四个，多至二十几个，控制起来比较繁琐。为弥补其不足，我国学者又先后研制出性能优异的板状大弧源和柱状弧源，在镀制较大工件和工件内孔等情况下显示出很大优越性。研制者又通过对磁场等巧妙的设计和控制，使阴极靶材均匀消耗，且镀层均匀，质量好。

离子镀膜的种类很多，除前面介绍的几种之外，还有射频放电离子镀、低压等离子体离子镀、感应加热离子镀、簇团离子束镀、电弧放电型高真空离子镀、溅射离子镀等。

5.2.4　化学气相沉积

1. 基本原理

化学气相沉积（CVD）是一种化学气相生长法。这种方法是把含有构成薄膜元素的一种或几种化合物、单质气体供给基体，借气相作用或在基体表面上的化学反应生成要求的薄膜。在 CVD 法中应用了许多化学反应。运用适宜的反应方式，选择相应的温度、气体组成、浓度、压力等参数，就能得到所要求性质的薄膜。下面列举常见的 CVD 反应的一些类型。

①热分解

$$SiH_4 \xrightarrow{>500\ ℃} Si+2H_2 \quad (在900\sim1\ 100\ ℃成膜) \tag{5.21}$$

$$CH_3SiCl_3 \xrightarrow{1\ 400\ ℃} SiC+3HCl \tag{5.22}$$

②还原

$$WF_6+3H_2 \longrightarrow W+6HF \quad （氢还原） \tag{5.23}$$

$$SiCl_4+2Zn \longrightarrow Si+2ZnCl_2 \quad （金属还原） \tag{5.24}$$

$$WF_6+\frac{3}{2}Si \longrightarrow W+\frac{3}{2}SiF_4 \quad （基体材料还原） \tag{5.25}$$

③氧化

$$SiH_4+O_2 \longrightarrow SiO_2+2H_2 \tag{5.26}$$

$$SiCl_4+O_2 \longrightarrow SiO_2+2Cl_2 \tag{5.27}$$

④水解

$$2AlCl_3+3H_2O \longrightarrow Al_2O_3+6HCl \tag{5.28}$$

⑤综合

许多镀层的沉积过程包含上述两种或几种基本反应。如在沉积氮化物或碳化物时,有的包括热分解和还原反应,即

$$TiCl_4+CH_4 \longrightarrow TiC+4HCl \tag{5.29}$$

$$AlCl_3+NH_3 \longrightarrow AlN+3HCl \tag{5.30}$$

此外还有等离子体激发,光和激光激发等反应。

为了在多种反应中选择最合适的反应来沉积所要求的涂层,可对沉积过程进行热力学分析,找出反应向沉积涂层方向进行的条件,以及平衡时能达到的最大产量或转换效率。

与 PVD 技术相比,CVD 技术具有设备简单,工艺灵活,成膜速度快,附着强度好,适合镀敷各种复杂形状工件,膜层平滑、均匀等优点。但 CVD 的反应温度太高,一般在 800 ~ 1 000 ℃范围,这使其应用受到了很大限制。

2. CVD 沉积方法

(1) 流通式沉积法

这是 CVD 技术中最常用的方法。如图 5.40 所示,这类方法的反应室有水平型、垂直型和圆筒型,此外还有连续型和管状炉型。加热方法有电阻加热、高频感应加热等。除反应室外,整个装置中还包括气体净化系统、尾气处理系统、抽真空系统等。在室温下,原料不一定都是气体。若为液体,应加热产生蒸气,由载流气体携带入炉;若为固体,应在加热产生蒸气后,由载流气体带入反应室,或通过一定的气体与其发生反应,形成适当的气态组分向沉积区输送。这些反应物在进入沉积区之前不希望它们之间相互反应,否则应予以隔开。有些反应室的室壁和原料区都不加热,仅沉积区一般用感应加热。这些所谓冷壁反应室适合于反应物在室温下是气体或者具有较高的蒸气压。而另一些反应室壁和原料区均加热的热壁反应室可防止反应物的冷凝。流通式沉积工艺的特点是能连续地供气和排气,物料的运输一般是靠外加不参与反应的惰性气体来实现的。由于反应物能连续排出,因而反应处于非平衡状态。流通式沉积多在一个大气压或稍高于一个大气压下进行,以利于废气的排出。若在真空下进行,需要不断地将副产物抽出。

(2)封闭式沉积法

这种方法是把反应物和工件分别放在反应室两端,管内抽真空后

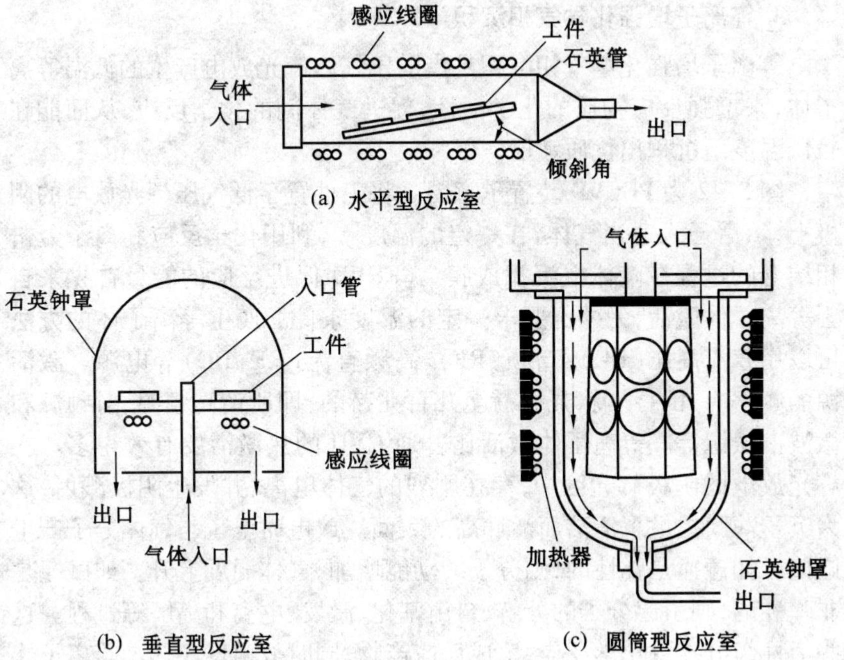

图 5.40　CVD 反应室的几种型式

充入一定的传输剂,然后熔封,再将反应室置于双温区炉内使之形成一定的温度梯度,在温度梯度(或浓度梯度)的推动下,物料从管的一端传输到另一端并沉积下来。图 5.41 是这类沉积法的原理图。封闭式沉积法比较简单,有毒物质也可以沉积,但其反应速率慢。

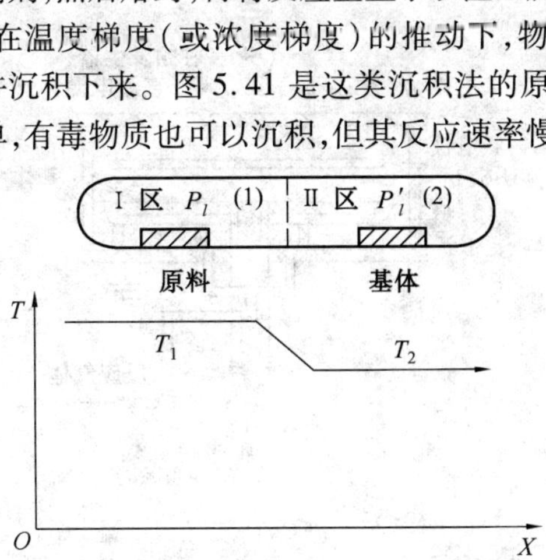

图 5.41　封闭式沉积法原理示意图

3. 等离子增强化学气相沉积(PECVD)

等离子增强化学气相沉积是借助于气体辉光放电产生的低温等离子体,来增强反应物质的化学活性,促进气体间的化学反应,从而能在较低温度下沉积出优质镀层。

图 5.42 为 PECVD 装置示意图。将工件置于低气压辉光放电的阴极上,然后通入适当气体,在一定的温度下,利用化学反应和离子轰击相结合的过程在基体上沉积成膜。PECVD 促进反应的能量首先来自于等离子体激活,另外也要求一定的温度条件。产生等离子体的方法可以用直流高压(DC)、高频(RF)、高频直流(RF+DC)等电源。激活源的频率有几百千赫、几兆赫至几百兆赫的,即所谓高频源、射频源和微波谐振源等。等离子体激活比普通 CVD 的热激活要有效得多。在辉光放电的阴极辉光区中,存在剧烈的气体电离、并发生阴极溅射,这为沉积薄膜提供了清洁而活性高的表面。放电时电子与气体分子产生碰撞。如碰撞是弹性的,则分子的动能增加,气体温度上升。如碰撞是非弹性的,则引起分子的分解、自由基化、激发、电离和离解等过程。这些活性组分导致化学反应,生成反应产物,同时放出反应热。等离子体中的这种能量转换见图 5.43。

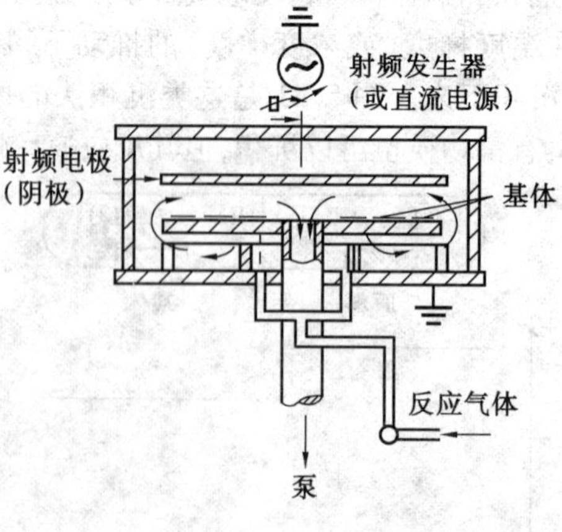

图 5.42　PECVD 装置示意图

(径向流动平板式反应室)

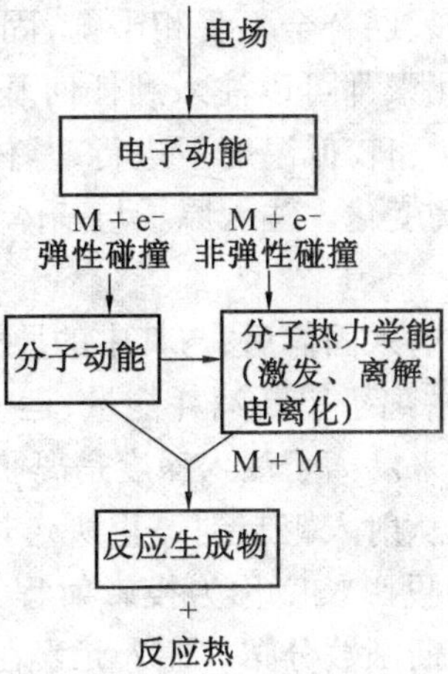

图 5.43　等离子体中的能量转换

PECVD 的反应温度低。如沉积 TiC、Ti(CN)和 TiN 的反应温度可分别在 700 K,550 K 和 520 K 下进行,而用常规 CVD 则分别要在 1 200 K,1 000 K 和 900 K 以上。PECVD 镀层的附着力较高,镀层均匀、致密、内应力小。利用该技术可制取各种金属膜、非晶态无机物膜和有机聚合膜。

除 PECVD 外,还有低压化学气相沉积(LPCVD)、有机金属化学气相沉积(MOCVD)等多种方法。

5.2.5　离子注入

1. 基本原理

离子注入是把某种元素的原子电离成离子,并使其在几十至几百千伏的电压下进行加速,在获得较高速度后射入置于真空靶室中的工件表面的一种离子束技术。在离子轰击材料表面所引起的各种效应中,溅射镀膜和离子镀利用的是低能离子的溅射和清洗、混合、增强扩散等效应,而离子注入则利用的是高能离子的注入等效应。

20 世纪 60 年代以来,离子注入用于半导体器件的掺杂和大规模集成电路的生成,大大促进了微电子技术的发展。70 年代起离子注入用于材料表面的改性,使材料的耐磨、抗蚀、耐高温及光、电、超导等性能得到了明显改善。

离子注入形成的表层合金不受相平衡、固溶度等传统合金化规则的限制，原则上任何元素都可以注入到任何基体金属之中。注入是在高真空（10^{-4} Pa 左右）和较低温度下进行，基体不受污染，也不会引起热变形、退火和尺寸的变化。注入原子与基体金属间没有界面，注入层不存在剥落问题。

一定能量的离子射入固体后，与其中的原子核和电子发生碰撞，并与原子进行电荷交换，离子不断消耗能量，运动方向不断改变，当能量耗尽就在靶中停了下来。离子注入深度是离子能量和质量以及基体质量的函数。一个离子从射入靶起到停止所走过的路程称为射程 R，射程在离子入射方向的投影长度称为投影射程 R_p。具有相同初始能量离子的投影射程按高斯函数分布。注入元素在离表面 x 处的浓度为

$$N(x)=\frac{D}{\sqrt{2\pi}\,\Delta R_p}\exp\left[-\left(\frac{x-R_p}{\sqrt{2}\,\Delta R_p}\right)^2\right] \tag{5.31}$$

式中，D 为注入剂量（离子数/cm^2）。

R_p 和 ΔR_p（标准偏差）决定了高斯曲线的位置和形状。注入元素的这种分布只在注入剂量较低时才能成立，表面改性用的剂量高达 10^{17}离子/cm^2 量级，比半导体注入的常用剂量约高两个数量级。由于离子轰击金属表面发生溅射现象，因而剂量增高时，浓度峰值向表面移动。

离子注入的金属表面可以形成平衡合金、高度过饱和固溶体、亚稳态合金及化合物、非晶态，或难以用通常方法获得的新的相及化合物。离子注入通过碰撞级联、离位峰、热峰等机制使注入层晶格原子发生换位、混合，产生密集的位错网络，同时注入原子与位错的交互作用，使位错运动受阻，注入表层得到强化。尽管离子注入到金属表层的初始深度很浅，通常为 0.1 μm 左右，但离子注入常表现出一种奇特的性能，即它能使金属表层所产生的持续耐磨损能力比初始注入深度高 2 ~ 3 个数量级。

2. 离子注入设备及有关工艺方法

最简单的离子注入机包括一个产生离子的离子源和一个带有抽真空系统的靶室。离子源有数十种。对于不同的离化物质，有固体离子源、气体离子源及固体/气体离子源。常用离子源的工作原理是气体放

电原理,即利用电子与气体或蒸气的原子碰撞产生等离子体,再从等离子体引出离子束。目前使用的离子注入机主要有以下 3 种类型。

(1)质量分析注入机

它是将经质量分析器分选出来的细离子束以扫描方式射向基体。这种注入机能产生各种元素的纯离子束,结构复杂,价格昂贵。图5.44为其中的一种。

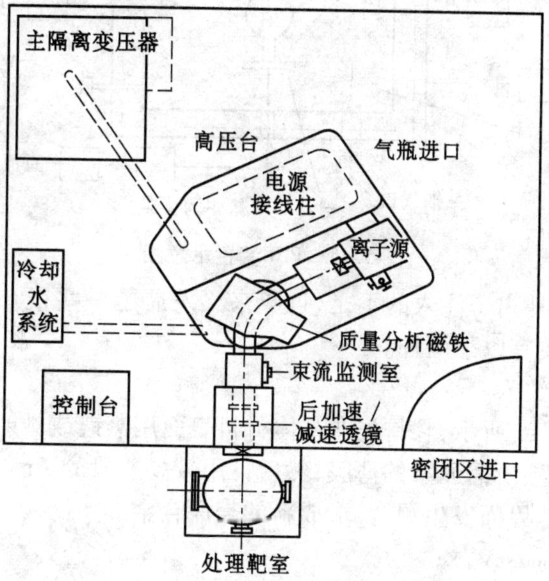

图 5.44　带质量分析器的工业通用离子注入机示意图

(2)不带分析器的气体离子注入机

它只能产生以氮离子为主的气体离子束流,主要用于工具、机件的注入。这种注入机可以做得很大,可设置大束流的宽束离子源。

(3)等离子体浸没离子注入(PIII)机

这种设备是在靶室中产生等离子体,被处理工件直接浸没在等离子体中。当对工件施加连续的负高压脉冲,在每一脉冲中,工件周围形成厚的正离子阵鞘层,正离子通过阵鞘层位降加速,并从各个方向同时垂直地轰击工件,实现全方位注入。PIII 消除了普通束线离子注入的直射性的限制,处理成本较低。这类装置是 20 世纪 80 年代后期推出的,很受各国重视。我国已研制出多功能 PIII 装置,并投入应用实验,

图 5.45 是其中的一种。

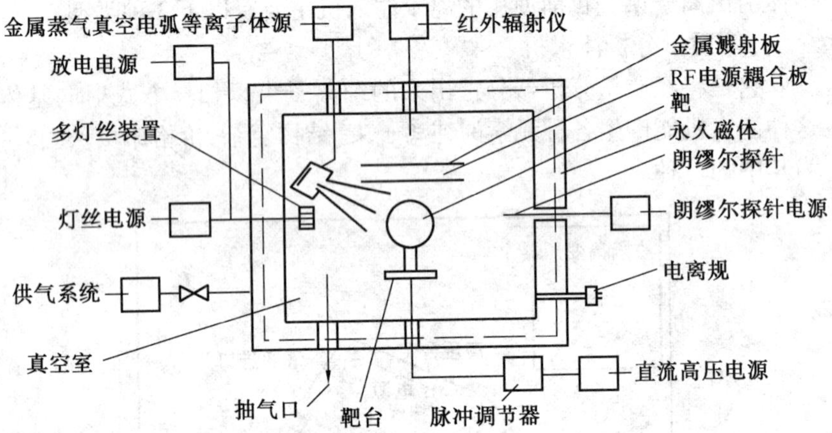

图 5.45　PIII 装置示意图

为了弥补离子注入的不足,近年来又发展了一些很有实用价值的新方法,主要有以下两种。

①反冲注入

如图 5.46 所示,它是先在基体材料表面用蒸镀或溅射镀的方法镀上一层或多层所需元素的薄膜,然后再用较高能量的 Ar^+ 或 Kr^+ 等离子轰击,使膜基界面发生混合,形成新的表面合金。

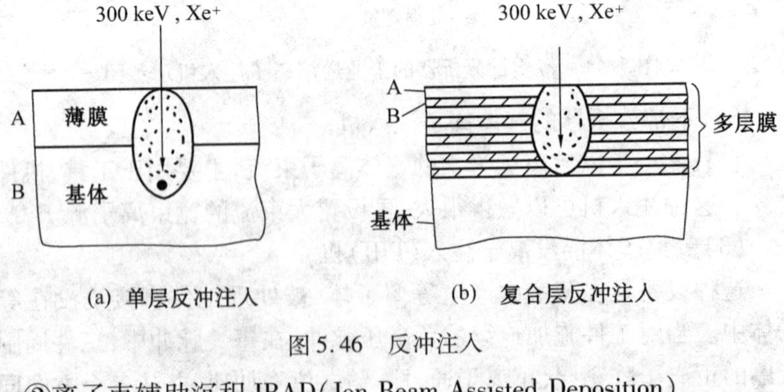

图 5.46　反冲注入

②离子束辅助沉积 IBAD(Ion Beam Assisted Deposition)

如图 5.47 所示,它是在真空蒸镀(或溅射镀膜)与离子注入同时进行的一种表面处理方法。这种由动态反冲混合获得的镀层具有很好的结合强度,易于获得多种合金的表面膜层。

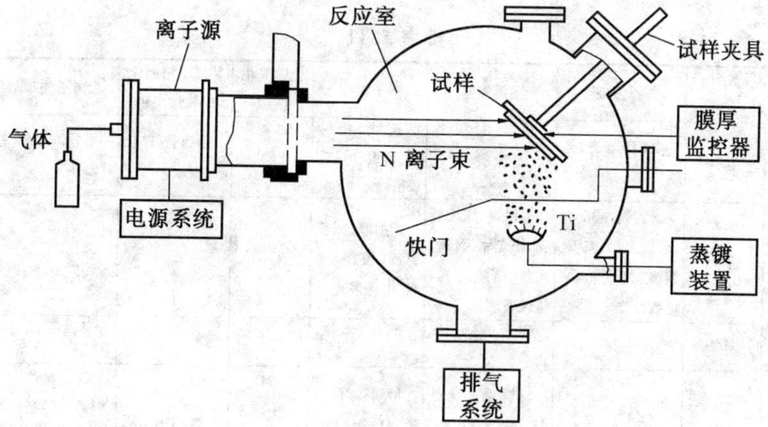

图 5.47　离子束辅助沉积 TiN 示意图

5.2.6　气相沉积技术的应用与进展

表 5.11 中对比了上述几种气相沉积工艺的特性参数及薄膜特点，并重点列出了各自的应用范围。

表 5.11　不同气相沉积工艺的特点和应用

	膜层制备法 / 特点	蒸发镀膜	溅射镀膜	离子镀膜	化学气相沉积	等离子增强化学气相沉积	离子注入
沉积工艺	薄膜材料气化方式	热蒸发	离子溅射	蒸发、溅射并电离	液、气相化合物蒸气、反应气体	液、气相化合物蒸气、反应气体	
	粒子激活方式	加热	离子动量传递、加热	等离子体激发、加热	加热、化学自由能	等离子体、加热、化学自由能	等离子体、高电压加速
	沉积粒子及能量/eV	原子或分子；0.1左右	主要为原子；1～40	原子，离子为千分之几至百分之百；几至数百	原子；0.1左右	原子和千分之几离子；几至千	几十至几百或上千
	工作压力/Pa	2×10^{-2}	≤3	≤10	常压或10～数百	10～数百	10^{-4}左右
	基体温度/℃	零下至数百	零下至数百	零下至数百	150～2 000	150～800	零下至几百
	薄膜沉积率/($nm\cdot s^{-1}$)	10～75 000	2.5～1 500	10～25 000	50～25 000	25～数千	
薄膜特点	表面粗糙度	好	好	好	好	一般	同基体
	密度	一般	高	高	高	高	
	膜-基体界面	突变界面	突变界面	准扩散界面	扩散界面	准扩散界面	注入层-基体无界面
	附着	一般	良好	很好	很好	很好	注入层无剥落问题

续表 5.11

特点＼膜层制备法		蒸发镀膜	溅射镀膜	离子镀膜	化学气相沉积	等离子增强化学气相沉积	离子注入
主要用途	电学	电阻、电容、连线	电阻、电容、连线、绝缘层、钝化层、扩散源	连线、绝缘层、接点、电极、导电膜	绝缘膜、钝化膜、连线	绝缘膜、钝化膜、连线	半导体掺杂、芯片制作
	光学	透射膜、减反射膜、滤光片、掩膜、镀镜、集成光学、电致发光	透射膜、减反射膜、滤光片、镀镜、光盘、电致发光、建筑玻璃	透射膜、减反射膜、镀镜、光盘、电致发光			
	磁学	磁带	磁带、磁头、磁盘	磁带、磁盘、磁头			
	耐腐蚀	镀 Al、Ni、Cu、Au 膜	材料、零件上镀 Al、Ti、Ni、Au、TiN、TiC、Al_2O_3、Fe－Ni－Cr－P－B 等非晶膜	材料、零件上镀 Al、Zn、Cd、Ta、Ti、TiN 膜，防潮，防酸、碱，海洋气候	可镀多种金属及化合物防腐蚀膜	镀 TiN、W、Mo、Ni、Cr 防腐蚀膜	Cr^+、Mo^+、Ti^+ 等注入航空轴承，Ta^+、Mo^+、W^+ 等注入不锈钢；或通过注入形成非晶态合金
	耐热		燃气轮机叶片等镀 Co－Cr－Al－Y、Ni/ZrO_2+Y 等膜	Pt、Al、Cr、Ti、Al_2O_3、Fe－Cr－Al－Y、Co－Cr－Al－Y 等膜			Ti^+、B^+ 注入烧油锅炉喷嘴，Ba^+、Ca^+ 等注入 Ti 及 Ti 合金，Y^+ 注入 Inconel 合金
	耐磨		机械零件、刀具、模具上镀 TiN、TiC、TaN、BN、Al_2O_3、WC 等膜	机械零件、刀具、模具上镀 TiN、TiC、BN、TiAlN、Al_2O_3、HfN、WC、Cr 等膜	TiC、TiN、Al_2O_3、BN、金刚石	TiC、TiN、金刚石、BN	N^+ 等注入模具（冲模、拉丝模、玻璃模、塑料模等）、刀具（丝锥、钻头、铣刀、齿轮刀具等）、工具及轧辊、喷嘴、叶片、人工关节等机件
	润滑	Ag、Au、Pb 膜	MoS_2、Ag、Au、C、Pb、Pb－Sn、聚四氟乙烯等膜	MoS_2、Ag、Au、C、Pb、Sn、In、聚四氟乙烯等膜			
	装饰	金属、塑料、玻璃上镀多种金属膜	金属、塑料、玻璃、陶瓷镀多种金属及化合物膜	塑料、金属、玻璃上镀多种金属、化合物膜			
	能源	太阳电池、建筑玻璃	太阳电池、建筑玻璃、透明导电、抗辐照等膜	太阳电池、建筑玻璃、反应堆、聚变反应容器等膜	太阳电池	太阳电池	光电器件探测器等

气相沉积技术的应用涉及多种领域。仅在改善机械零件耐磨抗蚀性能方面，其用途就十分广泛。如用上述方法制备的TiN，TiC，Ti(CN)等薄膜具有很高的硬度和耐磨性，在高速钢刀具上镀制TiN膜可以说是高速钢刀具的一场革命，在刀具切削面上镀覆1～3 μm的TiN膜就可使其使用寿命提高3倍以上。目前在一些发达国家的不重磨刀具中约有30%～50%加镀了耐磨层。其他金属氧化物、碳化物、氮化物、立方氮化硼、类金刚石等膜，以及各种复合膜也表现出优异的耐磨性。PVD和CVD法制备的Ag，Cu，CuIn，AgPb等软金属及合金膜，特别是用溅射等方法镀制的MoS_2，WS_2及聚四氟乙烯膜等具有良好的润滑、减磨效果。气相沉积获得的Al_2O_3，TiN等薄膜耐蚀性好，可作为一些基体材料的保护膜。含有铬的非晶态膜的耐蚀性则更高。目前离子镀Al，Cu，Ti等薄膜已部分代替电镀制品用于航空工业的零件上。用真空镀膜制备的抗热腐蚀合金镀层及进而发展的热障镀层已有多种系列用于生产中。作为离子束技术的一个重要分支，离子注入处理已使模具、刀具、工具以及航空轴承、轧辊、涡轮叶片、喷嘴等零件的使用寿命提高了1～10倍。

关于气相沉积技术的进展，在前面的不同工艺方法中已分别做了些介绍，归纳起来主要有以下几点。

①设备的发展

如已制出电子束大型连续蒸镀设备、多种型式磁控溅射设备、新型弧源离子镀设备、HCD和多弧复合离子镀设备、各种IBAD设备及PIII设备等。

②工艺的进展

主要表现在膜层种类的增多和膜层性能的提高。如已制备出各种高性能的耐磨、抗蚀膜层、耐高温腐蚀膜层、热障膜层、类金刚石和立方氮化硼膜层及多种陶瓷、梯度和多层复合膜层。

③方法的复合

较先进的气相沉积工艺多是各种单一PVD，CVD方法的复合。它们不仅采用各种新型的加热源，而且充分运用各种化学反应、高频电磁（脉冲、射频、微波等）及等离子体等效应来激活沉积粒子。如反应蒸镀、反应溅射、离子束溅射、多种等离子体激发的CVD等，在IBAD和

PIII 等设备中复合的方法则更多。激光束的引入，不仅可以进行蒸镀，而且还可以进行如图 5.48 所示的不同方式的复合。

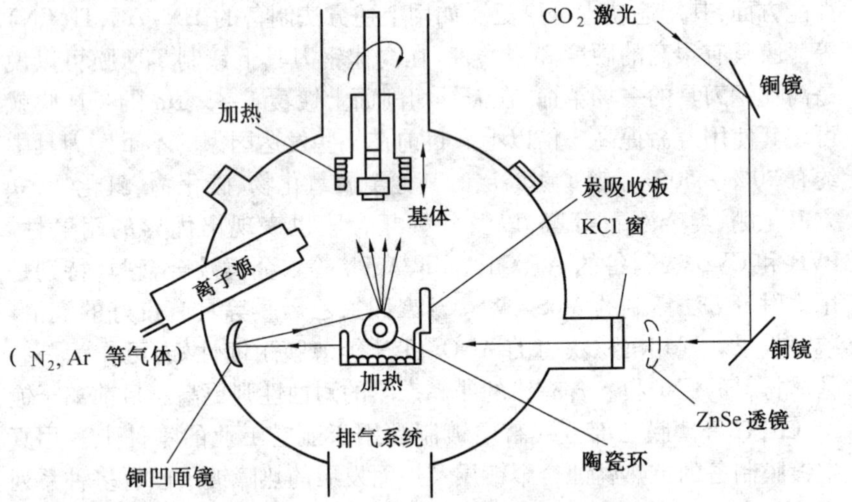

图 5.48 激光与离子束复合沉积立方氮化硼示意图

5.3 摩擦化学边界膜技术

5.3.1 摩擦化学的基本特征

摩擦化学是研究在固体摩擦过程中被机械能所激化的化学变化的一个领域。摩擦化学研究的内容包括物质的物理化学状态、元素组成的变化、反应机理、影响反应的各种因素以及这些化学变化与摩擦磨损和润滑的关系。摩擦化学反应与一般的热化学反应相比较，具有如下显著特征。

a. 摩擦化学反应速度比热化学反应速度快几个数量级。热化学反应速度大体是温度每升高 10 ℃，反应速度加快一倍；摩擦化学反应则是摩擦速度提高一倍，反应速度提高几千倍。

b. 摩擦化学反应比热化学反应所需活化能小很多。例如：$4Fe + 3O_2 \longrightarrow 2Fe_2O_3$ 的摩擦化学反应活化能只需 0.7 kJ/mol，而其热化学反应所需活化能大到 54 kJ/mol。

c. 由于摩擦而产生局部高能状态，以及外逸电子作用，新生金属表面的催化作用，使那些需高活化能的化学反应也可以发生，而热化学反应则往往不能发生。

d. 摩擦化学反应与热化学反应的平衡常数很不相同。例如：298 K 时，碳酸锂分解生成 CO_2，热化学反应下平衡常数为 10^{-26}，而在摩擦化学反应下，则为 10^5。

e. 摩擦化学反应是不可逆的。

5.3.2　摩擦化学边界膜的形成和分析

1. 摩擦化学边界膜的形成

摩擦润滑状态可划分为流体润滑，弹性流体动力润滑与混合润滑、边界润滑，如图 5.49 的斯萃贝克（Stribeck）曲线所示。在流体润滑状态下，油膜厚度 $h>R$（表面平均粗糙度），一般在 1×10^{-7} m 以上，摩擦系数 $\mu=0.000\,5\sim0.001$；弹性流体动力润滑与混合润滑状态下，$h\approx R$，一般为 $1\times10^{-8}\sim5\times10^{-7}$ m 之间，摩擦系数 $\mu=0.005\sim0.01$；边界润滑状态下，h 一般在 1×10^{-8} m 以下，摩擦系数 $\mu=0.01\sim0.1$。

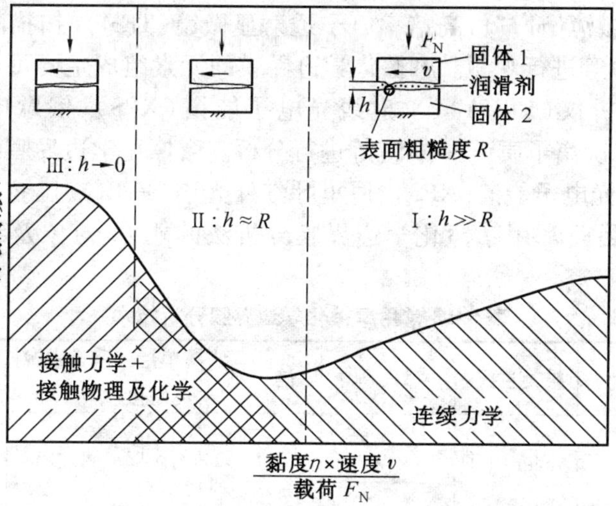

图 5.49　Stribeck 曲线

摩擦化学边界膜主要在边界润滑状态下生成,是添加剂在摩擦过程中与金属表面发生摩擦化学反应,在摩擦表面形成一层反应膜。如图 5.50 所示,摩擦表面和添加剂分子间发生摩擦化学反应,生成 FeS 的摩擦化学边界膜。

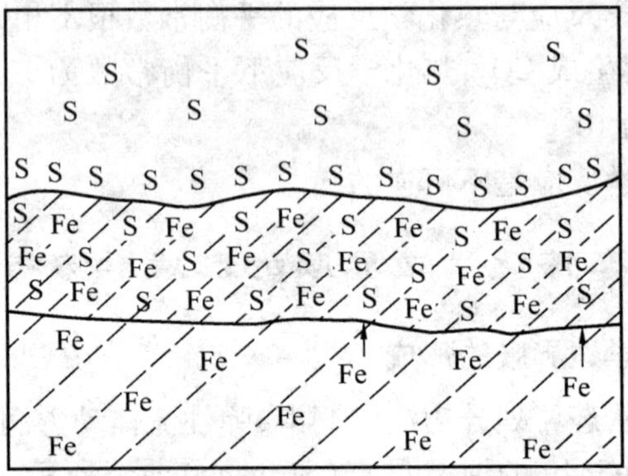

图 5.50　边界润滑状态下摩擦化学边界膜示意图

2. 摩擦化学边界膜的分析技术

分析摩擦化学边界膜的形貌、元素组成、化学状态以及结构特征,对理解摩擦化学机理有很大帮助。摩擦化学边界膜的形貌,主要用扫描电子显微镜(SEM),高倍率电子透射显微镜(TEM),扫描隧道显微镜(STEM)等进行观测。摩擦化学边界膜的元素组成主要可用电子探针微量分析仪(EPMA)、X 射线光电子能谱(XPS)、俄歇电子能谱(AES)、二次离子质谱(SIMS)等进行分析。摩擦化学边界膜的结构可用 X 射线光电子能谱(XPS)、傅里叶红外光谱(FTIR)、拉曼光谱等进行分析。目前常用摩擦化学边界膜分析法的能力、对象及结果如表 5.12 所示。

表 5.12 常用摩擦化学边界膜分析技术

方　法	被测粒子	过　程	信　息	单层灵敏度	有效探测深度/nm	深度剖面
Auger 发射谱(AES)	Auger 电子	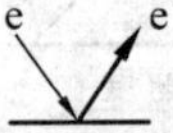	元素 Li ~ U	10^{-1}	2	与溅射结合

续表 5.12

方　法	被测粒子	过　程	信　息	单层灵敏度	有效探测深度/nm	深度剖面
扫描电镜－能量色散 X 射线(SEM－EDX)	X 射线	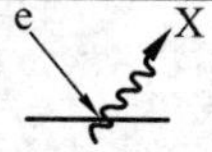	元素 Na～U	无	1 000	无
透射电镜(TEM)	衍射电子	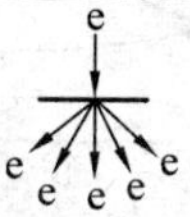	识别化合物	无	50	无
X 射线光电子谱(XPS 或 ESCA)	光电子		元素 Li～U 化学键	10^{-1}	3	可与溅射结合
次级离子质谱(SIMS)	溅射离子		元素 H～U	10^{-5}	1	通过溅射

5.3.3　摩擦化学边界膜技术及应用

1. 摩擦化学边界膜的特性

在边界润滑状态下，极压剂或油性剂经摩擦而分解或聚合的生成物，与摩擦表面发生化学反应，生成摩擦化学反应膜。如图 5.51 所示，曲线 1 为基础油，曲线 2 为基础油和脂肪酸，由于脂肪酸易于与金属表面反应，形成软质金属皂膜，故开始时摩擦系数较低，但到熔点 T_m 时，软质金属皂膜分解脱附，摩擦系数剧烈上升。曲线 3 是基础油和磷系添加剂的典型曲线，这种添加剂在反应温度 T_r 以下时，反应极为缓和，但当达到 T_m 时，金属表面与添加剂发生摩擦化学反应，生成摩擦化学边界膜，以致摩擦系数显著降低。曲线 4 是据曲线 2 和 3 的添加剂效果而推测出的，由此可见，在这种状态下，在全温度范围内，摩擦系数最低，这有利于节约能源。

2. 摩擦化学边界膜技术及其应用

在边界润滑条件下，添加剂能在金属表面生成摩擦化学边界膜，但不同添加剂的活性不同，生成的摩擦化学边界膜的性能亦不同，下面简

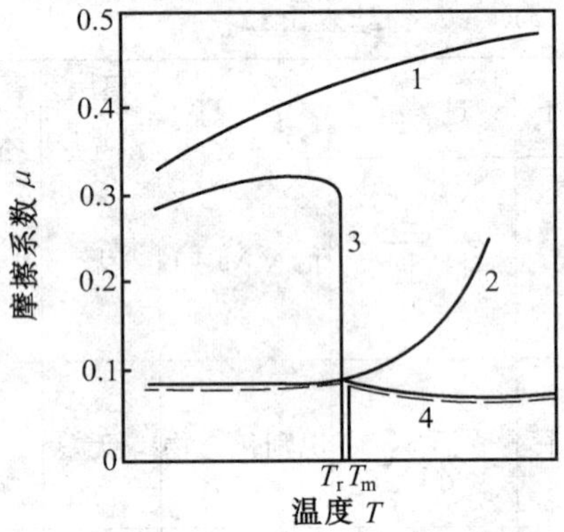

图 5.51　摩擦化学边界膜的摩擦特征

述一些常见添加剂生成的摩擦化学边界膜的性能、机理以及应用。

(1)硫系添加剂

硫系极压抗磨添加剂在摩擦表面生成的摩擦化学边界膜具有良好的极压抗磨性能,其性能与本身的化学结构有密切的关系。硫系添加剂必须在有空(氧)气的存在下,才能发挥有效作用。硫系添加剂生成的 FeS 摩擦化学边界膜只有与氧化铁共存下才有良好效果,一般认为硫化铁摩擦化学边界膜在 0.15 μm 左右才有效,此时摩擦系数大约在 0.5 左右。已有许多专利和文献对硫系添加剂作了报导,主要包括硫化动植物油、硫化烯烃、硫代酯、多硫化物等。硫化烯烃是目前应用最广泛的硫系添加剂,其分子式为 $C_8H_{18}S_3$,是将异丁烯与单氯化硫 S_2Cl_2 硫化,再用 Na_2S 脱氯、硫化,最后经碱精制,得到含硫 42% ~45%(质量分数)的产品。该产品具有稳定性高,油溶性好,腐蚀性小,极压性优等特点。

能反应的硫化物,在摩擦表面上和铁的作用为

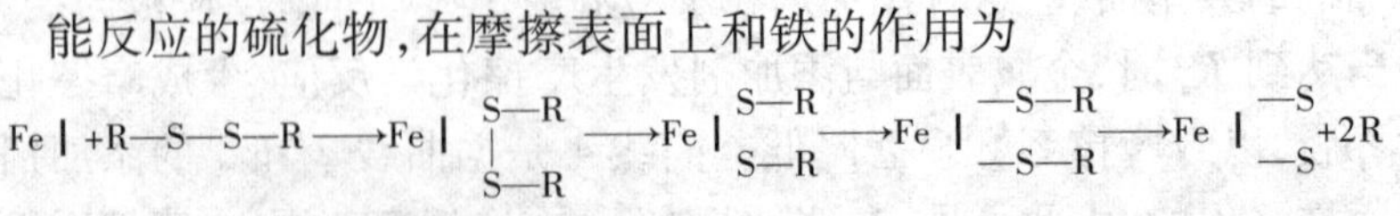

在摩擦表面生成的硫化铁膜,由于其抗剪切强度大,因此,摩擦系数较高。但其水解安定性好,熔点高,其润滑作用一直持续到 800 ℃。

硫系添加剂主要用做极压剂和减摩剂,广泛应用于车辆齿轮油、工业齿轮油和金属加工液中。

(2)磷系添加剂

磷系添加剂品种繁多,而且有广阔的发展前景,各工业化国家已进行了大量的研究。磷系添加剂按所含有效活性元素划分,分为磷型、硫磷氮型和磷氮型。

①磷型极压抗磨添加剂

该类添加剂主要有磷酸酯、亚磷酸酯类化合物,其典型代表是磷酸三甲酚酯和二烷基亚磷酸酯等。该类添加剂的极压抗磨性由小到大的顺序为次膦酸酯、膦酸酯、磷酸酯、酸性磷酸酯、亚磷酸酯。其缘故是P—C键比P—O—C键稳定。

②硫磷氮型极压抗磨添加剂

硫磷氮型添加剂具有较好的极压抗磨性能,按其化学结构,可分为下列几类。

a. 二烷基二硫代磷酸复酯胺盐。这类添加剂具有优良的极压抗磨性,较好的热安定性,对铜腐蚀小,能极大地提高油品的Timken OK值。

b. 二烷基二硫代磷酸酰胺。这类添加剂是一类多效极压抗磨添加剂,具有良好的抗擦伤性和较好的热氧化安定性、抗腐蚀性等。

c. 二烷基二硫代磷酸胺盐。该类添加剂是一类多效添加剂,兼具极压、抗磨、抗腐蚀、抗氧化、防锈等性能。其性能的优异与否与烷基结构有关。

除上述三种硫磷氮型添加剂外,还有氨基甲酰基二硫代磷酸衍生物等。其特点是具有良好的极压抗磨性,但是,在高温时有的不稳定,对金属有腐蚀作用,有的则因气味难闻,不很受用户欢迎。

③磷氮型极压抗磨添加剂

这类添加剂具有承载能力高,复配性好,多效性和润滑性好,生产工艺简单,工业三废少等优点,具有广阔的应用前景。磷酸酯胺盐是这类添加剂的典型代表,其润滑性能一般具有下列规律:烷基胺的碳链越长,其抗磨极压性能降低越显著;胺分子的体积越大,承载能力越高。并且磷酸酯和胺具有下列匹配规律:短链的二烷基磷酸酯与长链的胺具有良好的抗磨性和最大无卡咬负荷;长链的二烷基磷酸酯和长链的胺具有差的抗磨性和最大无卡咬负荷;长链的二烷基亚磷酸酯和短链的体积大的胺具有极好的承载能力。

磷系添加剂的作用机理,研究最多的是磷型添加剂。早在20世纪

40年代，就曾有人提出形成铁和金属磷化物的共晶层，即所谓“化学抛光”，后来许多学者证明这种解释是站不住脚的，并提出存在磷酸盐层，也有人认为在摩擦表面生成$FePO_4$和$FePO_4\cdot 2H_2O$的混合物。目前，普遍的观点是在各种条件下，磷系添加剂在摩擦表面确实形成了磷酸盐。图5.52所示为二烷基亚磷酸酯极压抗磨作用机理模式图。

磷系添加剂主要用做抗磨剂和摩擦改进剂，广泛用于汽车齿轮油、工业齿轮油、抗磨液压油、传动液等油品中。表5.13示出了一些常用磷系添加剂。

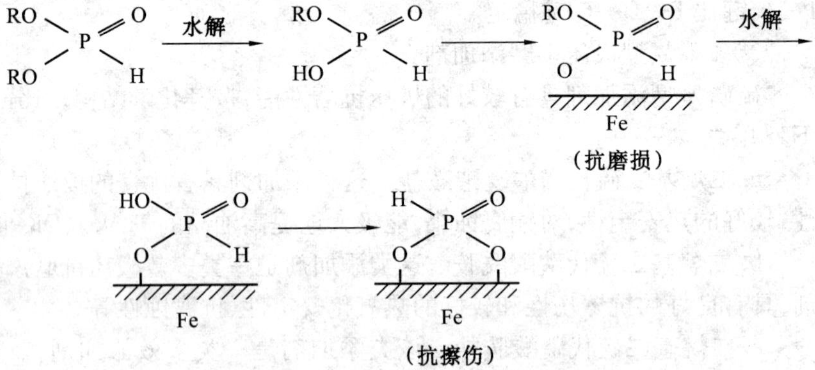

图5.52　二烷基亚磷酸酯极压抗磨作用机理模式图

表5.13　一些常见磷系添加剂

添加剂类型	名　称	国内代号	应　用
磷　型	烷基亚磷酸酯	T304	汽车、工业齿轮油
	酸性磷酸酯		汽车、工业齿轮油
	磷酸三甲酚酯	T306	液压油
	含磷化合物	T451	摩擦改进剂
磷氮型	酸性磷酸酯胺盐	T308	齿轮油
硫磷氮型	硫磷氮化合物	T305	齿轮油、液压油
		T307	齿轮油、液压油

(3)氯系添加剂

氯系添加剂主要有氯化石蜡、氯化联苯等氯代烃类。氯化石蜡活

性强，但安定性、抗腐蚀性差。氯化石蜡在金属摩擦面上发生如下反应，即

$$RCl_n+Fe \longrightarrow FeCl_2+RCl_{n-2}$$

而生成氯化铁的极压润滑膜。但该极压润滑膜在 350 ℃时就会失效。氯化铁极压膜须在 0.1 μm 厚度以上，才能有改善边界润滑的作用，其摩擦系数在 0.20 左右。由于氯化铁膜易水解而发生生锈，所以在水存在的情况下不能使用。

综上所述，氯系添加剂与铁反应速度快，但耐负荷性能较低；硫系添加剂的耐负荷性能高；磷系添加剂居中。

（4）含硼添加剂

20 世纪 60 年代初期，硼酸盐始被用做极压抗磨添加剂，在 70 年代末出现了硼酸盐的工业产品，如 Chevron 公司的 OLOA—9750，90 年代初出现了改进后的硼酸盐添加剂。

制备无机硼酸盐极压抗磨添加剂，常用的方法有研磨法和复分解法，见表 5.14。

表 5.14　两种制备无机硼酸盐添加剂方法的比较

制备方法	研　磨　法	复　分　解　法
制备工艺	将硼酸盐在分散剂存在下，与基础油一起研磨、滚磨、振动制得硼酸盐-油分散体	将硼酸和氢氧化钠分别溶于分散剂、助溶剂、促进剂中使之反应，反应产物经升温脱水、过滤，制得硼酸盐-油分散体
优　点	工艺简单、易于操作	制得的硼酸盐的颗粒小，稳定性好
缺　点	难以获得颗粒小的硼酸盐添加剂	工艺较复杂，反应和脱水温度控制严格

硼酸盐添加剂的突出特点是具有优良的承载能力，良好的抗磨减摩性，高的热氧化安定性及独特的黏度与摩擦学性能的关系。含硼酸盐的齿轮油的极压性比硫磷型、Pb-S 型齿轮油的极压性均高，并且具有很好的减摩性，其使用周期比常用的硫磷型润滑剂长 4 倍，如图5.53 所示。与硫磷型油不同，含硼酸盐油的极压性与油黏度具有独特的关系，如图 5.54 所示。油的黏度越低，Timken OK 值越高，这为节能提供

了一条可行的途径。

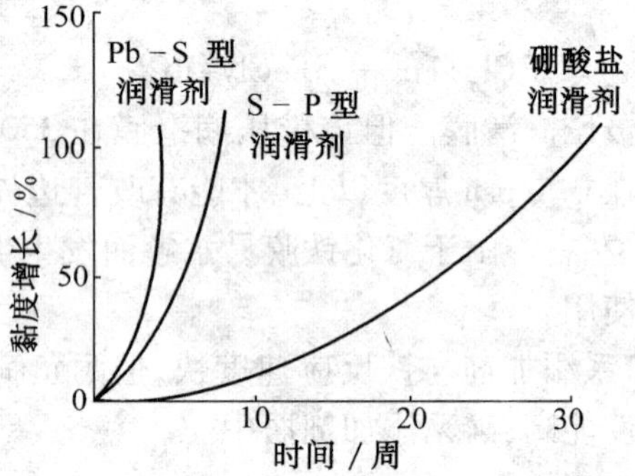

图 5.53　121 ℃时齿轮油的氧化试验

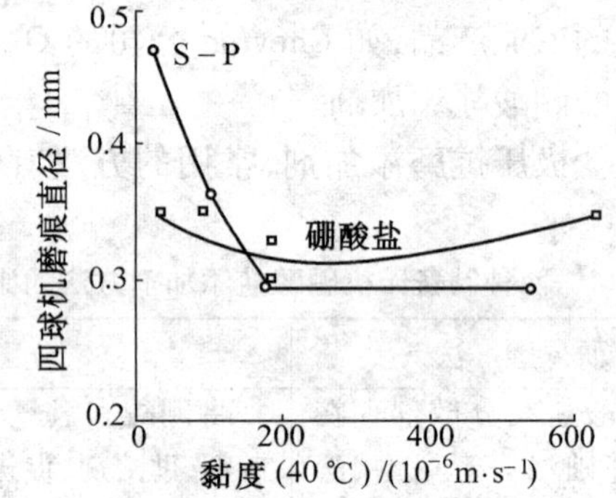

图 5.54　黏度(40 ℃)对含硼酸盐油的极压性的影响

硼酸盐的极压抗磨作用机理与硫、磷、氯系添加剂的作用机理不同。硫、磷、氯系极压抗磨添加剂的作用机理是在摩擦过程中与摩擦表面发生化学反应,生成摩擦化学边界膜,其实质是一种“适度”腐蚀作用机理;而硼酸盐添加剂的极压抗磨作用机理,很多学者提出了不同的观点,但可归纳为两类,即沉积成膜观点和渗硼观点。沉积成膜观点认为,硼酸盐添加剂在摩擦过程中并未发生摩擦化学反应,而是通过电泳使硼酸盐沉积于摩擦表面。渗硼的观点则认为硼酸盐添加剂在摩擦过程中生成了硼的间隙化合物,从而在摩擦表面形成复杂的渗透层。

(5) 二烷基二硫代磷酸锌

二烷基二硫代磷酸锌(ZDDP)用做抗磨添加剂,同时还具有抗氧化性、抗腐蚀性等,是一多功能添加剂。其分子式为

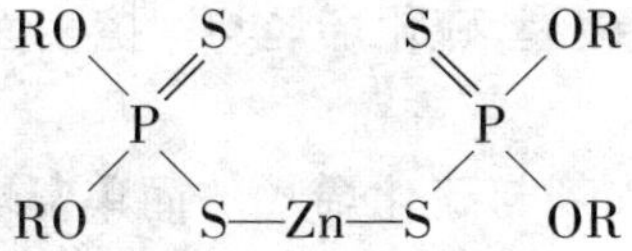

R 为烷基,其链的结构影响 ZDDP 的性能。

ZDDP 在边界润滑条件下,发生摩擦化学反应的热分解和聚合而生成摩擦聚合物、硫化铁、磷酸盐等极压润滑膜。ZDDP 的摩擦化学边界膜的形成过程可概括为:

a. 分子吸附;

b. 聚合物生成并黏附;

c. 和摩擦表面反应生成极压膜。

ZDDP 是一种多功能添加剂,已广泛应用于汽油机油、柴油机油、液压油、齿轮油等工业用油中。

(6)添加剂复配技术

现代科学技术的发展,使润滑油的使用条件越来越苛刻,这就要求提高润滑油的综合性能。提高润滑油的质量,有三种方法:其一是提高基础油的质量;其二是改进添加剂的性能和开发新型多功能添加剂;其三是提高润滑油的复配技术。提高复配技术就是充分利用添加剂间的协同效应,获得合理而经济的润滑油配方。

硫系添加剂的特点是有较高的烧结负荷,主要用做极压剂和油性剂;磷系添加剂主要特点是具有良好的抗磨损性能,但它们单独的性能均不能满足高级润滑油综合性能的要求。利用硫系与磷系添加剂间的协同效应,提高复配技术是一条有效的途径。

不同化学活性、不同分子结构的硫系添加剂分别与不同化学活性、不同分子结构的磷系添加剂复配,其抗磨性尽管受添加剂分子结构、化学活性的影响,但磨斑直径均有不同程度的降低。通过对亚磷酸酯和硫系添加剂复配体系反应产物的傅里叶红外、质谱分析,发现产生协同效应的原因是由于一种新的硫代磷酸酯生成。含硫和含磷添加剂复配、产生最佳协同增效作用的 P/S 摩尔比,受磷系添加剂的化学结构、化学活性、试验机型、摩擦副材料等很多因素的影响。

硫化烯烃与苯三唑十二胺(ASBT)复配,其增效作用十分明显。硫化烯烃和 ASBT 复配,减摩、抗磨性能和承载能力都有明显的增效作用,其原因是在低温范围内,ASBT 的化学吸附膜起主要作用,随着温度的升高，化学吸附膜破裂，硫化烯烃与摩擦表面反应生成硫化铁膜起主要作用。

硼酸盐润滑油添加剂与硫化烯烃的简单复配，配制的车辆齿轮油的综合性能超过 GL-5 车辆齿轮油的规格要求。但硼酸盐润滑油添加剂不宜与油性剂和磺酸钙清净分散剂复配，其复配体系的摩擦学性能产生对抗效应，而硼酸盐添加剂与丁二酰亚胺之间存在协同效应，它们复合使用时抗磨效果更好。

参考文献

[1] 黄子勋，吴纯素. 电镀理论[M]. 北京：中国农业机械出版社，1982.

[2] 陆兆锷. 电极过程原理和应用[M]. 北京：高等教育出版社，1992.

[3] 郭鹤桐，张三元. 复合镀层[M]. 天津：天津大学出版社，1991.

[4] 翟金坤，黄子勋. 化学镀镍[M]. 北京：北京航空学院出版社，1987.

[5] 张允诚，胡如南，向荣. 电镀手册(上册)[M]. 第 2 版. 北京：国防工业出版社，1997.

[6] 徐滨士，朱绍华. 表面工程的理论与技术[M]. 北京：国防工业出版社，1999.

[7] 徐滨士. 纳米表面工程[M]. 北京：化学工业出版社，2004.

[8] 徐滨士，刘世参. 刷镀技术[M]. 天津：天津科学技术出版社，1985.

[9] 林春华，葛祥荣. 电刷镀技术便览[M]. 北京：机械工业出版社，1991.

[10] 梁志杰，臧永华. 刷镀技术实用指南[M]. 北京：中国建筑工业出版社，1988.

[11] 李基森，龚秀英. 电刷镀技术及其应用[M]. 上海：上海科学技术文献出版社，1986.

[12] 田民波，刘德令. 薄膜科学与技术手册[M]. 北京：机械工业出版社，1991.

[13] 李云奇. 真空薄膜技术与设备[M]. 沈阳：东北工学院出版社，1992.

[14] 汪泓宏，田民波. 离子束表面强化[M]. 北京：机械工业出版社，1992.

[15] SUDARSHAN T S. 表面改性技术[M]. 范玉殿，等译. 北京：清华大学出版社，1992.

[16] 中国机械工程学会热处理学会. 表面沉积技术[M]. 北京：机械工业出版社，1989.

[17] (日)竹田博光. 陶瓷镀层[M]. 康永林，王克智译. 香港：思远出版社，1993.

[18] TANG B Y. Development of plasma source ion implantation in China[J]. Vac. Sci. Technol., 1994, B12(2).

[19] 陈宝清. 真空表面处理工学[M]. 台北：傅胜出版社，1992.

[20] 王汝霖. 润滑剂摩擦化学[M]. 北京：中国石化出版社，1994.

[21] 欧风,李晓. 应用摩擦化学的节能润滑技术[M]. 北京:中国标准出版社,1991.
[22] 欧风. 合理润滑技术手册[M]. 北京:石油工业出版社,1992.
[23] 樱井俊男. 石油产品添加剂[M]. 石油产品添加剂翻译组译. 北京:石油工业出版社,1980.
[24] 张景河. 现代润滑油与燃料添加剂[M]. 北京:中国石化出版社,1991.
[25] 徐滨士. 表面工程与维修[M]. 北京:机械工业出版社,1996.
[26] QIAO Y L, XU B S, MA S N. Effect of the basic-nitrogen compounds on tribological performance of sulfurized olefin[J]. Lubrication Science, 1998(3).
[27] ZHANG Z X, ZHU S H. A New Application of IBST on PCB Drills[D]. In: Proceedings of the ICSE Shanghai '97. Beijing: China Machine Press, 1997.

第6章　表面热处理及高能量密度表面处理技术

6.1　表面热处理技术

对钢表面进行加热、冷却、改变表层组织而不改变其表层成分的热处理工艺，称为表面热处理，也称作表面淬火技术。表面淬火的原理是用电磁感应、火焰、激光等加热方法对零件表面迅速加热，使表面材料快速加热到相变临界点以上而转变为细小的奥氏体组织，心部材料仍保持在相变临界点以下，保持原有组织。其后用水或油或依靠母材快速冷却，达到淬火目的，获得微细的马氏体组织，从而提高了零件的表面硬度和耐磨性。而零件心部因未发生相变，仍保持其强度高、韧性好的性能特点。这种表面处理方法常用于齿轮、轴类的表面强化。

6.1.1　传统表面热处理技术

按照加热方式，传统的表面热处理可分为感应加热、火焰加热、电接触加热等表面淬火工艺。下面仅介绍最常用的感应加热表面淬火技术。

1. 感应加热表面淬火的特点

a. 加热速度快，加热时间短，一般只需几秒至几十秒钟。钢的相变速度极快，奥氏体晶粒非常细小，因此淬火后得到隐晶马氏体，表面硬度比一般淬火高 2 ~ 3 HRC，而且脆性较低。

b. 表面淬火得到马氏体，使表面体积膨胀造成较大的残余压应力，显著提高零件的疲劳强度。

c. 工件表面氧化脱碳少，零件变形小。

d. 加热温度和淬硬层深度容易控制，便于机械化和自动化操作。

e. 感应加热表面淬火设备较贵，形状复杂的零件处理比较困难。

2. 感应加热表面淬火原理

图6.1为感应加热表面淬火原理示意图。感应圈中通以交流电后在周围产生一个交变磁场，置于磁场中的工件（轴或齿轮等）内部产生感应电流。由于交流电的集肤效应，零件表面的电流密度最大，其电阻热效应使工件表面迅速升温到钢的临界点 Ac_3 以上。而后用水或油迅速冷却表面，使工件表面得到马氏体组织，从而提高表层硬度、耐磨性和抗疲劳性。感应加热表面淬火工件组织和硬度变化见图6.2。

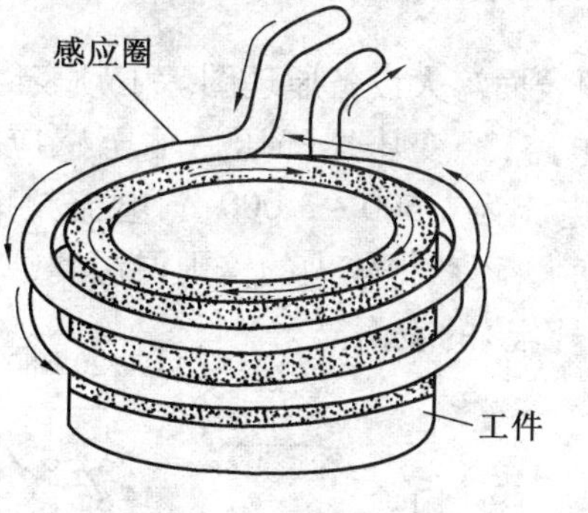

图6.1　感应加热表面淬火原理示意图

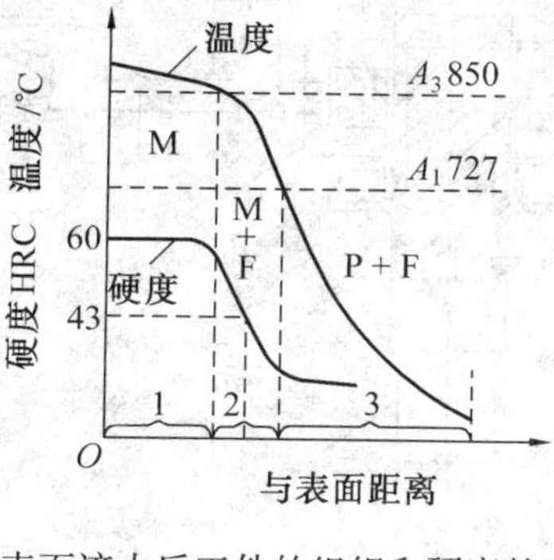

图6.2　感应加热表面淬火后工件的组织和硬度的变化（材料:45钢）

感应加热表面淬火后工件表面的淬硬层深度由工件表面向内至半马氏体区的距离来表示。淬硬层深度与感应电流透入深度及加热时间有关。从表面至工件内部感应电流为表面最大感应电流的37%处的距离为感应电流透入深度,用 δ(mm)表示。当加热温度高于 770 ℃ 时,δ 可用经验公式估算,即

$$\delta=\frac{500}{\sqrt{f}} \tag{6.1}$$

式中,f 为电流频率,Hz。

可见,电流频率越高,电流透入深度越小,加热层越薄,因此淬硬层深度越小。

3. 感应加热表面淬火设备

感应加热表面淬火设备按输出电流的频率可分为工频、中频及高频表面淬火设备。

图 6.3 为工频表面淬火设备原理图。工频表面淬火设备的电源直接取自工业用电电路,经变压器降压后输至感应圈。其输出电压为 100 ~ 180 V,输出电流为 1 500 ~ 3 000 A,电流频率为 50 Hz。由于工频电流的透入深度大,可获得较大的淬硬层深度,所以工频电源适合于大直径零件(如冷轧辊)的表面淬火。

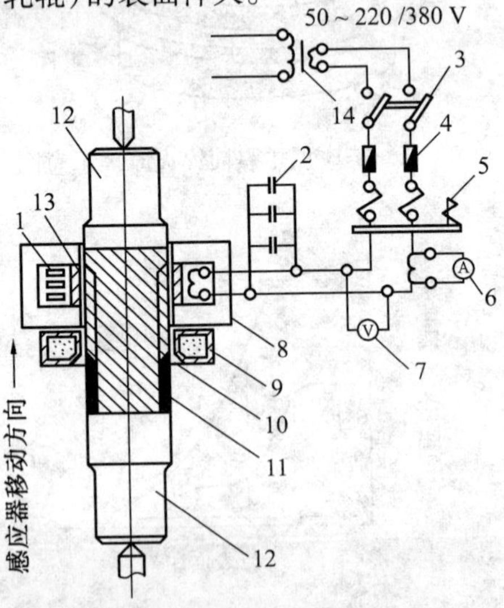

图 6.3　工频电源原理图

1—感应器绕组;2—电容器组;3—电源开关;4—保险器;5—接触器;6—电流互感器;7—电压表;8—感应器导磁体;9—喷水器;10—淬火加热层;11—已淬火表面;12—零件;13—感应器绕组绝热层;14—变压器

中频电源有中频发电机及可控硅中频电源两种。可控硅中频电源输出电流频率有1 000 Hz,2 500 Hz,8 000 Hz等。中频电源用于承受扭转、弯曲负荷的零件,如曲轴、主轴、大齿轮的表面感应加热淬火。

高频电源多为电子管式,输出电流频率可达250~300 kHz。现已出现晶体管式高频电源,其输出功率稳定,电能转换效率高。高频电源由于电流透入深度小,适合于中小型齿轮、轴类的感应加热淬火。

4. 感应加热表面淬火工艺

表面淬火一般用于中碳钢和中碳低合金钢,如45,40Cr,40MnB钢等。这类钢经预先热处理(正火或调质)后精加工成齿轮、轴类等零件后再经感应加热表面淬火。淬火温度应高于一般电阻炉内加热的淬火温度。45钢的淬火温度为860~900 ℃,40Cr钢的淬火温度为880~920 ℃。如淬火温度过高,则在淬火层内将得到中、粗针马氏体。淬火温度过低将得到不完全淬火组织。这都将影响表面淬火层的硬度和耐磨性。

感应加热淬火设备一次加热最大表面积取决于该设备最大输出功率。如果淬火面积大于设备允许的一次加热的最大表面积时,则采用连续淬火的方法,即零件以一定速度相对于感应圈移动,依次进行加热和喷水冷却。

感应加热表面淬火可用于零件外圆、内孔及平面的表面硬化。经表面淬火后的零件可进行加热炉低温回火或自回火,以降低淬火应力,并保持高硬度和高耐磨性。

高碳钢也可进行表面淬火,主要应用于受较小冲击和交变载荷的工具及量具。淬火温度比中碳钢低。

5. 感应加热表面淬火的应用

(1)齿轮的表面淬火

机床齿轮常用45,40Cr钢制造。钢材经调质处理后加工成齿轮,采用高频电源进行表面淬火,并自回火。轮齿表面组织为隐晶回火马氏体,硬度达54~58 HRC。如图6.4所示,齿心组织为回火索氏体,硬度为20~25 HRC。

(2)轴类的表面淬火

车床主轴用45钢制造,经正火处理。轴颈及外锥面要求硬度为

图 6.4　表面淬火并自回火后齿轮齿面和齿心的显微组织(400×)

52～55 HRC,内锥孔表面硬度为 45～50 HRC。采用高频电源连续加热淬火,并进行炉内 220～250 ℃低温回火。表面淬火层组织为回火马氏体,硬度高,耐磨性好。主轴其他部位的组织为索氏体+铁素体,硬度为 180～220 HB,抗拉强度 σ_b 为 700～800 MPa。内燃机曲轴用 40Cr 钢制造,经调质处理。曲轴轴颈表面要求耐磨,硬度为 52～55 HRC,淬硬层深度应有 3～4 mm。轴颈与曲柄臂间圆角处应有足够高的疲劳强度。因此表面淬火应采用中频电源加热,淬火后进行低温回火。淬火层为回火马氏体,曲轴其他部位为回火索氏体,硬度为 20～25 HRC,抗拉强度 σ_b 为 800～1 000 MPa,冲击韧性 a_k 为750～800 kJ/m^2。因此曲轴轴颈表面耐磨性能好,全轴强韧性高,抗疲劳性能好。

(3)机床导轨表面淬火

车床床身由灰口铸铁 HT 320 制成,原始组织为珠光体+细片状石墨。导轨表面要求耐磨。采用图 6.5 所示的方法进行高频加热表面淬火。导轨表面获得马氏体+细片状石墨组织,硬度提高到 48～52 HRC,淬硬层深度约 1.5 mm,提高了导轨表面的耐磨性。

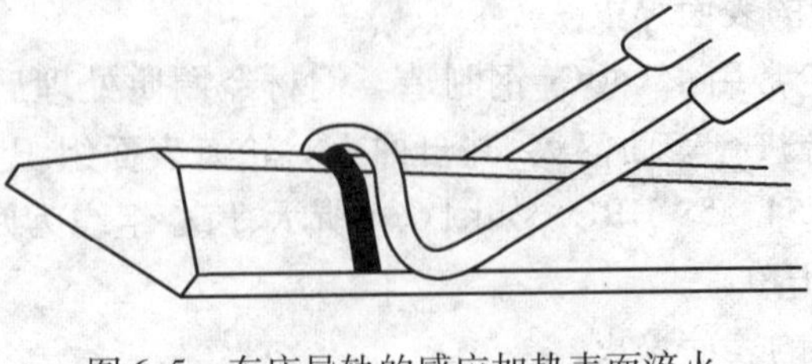

图 6.5　车床导轨的感应加热表面淬火

6.1.2　几种新型表面热处理技术

1. 高频脉冲感应加热表面淬火

用高频脉冲感应加热进行淬火，使用20～30 MHz的高频脉冲，通过感应圈在毫秒级极短时间内使工件表面急速加热到淬火温度，然后自冷。这种方法也叫高频感应冲击淬火。表6.1给出了高频脉冲淬火和普通高频淬火在工艺上和效果上的比较。这种表面处理方法已在带锯锯刃的强化上得到应用，使带锯的使用寿命大大提高。

表6.1　高频脉冲感应加热淬火与普通高频感应加热淬火的比较

参　　数	普通高频淬火	冲击淬火
频　　率	200 kHz	27.12 MHz
功率密度	2×10^6 W/m^2	$(1\sim3)\times10^8$ W/m^2
实用最短淬火时间	0.1～5 s	1～100 ms
最低淬火深度	0.5 mm	0.1 mm
可淬火面积	如连续移动，无限制	以每次冲击淬火带最大宽度3 mm计，为10～100 mm^2
感应器的感应系数	2～3 μH	常用范围10～100 nH
感应器的冷却方式	水冷感应器	截面积约5 mm^{2}的细线或薄板感应器每次冲击用压缩空气冷却时，无须用其他方法冷却
淬火方式	喷　　水	自冷，无须冷却剂
组　　织	普通马氏体	极其微细的针状马氏体
变形量	变形量较小	变形量极微，难以测出

2. 高频电阻感应加热表面淬火

这是一种用高频电流对材料表面同时进行感应加热和电阻加热实现表面淬火的方法。其原理如图6.6所示。

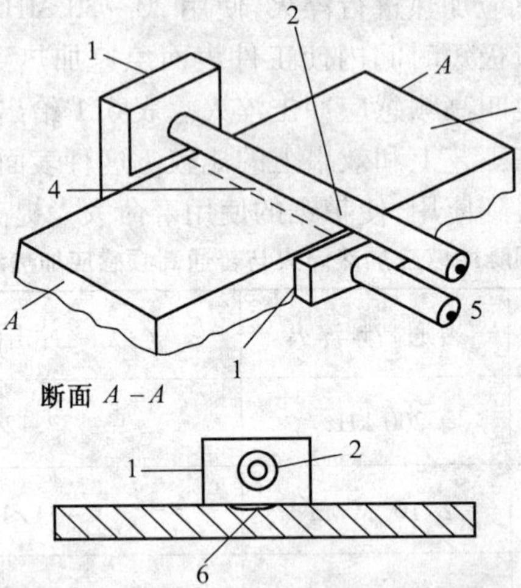

图6.6　高频电阻感应加热表面淬火原理示意图

1—电触头;2—邻近感应器;3—工件;4—电流;5—高频电流;6—加热部分

当通以高频电流时,工件表层的一部分直接通电加热,与此同时,邻近感应器又使工件表面产生感应加热,两种作用使工件的表层和表面加热,当达到淬火温度,切断电源。由于加热速度极快,加热部分仅限于某一范围,周围及深处的冷母材迅速导热,可使加热区激冷,实现自冷淬火。淬硬层深度取决于所使用的频率、加热时间和功率。一般在0.35～0.37 mm范围内。在高频电阻感应加热时,功率密度为$8\times10^{7}\sim2.3\times10^{9}$ W/m^2,输入功率30～300 kW(根据淬火带的长度、宽度而定),加热持续时间一般不超过0.5 s。日本已将此技术应用于动力转向装置齿条轴的齿条硬化处理。此外还可应用于凸轮轴、汽缸内表面的强化。这项技术的优点是不需淬火介质,不需真空室,无需黑化处理,淬火变形非常小,节能。设备投资费用仅为激光或电子束设备的三分之一。硬化带的形状可随邻近感应器导电管的形状变化,获得S形、锯齿形、波浪形等表面淬火轮廓。

6.2　表面化学热处理技术

6.2.1　概述

表面化学热处理是在一定的温度下，在特定的活性介质中使钢的表面渗入适当元素，同时向钢内部扩散以获得预期的组织和性能的热处理过程，如渗碳、氮化、碳氮共渗、渗硼、渗硫、渗铬、渗铝等。表面化学热处理通过改变钢表面层的化学成分和组织来改善表面性质。要使同一金属零件的表面和心部具备不同的成分和性能，采用表面化学热处理是十分有效的方法。

表面化学热处理包括下述三个基本过程。

(1)化学介质的分解

在一定温度下，化学介质可发生化学分解反应，生成活性原子。例如在渗碳温度(920～930 ℃)时，含碳介质会发生如下分解反应，即

$$2CO \rightleftharpoons CO_2+[C] \tag{6.2}$$

$$C_nH_{2n} \rightleftharpoons nH_2+n[C] \tag{6.3}$$

$$C_nH_{2n+2} \rightleftharpoons (n+1)H_2+n[C] \tag{6.4}$$

氮化时，氨发生分解，即

$$2NH_3 \longrightarrow 3H_2+2[N] \tag{6.5}$$

通常为了增加化学介质的活性，还加入适量催化剂或催渗剂，来加速反应过程，降低反应温度，缩短反应时间。

(2)活性原子的吸收

介质分解生成活性原子，如[C]、[N]等，为钢的表面所吸附，然后溶入基体金属铁的晶格中。碳、氮等原子半径较小的非金属元素容易溶入 γ-Fe 中形成间隙固溶体。碳也可与钢中强碳化物元素直接形成碳化物。氮可溶于 α-Fe 中形成过饱和固溶体，然后再形成氮化物。

(3)原子的扩散

钢表面吸收活性原子后，该种元素的浓度大大提高，形成了显著的浓度梯度。在一定的温度条件下，原子就能沿着浓度梯度下降的方向

作定向的扩散,结果便能得到一定厚度的扩散层。

表征扩散过程速度的一个重要参数是扩散系数 D。它的物理意义是,在浓度梯度为 1 的情况下,在单位时间内,通过单位面积的扩散物质量。扩散系数越大,则扩散速度越快。影响扩散速度的主要因素是温度和时间。

扩散系数和温度的关系,可表示为

$$D = Ae^{-\frac{Q}{RT}} \tag{6.6}$$

式中,D 为扩散系数;A 为方程式参数;T 为绝对温度;e 为自然对数之底;R 为气体常数;Q 为扩散激活能。

温度越高,扩散系数越大。当温度一定时,加热时间越长,扩散层的厚度便越大,扩散层厚度与时间的关系为

$$\delta = K\sqrt{\tau} \tag{6.7}$$

式中,δ 为扩散层厚度;τ 为时间;K 为常数。

6.2.2 普通化学热处理

1. 渗碳

钢件在渗碳介质中加热和保温,使炭原子渗入表面,增加表层的碳含量并获得一定碳浓度梯度,这种工艺称为渗碳。用 20,20Cr,20CrMnTi 等低碳钢制造的齿轮、活塞销、套筒、轴等零件均要进行渗碳处理。

(1)渗碳方法

渗碳有固体渗碳、液体渗碳、气体渗碳 3 种方法。由于固体渗碳生产效率低、质量不易控制,液体渗碳环境污染大、劳动条件差,因此生产中很少采用。目前使用最广泛的是气体渗碳。气体渗碳在井式或箱式可控气氛炉中进行。加热温度为 900 ~ 950 ℃。炉内滴入易分解的有机液体(如煤油、甲醇),或直接通入渗碳气体(如煤气、石油液化气等),通过分解反应产生活性炭原子,使钢件渗碳。

图 6.7 为井式渗碳炉中气体渗碳原理示意图。

气体渗碳生产效率高,劳动条件好,对环境基本上无污染,渗碳过程易于控制,渗碳层的质量和机械性能良好。目前国内开发的连续渗

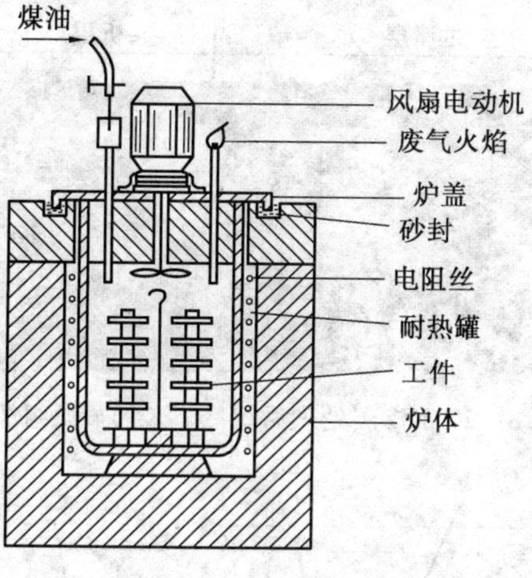

图6.7　井式渗碳炉气体渗碳原理示意图

碳淬火炉，将工件的渗碳和其后的淬火结合在一起，自动进行，使生产效率得到进一步提高，已用于汽车、摩托车的曲轴、链条、活塞销等零件的渗碳淬火处理。

(2)渗碳及其后的热处理工艺

由于奥氏体的溶碳能力较大，因此渗碳温度在临界点 Ac_3 以上。温度越高，渗碳速度越快，渗层越厚，生产效率也越高，但奥氏体晶粒将越粗大。渗碳温度一般采用900～950 ℃。渗碳时间由渗碳层厚度要求决定。每保温1 h，厚度约增加0.2～0.3 mm。如20钢在950 ℃进行气体渗碳时，保温1 h，渗层厚度为0.74 mm；保温2 h，渗层厚度为1.04 mm；保温3 h，渗层厚度为1.30 mm。

低碳钢渗碳后缓冷下来的显微组织，表层为珠光体和二次渗碳体，心部为珠光体和铁素体，中间为过渡组织。一般规定从表面到过渡层一半处的距离作为渗碳层厚度（见图6.8）。

渗碳后的热处理为淬火+低温回火。淬火方法有3种，如图6.9所示。

a. 直接淬火。零件经渗碳后预冷到830～850 ℃用水或油淬火，这种方法工艺简单，生产效率高。但由于渗碳时奥氏体晶粒长大，淬火后马氏体较粗，残余奥氏体也较多，所以耐磨性较低，变形较大，只用于本质细晶粒钢或耐磨性要求不高、承载较低的零件。

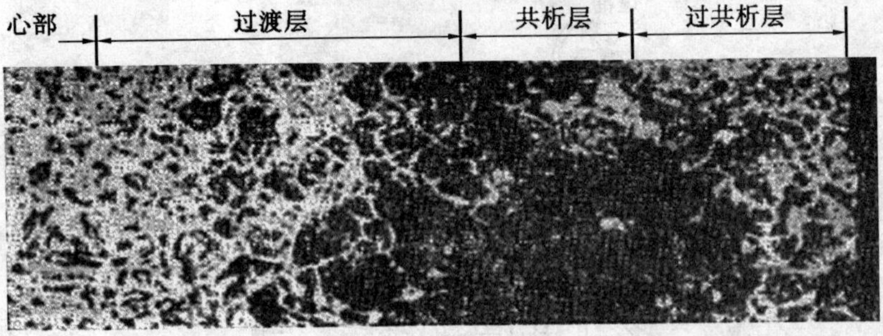

图 6.8　20 钢渗碳处理后缓冷下来的显微组织(200×)

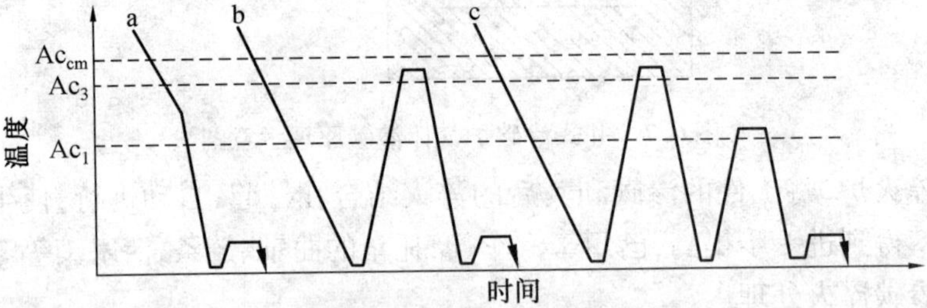

图 6.9　渗碳后的热处理工艺曲线示意图

a—直接淬火;b——一次淬火;c—二次淬火

b. 一次淬火。渗碳件空冷后重新加热到 Ac_3 或 Ac_1 以上淬火。对于心部组织要求高的合金渗碳钢零件,加热温度应略高于心部材料的 Ac_3,使心部得到低碳马氏体组织。对于承载不大但表面性能要求较高的零件,淬火温度应选在 Ac_1 以上 30 ~ 50 ℃,使表层晶粒细化。而心部组织无大的改善,性能略差一些。图中,Ac_{cm}为渗碳体溶入奥氏体的临界温度点。

c. 二次淬火。第一次淬火加热温度为 Ac_3 以上,以改善心部组织,同时消除表面网状二次渗碳体。第二次淬火加热温度为 Ac_1 以上 30 ~ 50 ℃,可细化表层组织,获得细马氏体和均匀分布的粒状二次渗碳体。二次淬火法工艺复杂,零件变形大,只用于要求表面高耐磨性和心部高韧性的零件。

渗碳零件在淬火后要进行低温(150 ~ 200 ℃)回火,消除淬火应力,提高韧性。

(3)渗碳零件的组织和性能

渗碳零件经淬火、回火后表层组织为高碳回火马氏体+碳化物+残余奥氏体,心部组织一般为低碳回火马氏体,或低碳回火马氏体+屈氏体+铁素体。表面硬度为 800 ~ 940 HV(60 ~ 65 HRC),耐磨性高,疲劳强度大;心部硬度为 280 ~ 460 HV(30 ~ 45 HRC),抗拉强度 σ_b 为 800 ~ 1 100 MPa,强韧性好。

2. 氮化

氮化就是向钢件表面渗入氮的工艺。其特点是:

a. 氮化件表层硬度很高(1 000 ~ 1 100 HV),且在 600 ~ 650 ℃ 温度时保持不下降,所以具有很高的耐磨性和热硬性,心部具有足够的强韧性;

b. 表层形成压应力,使疲劳强度大大提高;

c. 氮化温度低,零件变形小;

d. 表面形成致密的化学稳定性较高的 ε 相层,耐蚀性好。

目前广泛应用的是气体氮化法。零件置于氮化炉中,通入氨气,加热到 500 ~ 600 ℃,氨发生分解,见式(6.5),活性氮原子[N]渗入钢的表面并向内扩散。为了缩短时间,可采用二段氮化法(见图 6.10)。第一阶段使表层获得高的氮含量和硬度;第二阶段是在稍高温度进行保温,加速氮原子向内部扩散。

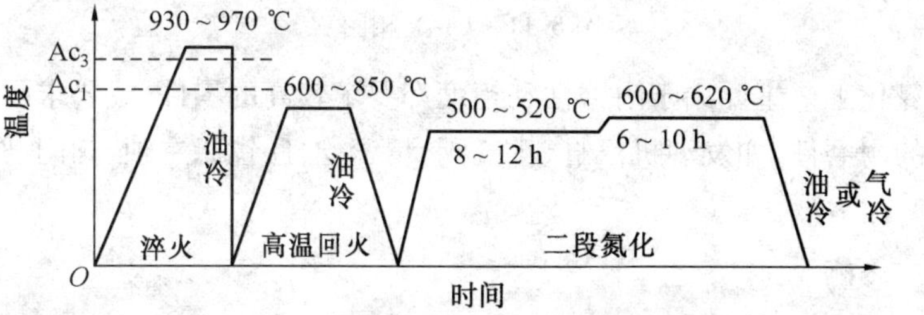

图 6.10　38CrMoAl 钢二段氮化法工艺曲线

常用的氮化钢有 35CrAlA,38CrMoAl,38CrWVAlA 等,调质处理后进行精加工,最后进行氮化处理。

根据 Fe-N 相图(见图 6.11),氮可溶于铁素体和奥氏体中,并与

铁形成 γ′相(Fe_4N)与 ε 相(Fe_2N)。在钢中,这些相中也溶有碳原子。氮化后,工件的最外层为一白色 ε 或 γ′相的氮化层薄层,中间是暗黑色含氮共析体(α+γ′)层,心部为原始回火索氏体组织。

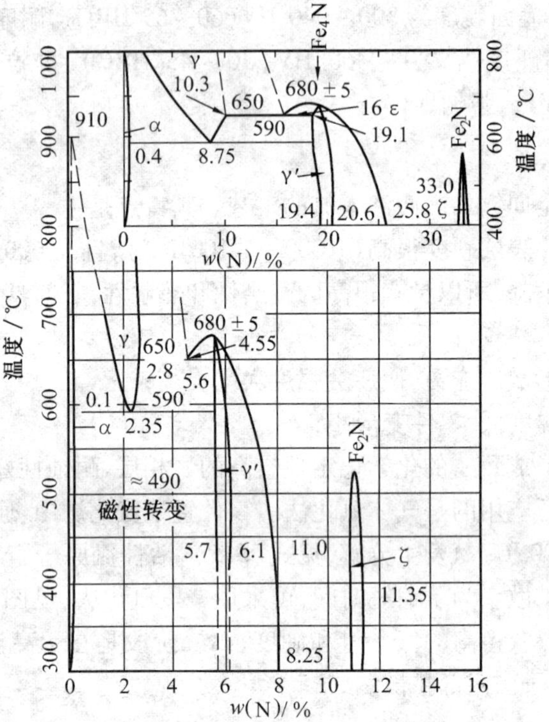

图 6.11　Fe-N 相图

氮化工艺主要用于耐磨性和精度都要求较高的零件,或要求耐热、抗蚀的耐磨件,如发动机汽缸、排气阀、精密丝杠、镗床主轴、阀门、阀杆等。

3. 渗硼

钢铁材料经渗硼处理后,可在表面形成由硬度很高的 Fe_2B(1 300 ~ 1 800 HV)和 FeB(1 600 ~ 2 200 HV)相组成的硼化层。由于硬度高,其耐磨性优于渗碳层和氮化层,而且具有良好的热硬性,可在 800 ℃以下保持高硬度。

渗硼常用液体渗硼和固体渗硼法。液体渗硼用的盐浴组成用质量分数表示为:50% $Na_2B_4O_7$(硼砂),10% SiC,20% Na_2SiF_6,5% B_4C,5% Cr_2O_3,10% KCl 或 90% $Na_2B_4O_7$,10% SiC。将硼砂放入坩埚炉中,加热熔化后依次加入 SiC,Na_2SiF_6,B_4C,Cr_2O_3,KCl;将工件放入盐浴中,在 950 ℃保温;45 钢保温 4 h,其渗层深度为 0.15 mm。

液体渗硼亦可采用电解法,工件为阴极,石墨棒作为阳极,在熔融盐浴中进行。工件渗硼后可用水煮,除去黏附的残盐。固体渗硼主要有填充法和膏剂法。填充法是将工件埋入填充有粉末渗硼剂的渗箱里,加盖密封后加热保温;膏剂法是把渗硼剂用水溶性胶调匀,涂敷于工件表面后,入炉加热,于 950 ℃保温 4 ~8 h。

渗硼后冷却速度对渗层的硬度无影响,变形要求小的可空冷,对心部有硬度和强度要求的可油冷。渗硼后也可重新加热淬火及低温回火。渗硼层一般为单层的 Fe_2B 或由双层的 $FeB+Fe_2B$ 相组成。如图 6.12 所示,深灰色的为 FeB 相,浅灰色的为 Fe_2B 相。零件渗硼后表面硬度为 1 280 ~1 500 HV,具有高的耐磨性和红硬性,并且在盐酸、硫酸中具有抗蚀性。石油、采矿工业中的高压阀门闸板、煤水泵的密封套、泥浆和深水泵的缸套、活塞杆等在磨蚀条件下工作的零件通过渗硼后可有效地提高使用寿命。

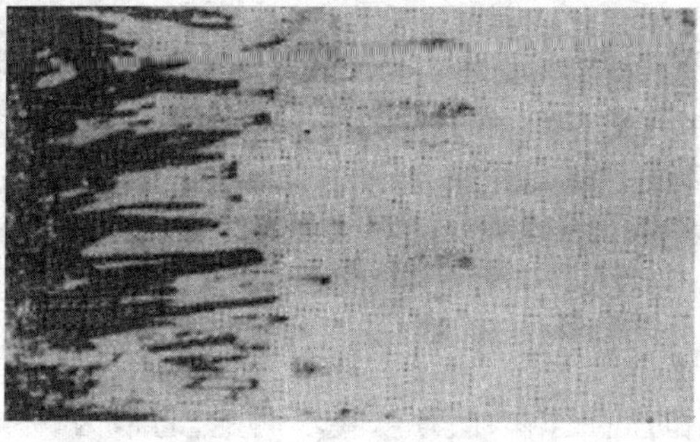

图 6.12　20 钢渗硼层金相组织(250×)

4. 渗硫

钢铁材料经表面渗硫后,可显著降低摩擦系数,提高抗擦伤、抗咬合能力,在刀具、模具及齿轮、凸轮等摩擦件上起到了很好的减摩作用。

渗硫可采用低温电解法,工件置于硫氰盐盐浴炉中,盐浴温度为

180 ~200 ℃,工件接电源阳极,盐浴炉槽接电源阴极。电压为 2 ~3 V,电流密度为(2 ~3)×10^4 A/m^2。通过电解及化学反应在工件表面形成渗硫层,渗硫层主要由灰黑色的 FeS 组成。FeS 与石墨、二硫化钼等固体润滑剂的结构相同,都是六方点阵结构。这种结构容易沿底面产生滑移,具有很低的摩擦系数(一般为0.1 ~0.2)和良好的自润滑性能。渗硫层质地疏松,含有微孔,有利于储存润滑介质,提高了润滑效果。硫化物渗层的存在,隔离了摩擦副金属间的直接接触,降低了产生黏着磨损的倾向,故可延长摩擦副稳定磨损阶段,显著提高工件的抗咬合能力。渗硫的优点必须在工件表面已具有较高的硬度的条件下才能充分发挥出来。因此渗硫大多在工件整体强化或表面强化后进行。汽车内燃机缸套、凸轮摇臂经电解渗硫后使用寿命提高 1 ~2 倍。加工不锈钢零件的高速钢刀具经渗硫处理后,加工件数增加到了 3 ~4 倍。

5. 渗金属

采用化学热处理技术,可向零件表面渗入铬、铝等金属元素,使表面合金化,提高零件的耐磨、耐热、抗蚀、抗氧化等性能,满足零件的特殊使用要求。

(1)渗铬

零件渗铬的目的是提高其抗蚀性、抗氧化性和耐磨性,常用固体渗铬法。渗剂用质量分数表示为:50% 铬粉(或含 65% 铬和铬铁粉)、48% 三氧化二铬、2% 氯化铵或氟化钠。渗铬剂在装箱前经 150 ~200 ℃烘烤,零件与渗铬剂装箱后于 300 ℃炉中保温 30 ~40 min,使氯化铵分解一部分,排出箱内空气,以减轻铬粉氧化。然后用水玻璃调好的耐火泥将盖封好。400 ~500 ℃保温 2 ~2.5 h,再将炉温升到1 050 ~1 100 ℃,保温时间根据渗层厚度要求而定,通常为 5 ~8 h。渗铬后随炉冷却至 600 ~700 ℃,再于空气中冷却到室温即可。

低碳钢渗铬后,表层为 Cr 溶于 Fe 中形成的 α 固溶体,呈柱状晶且垂直于工件表面,α 晶界有铬碳化物析出。随着钢基体中含碳量的增加,铬碳化物$(Cr,Fe)_{23}C_6$,$(Cr,Fe)_7C_3$ 逐渐加厚,α 晶内也析出针状和块状的碳化物。α 固溶体的硬度为 200 ~300 HV,铬碳化物硬度为 1 600 ~2 000 HV。渗铬法可生产耐蚀低碳钢钢管,以代替不锈钢钢管。

在阀门、气门、油封壳、喷嘴等零件上应用，可明显提高它们的耐磨、耐蚀性能。

(2)渗铝

渗铝的目的主要是提高零件的抗高温氧化性。

①固体渗铝

渗铝剂用质量分数表示为：98% ~99.5%铝铁合金、2% ~0.5%氯化铵；或 79.5% 铝铁合金、20% 氧化铝、0.5% 氯化铵。渗铝温度为 900 ~950 ℃，保温 3 ~5 h，工件表面含铝量可达 40% ~50%。渗铝后可进行扩散退火。

②液体渗铝

液体渗铝也称热浸铝扩散法，即将钢件浸入熔融的液态铝内，保温一定的时间，然后取出空冷，再经扩散退火。其工艺要点如下。

a. 预处理。钢件渗铝前需除油、酸洗、水洗，再浸入 $ZnCl_2$ 溶液（锌放入质量分数为 33% 的工业盐酸中形成）中进行助镀，时间为 4 ~6 min，以防止钢件生锈，最后烘干。

b. 浸铝。钢件浸入 760 ~780 ℃的铝液中 10 ~15 min。

c. 扩散退火。于 950 ~970 ℃炉中扩散 3 ~5 h，降低表面铝含量，增加渗层厚度。

渗铝件表面为白亮色的铝铁化合物层，在 850 ℃以下具有良好的抗氧化性能，同时抗硫化氢、二氧化硫、二氧化碳、硝酸、液氨、水煤气的腐蚀。因此钢管渗铝后适用于石油、化工、冶金等工业管道及容器。渗铝亦应用于炉底板、热电偶套管、盐浴坩埚、叶片等零件，以代替镍铬耐热钢。

6. 二元及多元共渗、复合渗

共渗与复合渗的目的是吸收各种单元渗的优点，弥补其不足，使零件表面达到更高的综合性能指标。常用的碳氮共渗也叫氰化，是向零件表面同时渗入碳和氮的化学热处理工艺。有中温气体碳氮共渗、低温气体碳氮共渗（又称为气体软氮化）等多种方法。碳氮共渗后淬火可获得含氮马氏体和碳氮化合物，渗层可获得高硬度（1 000 HV 左右）。其他含铝、铬、硼的二元及多元共渗的工艺特性、主要性能及应用见表6.2。

表6.2　含铝、铬、硼共渗、复合渗层的主要性能及应用

类别	处理方法	工艺及渗层厚度/mm	性能特点及应用
含铝共渗及复合渗	Al－Si 复合渗	粉末法：1 000 ℃，8 h。厚度：20 钢，0.23；45 钢，0.18；T8 钢，0.175	提高零件热稳定性，如镍铬合金，奥氏体类、铁素体类耐热钢；可用碳钢、低合金钢经 Al-Si 复合渗代替高合金耐热钢；还可用于提高钛、难熔金属及其合金的抗高温气体腐蚀性
	Al－Cr 共渗及复合渗	粉末法：1 025 ℃，10 h。厚度：10 钢，0.37；1Cr18Ni9Ti，0.22	共渗用于提高钛、铜及其合金的热稳定性，提高零件抵抗冲蚀磨损和磨料磨损的能力，可用廉价钢种 Al-Cr 共渗代替高合金钢；复合渗主要用于防止高温气体腐蚀，提高零件持久强度和热疲劳性，如燃气轮机叶片、燃烧室及各种耐热钢制零件
	Al-B 共渗及复合渗		提高热稳定性和耐磨性。适于防止镍铬合金、热稳定钢和热强钢制零件的高温气体腐蚀；可大大提高严重磨损条件下零件的使用寿命，如与熔融金属相接触的、受冲击载荷作用的、在高温下工作的零件；复合渗比共渗能使渗层获得较高浓度的 Al 和 B
	Al－Ti 共渗及复合渗	粉末法：1 000 ℃，6 h	用于提高热稳定性、耐磨性和耐蚀性，但对提高碳钢的抗氧化性并不比单独渗 Al 优越
	Al-V 共渗及复合渗	粉末法：1 000 ~ 1 100 ℃，6 ~ 8 h	较单独渗 Al 有更高的热稳定性，可使钢的热稳定性提高数十倍，使钢在酸性水溶液中的耐蚀性提高 1 ~ 2 倍
	Al－Cr－Si 共渗及复合渗	粉末法：900 ~ 1 100 ℃，2 ~ 7 h	提高热稳定性和耐蚀、耐冲蚀磨损能力。对镍基热强合金，比单独渗 Al 的热稳定性提高 50%，并有较高的热疲劳抗力；该渗层可用于保护中碳、高碳钢在硝酸、氯化钠水溶液中免受腐蚀；可使某些合金的耐腐蚀磨损抗力提高 1 ~ 5 倍。如用于防止直升机钼制发动机叶片的氧化，叶片边缘处温度可达 1 500 ~ 1 600 ℃
	Al－Ti－Si、Al-Zr-Si 共渗	Al-Ti-Si 和 Al-Zr-Si 共渗粉末法：800 ~ 1 100 ℃，2 ~ 8 h	提高热稳定性和在某些腐蚀介质中的耐蚀性，如可使碳钢在 NaCl、盐酸和醋酸水溶液中的耐蚀性得到提高

续表 6.2

类别	处理方法	工艺及渗层厚度/mm	性能特点及应用
含铬共渗及复合渗	Cr－Si 共渗	粉末法:1 000 ℃,10 h,厚度 0.15;20 h,厚度 0.20 ~0.25	提高耐磨(含冲蚀磨损)、耐蚀(气蚀、气体腐蚀、电化学腐蚀)能力。渗层具有高的热稳定性和耐急冷急热性
	Cr－Ti 共渗	粉末法:1 100 ℃,4 h,厚度 0.03 ~0.06	提高抗氧化、耐蚀、耐磨及耐气蚀性,还可用于提高热稳定性。抗高温氧化及耐磨性均高于渗铬层。渗层表面硬度2 200 HV
	Cr－Ti/V/Nb 复合渗	渗 Cr(或镀铬)后在含 V 或 Ti、Nb 的硼砂熔盐中扩散渗 V(或 Ti、Nb),900 ~1 050 ℃,2 ~8 h,厚度 0.01 ~0.02	在高硬度的 VC、TiC、NbC 与基体中间是碳化铬,使渗层硬度逐渐降低,从而使其抗冲击剥落性、耐蚀性高于单一碳化物层。表面硬度 3 000 HV 以上(VC),或 2 400 HV 以上(NbC)
	Cr－RE 复合渗	渗铬盐浴中加适量稀土:950 ℃,4 ~8 h,厚 0.01 ~0.015	提高渗铬速度,改善渗铬层质量,使渗层耐蚀性、抗高温氧化性、耐磨性、韧性都得到提高
	Cr–V 共渗后再渗 N	Cr–V 共渗后气体渗 N:1 050 ℃,8 h,共渗层 0.1 ~0.4,540 ℃,6 h,碳化物层 0.01 ~0.02	渗层抗高温氧化、耐磨性比渗铬或铬钒共渗好
含硼共渗与复合渗	硼铝共渗与复合渗	用粉末法共渗:1 100 ℃×6 h,45 钢厚度 0.36;复合渗:900 ~1 100 ℃渗硼,2 ~4 h;1 000 ℃渗铝,2 ~4 h	钢铁和镍基合金硼铝共渗的目的是提高耐磨性和耐热性。硼铝复合渗也是为了获得硬度高、耐磨性和抗氧化性好的表层。主要用于高温下承受磨损和腐蚀的工件,如燃气轮机叶片,发动机的喷射器,火管、热锻模和挤压模
	硼硅共渗与复合渗	用粉末法:1 050 ℃,3 h,45 钢厚度 0.24	改善渗硼层的高脆性,提高钢的抗氧化和耐腐蚀能力,表面硬度也有所提高
	硼锆共渗	膏剂法:950 ℃,2 ~10 h,厚 0.04 ~0.1	改善渗层脆性,提高抗冲击载荷的能力。5CrMnMo 钢共渗后在 MLD－10 冲击磨损试验机上试验其磨损失重约为渗硼层的 1/4
	硼铬共渗与复合渗	如:膏剂法渗硼 900 ℃,1 ~2 h+粉末法渗铬 1 050 ℃,3 h	渗层由铁、铬的硼化物以及碳化物组成,前者起硬质相作用,后者塑性较好,因而渗层的塑性和耐磨蚀,尤其在动载下比渗硼层好得多
	碳氮硼共渗	多用盐浴法:常用(730±10)℃,4 ~6 h,45 钢厚度 0.36 ~0.46	进一步提高碳氮共渗零件的耐磨性。渗层表面硬度一般比碳氮共渗高 2 ~3HRC,耐磨性显著提高,但疲劳强度不如碳氮共渗
	氧硫碳氮硼五元共渗	气体法:(560±10)℃,1 ~3 h,厚度 0.04 ~0.1	可得到单元渗难以实现的综合效果。主要用于高速钢刀具,能使其使用寿命稳定地提高 1 ~2 倍,工件表面乌黑美观

6.2.3 真空化学热处理

钢的真空化学热处理，是在真空条件下加热，渗入金属或非金属元素，改变钢的表面成分、组织和性能的热处理方法。在真空条件下加热工件不氧化，不脱碳，表面光亮，质量好，渗入速度快，生产效率高，节省能源，劳动条件好，减少了对环境的污染。真空化学热处理在真空炉中进行。真空炉由炉体、真空系统、加热系统、供气系统、水冷系统和电气控制系统等几部分组成。

1. 真空渗碳

真空渗碳的特点是：

a. 渗碳温度高，渗碳时间与普通气体渗碳相比可缩短一半；

b. 气体消耗量减到普通气体渗碳的几百分之一；

c. 工件质量好，渗碳层碳浓度均匀，特别适宜形状复杂零件及带细孔、盲孔及槽沟的零件。

工件装于真空炉内。抽真空使压力降至 1.3×10^2 Pa 时接通加热器电源，工件被加热到所需温度 1 030 ~1 050 ℃。在升温阶段，工件及炉内其他受热体脱气，使真空度降低，待工件表面净化后，真空度又提高。净化为渗碳提供了有利条件，使工件表面容易吸收碳原子，这是普通气体渗碳难以做到的。当达到渗碳温度后，保温均热，然后通入渗碳气体(甲烷、丙烷等)进行渗碳。由于工件表面洁净，吸收碳原子的能力很强，短时间内表面碳浓度就能达到很高，再进行停气扩散，工件表面即获得均匀的渗层。最后停止加热，通入氮气预冷，在炉内油冷淬火。对有些淬透性好的钢，可以用氮或其他惰性气体进行气冷淬火。

2. 真空氮化

在真空度为 1.3×10 ~ 1.3×10^{-2} Pa 的真空炉内，将零件加热到 500 ~ 560 ℃，通入氨气，压力保持为 9.1×10^3 ~ 6.5×10^4 Pa，然后保温，时间根据工艺要求而定。保温结束，停止加热，抽真空到 65 ~ 1.3 Pa，使零件在分解的氨气中冷却出炉。经处理后，模具钢可获得厚 0.12 mm，显微硬度为 1 000 ~ 1 100 HV 的均匀渗氮层。真空渗氮可以方便地控制气氛的氮势，以避免形成脆性的 ε 相。

3. 真空碳氮共渗

在真空炉中，通入碳氮共渗介质，获得碳氮共渗层，具有良好的耐磨性和高的疲劳强度。具体工艺是：把真空炉抽至真空度为 13 Pa，通入氨气，使压力为 $(1.3\sim2.6)\times10^3$ Pa 范围内，升温到 560 ~ 570 ℃，通入碳氮共渗气体（49% 氨，49% 甲烷，外加 2% 的氧），压力在 5.2×10^4 Pa 和 1.3×10^4 Pa 之间循环反复 10 min，处理后立即在炉内进行油冷淬火。

4. 真空渗硼

以三氯化硼和氢气的混合气体（比例 1 ∶ 15）为渗剂，气体流量为 40 L/h，真空度为 2.6×10^4 Pa 左右，温度为 850 ~ 900 ℃，保温 2 h，渗层厚度约为 0.08 mm；保温 6 h，则渗层厚度可达 0.18 mm。真空渗硼可使钢表面形成极硬的硼化铁渗层，其硬度高达 1 600 ~ 2 000 HV，具有高耐磨性及高耐热性和耐蚀性。许多要求高耐磨性的机械零件与工、模具均可采用真空渗硼处理，以提高使用寿命。

6.2.4　等离子体化学热处理

气体放电的全程伏安特性曲线如图 6.13 所示。

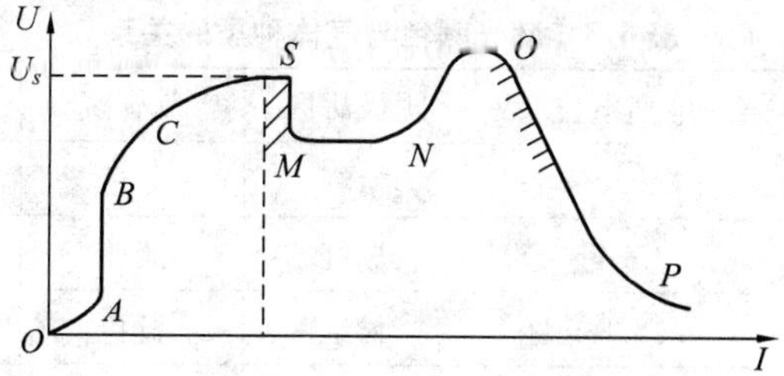

图 6.13　气体放电的全程伏安特性曲线

电压在 *OS* 段内时，阴阳极只有微弱电流。当电压增高到 *S* 点时，气体由绝缘体变成良导体，电流急剧上升。*S* 点的电压称为点火电压，用 U_s 表示，阴极与阳极间出现悦目的辉光，这种现象叫做起辉。一旦起辉后，极间电压立即降落到 *M* 点，*MN* 段为正常辉光放电区。到达 *N* 点后再增加电源电压，则两极间的电压与电流都不断增大，*NO* 段为异常辉光放电区。*O* 点以后称为弧光放电区。

点燃电压可表达为

$$U_s = U_1 \frac{pd}{C+\ln(pd)} \tag{6.8}$$

式中，U_1 为炉内气体的电离电位；p 为炉内气体的压强；d 为阴阳极间的距离；C 为阴极材料常数，阴极材料发射二次电子的能力不同，C 值也就不同。

图 6.14 为辉光放电阴阳极间的光区分布。

图 6.14　辉光放电阴阳极间的光区分布

几种气体原子的第一电离电位（产生电离所需的最低能量）和辉光颜色见表 6.3。

表 6.3　辉光颜色与气体种类的关系

气体	第一电离电位/eV	阴极辉区	负辉区	阳极光柱
空气		粉红	蓝色	无
H_2	15.4	棕红	淡蓝	粉红
N_2	15.8	粉红	蓝色	红色
NH_3	11.1	无	黄绿	无

辉光放电形成大量的正离子，在电场力的作用下以极快的速度冲向作为阴极的工件表面，在工件表面发生下述复杂的物理和化学过程。

a. 热交换。正离子具有很大的动能，大部分与工件（阴极）碰撞而转变为热能，使工件升温。

b. 溅射。高速正离子从工件表面轰击出 Fe，C，O 等原子和二次电子，Fe，C，O 等原子在阴极附近参加复杂的化学反应，二次电子使放电持续进行。

c. 正离子注入阴极表面，向内扩散或形成化合物。

d. 光辐射形成辉光。

以上过程，使工件渗入所需元素，表面获得所需渗层。

1. 离子渗氮（离子氮化）及离子软氮化

离子氮化的过程是：工件经清洗后置于炉内阴极盘上（或挂在阴极吊具上），阴极接直流电源的负极，真空室壳接正极并接地。真空室压强抽至 6 Pa 左右，即充入净化氨，使压强保持在 $1.3\times10^2 \sim 1.3\times10^3$ Pa，由于减压及其后的加热作用，氨被分解。当在阴、阳极间加入高压直流电，电压升到约 400 V 时，炉内出现辉光，炉内气体在高压电场的作用下，被电离分解成 N^+，H^+ 和电子。正离子轰击工件表面，氮元素渗入工件表层，形成 FeN，Fe_2N 等化合物。离子氮化的温度一般为 500～600 ℃。

离子渗氮的优点是：

a. 渗速快，离子渗氮 4～5 h 可得到 0.3 mm 的渗氮层，而气体渗氮约需15 h；

b. 渗层具有一定的韧性，可通过控制工艺参数获得韧性较好的单相 γ'化合物层；

c. 显著提高零件表面硬度、耐磨性、疲劳强度及耐蚀性；

d. 零件变形小，表面呈银白色，质量好，不需再磨削加工；

e. 节省电能，气体消耗少。

直流电源离子渗氮的缺点是对零件的小孔、沟槽不能进行处理。国内已发展了脉冲电源离子渗氮技术，很好地克服了这一缺点。

离子渗氮可用于轻载、高速条件下工作的需要耐磨耐蚀的零件及精度要求较高的细长杆类零件，如镗床主轴、精密机床丝杠、阀杆、阀门等。

离子软氮化即离子氮碳共渗是在离子渗氮气氛中同时通入含碳气体（如丙酮、乙醇等的蒸气或丙烷气）的一种离子渗工艺。由于含碳气体的存在，抑制了 γ'相的生长，容易获得 $\varepsilon[Fe_{2-3}(N,C)]$单相或以 ε 相为主的化合物层，有利于提高耐磨性（特别是抗黏着磨损的能力）和耐蚀性（因 ε 相的电极电位较 γ'相高）。碳的存在可提高渗氮速度，故离子软氮化比离子渗氮硬化效果好，处理时间短。离子软氮化可对碳钢、合金钢、铸铁等材料进行有效的强化。常用工艺是：丙酮蒸气与氨气流量之比为1∶8～1∶10,炉内真空度为(1.33～2.66)×10^3 Pa,温度520～580 ℃,时间2～4 h。离子软氮化可应用于各种齿轮、轴类、活塞环、缸套、汽门挺杆、阀片、针板及模具、刃具的表面强化。

2. 离子渗碳及碳氮共渗

离子渗碳的介质为甲烷、丙烷等,渗碳温度为900～960 ℃(炉内采用电阻辐射加热)。如15CrNi6钢制齿轮在960 ℃进行离子渗碳,时间为渗碳75 min,扩散225 min,淬火后可得到1.4 mm厚的渗碳层,表面硬度可达65 HRC。

离子碳氮共渗的介质为甲醇+丙酮,同时通入氨气,温度一般为780～880 ℃。用20钢制造的纺织机械零件钢领,经860～870 ℃1 h离子碳氮共渗后炉冷,再经820 ℃5 min盐浴加热油淬,可得到0.3～0.4 mm的渗层,硬度为84～85 HRA。共渗时间比气体碳氮共渗缩短4/5,而使用寿命大大提高。

3. 离子渗硫、离子硫氮共渗

经强化处理后的工件放在离子轰击炉内,通入含硫介质,或用加热方法将硫磺升华获得含硫气氛。工作电压为500～600 V,真空度20～100 Pa,处理温度180～200 ℃,保温1～2 h,可获得20～30 μm厚的渗硫层。离子渗硫层的性能特点与低温电解渗硫层相同。离子渗硫无污染,工艺易控制。

离子硫氮共渗或硫氮碳共渗不仅可显著提高零件的表面硬度和耐磨性,而且使零件表面具有良好的自润滑性。

离子硫氮共渗的工艺过程是:真空室抽至13 Pa左右,引入含硫含氮气体,使真空度维持在(1.3～6.5)×10^2 Pa,起辉放电。氮在形成化合物的同时向工件内部扩散,表层得到均匀分布硫化物的渗氮层。供硫供氮气体的组成一般有两种:一种是NH_3+H_2S,其中95%≤$\varphi(NH_3)$<100%,其余为H_2S。另一种是NH_3+H_2S+Ar(或He,H_2),其中$\varphi(NH_3)$≥50%,Ar(或He,H_2)作为稀释气体加入。硫氮共渗温度一般为400～600 ℃,渗层厚度一般为0.03～0.05 mm。

离子硫氮碳三元共渗及离子氮碳共渗+离子渗硫复合处理同样可显著提高高速钢的减摩耐磨性能。在7.3.3中还要对此作进一步介绍。

6.3　高能量密度表面处理技术

高能量密度表面处理技术是指将具有高能量密度的能源，施加到材料表面，使之发生物理、化学变化，获得特殊性能的方法。它具有以下特点：

a. 能量作用集中在一定的范围和深度，可对工件表面进行选择性的表面处理，能量利用率高；

b. 加热速度快，工件表面至内部温度梯度大，可以很快的速度自冷淬火；

c. 工件变形小，生产效率高。

高能量密度能源通常指激光、电子束和离子束，即所谓的三束，它们能获得高达 $10^{12}\sim10^{13}$ W/m^2 的能量密度。作为一种表面工程技术，其中以激光表面改性技术应用最广，发展最快。

6.3.1　激光表面处理

激光是由受激辐射引起的并通过谐振"放大"了的光。激光由激光发生器产生（见图6.15）。实用激光器有红宝石激光器、钕玻璃激光器、掺钕钇铝石榴石激光器等固体激光器和 CO_2 气体激光器。由于 CO_2 气体激光器电光转换效率高，输出功率大，能长时间连续工作，易于控制，因此工业上多用这类激光器来进行材料表面的处理。CO_2 激光器输出的激光波长为10.6 μm，属于中红外线范围。CO_2 气体激光器主要由放电系统、循环气体系统、谐振光学系统三部分组成。它可分为轴流型和横流型两种类型。轴流型 CO_2 激光器中放电方向、气体流动方向及激光光轴均为平行设置，如图6.16(a)所示，其稳定性较好，但功率较小。横流型 CO_2 激光器中三者互相垂直，如图6.16(b)所示，设备体积较小，功率较大。

由于激光具有高方向性、高亮度性（高能量密度）及单色性的特点，它可用于金属或非金属材料切割、打孔、焊接和表面处理。在表面处理方面，主要的应用技术包括激光淬火、激光熔凝、激光涂敷、激光合金化等。其中以激光淬火应用最广，下面分别进行简要叙述。

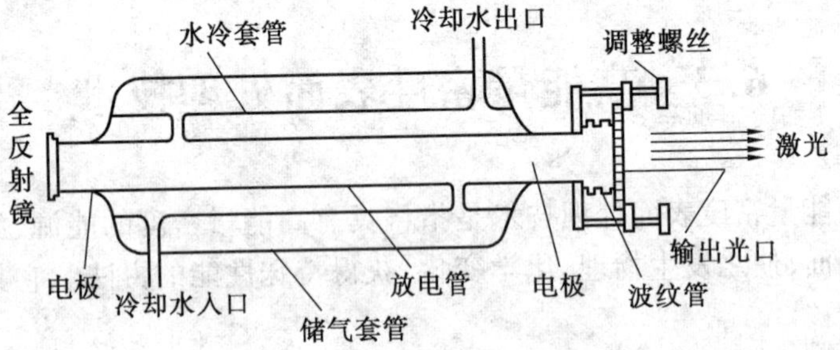

图 6.15　激光发生器示意图

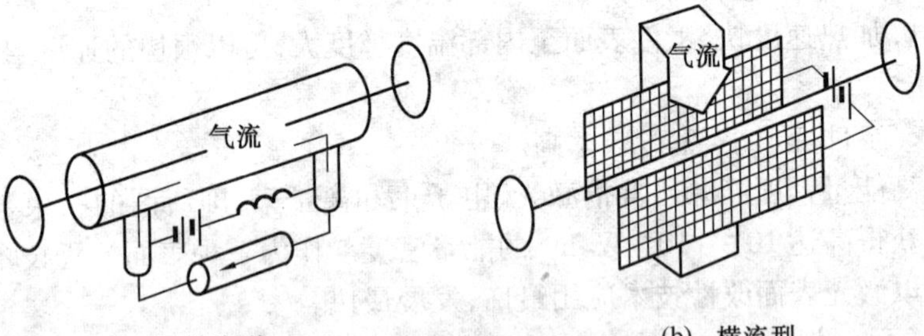

(a) 轴流型　　(b) 横流型

图 6.16　CO_2 激光器的振荡器

1. 激光表面淬火

激光表面淬火，又称为激光相变硬化，是将激光束照射到工件表面，使工件表面迅速升温到钢的临界点以上，然后停止或移开激光束。热量从工件表面向基体内部快速传导，表面得以急剧冷却（冷却速度可达 10^4 ℃/s，甚至可达 10^{10} ℃/s），实现自冷淬火（见图 6.17）。

激光淬火有如下优点：

a. 表面硬化层硬度高，耐磨性好；

b. 工件变形极小，特别适合于长件、薄件及精细零件的表面强化；

c. 运用适当的光学装置，可对其他方法难以处理的工件局部表面如沟槽、孔腔的侧面等进行表面处理；

d. 可仅对工件的关键部位做局部处理，大大节省能源；

e. 实行自冷淬火，无需淬火液，无公害，劳动条件好。

(1)激光表面淬火工艺

①工件表面预处理

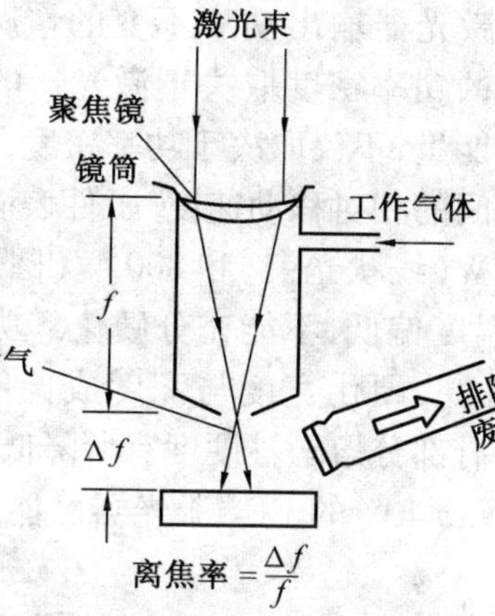

图 6.17　激光表面淬火原理示意图

一般钢铁零件必须经过表面预处理,以提高激光能量的利用率。通常采用黑化处理,即在零件表面制备一层对光具有高吸收率的黑色薄膜。

a. 磷化法。用磷酸锰或磷酸锌为主的溶液浸渍零件(可加温),在表面得到深灰色的绒状薄膜,膜厚约 10 μm,CO_2 激光吸收率可由机加工表面的 10% ~15% 提高到 70% ~95%。这种黑化处理仅适用于低碳钢、中碳钢和铸铁,对高合金钢(如不锈钢)效果不好。

b. 炭素法。用炭素墨汁或石墨-黏结剂溶液涂在零件表面。这种方法可用在任何材料上,还可以进行局部涂敷。这种涂层吸收率为 90% 左右,对材料有一定的增碳作用。但涂层厚度难以均匀,激光照射时,炭要燃烧产生烟雾及刺眼的光亮,效果不太稳定。

c. 油漆法。用黑色油漆涂在零件表面,涂层吸收率与炭素涂层相近。可用在各种材料,涂层附着力强,便于涂敷,厚度较均匀,吸光效果较稳定。但激光照射时有烟雾和气味,不易清涂。

②激光束功率的选定

图 6.18(a)中激光束通过透镜在焦平面上会聚成极小的圆形光斑。光斑直径 $d_0=f\theta$(f 为透镜的焦距,θ 为激光发散角),若激光器输出功率为 P 时,在光斑上功率密度 $P_0=4P/\pi(f\theta)^2$。对一般材料和难熔金属,这样的功率密度已足以使金属熔化。在进行激光表面淬火时,工件表面与透镜的距离 L 要大于透镜焦距 f,即 $L/f>1$,此时光斑直径

增大(称为散焦),在激光器输出功率不变的情况下,功率密度减少。因此工件受照面积上的功率密度取决于激光器的输出功率和 L/f 值。实际工件表面吸收的能量,不仅取决于功率密度,还取决于激光束光斑的形状和光束与工件间的相对移动速度、工件表面黑化情况等。

当功率小于600 W(线状光束)和800 W(圆形光束)时,由于输入能量不够,工件表面温度偏低,不能充分硬化。功率增加后,硬度增加到一最大值并保持不变,硬化宽度与深度成比例增加。当功率超过1 kW 时,试件表面已有部分熔融且硬度有所降低。通常加热功率密度小于 10^4 W/cm^2,2 kW、3 kW 的 CO_2 激光器已能满足一般零件表面淬火的需要。

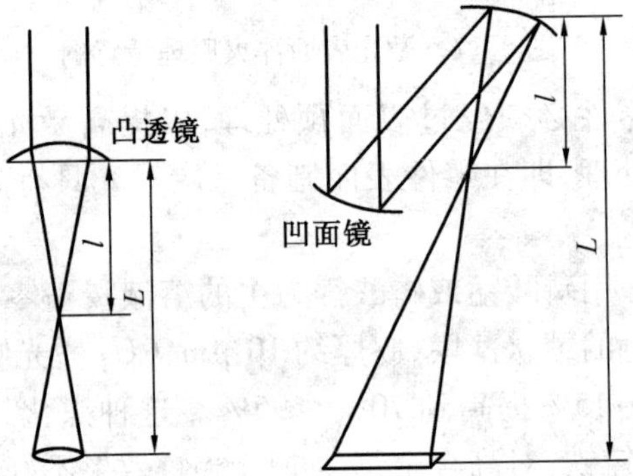

(a) 圆形光束　　(b) 线状光束

图 6.18　激光光束形状

③激光束与工件相对移动速度的确定

激光束与工件的相对移动速度 v 对工件表面吸收能量的多少影响极大,表面升温的高低与此密切相关。若移动速度过快,工件将不能实现淬火或完全淬火,或硬化层达不到所需深度。如果移动速度过慢,表面将会产生部分熔融。如图 6.19 所示,在功率为 1 050 W,L/f 值为1.4的条件下处理 S50C 钢,相对移动速度 $v \geq 1\ 000$ mm/min 时,试样表面不能充分硬化。反之,当 $v < 400$ mm/min(圆形光束)或 $v < 200$ mm/min(线状光束)时,试样表面产生熔融,硬度降低。只有当移动速度控制在 400 ~ 800 mm/min 之间时才可获得充分的硬化效果。

④工件表面到透镜的距离 L 与透镜焦距 f 比值 L/f 的调节

L/f 值对激光表面淬硬层深度、宽度及硬度的影响也存在一个合

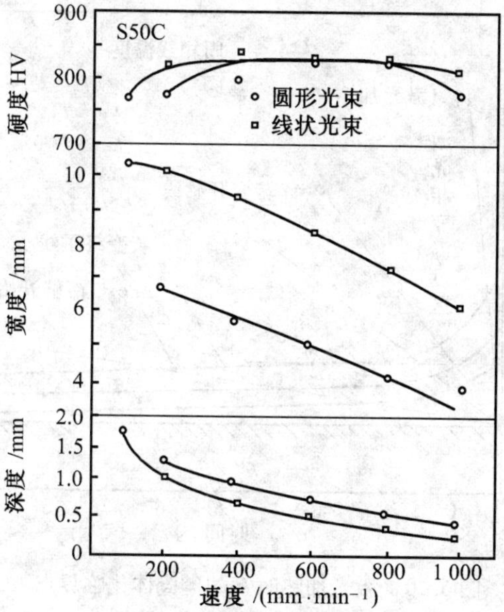

图 6.19　相对移动速度对硬化层深度 δ、宽度 b 及硬度的影响

适的范围。$L/f=1$ 时，试样表面处于透镜焦点上，试样表面熔化。当 $L/f=1.2\sim1.3$ 时，表面产生部分熔融。$L/f=1.4\sim1.5$ 时，硬化带宽度最大，硬度也达饱和值。当 $L/f>1.5$ 后，由于散焦光束能量密度与距离的平方成反比，试样表面加热不足，硬度明显降低。

⑤加热温度的确定

激光加热淬火的温度比常规加热淬火和感应加热淬火的温度都要高。奥氏体化的温度下限为图 6.20 中 v_1 线与奥氏体转变终了温度的交点，上限温度可视为金属固相线温度。如对 45 钢淬火，温度可取 950～1 050 ℃，零件表面加热温度可用热电偶或红外温度计检测，并可用带有 PID（比例积分微分）调节器的控制器调整激光器的输出功率，以使温度处于设定的范围内。

⑥重叠系数的控制

激光束对一个较大面积进行淬火时，必须逐条地进行扫描照射。如果扫描照射的范围在条宽方向有互搭时，后一条就会使前一条硬化带出现回火软化现象。其搭接程度用重叠系数即光斑搭接宽度 Δb 与光斑宽度 b 之比表示（见图 6.21）。

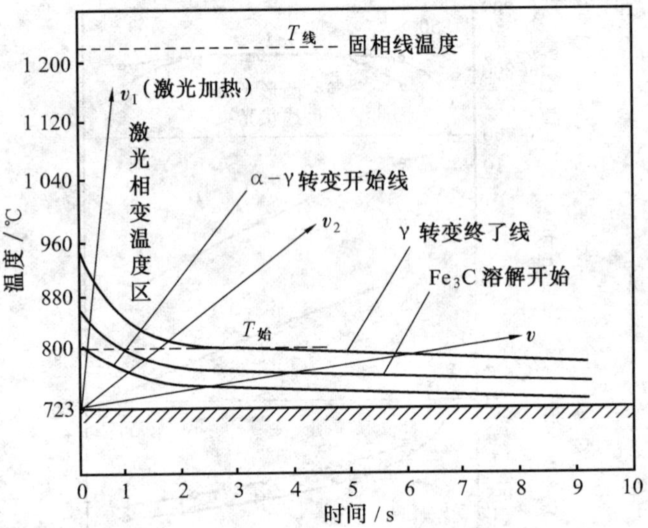

图 6.20　激光加热时钢的奥氏体化临界点

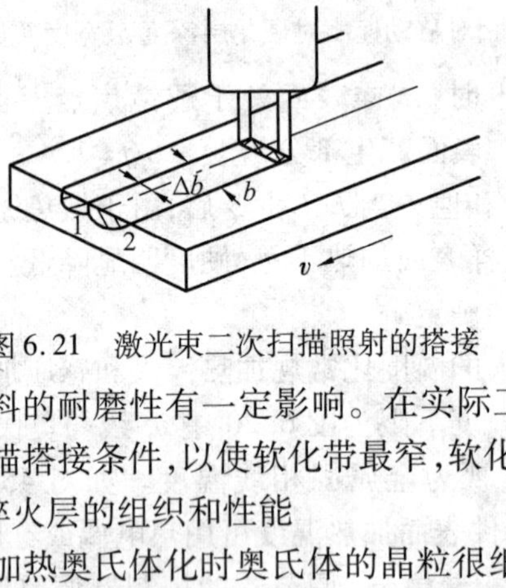

图 6.21　激光束二次扫描照射的搭接

软化区对于材料的耐磨性有一定影响。在实际工作中，可通过试验找出最合适的扫描搭接条件，以使软化带最窄，软化程度最小。

(2)激光表面淬火层的组织和性能

由于激光表面加热奥氏体化时奥氏体的晶粒很细，晶粒度可达 12 级，自淬火后马氏体的晶粒尺寸极小，因此可形成超细化的隐晶马氏体。45，40Cr，42CrMo 等中碳结构钢，退火后进行激光表面淬火，表层组织为白亮色的隐晶马氏体，次表层为马氏体+铁素体，母材组织为铁素体+珠光体(见图 6.22)，表层硬度可达 780～830 HV，硬化层深度约为 0.3～0.5 mm(见图 6.23)。

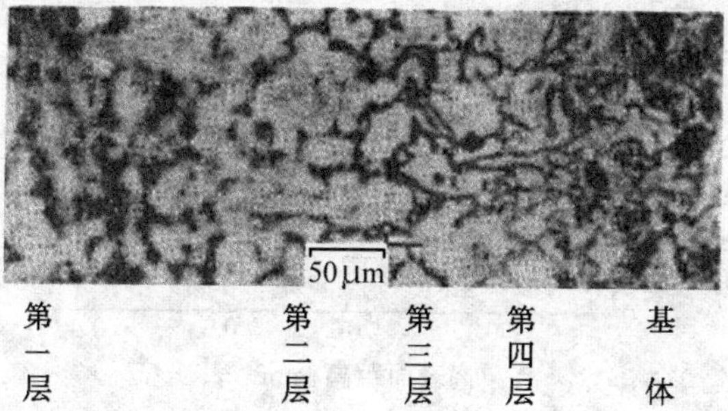

图 6.22　退火 45 钢激光表面淬火层的显微组织
（激光功率 500 W，光斑 ϕ2 mm，扫描速度 10 mm/s）

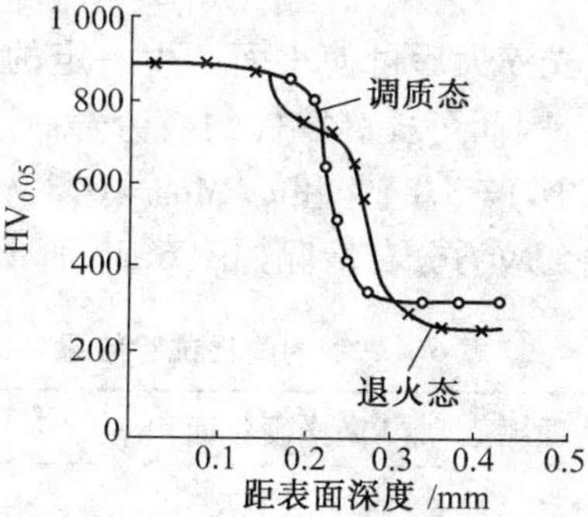

图 6.23　退火 45 钢激光表面淬火层的硬度分布曲线
（激光功率 500 W，光斑 ϕ2 mm，扫描速度 10 mm/s）

T12，CrWMn，GCrl5 等高碳钢球化退火后经激光表面淬火，表层组织为隐晶马氏体（含少量残余奥氏体），次表层为马氏体+碳化物+残余奥氏体，内部则是回火马氏体+碳化物+残余奥氏体。表层不含碳化物的原因是由于加热时碳化物已溶解。表面硬度约为 850～900 HV。

经淬火及三次回火的 W18Cr4V 钢，在激光表面淬火后，表层完全淬火区为白色隐针马氏体+碳化物+残余奥氏体。次表层不完全淬火区为马氏体+回火马氏体十碳化物+残余奥氏体。第三层为回火区，组织为回火马氏体+碳化物。心部组织为原始组织回火马氏体+碳化物+残余奥氏体。硬化区硬度分布如图 6.24 所示。

铸铁的组织由珠光体基体或珠光体+铁素体基体与石墨组成。由于激光表面淬火的加热时间短，石墨中的碳向奥氏体扩散难以进行，故淬火后表层组织为马氏体+石墨，表面硬度约为 600～750 HV。

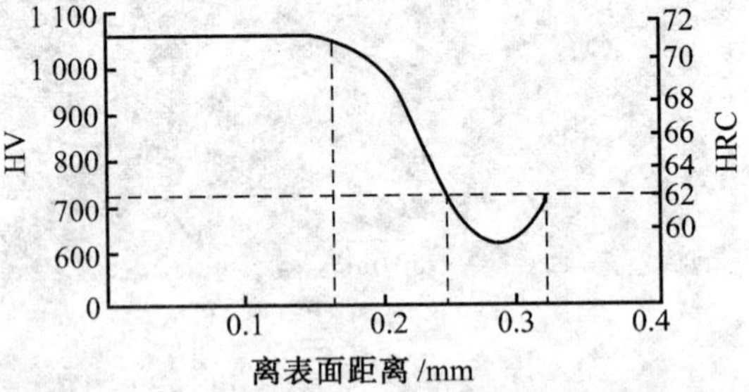

图 6.24　W18Cr4V 钢激光表面淬火硬化区硬度分布曲线

钢铁经激光表面淬火后,耐磨性大大提高。表 6.4 给出了各种钢的磨损试验结果。

钢和铸铁经激光淬火后可使表面产生一定的残余压应力,它将阻止疲劳裂纹的萌生,因而可提高零件的疲劳寿命。含 $w(C)=0.35\%$、$w(Cr)=1.72\%$、$w(Ni)=3.84\%$ 和 $w(Mo)=0.37\%$ 的钢以不同扫描速度激光处理后的残余应力分布情况如图 6.25 所示。

表 6.4　钢的磨损试验结果

材料名称	处理规范	激光硬化面积率[①]/%	磨损量/mg
18CrMnTi	渗碳+淬火		3.3～4.6
	激光硬化	10	2.6～4.5
		20	1.9～2.2
		30	1.4～1.6
20Cr	渗碳		2.2～2.9
	激光硬化	10	3.1～4.0
		20	2.5～3.1
		30	1.3～3.3
38CrMoAl	氮化		3.4～4.9
	激光硬化	10	4.7
		20	2.9～4.5
		30	2.3～2.7

续表 6.4

材料名称	处理规范	激光硬化面积率[①]/%	磨损量/mg
40Cr	调质		10.2 ~ 13.5
	激光硬化	20	2.0 ~ 3.5
		30	2.3 ~ 2.7
45	调质		30.9 ~ 40.9
	激光硬化	20	2.1 ~ 4.4
		30	2.2 ~ 2.9

①激光硬化面积率 = 激光硬化面积与试样表面积之百分比。

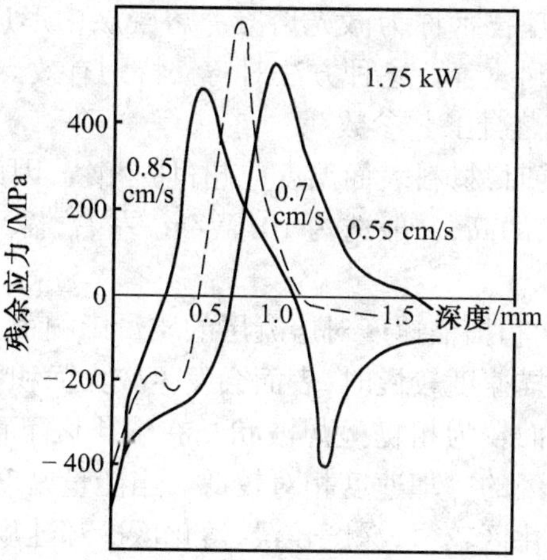

图 6.25　激光扫描速度对残余应力的影响

(3)激光表面淬火的应用

激光表面淬火强化技术已在国内外得到广泛的应用,举例如下。

美国通用公司对动力转向器壳体(材质为可锻铸铁)内表面进行激光淬火。采用 5 条硬化带,其宽度为 1.5 ~ 2.5 mm,硬化层深度约 0.35 mm。硬化部分质量仅为工件总质量的 1%。工件的寿命比未作激光处理工件延长了 10 倍,省去了大量精加工时间,其成本仅为高频淬火的 1/2。在实际生产线上,已有工厂安排了 17 台 1 kW 激光处理装置,进行日产量为 33 000 个壳体的大规模生产。

清华大学和北京机电研究院对邮票辊式打孔器辊筒进行了激光表

面淬火。辊筒材料为50钢,辊外径365 mm,长645 mm,壁厚8.7 mm。辊面上使用程控钻床打出ϕ0.98 mm的小孔2.5万个。要求辊筒径向变形在0.05 mm以内。为了提高辊筒的使用寿命,采用激光表面淬火后,孔刃部硬度达到60 HRC,变形很小。一次打孔数从50万张提高到1 000万张。

中科院沈阳金属研究所在抽油管上进行激光表面淬火强化试验,重庆大学、上海光机所和重纺等单位对纺织用的锭杆尖部进行激光淬火试验,均取得了很好的效果。

2. 激光表面熔凝

采用近于聚焦的激光束照射,使材料表层熔化,然后依靠自身冷却快速凝固,这种处理技术称为激光熔凝。熔凝层中形成的铸态组织非常细密,使性能得到改善。这种方法对铸铁特别有效。

(1)激光表面熔凝工艺参数

激光表面熔凝时,材料表面温度应超过固相线,因此激光能量密度应比激光表面淬火的高,一般选为10^9 W/m^{2}左右,需采用接近聚焦的光束。

激光能量密度和扫描速度对熔凝层的质量影响很大。当采用中等激光能量密度、扫描速度较慢时,表面会发生较大面积的熔化。熔化深度虽不甚大,但表面较为粗糙呈焊波状。在熔化区下面有一层较深的相变硬化区,熔化区的冷却速度相对较低。当能量密度增大、扫描速度中等或稍快时,熔化区较窄,深度较浅,熔化区冷却速度较高,表面粗糙度下降。熔化区下无明显相变硬化区,仅有热影响区。当能量密度很高,扫描速度极快时,熔化深度很浅,表面粗糙度很小,可以获得极高的冷却速度。在一定的能量密度下,熔化层深对于照射时间比较敏感。较少的照射时间变化会使熔化层深度变化很大。能量密度越高,照射时间就可越短,熔化层越浅,冷却速度就越快,所获得熔凝表面组织就越细,甚至在某些合金中可以得到非晶态。激光非晶化处理的典型条件是激光功率密度为10^{11} W/m^2,照射时间为1 μs,冷却速度为10^4 ~ 10^8 K/s。

为了提高材料表面对激光的吸收率,需要在材料表面涂敷掺石墨的硅酸钠,以增加能量的吸收。激光表面熔凝处理时,还应采用惰性气体保护,以获得良好熔凝表面。

(2)激光表面熔凝层组织及性能

根据工艺参数的不同,激光表面熔凝处理后熔凝层的组织会出现超细共晶、细树枝晶、固溶度增大的固溶体、非晶态组织等。

对珠光体基体的球墨铸铁进行激光表面熔凝处理。当采用短的辐照时间(冷凝速度约大于 5×10^4 K/s)时可得到树枝状组织。当采用较长辐照时间(冷凝速度小于 10^4 K/s)时,则得到层片状莱氏体组织。图6.26为灰口铸铁经激光表面熔凝后的熔凝层显微组织,呈现树枝状结构,并有未完全溶解的石墨存在,树枝状结构内部为马氏体。

铸铁经表面熔凝后,硬度可达900~1 000 HV,耐磨性大幅度提高。

45钢经激光表面熔凝后,表层为共晶组织,这是由于预涂层中的碳向熔化区渗入的结果。共晶组织极为细密,内部主要由马氏体和渗碳体构成,硬度高达1 050 HV。共晶层下方为枝晶区,枝晶区底部存在一薄层的白色区。再往下是淬火马氏体区(硬度为700 HV)。

图6.27为Cr12钢激光表面熔凝后的表层组织。由表及里依次为共晶-枝晶-过渡区-原始组织(回火马氏体+碳化物+残余奥氏体)。表层共晶硬度约1 100 HV。

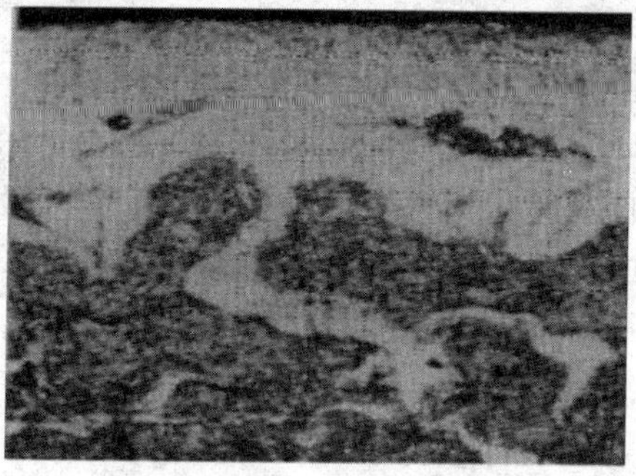

图6.26　灰口铸铁激光表面熔凝层组织(400×)

当采用高的激光功率密度,照射时间极短时,材料仅有极薄一层表层被熔化,下层仍处于固相状态,冷却速度可达到非常高。此时液体金属来不及成核长大,凝固后成为非晶态组织。Pb-Cu-Si合金(其中Cu的质量分数为4.2%,Si的质量分数为5.1%,其余为Pb)在功率密度为 6×10^6 W/cm^2,时间 3×10^{-5} s的激光照射下,表面获得了非晶态(见图6.28)。

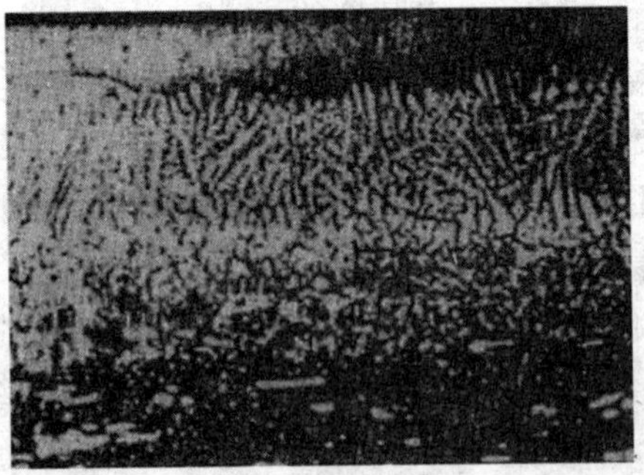

图 6.27　Cr12 钢激光表面熔凝后的组织(300×)

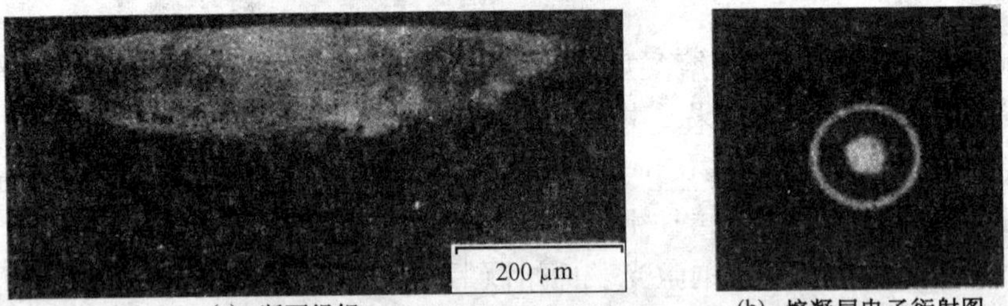

(a) 断面组织　　(b) 熔凝层电子衍射图

图 6.28　Pb-Cu-Si 合金激光熔凝层组织及电子衍射图

(3)激光表面熔凝的应用

应用激光表面熔凝技术,在可锻铸铁的摩托车凸轮轴表面获得了熔层厚 0.2 mm,硬化层厚 0.7 mm,宽 3.4 ~ 3.6 mm,表面硬度为 895 HV,耐磨性很高的熔凝层。对耐磨铸铁活塞环进行处理后,寿命提高了一倍,且与汽缸配副性良好。对珠光体+铁素体基的铸铁梳棉机梳板进行处理后,明显提高耐磨性和抗崩裂性,且保持了低的表面粗糙度。

沈阳大陆激光技术有限公司开展对涡轮动力转动设备的零部件乃至机组进行维修,成功地维修了烟气轮机、离心式压缩机、螺杆压缩机、地面燃机、发电机转子、工业汽轮机、往复式压缩机、蒸汽轮机、轴流风机等机组和各种轴类件,其中对武汉钢铁公司大型型材轧辊、鞍山钢铁公司重轨轧辊、昆明钢铁公司螺纹钢轧辊实施了激光熔凝加工,大幅度提高了轧辊的使用寿命。目前正在研发热连轧工作辊和中宽带成品辊表面的激光快速加工。

3. 激光表面合金化

激光表面合金化是一种应用激光束将合金化粉末和基材一起熔化后迅速凝固,在表面获得合金层的方法。这既改变了材料表面的化学成分,又改变了表面的结构和物理状态。可使低价的基材获得良好的表面性能。

在进行激光表面合金化处理前,需把合金材料预置于工件表面,可有涂刷、喷涂、电镀、刷镀、气相沉积等方法。采用高功率密度的激光束(10^8 ~ 10^{10} W/m^2)照射,使工件表面处于透镜焦点或近焦处。基材通常用碳钢、铸铁,也可用 Al,Ti,Ni 基合金。添加的元素包括 Cr,Ni,W,Ti,Mo,Mn,B,V,Co 等。近年来发展了一种气流送粉方法(见图 6.29)。在激光束对基材表面预熔的同时,用气流把预先配置好的合金化粉末喷注在熔池内。这样可省去合金的预涂敷工序,而且可以精确地控制合金成分。

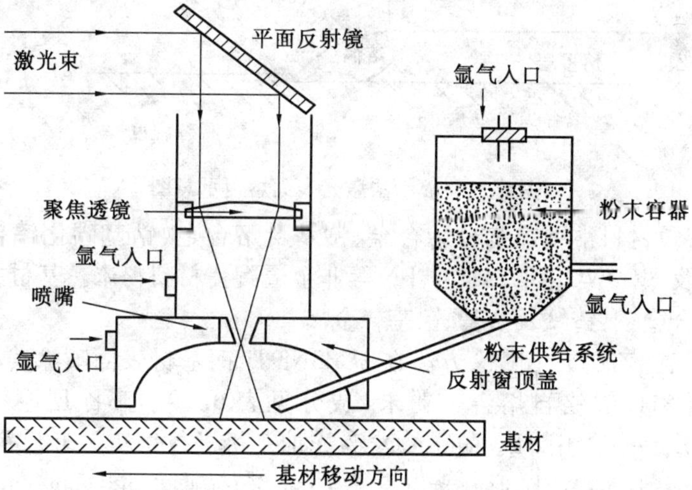

图 6.29　气流送粉法激光表面合金化示意图

激光表面合金化可提高碳钢、铸铁的耐磨性和耐蚀性,也能使非相变硬化材料(如 Al,Cu,Ni 等)得到表面强化。20 钢基体用 Ni-Cr-B-Si-Mo 合金粉末进行激光合金化处理后,表面硬度可达 1 600 HV,既保持了工件的高韧性,又提高了耐磨性。钢或铸铁制造的排气阀座用 Ni 基或 Co 基合金粉末进行激光合金化,可耐燃气腐蚀下的磨损。

4. 激光表面熔覆

采用激光加热将预先涂覆在材料表面的涂层与基体表面一起熔化后迅速凝固，得到成分与涂层基本一致的熔覆层，这种方法称为激光表面熔覆。激光表面熔覆与激光表面合金化的不同在于：激光表面合金化是使添加的合金元素和基材表面全部混合，得到新的合金层，而激光表面熔覆是预覆层全部熔化而基体表面微熔，预覆合金层的成分基本不变，只是与基材结合处受到稀释。预覆层常用喷涂方法获得。

激光表面熔覆层也可通过激光加热基材形成浅熔池，同时送入合金粉末一起熔化迅速凝固的方法获得（见图6.30）。

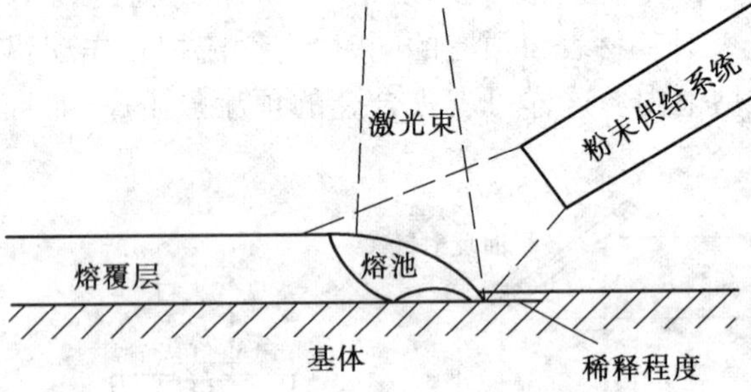

图6.30　喷粉法激光表面熔覆示意图

熔覆材料常用镍基自熔合金、钴基自熔合金、钴基碳化钨合金粉末，以及 SiC，WC，TiC，Al_2O_3，BN 等非金属陶瓷材料粉末。基材主要用碳钢、合金钢、铸铁及铁基、镍基合金。

用氧-乙炔火焰喷涂方法在 1Cr18Ni9Ti 钢基材表面喷涂美科 16C 或美科 31C 镍铬自熔合金粉末（成分见表 6.5）。喷涂层厚度约为 0.4～0.5 mm。用2 kW横流 CO_2 激光加工机进行熔覆。工艺参数为：输出功率 1.5 kW，圆形激光束直径 4 mm，扫描速度 360 mm/min，多道扫描的重叠量为 50%，氮气保护。

表 6.5　喷涂合金粉末的化学成分　　$w(B)/\%$

材　料	Cr	B	Si	C	Fe	Cu	Mo	WC-Co	Ni
美科 16C	16	4	4	0.5	2.5	3	3		余
美科 31C	11	2.5	2.5	0.5	2.5			35	余

美科16C熔覆层由白色γ(Ni,Fe)相树枝晶、黑色共晶体和片状及星状CrB,$Cr_{23}C_6$等化合物组成。熔覆层无气孔、无裂纹、组织致密。美科31C熔覆层由γ晶体、共晶体和WC相组成,熔覆层中还有块状的未熔Co包WC。两种熔覆层与基体结合区均有宽4~5 μm的结合层,成分主要为Ni与Fe,这是熔覆层与基体材料间元素相互扩散形成的,熔覆层与基体形成良好的冶金结合。

熔覆层的显微硬度如图6.31所示。熔覆层内硬度均匀,与基体交界处硬度逐渐降低并达到基体硬度。

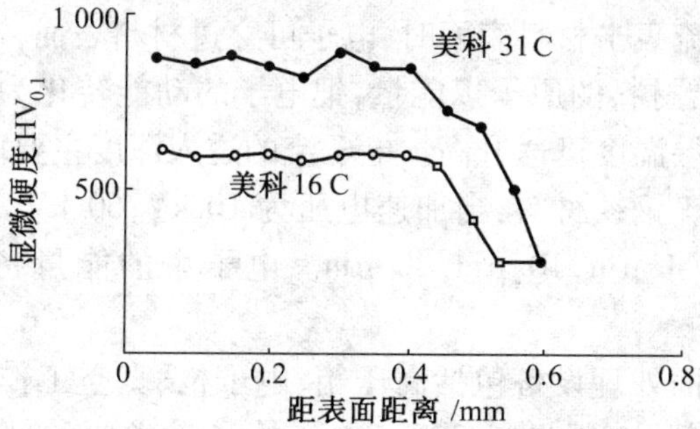

图6.31 美科16C和美科31C熔覆层硬度

摩擦磨损试验表明,两种熔覆层的摩擦系数均小于不锈钢基体的摩擦系数。美科31C熔覆层在油润滑条件下的耐磨性优于美科16C熔覆层,大大高于1Crl8Ni9Ti钢。美科16C熔覆层显著提高了基体材料的抗微动磨损的能力。

激光表面熔覆技术已在下列零件和工具上得到应用:柴油机铸铁阀座的衬套(不锈钢)表面熔覆Co基硬质合金,刀具和石油钻井用钻头表面熔覆WC层,聚乙烯造粒模具上熔覆Co包WC或镍基自熔合金等等。

激光表面强化技术除上述4种主要方法外,还有激光冲击硬化、激光激励气相沉积、激光增强电镀等。激光表面强化技术正得到越来越多的应用。

6.3.2 电子束表面处理

电子束表面处理的功能与激光表面处理基本上相同,但后者不需要真空室,因此工件的形状尺寸不受限制,便于推广应用,发展速度远大于前者。但电子束有其独特的优点：

a. 电子束加热不需黑化处理，可对精加工后的表面直接进行表面淬火；

b. 电子束热电转换效率可达 90%，激光的光电转换效率仅为 10% 左右；

c. 电子束设备功率稳定，输出功率大，最高功率可达 150 kW，激光设备目前最大的输出功率为 15 kW。

1. 电子束表面处理原理及设备

高速电子流轰击材料表面时，电子可穿过材料表面，进入到距表面一定的深度，给材料的原子以能量，把电子的动能转化为热能，从而使被处理材料表层温度迅速升高。电子流的透入深度主要取决于加速电压的高低。对于钢铁材料，当加速电压为 10 kV，60 kV，120 kV 时，透入深度分别为 1 μm，10 μm，40 μm。电子束的能量密度最高可达 10^9 W/cm^2。

电子束表面处理设备包括高压箱、电子枪、真空工作室、传动机构及控制系统等部分（见图 6.32）。电子枪是最主要的部件，它由灯丝（电子发射源）、电子加速阳极、聚焦线圈（使电子束收束）及偏转线圈（使电子束偏转）组成（见图 6.33）。

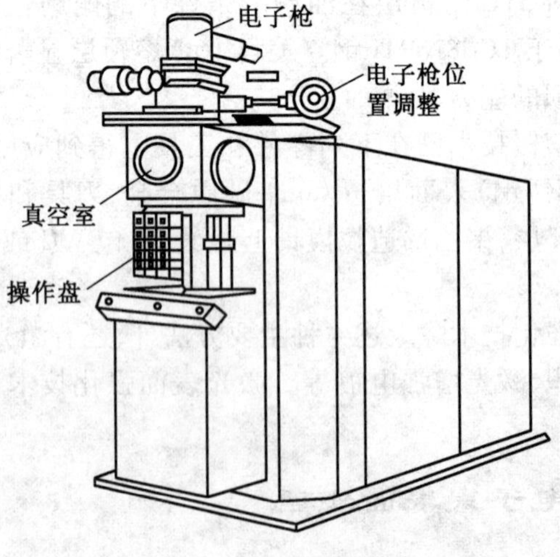

图 6.32　电子束表面处理设备

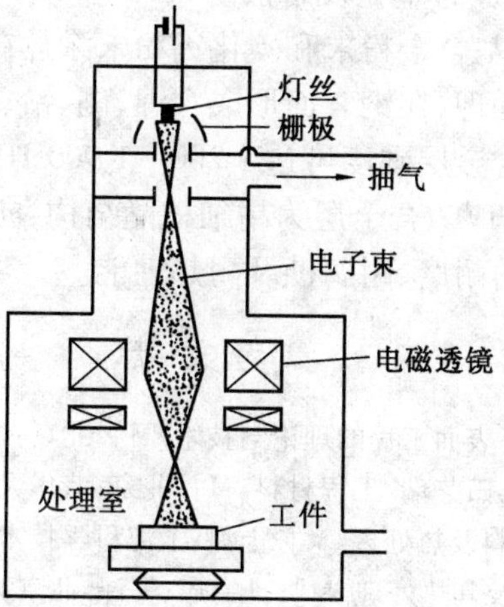

图 6.33　电子枪结构示意图

2. 电子束表面处理技术

(1)电子束表面淬火(电子束相变硬化)

电子束表面淬火,功率在一定范围内变化时,表面都能淬硬。扫描速度过快起不到硬化效果,过慢会引起材料表面出现微熔。扫描速度一定时,功率增大则使实际奥氏体化温度升高,引起马氏体组织粗化。改变电子束的功率密度和扫描速度,可以改变淬火带的宽度和淬硬层深度。

45 钢(正火态)经电子束表面淬火后,表层得到晶粒极细小的隐晶马氏体,硬度约为 800 ~830 HV,淬硬层深度可达 0.2 ~0.3 mm。对汽车离合器凸轮进行选择性表面淬火,每个工件需淬火 8 个部位,硬化层深度 1.5 mm,表面硬度 58 HRC。采用这种方法处理,避免了用感应加热表面淬火所难以克服的变形问题。

(2)电子束熔凝处理

电子束熔凝处理在真空中进行,具有真空脱气效果,因此表层熔凝层质量高。同时零件表面无需黑化预处理,处理时不需要保护气体,使用成本比激光低。电子束熔凝层的组织与性能与激光熔凝层相似。目前该工艺主要用于工模具和铸铁零件的局部强化。

(3)电子束表面合金化及熔敷

如将镍基、钴基合金粉末和碳化钨粉末涂敷在45钢表面进行电子束合金化或熔敷处理,在钢表面形成含镍、硼、钴、钨等合金元素的合金层或熔敷层。硼合金层硬度可达1 200 ~1 900 HV,碳化钨合金层硬度可达980 ~1 300 HV。合金层为精细枝晶结构,向内为淬火组织,使金属表面具有很好的耐磨、耐腐蚀及耐热性能。

参考文献

[1] 徐滨士,朱绍华. 表面工程的理论与技术[M]. 北京:国防工业出版社,1999.
[2] 郑明新,朱张校,田芝瑞. 工程材料[M]. 北京:清华大学出版社,1983.
[3] 史美堂. 金属材料及热处理[M]. 上海:上海科学技术出版社,1980.
[4] 西尔宁 K E. 钢及其热处理[M]. 孙一唐,等译. 北京:冶金工业出版社,1982.
[5] 理化检验协作网. 金相检验[OL]. 理化检验,1983.
[6] 熊剑. 国外热处理新技术[M]. 北京:冶金工业出版社,1990.
[7] 李志忠. 激光表面强化[M]. 北京:机械工业出版社,1992.
[8] 李鹏兴,林行方. 表面工程[M]. 上海:上海交通大学出版社,1989.
[9] 朱荆璞. 金属表面强化技术[M]. 北京:机械工业出版社,1989.
[10] 刘家浚. 材料耐磨抗蚀及其表面技术概论[M]. 北京:机械工业出版社,1986.
[11] 黄锡森. 金属真空表面强化的原理与应用[M]. 上海:上海交通大学出版社,1989.
[12] 击孝重,陈大凯. 等离子体热处理技术[M]. 北京:机械工业出版社,1990.
[13] 里霍维奇 Л C. 多元共渗[M]. 李贻锦,赵鹭华译. 北京:机械工业出版社,1983.
[14] 吴轮中. 机械构件的热处理设计[M]. 上海:上海科学技术文献出版社,1987.
[15] 中国机械工程学会热处理学会. 金属热处理[M]. 上海:上海科学技术文献出版社,1980.
[16] REMBGES W, OPPEL W. Process control of plasma nitriding and plasma nitrocarburizing in industry. Surface and Coatings Technology[J], 1993, 59:129-134.
[17] BUCKLEY DONALD H. Surface Effects in Adhesion, Friction, Wear and Lubrication[M]. Amster-dam: Elsevier Scientific Pub. Co., 1981.
[18] MURRAY S FRANK. Wear resistance coatings and surface treatments[J]. CRC Handbook of Lubrication. Boca Raton, Florida: CRC Press, 1984, 2:623-644.
[19] SUDARSHAN T S. 表面改性技术[M]. 范玉殿,等译. 北京:清华大学出版社,1992.

[20] 徐滨士. 表面工程与维修[M]. 北京:机械工业出版社,1996.
[21] 大连工学院编. 金属学及热处理[M]. 北京:科学出版社,1977.
[22] ARKHIPOV V E, ABLAEV A A, KRASNOV L T, et al. Structure and hardness of high-strength Vch 500 cast iron with hardening with a light beam. Metal[J]. Science and Heat Treatment, 1991:511-513.
[23] НИКИФОРОВ Г Д, ОПАРИН М И, ФЕДРОВ С А. Сварка и Паика Световьым Дучом[J]. Москва: Машиностроение, 1979(40).
[24] ГУРОТОВ ММ. Основы Светотехники и Источники Света[J]. Москва: Энергия, 1956(392).

第7章　表面工程技术设计

7.1　概　　述

随着科技的进步,一些传统的表面技术不断得到完善和发展,并以崭新的面貌在生产中发挥重要作用;一批先进表面新技术相继推出,并在工业应用中取得重大效益;特别是将两种或多种表面技术加以复合,或在某种表面技术的基础上制造复合材料表层或复合改性层的复合表面技术(也称为第二代表面技术)的出现,通过最佳协同效应使工件材料的表面体系在技术指标、可靠性、寿命、质量和经济性等方面获得最佳的效果,解决了一系列工业关键技术和高新技术发展中特殊的技术问题。

表面层对产品来讲虽然是个局部,但它在很大程度上决定着产品的质量、性能和寿命。只有将表面和产品(或工程)作为一个整体,从系统上统一布局、统一设计,才能取得尽可能理想的结果。为了更有效地发挥表面工程技术的应用效果,必须作好表面工程技术设计。即根据零件(产品)的服役条件和表面性能要求,综合运用失效分析和表面工程技术方面的研究成果,正确进行零件(产品)的表面体系设计,在种类繁多的表面工程技术中选择最适宜的表面技术,并进行正确的工艺设计、科学的施工和严格的质量控制。表面工程技术设计的内容包括以下几方面。

①表面层体系设计

根据服役环境和功能要求设计表面层结构、涂层类型、成分构成及相关性能指标。

②表面层工艺设计

根据表面层体系要求，选择最适宜的表面技术，并设计工艺路线及工艺规程。

③表面技术材料选择与设计

根据表面层体系要求，选择和设计不同表面技术所用原材料。

④表面工程装备选择与设计

施工厂房、场地、工艺装置（固定装备及活动表面工程车等）等选择与设计。

⑤表面工程质量控制

拟定施工过程质量控制体系，选择和设计表面层质量的检测方法和检验标准。

⑥表面工程经济技术分析

计算各种技术经济指标，对所选表面技术及施工工程进行技术经济性评价。

进行表面工程技术设计，对零部件、产品实施涂敷和改性的目的，主要有以下几个方面。

a. 提高零件的耐磨减摩性能。调整相对运动表面的摩擦系数、减少磨损和表面损伤，提高零件耐疲劳等力学性能，提高运行可靠性，延长使用寿命。

b. 提高零件的耐蚀性能。适应服役环境的要求，耐各种介质的腐蚀，延长零件、产品的使用寿命。

c. 赋予表面其他性能。如赋予表面某些电学、光学、磁学性能，及耐特殊介质、催化、防辐射、改善润湿、改善钎焊等性能。

d. 美化表面。美化装饰表面，提高艺术效果。

为了作好表面工程技术设计，必须对所要处理的工件和拟采用的表面技术有深刻的了解。包括以下几方面。

①掌握工件的特点和要求

a. 工件的技术要求和特点。尺寸形状、材料、热处理状态、表面成分、组织、硬度、加工精度、相对位置精度和表面粗糙度等要求；是否是薄壁、细长等易变形件，对受热的适应程度如何等。

b. 零件的工作条件。载荷性质和大小、相对运动速度、润滑条件、工作温度、压力、湿度、介质情况等。

c.零件的失效情况。失效形式,损坏部位、程度及范围(如磨损量大小,磨损面积、深度),裂纹形式及尺寸,断裂性质及断口形貌,腐蚀部位、尺寸、形貌、表面层状态及腐蚀产物等。由于表面技术既可用于机器设备零件和材料的制造,也可用于零件的修复,深入分析零件的失效情况,对于修复件的修复和强化显得尤为重要。

d.零件的制造(或修复)工艺过程。当表面技术的使用只是作为零件制造(或修复)工艺流程中的一个或一组工序时,要明确它在其中所处的位置,与前后工序衔接的要求,及应采用的工艺措施。

②熟悉不同表面技术的原理、工艺及运用特性

对于各种表面技术,尤其是常用的表面技术,要熟知其原理,工艺过程,采用的材料及所获得的覆层性能(包括耐磨、耐蚀、耐高温、抗疲劳等使用性能及硬度、应力状态、孔隙率、涂层缺陷等),与基体的结合形式及结合强度,对基体的热影响程度,覆层的厚度范围、对前后处理(加工)的要求与影响等。

7.2 表面技术的设计与选择

尽管表面技术的种类很多,特点各异,但使用某些不同表面技术却能达到同一目的。如为了在普通材料轴颈上获得具有较高耐磨性的表面,可以采用槽镀、电刷镀、热喷涂、真空镀膜、表面热处理等方法制备耐磨覆层(涂层、镀层)或改性层来实现;使常用钢结构表面耐大气腐蚀可用涂装、电镀、热浸镀、热喷涂等方法制备某些耐蚀覆层来实现。对于具体的工件,如何在多种可用的表面技术中选择一种或加以复合的几种对工件表面进行处理,以充分发挥该技术的长处,并满足工件的要求,获得最佳的技术经济效果,这是设计者最先碰到的十分重要的问题。

7.2.1 表面技术设计与选择的一般原则

1.适应性原则

这里主要是指工艺适应性,即考查使用某一表面技术能否适应(满足)工件的各种要求。在选择具体表面技术时,应使其在以下主要

方面与被处理工件相适应。

(1)涂敷(改性)工艺和覆层与工件应有良好的适应性

这种适应性主要有:覆层与工件材料、线膨胀系数、热处理状态等物理、化学性能应有良好的匹配性和适应性。

涂层或改性层与基材要有足够的结合力,不起皱、不鼓泡、不剥落,不加速相互间的腐蚀和磨损。在不同表面技术中,离子注入层和表面合金元素扩渗层没有明显界面;各种堆焊层、熔接层、激光熔覆和激光合金化涂层、电火花强化层具有较高的结合强度;热喷涂层和黏结涂层的结合强度相对较低(如粉末火焰喷涂层与金属基体的结合强度一般为 10 ~ 20 MPa);电镀层的结合强度要高于热喷涂层。

由于不同表面技术获得的覆层(或改性层)厚度差别很大(见图 7.1),因而要考虑厚度对工件的适应性。目前离子注入层的厚度仅能达到 0.2 μm,注入得更深还有困难,热喷涂层一般在 0.2 ~ 1.2 mm,太薄则难以达到,而堆焊层通常在 2 ~ 5 mm,过薄也不易实现。涂层厚度不仅影响其使用寿命,还影响着结合力及基体和涂层的性能。离子注入虽然能显著改善表面的耐磨、耐蚀等性能,但在应用中往往嫌其厚度不足;一些重防腐表面多要求具有一定厚度,单一电镀层常显得不够;对于修复件还要考虑恢复到所要求的尺寸的可能性。单独使用薄膜技术一般难以满足恢复尺寸的要求。

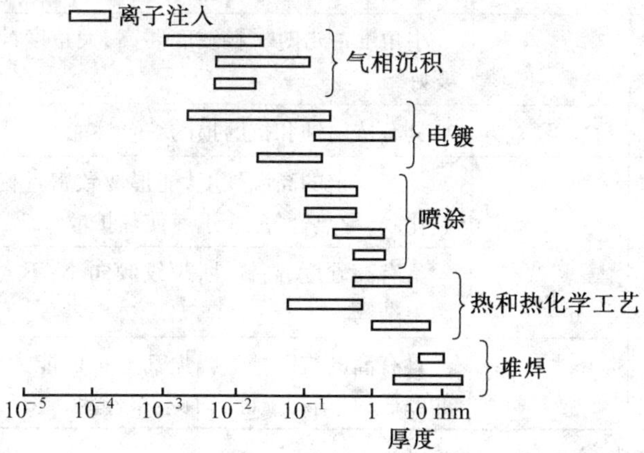

图 7.1　不同表面技术制备的覆层(或改性层)厚度范围

选用的表面技术对工件形状、尺寸、性能等影响应不超过允许范围。采用一些高温工艺,如堆焊、熔接(1 000 ℃左右)、CVD(800 ~ 1 200 ℃)等,会引起工件变形(对于细长件和薄壁件尤其明显)、基体组织或热处理性能改变;一些电镀工艺会降低材料的疲劳性能或产生氢脆性,镀镉须防止产生镉脆。

此外,还要考虑工艺实施的可行性,如工件过大,设备是否容得下;与镀膜相关的前后处理工序实施的可能性等。

(2)覆层(改性层)的性能应满足工件运行条件和服役环境的要求

覆层的各种力学性能、化学性能、电学、磁学等性能必须满足工件运行条件和服役环境的要求。

a. 对于耐磨损覆层,首先应明确其磨损失效类型,再根据磨损类型对覆层材料性能的要求,设计和选择覆层材料及与其相适应的涂敷技术。不同磨损类型对覆层材料性能的要求见表7.1。

表7.1 不同磨损类型对覆层材料性能的要求

磨损类型	在磨损中约占的比例/%	对材料的性能要求
磨料磨损	50	较高的加工硬化能力,接近甚至超过磨料硬度的表层
黏着磨损	15	相接触的摩擦副材料的溶解度较低,表面能低,不易发生原子迁移,抗热软化能力强
冲蚀磨损	8	小角度冲击时材料硬度要高,大角度冲击时韧性要好
腐蚀磨损	5	具有抗腐蚀和抗磨损的综合性能
高温磨损	5	具有一定的高温硬度,能形成致密且韧性好的硬氧化膜,导热性好,能迅速使热扩散
疲劳磨损	8	具有高硬度、高韧性,裂纹倾向小,不含硬的非金属夹杂物
微动磨损	8	具有高的抗频繁低幅振荡磨损的能力,能形成软的磨屑,且与相配面具有不相容性

耐磨料磨损覆层必须具有足够高的硬度和适当的韧性,通常覆层的显微硬度 HV_F 与磨料显微硬度 HV_L 的比值应满足 $HV_F/HV_L \geqslant 0.8$。表7.2列出了一些磨料和覆层组织的硬度。

表 7.2　一些磨料和覆层组织的硬度

材料	干煤	石膏	石灰	方解石	氟石	焦炭	铁矿	玻璃	烧结矿	石英	刚玉	铁素体	珠光体	奥氏体	马氏体	渗碳体	碳化铬	氧化铝	碳化钨	碳化钒
硬度 HV	32	36	110	140	140	200	470	500	750	900 ~ 1 300	1 800	70 ~ 200	250 ~ 460	170 ~ 350	500 ~ 1 000	800 ~ 1 000	1 200	2 000	2 400	2 800

b. 对于耐蚀覆层，影响耐蚀性能的主要环境因素是：介质的成分和浓度；杂质及其含量；温度；溶液的 pH 值；溶液中的氧、氧化剂和还原剂的含量；流速；腐蚀产物及生成膜的稳定性；自然环境条件（大气类型和水质）等。

在选择涂敷方法和材料时应考虑的一般原则是：

单相结构的覆层比多相结构的覆层，一般具有更好的耐介质腐蚀的能力；

覆层材料的腐蚀产物膜（含氧化膜）应细密无孔，附着牢固，能将腐蚀介质与覆层、基体有效隔离；

对于钢铁基体材料在存在电解质的条件下，覆层材料应具有比铁更低的电极电位，以便对铁基体起到有效的牺牲阳极保护作用；

对于热喷涂层等有一定孔隙率的覆层，由于孔隙的存在会降低覆层的耐蚀性、抗高温氧化性和电绝缘性，因而涂敷后应进行适当的封孔处理。

c. 对于耐高温覆层，其基本要求是覆层材料应有足够高的熔点，其熔点越高可使用的温度也越高。

覆层的高温化学稳定性要好，覆层本身在高温下不会发生分解、升华或有害的晶型转变。不同合金材料在空气中由于温度升高而发生氧化所推荐的最高使用温度参见表 7.3。

对于高温下使用的覆层，应具有要求的耐热疲劳性能。尤其要求其与基体的热膨胀系数、导热性具有良好的匹配性，以防止覆层剥落。同时还应注意，在热循环中，基体和覆层材料内部会因发生相变而产生体积应力，这更会加剧覆层的开裂和剥落。如 ZrO_2 晶体在 1 010 ℃时会发生单斜晶系向立方晶系的转变，并伴随产生 7% 的体积改变，因此用做耐高温的 ZrO_2 覆层，均采用稳定化处理的 ZrO_2。

表 7.3 不同合金材料在空气中氧化推荐的使用温度极限

合金	推荐温度极限/℃	合金	推荐温度极限/℃
碳钢	450	Cr 12%,Ni 8%,Nb 1%不锈钢	650
Mo 0.5%钢	500	Cr 19%,Ni 11%,Si 2%耐热钢	1 000
Mo 0.5%,Cr 1%钢	550	Cr 23%,Ni 14%耐热钢	1 000
Mo 0.5%,Cr 5%钢	550	Cr 23%,Ni 30%耐热钢	1 100
Mo 1%,Cr 9%钢	550	Ni 80%,Cr 20%电热丝	900
Cr 12%,Mo,V 钢	575	镍基高温合金(Ni 60%,Cr 20%,Co 20%,Al,Ti)	900
Cr 18%,Ni 8%不锈钢	650	镍基超合金(Ni 55%,Cr 15%,Co 20%,Mo 5%,Al 5%,Ti)	1 100

注:表中的百分数均为质量分数。

耐高温覆层中应含有与氧亲和力大的合金元素,常用的如铬、铝、硅、钛、钇等。这些元素所生成的氧化物非常致密,化学性能非常稳定,且氧化物体积大于金属原子的体积,因而能够有效地把金属基体包围起来,防止进一步氧化。金属氧化物的分解压越低,金属元素与氧的亲和力越大,金属氧化物膜越稳定。

在显微组织上,高温合金一般选用具有面心立方晶格的金属母相,并能被高熔点难熔金属元素的原子固溶强化;或者,合金元素间发生的反应能够形成与母相具有共格结构的 γ' 相,对母相产生析出强化;或者,能形成高熔点的金属间化合物,对金属母相起晶界强化和弥散强化的作用。

应综合考虑覆层的性能,使其满足工况要求。以不同类型的堆焊合金为例,其耐热、耐热腐蚀、耐磨损、耐冲击性能的比较如图 7.2 所示。

在掌握被处理工件的各项要求、深入分析不同表面技术及其所用覆层材料对工件的适应性之后,便可在对比中选出满足要求的几种表面工程技术,并依照下述原则做进一步筛选。

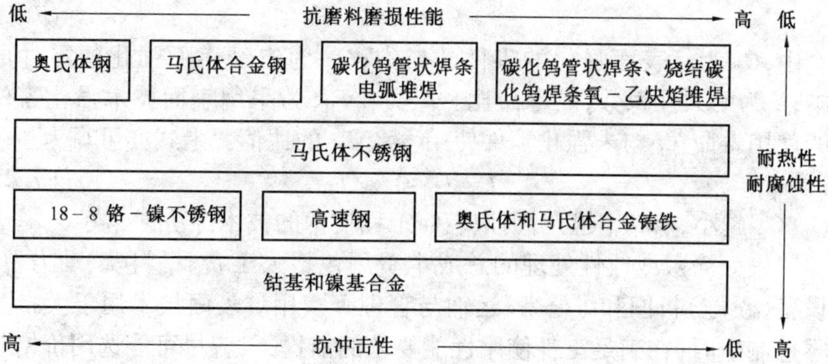

图7.2　不同类型的堆焊合金性能比较

2. 耐久性原则

零件的耐久性是指其使用寿命。由于运用表面技术是为了对零件的失效进行有针对性的防护，因而采用表面工程技术“强化”（含涂敷、处理和改性）过的零件，其使用寿命应比未经强化的要高。零件的使用寿命随其使用目的的不同有着不同的度量方法。除断裂、变形等零件本体失效外，因磨损、疲劳、腐蚀、高温氧化等表面失效而导致的寿命终结也各有其本身的评价和度量方法。对于因磨损失效的机器零件，常用相对耐磨性来评价表面技术的使用效果，即对比其耐久性；对于因腐蚀失效的零件，常用其在使用环境下的腐蚀速率来比较其耐久性；而对于因高温氧化失效的零件，则常用高温氧化速率来度量其耐高温氧化性能。设备及其零部件的使用寿命可通过各种试验（模拟试验、加速试验、台架试验、装机试验等）、分析计算、经验类比、计算机求解等方法得出。寿命评估是目前很受重视的一个研究方向。在不同环境下经表面强化的零件的使用寿命，其有关资料还很缺乏，有待进一步丰富和完善。在选择表面工程技术时，力求使零件获得高的耐久性是一个重要原则。

3. 经济性原则

在满足工件的技术要求等条件下，还要重视分析拟采用的表面技术的技术经济性。分析技术经济性时要综合考虑表面涂敷或改性处理成本和采用表面技术所产生的经济效益与资源环境效益等因素。从成本上看，应尽可能选用成本低且使用寿命长的表面技术，通常应满足

$$C_T \leqslant KC_H \tag{7.1}$$

式中,C_T 为经表面强化的零件的成本;C_H 为未经表面强化的零件成本;K 为耐久性系数,或寿命比。$K=T_T/T_H$,为采用表面技术强化零件的使用寿命 T_T 与未强化零件使用寿命 T_H 的比值。上式亦可写为

$$C_T/C_H \leqslant T_T/T_H \tag{7.2}$$

C_T/C_H 越小,T_T/T_H 越大,则该表面工程技术的技术经济性越好。

表面涂敷或改性处理的总成本费用包括人工费、材料费、动力费、设备(设施)折旧和维修费、运输与管理等费用。表面技术用于大批量零件制造时,在满足工件使用性能要求的前提下,应尽可能选用价格较低的材料,并采用自动化或半自动化工艺来提高生产率,即使是一次投资较大,在总体上看,经济性通常是好的。对同一零件不同部位所用的表面强化方法应尽可能少,以减少零件的周转,缩短工艺流程,降低成本。

采用表面技术所产生的效益,除考虑延长零件的使用寿命外,还要考虑对提高工程与产品性能、减少故障与维护,以及所产生的资源环境效益等因素。对于航空航天设备和武器装备的零部件,常要求高可靠性和安全性,为此多选用成本较高的高新表面技术与高性能材料;对于失效零件的修复与表面强化,一般考虑的是其成本要低与寿命比要高,但当没有备件而造成较大停工损失时,即使其成本较高,在经济上也是合理的。

按照绿色设计与绿色制造的要求,在对工件实施表面处理时,要减少材料、能源的消耗与对环境的污染;在工件投入使用后,要避免对环境和人员产生不利影响;要考虑零部件的可再制造性,在材料和工艺上为其多次修复与表面强化创造条件,当其报废时,要便于回收和进行资源化处理。

总之,要针对企业的设备、人员、技术水平等具体情况,综合考虑以上原则,选择与设计最适宜的表面工程技术,力求得到最佳的技术经济效果。

7.2.2 表面涂敷技术的设计与选择

1. 堆焊技术的设计与选择

堆焊方法、堆焊材料的设计与选择可参考表7.4、表7.5及3.1节。

表7.4　常用堆焊方法的主要运用特点

序号	堆焊方法		运用特点
1	手工电弧堆焊		应用广泛,设备简单通用、机动灵活、易购制特种焊材。缺点是生产效率低、劳动条件差、稀释率较高、易产生操作失误。主要工艺特点: ①采用小电流(偏小10% ~15%)以降低稀释率,快速焊,小摆动,窄焊道; ②预热,一般材料,预热温度100 ~300 ℃(按碳当量选),对淬硬倾向大耐磨合金,合金含量大于10%,预热温度300 ~550 ℃; ③防止变形,用专用夹具
2	氧-乙炔焰堆焊		氧-乙炔火焰温度较低(3 050 ~3 100 ℃);火焰加热面积大;稀释率低(1% ~10%);堆焊层厚度较小(1 mm左右);因WC在氧-乙炔焰中不熔化,尤其适于WC粉芯丝堆焊。缺点是:堆焊效率低,工件热输入大,变形大。工艺特点: ①焊前工件清洁处理,焊时工件平放; ②堆焊时用还原焰,令焊丝与熔化区在还原焰中,防止氧化; ③先用碳化焰将工件表面加热至半熔化温度呈“出汗”态,再添入堆焊材料,勿令母材完全熔化形成熔池; ④单层堆焊一般焊层厚2 ~3 mm
3	埋弧堆焊	单丝	方法简便,常用,堆焊层平整,质量稳定,但熔深大,效率低,稀释率高(约50%)
		多丝	有双丝、三丝或多丝,将几根丝并列在电源的一个电极上,并同时向熔池推进,电弧周期性地从一根焊丝移到另一焊丝,熔深浅,焊道宽,效率高
		带极	焊材为带状(宽40 ~100 mm、厚0.4 ~0.7 mm),电弧在带极局部燃烧,并在带极宽度上来回移动,稀释率低(3% ~9%),主要用于容器内衬的不锈钢防腐堆焊
		串联电弧	母材不接电极,电弧在两条自动送进的焊丝之间燃烧,能量大部分用于熔化焊丝,稀释率低
		工艺参数	堆焊电流,$I=(85\sim110)d$,d为焊丝直径;　焊丝伸出长度,一般为20 ~50 mm; 电弧电压,应与电流匹配;　电源极性,直流电源时宜反接, 焊丝直径,一般为2.5 ~5 mm;　堆焊速度,适中
4	等离子弧堆焊		电弧在焊嘴的机械压缩作用下,能量密度提高,弧柱中心温度达24 000 ~50 000 K。可堆焊难熔材料,稀释率小于8%,设备复杂,成本高。工艺特点: ①离子气流量,一般取300 ~500 L/h; ②堆焊电流,适用即可,不可太大或太小; ②送粉气流量和送粉量,通常送粉气流量为400 ~600 L/h,送粉量为1 000 ~6 000 g/min; ④喷嘴端面与工件距离,一般为5 ~10 mm
5	气体保护焊	CO_2气体保护焊	①CO_2气体保护堆焊为熔化极堆焊,其堆焊成本低,堆焊效率比手工堆焊高3倍以上; ②保护气为CO_2或CO_2、Ar、O_2的混合气; ③焊丝可实芯,也可粉芯丝; ④焊丝直径,可为细丝($\phi\leq1.2$ mm),粗丝($\phi=1.2\sim1.6$ mm),细丝为小电流,短路过渡,粗丝为大电流,喷射过渡; ⑤施焊方式,半自动,可现场作业; ⑥电源,平特性电源,等速送丝,直流反接
		钨极氩弧堆焊	①堆焊电流稳定,焊层形状易控制,常用于堆焊形状比较复杂、质量要求高的工件; ②手工钨极氩弧堆焊设备可与焊接用设备通用; ③直流正接

续表 7.4

序号	堆焊方法	运用特点
6	电渣堆焊	这种方法是利用熔化态焊剂的电阻热熔化堆焊材料和基体金属。堆焊材料可以是焊丝、焊带、粉芯焊带、板带等,也可将粉末由送粉器送人熔池。堆焊过程中无电弧,稀释率低,用平特性电源
7	碳弧堆焊	将需要堆焊的材料用黏结剂制成合适的形状,放于工件表面,然后用碳弧熔化堆焊金属。这种方法堆焊合金含量可以很高,但堆焊效率低,劳动条件差
8	激光堆焊	将合金粉用热喷涂方式喷涂于工件表面,再用激光来进行重熔,将喷涂层的机械结合变为冶金结合,可以堆焊一些结构精密的工件

表 7.5　堆焊材料的应用与选择

工作条件		典型产品	堆焊金属	堆焊材料举例	其他用途、说明
金属间磨损	常温	轴类和车轮磨损面	低合金珠光体钢	焊条:D107(10Mn3Si),HRC≥22;D127(20Mn4Si),HRC≥28,D112(20Crl.5Mn),HRC≥22;D132(30Cr2Mo),HRC≥30;焊丝:H30CrMnSi	堆焊或修复低、中碳及低合金钢磨损面,抗冲击,易加工
		齿　轮	合金马氏体钢	焊条:D172(40Cr2Mo),HRC≥50;D217(40Cr9Mo3V),HRC≥50	挖泥斗、铧犁等
		轴　瓦	铜基合金	焊条:T237(Al8Mn2),HB120~160;T227(Sn8P<0.3)等;焊丝:9-2 铝锰青铜丝,HS221,HS222 等	轴衬、滑道、化工设备内衬等
		冲模、剪刀	合金马氏体钢	焊条:D322(50Cr5W9Mo2V),HRC≥50;D327(50Cr5W9Mo2V)	修耐磨性较高零件
		低压阀门密封面	铜基合金	焊条:T237,T227;焊丝:HS221,HS222,HS224	
		冷轧辊	低合金马氏体钢	焊条:打底(40Cr4NiMnMo),表层(60Cr6NiMo)	
	中温	阀门密封面	高铬不锈钢、铬锰钢	焊条:D502 或 D507(1Cr13),HRC≥40; D512 或 517(2Cr13),HRC≥45	小于450 ℃的阀门及轴搅拌机桨、输送叶片
	高温	热锻模	热模具钢	焊条:D397(50CrMnMo),HRC≥40	含碳≤0.6%
		热拉伸模、热冲头、热剪刀等	热模具钢	焊条:D337(3Cr2W8),HRC≥48;药芯焊丝:(3Cr2W8)	
			钴基堆焊合金	焊条:D802(Cr30W5),HRC≥40~45;D812(Cr30W8),HRC≥44~50;D822(C3Cr30W17),HRC≥53;焊丝:HS111,HRC≥40~45;HS112,HRC≥45~50;HS113,HRC≥55~60	高温高压阀门、高压泵轴套筒、内衬套筒牙轮钻头轴承等
		刀　具	高速钢	焊条:D307(W18Cr4V),HRC≥55	刃口
		热轧辊	热模具钢	药芯焊丝:3Cr2W8	
			铬镍奥氏体钢	焊丝:H10Cr20Nil0Mn6	
		阀门密封面	铬镍奥氏体钢	焊条:D547(Crl8Ni8),HB270~320; D547Mo,HRC≥37;D557(Crl8Ni8Si7),HRC≥37	570 ℃以下高压阀门 600 ℃以下高压阀门
			镍基堆焊合金	Ni-Cr-B-Si、Ni-Cr-Fe-Si-B(粉末)	
			钴基堆焊合金	焊条:D802(Cr30W5),HRC≥40~45,D812(Cr30W8),HRC≥44~50;铸丝:HS111,HRC≥40~45;HS112,HRC≥45~50;钴基堆焊合金粉	热剪切刃口、热锻模、热轧辊孔型等

续表 7.5

工作条件		典型产品	堆焊金属	堆焊材料举例	其他用途、说明
磨粒磨损	常温高应力	推土机刃板、矿山料车、铲斗齿	合金马氏体钢	焊条:D207(Cr3Mn2),HRC≥50;D212(5Cr2Mo2),HRC≥50;D217A,HRC≥50	推土机刀片、螺旋桨等高强耐磨件
			合金铸铁	焊条:D608(C3Cr4Mo4),HRC≥55;D642(C3Cr27),HRC≥45;D667(C3Cr30Ni14Si4Mn),HRC≥48;D678(C2W9B),HRC≥50;铁基堆焊合金粉末	矿山冶金、农业等机械受矿石、泥沙磨粒与冲击磨损零件
	常温高应力	泥浆泵、混凝土搅拌机叶片、螺旋输送机	合金铸铁		
			碳化钨	焊条:D707(C2W45MnSi),HRC≥60;管装粒状碳化钨	耐岩石等强烈磨损
		水轮机叶片	合金马氏体钢	焊条:D217A(Cr2Mo1),HRC≥50	
		石油牙轮钻头、钻杆接头	碳化钨	焊条:D707D717(C3W60CrMnNiSiMo),HRC≥60;焊丝+粒状碳化钨;合金粉+粒状碳化钨	混凝土搅拌叶片、风机叶片等
	高温	高炉料钟、推焦机推杆	合金铸铁	焊条:D642(C3Cr30),HRC≥45;D667,HRC≥48;焊丝:HS101,HS103等;铁基堆焊合金粉	
金属间磨损+磨粒磨损		压路机链轮	低合金珠光体钢	焊条:D107,HRC≥22;D112,HRC≥22	
			合金马氏体钢	焊条:D207,D217,HRC≥50	
		排污阀	铁基或镍基合金	合金粉	
冲击磨损+磨料磨损		颚式破碎机齿板、挖掘机	合金马氏体钢	焊条:D207,D217,HRC≥50	
			锰奥氏体钢	焊条:D256,HB≥170;D266,HB≥170	破碎机、高锰钢轨、推土机等抗冲击磨损件
冲击磨损	常温	铁道道岔、履带板	锰奥氏体钢		
	高温	热剪板机、热锯	铬锰奥氏体钢	焊条:D276(2Mn12Cr13),HRC≥20;D266,HB≥170	D276可用于水轮机叶片、抓斗、破碎刃
耐腐蚀	低温水	船舶螺旋桨、水泵活塞	铜基合金	焊条:T227:w(Sn)=7.9%~9%; T237:w(Al)=7%~9%	T227用于轴衬、船舶推进器
	低温海水	海水管道	铜基合金	焊条:T307(Cu70Ni30)	
	中温水	原子锅炉压力容器	铬镍奥氏体钢	丝、带:00Cr25Ni11;00Cr20Ni10	核电站压力容器内壁耐蚀层(第2层)
	高温腐蚀	内燃机排气阀	钴基、镍基堆焊合金	焊条:D802,D812,D822 铸丝:HS111,HS112,HS113;钴基、镍基堆焊合金粉	HS113用于锅炉旋转叶片、粉碎机刃口
		抗硫阀门	钴基堆焊合金	钴基堆焊合金粉和丝	
	高温氧化	炉子元件	铁铬铝镍基合金	0Cr25Al5焊条和焊丝; Ni80Cr20丝、带、粉	
耐气蚀	常温	水轮机叶片	铬锰奥氏体钢 合金马氏体钢	焊条:D276,D227 焊条:D217A,D642,0Cr13Ni4,0Cr13Ni6	

2. 热喷涂技术的设计与选择

热喷涂方法和材料的设计与选择可参考表7.6和表7.7及3.2节。

表 7.6 不同热喷涂方法的技术特性比较

热喷涂方法		热源	喷涂力源	火焰温度/℃	喷涂粒子飞行速度/(m·s^{-1})	喷涂材料		喷涂量/(kg·h^{-1})	喷涂层结合强度/MPa	涂层孔隙率/%	基体受热温度/℃	设备投资
						形状	种类					
火焰喷涂	丝材火焰喷涂	燃烧火焰	压缩空气等	3 000	80~120	线材	金属、复合材料	2.5~3.0（金属）	10~20（金属）	5~20（金属）	均小于250	低
	陶瓷棒火焰喷涂	燃烧火焰	压缩空气等	3 000	150~240	棒材	陶瓷	0.5~1.0	5~10	2~8	均小于250	低
	粉末火焰喷涂	燃烧火焰	燃烧火焰	3 000	30~130	粉末	金属、陶瓷、复合材料	1.5~2.5（陶瓷） 3.5~10（金属）	10~20（金属）	5~20（金属）	均小于250	低
	爆炸喷涂	燃烧火焰	热压力波	3 000~4 000	700~1 200	粉末	陶瓷、金属、复合材料	1~3	70（陶瓷） >100（金属）	<1	均小于250	高
	超音速火焰喷涂	燃烧火焰	焰流	略低于等离子	500~1 000	粉末	金属、陶瓷、硬质合金	20~30	>70（WC-Co）	<1（金属）	均小于250	较高
电弧喷涂	电弧喷涂	电弧	压缩空气	4 000	100~200	丝材	金属丝、粉芯丝	10~35	10~30	5~15	<250	低
	高速电弧喷涂	电弧	压缩空气	4 000~5 000	200~400	丝材	金属丝、粉芯丝	10~38	20~60	<2	<250	中
等离子弧喷涂	等离子弧喷涂	等离子弧焰流	等离子焰流	6 000~12 000	200~350	粉末	金属、陶瓷、复合材料	3.5~10（金属） 6.0~7.5（陶瓷）	30~60（金属）	3~6（金属）	均小于250	中
	低压等离子弧喷涂	等离子弧焰流	等离子焰流		200~350	粉末	MCrAIY 等合金、碳化物	5~5.5	>80	<1	均小于250	高
	超音速等离子弧喷涂	等离子弧焰流	等离子焰流	18 000	3 600（电弧速度）	粉末 丝材	金属、合金、陶瓷	55（ZrO_2） 25（Al）	40~80	<1	均小于250	高
特种喷涂	激光喷涂	激光				粉末	低熔点到高熔点的各种材料		良好	较低	<250	高
	丝材爆炸喷涂	电容放电能源	放电爆炸波		400~600	丝材	金属		30~60	2.0~2.5	<250	高
喷熔（熔结）	火焰喷熔	燃烧火焰		3 000		粉末	金属、陶瓷复合材料		200~300	0	≈1 050	低
	低真空熔结	电热源				粉末	金属、陶瓷复合材料		200~300	0	≈1 050	中

表 7.7　热喷涂涂层材料的应用

涂层材料	应用目的：耐蚀保护	耐氧化保护	耐磨保护	滑动摩擦层	过渡结合层	修复层	其他	特性及应用说明	最高使用温度/℃
Zn	▲							适于电弧喷涂，广泛用于防大气腐蚀，常温下耐淡水腐蚀，耐碱性介质腐蚀优于铝，结合性好	250
Al	▲							适于电弧喷涂，广泛用于防大气腐蚀，耐酸性介质腐蚀优于锌	400
富锌的铝合金	▲							综合 Al 及 Zn 的各自特性形成的高效耐蚀涂层	
Sn	▲							和铝粉混合，形成铝化物，可用于腐蚀保护	
Ni	▲				▲			密封后可作耐蚀层	~500
常温尼龙	▲							适于火焰喷涂，常温下耐酸、碱介质	
高温塑料：聚苯硫醚、聚醚砜、聚醚酮	▲							工作温度-140 ~ 200 ℃，耐酸及碱腐蚀	350
Al-Mg	▲								200
Pb	▲							防辐射材料	200
合金钢	▲		▲			▲			500
Mo			▲	▲	▲				320
硼化物 TiB_2,ZrB_2			▲						*
碳化物 TiC,Cr_3C_2,NbC,TaC,WC			▲						400TiC 500WC
碳化物 WC-TiC,TaC-NbC			▲						
碳化物 Cr_3C_2-NiCr WC-Co			▲					WC-Co(12% ~ 20%)硬度 HRC>60，红硬性好	800 500
氧化物 Al_2O_3,TiO_2 Cr_2O_3,ZrO_2			▲				绝热层	Al_2O_3 封孔后抗高温氧化，1 000 ℃下使用，HV900 ~ 1 000 TiO_2 孔隙少，结合好，耐蚀；500 ℃下使用，HV600 ~ 700	*
氧化物 Al_2O_3-TiO_2 Al_2O_3-MgO Cr_2O_3-TiO_2			▲				绝热层	Al_2O_3 96%-TiO_2 2.3%，500 ℃下使用，硬度 HV900 ~ 1 000 Al_2O_3-$TiO_2$13%耐滑动摩擦，500 ℃下使用，HV800 ~ 950 MgO-$Al_2O_3$71%耐磨，耐热，电绝缘性好	*
氧化物 ZrO_2-MgO ZrO_2-CaO ZrO_2-SiO_2		▲	▲				绝热层	ZrO_2-MgO 8%(或 24%)耐热冲击，绝缘性好 ZrO_2-CaO 4%(或 7%，31%)隔热，耐热冲击，CaO 比 Y_2O_3 便宜，可用做发动机燃烧室	*
氧化物 ZrO_2-Y_2O_3		▲					绝热层	ZrO_2-Y_2O_3 4%(或 6%，8%，12%，20%)耐热隔热性最高，耐热冲击性优良，Y_2O_3 含量越多线膨胀系数越大	
用 Al_2O_3 或 Cr_2O_3 增强的 Co 基合金		▲	▲						~1 000
Co-Mo-Si 合金			▲	▲				称为耐磨合金	~1 000
MCrAlY (M=Fe,Co,Ni)	▲	▲					绝热层		~1 000

续表 7.7

涂层材料	应用目的							特性及应用说明	最高使用温度/℃
	耐蚀保护	耐氧化保护	耐磨保护	滑动摩擦层	过渡结合层	修复层	其他		
NiAl、NiCr		▲			▲	▲		镍铝、镍铬、镍及钴包 WC 可用于 500～850 ℃下的磨粒磨损，Ni-Cr(80%～20%)耐热腐蚀	950
弥散有钒、铬、钼或钨的硼化物、碳化物或硅化物的铁基、钴基或镍基硬质合金			▲						800
$Ni-Cr-Al+Y_2O_3$		▲						抗高温氧化	
镍包氧化铝，镍包碳化铬		▲						工作温度 800～900 ℃，抗热冲击	
黄铜，青铜				▲				轴承材料	<200
Ni-石墨				▲			磨合涂层	镍包石墨为磨合涂层，润滑性好，可作发动机可动密封件；	500
Cu-石墨				▲				铜包石墨润滑性好，导电性较高，可作电触头及低摩擦系数材料	
镍包二硫化钼				▲				减磨材料，润滑性良好，用于 550 ℃以上动密封处	
自黏结镍基合金				▲	▲			自润滑自黏结镍基合金属减磨材料，润滑性好	
自黏结铜基合金等				▲				自润滑黏结铜基合金与包覆聚酯，聚酰胺等属减磨材料	

* 使用温度的最大极限取决于基体材料，而不取决于涂层；表中的百分数为质量分数。

3. 电镀、化学镀和转化膜技术的设计与选择

电镀、化学镀及化学转化法的膜层材料设计与选择可参考表 7.8 和表 7.9 及 5.1 节。

表 7.8　不同电镀、化学镀和化学转化方法的工艺特点和主要应用范围

镀敷方法		特　点	应用范围
电镀	槽镀	历史悠久，使用广泛。在镀槽中施镀，需要有厂房、镀槽及辅具、供电、化验、废水处理等配套设备。可电沉积各种单金属、合金及复合镀层，可镀敷较厚镀层，工艺成熟，质量稳定，适合批量生产。工件受镀槽尺寸限制，对非电镀部位需加以保护	制备各种耐蚀、耐磨、装饰及功能镀层，修复零件
	电刷镀	不用镀槽，用包有涤棉包套的镀笔(刷)浸满镀液在工件表面涂抹形成镀层。设备简单，工艺灵便，镀层种类多，电流密度大，镀积速度快，工件尺寸不受限制，适于对工件进行现场不解体修复	修复零件，制备各种耐磨、耐蚀及功能镀层
	流镀	用强制手段使电解液高速流过阴、阳极的窄小空间(1～10 mm)，从而沉积出镀层。需根据具体工件制作专用设备、夹具或自动控制装置，适于外形简单或规则工件，电流密度大，生产率高，易于实现机械化或自动化作业	如轴类零件、型材、活塞杆、印刷电路、缸套等镀敷镍、铁、铜、锌、铬、金等
	电铸	用电化学方法将金属沉积在芯模上，后将两者分离，制作出与芯模逆反形状的制品的工艺。芯模可用低熔点金属、蜡、石膏等，电铸金属常用铜、镍、铁等。	制作复制品，冲压模、塑料挤出模、吹塑模、玻璃模、橡胶模及金属箔、网
	脉冲电镀	用脉冲电流施镀。脉冲电流有方波、锯齿波等，其导通时间短，峰值电流大，可改善深镀能力和分散能力，降低孔隙，提高镀层质量，提高电流效率，需要大电流脉冲电源	制备金、银、镍等镀层

续表 7.8

镀敷方法			特　点	应用范围
化学镀			在固体表面催化作用下通过水溶液中还原剂与金属离子在界面的氧化-还原反应产生金属沉积的连续过程。不用外电源,设备简单,镀层致密,孔隙低,可在复杂表面上沉积出均匀的镀层,容易制取非晶态镀层和特殊功能镀层,可在非金属基材上沉积;沉积速度慢,常需维持较高操作温度,镀液稳定性低、寿命较短,生产维护较难	制备各种耐蚀、耐磨、减摩及功能镀层。可自催化沉积 Ni、Co、Pd、Cu、Au、Ag 等十几种单金属镀层和多种合金镀层
复合镀			在电镀或化学镀溶液中加入非水溶性固体微粒,并使其与基质金属共沉积。微粒可以是无机粒子(碳化物、氧化物、金刚石、石墨等),也可以是金属粉末。其镀敷材料广泛,可沿用原来镀敷设备、镀液和阳极等,施镀不需高温,镀层具有基质金属和微粒的综合性能;复合镀在某些工艺实施及镀层厚度均匀性、微粒含量等控制上尚存在一定困难	制备各种高性能的耐蚀、耐蚀-装饰、耐磨、减摩及功能复合镀层,制备金刚石与镍共沉积的切削工具
非金属镀敷			用槽镀、电刷镀或化学镀等方法可在多种非金属基体上镀敷不同金属镀层。首先要使非金属基体金属化,其工艺过程较长,一般包括粗化、敏化、活化、化学镀(及电镀)等步骤,不同基体与金属镀层的结合力差别较大,装饰性塑料电镀要求为 8 ~ 15 N/cm	在塑料、玻璃、陶瓷等基体上镀铜、镍、铬、金、银等镀层,用于日用品装饰、家电、电子器件等
机械镀			不用电,通过滚筒转动在加热或在某些介质促进下,靠镀件与介质的滚动摩擦,将粉末状金属微粒“冷铆”到工件表面。分冷镀和热镀,无氢脆,成本低,适于大量生产,冷镀锌层厚度在 2 ~ 50 μm	制备锌、锌铝和复合锌等耐蚀镀层,用于标准件、小型铁零件、水管接头等
表面转化	氧化处理	铝及铝合金	有化学氧化和电化学阳极氧化。化学氧化处理液多以铬酸(盐)法为主,其设备简单,不受工件大小限制,氧化膜厚 0.5 ~ 4 μm,质地软,吸附能力好;阳极氧化处理有硫酸法、铬酸法、草酸法、磷酸法、硬质法和瓷质法等,膜厚 5 ~ 20 μm,膜硬,耐蚀、耐热、绝缘及吸附能力更好,硬质法硬度可达 HV400 ~ 1 500,熔点可达 2 050 ℃	硫酸法:涂装底层、装饰与防护层;草酸法:电器绝缘、日用品装饰;硬质法:耐磨、耐热、绝缘,如活塞、气缸、轴承等
		钢铁等	钢铁氧化以化学法为主,处理液分碱性和酸性,按膜颜色分发蓝和发黑,多在含氧化剂的浓碱中进行,形成厚度 0.6 ~ 1.5 μm 以 Fe_3O_4 为主的膜,后经皂化、填充或封闭处理,镁合金、锌合金的氧化多在重铬酸盐中进行,铜合金氧化多在碱性溶液中进行	钢铁氧化可提高耐蚀与润滑性;镁合金氧化用于装饰及涂装底层;铜合金氧化用于装饰及电器仪表
	磷化处理	钢铁	分高、中、低温工艺,漆前磷化用锌或碱金属磷酸盐,防锈磷化用锌、锰或铁的磷酸盐,冷变形前磷化用锌或锰磷酸盐,耐磨磷化用锰磷酸盐,后处理有皂化、填充或封闭等,膜多孔,吸附力好	钢铁防护层,涂装,塑性加工和滑动摩擦副中的减摩,硅钢片绝缘
		锌、铝	锌材磷化常用锌系磷化液;铝及铝合金磷化常用锌系和铬磷酸系溶液(Alodine 法),其耐蚀性好,应用广泛	锌磷化用于热镀锌、热浸锌等;铝磷化用于塑性变形加工及耐蚀
	钝化处理	铜、锌及其合金	铜及铜合金常用铬酸法、重铬酸盐法、钛酸盐法等进行钝化处理;锌及锌合金的钝化常用做电镀锌及锌基合金的后处理,以铬酸盐法为最普遍,按色彩分为彩色、白色、黑色及草绿色钝化,一般需做老化后处理	铜钝化用于防护及装饰;锌钝化用于耐蚀、涂装或装饰
		不锈钢等	不锈钢钝化用硝酸或硝酸加重铬酸钠,保持原色;镉镀层钝化可参照锌钝化;银钝化可用铬酸盐或有机物钝化液,电化学钝化防变色效果好	不锈钢钝化可提高耐蚀性;银钝化用于防变色
	着色处理	不锈钢	常用彩色法与黑色法,处理液多为铬酸(盐)-硫酸体系或其派生液,彩色法可得到篮、篮灰、黄、紫、绿等颜色,主要取决于膜厚	改善外观,装饰,仿贵金属,仿金属古器,用在灯具、工艺品、日用五金制品等
		铜等	铜及铜合金在硫化钾、硫代硫酸钠、亚磷酸钠、硝酸铜等不同溶液中可得到多种颜色;镍、银及银合金、锌及锌合金等都可进行化学着色;铝及铝合金可进行电解着色	

表 7.9　不同金属及合金基体材料的镀覆层的应用与选择

应用目的		镀覆层			
		铁基合金基材	铝及铝合金基材	铜及铜合金基材	钛及钛合金基材
耐腐蚀	常温大气中	镀锌、镉、双层镀镍、镀乳白铬	硫酸阳极氧化并封闭	镀锌、铬、镉	
	500 ℃以下的热大气中	镀镍、黄铜、乳白铬、镍镉扩散镀层			
	油中	氧化(发蓝)		钝化	
	60 ℃以上水中	镀镉			
	海水和海雾中	镀镉、锌镍合金			
	低氢脆、阻滞吸氢脆裂	镀镉钛、松孔镀镉			阳极氧化
	减、防接触腐蚀			镀镉、锌	阳极氧化
	防缝隙腐蚀				镀钯、铜、银
	防热盐应力腐蚀				化学镀镍
防气体污染					阳极氧化
防着火					镀铜、镍、钝化
氧气系统防护		镀锡、锡铋合金		镀锡、锡铋合金	
防护装饰		复合镀层铜镍铬、青铜铬、镍铬、铜镍、镍封铬			
装饰			瓷质阳极氧化、缎面或纱面阳极氧化	镀镍、镍铬	
染色			硫酸阳极氧化后着色		
油漆的底层		磷化	化学氧化、铬酸或硫酸阳极氧化		
耐磨		镀硬铬、松孔铬、化学镀镍	硬质阳极氧化、镀硬铬或化学镀镍	化学镀镍、镀硬铬	镀硬铬
减少摩擦		镀硬铬、铅锡合金、铅铟合金、银		镀铅、铅锡合金、铅铟合金	
插拔耐磨				镀银后镀硬金、镀银后镀钯、镀铑	
保持较高抗疲劳性能			铬酸阳极氧化、化学氧化或硫酸、硼酸复合阳极氧化		
防黏结、防烧伤		镀银、铜、磷化		镀锡后镀金	
绝缘		磷化	草酸或硬质阳极氧化		
导电		镀铜、银、金	镀铜、锡或化学氧化	镀银、金	
电磁屏蔽			化学镀镍		
反射热		镀金			
消光			黑色阳极氧化或喷砂后阳极氧化	黑色氧化,镀黑镍、黑铬	
胶接			磷酸、铬酸或薄层硫酸阳极氧化		
便于橡胶黏结		镀黄铜			
便于钎焊		镀铜、锡、镍、银、铅锡合金	化学镀镍或铜	镀锡、银、铅锡合金、锡铋合金,化学镀锡	
防渗碳、防渗氮		镀锡、镍			
识别标志		镀黑铬、黑镍、黑色磷化、氧化	硫酸阳极氧化后着色		

4. 涂装技术的设计与选择

涂装方法和涂膜材料的设计与选择可参考表 7.10 和表 7.11。

表 7.10　各种涂装方法及其适应性

涂装方法	操作方式	适用的涂料	适用范围	作业效率	设备投资	特　征
刷涂	使用刷子	挥发慢黏度较高的涂料，如调和漆、磁漆、沥青漆等	一般适用于低级涂装	低	最小	一般
空气喷涂	压缩空气雾化喷涂	挥发较快的涂料，各种黏度的涂料经调正后均可使用	均适用	高	中	膜厚较均匀
高压无气喷涂	涂料经高压雾化后的喷涂	挥发性较慢，固体分含量较高的涂料	适用于大中型工件，不适合高级装饰性涂装	高	中	能涂厚膜，但不易均匀
静电喷涂	涂料经静电及空气辅助雾化或高速离心雾化	挥发较快的涂料，一般适合于中涂层及各类面漆	非导电表面不适用	高	大	省漆，膜厚均匀，表面质量好
淋涂	将涂料淋到被涂物上	挥发快，触变性小的涂料	适于中小型形状简单的物体	高	中	省漆，膜厚不均，表面质量差
浸涂	将被涂物浸入涂料	挥发性慢塑性流动的涂料，如沥青漆、水性漆等	适用于中小型形状简单的物体	高	中	省漆，膜厚不均，表面质量差
电泳涂装	将被涂物浸入水性漆中，接通直流电涂装	电泳涂料	各种形状均可，不适合特大型工件	高	大	省涂料，膜厚均匀，表面质量好
粉末涂装	靠静电或流化法涂布粉末涂料	各种粉末涂料	形状较简单的中小型工件	中	中	无稀料，能涂厚膜
转动涂漆	将被涂物装入盛有涂料的容器中转动或滚动容器涂装	挥发快、黏度低、流动性好的涂料	形状复杂的小件	中	中	省漆，涂布均匀

表 7.11　各类涂料的优缺点

序号	代号	涂料产品类型	代表性成膜物质	优　点	缺　点
1	Y	油脂涂料	天然植物油、清油(熟油)、合成干性油	耐候性良好，可内用与外用，涂刷性能好，价廉	干燥慢，机械性能不理想，水膨胀性大，不能打磨抛光
2	T	天然树脂涂料	松香及其衍生物、虫胶、乳酪素动物胶、大漆及其衍生物	干燥快，短油的坚硬易打磨，长油的柔韧性、耐候性好	短油的耐候性差，长油的不能打磨抛光
3	F	酚醛树脂涂料	纯酚醛树脂、改性酚醛树脂、二甲苯树脂	干燥快，涂膜坚硬，耐水，耐化学腐蚀，能绝缘	颜色易泛黄变深，故很少制成白色漆，涂膜较脆
4	L	沥青涂料	天然沥青、煤焦沥青、石油沥青	耐水，耐酸，耐碱，绝缘，价廉	颜色深，无浅色白色漆，对日光不稳定，耐溶剂性差

续表 7.11

序号	代号	涂料产品类型	代表性成膜物质	优　点	缺　点
5	C	醇酸树脂涂料	甘油(或季戊四醇等)醇酸树脂和各种油改性醇酸树脂等	涂膜光亮,施工性能好,耐候性优良,附着力较好	涂膜较软,耐碱性,耐水性差
6	A	氨基树脂涂料	脲(或三聚氰胺)甲醛树脂和各种改性醇酸树脂等	硬度高,光泽亮,不泛黄,耐热、耐碱,附着力良好,涂膜丰富	须加温固化,烘烤过度涂膜发脆,不适用于木质物面
7	Q	硝基纤维素涂料	硝化纤维素和改性硝化纤维素	干燥迅速,耐油,坚韧耐磨,耐候性良好	易燃,清漆不耐紫外线,不能在 60 ℃以上使用,固体分低,施工层次多
8	M	纤维素涂料	醋酸纤维、苄基纤维、乙基纤维、醋丁纤维、羟甲基纤维等	耐候性好,色浅,个别品种耐碱、耐热	附着力较差,耐潮性差,价格高
9	G	过氯乙烯树脂涂料	过氯乙烯及改性过氯乙烯树脂	耐候性好,耐化学腐蚀,耐水,耐油,耐燃	附着力差,打磨抛光性较差,不耐 70 ℃以上温度,固体分低
10	X	乙烯树脂涂料	VAGH,聚乙烯醇缩丁醛树脂、氯乙烯-偏氯乙烯共聚物、聚苯乙烯、氯化聚丙烯、石油树脂等	柔韧性优良,色浅,耐化学腐蚀性优良	固体分低,高温时易碳化,清漆不耐晒
11	B	丙烯酸树脂涂料	丙烯酸树脂、丙烯酸共聚物等	涂膜色浅,耐热、耐候性优良,耐化学药品	耐溶剂性差,固体分低
12	Z	聚酯树脂涂料	饱和聚酯和不饱和聚酯	固体分高,柔韧性好,耐热,耐磨,耐化学药品	不饱和聚酯干性不易掌握,对金属附着力差,施工方法复杂
13	H	环氧树脂涂料	环氧树脂、脂肪族聚烯烃环氧树脂、改性环氧树脂	附着力强,耐碱,耐油,涂膜坚韧,绝缘性良好,耐化学腐蚀性能优异	室外曝晒易粉化,保光性差,色泽较深,涂膜外观较差
14	S	聚氨酯涂料	加成物、预聚物、缩二脲及异氰脲酸酯多异氰酸酯(芳香族与脂肪族)	耐磨性强,耐水,耐溶剂,耐油,耐化学腐蚀,绝缘性良好	喷涂时遇潮易起泡,户外涂膜易泛黄,但脂肪族聚氨酯例外
15	V	有机硅涂料	元素有机聚合物涂料含有机硅、有机钛、有机铝、有机磷等	耐高温,耐大气,耐老化,不变色,绝缘性优良	耐汽油性差,个别品种涂膜较脆,附着力较差
16	J	氯化橡胶涂料	橡胶涂料含天然橡胶及其衍生物,如氯化橡胶,合成橡胶及其衍生物,如氯磺化聚乙烯橡胶	耐酸碱腐蚀,耐水,耐磨	易变色,清漆不耐晒,施工性能不大好
17	E	其他涂料	以上 16 类以外的成膜物质,如无机高聚物,聚酰亚胺树脂等		
18		辅助材料	溶剂和稀释剂,如松香水、二甲苯、防潮剂、催干剂、脱漆剂、固化剂、表面处理剂等		

注:表中“代号”、“序号”、“涂料产品类别”为 GB/T2705-1992《涂料产品分类、命名和型号》之规定。

5. 其他表面涂敷技术的设计与选择

不同气相沉积方法和膜层材料的设计与选择可参考 5.2 节。

其他表面涂敷方法的特点可参考表 7.12。

表 7.12　其他表面涂敷方法的特点

名　称	基本原理	工艺特点	常用材料	膜层性能和应用
热浸镀（热镀）	是将被镀工件浸于熔点较低的其他液态金属或合金中进行镀敷的方法。形成镀层的前提是基体金属和镀层金属之间能发生溶解、化学反应和扩散	溶剂法是将净化的钢件浸入镀锅前先形成一层溶剂层，以防氧化；氢还原法是用氢气将钢件表面的氧化铁膜还原成纯铁后进入镀锅	热镀的低熔点金属有锌、铝、锡、铅及锌铝合金等	热镀锌是廉价而耐蚀性良好的镀层，大量用于钢材防大气腐蚀；热镀铝具有良好的耐大气腐蚀和耐热性能；热镀锡主要用做食品包装器具
电火花镀敷	通过电火花放电使电极和工件局部熔化、黏结、扩散，电极材料接触转移到基材表面。其过程有渗氮、渗碳和高速淬火作用，强化层厚度不大于 0.02 ~ 0.03 mm	将电极和工件之间接上直流或交流电源，通过振动器使其间发生频繁火花放电。设备简单，工艺灵便，工件处于冷态	根据强化层性能要求选择电极材料，如硬质合金、铬锰、钨铬钴合金等	用于模具、刃具及机器零件的表面强化和磨损部位的修补。如用 WC、TiC、ZrC 等电极材料，强化层的相对耐磨性可提高 2 ~ 10 倍
搪瓷涂敷	搪瓷是将玻璃瓷釉涂敷在金属基材表面，经过高温烧结而成。瓷釉是化学成分较复杂的硅酸盐玻璃，一般由多种氧化物组成	瓷釉分底釉和面釉，经配料、熔融、研磨，制成料浆，按先后涂敷、烧结（840 ~ 1 200 ℃）	其配料含各种化工原料（硼砂、氧化物等）和矿物原料（硅砂、冰晶石等）	有优良的化学稳定性，耐各种介质腐蚀，耐磨、耐高温。有日用、建筑、高温、红外辐射、医用、电子、艺术搪瓷等类别和应用场合
可剥性塑料	可剥性塑料是以成膜剂为基料，加有增塑剂、缓蚀剂、矿物油、稳定剂、防霉剂等组成，它在金属表面涂敷并成膜后，在塑料膜和金属之间析出一层油膜，易于拆去	热浸型多采用浸涂，即将制件直接浸入熔融的塑料液中涂敷或先用铝箔包裹制件，然后浸涂；溶剂型可用喷涂、刷涂、浸涂、流涂或淋涂，可用冷涂法，不需加热设备，膜薄	热浸型的主要基料为乙基纤维素及醋酸丁酸纤维素；溶剂型一般以聚苯乙烯、聚氯乙烯等为基料	主要用于防锈封存，启封迅速方便，在工具、汽车、飞机、造船等工业中应用广泛。

上述表格，仅能作为设计与选择表面涂敷方法和材料主要类别的参考。在施工前，应根据工件的材质、性能、服役环境等要求，详细了解和分析待选表面技术的有关资料，在按照前述表面技术的设计与选择原则选定具体的施工工艺和覆层材料之后，进一步设计和编制工艺规程。

7.2.3　表面强化工艺规程的编制

零件表面强化工艺规程同零件制造（冷、热加工）工艺规程相似。是生产施工的指令性技术文件，是进行生产准备和物资保障的依据。

表面强化工艺规程的内容一般包括：零件名称，零件图号，零件材料及硬度，每台设备基数，零件强化部位指示图及有关说明；表面强化的工序和工步，每一工步的操作要领及应达到的技术要求，操作规范，所用的设备、工具、夹具、量具；检查内容等。表面强化工艺规程目前尚无统一的格式规定，一些专门从事表面工程技术的企业（如电镀厂、表面技术中心）多制定了自己的工艺规程格式和填写内容；多数机器制造厂把各种表面处理、电镀、转化膜处理等作为一个或若干工序纳入零件制造工艺规程之内；而一些修理单位，多把运用表面技术进行的零件修复过程，写入零件修理工艺规程之中。尽管存在着上述情况，但在不同形式的工艺规程中所反映的内容是基本一致的。其要求主要是能正确、方便地指导工件表面强化全过程的实施。

表面强化工艺规程编制的依据是：零件图、零件工作条件和技术要求，下达任务者制定的技术文件和补充要求，工艺试验总结、有关单位的实验研究成果和生产经验，生产纲领，本单位的设备状况和技术水平等。

表面强化工艺规程编制的步骤和方法如下。

a. 了解情况，收集资料。分析图纸，熟悉零件的材料、技术要求，热处理和表面性能要求；了解零件在设备中所处地位和工作条件。对于修理件，还要了解零件的损伤（失效）部位、性质（磨损、腐蚀、划伤等）、程度（磨损情况及磨损量、腐蚀面积及深度、划伤或裂纹的深度及长度、变形量等）。了解本单位的技术水平、设备情况和生产（修复）能力。

b. 拟定工艺过程。按上述原则和零件要求选择表面强化（修复）方法。安排工艺顺序，提出各工步的技术要求、工艺规范，提出所用设备及工艺装置等。

在工艺安排上，要处理好表面强化工序与前后处理工序的关系。如镀铬，一般要安排镀前磨削和镀后磨削；热喷涂一般要安排喷前粗化和喷后加工（必要时加封孔处理）；易产生变形和内应力的工序应进行必要的矫正和去应力处理；半精加工后安排表面淬火等热处理不仅容易满足零件表面性能的要求，而且处理后引起的表面缺陷和变形可通过随后的精加工工序予以消除；真空镀膜和离子注入常作为零件的最后工序；对表面粗糙度值很小的表面（$Ra<0.2\ \mu m$），强化后要安排专门的光整加工；对于修理的零件，首先要找好基准（利用未损坏的制造基准，或修整有损伤的制造基准，或重新加工基准），保证“基准先行”，而后再安排表面修复（强化）和加工工序。

对于所有表面涂敷工艺，要获得与基体材料良好结合的涂层，必须彻底清洁零件表面，彻底清除表面上的油膜、污物、氧化层和锈迹，露出新鲜基体，对于修复件还要考虑去除疲劳表层。

关于涂覆层和改性层的结构设计，在以上章节的表面工程技术中都分别有所提及。设计时，要特别注意涂层与基体的材料匹配问题。当涂层与基材属于异种材料，浸润性差，热膨胀系数等性能差异很大时，应考虑安排底层或过渡层，如电刷镀用特殊镍层打底，热喷涂用镍包铝或铝包镍打底等。必要时可使用梯度涂层，如在中碳钢上喷涂并重熔 Al_2O_3 热障涂层，采用 $w(Al_2O_3)/w(Fe)$ 的含量比由 5% 至 100% 逐渐增加的梯度涂层，涂层的结合强度可提高数倍。对于零件修复等要求涂层较厚，应采用工艺上适宜的厚度分层叠加，如采用多层次的堆焊、喷熔、喷涂、刷镀，也可采用不同材料涂层叠加，如在综合性能较好的中间层上涂敷高硬度的耐磨工作层，必要时外表面再涂敷一层减摩层。至于采用复合材料和复合表面技术，可参考 7.3 节中的有关例子，无把握时应先进行工艺试验。

对于表面强化的各工序，应细致安排每一工步的内容。编排中要充分吸收已有的经验，参考有关资料。必要时安排有关的试验，通过试验分析修改和完善工艺内容。

c. 填写工艺规程卡片。工艺规程有工艺过程卡片、工序卡片等形式。表 7.13 和表 7.14 为某部颁发的维修改革零(部)件表面强化工艺规程中摘录出的压缩轮盘修理工艺过程卡片和喷涂工序卡片。

表 7.13　压缩轮盘修理工艺过程卡片

零件修理工艺过程卡片	产品代号	零(部)件名称	零(部)件代号
	WZ120	压缩轮盘	07.026—1B

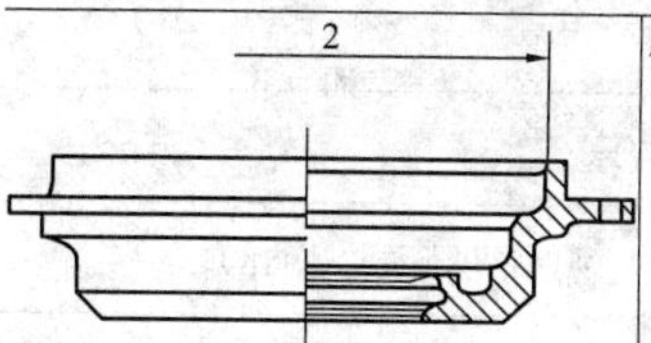

修理缺陷			
修理缺陷： 2—表面磨出沟槽或划伤	零件材料		45
	每车基数		1
	组件名称		主离合器
	组件代号		07.00—2A
	工时定额/min	基本工时	
		准备工时	

工序号	工序内容	缺陷号	设备 名称	设备 型号	工装名称及编号 夹具	刀具	量具	辅具
1	喷前车孔	2	车床	CA6140B	三爪卡盘	普通内孔车刀	游标卡尺 300×0.02	
2	热喷涂	2	热喷涂设备					
3	喷后车孔	2	车床	CA6140B	三爪卡盘	YD05 内孔车刀	游标卡尺 300×0.02	
4	磨削内孔	2	内圆磨床	M250A	四爪卡盘	强力磨砂轮 125×13×20	内径百分表 160～250	砂轮轴接头 ZLZ9001

续表 7.13

工序号	工序内容	缺陷号	设备 名称	设备 型号	工装 夹具	工装 刀具	工装 量具	工装 辅具
5	涂漆							
6	检验						内径百分表 160~250	

										编制		共　张
										审查		
										审定		第　张
更改标记	处数	文件号	签字	日期	更改标记	处数	文件号	签字	日期	制表		

表 7.14　压缩轮盘热喷涂工序卡片

喷涂工序卡片	产品代号	零(部件)名称	零(部)件代号	零件材料	工序号	工序名称
	WZ120	压缩轮盘	07.026—1B	45	2b	喷涂

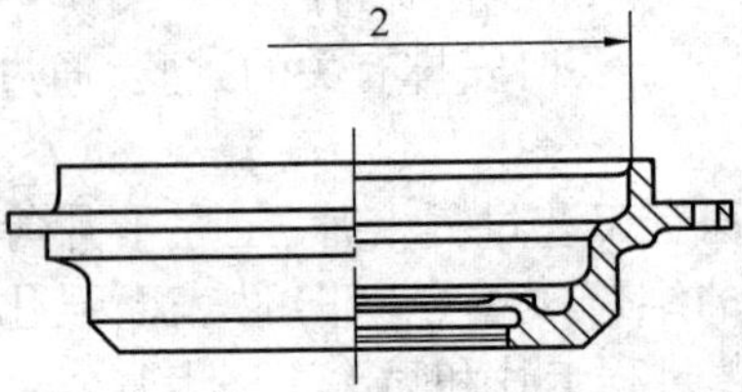

待修复缺陷：
2—表面磨出沟槽或划伤

修复工艺方法：
等离子喷涂

材料消耗定额	材料牌号	耗量/kg		
	Ni04	0.15		
	F502	0.01		

设备名称	等离子喷涂设备
工种	喷涂工
工时定额 基本工时/min	
工时定额 辅助工时/min	

缺陷号	工步号	工步内容	使用工装	使用机具	技术要求	工艺要求
2	1	检查零件清洗质量			零件各部位都不得有任何油迹	
	2	喷砂	喷砂箱	喷砂枪	工件喷砂表面灰暗、无局部亮点	
	3	预热			预热温度为 100 ℃左右	可以使用火焰预热或炉内预热
	4	喷涂			1. 保护非喷涂部位 2. 先喷涂底粉 F502，然后喷涂工作层粉 NiO_4 3. 喷后尺寸（工件在热态下测量）缺陷 2：ϕ194.5	见下表

主气流量 /($m^3 \cdot h^{-1}$)	送粉气流量 /($m^3 \cdot h^{-1}$)	电功率 /kW	送粉量 /($g \cdot min^{-1}$)	喷涂距离 /mm	工作温度 /℃
1.9~2.1	0.6~0.8	20~24	18~22	100~150	≤300

全部喷涂过程都应按喷涂工艺指导书进行，上述参数可以在指导书允许的范围内波动

										编制		共　张
										审查		第　张
更改标记	处数	文件号	签字	日期	更改标记	处数	文件号	签字	日期	审定		页

表 7.15 为涂装工艺过程卡片的一种形式。

表 7.15　涂装工艺过程卡片

序号	零部件或代表件名称	外形尺寸(长×宽×高)/mm	质量/kg		油漆面积/m^2		零件数量		工序名称	设备型号及规格	工具及夹具	涂料			工艺规范					劳动量		备注
			单件	组件	单件	组件	单台	组件数				名称	颜色	耗量/$(g \cdot m^{-2})$	溶液成分	含量/$(g \cdot L^{-1})$	电压/V	温度/℃	时间/min	台时/min	工时/min	

开发电子计算机软件，不仅可以自动进行表面工程技术的选择，生成各种工艺文件，而且可以高速高质量地完成表面工程技术设计中更加广泛的工作。

7.3　复合表面技术的设计与选择

7.3.1　复合表面技术设计与选择原则

1. 概述

科技的进步和设备的发展对各种机械设备零件性能的要求越来越高，对一些在高速、重载、高温和严重腐蚀介质等条件下工作的零件表面的性能要求尤为苛刻。原来的单一的表面技术由于其固有的特点和局限性，往往不能满足这些苛刻要求，因而出现了将两种或多种表面技术以适当的顺序和方法加以组合，或以某种表面技术为基础制造复合涂层(镀层、膜层)、复合改性层或表面复合材料的一些技术，即复合表面技术。实践证明，这些复合表面技术能够发挥不同种表面技术或不同种涂层材料的各自优势，取长补短，有机配合，可以得到最优的表面性能和最佳的使用效果。复合表面技术又被称做第二代表面技术，它是发展一系列高新技术的重要工艺保障，是当前表面工程的重要研究方向。

有关复合表面技术的含意、范围和分类，目前尚无统一认识。很多人认为，复合表面技术应主要指不同技术的复合，但因复合的目的主要是为了获得高性能的复合材料表面及综合改性表面,因而能制备复合材料的其他现代表面技术也应包括在内。本章仅按增强耐磨、耐蚀及自润滑等性能分类,列举一些复合表面技术的应用实例,或具有广阔应用前景的研究成果。在内容上,本章重点讨论各类复合材料表面及综合改性表面的设计、选择与制备特点,主要性能和应用场合,对于具体的复合表面技术,仅概略介绍一些具有明显特点或不很常见的工艺方法。本章以侧重增强某一方面性能为依据进行的分类是很粗略的,因为耐磨与减摩,耐蚀与耐腐蚀磨损,耐磨与耐高温腐蚀磨损等在分类上和服役效果上是难以分开的。由于运用复合表面技术制备的表面多具有较高的综合性能,因而下面列举的运用复合表面技术制备的各种表面,很多都兼有耐磨、耐蚀、自润滑性能中的两种甚至三种优势。

2. 复合表面技术设计与选择原则

在进行复合表面技术设计与选择时,主要应考虑以下原则。

(1)环境适应原则

运用复合表面技术制备的表面,必须适应服役环境的要求。应根据涂层受力状态如冲击、振动、滑动及其载荷大小,摩擦与润滑状态,工作介质如氧化气氛、腐蚀介质的成分、温度及其变化状况,可能发生的失效类型等,设计涂层(表面)应具有的耐磨、耐蚀、耐氧化、绝热、绝缘或其他性能,并同时设计涂层厚度、结合强度、尺寸精度、表面粗糙度等参数。

如处于摩擦状态的表面,必须考虑与对偶件的匹配性。各种材料表面与不同对偶组成摩擦副时,其呈现出的摩擦学特性和润滑效果是不同的,如匹配不合理,摩擦系数会很大,耐磨性会很差,并将发生黏着磨损等现象。经验表明,在对偶摩擦表面的黏着性倾向方面,塑性材料比脆性材料大;单相金属比多相金属大;互溶性大的材料(相同的金属或晶格类型和电化学性能接近)比互溶性小的材料大;金属中单相固溶体比化合物大;金属-金属组成的摩擦副比金属-非金属摩擦副大。

(2)涂层与基材匹配原则

在延展性较好的基材表面涂敷耐磨减摩涂层时,涂层与基材在弹性模量、热膨胀系数、化学和结构上的合理匹配,不仅能使镀层内和界面区的应力减小,而且会增大涂层与基体的结合强度。

当涂(膜)层-基体受外力作用时,膜-基体系在弹性模量上的差异将导致其界面应力的不连续。若涂层的弹性模量比基材的大,涂层内将会产生较大的应力,如高速钢基材的弹性模量比 TiC 镀层的小,在加载时会产生较大的应力,而 WC 基材的弹性模量比 TiC 涂层的大,故在加载时涂层中产生的应力就较小。

涂层的热膨胀系数应稍大于基材,以使在温度升高时不造成太大的张应力。若基材的热膨胀系数比涂层的大,张应力会随着温度的升高而增大;若基材的热膨胀系数比涂层的小,则随着温度的升高压应力会增大。

涂层与基材在结构和化学上的合理匹配,能得到较低的界面能和较高的结合强度。理论上分析,涂层与基材的结合强度是两者的内聚能与界面能之差。两者的内聚能越大,结合强度也越高。如果涂层与基材在结构上的一致性好,化学亲和力大,则两者结构匹配、界面能低、结合强度高。如 TiC 与 WC 可以生成无限固溶体,因而 TiC 镀层与 WC 基材间有很强的结合力。TiC 与 Al_2O_3 的化学亲和性也很强,所以通常用 TiC 作为 Al_2O_3 镀层与 WC 基材的中间层。

复合表面技术中的梯度涂层、多层涂层和复合涂层能有效改善单一涂层的硬度-韧性的矛盾以及膜-基结合强度不高等缺陷。为解决匹配性差的问题,可选用有互溶性的材料相组合,如 TiN、TiC 及 Al_2O_3;亦可用具有结合界面而使层间得到足够强的键合的材料相组合,如 TiC 或 TiN 和 TiB_2。在耐磨多层涂层中最内层应与基材结合良好,中间层应有足够的硬度和强度,表层则起到耐磨和减摩的作用。在复合镀层中存在大量的低能界面,因而其结合强度、韧性和耐磨性均比单相镀层好。

(3)性能组合原则

运用复合镀、热喷涂、表面黏涂等方法可制备各种功能的复合材料。复合材料具有优异的综合性能。例如碳纤维与树脂通过复合,不仅可以获得比铝合金和普通钢高得多的比强度和比模量,而且保持了碳和树脂的耐腐蚀、减摩、耐磨和自润滑特性。按强化相存在的形态复合材料分为纤维复合材料、层叠复合材料、细粒复合材料和骨架状复合材料等。按不同方向的性能差异程度可分为各向同性和各向异性复合材料。各种材料的科学组合将同时影响磨损、腐蚀机理及其相应性能。

高聚物复合材料通常是硬相分布于软塑料基体中,各组成相的性能及摩擦的工况条件对复合材料的磨损机理起着决定性作用。当硬相对塑料基体的犁沟和切削作用不大时，复合材料的耐磨性与硬度符合混合规律。其体积磨损率 W 满足以下公式，即

$$W=\frac{K\sigma}{H_{\alpha}\varphi_{\alpha}+H_{\beta}\varphi_{\beta}} \tag{7.3}$$

式中，σ 为正应力；H_{α}，H_{β} 分别为 α，β 相的硬度值；φ_{α}，φ_{β} 分别为 α，β 相占有的体积百分比；K 为磨损系数，通常受到塑性变形、犁沟和切削作用、微裂纹成核传播等因素的影响。

当硬相为网状脆性组织时，硬相对基体起着支撑作用，能阻止软相的变形、犁沟与被切削，可使复合材料的耐磨性接近硬相的水平。当硬相为弥散粒子的情况下，正应力小于临界断裂应力，在犁沟宽度小于粒子尺寸时，也会有好的耐磨性。

强化相中纤维强化的耐磨性优于颗粒强化，长纤维（纤维纵向尺寸与横向尺寸之比大于 20～100）强化的耐磨性优于短纤维，此时复合材料的耐磨性与组织结构的各相异性有着密切关系。对耐磨性好的基体组元，强化相的作用不大，而对易磨损的基体组元（如 PTFE 等），强化相可使磨损率大大降低。

金属基复合材料通常也是硬相分布于软基体中，但耐磨性却不一定符合混合规律。其原因有内部存在残余应力，强化相与基体交界面上存在着相互作用，强化相尺寸、形貌等不一致等。由于磨损机理主要是薄层的塑性变形和断裂，所以影响其耐磨性的主要因素往往不是材料的硬度（有时硬度过高反而会降低材料的耐磨性），而是硬颗粒与基体界面的结合强度。金属基纤维增强复合材料的磨损和摩擦系数也有明显的方向性。纤维轴向与滑动方向一致时的摩擦系数最小，垂直时最大，如 B 纤维强化的 Pb 基复合材料。复合材料的致密性对磨损也有影响，如在研究 TiB_2 纤维强化的 Fe 基复合材料时发现，在磨料磨损的条件下，含 5% 孔隙率的材料的磨损为无孔隙的 2.7 倍。

金属基复合材料的摩擦学特性和物理、化学、机械性能受强化相与基体界面作用的影响十分明显。例如化学镀 Ni-P 合金的结构与 P 含量有关，晶态的低 P 合金具有较高的耐磨性，而非晶态的高 P 合金的耐磨性差，这是因为非晶态结构原子间的结合力小的缘故。如果将化学沉积 Ni-P 合金镀层在低于或（和）高于 390 ℃的温度下加热处理到

相同的硬度，发现低于 390 ℃处理后的磨损体积明显大于 390 ℃以上处理的磨损体积。低 P 的 Ni-P 合金镀层在加热时，晶态固溶体硬度增加，耐磨性也随之变好，至 390 ℃时耐磨性为最好；高 P 镀层加热时除了固溶体外，还有化合物 Ni_3P 析出，成为机械混合物。在 390 ℃以下加热时，硬度虽然降低，但由于 Ni_3P 相尺寸变大耐磨性却有所提高。实践表明，Ni_3P 相尺寸较大的组织具有较好的耐磨性。在相同硬度下两相机械混合物组织的耐磨性比单相固溶体好。

(4)协同原则

在研究固体润滑剂的润滑性能与磨损寿命时发现，单质固体润滑剂中加入另一种（或几种）固体润滑剂，甚至加入非润滑剂物质后，能明显改善其摩擦学特性，这种增强了的润滑效果称为协同效应。例如当石墨与 MoS_2 的质量比为 5∶1 时，其体系的磨损率最低。如果再加入 ZnS 和 CaF_2，则磨损率更低；在 PTFE 中加入 30% 的极性石墨可使其磨损率下降到纯 PTFE 的 1/80～1/100，但摩擦系数增大；在 Pb-石墨体系中加入少量的强氧化剂 $KMnO_4$，该体系便具有良好的润滑性能；在石墨系润滑剂中加入 NaF 能使其在高温下具有良好的耐磨性。一些氧化物与氟化物复合具有协同效应。如 NiO-CaF_2 和 ZrO_2-CaF_2 的等离子喷涂涂层在 500～930 ℃的范围内都具有良好的摩擦学性能。

7.3.2　以增强耐磨性为主的复合表面技术

1. 电镀、化学镀复合材料

复合材料是由两种或多种均匀相结合在一起而构成的多相混合物。它经常具有各个单相所不能获得的独特性能。采用电镀或化学镀的方法，使金属和不溶性固体微粒共沉积，可以获得各种微粒弥散金属基复合镀层。

(1)基质金属与固体微粒分散相的选择

复合镀层的性能主要取决于基质金属和固体微粒。表 7.16 列出了目前国内外曾用于复合电镀的基体金属和固体微粒。

耐磨复合电镀层多以镍为基质金属，也可以用铁、铬、镍合金等为基质金属。使用的固体微粒常用各种氧化物、碳化物、氮化物、硼化物等陶瓷粉末；耐磨化学复合镀最常见的体系是 Ni-P/SiC 和 Ni-P/金刚石。复合镀层耐磨性提高的主要原因是加入的固体微粒的耐磨性能比基质金属高，且微粒能够弥散强化基质金属镀层，并使镀层能保持一定的延性和韧性。

表 7.16　复合电镀的基质金属和分散粒子

基质金属	分散粒子
Ni	Al_2O_3, Cr_2O_3, Fe_2O_3, TiO_2, ZrO_2, ThO_2, SiO_2, CeO_2, BeO_2, MgO, CdO, 金刚石, SiC, TiC, WC, VC, ZrC, TaC, Cr_3C_2, B_4C, BN(α, β), ZrB_2, TiN, Si_3N_4, WSi_2, PTFE, $(CF)_n$, 石墨, MoS_2, WS_2, CaF_2, $BaSO_4$, $SrSO_4$, ZnS, CdS, TiH_2, Cr, Mo, Ti, Ni, Fe, W, V, Ta, 玻璃, 高岭土
Cu	Al_2O_3(α, γ), TiO_2, ZrO_2, SiO_2, CeO_2, SiC, TiC, WC, ZrC, NbC, B_4C, BN, Cr_3B_2, PTFE, $(CF)_n$, 石墨, MoS_2, WS_2, $BaSO_4$, $SrSO_4$
Co	Al_2O_3, Cr_2O_3, Cr_3C_2, WC, TaC, ZrB_2, BN, Cr_3B_2, 金刚石
Fe	Al_2O_3, Fe_2O_3, SiC, WC, B, PTFE, MoS_2
Cr	Al_2O_3, CeO_2, ZrO_2, TiO_2, SiO_2, UO_2, SiC, WC, TiB_2
Au	Al_2O_3, Y_2O_3, SiO_2, TiO_2, ThO_2, CeO_2, TiC, WC, Cr_3B_2, BN, $(CF)n$, 石墨

基质金属	分散粒子
Ag	Al_2O_3, TiO_2, BeO, SiC, BN, MoS_2, 刚玉, 石墨, La_2O_3
Zn	ZrO_2, SiO_2, TiO_2, Cr_2O_3, SiC, TiC, Cr_3C_2, Al
Cd	Al_2O_3, Fe_2O_3, B_4C, 刚玉
Pb	Al_2O_3, TiO_2, TiC, BC, Si, Sb, 刚玉
Sn	刚玉
Ni-Co	Al_2O_3, SiC, Cr_3C_2, BN
Ni-Fe	Al_2O_3, Eu_2O_3, SiC, Cr_3C_2, BN
Ni-Mn	Al_2O_3, SiC, Cr_3C_2, BN
Pb-Sn	TiO_2
Ni-P	Al_2O_3, Cr_2O_3, TiO_2, ZrO_2, SiC, Cr_3C_2, B_4C, PTFE, BN, CaF_2, 金刚石
Ni-B	Al_2O_3, Cr_2O_3, SiC, Cr_3C_2, 金刚石
Co-B	Al_2O_3, Cr_2O_3, BN

(2)复合镀层的摩擦学性能

①电镀镍、钴、铁基复合镀层

以镍、镍基合金、钴、铁等为基质金属，以碳化硅、碳化钨、三氧化二铝等为硬质分散相的复合镀层具有高的硬度和耐磨性。如氨基磺酸盐镀镍溶液加入 1 ~ 3 μm 的 SiC 微粒，获得 SiC 的质量分数为 2.3% ~ 4.0% 的 Ni-SiC 复合镀层，用于发动机气缸内壁，缸壁的磨损量为普通铁套汽缸的 60%；电镀 Ni-SiC 复合镀层的耐磨性比普通镀镍层提高 70%；Co-Cr_3C_2 复合镀层在 800 ℃以下仍能保持高的耐磨性，在 400 ~ 600 ℃时其耐磨性远优于镍基复合镀层。图 7.3 为几种钴基和镍基复合镀层的高温耐磨性能。

固体微粒在镍基复合镀层中的含量对镀层的耐磨性影响较大。图 7.4 表明，电镀 Ni-SiC 复合镀层的耐犁沟磨料磨损和耐擦伤磨料磨损能力均优于电镀镍层，且随 SiC 含量的增加而逐渐提高，但前者的变化不如后者显著。

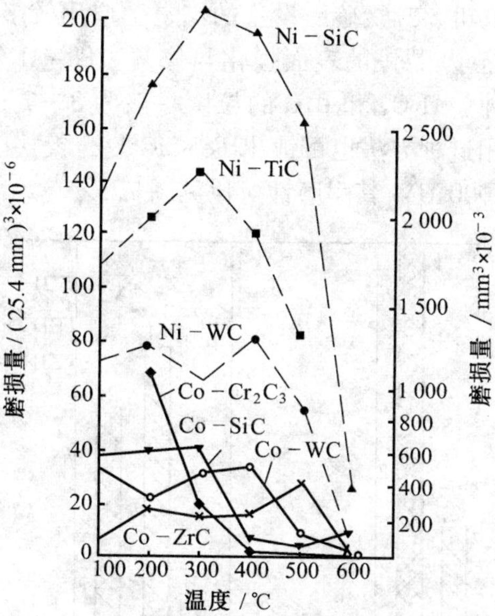

图 7.3　几种钴基和镍基复合镀层的高温耐磨性能

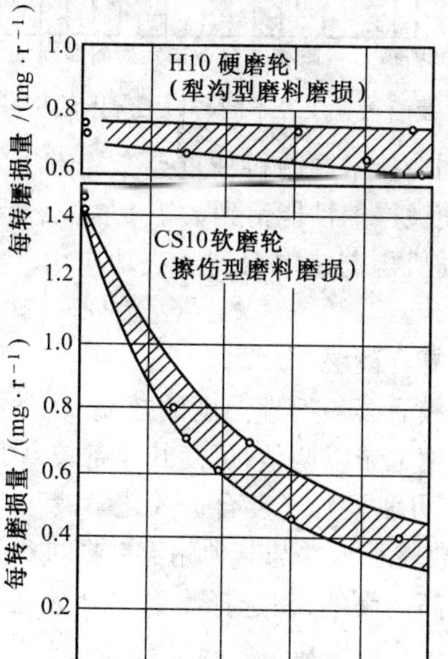

图 7.4　SiC 质量分数对 Ni-SiC 复合镀层耐磨性的影响

复合镀铁在农机、交通、矿山设备的修复上应用较多,如用于轴类零件、内燃机气缸套及犁铧的表面强化与修复。Fe-Al_2O_3 和 Fe-B_4C 是较早开发的镀种。Al_2O_3 和 B_4C 的粒度一般为 3 ~7 μm,添加浓度为 30 ~55 g/L。用这种方法也可镀出 Fe-SiC 复合镀层。复合镀铁层的硬度为 900 ~1 000 HV,其耐磨性对比见图 7.5。

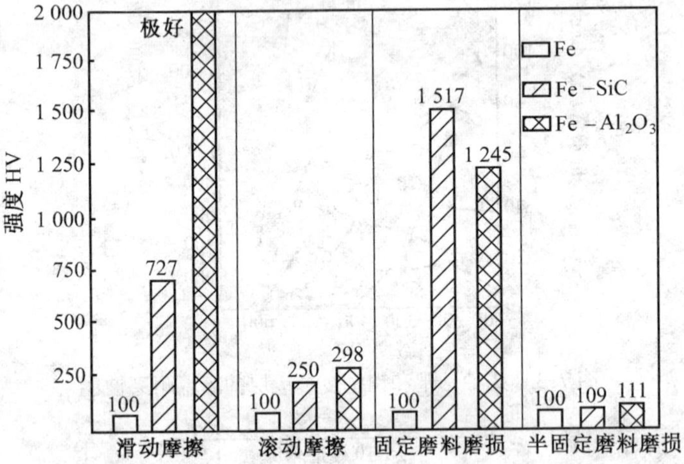

图 7.5　复合镀铁层在不同磨损工况下的相对耐磨性

近期,装备再制造技术国防科技重点实验室等对纳米复合电刷镀技术的研究开发,使镀层的性能得到大幅度提高,其中有些镀层已在重载车辆、舰船和发动机再制造中得到了成功应用。有关这方面的内容已在前面作了阐述。

②化学镀镍磷复合镀层

通过对磷含量和后续热处理温度的控制,化学镀镍磷复合镀层的性能能够在较大程度上予以调整,可使其兼备较高的耐磨性和耐蚀性。

表 7.17 列出了几种硬粒子复合进入化学镀 Ni-P 层的镀层耐磨性(用 TWI-Taber 指数表示),并与其他耐磨镀层进行了对比。

金刚石具有极高的硬度,在选择耐磨复合镀层时人们自然会考虑它。表 7.18 是 Ni-P、Ni-B 基质金属复合金刚石等粒子的磨损试验结果。数据表明,在 Ni-B 基镀层中,金刚石复合镀层耐磨性比不加粒子的镀层或加入 Al_2O_3、SiC 的镀层优越得多,但天然金刚石复合镀层的耐磨性远不如人造金刚石镀层。合成金刚石化学镀层耐磨的原因在于它表面的非催化活性、表面粗糙、有较多边缘及棱角易于在镀层生长过程中被包裹住，而光滑的天然金刚石就没有这个优点。人造金刚石价格便宜，容易控制尺寸，这使其更具市场前景。施镀金刚石的前处理很重要，尤其是合成产品，必须依次用浓 HNO_3，HCl 及 H_2SO_4 处理，溶去生产过程中可能混入的杂质，特别是具有活性的金属 Ni，Co，Cu，Fe 等，然后漂洗，干燥备用。

表 7.17　不同化学镀镍磷复合镀层的耐磨性

镀层种类	热处理	硬度 HV	TWI①	镀层种类	热处理	硬度 HV	TWI①
Ni-P	—	500	12～13	Ni-P-B_4C	370 ℃ 1 h	970	0.1
Ni-P	190 ℃ 3 h	580	8.6	Ni-P-TiC	—		2.5
Ni-P	370 ℃ 1 h	1 100	7.5	Ni-P-WC	—		3.4～5.3
Ni-P-SiC	—	570	2.6～3.9	Ni-P-BC	—		6.3
Ni-P-SiC	190 ℃ 3 h	—	1.3	Ni-P-Cr_3C_2	—		7.8
Ni-P-SiC	370 ℃ 1h	1 400	0.3	Ni-P-金刚石	—		2.0
Ni-P-B_4C	—	890	2.1～2.3	铝硬阳极化	—		3.3
Ni-P-B_4C	190 ℃ 3 h	—	1.7	硬铬	—		2.0

①TWI-Taber 指数，1 000 转下的磨损质量（mg），用 CS-10 橡胶辊对磨，负载 1 kg。

表 7.18　化学镀 Ni-B(P)-金刚石复合镀层耐磨性

镀层材料	试验时间/min	磨损率/($\mu m \cdot h^{-1}$)	镀层材料	试验时间/min	磨损率/($\mu m \cdot h^{-1}$)
Ni-B	1/30	23 000	Ni-B-8 μm Al_2O_3	9	109
Ni-B 9 μm 多晶人造金刚石	85	5.1	Ni-B 10 μm SiC	5	278
Ni-B 9 μm 天然金刚石	85	10.2	Ni-P 1 μm 多晶人造金刚石	2	378
Ni-B 9 μm 金刚石 B①	85	13.1	Ni-P 1 μm 天然金刚石	2	732

①金刚石 B 按美国专利 2.947.608～2.947.611 制造。

③铬基复合镀层

从 CrO_3-H_2SO_4 体系中电沉积获得的 Cr-SiC，Cr-WC，Cr-Al_2O_3 复合镀层，其硬度达 1 200～1 400 HV，耐磨性能比硬铬镀层提高 2～3 倍以上。图 7.6 是 Cr-SiC 复合镀层耐磨性试验结果。表 7.19 为几种铬基复合镀层的摩擦学数据。

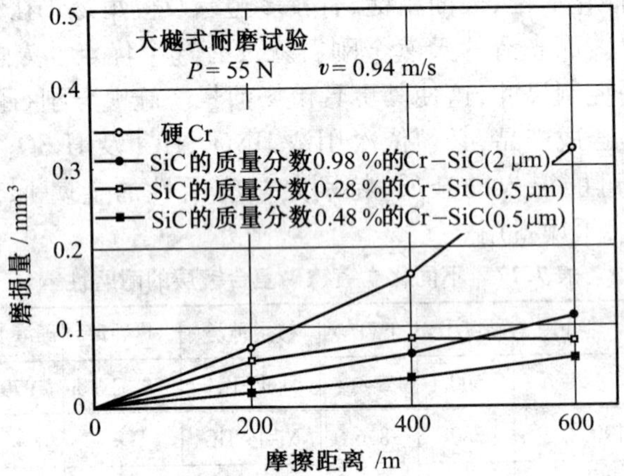

图 7.6　Cr−SiC 复合镀层耐磨性试验结果（与硬铬镀层对比）

表 7.19 几种铬基复合镀层的硬度和磨损率

镀层种类	微粒含量 /%	显微硬度 (HV)	磨损率 10^{-5}/ ($mm^3\cdot(N\cdot m)^{-1}$)	镀层种类	微粒含量 /%	显微硬度 (HV)	磨损率 10^{-5}/ ($mm^3\cdot(N\cdot m)^{-1}$)
Cr-NbC	1.3		0.20	Cr-HfC	1.2	1 000	0.29
Cr-ZrO_2	1.4		0.35	Cr-HfC-h-BN	3.0	940	0.19
Cr-ZrB_2	2.0	1 200	0.26	Cr-Al_2O_3	1.6	800	0.32
Cr-NbC-h-BN	4.0	1 000	0.08	Cr-Al_2O_3-h-BN	2.1	860	0.14
Cr-ZrO_2-h-BN	2.2	1100	0.23	Cr-HfB_2	2.0	1 200	0.24
Cr-ZrB_2-h-BN	2.5	920	0.12	Cr-HfB_2-h-BN	2.5	1 100	0.24

注：基质金属显微硬度为900；基质金属磨损率为0.54。

2. 多层涂层

合理地设计和制备多层涂层可以使其获得高的膜基结合强度、高耐磨性、高耐蚀性、高的综合塑性和强度等特殊性能。有些单相涂层，如已广泛应用的 TiC、TiN 和 TiCN 涂层，尽管超硬、摩擦系数低、耐磨抗蚀性能好，但难以同时具备高的硬度、良好的韧性、高的膜基结合强度和弱的表面反应性等综合性能，因而制备多层涂层是一个重要的发展方向。

设计多层涂层时应注意以下几点。

a. 涂层与基体、涂层与涂层在结构上的合理匹配能得到低的界面能和高的结合强度。因此，应尽量使涂层间的晶体结构相同或相近，晶格常数相近。

b.涂层与基体元素亲和力好,在制膜工艺条件下如能相互扩散形成间隙或无限固溶体,可大大提高结合强度;涂层间如具有优良的互溶性,能使涂层间没有明显的分界面,则层间结合力高。

c.涂层与基体(或涂层)的热膨胀系数值应相近。

d.对重载工况下的涂层,要求基体有足够的支承强度、足够高的硬度和韧性。如TiC涂层变形量达2%时即发生破裂,其基体材料的硬度应在50HRC以上,含碳量应不小于0.5%(质量分数)。硬质合金和高碳高合金钢是制作冷作模具和刀具涂层的良好基体材料。

用电镀和化学镀方法制备多层膜尤为方便。合理设计层状膜可以获得高的综合性能以及大的镀层厚度。例如,Ni-P化学镀层具有低的孔隙率、较高的耐蚀性和与基体的良好的结合强度,而Ni-P-Al_2O_3化学复合镀层经适当的热处理之后比Ni-P化学镀层具有更高的硬度及耐磨性,但在实际使用中该复合镀层易脱落,耐蚀性也低。如果在施镀Ni-P-Al_2O_3复合镀层前,先镀制Ni-P镀层作为底层,则可将两种镀层的优点结合起来。试验证明,Ni-P/Ni-P-Al_2O_3双层复合镀层的结合力和耐蚀性比单层复合镀层都好。与单层Ni-P和单层Ni-P-Al_2O_3相比,双层复合镀层经400 ℃热处理后具有更高的硬度,耐磨性也最好(见图7.7)。

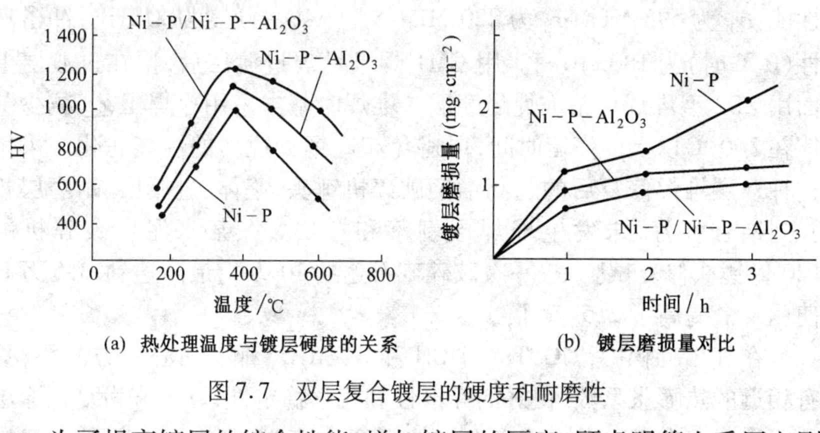

(a) 热处理温度与镀层硬度的关系　　(b) 镀层磨损量对比

图7.7　双层复合镀层的硬度和耐磨性

为了提高镀层的综合性能,增加镀层的厚度,顾卓明等人采用电刷镀制备了Ni-Cr_2O_3多层复合镀层,并对其结构和性能进行了研究。该多层镀层采用碱铜作为底层和复合镀层之间的中间结合镀层,碱铜镀层厚度为 3 ~5 μm;复合镀层是由快速镍与粒度小于 300 目的 Cr_2O_3 共沉积形成的。每一单层复合镀层厚度约 0.15 mm,多层复合镀层的总厚度约为 1.0 mm。为了便于对比,同时制备了单层 Ni 镀层。测试表明,Ni-Cr_2O_3 多层复合镀层比单层 Ni 镀层组织致密,晶粒细小而均匀,镀层与基体、镀层中各层间结合良好。在 M-200 型磨损试验机上测得:Ni 镀层的硬度、摩擦系数和磨损失重分别为 594$HV_{0.1}$、0.34 和 0.170 5 g,而 Ni-Cr_2O_3 多层复合镀层分别为 685$HV_{0.1}$、0.22 和 0.025 6 g。Ni 刷镀层有严重的表面黏附现象,而多层复合镀层的磨痕较浅。用该方法现场修复的三台机床导轨经一年多的使用考核,质量、性能完全符合要求。

采用热喷涂、熔接和堆焊等方法同样可以制备各种不同性能要求的多层涂层。例如,一种用于超高锰钢破碎机锤头(锰的质量分数为 16.5% ~18.5%)的堆焊修复试验采用了“母材+中间过渡层+耐磨层”的双层堆焊层。超高锰钢锤头的堆焊应达到以下效果:和超高锰钢直接连接的材料及热影响区(HAZ)必须有足够的韧性,保证堆焊层在堆焊应力和冲击力作用下不产生剥落及掉块;耐磨堆焊层必需具优良的抗冲击、抗冲刷磨损的综合性能,即高硬度、高韧性。为实现焊接熔合线部位的组织为均匀的奥氏体,试验者自行研制了一种具有很强奥氏体化能力的专用超高锰钢过渡层焊条 GM1,GM1 焊条熔敷金属的机械性能:σ_b 为 595 MPa;σ_s 为 220 MPa;δ 为 34%;硬度为 212HB;冲击韧性(0 ℃时)为 180×10^6 J。用 GM1 焊条堆焊过渡层后,再在过渡层上面用 ZD3 型堆焊焊条堆焊耐磨层。堆焊时基本采用冷焊工艺,减少基体在 300 ℃以上的停留时间,以避免超高锰钢锤体的性能恶化。采用这种双层堆焊修复后的超高锰钢破碎机锤头,基体、过渡层、耐磨层相互间结合良好,未发生堆焊层剥落和掉块。在某水泥厂破碎机的 120 kg锤头修复试验中,一次破碎矿石达到 10 万 t,最高达到13.5 万 t,使用寿命提高了 2.5 ~3 倍。

在气相沉积中,TiC、TiN、TiCN 和 α-Al_2O_3 都是面心立方晶格,具有相近的热膨胀系数、良好的互溶性和化学稳定性,可以作为复合涂层的子涂层。在 CVD 中,TiC 与基体元素在高温下能发生强烈相互扩散,可得到很高的结合强度,很适于作复合涂层的底层;TiN 具有良好的化学稳定性和抗黏着磨损的能力,又呈美丽的金黄色,是最适宜的一种外表层；而 TiCN 的性能介于两者之间，故设计多层复合涂层时，常以 TiC 作底层，TiN 为表层，TiCN 作过渡层。

一种用在 YG8 硬质合金拉丝膜上的 TiC/TiCN/TiN 涂层，在 CVD 装置上依次按下述反应获得，即

$$TiCl_4+H_2+C_6H_5CH_3 \longrightarrow TiC+HCl$$

$$TiCl_4+H_2+N_2+C_6H_5CH_3 \longrightarrow TiC_xN_{1-x}+HCl$$

$$TiCl_4+H_2+N_2 \longrightarrow TiN+HCl$$

经测定该多层涂层硬度为 2 200 ~ 2 250HV；经分析，过渡层 TiC_xN_{1-x}中 x 为0.3 左右。这种多层涂层拉丝模，经 300 多个模具批量生产试验表明：单位磨损（孔径扩大 0.01 mm）生产量提高 1 ~4 倍，使用寿命长，断丝几率小，抗黏着性好，拉出的钢丝表面质量好。图 7.8 为涂层与未加涂层拉丝模的对比磨损情况。

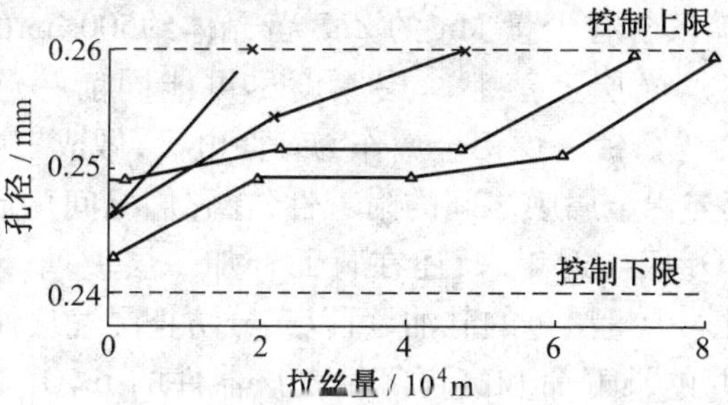

图 7.8　涂层与未加涂层拉丝模的对比磨损曲线

△—多层涂层模；×—非涂层模（YG8）

另一种由上述子涂层组合的 CVD 工艺 7 层涂层在工模具中也做了大量应用试验。该 7 层涂层的层次结构为：基体/TiC/TiCN/TiC/TiCN/TiC/TiCN/TiN。

涂层厚度控制在 6 ~8 μm。其理由是，CVD 陶瓷涂层脆性高，弹性变化范围很小，不宜太厚。由于钢基体的热膨胀系数比涂层大，在涂层与基体界面上会产生剪切应力，而此剪切应力又是厚度的函数，当涂层厚度在 6 ~8 μm 以内，此剪切应力可忽略不计。对于涂层层数，实验表明，在厚度一定时，层数越多，子涂层厚度越小，这可使子涂层在晶粒形核后开始长大之际，即改涂新的子涂层，避免晶粒择优取向连续长大，出现各向异性而降低涂层性能。

经测试，在 Crl2MoV 钢上制备的 7 层复合涂层，硬度为 3 100 HV，

多层涂层与基体的结合强度比单相 TiC 涂层高 2 倍；在 9Cr18 钢制备的该涂层，耐磨性比未加涂层的和单相涂层的都好，其相对耐磨性提高了 1.2 ~ 44 倍。涂层磨损表面形貌观测说明，多层涂层的强韧性比较好；接触疲劳试验表明，该多层涂层显著提高了 9Crl8 不锈轴承钢的滚动接触疲劳寿命，额定寿命提高 4 倍；一些工厂对 7 层涂层镀制的各种 YG8 冷拉模、Cr12MoV 冷压模及刀具做了应用试验，使用寿命提高 3 ~ 7 倍。

在现代电子工业中，大量采用多种工艺（电镀、氧化、溅射、蒸镀、金属有机化合物化学气相沉积、分子束外延等）形成功能各异、多种膜层结合的多层涂层。如图 7.9 所示是夏普公司 1974 年开发的具有双层绝缘膜结构的高辉度、长寿命器件。该器件是在玻璃基板上蒸镀 In_2O_3 透明导电薄膜，其上形成厚约200 nm致密的 Y_2O_3 高介电性绝缘膜，然后再蒸镀仅含有少量 Mn 的 ZnS 萤光体约500 nm的薄膜作为发光层。接着在发光层上蒸镀一层厚度尽可能同前一绝缘膜相同的 Y_2O_3 膜。最后再蒸镀一层铝金属作为背面电极，做成三明治结构。为了提高绝缘膜与铝金属膜之间的附着性，在它们之间可形成厚约 20 ~ 500 nm 的 Al_2O_3 膜。近年来，还在背面补加一层玻璃，以便在它与背面电极之间封入少量黑色的硅油，可以充分防止湿气从外面侵入，从而实现 3 ~5 万 h 的长寿命和高可靠性。该器件的 In_2O_3 和 ZnS 是采用电子束蒸镀法制作的，而 Si_3N_4 和 Al_2O_3 是用射频溅射法制作的。

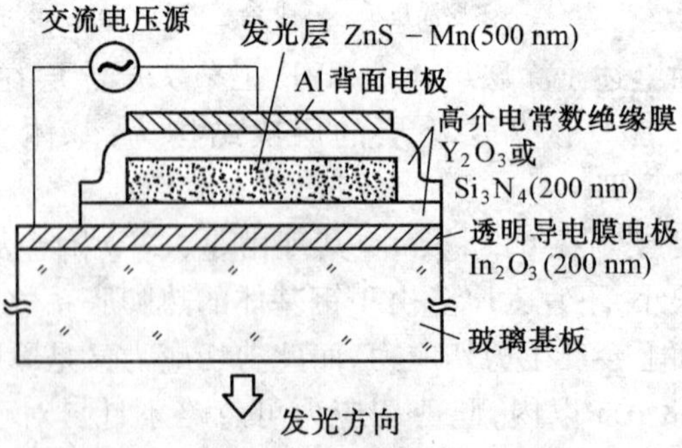

图 7.9　具有双层绝缘膜结构的交流场致发光器件结构图

同样是双层绝缘膜结构器件，有的则采用原子束外延蒸镀法来制作发光层（ZnS－Mn）和绝缘层 Al_2O_3，从而使发光效率得到大幅度提高。

此外磁性膜、磁线存储器、约瑟夫森集成电路等元器件也都采用多层膜结构。

为了满足某种功能的需要常要制备多层涂层。例如一种高温固体电解质燃料电池即用了 7 层，其顺序为：Al_2O_3 气密层、NiO 燃料电池层、温度 ZrO_2 层、Ni/Al 电流到出膜层、Al_2O_3 气密保护层、Cu 层、$LaCoO_3$ 空气电极层。

纳米多层膜（纳米超点阵膜）一般是由两种在纳米尺度上的不同材料交替排列而成的涂层体系。由于膜层在纳米量级上排列的周期性，两种材料具有一个基本固定的超点阵周期，双层厚度约为 5 ~ 10 nm。

目前，利用 PVD，CVD 和电沉积技术已制备出 Cu/Ni，Cu/Pd，Cu/Al，Ni/Mo，TiN/VN，TiC/W，TiN/AlN 等几十种纳米多层叠膜。其中，PVD 法在制备纳米多层叠膜方面具有得天独厚的优越性。采用各种蒸发、溅射、离子镀方法，选择不同氮化物、碳化物、氧化物、硼化物等材料作物源，通过开启或关闭不同的源、改变靶的几何布置或者工件旋转经过不同的源，能够方便地调节薄膜组成物的顺序和各层的厚度。

纳米多层膜是广义上的金属超晶格，因二维表面上形成的特殊纳米界面的二元协同作用，表现出既不同于各组元也不同于均匀混合态薄膜的异常特性——超模量、超硬度现象、巨磁阻效应和其他独特的机械、电、光及磁学性能等，在表面改性、强化、功能化改造及超精加工等领域极具潜力。如 M. Shinn 等用磁控溅射制备了 TiN/NbN，TiN/VN，TiN/VNbN 超点阵薄膜，超点阵周期 $\lambda = 1.6 \sim 450$ nm，TiN/NbN 的 $\lambda = 4.6$ nm，有最大硬度 49 ~ 51 GPa（TiN 硬度约 21 GPa，NbN 约 14 GPa）；Chen 等制备的是 TiN/SiN_x 纳米多层膜，TiN 厚度在 2 nm，SiN_x 厚度在 0.3 ~ 1.0 nm，多层膜的最高硬度为（45 ± 5）GPa，内应力显著降低；Yoon 等制备了 $WC-Ti_{1-x}AlN_x$ 纳米复合超点阵涂层，涂层硬度达到 50 GPa。

与传统的膜层材料相比，无论是纳米单层膜还是纳米叠膜都表现出许多特异性，在特定基材上沉积、组装纳米超薄膜将会产生表面功能化的许多新材料，这对功能器件、微型电机等机电产品的开发具有特别重要的意义。日本的住友公司已有 TiN/AlN 纳米涂层铣刀出售，单层厚度仅 2～3 nm，层数超过 2 000 层。近来法国的汤姆逊公司正在利用纳米多层膜的巨磁阻效应开发用于汽车制动系统的新产品。巨磁阻效应可使磁盘的磁记录密度增加许多倍，因而 IBM 公司和其他磁盘驱动器制造商正在生产巨磁阻磁头产品。利用巨磁阻纳米多层膜存储芯在计算机开断时保持"记忆"的特性，制成了低噪声、快速、长寿命的 MRAM。

3. 功能梯度涂层

在通常情况下，涂层与基体不属同一材料，突变界面的涂层与基体间由于各自膨胀系数不同等性能差异，存在较大的应力。结果导致涂层与基体结合不牢，涂层厚度也受到限制。功能梯度涂层可使基体到涂层的成分逐渐变化，能形成一个缓和应力的过渡层。这样既保证了涂层与基体的结合，又保证了涂层在使用环境中的特殊性能。

可用多种方法制备功能梯度涂层，如热喷涂法，通过多次逐层喷涂并随之变化其成分即可得到一定的梯度涂层；IBAD 法，在反应气分压一定时，通过变化蒸发速率或溅射速率也可方便地获得梯度涂层。

有的厂家用多次喷涂加激光重熔的方法制备了 Ni-WC 梯度涂层。涂层内 WC 颗粒含量从基体到表面逐渐增多。图 7.10 是该梯度涂层与普通激光重熔涂层硬度沿深度的分布曲线。图 7.11 是该梯度涂层与对比涂层的累计磨损失重与行程的关系曲线。比较得知，梯度涂层从基体到表面硬度缓慢上升，有一明显的过渡区，这种内韧外硬的涂层比普通激光重熔涂层的耐磨性提高很多。

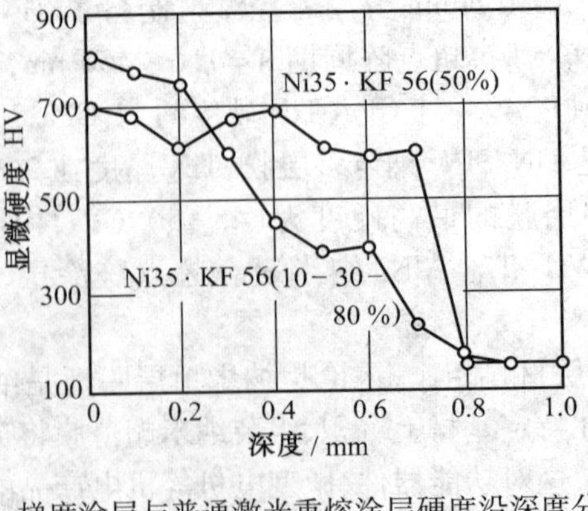

图 7.10　梯度涂层与普通激光重熔涂层硬度沿深度分布曲线

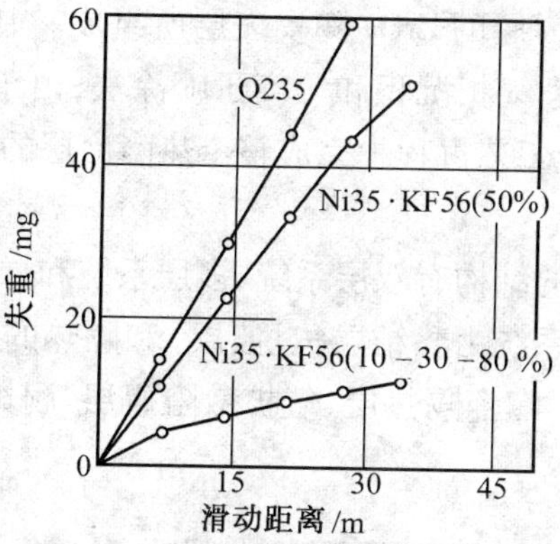

图7.11　梯度涂层、普通激光重熔涂层与Q235钢基体累计磨损失重与行程的关系

Ta-W合金是目前解决高初速、高射速火炮内膛表面耐烧蚀问题的较理想涂层。为了增加涂层与基体的结合强度,某研究所进行了用磁控溅射法制备梯度过渡层的试验研究。靶材选用Ta-10 W,过渡区的成分用调整靶的功率加以控制。设过渡区靶材的原子百分浓度为C,选用$C=X/D$,$C=(X/D)^2$,$C=(X/D)^{1/2}$(其中,X为距基体表面的距离,D为过渡层的厚度)三种曲线形式加以过渡,过渡区外再镀一层同厚度的纯Ta-10W层。AES等分析证明,过渡区内各元素变化形式与理论设计基本相符,过渡层与外层组织均为纤维状结构,且界面不明显,结合良好。

热障涂层在飞机发动机、陆地燃气轮机、柴油机、锅炉燃烧器等高温零部件上已有不同程度的应用。一般的热障涂层由热绝缘陶瓷层(多使用稳定的或部分稳定的ZrO_2)和结合底层(多用MCrAlY,M是Fe、Co、Ni或NiCo)所组成。为了减小由于金属材料和陶瓷材料热膨胀系数不同而引起的涂层内热应力,提高涂层的结合强度和抗热震能力,在底层和陶瓷表层之间可引入不同层数和厚度的底层材料与表层材料成分呈梯度变化的中间过渡层。一些厚的梯度热障涂层已应用在柴油机的一些零件上,并具有巨大的应用前景。二维有限元模拟计算表明:四层2.5 mm厚的热障涂层能满足柴油机零件工况要求,它是由NiCrAl结合层、$40/60ZrO_2-CoCrAlY$(0.5 mm)、$85/15ZrO_2-CoCrAlY$

(0.5 mm)及1.5 mm厚的ZrO_2陶瓷表层所组成。制备梯度热障涂层的方法有电子束物理气相沉积和等离子喷涂法,由于等离子喷涂法沉积速度快、能在一个工艺过程中完成整个热障涂层的制备,因而目前常被采用。

一般热障涂层的结构有双层系统、多层系统和梯度系统,如图7.12所示。其中多双层系统由黏结层(过渡层)和隔热的陶瓷层组成;多层系统通常由黏结层、陶瓷隔热层、氧扩散阻碍层、耐蚀阻碍层和封闭层等组成。

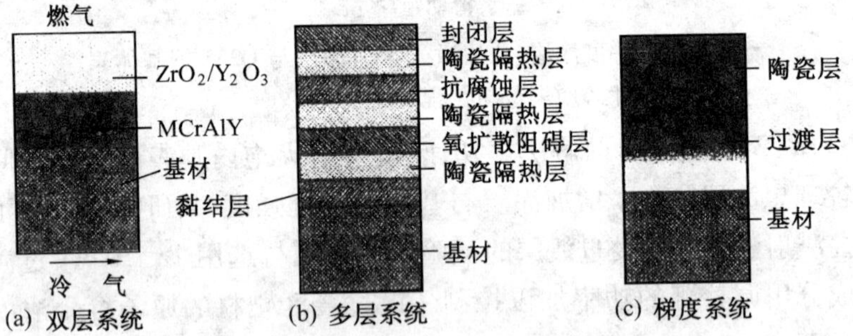

图7.12 几种热障涂层的典型结构

4. 含表面热处理的复合强化层

表面热处理大致可以分为硬化、强化、润滑化三类。表面硬化热处理的典型方法有渗碳(气体、真空、离子)、氮化(气体、离子)等化学表面硬化法和高频淬火、火焰淬火、激光淬火等物理表面硬化法。表面强化处理有软氮化(盐浴、气体)等。表面润滑化有渗硫(高温、低温)等。

与表面热处理的复合一般包含以下几方面。

a. 表面热处理与一般热处理的复合,如氮化与整体淬火、等温淬火加氮化等。

b. 表面热处理的相互复合,如氮化与高频淬火、氮化加氧化等。

c. 电镀、化学镀等表面镀敷(处理、改性)与表面热处理(或一般热处理)的复合,如电镀或化学镀后热处理、锌浴淬火、堆焊后热处理、渗碳后喷丸、渗氮后气相沉积氮化钛等。

与表面热处理有关的复合应是其组成工序的有机组合,它应使各道组成工序的性能优点都能充分保留,避免后道工序对前道工序有抵消作用。

(1)复合热处理层

表面热处理与一般热处理或表面热处理与其他表面热处理的复合方法十分广泛。例如:与氮化有关的复合表面热处理中,调质加氮化可以使工件具有高强韧性的基体和高硬度、高耐磨性、高疲劳强度的表层;氮化后淬火,可使工件得到更有效的强化,硬度、强度、旋转弯曲疲劳强度普遍提高;氮化加回火,可以改善硬度分布,提高工件的使用寿命;氮化加蒸气处理,可使氮化层表面形成一层厚约数微米的均匀而致密的 Fe_3O_4,具有多孔性,能贮油,从而使被处理零件形成硬而能贮油的表面,大大提高了其使用寿命。氮化加磷化,可使氮化层表面形成一层磷酸盐膜,具有良好的减摩作用。

与渗碳和碳氮共渗有关的复合表面热处理中,渗碳加渗硼,可在较厚的渗碳层表面覆盖一层0.1 mm左右的渗硼层。得到一种具有强塑支承基体的硬度极高的表面,适于在重载下工作且要求有很高耐磨性的工件;渗碳加氰化,能在表面形成0.015~0.02 mm的富碳氮层,具有很高的抗咬合、抗擦伤等能力;先渗碳后渗铬可增加碳化物层厚度,渗层下没有贫碳区,复合渗层具有高的硬度、疲劳强度、耐磨性及热稳定性和在各种介质中的耐蚀性(包括在铝合金、锌合金熔体的侵蚀性);渗碳加熔盐浸镀(TD法),可在工件上涂覆一层5~50 μm厚的NbC、VC、Cr-C等碳化物,这些与金属基体紧密结合的碳化物硬度高达1 300~4 000HV,具有极高的耐磨、耐蚀、抗咬合、耐热冲击等性能。

其他用含铝、含铬、含硼等多元渗、复合渗来改善材料表面性能的方法可见表6.2及有关资料。

(2)电镀(化学镀)-热处理复合强化层

①镀渗层

钢铁、铜及铜合金、铝及铝合金等材料表面电镀几种金属或合金,然后通过热扩散处理,可形成各种具有耐磨、减摩、耐蚀性能的镀渗层。几种镀渗方法的特点、镀层性能及应用范围见表7.20。

表 7.20　钢铁及铜、铝合金镀渗复合处理的技术特性

内　容	镀锡锑热扩散（Stanal 法）	镀铜锡热扩散（Forez 法）	镀锡镉(或锑)热扩散（Delsun 法）	镀铜热扩散（Zinal 法）
工件材质	碳素钢、合金结构钢、模具钢、不锈钢、铸铁、粉末冶金件	碳素钢、工具钢、模具钢	铜、青铜与黄铜	铝与铝合金
镀覆材料	以 Sn 为主，其中 Sb 的质量分数为 7% ~ 10%，可增加少量 Cd 以提高耐蚀性	以 Cu 为主，其中 Sn 的质量分数可达 30%	一般镀 7 ~ 10 μm Sn、Cd 或 Sb，铝青铜基体加厚至 10 ~ 12 μm	In、Cu，可加少量 Zn 以提高结合力
热扩散工艺	在充氮炉膛中于 580 ~ 600 ℃保温 10 ~ 15 h，高精度工件在精磨前于 600 ℃去应力再加工并电镀	在氮气中加热到550 ~ 600 ℃，持续 4 ~ 6 h	无需在保护气氛中加热，于空气中加热至 410 ~ 430 ℃保温 8 ~ 14 h	在一般加热炉中于 150 ~ 165 ℃保温 4 ~ 8 h
镀渗层组织、结构与硬度	表面为 1 ~ 2 μm 富锡的减摩层，其下为以 FeSn 和 $FeSn_2$、Fe_3SnC 为主，硬度为 600 ~ 800HV 的扩散层，渗层深度为 10 ~ 30 μm	表面为 1 ~ 2 μm 富锡的减摩层，其下是 FeSn、$FeSn_2$、Fe_3SnC，硬度约为 450HV，通常渗层 10 ~ 20 μm，可深达 100 μm	表面是抗咬死性能良好的 Cu-Sn-Cd 合金薄层，其下是 Cu_2Sn、Cu_4Sn 等化合物，硬度为 480 ~ 600HV，镀渗层深度约 30 μm 为宜	表面为 1 μm 左右的富铟抗咬死层，其下为 In-Cu 化合物，硬度约为 200 ~ 250HV，镀渗层 10 ~ 50 μm
耐蚀性	在大气、海水、矿物油中耐蚀性良好，对碱性介质、硝酸钾溶液等有一定的耐蚀性	在大气、工业大气中有一定的耐蚀性，抗盐雾腐蚀性能明显提高	在大气、海水及矿物油中耐蚀	耐蚀性能有所改善
摩擦学性能（在 Falex 摩擦磨损试验机上进行试验）	销子试样和 V 型块均为 35 钢，未经表面处理时，在 1 500 N 载荷下瞬时咬死，经 Stanal 处理则 7 h 才咬死（试样置于水中）；试样置于油中连续加载，未经处理件在 2 600 N 时咬死，经 Stanal 处理直至 25 000 N 仍运转正常	转速 300 r/min，试样上涂凡士林，未经表面处理时 6 000 N 咬死，经 Forez 处理件直至 24 000 N 运行正常	销子为铜合金，V 型块是渗碳、淬火与回火的 15CrNi3A 钢，摩擦速度为 0.1 m/s，经过 Delsun 处理的 QSn12 和 HPb59-2 的摩擦学性能显著提高①，同时提高接触疲劳强度	销子是含铜及少量镁、锰的铝合金，V 型块为调质的 35 钢，以 0.1 m/s 速率在水中试验，未经处理件在 500 N 载荷下瞬时烧伤，经过 Zinal 处理则经 1 h 才开始擦伤
适用范围	承载不重的轴、齿轮、滑动轴承、挺杆、部分蜗杆和蜗轮（某些情况下可用钢或铸铁代青铜）	减速器、轻工机械中的轻载齿轮、轴瓦、水泵零件、蜗轮；钢件处理可代黄铜、青铜	青铜与黄铜齿轮、蜗轮、油泵壳体、轴承、铜质模具、过滤板	铝合金武器零件，水龙头、活塞、滑轮等

①效果显著的实例有三：其一，在 1 000 N 载荷下于水中试验时，未经处理的 QSnl2 销于 28 s 明显磨损；经 Delsun 处理则 1 h 50 min 才出现磨损；其二，同样条件下，未经处理的 HPb59-2 销子于 13 s 烧伤，经过处理的直到 5.5 h 才因黏着磨损而咬死；其三，在油中连续加载时，QSnl2 销（未经处理）于 5 200 N 磨损；经过处理则直至 24 000 N 仍运行正常。

在渗铝之前进行镀镍、镀铂(有时渗钽、渗铌)可以在金属表面形成一层扩散屏障,以阻滞在高温服役条件下铝的二次扩散,提高渗层的使用寿命。如 527 铁基合金先镀镍,然后进行 750 ℃,6 ~ 8 h 的粉末渗铝,形成 40 ~ 70 μm 的镀镍渗铝层,由 $FeAl_3$, Fe_2Al_5, Ni_2Al_3 组成,硬度 850 ~ 1 000 HV;若采用铝铬共渗则层厚为 25 ~ 35 μm。800 ℃,100 h 氧化试验的增重(g/m^2),对应未经表面处理、渗铝、镀镍+渗铝、镀镍+铝铬共渗的表面依次为 37.8,5.4,1.9 和 2.8。铝铬共渗前渗钽用于镍基和钴基合金,它可有效防止铝铬共渗层的再扩散,明显提高渗层的高温疲劳强度和抗高温氧化、硫蚀性能。

②电镀(化学镀)-热处理层

图 7.13 和图 7.14 为 45 号钢经不同热处理+表面处理后在“球-盘”试验机上进行的摩擦磨损对比试验结果。试样材料:45 钢;试样处理:1#经 860 ℃水淬和 200 ℃回火,硬度 627 HV;2#经 860 ℃水淬和 200 ℃回火,硬度 627 HV,刷镀 Ni-Cu-P 镀层,其中 $w(Ni) = 64\%$、$w(Cu) = 34\%$、$w(P) = 2\%$,硬度 961 HV;3#经 860 ℃水淬和 590 ℃回火,硬度 243 HV,刷镀 Ni-Cu-P 镀层,硬度 904 HV;4#经 860 ℃水淬和 550 ℃回火,硬度 487 HV,离子氮化,电压 370 V,电流 7.6 A,540 ~ 560 ℃,13 h,硬度 478 HV;5#经 860 ℃水淬和 550 ℃回火,硬度 487 HV;离子氮化加刷镀 Ni-Cu-P 镀层,硬度 502 HV。试验中上试样是固定的用 GCr15 钢制成的钢球,下试样是 45 钢制成的圆盘试样1# ~ 5#。曲线和直方图表明,在离子氮化 45 号钢表面刷镀 Ni-Cu-P 镀层的 5# 试样的承载能力最好,大约相当于 2#,3#或 4#试样的 2 ~ 3 倍,约相当

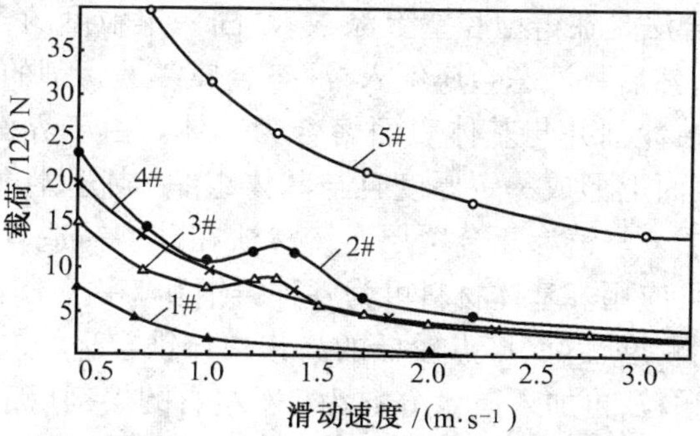

图 7.13　不同表面处理试样的 P-V 曲线

于未经表面处理的1#试样的10倍。5#试样还具有最低的摩擦系数，大约相当于1#和4#试样的1/2和1/3,5#试样对磨钢球的磨损率与4#试样相比大约下降了20倍。扫描电镜形貌观察可见,2#试样表层发生了严重的塑性变形,并在镀层与基体界面出现了将导致镀层剥落的大裂纹;而5#试样虽然硬度仅有500 HV,却界面结合良好,这是由于镀层内应力下降,抵抗裂纹扩展能力提高的结果。

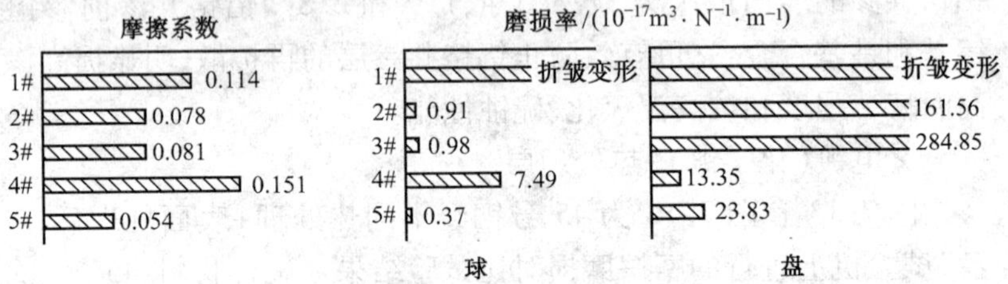

图7.14　不同表面处理试样的摩擦系数和磨损率比较

(v=1 m·s^{-1},P=600 N,t=30)

通过对镀层,尤其是非晶态镀层及其复合镀层进行适当热处理来改善镀层性能,国内已做了较多研究。如研究热处理对Ni-P-SiC镀层组织和耐磨性影响时发现,350 ℃以后,非晶态镀层发生晶化,随着温度的升高,析出的Ni_3P硬质相含量增加,非晶体转为晶体,400~420 ℃硬度最高,450~600 ℃镀层耐磨性最好。热处理对Ni-Co-P非晶态镀层硬度影响的试验表明,常温下镀层硬度HV为753,300 ℃时HV达到1 360。此后镀层硬度随热处理温度的升高而下降。该镀层的晶化温度为300 ℃。

(3)铸渗复合层

铸渗复合法是在铸型腔壁上涂敷、贴固一定粒度的合金粉末膏剂(铸渗膏剂),然后将液态金属倒入,液态金属浸透膏剂的毛细孔隙中,靠其热量熔融膏剂并与基体表面熔合为一体。由于界面处的扩散渗透,在铸件表面上形成一定厚度且与基体组织、成分、性能截然不同的合金耐磨覆层——铸渗复合覆层。铸渗法在砂型铸造、精密铸造和压力铸造中均可应用。基体材料可为各种铸钢和铸铁。制作耐磨铸渗膏剂,一般选用耐磨性好、熔点较低的高铬白口铁合金粉末,或在其中加入碳化物硬颗粒,再加入质量分数为1%左右的熔剂(硼砂等)及适量的黏结剂(水玻璃、聚乙烯醇等),调成膏状,或将膏剂压成一定形状备用。合金膏剂获得最大浸透深度的粉末粒度为0.06~0.50 mm,制备薄铸渗覆层粉末粒度为 0.20～0.32 mm。膏剂层厚度一般为铸件厚度的 1/10 以下，当膏剂涂层厚度小于 5 mm 时，铸渗层厚度则相当于 1～3 倍膏剂厚度。

基体为 30MnSiTi 钢浇铸不同成分的高铬白口铁膏剂的铸渗层的化学成分和耐磨性见表 7.21。

表 7.21　高铬白口铁铸渗层的化学成分和耐磨性

膏剂系列	铸渗层化学成分 w(B)/%						涂层厚度/mm	铸渗层平均厚度/mm	热处理状态	硬度 HRC	相对耐磨性 ε
	C	Cr	Mo	Cu	V	Fe					
Cr	3.84	20.3	—	—	—	余	2.5	2.7	950 ℃ 淬火，250 ℃回火	60	1.76
Cr-Mo-Cu	2.45	16.8	1.74	0.14	—	余	2.5	3.4		58	2.45
Cr-V	2.45	15.8	—	—	0.99	余	2.5	3.0		60	2.74
30MnSiTi 铸钢标样										48	1.00

注：耐磨性测试条件为 ML-10 型销盘式磨料磨损试验机；30MnSiTi 铸钢标样，磨料为 140 目刚玉砂纸，载荷 49N，用万分之一天平测量磨损失重。

加 WC 颗粒的铸渗层，浸透过程中膏剂合金熔化，WC 不熔化。凝固后为在膏剂合金基体上嵌镶着 WC 颗粒硬质相的复合铸渗层。这种铸渗层中 WC 的质量分数一般为 30%～70%。粒度为 20～30 目。30MnSiTi 钢加 WC 颗粒复合铸渗层的耐磨性见表 7.22。

表 7.22　WC 颗粒复合铸渗层的组成和耐磨性

WC 颗粒复合膏剂系列	复合铸渗层磨损面中 WC 颗粒的面积比/%	相对耐磨性 ε
30MnSiTi+WC（铸态）	53.6	31.2
	19.9	14.3
高铬白口铁+WC（铸态）	47.3	24.5
	44.5	21.4
	41.7	20.2
	25.0	19.2
	0	1.8
高铬白口铁+WC（950 ℃淬火，250 ℃回火）	48.2	21.4
	11.7	12.8
	5.3	4.0
30MnSiTi 铸钢	0	1.0

注：相对耐磨试验条件与表 7.21 相同。

(4)表面热处理与其他表面技术复合处理的表层

渗碳加强力喷丸可提高变速箱齿轮等工件的疲劳强度、寿命和可靠性,尤其是表面能获得大量残余奥氏体的渗碳工艺,经喷丸强化可使工件具有很好的疲劳性能。图 7.15 为汽车工业普遍使用的 20CrMnTi 钢在两种工艺参数下渗碳及对其进行强力喷丸(工艺参数见图注)后的接触疲劳试验结果。可见,两种工艺经喷丸后其疲劳寿命均明显提高,在较低接触应力下更显著。其中高浓度渗碳与强力喷丸表面复合强化,具有最高的接触疲劳寿命。测试得出,高碳势的工艺Ⅱ比工艺Ⅰ的有效渗层深度增加18.8%;喷丸后表层硬度均明显提高,工艺Ⅰ提高 50 HV 左右,而工艺Ⅱ最高提高约 90 HV。在次表层 0.3 ~ 1.0 mm 范围内,工艺Ⅲ的硬度均比工艺Ⅳ高,最多高 60 HV 左右。高浓度渗碳导致了次表层强度的提高和有效渗层的增加,强力喷丸的形变强化效应和引入的残余压应力,有效弥补了大量残余奥氏体所造成的不利影响。在高应力条件下,复合强化效果受到影响。

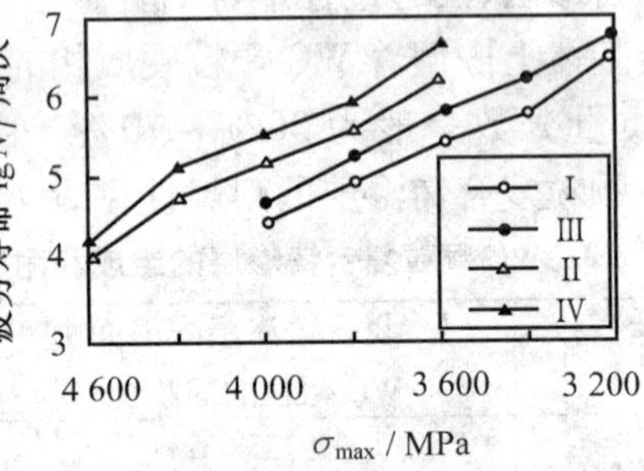

图 7.15 接触疲劳试验结果

Ⅰ—930 ℃渗碳,碳势 1.05%,850 ℃淬油,190 ℃回火;Ⅱ—930 ℃渗碳,碳势 1.3%,880 ℃淬油,190 ℃回火;Ⅲ—工艺Ⅰ+强力喷丸(HC-34 型喷丸机,用直径 2.8 mm、硬度 48 ~ 55HRC 的钢丸,喷丸强度 fa=0.56 mm);Ⅳ—工艺Ⅱ+强力喷丸(喷丸条件同Ⅲ)

渗碳加碳氮共渗、加工硬化(压延、喷丸等),是在渗碳后加碳氮共渗工序,以期在随后的淬火中在表层形成大的残留奥氏体,然后通过压延等使表面进一步硬化。这种复合处理能形成很硬而又富有韧性的表层,提高了使用寿命,并能获得很高的疲劳强度。

碳氮共渗加氧化抛光复合处理,国外商品名为 QPQ(Quench Polish Quench)工艺。该工艺的氮碳共渗温度一般为 540 ~ 580 ℃,时间

0.5～3 h，在氧化盐浴中的浸渍时间在5～20 min范围内。经QPQ工艺处理的工件，其耐磨性能优良（见图7.16），耐蚀性也很高（见表7.23），表面乌黑发亮，在适当场合可代替镀铬，解决电镀污染问题。目前国内外在汽车、摩托车、照相机、兵器等零部件上应用较多。

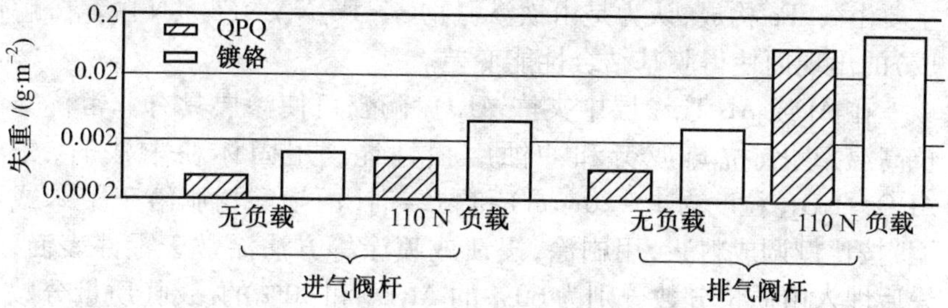

图7.16 QPQ与镀铬耐磨性比较（发动机阀门杆）

表7.23 QPQ工艺与几种电镀层盐雾试验结果

表面处理	每24 h失重/($g\cdot m^{-2}$)	表面处理	每24 h失重/($g\cdot m^{-2}$)
QPQ工艺	0.34	20μm硬铬	2.9
12 μm硬铬	7.1	37.0 μm铜+45.0 μm镍+1.3 μm铬	0.45
20 μm软铬+25 μm硬铬	7.2		

渗氮与气相沉积复合，如渗氮后用PVD或CVD法沉积TiN、TiC、CrN、TiCN等膜层，尤其是离子渗氮-PECVD TiN膜已做过很多研究，并已开始进入工业应用。TiN、TiC、DLC（类金刚石）等硬质膜层，其优异的耐磨性、减摩性、耐蚀性等能否得到充分发挥，在很大程度上取决于薄膜与基体的结合状况。试验表明，钢铁材料渗氮后在其表面形成的氮化物层和扩散层，提高了零件表层的硬度和基体的承载能力，这不仅使表面膜抵抗变形能力增强，同时由于膜层下面形成了一个较平缓的硬度过渡区，当载荷作用时，从膜到基体应力分布的连续性也较好。另外渗氮时产生的多种氮化物、氮碳化物具有与一些膜相似的晶体结构和相近的晶格常数，这又改善了薄膜与基体间的结构匹配性，甚至可使沉积的薄膜在这些化合物上外延生长，从而减少膜基界面的应变能，提高膜基结合强度。该复合处理不仅适用于高碳高合金钢刀具、模具的表面强化，也适用于提高中、低碳合金钢零件的耐磨性、耐蚀性。在

工艺上 PECVD 从放电原理到设备结构与离子渗氮均基本相同,处理温度、反应气体压力也相同,因而非常适合这种复合处理。值得注意的是,不同钢种渗氮层的组织及复合处理时渗氮层组织的变化对膜基结合性能有着非常重要的影响,处理中应避免所谓“黑色层”(Sun 等分析主要由 α-Fe 构成,认为是由铁渗氮物 γ'-Fe_4N,ε-$Fe_{2\sim3}N$ 脱氮分解形成)的出现而使得膜基结合性能变差。

在 Al 或 Al-Ti 渗层中夹嵌 Al_2O_3 陶瓷可使渗层具有非常优异的抗高温氧化、抗热疲劳和冲蚀磨损性能。用固体粉末法时,先将 Al_2O_3,TiO_2(粒度为 1 ~ 20 μm)和黏结剂(丙烯酸树脂溶于甲苯或丙酮)按比例调成料浆,用刷涂、浸渍或喷涂等方法涂敷于零件表面,干燥后埋入由质量分数分别为 60% 的 Al_2O_3 和 40% 的渗剂(质量分数分别为 34% 的 Al、61% 的 Ti 和 5% 的碳粉),另加质量分数为 0.2% 的 NH_4F 组成的粉末中,在氢气保护下 1 050 ℃保温 3 ~4 h,钛与铝的卤化物气体透过陶瓷层与基体产生互扩散,形成以铝为主的铝钛共渗层,陶瓷夹嵌在渗层内。含陶瓷层厚度约 25 μm,渗层厚度为 50 μm。除粉末法外,还可用电泳法或熔浴法获得这种渗层。用镍基合金渗铝及渗铝夹嵌陶瓷进行对比试验发现,后者的氧化失重率下降到渗铝层的 2% 以下;热腐蚀试验的失效时间是渗铝层的 4 倍以上。

5. 含激光处理的复合强化层

(1)激光制备表面复合涂层

利用高密度能源的激光束对金属表面进行改性和强化,制备各种高性能的复合涂层,已被国内外研究界和工程界所关注,并有了不少开发应用成果。

①激光熔覆复合涂层

目前对激光熔覆的研究主要是在一般材料表面包敷 Co 基、Ni 基、Cr 基等合金及 WC,TiC,Al_2O_3 等陶瓷材料,以提高所需要的表面性能。激光熔覆工艺常用的基体材料、熔覆材料及应用范围见表 7.24。

沙漠汽车风冷发动机缸套极易磨损,一种利用激光熔覆陶瓷涂层来提高缸套耐磨性的研究取得了明显成效。该研究选择 Ni-Cr-B-Si 为基础合金,加入质量分数为 50% 左右的镍包碳化钨——Ni(WC)陶瓷作为硬质相,通过热喷涂进行预置,而后用激光将其熔覆。熔覆后的铸铁缸套表层可分为熔覆层、淬硬区和铸铁基体三个区域。熔覆层与基体为冶金结合。熔覆层组分比较均匀、无缺陷、无裂纹，在软基体上弥散分布着 WC 颗粒。覆层的硬度分布如图 7.17 所示，其耐磨性提高达 6 倍以上。

表 7.24　激光熔覆材料及应用范围

基体材料	熔覆材料	应用范围
碳钢、铸铁、不锈钢、合金钢、铝合金、铜合金、镍基合金、钛基合金等	纯金属及合金，如 Cr、Ni 及 Co、Ni、Fe 基合金	提高耐磨、耐蚀、耐热等性能
	氧化物陶瓷，如 Al_2O_3、ZrO_2、SiO_2、Y_2O_3 等	提高绝热、耐高温、抗氧化等性能
	金属、类金属与 C、N、B、Si 等元素组成的化合物，如 WC、TiC、SiC、B_4C、TiN 等并以 Ni 或 Co 基材料为黏结金属	提高硬度、耐磨性或耐蚀性等

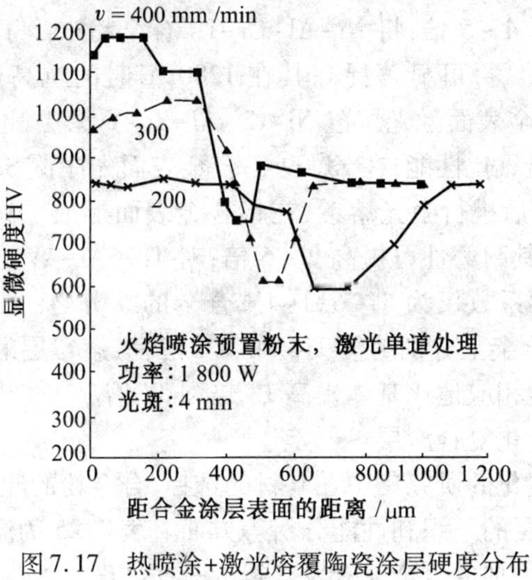

图 7.17　热喷涂+激光熔覆陶瓷涂层硬度分布

(w(Ni60) : w(Ni(WC)) = 1 : 1 合金粉末)

含粗颗粒 WC 的陶瓷涂层在冶金、矿山、煤炭、石油等工业部门承受严重磨粒磨损的零件中得到了成功的应用。在常规堆焊工艺中，因 WC 颗粒发生烧损导致其硬度大幅度下降。某单位研究了激光熔覆粗颗粒 WC 复合涂层的干砂磨粒磨损性能，并与氢原子堆焊粗颗粒 WC 管状焊条、氧乙炔堆焊粗颗粒 WC 实心复合焊条所得到的复合涂层的耐磨性进行了对比。试验所用的 WC 颗粒尺寸为 450 ~ 900 μm,质量分数为 60%,黏结金属为 Ni60 等镍基合金,基材选用 20Ni4Mo 钢。用上述三种方法制得的陶瓷涂层试样均在同一条件下进行后续的渗碳淬火。在干砂磨损试验机上的试验及金相分析表明,激光熔覆粗颗粒 WC 复合涂层的耐磨性明显优于氢原子焊层与氧乙炔焊层,其关键因素是前者 WC 颗粒的烧损程度低和硬度高。

金属及合金基材经激光熔覆处理后,熔覆层的硬度、耐磨性等性能均能得到较大幅度的提高。如在 15MnV 钢上熔覆 Ni 基 WC 合金可制备 1 090 ~1 150 HV 的复合涂层,其耐磨性较基材提高 2 倍以上;对 60 钢进行碳钨激光熔覆后,硬度高达 2 200 HV 以上,耐磨料磨损性能为 60 钢基体的 20 倍左右;对 AISI1016 钢激光熔覆 Fe-Cr-Mn-C 合金层的滑动磨损结果表明,其耐磨性优于钴基耐磨合金(Stellite 6);在铸铁表面激光熔敷 FeCrNiSiB 自熔性合金的耐磨性试验得出,涂层的耐磨性比基体提高了 4 ~5 倍;将 Ni-Al-Cr-Hf 合金粉末涂于 Rene-80 合金上进行激光熔覆,可显著提高其在 1200 ℃时的抗高温氧化性能;Incoloy 800H 合金表面激光熔覆 Ni-Cr-Al-Zr-Y 涂层,也显著改善基材合金的抗高温氧化性能;在 ZL109 铝合金表面先涂覆 Si,WC,Al_2O_3,MoS_2 等涂层,而后进行激光熔覆,在铝合金表面形成了具有高硬度的抗磨或减摩层,其耐磨性可提高 2 ~6 倍;对 Ti-6Al-4V 合金表面熔覆 TiC,测得其摩擦系数仅为 Ti-6Al-4V 合金的二分之一。在 Ti-6Al-4V 和 2024 Al 合金上分别熔覆 TiC 和 WC 陶瓷,熔覆层的耐干砂橡皮轮磨粒磨损性能相应地比基体提高 13 倍和 38 倍。

②激光合金化复合涂层

对激光合金化的研究集中在基材的选择、合金粉的配比、激光工艺参数的选择、涂层的组织和性能分析等方面。表 7.25 为激光合金化处理所用的基材、添加的合金元素及获得的表面硬度。

在 45 钢上制备的 TiC-Al_2O_3-B_4C-Al 激光合金化复合涂层,其耐磨性与 CrWMn 钢相比,是后者的 10 倍。用此工艺处理的磨床托板比原用 CrWMn 钢制托板寿命提高了 3 ~4 倍;在工具钢表面进行 W,WC,TiC 的激光合金化表明,由于马氏体相变硬化、碳化物沉淀和弥散强化的共同作用,使合金层耐磨料磨损性能明显增强;对于 Ti 合金,利用激光碳硼和碳硅共渗的方法实现了表面合金化,硬度由 299 ~

376 HV提高到 1 430 ~2 290 HV,与硬质合金对磨时,合金化后耐磨性可提高两个数量级;对于20CrNiMo 和20CrNi4Mo 钢在渗碳、渗硼后,经激光熔化使合金元素重新分布并均匀化,并消除了 Fe_2B 相的择优取向。可使硬度略有增加,并提高了耐低应力磨料磨损性能。

表 7.25　不同材料激光合金化的硬度

基体材料	添加的合金元素	硬度(HV)	基体材料	添加的合金元素	硬度(HV)
Fe、45、40Cr	B	1 950 ~2 100	工业纯钛	化合物	1 600 ~2 300
45、GCr15、TC6、工业纯 Ti	MoS_2、Cr、Cu	耐磨性提高 2 ~5 倍		金属	820 ~930
				非金属	570 ~790
T10	Cr	900 ~1 100	Fe	石墨	1 400
ZL104 铸铝合金	Fe	480	Fe	TiN、Al_2O_3	2 000
Fe、45、T8A	Cr_2O_3、TiO_2	达 1 080	45	WC+Co	1 450
Fe、GCr15	Ni、Mo、Ti、Ta、Nb、V	达 1 650		WC+Ni+Cr+B+Si	700
				WC+Co+Mo	1 200
1Cr12Ni12MoV	B	1 225	铬钢	WC	2 100
	胺盐	950		TiC	1 700
Fe、Q235、45、T8	C、Cr、Ni、W、YG8	达 900		B	1 600
Cr18Ni9	TiC	58HRC	铸铁	FeTi、FeCr、FeV、FeSi	300 ~700

③其他含激光处理的复合强化层

先电镀再进行激光表面处理的实例也较多。如有的试验中,先用 Watts 镀镍溶液加 ZrO_2 微粒制备 Ni-ZrO_2 复合镀层,而后进行激光合金化处理(激光功率 P=1 000 W,扫描速度 v=700 mm/min,光斑直径 D=6 mm)。处理后比原复合镀层的硬度提高 6%,磨损量减少 20%,耐高温氧化性提高 10%;与高温镍基合金 K17 相比,硬度和耐磨性相近,耐高温氧化性提高 20%。

与激光相变硬化相复合的表面处理也有一些试验,如某部将扭力轴堆焊修复后再进行激光相变硬化处理,取得了较好效果。履带重载车辆悬挂装置的细长零件扭力轴(长 2. 18 m)由 45CrNiMoVA 钢制造,其轴头热处理硬度不小于 50 HRC,与支座中的滚柱直接接触。由于工作条件恶劣,轴头容易磨损。为了修复严重磨损的轴头,先用 D132 焊条进行堆焊,而后再进行激光处理,并比较了高频淬火、激光强化、堆焊后激光强化三种试样的接触疲劳寿命。结果证明,堆焊后激光强化试样在各种接触应力下的接触疲劳寿命均最高。

35CrMo 钢离子氮化后再进行激光相变硬化处理,可进一步提高材料表面的硬度和耐磨性。图7.18示出了这种复合表面处理与单一渗氮处理和单一激光相变硬化处理的硬度随距表面的深度的变化情况。试样材料:35CrMo 钢;热处理:850 ℃油淬和 550 ℃回火 2 h,硬度 380 HV;表面处理:a. 540 ℃离子氮化 10 h;b. 2.5 kW CO_2 激光相变硬化,激光功率 400 W,激光束直径 3 mm;移动速度 10 mm/s;c. a+b复合处理。图中曲线表明,复合处理的表面硬度最高,可达 950 HV,硬化层深也达到 0.46 mm,均明显高于单一表面处理的数值;三种试样在 NUS-ISO-1型往复磨损试验机上进行耐磨性比较得出,复合表面处理的耐磨性比单一离子氮化提高约 75%,比单一激光处理提高 38%。XPS 分析表明,激光辐照后使表面氮化层深度明显增加,在复合处理试样中0.3 mm深度处仍有氮原子存在,而单一离子氮化试样到 0.2 mm 处氮原子已经消失。

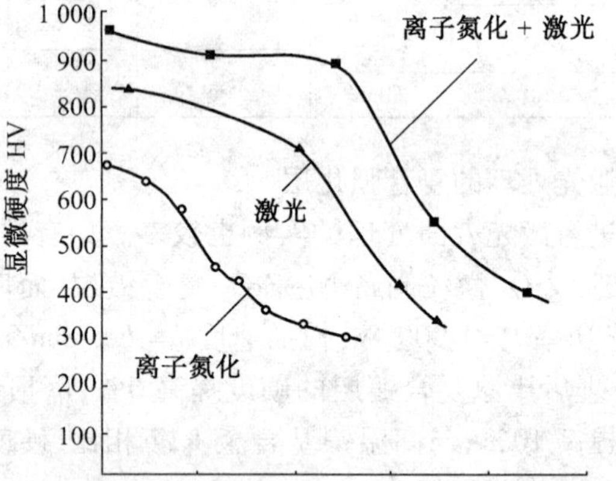

图 7.18 离子氮化+激光相变硬化处理与单一处理表层硬度分布

(2)激光增强沉积

激光增强沉积(或激光诱导沉积、激光镀)可包括激光增强电镀(LEED)、激光诱导化学镀(LID)、激光化学气相沉积(LCVD)、激光物理气相沉积(LPVD)等工艺。

激光增强沉积与普通电镀相比具有如下优越性。

a. 沉积速度高。比普通电镀可高出 2 ~ 3 个数量级,结合溶液喷射时,镀金速度可达到30 μm/s以上。

b.适用范围广。不但能在金属上沉积,还可在多种半导体(Si、InP、GaAs)、绝缘体(陶瓷、微晶玻璃、聚酰亚胺、聚四氟乙烯)等材料上直接镀敷。

c.沉积选择性强。可实现无掩膜微区的直接写入,金属线条宽度可以达到1~2 μm。

d.结合性能优良。镀层与基体有一定的相互扩散作用。

e.工艺性好。可在常温下工作,工艺简化,易于实现微机控制,通过控制激光束的扫描轨迹可精确镀制各种线路图形。

激光增强沉积的机理有以下几种情况。

a.热解机理。利用激光的局部高温,特别是脉冲激光,瞬间达到很高的微区温度,使某些金属络合物产生热裂解。这种裂解反应可使金属实现微区局部镀。

b.光解机理。某些化合物在特定波长的激光照射下发生分解,实现金属化学沉积。

c.光电化学机理。一定波长的激光,当其光子能量大于半导体的禁带宽度时就可能与金属离子结合并使之沉积。而孔穴则可以产生氧化反应,或使基体溶解。以光电化学机理沉积的基体一般为半导体,如InP,在InP/HAuCl$_4$体系中用氩离子激光照射,不通电就可观察到金的沉积。

1978年IBM公司首次研究了Ar^+激光增强Ni,Au,Cu的电沉积过程。20世纪80年代后,对其理论和应用的研究不断深入,其应用领域越来越广。

①激光增强电镀

激光增强电镀(LEED)是以高密度激光束辐照液-固分界面,造成局部温升和微区搅拌,从而诱发或增强辐照区的化学反应,引起液体物质的分解,并在固体表面沉积出反应生成物。

激光增强电镀可以分为普通激光增强电镀和激光喷射电镀,沉积机理主要是激光的热效应。普通激光电镀的实验装置有多种形式,图7.19所示是其中的一种。

整个过程在恒电位仪的控制下在聚四氟乙烯或玻璃容器中进行。

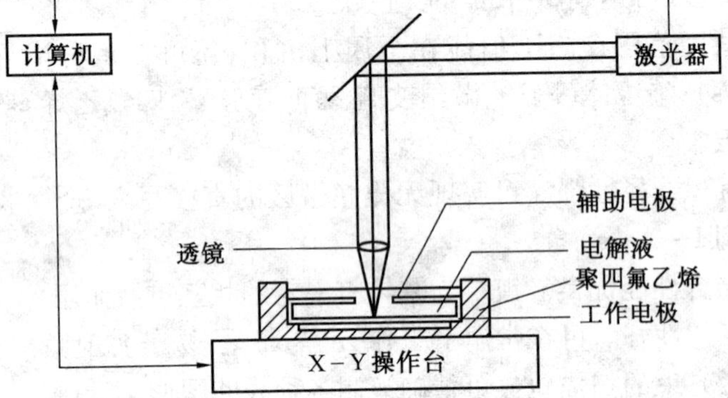

图7.19　激光增强电镀试验装置

电极直接浸入电解液中，间距约1 cm。激光束一般通过阳极上的小孔直接照射在阴极上。激光波长的选择应考虑尽量避免电解液的吸收，用得较多的是Ar^+激光。普通激光增强电镀也可采用两电极体系，阳极一般采用Pt片，而阴极则用一块预蒸镀上一层金属原子的玻璃片，如蒸镀Ni，Mo，Cu，W等，其厚度一般为20～200 μm，使玻璃导电。

激光增强电镀Cu的研究较早也较成熟。电镀装置即采用图7.19所示的三电极体系。电解液采用0.05 mol $CuSO_4$和1 mol H_2SO_4的混合体系。在待沉积的阴极电极上预先沉积一层厚约50～1 000 nm的Cu膜或Au膜。激光光柱直径100～500 μm，能量密度为0.1～2 kW/cm^2，波长为514.5 nm。在此条件下，可制得宽度在微米级的铜线，通过微机对X－Y操作台的控制可进行图形的沉积。

激光喷射电镀装置大致上与激光增强电镀相似，其主要特色就在于其喷嘴。该装置的阳极装在压力室内，可以是Au片或Pt片，片上有小孔，以利于激光穿过此孔后通过喷嘴照在阴极表面上。同时，从加压室出来的电解液以一定的流速通过喷嘴射到阴极表面上，沉积出金属。其镀速相当快，且可以和微机联用。

激光喷射电镀由IBM公司在1985年首先提出，它是在激光增强电镀的基础上发展的一种新技术。目前主要用在印刷线路板图形的直接制作以及插件的局部电镀等方面。

②激光诱导化学镀

激光诱导化学镀就是利用激光的光效应来激发化学镀过程，从而实现金属的微区镀敷。它无需外加电源，可以在多种基体上在常温溶液中一步沉积出金属，工艺简单，易于实施。该技术可以利用图 7.19 所示的装置，只是因为无需电源，而没有阴阳极。激光可直接照射在待沉积的基体材料上，通过控制 X-Y 载物操作台或激光束的移动来进行图形的沉积。

目前在研究中曾使用染料激光、连续或脉冲氩离子激光、Nd-YAG 激光、氪离子激光、铜蒸气激光等多种激光器，研究了在 InP，Si，GaAs，Si_3N_4 陶瓷、聚酰亚胺等非金属材料上沉积 Au，Cu，Pt，Ni，Zn，Pd，Cd 等过程。

③固态膜法激光诱导金属沉积

固态膜法激光诱导金属沉积是将金属的有机化合物涂敷在基体表面，然后用激光照射使其分解，纯金属被还原出来并局部沉积在基体表面。与液相激光镀相比，固态膜法工艺简单，操作方便，且易于与常规工艺的光刻技术兼容，故早在 20 世纪 80 年代中期就开始得到发展。

固态膜法激光镀的原理如图 7.20(a)所示。其工艺流程一般为：基体活化→涂浆→激光扫描→清洗浆料→热处理→化学镀增厚→电镀。其中热处理是为了清除镀层中的杂质；化学镀和电镀是为了提高镀层的电性能。图 7.20(b)所示的是在陶瓷基板上沉积的电路。固态膜法激光镀金时，其原材料可用 Au 的络合物 NH_4AuCl_4，载体材料一般为硝化赛璐珞。先将硝化赛璐珞和 NH_4AuCl_4 分别溶于 $CH_3(CH_2)_4OO(CH_3)$ 和乙醇，后将两种溶液混在一起，硝化赛璐珞和 NH_4AuCl_4 的比例约为 3 : 1。用离心式涂胶机将这种混合溶液在机体上涂敷一层均匀的胶状膜，在 80 ℃烘 30 min，再用 193 nm ArF 准分子激光曝光，使活性物质分解，生成的 Au 留在基体材料上。最后将样品置于 CH_2Cl_2 中显影，除去其余的活性物质，即可得到沉积金。此过程的机制为 Au 的固相光化学分解沉积，Au 线最小宽度可达亚微米级，Au 膜的附着强度也很高。

上述几种激光无掩膜局部沉积技术在电接插件局部镀方面可大幅度减少贵金属的消耗，在集成电路等微电子器件制作中具有广泛的应用前景。

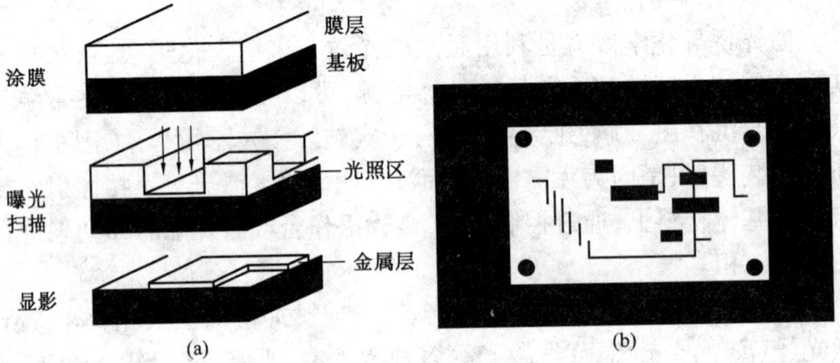

图 7.20　固态膜法激光镀装置示意图

④激光 CVD

激光化学气相沉积(LCVD),也称激光辅助化学气相沉积(LACVD),是使用激光的能量激活 CVD 化学反应。LCVD 存在两种可能的机制:光热解机制和光化学机制。光热解机制是光子加热了基板,使在其上方的气体裂解,从而产生所要求的 CVD 反应。显然光热解沉积要求基板对激光的吸收系数较高,且熔化温度必须高于气体的裂解温度。而激光波长必须选择能使气体分子对激光能量的吸收很小或根本不吸收。光热解机制涉及的沉积机理和化学反应在本质上与热 CVD 没有什么根本不同,但光热解反应相对于热 CVD 的一个优点是可以利用激光束快速加热和脉冲特性在热敏感基板上进行沉积。光化学机制则是依靠光子的能量直接使气体发生分解(单分子吸收)。此时多要求使用紫外光,因为紫外光具有足够的光子能量去打断反应气体分子的化学键。准分子激光器是普遍采用的紫外激光器,可以提供能量范围在 3.4 eV(XeF 激光器)到 6.4 eV(ArF 激光器)。光化学机制对基板类型没有要求,可在室温下沉积,但因为其沉积速率太慢而大大限制了它的应用。典型的 LCVD 系统如图 7.21 所示。

目前 LCVD 的主要应用是半导体器件的“直接写入”,使卤化物一次沉积具有线宽仅为 0.5 μm 的完整线路花样。也可以制作空心硼纤维和碳化硅纤维。

此外,还有激光物理气相沉积(LPVD),它可制备 BN 膜、半导体膜、电介质膜、陶瓷膜等。

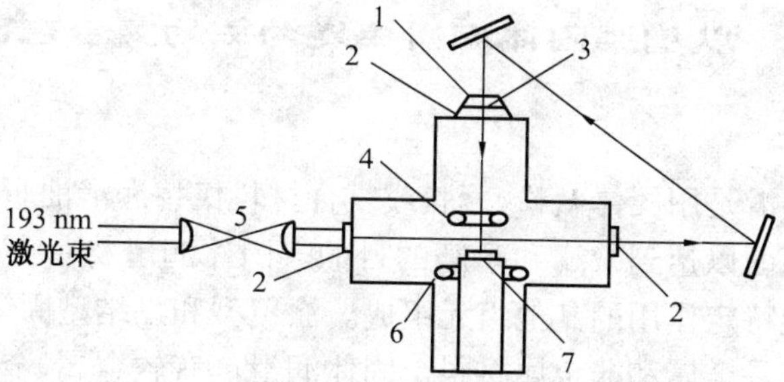

图7.21　典型的LCVD系统示意图

1—光栏;2—窗口;3—衰减器;4—反应气体入口喷嘴;
5—缩小望远镜;6—副产物气体排放口;7—加热器

6. 其他表面技术的复合

(1)电刷镀与喷熔相复合

当喷熔工艺用在难喷熔材料或用在同一零部件上含异种金属的基体材料时,为解决粉末在喷熔过程中呈水珠状的不浸润问题,采用电刷镀改善基材的表面性能,是使喷熔顺利进行的有效办法。如某部在38CrMoAl柱塞、5Cr21Mn9Ni4N和69A焊条的异种金属排气门、1Crl8Ni9Ti阀座上分别用Ni02、Co8002、Fe8001合金粉末喷熔,都不同程度地出现冒泡等不浸润现象。用短时间的多次交替活化,在基材表面刷镀一定厚度的镍镀层,而后再喷熔相应合金粉末,由于在1 100 ℃喷熔中界面元素的扩散和Fe-Ni、Ni-Co等固溶体的形成,在基材表面得到了牢固的熔覆层。运用该复合工艺已成功地修复了数百根柱塞。

(2)电刷镀与离子注入复合

目前使用最多的镍及镍合金刷镀层的硬度一般不超过60HRC。为了进一步提高其硬度和耐磨性,某部分别在厚度0.1 mm的快速镍、碱铜和镍-钨50刷镀层上进行了氮离子注入,注入使用的加速电压为50 kV,注入剂量为$(3\sim5)\times10^{17}$离子/cm^2。测试得出,注氮后的快速镍和碱铜镀层的显微硬度均为未注氮镀层的1.7倍,镍-钨50镀层为1.43倍;在SKODA-SAVIN磨损试验机上测得,注氮后的快速镍、碱铜、镍-钨50镀层的耐磨性分别为未注入镀层的1.3,1.7,1.3倍。

此外,还有喷丸、滚压等表面形变强化与电镀、热处理等技术的复合,导电胶黏涂与电刷镀的复合,焊补、修光与电刷镀的复合等。

7.3.3 以增强固体润滑性能为主的复合表面技术

1. 概述

固体润滑是用固体微粉、薄膜或复合材料代替润滑油脂，隔离相对运动的摩擦面以达到减摩和耐磨的目的。固体润滑材料由基材、固体润滑剂和起特定作用的其他组元组成。涂覆型和黏结型固体润滑材料的基材可以是金属和非金属材料。固体润滑剂有软金属、金属化合物、无机物和有机物等。

软金属，如 Pb，Sn，In，Zn，Ba，Ag，Au 等；

金属化合物，如 PbO，Pb_3O_4，Fe_3O_4 等金属氧化物，CaF_2，BaF_2，$CdCl_2$ 等金属卤化物，WSe_2，$MoSe_2$ 等金属硒化物，MoS_2 等金属硫化物以及 $Zn_3(PO_4)_2$，Ag_2SO_4 等金属盐类；

无机物，如石墨、氟化石墨、玻璃等；

有机物，如蜡、固体脂肪酸和醇、联苯、染料和涂料、塑料和树脂（如聚四氟乙烯（PTFE）、聚酰胺（尼龙）、酚醛）等。

在进行以增强固体润滑性能为主的表面设计与选择时，基材的确定应重点考虑材料的承载能力和使用温度。通常根据接触表面所承受的最高载荷来计算摩擦副的接触应力，确定基材所应具有的承载能力，然后根据各种材料的物理机械性能来选择适用的基材。一般来说，金属基材的承载能力大于非金属基材，而陶瓷材料在高温下仍有较高的承载能力。单一材料的静载能力可参考其抗压（抗弯）强度，动载能力可参考其冲击强度。复合材料的承载能力受其组成和工艺因素的影响较大，可参照已有材料的数据或通过试验确定。通常金属基材的使用温度范围较广，但当工作温度（摩擦升温）超过某一临界值后，材料将产生屈服现象。非金属基材的使用温度不高，但低温下高分子基材有较好的工作特性。陶瓷材料在高温下的机械性能和摩擦学性能都很好，但不能承受冲击。

对于镀（涂）覆型、黏结（黏涂）型、浸渍型等材料在界面之间会存在较大的内应力，而且应力值随使用温度（或因摩擦升温）而增大，即

$$\Delta\sigma=(\alpha_1-\alpha_2)\Delta t\cdot E_1/(1-\nu) \tag{7.4}$$

式中，$\Delta\sigma$ 为因温度变化而引起的应力变化值；α_1，α_2 为涂层与基材的

线膨胀系数；Δt 为温度变化值；E_1 为涂层弹性模量；ν 为泊桑比。

当负荷(外力)与内应力叠加的合力为压应力时最为理想。为避免 α_1 与 α_2 之差异过大而造成较大的内应力，可考虑采用增加起缓冲作用的中间过渡层等措施。

在选择固体润滑剂时，应注意固体润滑剂与基材的合理匹配，以提高化学亲和作用，增加黏着力。简单的润滑相由单一润滑剂组成，为提高固体润滑效果，可以按照“协同效应”原则选用多种固体润滑剂组成多元润滑相。同时，应使润滑相的热膨胀系数稍大于基材的热膨胀系数，使其在摩擦时有效地起到减摩作用。

2. 复合镀固体润滑材料

对复合镀层，采用的固体润滑剂有石墨、MoS_2、聚四氟乙烯(PTFE)、氟化石墨($(CF)_n$)和 WS_2 等，采用的基体材料有镍和铜等。不同基材与固体润滑剂所组成的固体润滑复合镀层列于表7.26。

表7.26　固体润滑复合镀层

基质金属	固体润滑剂	基质金属	固体润滑剂
Ni	MoS_2，WS_2，$(CF)_n$，石墨，PTFE，BN，CaF_2，PVC	Au	石墨，$(CF)_n$，MoS_2
Cu	MoS_2，WS_2，$(CF)_n$，石墨，PTFE，BN，$BaSO_4$	Zn	石墨
Co	PTFE	Ni-P	PTFE，BN，CaF_2
Fe	石墨，PTFE	Ni-B	PTFE，CaF_2
Ag	MoS_2，石墨，BN	Co-B	CaF_2

Ni-P-PTFE复合化学镀层是一种抗黏着的自润滑涂层。当镀层的组成为 $w(Ni)=84.0\%$，$w(P)=8.8\%$，$w(PTFE)=7.2\%$ 时，在热处理温度为200～400 ℃，保温时间1 h的条件下，该复合镀层的磨损率明显的比同样温度热处理的Ni-P镀层低，其摩擦学性能见表7.27。可见，随着热处理温度的提高，镀层的减摩作用逐渐增强，并以400 ℃热处理的效果最好。这是由于高温热处理促使镀层硬化，并形成了硬基体上均匀分布着PTFE软颗粒的缘故。但400 ℃以上热处理会导致

PTFE 分解。

表 7.27　Ni-P-PTFE 复合镀层的摩擦学性能

热处理温度/℃	往复运动次数/次	摩擦系数	Ni-P-PTFE 镀层磨损率 ×10^{-5}/[(mg·(N·m)$^{-1}$]	Ni-P 镀层磨损率 ×10^{-5}/[(mg·(N·m)$^{-1}$]
镀态	900	0.13～0.70	6.6	56
200	900	0.20～0.60	6.5	38
300	2 500	0.10～0.63	3.0	7.5
360	4 400	0.10～0.60	1.6	5.8
400	9 000	0.07～0.30	0.64	2.1

注:在日制 RFT-Ⅲ型往复摩擦试验机上测试。试验条件为:负荷 88 N,往复频率 40 次/min(滑动速度 0.09 m/s)。

以 Ni-P 为基材的复合刷镀层可获得良好的固体润滑性能和耐磨性。例如,在 40Cr(400HV)表面刷镀 Ni-P-WC(WC 加入量为 60 g/L)、Ni-P-BN(BN 加入量为 30 g/L)和 Ni-P-MoS_2(MoS_2 加入量为10 g/L),所用的微粒粒径均为 1 μm,复合镀层的厚度为 50 μm。以 GCr15(750 HV)为对偶,在球-盘摩擦磨损试验机上测得其摩擦学性能如图 7.22 所示。由图可见,Ni-P-MoS_2 镀层的摩擦系数随着负荷和速度的增大而升高;Ni-P-WC 在低负荷和低速时摩擦系数最大,但随负荷和速度的增大而明显下降,当负荷增至 1 362 N 时摩擦系数比 Ni-P-MoS_2 的还要小。在高负荷(1 362 N)下,几种复合镀层的摩擦系数随着滑动速度的增加呈下降趋势,其中以 Ni-P-MoS_2 最为明显,表明它的减摩效果最佳。

一种用电刷镀方法制备 Ni-Cu-P/MoS_2 固体润滑镀层的优化试验指出:Ni-Cu-P/MoS_2 镀层的耐磨性优于 Ni-P/MoS_2 镀层,分析对比这两种镀层的结构发现,含有一定量铜的镀层中有 Ni_7P_3、$Ni_{12}P_5$ 等间隙相存在。正交磨损实验得出的既耐磨又减摩的 Ni-Cu-P/MoS_2 镀层成分为:$w(Ni)=57.6\%$,$w(Cu)=11.2\%$,$w(P)=3.2\%$,$w(MoS_2)=28\%$。上述镀层会因其中的 MoS_2 在潮湿天气中容易受到氧化,而导致摩擦学性能下降。对此,在镀液中添加稀土 Ce^{4+},取得了明显效果。

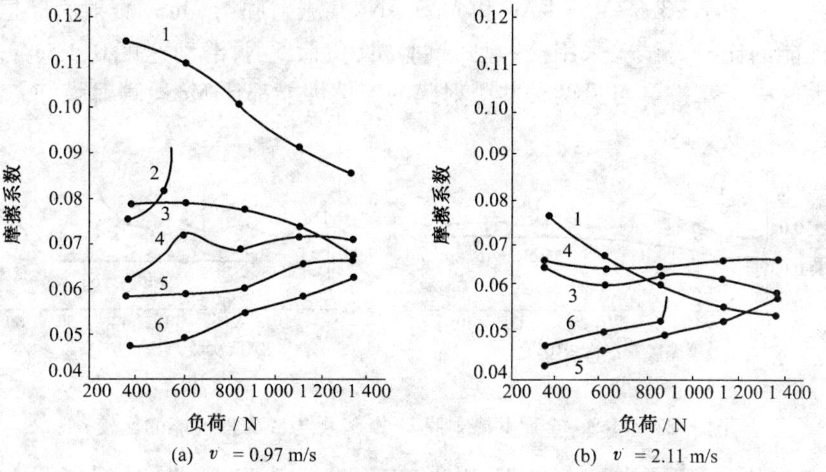

图 7.22　几种复合镀层的摩擦系数-负荷曲线

1—Ni-P-WC;2—无镀层;3—Ni-P;4—Ni-P-BN;5—Ni-P-MoS_2;6—Ni-MoS_2

稀土不仅能提高 MoS_2 的抗氧化腐蚀能力,而且能进一步降低镀层的摩擦系数,提高镀层减摩的稳定性。电刷镀 Ni-Cu-P/MoS_2 镀层可用于油田钻具(如钻杆、套筒)的螺纹接头上,以代替原来的涂有丝扣油的铜镀层。

固体润滑镀层的使用效果十分显著,如 Ni-$(CF)_n$ 镀层用于水平连铸设备中的结晶器内壁,不需要振动结晶器,也不加润滑剂,就能以较小力量顺利地将铸坯从结晶器内拉出,且铸坯表面状态好;Ni-PTFE 镀层用于增塑聚氯乙烯热压模具内壁,不加脱膜剂就很容易脱模;Au-$(CF)_n$ 镀层的摩擦系数为 Au 镀层的 1/8 ~ 1/10,用于电接触表面性能良好,插拔力小,寿命高。此外,Cu-$BaSO_4$ 复合镀层具有抗黏着性能,可用于滑动接触场合;Zn-石墨复合镀层用在汽车工业的钢紧固件上,其抗擦伤能力完全能与贵重的镉镀层相比。

用电镀、电刷镀、化学镀可方便地镀制内层坚硬、表层为软金属的既耐磨又减摩的双层或多层镀层。如在电刷镀施工中,工作镀层镀镍钨合金,表面再刷镀一薄层铟效果很好。

3. 气相沉积复合膜

在真空镀膜中,为了改善 MoS_2 溅射膜的性能,可以采用 MoS_2-金属共溅射的方法制备复合膜。共溅射膜更致密,摩擦系数稳定,耐磨寿命长。图 7.23 是 MoS_2-Au 和 MoS_2-Ni 共溅射膜与 MoS_2 溅射膜摩擦性能的比较。试验采用栓-盘式试验机，负荷 5 N，滑动速度 0.1 m/s，大气中干摩擦。可见两种共溅射膜的摩擦性能都比 MoS_2 溅射膜好。

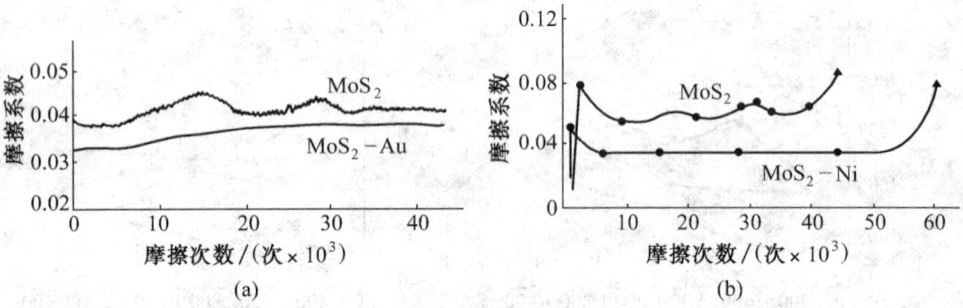

图 7.23　MoS_2-金属共溅射膜与 MoS_2 溅射膜摩擦性能的比较

用 Ar^+ 离子将 Al 和 Ti 溅射在工业纯铁表面，同时用能量为 100 keV的 N^+ 以 2×10^{17} 离子/cm^2 的剂量进行离子注入，以形成 0.3 μm 厚的 Al+N^+ 和 Ti+N^+ 离子束辅助沉积(IBAD)层。在试验机上测定其摩擦系数和磨损率。试验条件：图 7.24(a)为 DFPM 型试验机，对偶件 GCr15，负荷 2 N，速度 35 mm/min；图 7.24(b)为球-盘试验机，对偶件 GCr15，负荷 6 N，速度 22 mm/min，滑动行程 8 m。测试结果如图 7.24 所示。其中，图 7.24(a)表明，在进入稳定期后 IBAD Al+N^+ 和 Ti+N^+ 试样的摩擦系数分别为 0.093 和 0.076，比纯铁的 0.451 分别降低 80% 和 83%；图 7.24(b)表明，IBAD Al+N^+ 和 Ti+N^+ 试样的磨损量比纯铁分别降低 71% 和 86%。

在 52100 钢表面利用 IBAD 法分别沉积 Si_3N_4 和 TiN 薄膜(厚约 1 μm)，后在其上面再用 IBAD 法沉积 MoS_x 薄膜。为了比较，在 Si_3N_4 和 TiN 薄膜表面又利用磁控溅射(MS)法制取 MoS_x 薄膜。经测定 IBAD MoS_x 中的 $x=1.287$，MS MoS_x 中的 $x=1.700$。在 SRV 试验机上进行摩擦学性能测定。上试样为 ϕ10 mm 的 Si_3N_4 陶瓷球，下试样为沉积了薄膜的圆盘。试验条件：振幅为 1 mm，时间为 30 mm，液体石蜡润滑，用 15 Hz 的振动频率测定摩擦系数-负荷关系，用 40 N 的负荷测定摩擦系数-频率关系，试验结果见图 7.25。图中曲线说明，在给定的范围内，负荷和频率越大，摩擦系数越小。与基材对比，两种 MoS_x 膜都显示出良好的减摩性能。而且 MoS_x 对 TiN 的减摩作用优于对 S_3N_4 的减摩作用。两种 MoS_x 中，MS MoS_x 膜的减摩性能优于 IBAD MoS_x 膜。

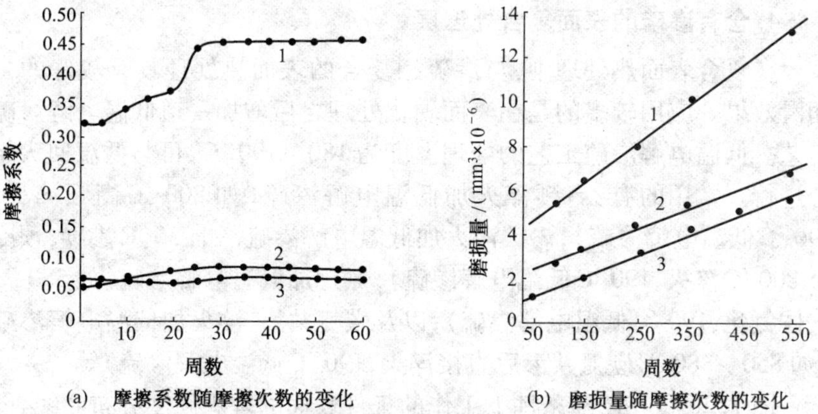

图7.24　两种离子束辅助沉积层的摩擦性能

1—纯铁试样;2—经 $Al+N^+$ 离子束辅助沉积后的试样;

3—经 $Ti+N^+$ 离子束辅助沉积后的试样

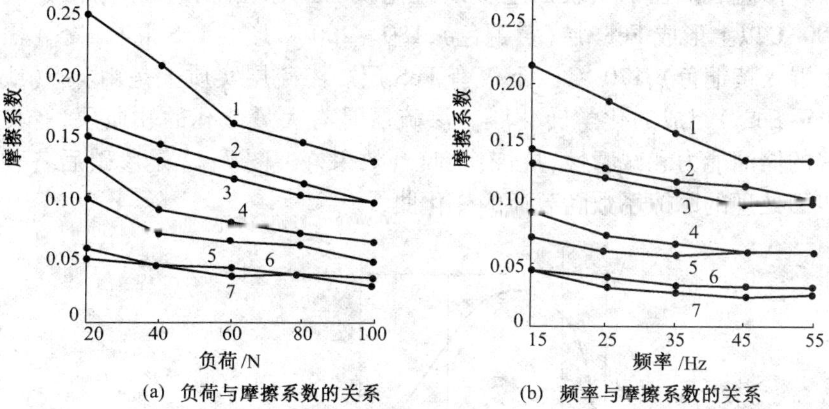

图7.25　摩擦系数随负荷和频率变化的关系曲线

1—52100钢;2—Si_3N_4;3—TiN;4—IBAD MoS_x-Si_3N_4;5—IBAD MoS_x-TiN;

6—MS $MoS_xSi_3N_4$;7—MS MoS_x-TiN

在测定磨损率随负荷和频率的变化关系得出,磨损量随负荷和频率的增加而增加,两种 MoS_x 膜的耐磨性比 Si_3N_4 和 TiN 膜的高 3~4 倍。而 MS MoS_x 膜的耐磨性优于 IBAD MoS_x,尤其在低负荷或低频率下更为明显。

4. 含有渗硫的表面复合处理层

在复合表面热处理中，与渗硫相复合的表面热处理具有较好的自润滑效果。应用较多的是在表面硬化处理之后增加一道低温电解渗硫工艺。低温电解渗硫工艺的处理温度为 180 ~ 190 ℃，可与低温回火结合进行。常用的有：高频淬火加低温电解渗硫（如 800 ℃高频淬火，190 ℃低温电解渗硫），渗碳淬火加低温电解渗硫（如 930 ℃渗碳，预冷至 800 ℃淬火，190 ℃低温电解渗硫），氮化加低温电解渗硫（如 550 ℃气体氮化，190 ℃低温电解渗硫），以及碳氮共渗、淬火加低温电解渗硫（如 850 ~ 880 ℃碳氮共渗后直接淬火，190 ℃低温电解渗硫）等。

图 7.26 是在严酷条件下工作的工件表面的理想硬度分布曲线，图中的第 1、2、3 层分别是易塑性变形的软质层、机械强度好的硬化层和硬度缓降的扩散层。上述硬化处理是为了得到要求的第 2、3 层，而低温电解渗硫可以生成减摩性良好的第 1 层。

渗硫后硫在钢铁表面主要以硫化铁形式存在。在盐浴中渗硫时 200 ℃以上形成 FeS_2 层（黄铜色），180 ~ 200 ℃形成 FeS 混有 FeS_2（黑色混入黄铜色），170 ℃以下仅有 FeS 层。渗硫层实质上是由 FeS（或 $FeS+FeS_2$）组成的化学转化膜。渗硫层是有大量微孔的软质层，有良好的储油能力和减摩性，抗烧伤、咬合效果好。图 7.27 是渗碳后各种表面处理的摩擦系数随载荷的变化曲线。

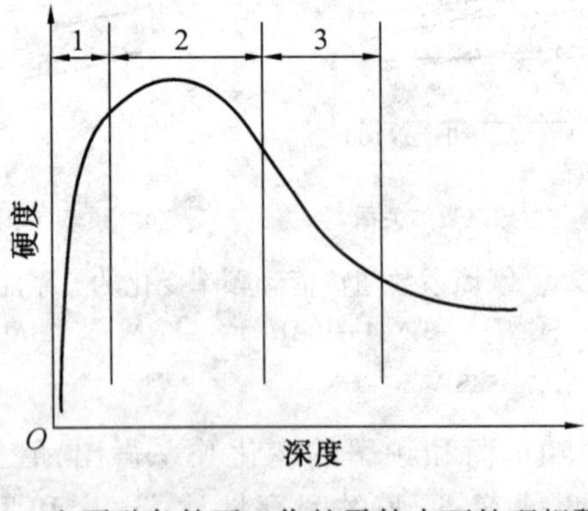

图 7.26　在严酷条件下工作的零件表面的理想硬度分布

渗硫方法有固体、气体和液体渗硫三种。按渗硫温度又可分为低温（160 ~ 200 ℃）、中温（520 ~ 560 ℃）和高温（800 ~ 930 ℃）渗硫。低

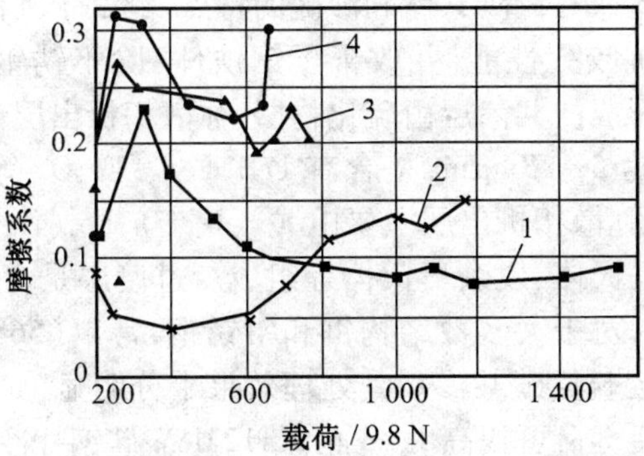

图 7.27　渗碳后不同表面处理的 SCM415 钢的摩擦状况

1—渗碳加低温电解渗硫；2—渗碳加磷酸盐处理加 MoS_2；

3—渗碳加磷酸盐处理；4—渗碳淬火

温渗硫工件无畸变。在低温渗硫中，真空辉光放电离子渗硫也日益受到人们的重视。我国科技工作者在辉光放电低温离子渗硫的研究开发中已做出了很大成绩，不仅研制出系列设备和配套的工艺，而且已将其成功地应用于轴承、轴瓦、轧辊、齿轮、丝杠、滑板、棉纺钢领等零件的批量处理。

为了使工件表面兼有渗硫后的减摩特性和渗氮、渗碳后的耐磨特性，除了在渗氮、渗碳后再进行渗硫处理外，也可以采用硫氮二元共渗和硫碳氮三元共渗。经气体硫氮共渗后的金相组织分为三层，最外层是 FeS，第二层是以 $Fe_{2\sim3}N$ 为主的氮化物白亮层，第三层是氮的扩散层。硬度峰值可达 1 000 $HV_{0.05}$，由表及里的硬度变化较为平缓。硫氮共渗后提高了材料的减摩耐磨性能。如 W18Cr4V 钢试样在淬火、回火后（64～65 HRC）经（560±10）℃、1 h 液体硫氮共渗与未经共渗的磨损试验结果是：对磨 20 000 转后的失重分别为 0.013 1 g 和 0.100 8 g。45 钢试样（淬火+回火）在 Falex 试验机上以 20 号机油润滑，加恒定载荷进行试验，2 s 即发生咬卡，而经过硫氮共渗后的试样，运行 500 s 还未发生咬卡。

硫氮共渗与蒸气处理相结合，可提高钢件的减摩和耐蚀性能。蒸气处理（又称氧化处理）是指在 500～600 ℃的温度下，用过热蒸气进行的处理。它可使钢件表面形成一层致密的与基体结合牢固的 Fe_3O_4 薄膜。对于高速钢刀具在硫氮共渗前、后可各进行一次蒸气处理。

硫碳氮共渗兼有氮碳共渗和渗硫的特点，能赋予工件优良的耐磨、减摩、耐疲劳、抗咬死性能，并改善了钢铁件（除不锈钢以外）的耐蚀性。钢铁表面形成的共渗层由硫化物层、弥散相析出层和过渡层组成。硫化物层厚度为 5 ~ 20 μm，是含有 FeS，FeS_2，Fe_3O_4 等相组成的硫、氮、碳富集区。弥散相析出层主要由 Fe_2(N,C)、Fe_3(N,C)、Fe_4(N,C) 等相及含氮的马氏体、残余奥氏体等组成。过渡层是含氮量高于基体的固溶强化区。对于大多数结构钢和不锈钢，常以(565±5) ℃、恒温 1 ~ 3 h 进行盐浴硫氮碳共渗。其处理效果十分明显，如 45，45Cr 钢的轴和齿轮处理后寿命可提高 1 ~ 3 倍；Cr12MoV 硅钢片冷冲头等高精度冷作模的寿命提高 1 ~ 4 倍；1Cr13 ~ 3Cr13 和 1Cr18Ni9Ti 钢泵轴、阀门寿命提高 2 ~ 4 倍；ZGCr28 的叶轮、中壳抗咬负荷提高 4 ~ 6 倍，台架试验时间延长 3 个数量级。45 钢以 570 ℃、恒温 3 h 进行离子硫氮碳共渗与未处理相比，在干摩擦下起始摩擦系数由 0.14 ~ 0.15 下降至 0.08。

将电刷镀与渗金属工艺相复合可以在金属表面形成一层减摩耐磨的固溶合金化镀覆层。例如在 40Cr 钢表面先刷镀一层 Sn（厚度 0.5 ~ 3 μm），而后在氮气气氛中按 500 ℃、恒温 6 h/550 ℃、恒温 3 h/600 ℃、恒温 6 h 进行渗金属；或在 Cu 合金（H62）表面刷镀 8 ~ 15 μm的 Sn，在氮气气氛中按 300 ℃、恒温 6 h/400 ℃、恒温 4 h 渗金属，可获得较好的减摩耐磨效果。

5. 金属塑料复合材料

金属塑料复合材料又有“背衬型润滑材料”、“三层复合自润滑材料”等称呼。它由钢背-多孔青铜-高分子润滑材料复合而成。其机械性能相当于钢，摩擦性能相当于高分子材料。具有机械强度高，摩擦系数小，耐磨性好，热膨胀小，导热性优良等特点。这类材料目前已有很多种，其中应用得比较广泛而有效的有 PTFE-钢背和聚甲醛-钢背，国外分别称其为 DU 材料和 DX 材料。这些材料适于制作轴套、衬套、垫片、导轨、滑板和半球碗等机械零件。

PTFE-钢背复合材料（DU 材料）由英国 Glacier 金属公司发明，其应用很广。国产的复层材料选用 10 号或 08F 低碳钢冷轧钢板，厚度一般在 0.5 ~ 3.0 mm，其上镀厚度为 10 ~ 15 μm 的 Cu，而后采用黏结的方法铺设 0.26 ~ 0.35 mm 厚的球形青 Cu 粉（粒径 0.06 ~ 0.19 mm），在氢气炉中以在(840±10) ℃的温度进行烧结。表面层高分子材料主要是 PTFE(可填充 PbO、硼铅玻璃、SiO_2、天然云母、Cr_2O_3 等物),采用辊压烧结(温度(375±5) ℃)而成,表面层厚度为 0.02 ~ 0.06 mm。

钢背的作用在于提高材料的强度和承载能力,镀 Cu 是为了提高钢背与青 Cu 中间层之间的结合强度。在摩擦升温时表层的 PTFE 及其填充物从孔隙中挤出,起到自润滑作用。一旦表面层被磨破后,中间层青铜则直接与对偶接触,可避免严重烧伤。

表 7.28 是国产的 FQ-1(PTFE-钢背复合材料)与英国的 DU、美国的 Turcite-B(PTFE 中添加了质量分数为 50% 的青铜粉、MoS_2 和玻璃纤维等制成的带材)材料的性能比较。试验在 Amsler 试验机上进行,对偶材料 45 钢(350 HB)。负荷 600 N,滑动速度 25.12 m/min,总转速 1.5 万转/min(约1.9 km),室温。

表 7.28　三种材料摩擦性能对比

材料		干摩擦			30 号机油润滑		
		摩擦系数	摩擦力矩 /(N·m)	磨痕宽度 /mm	摩擦系数	摩擦力矩 /(N·m)	磨痕宽度 /mm
FQ-1	w(Pb) = 5%	0.153	1.89	4.92	0.024	0.30	3.33
	w(Pb) = 10%	0.143	1.70	4.08	0.027	0.35	2.92
	w(Pb) = 20%	0.101	1.25	3.62	0.025	0.30	3.26
DU		0.142	1.70	2.53	0.046	0.65	2.81
Turcite-B		0.186	2.32	6.70	0.036	0.44	4.63

聚甲醛-钢背复合材料(DX 材料)由钢背、多孔青铜和在多孔结构上滚压的表面层 3 部分组成。表面层是约 500 μm 厚的聚甲醛层,其上压有许多凹痕以贮存油、脂等润滑剂。这种材料在使用前必须涂敷润滑剂进行预润滑。DX 材料兼有高承载能力和低摩擦系数,适于在高速运动的摩擦构件中应用。含油聚甲醛-钢背复合材料的静承载能力约 140 MPa,在速度为 22 m/min 时能承受大于 10 MPa 的载荷。

在干摩擦条件下,DX 材料的摩擦性能不理想。在油脂润滑条件下它的跑合磨损很小,几乎与稳定磨损相当。在油脂消耗到一定程度后,磨损便逐渐加大。若加油的间隔时间合适,材料的使用寿命可大为延长。

其他如黏结固体润滑干膜(见 4.2 节)等以增强固态润滑性能为主的复合表面技术也有广泛应用。

7.3.4 以增强耐蚀性为主的复合表面技术

由于零件表面性能主要取决于它的材料构成及其组织结构特性,因而运用前面介绍的一些复合表面技术,几乎均可设计并制备出所需高耐腐蚀性能的表面。下面列举的一些以增强耐蚀性为主的复合表面技术可供设计和选择时参考。

1. 耐蚀复合镀层

(1)复合电镀层

复合镀锌可以提高镀锌层的耐蚀性。复合电镀 Zn-TiO_2 镀层经彩色钝化处理后,中性盐雾试样证明其耐蚀性比纯锌镀层提高 2 倍以上。

锌-铝复合镀层(镀液由 $ZnSO_4$,250# 铝粉及抑制铝粉溶解的物质等组成)具有很高的耐蚀性。镀层中,锌与铝组成腐蚀电池,因铝表面存在氧化膜,故铝为阴极。由于氧在铝上的扩散速率低,电子转移受阻,致使电极过程减慢,金属锌的阳极溶解速度下降。锌-铝复合镀层的耐蚀寿命远远高于锌镀层及电镀锌后做扩散处理的镀层。如用镀层的腐蚀失重代表其腐蚀速度,试验测得电镀锌层、电镀锌后扩散处理层、电镀 Zn-Al 复合镀层的腐蚀速度[$g/(m^2 \cdot d)$]依次为 30 ~ 40,20 ~ 25,2 ~ 5。锌-铝复合镀层的焊接性比电镀锌好;在其上涂装后的协同效果也比在锌镀层上涂装好得多。

锌-氧化铝镀层的耐蚀性也优于镀锌层,其中 Al_2O_3 的粒径可取 1 ~ 5 μm。

Ni-Pd 复合镀层的化学稳定性高于普通镍镀层,这是由于钯的标准电极电位比镍正得多,在腐蚀微电池中,钯是阴极。在复合镀层中只要含有不到 1%(体积分数)的钯微粒,即可使基质金属镍强烈地阳极极化,结果引起镍层阳极钝化,提高了复合镀层的化学稳定性。根据相同的原理,除钯之外,还可向复合镀层中引入比较便宜的铜、石墨或导电的金属氧化物(Fe_3O_4,MnO_2 等)微粒,也能起到提高以镍、钴、铁、铬、铝为基质金属的复合镀层的化学稳定性的作用。

(2)复合机械镀锌

机械镀锌具有镀层无氢脆、耗能小、污染少、生产效率高、成本低等优点,在国外应用相当普遍。机械镀是把冲击介质(如玻璃球)、促进剂、光亮平整剂、金属粉和工件一起放入镀敷用的滚桶中,并通过滚桶滚动时产生的动能,把金属粉冷压到工件表面上而形成镀层的工艺。适合于机械镀的多是软金属,常用的是锌、镉、锡及其合金。普通机械镀锌外观不如电镀层平滑、光亮,存在微小的凹凸及厚度不均匀等问题,从而影响了镀层的致密性和耐蚀性。一种在机械镀过程中添加少许惰性聚合物颗粒的复合机械镀工艺,使镀层表观及性能得到了改善。其主要工艺步骤仍然是:脱脂→漂洗→酸洗→漂洗→闪镀→镀锌→分离→漂洗→干燥。惟一不同的就是在镀锌过程中,随着锌粉的加入,添加一定量的惰性聚合物微粒(如聚乙烯)。该微粒粒径为 0.5 ~5 μm,加入量为锌粉的 5% ~10%。微粒的加入可起到润滑和填充作用,能有效地提高锌粉的利用率,显著增加镀层的耐腐蚀性和耐磨性。

2. 多层镍-铬镀层

现今多层镍-铬镀层已成为在严酷环境下使用的钢铁零件的防护装饰性镀层,在摩托车、汽车等户外交通工具上得到越来越广泛的应用。多层镍-铬体系具有优良的耐蚀性和外观。从单层镍到双层镍、三层镍体系,其耐蚀性和外观依次得以改善。单层镍体系在铬层缺陷处开始针孔腐蚀,并迅速穿透镍层至基体;双层镍体系腐蚀向横向伸展,腐蚀坑呈“平底”特征;三层镍体系腐蚀点较小,当其中的铬层为微孔铬时,腐蚀呈分散状,延缓了腐蚀向纵深发展。据报导,厚度为 30.5 μm的双层镍耐蚀性优于厚度为 51 μm 的单层镍,也优于 40 μm 铜-镍-铬镀层。目前常采用的多层镍-铬组成类型有:半光亮镍-光亮镍-铬;半光亮镍-光亮镍-镍封-铬;半光亮镍-高硫镍-光亮镍-铬;半光亮镍-高硫镍-光亮镍-镍封-铬。

多层镍体系的防腐蚀机理如图 7.28 所示。其中,半光亮镍镀层电位较正,耐蚀性较高,光亮镍电位较负,耐蚀性较低。将半光亮镍作底层,其上镀光亮镍,则相对半光亮镍,光亮镍是一个阳极性镀层。若光亮镍镀层中有孔隙并进入水电解质,就形成了以光亮镍镀层为阳极、半光亮镍镀层为阴极的微电池,使腐蚀沿横向在光亮镍镀层中扩展,保护了半光亮镍镀层和底层。通常在双层镍体系中二层镍间的电位仅相差

130 mV,防护能力不强。为此,可在半光亮镍和光亮镍层之间增加一层含硫量很高(硫质量分数约为0.15%)的1 μm厚的镀层。因这层高硫镍电位更负,所以当光亮镍层有孔隙时,该层就成为阳极,保护了半光亮镍和光亮镍层。为提高耐蚀性和抗暗性,在光亮镍层上常镀一层0.25~0.75 μm的铬层。在铬、镍微电池中,镍为阳极。为分散腐蚀电流,使腐蚀不向纵深发展,宜镀微孔或微裂纹铬,而要形成这种铬层,常先镀一层复合镍层,称为镍封。

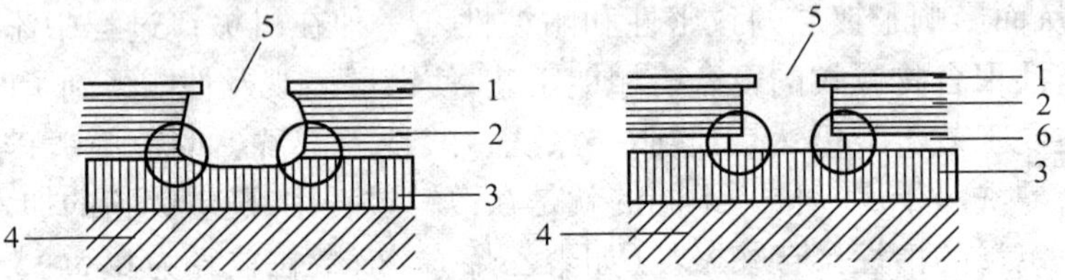

(a) 双层镍体系　　(b) 三层镍体系

图7.28　多层镍体系的防腐蚀机理

1—铬镀层;2—光亮镍镀层;3—半光亮镍镀层;4—铁基体;5—铬镀层的缺陷处;6—高硫镍镀层

镍封又称镍封闭,它和缎面镍是最早开发的通过镍与微粒共沉积形成的防护性复合镀层。镍封一般是在光亮镍镀液中加入粒径0.01~1 μm的惰性微粒(SiO_2、$BaSO_4$、高岭土等),微粒在镀层内弥散分布,使光亮镍固有的高应力得到松弛;且在其上套铬时由于铬不能在微粒上沉积,结果形成大量的微小孔隙,使得作为腐蚀电池中阳极层的光亮镍暴露面积增加,降低了局部腐蚀电流密度。镍封-微孔铬组合镀层可使镍层暴露面积达25%~50%。为防止镀铬层光亮度下降,可控制微孔数为$(2\sim5)\times10^4/cm^2$,镀层厚度为0.2~2 μm。用镍封和缎面镍(缎面镍目前用在装饰及汽车防光反射器件上较多,其工艺与镍封类似)套铬工艺可成倍提高Ni-Cr或Cu-Ni-Cr组合镀层的耐腐蚀能力。

多层镍-铬镀层不仅大大提高了防护装饰性,而且因可以采用较薄镀层而节约了金属。目前国际标准中已对该体系做出了相应的规定。

3. 镍镉扩散镀层

镍镉扩散镀层是先在钢表面镀一层镍,再在镍上镀镉,然后在一定温度下进行扩散处理而获得的。它是结构钢的中温防护层,在500 ℃

以下工作环境中能很好地保护钢不被腐蚀和氧化,并具有一定的耐冲蚀能力,外观由橄榄色、淡褐色、灰色到黑色。扩散层是镍和镉的金属间化合物 $NiCd_4 \cdot NiCd_3$。由于其结构、性能与镍镉合金镀层完全不同,因而在使用上不能用镍镉合金镀层代替它,否则在中温下会使钢基体产生脆断。

镍镉扩散镀层的电极电位为-0.69 V,对低合金钢、不锈钢均为阳极性防护层,它与另外几种中温防护层在质量分数为 3% 的NaCl溶液中的电极电位见图7.29。当镍镉扩散镀层被破坏而裸露出镍底层时,则裸露部分即与纯镍镀层一样,具有阴极防护层的特性。

镍镉扩散镀层在常温与中温下的耐蚀性都比锌镀层好,周期浸渍腐蚀试验的结果为:5 448 h 后,该镀层仅表面附一层黄白色膜层,基体金属没有腐蚀,而锌镀层在 120 h 表面铁锈点达 80%;盐雾腐蚀试验结果为:试验 8 个月,间断喷雾试验累计 1 209 h,镍镉扩散镀层仅出现灰色膜,基体金属没生锈,而锌镀层试验两个半月基体金属就开始腐蚀。

按 HB 5228-73 试验方法试验,在 550 ℃,100 h 的条件下,镍镉扩散层与 38Cr2Mo2VA 钢的氧化速度分别为 0.057 g/(m·h)与 0.127 g/(m·h)。

镀覆镍镉扩散层的基体材料承受循环载荷的疲劳强度会不同程度地降低。为改善这种情况应该采取的措施有:对疲劳性能要求较高的钢件进行镀前喷丸处理;选择低应力的镀镍溶液;保证在没有镀镍层的表面不许有镉镀层存在;适当控制镍和镉镀层的厚度及其比值等。

除镀覆镍镉扩散层以外,还有 TSM3、A12 等中温防护涂层。TSM3 复合涂层是 Ni-Mg 扩散涂层外加一层很薄的陶瓷涂层,它对钢是一种阳极性保护层,在质量分数为 3% 的 NaCl 溶液中的电极电位很负,对钢有非常好的保护能力;A12 复合涂层由铝化物涂层外加很薄的陶瓷涂层组成,对钢也是阳极性保护层,该涂层光滑、均匀、耐冲蚀,对基体疲劳性能影响小。

4. 金属-非金属复合涂层

一般阳极性金属涂层由于存在有孔隙和局部破损,腐蚀介质容易渗透到基体表面,尽管涂层的牺牲阳极作用能够保护基体金属,但损耗了大量涂层材料。若以适当涂料覆盖在金属涂层上将涂层的孔隙封

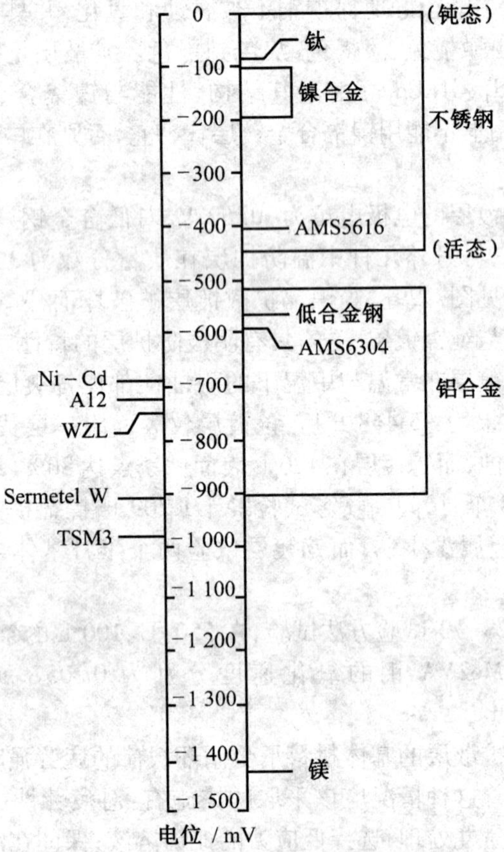

图 7.29　几种中温涂层在质量分数 3% NaCl 溶液中的电位序(饱和甘汞电极作参比电极)

闭,则可阻止腐蚀介质的渗透,从而保护了金属基体和涂层。覆盖在金属涂层上的涂料由封孔涂料底层和耐蚀涂料面层组成。封孔涂料底层应与金属涂层有良好的相容性,能填充涂层的孔隙并附着良好。为了使金属涂层起到钝化作用,底层可采用金属盐类,如铬酸盐、磷酸盐、锶酸盐等,或将金属盐加到涂料中构成耐蚀底漆。耐蚀涂料面层主要要求对腐蚀环境有较好的适应性,能耐腐蚀和老化。这种金属-非金属复合涂层的防护寿命是单一阳极性金属涂层或单一涂装层的若干倍。据 4 000 h 盐雾试验结果,单一阳极性涂层,无论涂层种类如何,24 h 后表面开始产生白锈,330 h 后被白锈覆盖,即涂层本身受到腐蚀。涂层经封闭后,3 300 h 后才出现白锈,经 4 000 h 白锈无明显扩展,没有红锈出现。因而,在同等防护寿命要求的前提下,复合涂层可减少金属涂层的厚度;在同样涂层厚度的前提下,能显著延长涂层的防护寿命。

在金属-非金属复合涂层防护体系中,下述复合涂层具有优异的耐腐蚀等性能。

(1)无机盐铝涂层

无机盐铝涂层是用无机黏结剂和分散的铝粉组成的浆料喷涂后经过干燥、烘烤、固化的涂层。

①WZL 系列涂层

WZL 系列涂层有 4 类。Ⅰ、Ⅱ、Ⅲ类涂层为灰白色或暗灰色,Ⅳ类涂层为带光泽的银灰色。它们都是650 ℃以下环境中钢制件良好的保护层,并具有优异的热稳定性。该系列铝涂层的特性为:

Ⅰ类(WZL-1)涂层是阻挡型涂层,用于耐蚀要求较低的环境;

Ⅱ类(WZL-2)涂层对黑色基体金属为阳极性保护层,表面导电,有良好的热稳定性;

Ⅲ类(WZL-3)涂层是双层涂层,底层导电,外层不导电,进一步提高了涂层的耐蚀性;

Ⅳ类(WZL-4)涂层性能与Ⅱ类涂层相同,只是工艺方法不同。

如果在Ⅰ类涂层表面上增加使涂层导电的工序,并再喷涂一层封闭面层时,可得到表面不导电的组合涂层,对钢具有阳极保护能力,有很高的耐蚀性和热稳定性。

WZL 系列铝涂层具有良好的耐大气腐蚀和耐盐雾腐蚀能力,由于涂层中含有铬酸盐,所以其耐蚀性比纯铝层高。当涂层被划破而露出钢时,涂层的牺牲阳极保护作用优于锌、镉镀层。涂层耐有机溶剂,耐冲刷,可经受磨、钻等机械加工。该涂层是一种全包覆型涂层,涂敷过程不影响基体材料的疲劳性能。

②Sermetel W 涂层

资料介绍 Sermetel W 涂层是一种使用范围很广的黑色金属的耐蚀、耐热涂层,该系列涂层包含的品种很多,其主要性能如下。

a. 耐蚀性。对钢具有优异的防护能力,在 5% 或 20% 的盐雾试验中,可以超过 5 000 h 不生锈,在海洋环境中其耐蚀性远远超过纯铝涂料,优于镉镀层。在工业的、海上的、核的环境中,在淡水、有机酸、酸酐、醇、氨等化学物质中和许多石油产品的设备上是最好的耐蚀涂层之一。涂层对钢零件具有牺牲阳极保护作用,将试样中间去除 12 mm 宽的涂层露出基体金属进行盐雾试验时,可保持 1 000 h。它能防止钛和高强钢应力腐蚀和由应力腐蚀引起的裂纹。在锅炉、热交换器和炼油厂的加热器上能长时间地防止深度点蚀的产生,对热交换器管道涂敷比不涂敷寿命延长 5 倍。

b. 耐热氧化-腐蚀性能。将试样加热到 543 ℃保温 16 h,然后进行盐雾试验,32 h 为一周期,经过 15 个周期基体没有产生红锈,只有轻微的铝涂层的白色腐蚀产物。

c. 其他性能。Sermetel W 涂层的耐冲刷能力较高,在不同冲击角下的耐侵蚀能力比镍-镉扩散涂层和铝化物扩散涂层至少高两倍;该涂层还具有较好的耐磨性,其耐磨性能远高于有机涂层。涂敷这种涂层的零件在经受轧、锤、剪、磨、钻等加工时,涂层不会剥落,涂层性能也不会改变。

无机盐铝涂层的使用范围为:高强钢的防护层,使用温度不超过 650 ℃的中温防护层(如发动机叶片于 500 ℃下的防腐蚀),恶劣环境下钢制件的耐蚀层,钛及其他金属接触腐蚀的保护层等。

(2)无机富锌涂层

无机富锌涂层是由金属锌粉和无机黏结剂、助剂混合组成的水溶性浆料涂敷后,在常温下固化得到的对钢具有良好防护能力的无机涂层。这类涂层的外观为无光泽的灰色,如果在其表面再涂一层无机铝浆料,则不仅能进一步提高涂层防护体系的耐蚀性,而且还能改善涂层的外观,使其表面呈现光亮的银灰色。虽然无机富锌涂层对钢是阴极防护层,但由于涂层致密,与基体的结合力较高,因而对钢具有良好的保护作用和长期的使用寿命。该涂层在大气、工业大气、海水、淡水、水蒸气和 pH 值 5 ~ 9 的氯化钠水溶液中均有良好的耐蚀性能。在有机溶剂、各种油类中不变软、不溶解,也不起泡。当钢基体出现腐蚀时,腐蚀产物不会在涂层与基体之间扩展而使涂层鼓起失效,只要去除腐蚀产物,清理干净,涂敷料浆并固化,就仍能保持整体的防护性能,还不会影响涂层的外观。有资料报导,无机富锌涂层还有防射线辐射的功能。

无机富锌涂层的耐蚀性优于热喷锌涂层,在质量分数为 3% NaCl 溶液中全浸,热喷锌层锌的消耗量远远高于无机锌涂层。用几种试验方法检验不同厚度的无机锌涂层与锌镀层、热浸锌层、部分油漆层的耐蚀性，结果见表 7.29。

表 7.29　用几种试验方法检验的无机富锌涂层与其他涂层的耐蚀性对比

防护层类型	盐雾试验结果①		周期浸润试验结果②		全浸腐蚀试验结果			
	涂层厚度/μm	基体金属开始生锈的时间/h	涂层厚度/μm	基体金属开始生锈的时间/h	涂层厚度/μm	基体金属开始生锈的时间③/h		
						pH=5	pH=7	pH=9
无机富锌涂层	8～10	24	30～33	>3 556	40～50	>3 048	>2 048	>3 048
	40～45	>1 344	40～45	>3 556	10～20	648	>4 200	>4 000
锌镀层(钝化)	16～23	120	20～30	2 688				
锌镀层(未钝化)	21～28	48			21～28	>1 008	<1 008	>1 008
热浸锌层	43～58	48	35～55	264				
涂 C06-1 醇酸及铁锈红防锈漆	16～25	48	15～26	24	15～26	<24	<24	<24
涂 C06-1 漆后涂 C04-42 醇酸磁漆	40～50	120	40～50	24	40～50	864	864	864

①按 JB88-75 进行盐雾试验；②按 HB/T5094-1985 进行试验；③试验溶液：用质量分数为 3% NaCl 水溶液。

据报导，几种富锌涂层中水基无机富锌、溶剂型无机富锌、环氧富锌的使用寿命依次为 25，12～15，3～5 年。

无机富锌料浆中不含对人体有害物质，对施工通风要求不严，也没有火隐患。但必须在环境温度 5～30 ℃、相对湿度 30%～90% 环境下施工，不能在阳光暴晒下或雨天条件下施工。无机富锌涂层不能在承受动载荷的制件上使用，对钢基体涂敷前必须喷砂。

无机富锌涂层适用于船舶、铁路、水利、石油化工、电业、化学、运输、建筑等行业的钢制件防腐，尤其是大型制件的防腐，如桥梁、管道、储油罐、船闸、塔架、汽车壳体、有机溶剂容器，以及 400 ℃以下工作的钢结构件等。

5. 有机复合膜层

(1)聚乙烯复合防腐膜

聚乙烯(PE)等塑料具有优良的耐蚀性，室温下几乎不溶于任何有机溶剂，能耐多种酸、碱和盐类的腐蚀，但 PE 是一种典型的难黏结材料。为了满足防腐工程的需要，一种金属-塑料复合膜具有较好的开发应用前景。该复合膜是事先用金属粉末(如铁粉)和 PE 粉末按顺序撒布并一起加热制成的，膜的一边是金属粉末过渡层，另一边是耐腐蚀的塑料层。由于金属材料间黏结性好，施工时，将复合膜金属粉一面用胶黏剂粘贴到金属基体上,再用热风焊等方法对膜的接缝处进行焊合,即可方便地实现对强腐蚀介质下的大型槽、罐等容器贴制防护衬里。上述的金属粉-聚乙烯复合膜中金属粉与聚乙烯之间的结合强度不够高,贮存中有的金属粉易生锈。为克服这些不足,改进的方法是事先用偶联剂对金属粉进行表面处理,然后再用粉末共热的方法制膜。测试表明,改进的复合膜的剥离强度有较大提高,而且它的界面对盐水介质的渗透表现出优良的稳定性。

另一种玻璃纤维-聚乙烯复合防腐膜是用玻璃纤维(GF)布取代了金属粉,即用浸渍偶联剂的 GF 布与加热熔融的 PE 粉层压成复合膜。由于 GF 布对多种胶黏剂有着良好的浸润性,因而利用玻璃纤维布作过渡层可解决 PE 在防腐工程上存在的难黏结问题。该复合膜在质量分数分别为 10% HCl 水溶液、20% H_2SO_4 水溶液、20% NaOH 水溶液及水等介质中浸渍 500 h,均未出现剥落、起泡、变色、失光等现象。

(2)环氧煤沥青-玻璃布复合膜层

煤焦沥青是煤焦蒸馏后的残渣产物,具有价格低、抗水、耐潮、耐化学药品腐蚀、耐酸等特性,是各种树脂中耐水性最好的一种。广泛用于水下耐潮及耐化学药品的涂料中。环氧煤焦沥青涂料的各项质量指标及检验方法在GB1720 ~ 1732-79 中已有明确规定,环氧煤焦沥青漆膜在质量分数分别为 10% NaOH、3% NaCl 中浸泡 72 h 应无变化,在 10% H_2SO_4 中浸泡72 h应完整不脱落。

环氧煤焦沥青-玻璃布耐蚀层应采用中碱、无捻、无蜡的玻璃布作加强基布。涂层制备主要步骤为:表面处理(清除表面油污)→配漆→刷底漆→打腻子→涂漆、缠玻璃布→静置自干→质量检验。

SY/T 0447-96 标准规定的防腐层等级和结构见表 7.30。

表 7.30 防腐等级及结构

等级	结构	干漆膜/mm	用漆量/($kg\cdot m^{-2}$)	
			底漆	面漆
普通级	底漆-面漆-面漆-面漆	≥0.3	0.1	0.7
加强级	底-面-面、布、面-面	≥0.4	0.1	1.0
特加强级	底-面-面、布、面-面、布、面-面	≥0.6	0.1	1.7

注:“面、布、面”表示连续涂敷,也可用一层浸满面漆的玻璃布代替。

一般情况用普通级防腐,如地沟管道、保温管道、储罐内外壁、异形金属构件、混凝土表面等;对直接埋地管道选用加强级;对腐蚀环境恶劣或维修困难的场合,应选用特加强级,如穿越管道、水下管道、储罐底部等。

环氧煤沥青冷缠带已有制品出售。以铁甲牌 CH_4 型环氧煤沥青冷缠带(北京东方防腐技术开发公司产品)为例,它由冷缠带和定型胶两部分组成。冷缠带采用丙纶无纺毡浸渍环氧煤沥青面漆,经分切、收卷后制成,按厚度分为普通型和加厚型两种。定型胶由分装的甲、乙组分组成,按使用温度分为普通型(气温5 ℃以上使用)和低温型(仅在5 ℃以下使用)两种。施工时定型胶甲、乙组分等量混合,再按照定型胶-冷缠带-定型胶的结构缠在钢管外表面,静置自然固化后形成环氧煤沥青复合防腐层。这种冷缠带施工方便、快捷,一次缠绕即可制成中国石油天然气行业标准 SY/T 0447-96 要求的加强级或特加强级防腐层。适用于埋地和水下输油(水)管道、煤气、自来水、供热管道的外壁防腐,也适用于钢质储罐底部防腐及污水池、屋顶防水层、地下室等混凝土结构的防渗漏。

(3)玻璃鳞片复合涂料涂层

玻璃鳞片是用玻璃制成的几何尺寸为几个毫米,厚度为2~3 μm的小薄片,其形状呈细小的闪闪发光的鱼鳞状。它是将耐蚀中碱玻璃加热到1 000 ℃以上熔化,从套筒挤出连续的圆锥形膜并被拉出后,泡壁经冷却、压辊破碎、研磨、过筛而成。玻璃鳞片的相对密度较小,强度较大。由于其面积厚度比较大,又是互相平行于基体排列,1 mm厚的玻璃鳞片涂层中含有上百片互相平行排列的玻璃鳞片,腐蚀介质要想达到基体,必将绕过鳞片迂回渗入,这就大大增加了渗透时间,从而有效地保护了基体。

玻璃鳞片涂料涂层由玻璃鳞片与树脂混合而成。最常用的树脂是环氧树脂、呋喃树脂、乙烯基树脂、不饱和聚酯树脂。鳞片的选择极为重要。按涂料的要求,宜选择第四代"硅硼酸"玻璃鳞片。鳞片的片径与涂层耐蚀性及施工性能有关。涂层水蒸气透过率随鳞片片径增大而降低,即鳞片的径厚比越大,涂层耐水性越好。玻璃鳞片的用量(按质量)一般为5%~40%,太大或太小均导致耐蚀性下降。鳞片在混入树脂前应进行清洗及偶联剂处理。玻璃鳞片涂料涂层可采用喷涂、滚涂、刮涂、刷涂等方法进行施工。其施工工艺一般为:工件前处理→刷底漆→刮腻子→涂中间漆(刷涂或喷涂鳞片涂料中间漆)→涂面漆→检查及补漏。一般底漆每道干膜厚度约 25 ~ 50 μm,中间漆每道干膜厚度为 150 ~ 170 μm,面漆每道干膜厚度为 25 ~ 50 μm。

玻璃鳞片涂料涂层能耐各种浓度的无机酸、碱、石油溶剂,各类盐和水的侵蚀。常温下在质量分数分别为 10% 和 20% 的 HCl,H_2SO_4,NaOH 及乙醇、丁醇、二甲苯、汽油、浓氨水、饱和 Na_2CO_3 中浸泡 1 000 h 以上,涂层无变化。盐雾试验 3 000 h,涂层表面微暗,但无腐蚀。

因为含有大量玻璃鳞片,涂层的收缩率及热胀系数降低到接近于碳钢,能承受温度急变而不发生龟裂和剥落。对于环氧玻璃鳞片涂料来说,由于环氧树脂中存在羟基等极性基团,故与钢铁、水泥、木材等基体有良好的附着力。

自 1957 年美国 Owens-Corning 玻璃纤维公司发表玻璃鳞片重防腐涂料第一个专利以来,玻璃鳞片涂层已广泛用于大型河闸、海洋平台、油田及炼油厂输油管道、跨海大桥、大型海轮等较严酷腐蚀条件下的钢结构耐蚀防护,我国正在努力做这方面的工作。

6. 自蔓延技术制备钢基陶瓷复合材料

自蔓延高温合成(Self-Propagating High Temperature Synthesis 或 SHS)是利用高温放热反应的热量使化学反应自动持续下去的一种技术。由于 SHS 技术具有生产过程简单、反应迅速、消耗外部能源少、合成产品成本低等优点,因而在材料制备中获得较多应用。目前用 SHS 技术已能合成数百种陶瓷、金属间化合物等多种耐高温无机材料。对于陶瓷材料的合成,SHS 反应的一些特性为:反应温度为 2 000 ~ 4 000 ℃,合成反应传播速度(即燃烧波速度)0.1 ~ 15 cm/s,反应区域宽度为 0.1 ~ 5 mm,反应开始后材料的加热速度为 $10^3 \sim 10^6$ ℃/s,点火时间为 0.05 ~ 4 s。

用 SHS 技术制备各种陶瓷、合金粉末最为成熟。制作钢基陶瓷复合衬管的具体方法是离心铝热剂法(即 C-T 法)。它是将装有铝热剂粉末(如铝粉、Fe_3O_4 粉及各种添加剂粉)的管子(或中空零部件)置于旋转装置上,在其一端点火后,依靠反应自身所放出的热量使燃烧波从一端传播至另一端,从而在装有粉末的整个管道上得到所需的覆层。C-T 法的原理如图 7.30 所示,其典型反应为

$$2Al+Fe_2O_3 \longrightarrow 2Fe+Al_2O_3+828.4\ kJ$$

$$8Al+3Fe_3O_4 \longrightarrow 4Al_2O_3+9Fe+3\ 326.3\ kJ$$

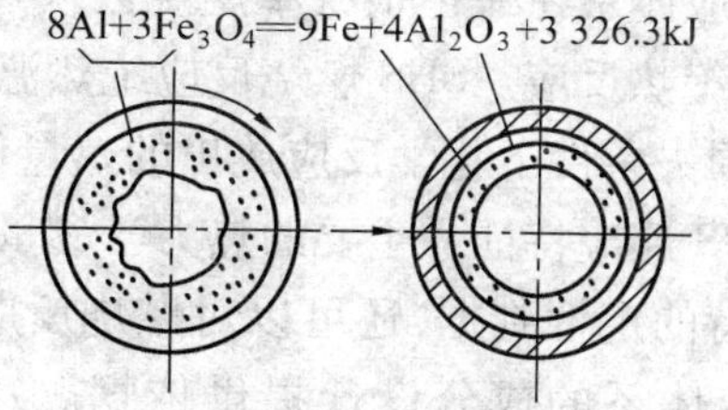

图7.30　C-T法形成钢基陶瓷衬复合管过程示意图

这种反应的温度可达3 000 ℃以上，足以使反应物和生成物熔化。在旋转所产生的离心力的作用下，使得密度具有显著差异的不同液态产物分离，结果形成以钢为基体，Fe为过渡层，耐蚀、耐热、耐磨的Al_2O_3为主的表层的复合衬管。对于复合管三层组织的两个结合界面而言，选择合适的离心力可使陶瓷与Fe层的界面产生参差不齐的机械结合；选择合适的参数及铝热剂成分可使铁层与基体达到理想的冶金结合。

制备钢基陶瓷衬复合衬管时，应设法解决陶瓷涂层与钢管膨胀系数不一致等相容性问题。由于铝热反应的温度很高，被涂敷的钢管常在900 ℃以上，冷却过程中钢管对涂层的压应力，常造成陶瓷涂层崩裂剥落。可通过用适当添加剂提高涂层韧性、改变涂层结构、降低反应温度和陶瓷层密度等途径来解决这一问题。如一种网状结构的陶瓷涂层可大大改善涂层的力学性能，消除了陶瓷层的崩裂和剥落现象。这种涂层的网状骨架部分以α-Al_2O_3为主，铁铝尖晶石$FeAl_2O_4$为辅；网眼部分以$FeAl_2O_4$为主，α-Al_2O_3为辅。由于其反应温度较高，网状陶瓷层的整体密度比较高。

试验指出，用C-T法制作复合管时，在粉末中加入一定的添加剂（如氧化硅、氮化硅、氧化镁、锰化合物及稀土合金等），可降低气孔率，提高陶瓷层的韧性、耐蚀性和耐磨性。有的单位又成功地对氧化铝表层进行了无渗透釉层处理，使得衬层在强酸、强碱水溶液中的浸泡失重率比同条件下的不锈钢小了4个数量级。

C-T法还可扩大到生成碳化物或硼化物与氧化铝的复合衬层。

除离心-自蔓延外，也可利用静态自蔓延合成法在钢管内壁及一些非回转体内表面(如弯管、异形管及复杂形状的内表面)形成陶瓷复合涂层。

SHS 过程中,反应体系在一个很狭窄燃烧区快速升温进行材料合成,整个过程近似于绝热反应。SHS 燃烧反应绝热温度 T_{ad}是在假设体系没有质量和热量损失条件下化学反应放出的热量使体系达到的最高温度。T_{ad}是描述 SHS 反应特征最主要的热力学参量,可以作为判断燃烧反应是否自我维持的定性判据,还可以对燃烧反应产物的状态进行预测,并可以为反应体系的成分设计提供依据。T_{ad}一般为 1 800 ~ 6 000 K,影响 T_{ad}的主要因素有化学配比和环境温度。Merzhanov 等人提出,当 $T_{ad}\geqslant$1 800 K 时,SHS 反应才能自我完成。表 7.31 为部分化合物燃烧合成反应的绝热温度。

表 7.31　部分化合物燃烧合成反应的绝热温度

化合物	TiC	HfC	SiC	TaC	WC	B_4C	Si_3N_4	AlN	TiN	ZrN
T_{ad}/K	3 210	3 900	1 800	2 700	1 000	1 000	4 300	2 900	4 900	4 900
化合物	HfN	BN	TiB_2	ZrB_2	TaB_2	NbB_2	LaB_6	$MoSi_2$	Ti_5Si_3	
T_{ad}/K	5 100	3 700	3 190	3 310	3 370	2 400	2 800	1 900	2 500	

SHS 合成氧化物的一般反应过程为

$$M+AO \longrightarrow MO+A+\Delta H$$

式中,M 为金属,A 为金属或非金属,MO 和 AO 分别为 M 和 A 的氧化物,ΔH 为反应生成热。从热力学考虑,M 的选取首先应满足其氧化物生成自由能低于 AO 的自由能这一基本条件。图 7.31 给出了几种氧化物的 Gibbs 自由能和温度的关系。图中表明,多种还原剂金属在很宽的温度范围内都具有负值自由能。比较起来,虽然钙和镁的还原能力强,但因其沸点低,在还原过程中易于气化而被大量消耗。氧化钙、氧化镁和氧化锆还因其熔点过高,在还原过程中不易与液态被还原金属分离,因而使得价格最低的铝在还原剂选取中占据优先地位。SHS 技术的应用范围较广,除能制作钢基陶瓷覆层以外,还能合成多种难熔化合物和硬质合金,并可进行所谓铝热焊接。

SHS 技术最早是 1967 年由苏联科学院物理化学研究所研究钛-硼混合物的燃烧现象时发现的,1975 年开始直接合成 SHS 材料和产品。

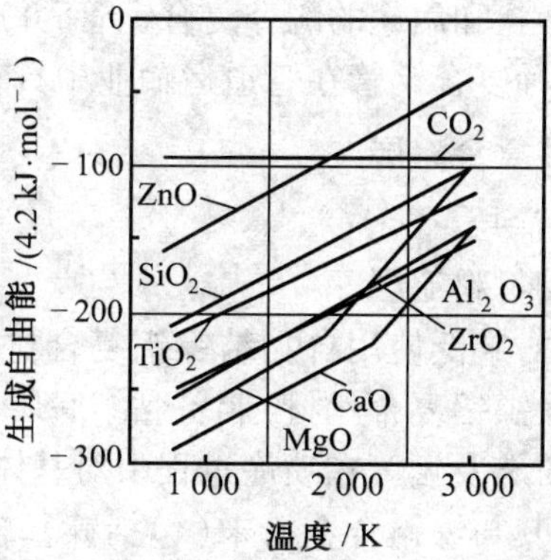

图 7.31 氧化物 Gibbs 自由能和温度的关系

经30多年的研究，SHS工艺已发展到40多种，大体分为6种类型。

a. 粉末的制备。许多产品已达到工业化生产水平。TiC，BN，硬质合金等粉末广泛用于磨料、模具、添加剂、热喷涂、刀具及结构与功能材料等方面。

b. SHS烧结。可制备多孔过滤器、催化剂载体，已得到较广泛的应用。

c. SHS致密化技术。把SHS工艺与常规工艺结合，如SHS-加压法用于生产硬质合金轧辊、拉丝模、刀片等。

d. SHS熔炼。可制备碳化物、氧化物、硼化物等陶瓷和金属陶瓷铸件。

e. SHS焊接。物料的燃烧反应蔓延至整个焊缝后，施压即可得到性能优异的焊缝。

f. SHS涂层。有两种工艺：熔铸涂层，即利用SHS反应在金属工件表面形成的高温熔体同基体金属反应得到具有冶金结合的金属陶瓷涂层，厚度可达1~4 mm；气相传输涂层，它是通过气相传输在金属、陶瓷或石墨等表面形成10~250 μm厚的金属陶瓷涂层。其原理是在反应物 $A_{固}$，$B_{固}$ 中加入气体载体 $D_{气}$，如在碳钢上涂敷碳-铬陶瓷时，反应物料为 Cr_2O_3，Al、炭黑、气体载体，在钢工件表面形成的SHS涂层组织为Cr，Al在 α-Fe中的固溶体及 Cr_7O_3，$Cr_{23}O_6$ 和 Al_2O_3。

相应不同的反应物料，用SHS工艺制备的金属陶瓷涂层可具有很高的耐蚀性、耐磨性和耐高温等性能。我国已有专门的燃烧合成技术公司批量生产不同形状和用途的陶瓷复合钢管,并成功应用于矿山、石油、电力等领域。这种复合钢管在管道运输业中具有广阔的发展前景。

7. 耐高温热腐蚀复合涂层

(1)热喷涂复合涂层

①自黏结不锈钢材料涂层

在热喷涂技术中,广泛使用自黏结镍铝复合材料(包括镍包铝、铝包镍包覆型复合粉及镍铝复合丝材)制备黏结底层。

利用镍铝复合粉末及钼等在喷涂过程中对基体材料和涂层自身良好的黏结性能,可将其与镍铬合金粉末(包括镍基自熔性合金、铁基自熔性合金和不锈钢等粉末)均匀混合,用团聚法、料浆喷干法等制成不锈钢自黏结复合粉末。通过设计复合粉末的组成,可制备出兼具自黏结和基本组分耐蚀、耐磨、耐高温氧化性能的涂层。这类涂层不需喷涂底层就能与基体良好结合,喷涂厚度达数毫米也不会产生裂纹。

②几种热电厂用耐冲蚀-腐蚀涂层

电站锅炉中的管道受热面通常由低碳钢制造,承受着氧化、硫化、碱金属盐类的热腐蚀和含有硬质颗粒的冲蚀磨损。为提高其运行的安全性,延长其使用寿命,现已开发了多种耐高温冲蚀-腐蚀材料,用于对其进行涂敷防护。

马世宁、胡军志等人采用自行开发的 FeCrAl 基粉芯丝材,用高速电弧喷涂在 20 钢上制备出 FeCrAl-WC 复合涂层。该涂层由质量分数为 84% 的 FeCr 固溶体和 WC, WC_2 和 $(FeCr)_2O_3$ 组成,硬质相和氧化物的质量分数占 15.65%。涂层孔隙率为 1.46%,平均结合强度为 30.8 MPa。涂层的热震性能测试,采用在中温炉中加热到 650 ℃、保温 30 min,然后迅速放入冷水(室温)的办法,其反复次数(热震次数)与结合强度的关系如图 7.32 所示。该涂层在力学性能上适用于电厂燃煤锅炉管道的服役条件。

徐滨士、田保红等人采用自行研制的 Fe_3Al-WC 粉芯丝材,用高速电弧喷涂成功地制备出 Fe_3Al-WC 复合涂层。该涂层主要由以 Fe-26Al为主的 Fe_3Al 基体相和质量分数约为 20% 的 WC, W_2C 和 α-Al_2O_3 组成。涂层结合强度为 21.4 MPa,孔隙率为 1.91%,平均硬度 330.9$HV_{0.1}$。

用自制的 GW/CS-MS 型高温冲蚀磨损试验装置测试涂层的高温

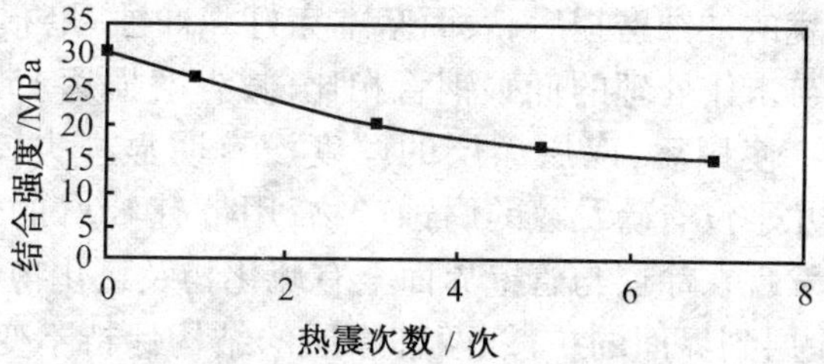

图 7.32　FeCrAl-WC 复合涂层抗热震性能曲线

性能。试验条件:大气环境,温度为室温 ~650 ℃,磨料为 250 μm 石英砂,磨粒速度 62 m/s,冲击角为 30°和 90°,冲蚀时间 75 ~ 90 min。图 7.33为涂层和基体材料 650 ℃时不同攻击角下的气-砂冲蚀磨损量随磨粒量的变化关系。曲线表明,Fe_3Al-WC 复合涂层在 30°攻角下表现为氧化增重,90°攻角下表现为失重,显现典型的脆性材料冲蚀磨损行为,而对比材料 20 g 锅炉钢则呈现出塑性材料的冲蚀磨损行为。不同攻击角下 Fe_3Al-WC 涂层的冲蚀磨损抗力均高于 20 g 钢,其 30°攻角下的稳态相的冲蚀磨损抗力为 20 钢的 3.14 倍。

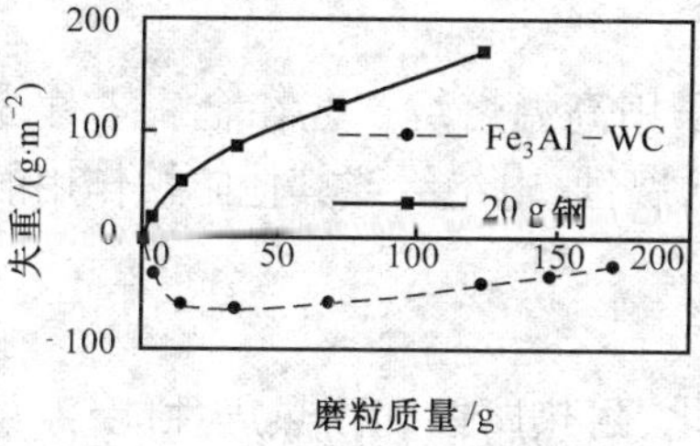

(a)　攻角 30°

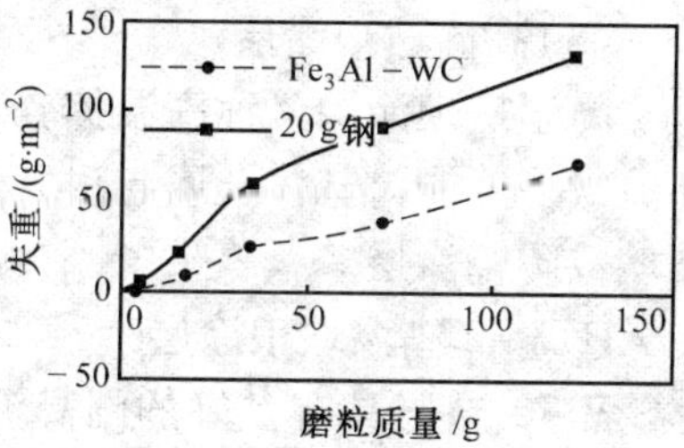

(b)　攻角 90°

图 7.33　Fe_3Al-WC 复合涂层和 20 g 钢 650 ℃冲蚀磨损曲线

为防护发电厂锅炉热交换器管道的冲蚀-腐蚀磨损,研究开发的另一种热喷涂双层复合涂层取得了很好的效果。试验管道材料为低碳钢(相当于 AISI1018 钢),其表面喷涂的双层涂层中,里层为燃烧电弧喷涂的镍铬合金 625 涂层($Ni_{21}Cr_9Mo_{3.5}Nb$ 层),厚 400 ~470 μm,外层是高速火焰喷涂的 CRC-269 涂层(Cr_3C_2-TiC-25NiCr 层),厚120 μm。试验的双层涂层管道安装在锅炉过热器的位置,经两年的高硫(其中 S 的质量分数为 7.29% ~17.75%)、高氯(其中 Cl 的质量分数为 0.17%

~0.67%)环境的冲蚀磨损后,表面基本完好。冲蚀-磨损的测试结果表明,该涂层与未作处理的低碳钢管相比,减少磨损达15倍。光镜观测表明,经两年使用后,双层涂层的厚度没有明显损失;EDX测定表明,涂层表面几乎没有硫及氯的腐蚀产物;用带有EDS的SEM作进一步分析,没有发现在涂层与管壁界面上有硫化物及氯化物,说明没有明显的从两层涂层到界面的扩散,两种涂层的结构保持不变。但可见涂层与管道的界面处有氧化铁存在,表明氧元素已透过两层涂层,但界面处的氧化比较轻微。

(2)耐氧化复合镀层

Ni-Al_2O_3复合镀层的抗高温氧化性能如图7.34所示。与电镀镍相比,Ni-Al_2O_3复合镀层在高温下的增重很少。同时还可看出,无论是电镀镍层还是Ni-Al_2O_3复合镀层,退火温度越高抗氧化性能越好。随着Al_2O_3含量的增加复合镀层的硬度升高,镀层的含氢量增加,脆性也加大。其中质量分数为1.5%的Al_2O_3的复合镀层,其硬度约为纯镍镀层的1.5倍;质量分数为3.8%的Al_2O_3的复合镀层具有较好的抗高温氧化能力,耐磨性能也好。

(3)高温珐琅涂层

高温珐琅涂层又称高温搪瓷,是采用高温熔烧工艺在金属零件表面涂敷一层能对基体金属起耐氧化、防腐蚀、电绝缘或其他防护作用的玻璃或陶瓷涂层。

①W-2高温珐琅涂层

W-2涂层具有良好的耐高温氧化、耐热腐蚀和耐热震性能,涂层与基体结合力强,主要适用于镍基和钴基高温合金热端部位,如燃烧室、加力点火器等。该涂层能显著提高零件的热疲劳抗力、高温持久和高温蠕变性能,零件使用寿命可延长2~2.5倍。

W-2涂层的釉料组成(质量比)为:硅钡酸盐玻璃(70),三氧化二铬(30),黏土(5),水(70)。将釉料涂搪于零件表面,经(1 180±20)℃熔烧2~7 min,即可制成具有深绿色玻璃光泽的涂层。涂层组成为:$w(SiO_2)=43.0\%$,$w(BaO)=42.5\%$,$w(CaO)=4.0\%$,$w(ZnO)=5.0\%$,$w(BeO)=2.5\%$,$w(MoO_3)=3.0\%$。涂层的性能见表7.32。

W-2涂层的组织结构是在玻璃体中镶嵌有三氧化二铬细微晶体的均匀组织。随着使用时间的延长,可能析出$BaO\cdot 2SiO_2$,$BaO\cdot$

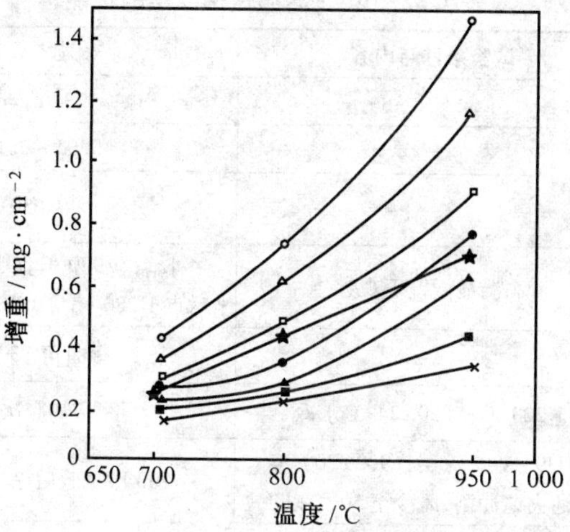

图 7.34　Ni-Al_2O_3 复合镀层和镍镀层的抗高温氧化性能

○—未经退火的纯镍镀层；△—370 ℃退火后的镍镀层；□—500 ℃退火后的镍镀层；×—900 ℃退火后的镍镀层；●—未经退火的镍-氧化铝复合镀层；▲—370 ℃退火后的镍-氧化铝复合镀层；■—500 ℃退火后的镍-氧化铝复合镀层；★—900 ℃退火后的镍-氧化铝复合镀层

SiO_2，2BaO · SiO_2 及 β 方石英等微晶。在涂层熔烧过程中，基体金属晶粒也随之长大。

另有 T-1 珐琅涂层，其性能与 W-2 相似。T-1 涂层最主要的优点是涂层组分中不含危及操作人员健康的有毒的氧化铍，故该涂层又称为无铍珐琅。

②B-1000 珐琅涂层

B-1000 涂层的特点是熔烧温度低（1 050 ℃），工艺性能好，适用于耐热不锈钢和高温合金基体，如用于航空发动机热端部位的燃烧室、涡轮静止叶片、加力燃烧室等零件上。涂层的釉料组成（质量比）为：硼硅钡酸盐玻璃（70），三氧化二铬（30），黏土（5），水（70）。涂层组成为：$w(SiO_2)$ = 38.0% ~42.0%，w(BaO) = 40.3% ~44.3%，w(CaO) = 3.6% ~4.4%，w(ZnO) = 4.2% ~5.3%，$w(B_2O_3)$ = 5.5% ~6.5%，$w(TiO_2)$ = 2.6% ~3.4%。涂层具有深绿色玻璃光泽，涂层的工作温度为 800 ~900 ℃。另一种 418 珐琅涂层，使用温度和 B-1000 涂层相同，特点与 B-1000 涂层相似，熔烧温度也是 1 050 ℃。

表 7.32　W-2 高温珐琅涂层的性能

项　目	试验条件与内容	数　据			
密　度	—	3.6 g/cm^2			
涂层厚度	—	0.05 ~ 0.10 mm			
最高工作温度	—	1 050 ℃			
熔化温度范围	高温显微镜下观察	收缩点 980 ℃;软化点 1 140 ℃ 半球点 1 280 ~ 1 310 ℃;流动点>1 400 ℃			
弯曲性能	—	弯曲角 = 30° ~ 42°			
热震性能	1 200 ℃↔(20±2) ℃水冷	涂层热震次数>6 次			
热冲刷性能	GH39+W-2 涂层,(900±20) ℃煤油火焰冲刷,风冷至 50 ℃以下	200 次试验后涂层仍保持良好			
拉伸性能	GH39+W-2 涂层,室温拉伸	抗拉强度为 701 MPa,延伸率为 57.7%			
	GH39,室温拉伸	抗拉强度为 813 MPa,延伸率为 48.8%			
	GH39+W-2 涂层,900 ℃拉伸	抗拉强度为 160 MPa,延伸率为 91.0%			
	GH39,900 ℃拉伸	抗拉强度为 156 MPa,延伸率为 99.2%			
高温持久性能	GH39+W-2 涂层,900 ℃/40 MPa	231 h 20 min			
	GH39,900 ℃/40 MPa	47 h 05 min			
高温蠕变性能	GH39+W-2 涂层,900 ℃/25 MPa 作用 100 h	残余延伸率为 0.814%			
	GH39,900 ℃/25 MPa 作用 100 h	残余延伸率为 1.802%			
1 100 ℃耐氧化性能	1 100 ℃下停留时间/h	25	50	75	100
	GH39+W-2 珐琅涂层增重/(g · m^{-2})	3.75	5.60	7.50	9.45
	GH39 合金增重/(g · m^{-2})	22.00	41.30	45.90	53.00
	合金氧化增重/涂层后试样氧化增重	5.87	7.38	6.12	5.61

7.4　表面工程技术经济分析

技术经济学(或工程经济学)是把技术与经济有机结合为一体的交叉性学科。它是研究为达到某一预定目的可能采取的各种技术方案、技术政策、技术规划、技术措施等的经济效果,通过计算、分析、比较和评价寻找具有最佳经济效果的技术方案。

由于表面工程技术包含很多技术门类和工种,因而从事表面工程技术运营活动的企业或部门的存在形式各种各样。有的是可进行多种表面工程施工的综合性企业(或加工、处理、服务厂或中心),有的是专业性企业(如电镀厂、真空镀膜设备厂、喷涂材料厂等),但更多的是以单一的车间或工种作为企业的一个组成部分,在有关科研院所和院校中也有不少从事表面工程工作的部门。随着表面技术的种类不同,配置的设备更是类别各异。其中,三束、真空镀膜和真空表面热处理等设备一般价值较高,胶黏、氧乙炔焰手工喷涂、电刷镀等设备一般价值较低。从产品的形式来看,除生产与表面工程技术有关的设备、材料是作为独立产品出售外,多数是作为产品制造、工程施工中的一部分(工序或工序组、子项目、分项工程),以对零件(构件)表面涂覆、改性、处理等手段来提高产品(工程)的质量、性能和附加值。如机器零件的表面热处理和镀膜、桥梁和船舶建造中的防腐施工、建筑物和构筑物的刷油、涂漆等。

尽管表面工程技术的运营有其特殊性,但作为工程技术领域的一部分,在企业(部门)的筹建、设备的购置和运行、产品生产(施工、服务)等项目的运筹和决策中,同样具有工程技术活动的共性,也应做到技术和经济的有机结合,力求获得最佳的经济效益。

表面工程的技术经济分析目前尚缺少系统的论述。本章仅对技术经济学中的几个共性问题加以介绍,供在进行有关表面工程技术项目的决策中参考。

7.4.1　设备的磨损及其补偿

机器设备在使用或闲置过程中,由于力或自然力的作用,其零部件会发生磨损。这里的“磨损”是广义的,它包括因摩擦等产生的磨损,以及腐蚀、老化、陈旧、贬值等情况。设备的磨损有两种形式,即有形磨损和无形磨损。

1. 设备的有形磨损

设备在使用或闲置过程中发生的实体磨损或损失,称为有形磨损或物质磨损。有形磨损又可分为两种类型,即使用磨损和自然磨损。

a. 使用磨损。运转中的机器设备在力的作用下,零部件会发生摩擦、振动和疲劳等现象,导致其实体产生磨损。这种磨损称为第一种有形磨损。它通常表现为零部件原始尺寸改变,公差配合性质改变,精度降低,功能衰退和能耗增加等。

b. 自然磨损。由于受到种种自然力的作用造成设备的有形磨损,称为第二种有形磨损。它与生产过程的作用无关,设备在闲置和封存时同样产生这种磨损。这种磨损表现为设备发生腐蚀、生锈、老化、变质等现象,严重时会丧失精度和工作能力。

有形磨损的技术后果是设备的生产能力下降,使用价值降低,甚至完全丧失使用价值。

有形磨损的经济后果是设备原始价值的降低,甚至完全丧失经济价值。

科技进步对设备的有形磨损是有影响的,如耐用材料的出现、零部件加工精度的提高、高新表面强化技术的采用、结构可靠性的增大,以及先进维修制度的实施等,都会减缓设备的有形磨损。但高效的生产技术、自动化管理系统、数控技术等应用,会大大减少设备的辅助时间、加大机动时间。此外,技术的进步又常与高的速度、压力、载荷和温度相联系,这些又都会使设备的有形磨损加剧。

2. 设备的无形磨损

无形磨损是指设备实体形态上看不见的磨损,也叫做精神磨损。无形磨损也有两种情况。

a. 第一种无形磨损,也称经济性无形磨损,它是由于制造企业技术、工艺和管理水平的提高,生产相同设备所需的社会必要劳动耗费减少,因而使原有设备的价值相应贬值。

b. 第二种无形磨损,也称技术性无形磨损,它是由于科学技术的发展而出现技术先进、性能更好、效率更高、耗费原材料和能源更少的新型设备,使原有设备显得陈旧落后而贬值。

在第一种无形磨损情况下,虽然使现有设备有部分贬值的经济后果,但是设备本身的技术特性和功能不受影响,设备的使用价值并未降低。因此,不会产生提前更换现有设备的问题。不过由于设备本身价值的降低,有可能出现修理费用高于设备本身价值的情况,以至于从修理角度分析,影响到设备的使用期限。

在第二种无形磨损情况下,它不仅使原有设备产生价值贬值的经济后果,而且还会造成原有设备使用价值局部或全部丧失的技术后果。尽管原有设备还能正常工作,甚至还很“年轻”,但它的生产能力已低于社会平均水平,使单位产品成本将高于社会平均成本。

3. 设备磨损的度量

(1)有形磨损的度量

正确地度量有形磨损的程度是合理评价机器设备使用的经济性的基础之一。设备的有形磨损程度直接决定于其零件的磨损情况。

若零件的磨损是由摩擦造成的,可用下式来计算,即

$$\alpha_i = \frac{\delta_{pi}}{\delta_{mi}} \tag{7.5}$$

式中,α_i 为设备中 i 零件的磨损程度;δ_{pi} 为 i 零件的实际磨损量;δ_{mi} 为 i 零件最大允许磨损量。

若零件的磨损是因为零件疲劳造成的,则其有形磨损程度计算式为

$$\alpha_i = \frac{T_{pi}}{T_{mi}} \tag{7.6}$$

式中,T_{pi} 为 i 零件的实际服务期;T_{mi} 为 i 零件的疲劳损坏周期。

借用经济指标的度量方法,可在计算零件磨损程度 α_i 的基础上确定整机的平均磨损程度为

$$\alpha_p = \frac{\sum_{i=1}^{n} \alpha_i K_i}{\sum_{i=1}^{n} K_i} \tag{7.7}$$

式中,α_p 为设备有形磨损程度;K_i 为 i 零件的价值;n 为磨损零件总数。

对于不同设备,其有形磨损的损失量不尽相同。为了使度量指标有一致性,通常可用经济度量指标估价设备的有形磨损,即

$$\alpha_p = \frac{R}{K_1} \tag{7.8}$$

式中,R 为修复全部磨损零部件的修理费用;K_1 为在确定设备磨损程度时,该设备的再生产价值。

(2) 无形磨损的度量

在实际生产中,通常用价值损失来度量设备的无形磨损程度,其表达式为

$$\alpha_1 = \frac{K_0 - K_1}{K_0} = 1 - \frac{K_1}{K_0} \tag{7.9}$$

式中,α_1 为设备无形磨损程度;K_0 为设备的原始价值;K_1 为考虑到第一、第二种无形磨损时,设备的再生产价值。

在计算无形磨损 α_1 时,K_1 必须反映两种无形磨损对现有设备贬值的影响。这时 K_1 可表示为

$$K_1 = K_n\left(\frac{q_o}{q_n}\right)^{\gamma}\left(\frac{c_n}{c_o}\right)^{\beta} \tag{7.10}$$

式中,K_n 为新设备的价值;q_o、q_n 为相应的旧设备、新设备的年生产率;c_o、c_n 为使用相应的旧设备、新设备时的单位产品耗费(即单位产品使用成本);γ、β 分别为生产率提高和成本降低指数($0 < \gamma < 1, 0 < \beta < 1$)。

(3) 设备综合磨损的度量

设备综合磨损程度 α 的计算式为

$$\alpha = 1 - (1 - \alpha_p)(1 - \alpha_1) \tag{7.11}$$

式中,$(1 - \alpha_p)$ 和$(1 - \alpha_1)$ 分别为设备有形磨损后和无形磨损后的残余价值(用原始价值的比率表示),$(1 - \alpha_p)(1 - \alpha_1)$ 则为两种磨损同时发生的残余价值。

任何时候,设备发生综合磨损后的净值(残余价值)K 为

$$K = (1 - \alpha)K_0 = [1 - 1 + (1 - \alpha_p)(1 - \alpha_1)]K_0 = \left(1 - \frac{R}{K_1}\right)\left(1 - \frac{K_0 - K_1}{K_0}\right)K_0 = K_1 - R \tag{7.12}$$

从公式看出,K 值等于设备再生产的价值减去修理费用。

4. 设备磨损的补偿

实际上设备在其全部使用期内,同时遭受两种磨损,同时引起两种损失。正确地使用和良好地维护、保养只能减轻、延缓设备的有形磨损

而不能消除有形磨损。为了保持设备处于良好的技术状态,保证正常运行,需要及时对设备的各种磨损进行相应的补偿。补偿的方式应视设备的磨损情况、技术状况和是否经济而定,基本形式是修理、改造和更新。根据设备的具体情况所采用的不同补偿方式如图 7. 35 所示。

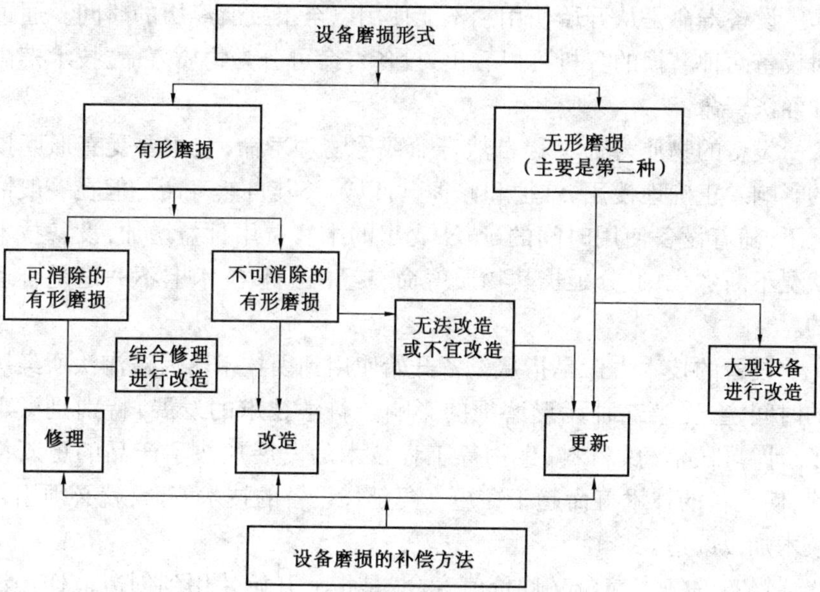

图 7. 35　设备磨损形式及其补偿方式

对可消除的有形磨损的补偿主要是修理,但有些设备为了改善性能或增加某些功能并提高可靠性,可结合修理进行局部改造(改装),或通过再制造进行修复、改造和升级。

对不可消除的有形磨损,补偿方式主要是改造,对改造不经济或不宜改造的设备,可予以更新。

无形磨损尤其是其第二种磨损的补偿方式,主要是更新,但有些价格昂贵的大型设备,若基本结构仍能使用,可通过再制造采用高新技术对其进行改造升级。

如果能使设备的有形磨损期与无形磨损期相互接近,即当设备需要大修时正好出现效率更高的新设备,这时可考虑不对设备进行大修,而更换新设备;假如设备已遭到严重有形磨损,而无形磨损期还没有到来,便需要对设备进行大修或更换一台相似的设备;假如无形磨损期早于有形磨损期(在科学技术飞速发展时期,常常是这样),是更换还是继续使用旧设备,这就要在经济上做全面考虑。

5. 设备的寿命

设备寿命是从开始使用到不能使用以至报废所经历的时间。通过对设备两种磨损的分析可以看出,设备寿命可分为物质寿命、技术寿命和经济寿命。

设备的物质寿命又称自然寿命或称物理寿命,它主要受有形磨损的影响。正确地使用、维护和修理,可以延长其自然寿命。但在一般情况下,随着设备使用时间的延长,支出的维修费用日益增加,设备技术状况不断劣化,过分延长其物质寿命在经济上和技术上不一定是合理的。

设备的技术寿命是指从设备开始使用到因技术落后被淘汰所经历的时间,它受第二种无形磨损的影响。科学技术的发展,特别是微电子、计算机、信息、材料、生物等工程技术的发展加快了产品的更新换代,使设备的技术寿命趋于缩短。要延长设备的技术寿命,就必须用新技术加以改造。

设备的经济寿命又称价值寿命,是指从开始使用到创造最佳经济效益所经历的时间,或者说是从经济角度来选择的最佳使用年限,它受有形磨损和无形磨损的共同影响。经济寿命期满后,如不进行改造或更新,就会影响产品的质量和成本,影响企业的经济效益。

上述三种寿命的长短一般并不一致,在科技高速发展时期,技术、经济寿命常大大短于物质寿命。过去,我国大多数企业是根据物质寿命来考虑设备更新的,大修理也多是原样修复,不重视设备改造。这种做法造成技术装备落后,不适应企业的发展。应以设备的经济寿命为准,综合考虑物质寿命、技术寿命和其他因素,对设备的修理、改造、更新作出决策。

6. 设备磨损与表面工程的作用

表面工程是应用各种表面涂敷技术和表面改性技术来提高产品质量的工程,也是针对设备零件表面失效的形式、特征和机理综合运用各种表面技术对其进行防护的工程。设备物质上的有形磨损和技术上的无形磨损均可通过表面工程技术得到补偿。由于设备的有形磨损主要发生在零件表面,因而表面工程技术的开发和应用水平,直接决定着设备(产品)的有形磨损的速率和设备的物质寿命。

在设备(产品)的设计、制造阶段,通过对表面工程技术的合理运用,可赋予零件表面要求的服役性能。如应用各种表面热处理、表面化学热处理,可使设备的运转表面获得所需的摩擦学性能和使用寿命;各种镀层、改性层的应用可使设备(材料)表面具备在不同腐蚀介质中的所需的耐蚀性能和使用寿命。正是富锌环氧、煤焦油环氧等涂装层,及喷锌 + 封闭 + 涂装等复合涂层对钢结构的保护,使其在海水中获得了20年以上的耐蚀寿命;正是氧化铝、氧化锆等热障涂层的采用,适应了火箭发动机和航空发动机的工作要求;也正是薄膜技术与材料的发展,推动着电子、微电子器件、及计算机和家用电器等产品性能和寿命不断提高。

在设备的服役阶段,各种表面润滑剂、添加剂、自润滑固体润滑材料、摩擦化学自修复材料等的应用,有效地减缓了设备的实体磨损;在设备的闲置或封存阶段,各种表面防腐膜层及封存材料与技术的应用,减缓了设备在自然力作用下的有形磨损。

在设备修理、改造时,零件的修复和表面强化主要使用的是各种实用表面技术。应用各种表面新技术不仅能修复零件的磨损表面,使废旧设备起死回生,而且可以改善零件的表面性能,节省材料、能源和资金,从而提高了设备的可靠性、经济性、环境属性和使用寿命。表面技术在这方面产生的效益是巨大的。例如,唐山水泥机械厂由国外进口的6.3 m双柱龙门立式车床严重损坏,采用电刷镀技术修复了27个导轨表面,精度全面恢复,使这部价格昂贵的巨型机床由长期废置转入生产运行;葛洲坝一部挖泥船发动机曲轴轴颈磨损,采用电弧喷涂技术及时修复,所用费用仅为新品价格的3.5%;坦克的一些零件采用等离子喷涂修复,其耐磨性比新品提高1.4 ~ 8.3倍,而修理成本只有零件价格的1/8;海军的一种现役潜艇,采用电弧喷涂技术使其钢板的耐蚀寿命由4 ~ 5年延长到15年以上,费用仅为涂漆和换板维修费用的20%;空军的一种现役飞机采用挤压强化技术提高其疲劳寿命,整机自然寿命提高一倍,延长了装备的服役期限。

在设备报废时,其资源化处理有再利用、再制造、再循环和环保处理等方式。其中,再利用与再制造是资源化处理的高级形式。

再制造工程是以设备(产品)全寿命周期理论为指导,以优质、高效、节能、节材、环保为目标,以先进技术和产业化为手段,来修复、改造废旧产品的一系列技术措施或工程活动的总称。对废旧设备零件进行再制造,所消耗的材料一般只是零件质量的百分之一到几十分之一,工时费用只是零件价格的5% ~ 10%,但却使零件的性能得到了恢复甚至提高。与把零件回炉成原材料相比,大大节约了能源、资源并保护了环境。再制造最大化地保留了原产品各零件生产中加入的附加值,其资源环境与经济效益显著。再制造工程包括以下内容。

a. 再制造加工。主要针对达到物质寿命和经济寿命而报废的设备(产品),在失效分析和寿命评估的基础上,把有剩余寿命的废旧零部件作为再制造毛坯,采用先进表面技术、复合表面技术和其他加工技术,使其迅速恢复或超过新品技术性能和应用价值的工艺过程。

b. 过时产品的性能升级。主要指针对已达到技术寿命或经济寿命的设备,通过技术改造、更新,特别是通过使用新材料、新技术、新工艺等,改善产品的技术性能的技术提升。

在设备零件的再制造加工和性能提升中,各种表面工程技术是其应用的主要手段。

绿色再制造工程已成为发展最快的一种新的研究领域和新兴产业。美国1996年再制造业的年销售额超过530亿美元(其中汽车零部件再制造达360亿美元),计划2005年达到1 000亿美元。我国的再制造工程虽处于起步阶段,但发展前景广阔。

7.4.2 技术经济的基本原理

1. 可比原则

为了达到某一表面工程项目的经济目的,可采用不同的技术方案,在对这些可能的技术方案进行技术经济分析时,一方面需要分析这些方案各自的经济效益,另一方面也要分析它们之间的相对经济效益。

通过比较和分析，才能确定最佳的技术方案。经济技术的可比性原则主要包括满足需要的可比性、消耗费用的可比性、价格的可比性和时间的可比性。

(1) 满足需要可比

任何表面工程技术方案的制定和实施都是为了满足某种需要，如投资建立某种表面工程企业、部门或生产装置(设备或设施)用以生产表面涂敷(处理)设备、材料或进行表面技术施工服务，生产施工中为了改善零件表面的某种或某些性能，为了对表面进行防护，为了美化装饰产品表面等。为达到同一目的或需要，常有多种途径和方法。技术方案不同，其各自的投入、产出即经济效益不同，因而需要对它们进行比较、评价，进而选优。满足需要的可比性应在功能、质量、产量(效率)等方面可比。

如对海洋大气环境中钢结构的防护可用涂装(各种底漆、中间漆及面漆的组合)，电弧喷涂锌、铝及其合金，电镀镉、锌镍合金，或电弧喷涂锌、铝加涂装等复合工艺进行涂敷施工。在防护功能基本相同的前提下，应进一步比较防护层的防护寿命以及覆层性能、外观等质量指标。防护寿命又是与覆层成分、层数、厚度、致密性等密切相关的，为达到要求的防护寿命，应设计好这些参数，而这些参数又影响到施工效率(产量)和成本。对施工效率的比较，可比较在一定厚度下单位面积覆层的施工时间。涂装、喷涂与电镀的施工效率差别较大，对效率低的方案可设想增加施工工位和相应施工设备，并由此折算相同产量对应的投资总额。电镀方案还要考虑镀槽是否装得下被镀工件，过大的工件不宜在槽中施镀，应改用其他方法。

(2) 消耗费用可比

在比较各技术方案的消耗费用时必须考虑相关费用。考虑相关费用就是要从总体出发，计算和比较因实施各技术方案而引起的生产相关环节或部门增加或减少的费用。如计算电镀生产方案费用时，应考虑设置化学分析部门及必要时的电网改造费用，以及治理废水、废气对环境的污染而增加的费用。

各种费用的计算必须采取统一的方法。即各方案费用构成项目的范围应当一致，费用的计算方法也应一致。

(3) 价格可比

在计算各技术方案的投入费用和产出效益时，不可避免地涉及价格。价格可比就是要求采用合理、一致的价格。价格合理是指价格能够真实地反映产品的价值，有关产品的比价合理。由于价格体系的不够完善，存在着价格不合理的现象。为避免其对经济效益分析的影响，需要对价格进行修正。

确定合理价格的基本方法，为

合理价格 = 单位产品社会必要成本 + 单位产品合理盈利

式中，单位产品社会必要成本包括单位产品中合理的劳动者为自己创造的价值，如工资及附加工资，也包括单位产品中合理的生产资料转移价值。

对涉及产品进出口或利用外资、引进技术的项目的投入品或产出品的价格，可采用国际贸易价格进行方案的分析和评价。

对一些投入品或产品比价不合理的方案，可不用现行市场价格，而采用各项相关费用之和来达到价格的可比性，称为折算费用。采用折算费用能合理地分析和评价对比方案的经济效益。

由于技术进步、生产率提高等因素，价格会随时间而变化。在比较方案的经济效益时，应考虑不同时间价格的变化。如，近期方案相比时，应采用现行价格或近期价格；远期方案相比时，应采用预测的远期价格。在最佳的社会生产环境和充分发挥价值规律作用的条件下，供求达到均衡时的产品和资源的价格，称为最优计算价格，也叫经济价格和影子价格，宜采用这种价格计算项目或方案的效益、费用，并进行方案比较。方案经济评价对价格十分灵敏，采用不合理价格很可能导致放弃最优技术方案。

(4) 时间可比

时间可比要求经济寿命不同的方案进行比较时，应采用相同的计算期。此外，计算方案在不同时期发生的费用支出和收益不能简单地加和，而必须考虑时间因素的影响。

对经济寿命不同的技术方案的比较，可采用其寿命周期的最小公倍数作为共同的计算期。如甲、乙两防腐方案，甲方案的防腐寿命为5年，乙方案为10年。在比较时，它们共同采用的计算期可用其最小公倍数 10 年。这就是设想甲方案重复施工一次,即以两个甲方案的费用支出和一个乙方案的费用支出相比较。

由于资金具有时间价值,各方案有关费用发生的时间、长短、数额不同,其经济效果就有所差别。必须在同时期基准上,考虑资金的复利后才能进行计算和比较。

2. 资金的时间价值

(1) 资金时间价值概念

将一笔资金存入银行或作为投资成功地用于扩大再生产或商业循环周转,随着时间的推移将产生增值现象,这些增值就是资金的时间价值。资金时间价值最常见的表现形式,是借款或贷款利息和投资所得到的纯利润。

资金的时间价值来源于劳动者在社会生产中所创造的价值。如果资金不与劳动者的劳动相结合,它就不可能增值。一笔货币作为储藏手段保存起来,数年之后,仍为数量相等的货币。这种"呆滞"资金是不能增值的。这实际上是一种经济损失。因而,认识和树立资金时间价值的观念,注意对资金利用的动态分析,不仅能节约地使用资金,也能最合理而有效地利用资金,取得最好的经济效益。

资金的时间价值表明,一定数额的资金,在不同的时刻具有不同的价值,资金必须与时间结合,才能表示出其真正的意义。因此,进行技术经济分析时,看投资是否节约、运用是否合理,要对收益与支出费用进行时间价值计算,即换算成同一时刻上的价值,使它们具有可比性。

值得注意的是,资金的时间价值和通货膨胀引起的货币贬值不同。通货膨胀是指政府为了弥补财政赤字大量发行纸币,纸币的发行量超过商品流通中的实际需要量所引起货币贬值的现象。而资金的时间价值则是一个普遍的现象,只要商品生产存在,资金就具有时间价值。

由于复利计息法符合资金在社会再生产过程中发生增值现象的实际情况,在技术经济分析中一般采用按一定期限的复利计息的方法来衡量资金的时间价值。

【例 1】 现值 $P = 100$ 元资金在年利率 $i = 10\%$ 的条件下,当计息期数$n=1$、3、5 年时，求本利和的将来值 F。

解 采用复利计算法：

$n=1$ 年时，$F=P(1+i)^n=100(1+10\%)^1=110$（元）

$n=3$ 年时，$F=P(1+i)^n=100(1+10\%)^3=133.1$（元）

$n=5$ 年时，$F=P(1+i)^n=100(1+10\%)^5=161.1$（元）

资金等值是指在不同时刻的绝对值不等，但从资金的时间价值观点上认为价值相等的资金。本例中现值 100 元与 1 年后的 110 元、3 年后的 133.1 元和 5 年后的 161.1 元是等效值（或等值）的。

在技术方案的经济分析中，为了计算方案的经济效益，往往把方案的收入与耗费表示为现金的流入和流出。在某一时间点上，该方案（系统）实际支出的费用称为现金流出，实际收益称为现金流入。研究周期内资金的实际支出与收入称为现金流量。现金流入表示为“+”，现金流出表示为“-”。现金流入和流出的净差额称为净现金流量。在二维坐标图上，以现金流量为纵坐标、时间为横坐标所构成的图形，称为现金流量图。

项目寿命周期内的现金流量主要由固定资产投资及其贷款利息、流动资金投资、经营成本、销售收入、税金、新增固定资产投资与新增流动资金投资、回收固定资产净残值、回收流动资金等组成。

利用资金等效值概念，可把不同时间点的现金流量折算成某一时间点的现金流量，并保持其价值相等。把不同时间的资金收入和支出换算到同一时间，就可以满足时间可比的原则，便于对不同技术方案的经济情况进行比较和分析。

（2）资金等效值的计算

在资金等效值计算中，把将来某一时间点的现金流量折算成现在时间点的等效值现金流量称为“折现”或“贴现”。一般把将来时间点的等效值现金流量经折现后的现金流量叫做“现值”，而把将来时间点与现值具有同等价值的现金流量称为“终值”或“将来值”。

资金等效值的计算是以复利计算公式为基础，并经常使用现金流量图作为辅助计算工具。等效值计算中的基准点一般选取计算期的起点，即最初存款、借款或投资的时间。资金等效值的计算，根据计算现值还是将来值，可分为以下几种类型。

① 一次支付的现值和将来值

a. 一次支付将来值公式

$$F = P(1+i)^n = P(F/P,i,n) \qquad (7.13)$$

式中，F 为资金的将来值（或终值，即本利和）；i 为利率；P 为资金的现值；n 为计息期数。式中的 $(1+i)^n$ 称为一次支付终值系数（或一次支付复利系数），可用符号 $(F/P,i,n)$ 表示。在该类型符号中，"/"右边的 P,i,n 为已知条件，左边的 F 为所求的未知量，该系数可按不同利率和计息期数查表求得。

一次支付终值计算公式即求本利和的复利计算公式。它是等效值计算的基本公式，其他计算公式可以它为基础导出。

b. 一次支付现值公式

$$P = F(1+i)^{-n} = F \times \frac{1}{(1+i)^n} = F(P/F,i,n) \qquad (7.14)$$

式中，$1/(1+i)^n$ 称为一次支付现值系数，或称折现（贴现）系数，可用符号 $(P/F,i,n)$ 表示，亦可查表求得。利用 $(P/F,i,n)$ 系数可以求出将来金额 F 的现值 P。

【例2】 一台加工中心购置费200万元，寿命周期20年，寿命周期费 = 购置费 + 使用维修费，各年使用维修费年底折算为50万元。设 $i = 10\%$，求购置时 $(t=0)$ 的寿命周期费。

解 使用维修费于年底一次性支付，使用20年的使用维修费折算到购置时的现值为

$$50/(1+0.1) + 50/(1+0.1)^2 + 50/(1+0.1)^3 + \cdots\cdots + 50/(1+0.1)^{20} = 425.67(\text{万元})$$

所以购置时的寿命周期费为

$$200 + 425.67 = 625.67(\text{万元})$$

则使用维修费约占寿命周期费的70%。

② 等额分付的现值和将来值

a. 等额分付将来值公式

如果连续在若干期的期末支付等额的资金 A，在利率 i 的情况下，求 n 年末累积的资金。即已知 A、i、n，求 F（见图7.36），类似于储蓄中

的零存整取。

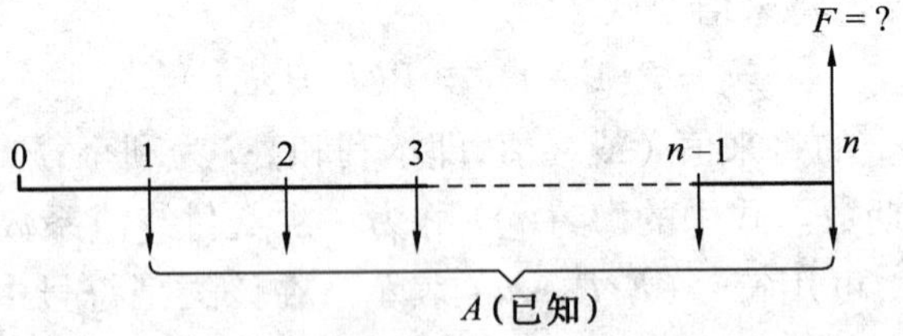

图 7.36　以等额分付将来值计算现金流量图

等额分付将来值公式为

$$F = A\frac{(1+i)^n - 1}{i} = A(F/A,i,n) \tag{7.15}$$

【例 3】　某设备预计 5 年后需结合大修进行现代化改装，若每年末提取 5 万元作为改装基金，年利率 8%，问到时能有多少改装基金？

解　已知 $A = 5$ 万元，$n = 5$，$i = 8\%$，则

$$F = A\frac{(1+i)^n - 1}{i} = 5 \times \frac{(1+0.08)^5 - 1}{0.08} = 29.33\ (\text{万元})$$

b. 等额分付偿债基金公式

如计划在 n 年末需要资金 F，在利率为 i 时，求从现在起，每年要存入多少资金 A。这种情况是等额分付将来值的逆运算，即

$$A = F\frac{i}{(1+i)^n - 1} = F(A/F,i,n) \tag{7.16}$$

c. 等额分付资金回收公式

如以年利率 i 存入资金 P，在今后 n 年内把本利和在每年年末以等额资金 A 的方式取出，其现金流量图如图 7.37 所示。

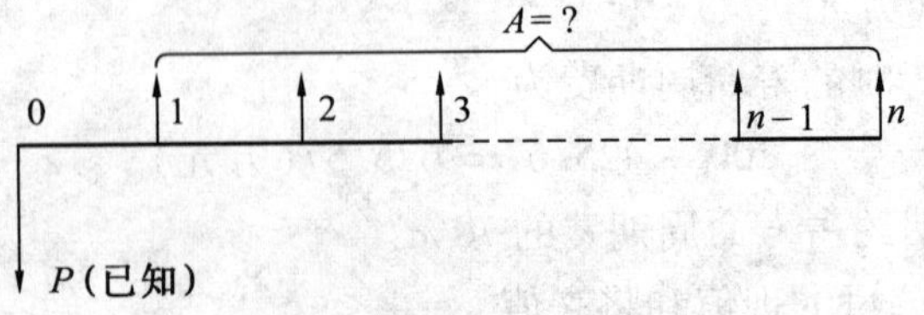

图 7.37　以等额分付资金回收计算现金流量图

将 $F = P(1+i)^n$ 代入式(7.16)中，可得

$$A = P\frac{i(1+i)^n}{(1+i)^n - 1} = P(A/P,i,n) \tag{7.17}$$

【例 4】　某企业拟建一套水循环再利用系统，需投资 10 万元，预计可用 10 年，设期末无残值。如果在投资收益不低于 10% 的条件下，问该系统投入使用后，每年至少该节约多少费用，该方案才合算？

解　已知 $P = 10$ 万元，$i = 10\%$，$n = 10$，则

$$A = P\frac{i(1+i)^n}{(1+i)^n - 1} = 10 \times \frac{0.1(1+0.1)^{10}}{(1+0.1)^{10} - 1} =$$

$$10 \times 0.1627 = 1.627\ (\text{万元})$$

即每年至少应该节约 1.627 万元，该方案才合算。

d. 等额分付现值公式

反之，为了能在今后每年年末提取相等金额 A，现在必须投入的现金 P 为

$$P = A\frac{(1+i)^n - 1}{i(1+i)^n} = A(P/A,i,n) \tag{7.18}$$

除了上述一次支付、等额分付公式外，还有等差分付、等比分付等序列将来值和现值公式。等差序列是指按一定数增加或减少的现金流量序列，如某项费用的支出（或收入）逐年增加（或减少）一个相同的数额。图 7.38 表示逐期递增相同数额 G 的等差分付序列将来值现金流量图。该现金流量可分解为两部分，第一部分是由第一期期末现金

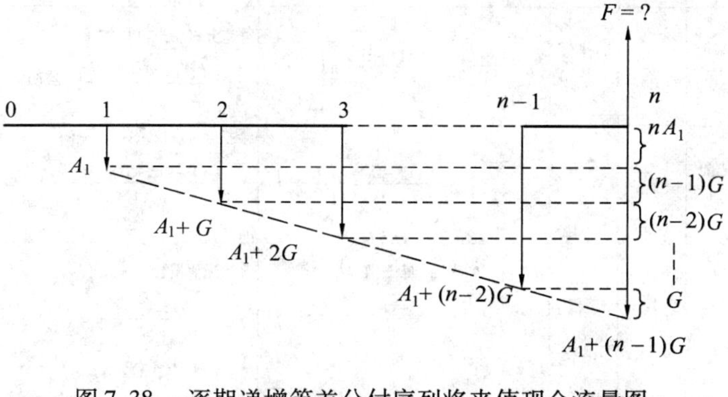

图 7.38　逐期递增等差分付序列将来值现金流量图

流量A_1构成的等额分付现金流量,其将来值F_{A1}计算同公式(7.15);第二部分是由等差定额G构成的递增等差分付现金流量,求其将来值F_G。等比序列是指按一定固定百分率(h)逐期递增或递减的现金流量序列,其现金流量的通式为$A_t = A_1(1+h)^{t-1}(t=1,2,\cdots,n)$。等差分付、等比分付序列与一次支付、等额分付序列计算公式及其相应的系数一并汇总于表7.33之中,表中的各个系数值均可根据已知数据从特制的表格中直接查得。

表7.33　资金等效值公式汇总表

类型		已知	求解	计算公式	系数名称及符号
一次支付	将来值公式	现值 P	将来值 F	$F = P(1+i)^n$	一次支付将来值系数 $(1+i)^n = (F/P,i,n)$
一次支付	现值公式	将来值 F	现值 P	$P = F(1+i)^{-n}$	一次支付现值系数 $(1+i)^{-n} = (P/F,i,n)$
等额分付	将来值公式	年值 A	将来值 F	$F = A\dfrac{(1+i)^n-1}{i}$	等额分付将来值系数 $\dfrac{(1+i)^n-1}{i} = (F/A,i,n)$
等额分付	偿债基金公式	将来值 F	年值 A	$A = F\dfrac{i}{(1+i)^n-1}$	等额分付偿债基金系数 $\dfrac{i}{(1+i)^n-1} = (A/F,i,n)$
等额分付	资金回收公式	现值 P	年值 A	$A = P\dfrac{i(1+i)^n}{(1+i)^n-1}$	等额分付资金回收系数 $\dfrac{i(1+i)^n}{(1+i)^n-1} = (A/P,i,n)$
等额分付	现值公式	年值 A	现值 P	$P = A\dfrac{(1+i)^n-1}{i(1+i)^n}$	等额分付现值系数 $\dfrac{(1+i)^n-1}{i(1+i)^n} = (P/A,i,n)$
等差序列	将来值公式	G	将来值 F	$F_G = \dfrac{G}{i}\left[\dfrac{(1+i)^n-1}{i}-n\right]$	等差分付将来值系数 $\dfrac{1}{i}\left[\dfrac{(1+i)^n-1}{i}-n\right] = (F/G,i,n)$
等差序列	现值公式	G	现值 P	$P = \dfrac{G}{i}\left[\dfrac{(1+i)^n-1}{i(1+i)^n}-\dfrac{n}{(1+i)^n}\right]$	等差分付现值系数 $\dfrac{1}{i}\left[\dfrac{(1+i)^n-1}{i(1+i)^n}-\dfrac{n}{(1+i)^n}\right] = (P/G,i,n)$
等比序列	现值公式	A_1 h	现值 P	$P = A_1\dfrac{1-(1+h)^n(1+i)^{-n}}{i-h}$　$(i \neq h)$ $P = A_1\dfrac{n}{1+i}$　$(i = h)$	等比现值系数 $\dfrac{1-(1+h)^n(1+i)^{-n}}{i-h} = (P/A_1,i,n)(i \neq h)$ $n(1+i)^{-1} = (P/A_1,i,n)$　$(i = h)$

7.4.3　技术经济评价的基本方法

对表面工程技术项目做出正确的决策,必须进行多方面的评价。包括技术方面(可行性、可靠性、安全性等)、商业方面(资金、市场等)、资源方面和环保方面等。但在一般情况下,最主要的决策依据还是在上述诸方面评价基础上的经济方面的评价结果。

在经济效益评价中有单方案评价和多方案评价。其中多方案技术经济评价,既要研究各方案自身的经济效益,又要分析和比较各方案之间的相对经济效益,从而选出最优方案。

技术方案经济效益的计算和评价方法有多种形式。根据是否考虑资金运用的时间因素,可分为不考虑资金时间价值的静态评价方法和考虑资金时间价值的动态评价方法。静态评价方法简单,可用于短期项目的评价或对长期项目的粗略评价。动态评价方法由于其合理且精确而被广泛采用。

1. 静态评价方法

(1) 静态投资回收期法

投资回收期也称投资偿还期或投资返本期,是指技术方案实施后的净收益或净利润抵偿全部投资额所需的时间,一般以年计算。

① 静态投资回收期的计算

静态投资回收期的一般计算公式为

$$\sum_{t=0}^{P_t} (C_I - C_O)_t = 0 \tag{7.19}$$

式中,P_t 为投资回收期;C_O 为现金流出量;C_I 为现金流入量;t 为计算期的年份。

如果投产后每年的净收益$(C_I - C_O)_t$ 相等,或用年平均净收益计算,则投资回收期的计算可简化为

$$P_t = \frac{I}{C_I - C_O} = \frac{I}{Y} \tag{7.20}$$

式中,I 为总投资;Y 为等额净收益或年平均净收益。

投资回收期的起点,一般从项目开始年份算起。求得的投资回收期不超过部门或行业的标准投资回收期时,方案可以接受。

② 静态追加投资回收期

两个以上方案进行对比时常要计算追加投资回收期。

若两个方案年产量相同，即 $Q_1 = Q_2$ 时，如果投资额 $I_1 > I_2$，经营费用 $C_1 > C_2$，则方案2比方案1优越。但在实际工作中，往往是投资大的方案经营费用较低，投资小的方案经营费用较高。因此，要计算用节约的费用去回收增加的投资的期限，即计算追加投资回收期。

若 $I_2 > I_1, C_2 < C_1$，则追加投资回收期 T_a 为

$$T_a = \frac{I_2 - I_1}{C_1 - C_2} = \frac{\Delta I}{\Delta C} \tag{7.21}$$

式中，ΔI 为投资增加额；ΔC 为经营费用节约额。

若两个方案年产量不同，即 $Q_1 \neq Q_2$ 时，如果 $\frac{C_1}{Q_1} > \frac{C_2}{Q_2}, \frac{I_1}{Q_1} > \frac{I_2}{Q_2}$，则第2方案比第1方案优越。如果 $\frac{C_1}{Q_1} > \frac{C_2}{Q_2}, \frac{I_1}{Q_1} < \frac{I_2}{Q_2}$，则追加投资回收期为

$$T_a = \frac{\frac{I_2}{Q_2} - \frac{I_1}{Q_1}}{\frac{C_1}{Q_1} - \frac{C_2}{Q_2}} \tag{7.22}$$

当计算出的追加投资回收期 T_a 不超过标准投资回收期 T_s 时，投资额大的方案2较优。反之，方案1较优。

(2) 静态投资效果系数法

投资效果系数又称投资收益率或投资报酬率，是指项目投产后取得的年净收益与项目总投资额的比率，即

$$E = \frac{Y}{I} \tag{7.23}$$

式中，E 为静态投资效果系数；Y 为项目年平均净收益；I 为项目总投资。

根据比较的基准或分析的目的不同，Y 也可以是年平均利润总额，或年平均利税总额。实际工作中主要计算以下三种静态投资效果系数指标。

① 投资利润率

它是考察单位投资盈利能力的指标，计算公式为

$$投资利润率=\frac{年利润总额或年平均利润总额}{项目总投资}\times 100\% \quad (7.24)$$

其中

年利润总额 = 年销售收入 - 年销售税金及附加 - 年总成本费用

总投资 = 固定资产投资 + 建设期贷款利息 + 流动资金 + 固定资产投资方向调节税

② 投资利税率

它是考察单位投资对国家积累的贡献水平，计算公式为

$$投资利税率=\frac{年利税总额或年平均利税总额}{项目总投资}\times 100\% \quad (7.25)$$

其中

年利税总额 = 年销售收入 - 年总成本费用

或者

年利税总额 = 年利润总额 + 年销售税金及附加

③ 资本金利润率

反映投入项目的资本金的盈利能力，计算公式为

$$资本金利润率=\frac{年利润总额或年平均利润总额}{资本金}\times 100\% \quad (7.26)$$

式中，资本金是指项目的全部注册资金。

计算出的以上三种指标，若大于或等于部门或行业的相应标准指标或平均指标，表明项目在经济上可以接受。

2. 动态投资评价法

(1) 净现值法

净现值法是动态投资评价最重要的方法之一。它不仅考虑了资金的时间价值，也考虑了项目在整个寿命周期内收回投资后的经济效益状况。

净现值是指技术方案在整个寿命周期内，对每年发生的净现金流量，用一个规定的基准折现率 i_0 折算为基准时刻的现值，其总和称为该方案的净现值(NPV)，且

$$NPV=\sum_{t=0}^{n}(C_I-C_O)_t(1+i_0)^{-t}=\sum_{t=0}^{n}C_{\mathrm{Ft}}(1+i_0)^{-t} \quad (7.27)$$

式中,n 为项目方案的寿命周期;$(C_I - C_O)_t = C_{Ft}$ 为第 t 年的净现金流量;$(1+i_0)^{-t}$ 称为第 t 年的折现因子,$C_{Ft} \cdot (1+i_0)^{-t}$ 称为第 t 年的净现金流量现值。净现值的折算一般以投资开始为基准,通常按以下步骤进行计算:

a. 列表或作图标明整个寿命周期内逐年现金的流入和流出,从而算出逐年的净现金流量;

b. 将各年的净现金流量乘以对应年份的折算因子,得出逐年的净现金流量的现值;

c. 将各年的净现金流量现值相加,即得该项目的净现值。

净现值 NPV 等于零,表示方案正好达到规定的基准收益水平;净现值大于零,表示方案除能达到规定的基准收益率外,还能得到超额收益,净现值越大,获利能力越佳;净现值小于零说明方案达不到基准收益水平。可见 $NPV \geqslant 0$ 的方案在经济上是合理的。

【例5】 某企业创建表面技术服务中心,一次投资 800 万元,5 年内逐年的收益及经营支出见表 7.34。如 $i_0 = 10\%$,求第 5 年的净现值。

表 7.34　项目经营支出、收益表

年　　份	0	1	2	3	4	5
投资、经营支出/万元	800	140	150	170	190	200
收益/万元		250	350	480	640	760

解　按式(7.27)列表 7.35 计算。第 4 年投资收回,并有净现值 5.53 万元,第 5 年的净现值为 353.23 万元。

表 7.35　净现值计算表

年份 t	净现金流量 ① = $(C_I - C_O)_t$	② = ①·$(P/F, i_0, n)$	NPV $\sum$②	年份 t	净现金流量 ① = $(C_I - C_O)_t$	② = ①·$(P/F, i_0, n)$	NPV $\sum$②
0	-800	-800	-800	3	310	232.90	-301.82
1	110	100	-700	4	450	307.35	5.53
2	200	165.28	-534.72	5	560	347.70	353.23

由净现值计算式可知，在现金流量一定的情况下，净现值的大小与基准折现率 i_0 密切相关：$NPV=f(i_0)$。一般情况下，同一净现金流量的净现值随着折现率的增大而减小，如图 7.39 所示。图中，A 点是折现率为零（不考虑资金的时间价值）的净现值，曲线与横坐标交于 B 点时，净现值 $NPV=0$。此时的折现率具有的重要经济意义，被称为该技术方案内部收益率（IRR）。

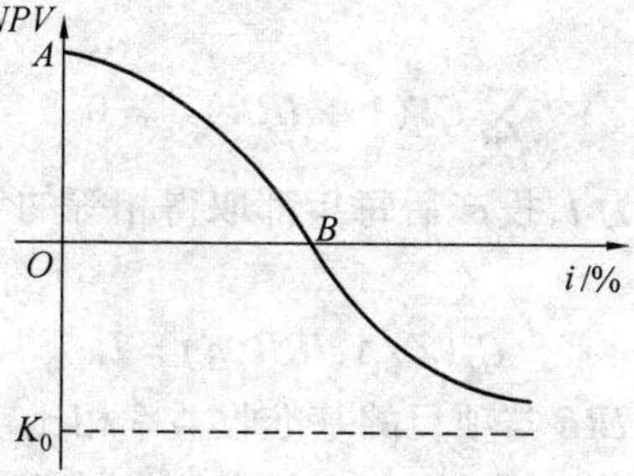

图 7.39　净现值与折现率的关系

基准折现率 i_0 定得越高，能被接受的方案越少。因而正确选定折现率关系到方案评价的正确性和合理确定项目的盈利水平。目前常用的折现率主要有行业财务基准收益率和社会折现率。行业财务基准收益率是项目财务评价时计算财务净现值的折现率。作为投资调控的手段，国家制定并颁布了各行业的基准收益率。社会折现率是项目进行国民经济评价时计算经济净现值的折现率。目前我国一般将社会折现率取 12%。

（2）投资回收期法

动态投资回收期 P'_t 是指在考虑资金时间价值条件下，按设定的利率收回全部投资所需的时间。计算公式为

$$\sum_{t=0}^{P'_t}(C_I-C_O)_t(1+i)^{-t}=0 \tag{7.28}$$

也可直接从财务现金流量表中计算净现金流量现值累计值求出。即

$$P'_t=\left[\begin{matrix}\text{净现金流量现值累计值}\\\text{开始出现正值的年份数}\end{matrix}\right]-1+\left[\frac{\text{上年净现金流量现值累计值的绝对值}}{\text{当年净现金流量现值}}\right] \tag{7.29}$$

用公式(7.29) 求【例5】中的 P'_t 为

$$P'_t = 4 - 1 + \frac{301.82}{307.35} = 3.98\ (\text{年})$$

(3) 内部收益率法

在经济技术评价中,除净现值法外,内部收益率法是另一种最为重要的动态评价法。内部收益率 IRR 是指方案净现值为零时的折现率,其表达式为

$$\sum_{t=0}^{n} C_{Ft}(1 + IRR)^{-t} = 0 \tag{7.30}$$

如果投资现值为 I,投产后每年都取得相等的年净收益 C_F,则 IRR 可如下式计算,即

$$C_F(P/A, IRR, n) = I \tag{7.31}$$

将计算得到的 IRR 与项目的基准收益率相比较,当 $IRR \geqslant i_0$ 时,表示项目方案的收益率已超过或达到基本的或通常的水平。而当 $IRR < i_0$ 时,则不能接受。内部收益率也可以理解为投资项目对占用资金的一种回收能力,其值越高,经济效益越好。

① 手算试差法

由于式(7.30) 难以直接求解,常采用试差法计算 IRR 值。其步骤如下。

a. 设初始折现率为 i_1,一般可先取行业的基准折现率 i_0 为 i_1,代入式(7.30),计算该式左边对应的净现值 NPV_1。

b. 若 $NPV_1 \neq 0$,则根据 NPV_1 的正负再设 i_2。若 $NPV_1 > 0$,则设 $i_2 > i_1$;若 $NPV_1 < 0$,则设 $i_2 < i_1$。计算对应的 NPV_2。

c. 重复步骤b,直到 $|i_n - i_{n+1}| < 0.05$,且 i_n 和 i_{n+1} 所对应的 NPV_n 和 NPV_{n+1} 分别为正和负(或负和正) 时,用线性内差法求 IRR 的近似值为

$$IRR = i_n + \frac{|NPV_n|}{|NPV_n| + |NPV_{n+1}|}(i_{n+1} - i_n) \tag{7.32}$$

② 计算机迭代法

常用牛顿迭代法,其公式为

$$X_{k+1} = X_k - \frac{F(X_k)}{F'(X_k)} \tag{7.33}$$

迭代计算框图如图 7.40 所示。

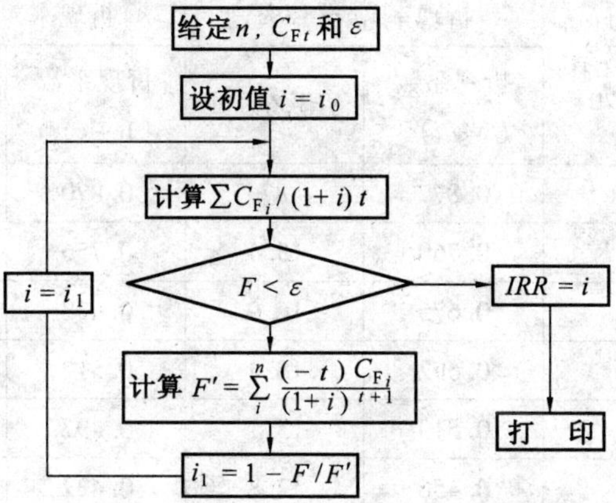

图 7.40　收益率计算框图

【例 6】　某技术方案在其寿命周期($n=7$ 年) 内各年的净收入列于表 7.36 中。试求该方案的内部收益率。

解　设 $i_1=14\%$ 时,计算各年的折现系数及现值分别为

第 1 年：　　$$折现系数=\frac{1}{(1+0.14)}=0.877$$

$$现值=-100\times0.887=-87.7$$

第 2 年：　　$$折现系数=\frac{1}{(1+0.14)^2}=0.769$$

$$现值=20\times0.769=15.4$$

$$\vdots$$

各年的折现系数、现值列于表 7.36 中,将各年的现值加和,得

$$NPV_1=-87.7+15.4+\cdots+11.6=2.5\text{（万元）}>0$$

又设 $i_2=15\%$,求得相应的数据列于表 7.36 中,并得

$$NPV_2=-0.30\text{（万元）}<0$$

将相应值代入式(7.32) 中,得

$$IRR=0.14+\frac{|2.5|}{|2.5|+|-0.3|}(0.15-0.14)=0.149=14.9\%$$

表 7.36　例 6 计算表

年份	各年净收入 C_{Ft}/ 万元	折现率 $i_1 = 14\%$		折现率 $i_2 = 15\%$	
		折现系数 $(1+i)^{-t}$	NPV_t/ 万元	折现系数 $(1+i)^{-t}$	NPV_t/ 万元
1	-100	0.877	-87.7	0.870	-87.0
2	20	0.769	15.4	0.756	15.1
3	25	0.675	16.9	0.658	16.5
4	31	0.592	18.4	0.572	17.7
5	29	0.519	15.1	0.497	14.4
6	28	0.456	12.8	0.432	12.1
7	29	0.400	11.6	0.376	10.9
净现值 NPV/ 万元		$NPV_1 = 2.50$		$NPV_2 = -0.30$	

3. 其他效益型指标评价法

对于一些非盈利性的投资，如公益事业，一般可用效益 - 费用比（B - C 比）来评价其经济效果，即

$$\text{效益} - \text{费用比} = \frac{\text{净效益(现值或年值)}}{\text{净费用(现值或年值)}} \tag{7.34}$$

净效益包括投资方案对承办者和社会带来的收益，并减去方案实施带来的损失。效益 - 费用比大于 1 认为是可以接受的。

当效益不好计量时，如工程质量、可靠性、效能等，可用效用 - 成本分析法。此时，需注意以下几方面。

a. 明确应实现的效用。如交通信号指挥系统的效用目标是运行可靠；军事后勤运输系统的效用目标是在规定时限内将一定数量的人员、武器装备运输到指定地点等。

b. 确定反映效用水平的计量指标。不同的效用需要选择不同的计量指标。如交通信号指挥系统可采用可靠度指标，即用不发生错误信号的概率来度量；军用后勤运输系统的运载能力可采用日运载吨位指标来度量。

c. 选用具有预定效用的备选方案，并把各方案的成本与效用以相

应的计量指标表示出来。而后采用成本固定法或效用固定法筛选方案。

对武器装备来说,其效能就是装备完成任务的能力。对于只有工作和故障两种状态的装备,其效能 E 的表达式通常为

$$E = ADC \tag{7.35}$$

式中,A 为装备的可用性,即装备需要完成任务时,能否随时出动;D 为装备的可信性,即装备完成任务过程中,能否继续工作;C 为装备的固有能力。

7.4.4　设备修理、改造与更新的技术经济分析

1. 设备大修的经济界限

设备大修就是通过全面调整、修复或更换磨损零(部)件的办法来恢复设备全部或接近全部的功能。由于大修中能够直接利用或修复被保留下来的许多零(部)件,其中也包括一些重要的基础件,如车身、壳体、机座等,因而能节约原材料、能源和加工工时,资源环境效益好。而且大修比制造新设备周期短,有利于保证生产运转。

但是,如果一次大修的费用超过该种新设备的制造成本,这种大修显然是不合算的。确定设备大修的经济界限是

$$R \leqslant K_n - L \tag{7.36}$$

式中,R 为一次大修费用;K_n 为当时该设备重置价值(新设备价值);L 为设备残值。

设备大修之后,常常缩短了到下次大修的间隔期。而且一般情况下,修理后的设备与新设备相比,故障多,停机时间长,使用维修费用增加,对单位产品成本有影响。只有大修后使用该设备生产的单位产品成本 C,在任何情况下都不超过用相同新设备生产的单位产品成本 C',即

$$C \leqslant C' \tag{7.37}$$

这时的大修在经济上才是合算的。

以上的分析表明,设备大修的经济界限应同时满足式(7.36)和式(7.37)两个条件,否则就应该更换或改造旧设备了。

采用表面工程技术修复零件的成本常常仅为新品价格的一小部分,使用强化工艺还可改善表面性能、质量和可靠性,有利于同时满足

这两个条件，提高大修的经济性。

2. 设备经济寿命的确定

一台设备在其整个寿命周期内发生的费用有：原始费用，即采用新设备时一次性投入的费用，包括设备原价、运输费和安装费等；使用费，指设备使用过程中发生的费用，包括运行费（人工、燃料、动力、刀具、机油等消耗）和维修费（保养费、修理费、停工损失费、废次品损失费等）；设备残值，指对设备进行更换时，旧设备处理的价值，可根据设备转让或处理的收入扣除拆卸费等计算，残值也可能是负数。

设备投入使用后，随着时间的延长，平均每年分摊的设备原始费用将越来越少，同时其使用费却逐年增加（这叫做设备的低劣化）。直到每年分摊的原始费用不足以抵消使用费的增加时，就到了设备的经济寿命。显然如果过了设备的经济寿命还继续使用，经济上是不合算的。设备的经济寿命是指设备的年平均费用最低的使用年限（见图7.41）。年平均费用由两个部分组成：资金恢复费用，指设备的原始费用扣除设备弃置不用时的估计残值（净残值）后分摊到设备使用各年上的费用；年平均使用费用。

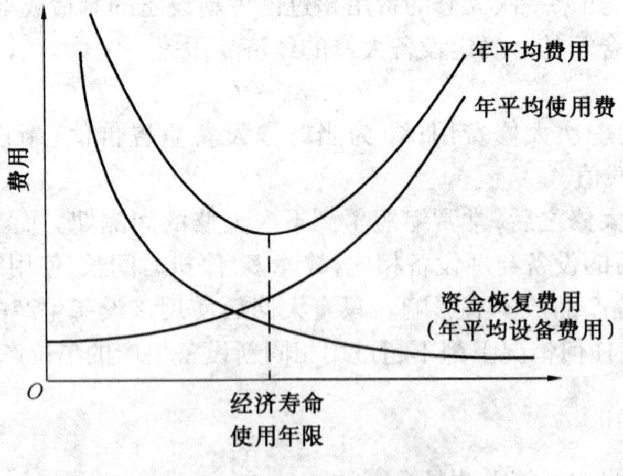

图7.41　设备的经济寿命

(1) 不考虑资金的时间价值时的经济寿命

设备使用到第 n 年末时的年平均费用为

$$AC_n = \frac{P_0 - P_n}{n} + \frac{\sum_{t=1}^{n} C_t}{n} \tag{7.38}$$

式中，P_0 为设备的原始费用；P_n 为设备使用到 n 年末的残值；n 为设备的使用年限；C_t 为第 t 年的设备使用费。

假设设备每年的残值都相等（设为 L），且每年的设备使用费增量（劣化值）相等（设为 λ），则设备年平均费用为

$$AC_n = \frac{P_0 - L}{n} + C_1 + \frac{n-1}{2}\lambda \tag{7.39}$$

令 $\frac{\mathrm{d}(AC_n)}{\mathrm{d}n} = 0$，则设备的经济寿命为

$$n_{\mathrm{opt}} = \sqrt{\frac{2(P_0 - L)}{\lambda}} \tag{7.40}$$

（2）考虑资金时间价值时的经济寿命

设基准收益率为 i_c，设备使用到 n 年末时资金恢复费用为

$$\begin{aligned} &P_0(A/P,i_c,n) - P_n(A/F,i_c,n) = \\ &P_0(A/P,i_c,n) - P_n[(A/P,i_c,n) - i_c] = \\ &(P_0 - P_n)(A/P,i_c,n) + P_n i_c \end{aligned}$$

年平均使用费为

$$A = \sum_{t=1}^{n} C_t(P/F,i_c,t)(A/P,i_c,n)$$

则设备使用到第 n 年末时的年平均费用为

$$AC_n = (P_0 - P_n)(A/P,i_c,n) + P_n i_c + \sum_{t=1}^{n} C_t(P/F,i_c,t)(A/P,i_c,n) \tag{7.41}$$

或

$$AC_n = \left[P_0 - P_n(P/F,i_c,n) + \sum_{t=1}^{n} C_t(P/F,i_c,t)\right](A/P,i_c,n) \tag{7.42}$$

可通过列表计算，求得的年平均费用最低的使用年限即为设备的经济寿命。

【例 7】　某型电刷镀设备的原始费用为 20 000 元，每年的使用费及年末残值见表 7.37，试计算其经济寿命。

解 (1) 不考虑资金的时间因素

用式(7.38)列表计算,其过程和结果见表7.38。

表7.37 设备的年度使用费及残值

元

使用年限	年度使用费	年末残值	使用年限	年度使用费	年末残值
1	2 200	10 000	5	6 600	6 000
2	3 300	9 000	6	7 700	5 000
3	4 400	8 000	7	8 800	4 000
4	5 500	7 000	8	9 900	3 000

表7.38 例7的计算表(一)

元

使用年限①	年度使用费②	年末使用费之和 ③ = $\sum$②	年平均使用费 ④ = ③ ÷ ①	年末的估计残值 ⑤	年末退出使用的资金恢复费用 ⑥ = [20 000 − ⑤] ÷ ①	该年限内的年平均费用 ⑦ = ④ + ⑥
1	2 200	2 200	2 200	10 000	10 000	12 200
2	3 300	5 500	2 750	9 000	5 500	8 250
3	4 400	9 900	3 300	8 000	4 000	7 300
4	5 500	15 400	3 850	7 000	3 250	7 100
5	6 600	22 000	4 400	6 000	2 800	7 200
6	7 700	29 700	4 950	5 000	2 500	7 450
7	8 800	38 500	5 500	4 000	2 286	7 786
8	9 900	48 400	6 050	3 000	2 125	8 175

从表7.38中可见,该设备的经济寿命为4年。

(2) 考虑资金的时间因素

设 $i_c = 10\%$,用式(7.41)列表计算,其过程和结果见表7.39。

表7.39 例7的计算表(二)

元

年限①	各年末使用费②	各年现值系数 (P/F,10%,①)③	各年末使用费现值 ④ = ② × ③	累计现值之和 ⑤ = $\sum$④	资金恢复费用系数 (A/P,10%,①)⑥	年平均使用费 ⑦ = ⑤ × ⑥	年末估计残值⑧	年末退出使用的资金恢复费用 ⑨ = (20 000 − ⑧) × ⑥ + ⑧ × 10%	该年限内的年平均费用 ⑩ = ⑦ + ⑨
1	2 200	0.909 1	2 000	2 000	1.100 0	2 200	10 000	12 000	14 200
2	3 300	0.826 4	2 727	4 727	0.576 2	2 724	9 000	7 238	9 962
3	4 400	0.751 3	3 306	8 033	0.402 1	3 230	8 000	5 625	8 855
4	5 500	0.683 0	3 757	11 790	0.315 5	3 719	7 000	4 801	8 520
5	6 600	0.620 9	4 098	15 888	0.263 8	4 191	6 000	4 293	8 484
6	7 700	0.564 5	4 346	20 234	0.229 6	4 646	5 000	3 944	8 590
7	8 800	0.513 2	4 516	24 750	0.205 4	5 084	4 000	3 686	8 770
8	9 900	0.466 5	4 618	29 368	0.187 4	5 505	3 000	3 487	8 991

由表 7.39 可见,考虑资金的时间价值时设备的经济寿命为 5 年。

3. 设备更新方案的评价与选择

设备更新的目的是为了补偿设备的磨损。由于设备磨损的形式和程度不同,补偿的方式和方法也不一样。补偿的方式通常有大修、现代化改装和更换。大修和现代化改装是部分补偿,更换可以实现完全补偿。

设备更换通常有两种方式,即原型设备更换和新型设备更换。前者是用结构相同的新设备替换已遭受严重物质磨损的旧设备,没有技术进步的作用;后者是以结构和技术更先进、性能更好、效率更高的新设备替换旧设备,尤其是受到第二种无形磨损、经济上不宜继续使用的旧设备。

现代化改装是用现代的技术成果适应生产的具体需要,局部改变现有设备的结构,给设备换上新部件、新装置、新附件,改善现有设备的性能,使之部分或全部达到新型设备的性能水平。由于改装是以原有设备为基础,原有设备的不少零部件都可以继续使用,因而经济效益比较好。有些改装可以结合设备大修进行。通过对废旧设备进行再制造修复和改造,可以全面提升废旧设备的使用性能和技术水平。

设备更新的时机与经济效益密切相关,因而常选择设备经济寿命的年限为其最佳更新时机。

设备的更新有以下几种方案:

a. 旧设备继续使用;

b. 旧设备大修理;

c. 现代化改装;

d. 用原型设备更换旧设备;

e. 用性能、效率更好的新设备更换旧设备。

在评价各方案的经济性时可以采用最低总费用现值法和追加投资回收期法。

(1) 最低总费用现值法

即分别求出各方案在相同使用时间内总费用的现值,然后除以反映各种补偿方式的设备劳动生产率系数,使之在效率上可比。由此计算出的总费用现值最小的方案,就应是最佳方案。

各种补偿方式的总费用现值可按下式计算。

$$C_o = \frac{1}{\beta_o}\left[\sum_{j=1}^{n} C_{oj} r_j - L_o r_n\right] \tag{7.43}$$

$$C_r = \frac{1}{\beta_r}\left[K_r + \sum_{j=1}^{n} C_{rj} r_j - L_r r_n\right] \tag{7.44}$$

$$C_m = \frac{1}{\beta_m}\left[K_m + \sum_{j=1}^{n} C_{mj} r_j - L_m r_n\right] \tag{7.45}$$

$$C_n = \frac{1}{\beta_n}\left[K_n + \sum_{j=1}^{n} C_{nj} r_j - L_{oo} - L_n r_n\right] \tag{7.46}$$

$$C_{hn} = \frac{1}{\beta_h}\left[K_h + \sum_{j=1}^{n} C_{hj} r_j - L_{oo} - L_h r_n\right] \tag{7.47}$$

式中，$C_o, C_r, C_m, C_n, C_{hn}$ 依次表示5种方案设备使用到 n 年末的总费用现值；$\beta_o, \beta_r, \beta_m, \beta_n, \beta_h$ 依次表示5种方案设备的生产效率系数；$C_{oj}, C_{rj}, C_{mj}, C_{nj}, C_{hj}$ 依次表示5种方案设备在第 j 年的操作及维修费；K_r, K_m, K_n, K_h 依次表示后4种方案设备所需的投资；L_o, L_r, L_m, L_n, L_h 依次表示5种方案设备使用到第 n 年末的残值；L_{oo} 为原有旧设备在决策年份的可售价值；r_j 为第j年的现值系数，$r_j=(1+i)^{-j}$；r_n 为第 n 年的现值系数，$r_n=(1+i)^{-n}$；i 为折现率；n 为设备使用年限。

现在举例加以说明。

【例8】 拟对大型离子镀膜设备进行更新，已知采用各种方案的更新费用、每年的运行费用等数据见表7.40。试分析服务年限为2至8年时的最佳方案。

表7.40 各种更新方案逐年总费用现值

序号	可选方案	基本投资/千元	劳动生产率提高系数	各年经营费用/千元								
				1	2	3	4	5	6	7	8	9
1	旧设备继续使用	$K_o=0$	$\beta_o=0.7$	250	300	350	400	450	500	530	700	910
2	旧设备大修理	$K_r=700$	$\beta_r=0.98$	30	100	175	250	320	400	480	610	720
3	旧设备现代化改装	$K_m=1\ 200$	$\beta_m=1.25$	30	55	110	170	220	280	360	450	540
4	用原型新设备更换	$K_n=1\ 330$	$\beta_n=1.0$	25	53	105	160	210	270	340	420	510
5	用高效率新设备更换	$K_h=1\ 625$	$\beta_h=1.3$	20	50	100	150	200	260	320	380	450

注：旧设备在更换年份的残值为150千元。

解 根据式(7.43)～(7.47)计算逐年费用总额见表7.41。

表7.41　各种更新方案的逐年费用总现值　千元

年份	C_o	C_r	C_m	C_n	C_h
1	330.7 *	771	982.2	1 184.3	1 125.3
2	697.9 *	828.4	1 019.2	1 239.4	1 168.6
3	1 095.0	973.2 *	1 089.8	1 331.9	1 239.2
4	1 515.0	1 160.2 *	1 189.7	1 459.3	1 332.8
5	1 952.8	1 413.5	1 309.5 *	1 610.4	1 445.7
6	2 402.8	1 670.7	1 450.7 *	1 788.1	1 579.4
7	2 844.2	1 956.2	1 618.6 *	1 993.2	1 729.8
8	3 384.2	2 292.4	1 813.0 *	2 326.6	1 894.2
9	4 034.2	2 659.7	2 073.0	2 487.4	2 053.3 *

* 为该年份各方案中总的使用成本最低者。

从以上计算结果可见，如果设备只考虑使用两年（两年以后产品将更新换代），以继续使用原旧设备为佳；如果只打算使用3、4年，最佳方案是对设备进行一次大修理；如果估计设备将使用5年以上，最佳方案是对原设备进行现代化改装；如果使用期在8年以上，则宜用高效率新结构设备替换旧设备。

（2）追加投资回收期法

比较更新方案的经济性，可采用表7.42所示的指标。

表7.42　比较更新方案的指标

指标名称	更新方案		
	大修理	现代化改装	更　换
基本投资／元	K_r	K_m	K_n
设备年生产率／(吨·年$^{-1}$)	q_r	q_m	q_n
单位产品成本／(元·吨$^{-1}$)	C_r	C_m	C_n

在多数情况下，大修理、现代化改装和更换之间的关系，为

$$K_r < K_m < K_n$$

$$C_r > C_m > C_n$$

$$q_r < q_m < q_n$$

在对具体更新方案进行分析时，可按下列标准进行决策。

① 当$\frac{K_r}{q_r} > \frac{K_m}{q_m}$,且 $C_r > C_m$ 时,现代化改装具有更好的经济效果。

② 当$\frac{K_r}{q_r} < \frac{K_m}{q_m}$,而 $C_r > C_m$ 时,可用投资回收期 T(年) 进行决策,此时

$$T = \frac{\frac{K_m}{q_m} - \frac{K_r}{q_r}}{C_r - C_m} \tag{7.48}$$

如果 T 小于企业或部门规定的年数,则选择现代化改装方案。

③ 当$\frac{K_m}{q_m} > \frac{K_n}{q_n}$,且 $C_m > C_n$ 时,设备更换是最佳方案。

④ 当$\frac{K_m}{q_m} < \frac{K_n}{q_n}$,且 $C_m > C_n$ 时,同样用投资回收期 T 进行判断,此时

$$T = \frac{\frac{K_n}{q_n} - \frac{K_m}{q_m}}{C_m - C_n} \tag{7.49}$$

当 T 小于或等于企业或部门规定的回收期标准时,更换的方案是合理的。如果超过了回收期标准则应选择现代化改装方案。

参考文献

[1] 徐滨士,朱绍华. 表面工程的理论与技术[M]. 北京:国防工业出版社,1999.
[2] 徐滨士. 表面工程与维修[M]. 北京:机械工业出版社,1996.
[3] 装甲兵工程学院. 徐滨士院士科研文选[M]. 北京:机械工业出版社,2001.
[4] 姜晓霞,沈伟. 化学镀理论[M]. 北京:国防工业出版社,2002.
[5] 曲敬信,汪泓宏. 表面工程手册[M]. 北京:化学工业出版社,1998.
[6] 胡传炘. 表面处理技术手册[M]. 北京:北京工业大学出版社,1997.
[7] 李金桂. 现代表面工程技术[M]. 北京:国防工业出版社,2000.
[8] 李国英. 表面工程手册[M]. 北京:机械工业出版社,1998.
[9] 钱苗根. 材料表面技术及其应用手册[M]. 北京:机械工业出版社,1998.
[10] 董世运,徐滨士,马世宁. 纳米颗粒复合刷镀层性能研究及其强化机制探讨[J]. 中国表面工程,2003(3):17-21.
[11] 胡传炘,宋幼慧. 涂层技术原理及应用[M]. 北京:化学工业出版社,2000.
[12] 黄新民. Ni - P - 纳米 TiO_2 化学复合镀层[J]. 中国表面工程,2001(3):30-32.

[13] 丁彰雄. 热障涂层的研究动态及应用[J]. 中国表面工程,1988(2):31-37.
[14] 曾鹏. Ni－P/Ni－P－Al_2O_3 双层化学复合镀的工艺及性能[J]. 新技术新工艺,1998(2):34-35.
[15] 顾卓明,黄婉娟. 电刷镀多层复合镀层的应用研究[J]. 中国表面工程,2002(1):42-44.
[16] 魏建军. 超高锰钢锤头的复合堆焊修复研究[J]. 中国表面工程,2003(2):38-41.
[17] 徐滨士. 纳米表面工程基本问题及其进展[J]. 中国表面工程,2001(3):6-12.
[18] 肖宏滨,邵尔玉. 表面复合强化对疲劳性能的影响[J]. 中国表面工程,1999(2):11-14.
[19] 谢飞,何家文. 渗氮－气相沉积硬质膜复合处理技术及其发展[J]. 江苏石油化工学院学报,2001,13(4):38-42.
[20] 刘家浚. 复合表面技术研究的新进展[J]. 中国表面工程,1998(2):10-15.
[21] 董允. 现代表面工程技术[M]. 北京:机械工业出版社,2000.
[22] 张树格. 陶瓷复合钢管——燃烧合成涂层技术的应用[J]. 中国表面工程,1999(1):32-36.
[23] 崔洪芝. 静态自蔓延高温合成法形成陶瓷涂层的研究[J]. 中国表面工程,2000(3):28-30.
[24] 崔洪芝. 原位反应形成 Al_2O_3/Cr 复合材料的研究[J]. 新技术新工艺,2000(7):27-28.
[25] 汪兵,任伟. 自蔓延高温合成(SHS) 技术发展和应用[J]. 中国表面工程,2000(4):1-4.
[26] 田保红. 高速电弧喷涂 Fe_3Al/WC 复合涂层高温冲蚀行为研究[J]. 中国表面工程,2000(1):22-26.
[27] (美)王卜谦,税正荣. 用于燃气锅炉低碳钢耐冲蚀－腐蚀磨损的双层热喷涂层[J]. 王海斗,译. 中国表面工程,2001(2):43-48.
[28] 石淼森. 固体润滑材料[M]. 北京:化学工业出版社,2000.
[29] 徐扬光. 设备技术经济学[M]. 南京:河海大学出版社,1991.
[30] 宋航,付超. 化工技术经济[M]. 北京:化学工业出版社,2002.
[31] 黄有亮. 工程经济学[M]. 南京:东南大学出版社,2002.
[32] 徐滨士. 纳米表面工程[M]. 北京:化学工业出版社,2004.
[33] 徐滨士,刘世参. 表面工程新技术[M]. 北京:国防工业出版社,2002.
[34] YOON J S. The effect of Al composition on the microstructure and mechanical properties of WC－TiAlN superhard composite coating[J]. Surf. Coat.

Technol. , 2001(596):142-144.

[35] CHEN Y H. Synthesis and structure of smooth, superhard TiN/SiN_x multilayer coatings with an equiaxed microstructure[J]. Surf. Coat. Technol. , 2001(209):146-147.

[36] ROBERT T LUND. The remanufacturing industry-hidden giant[R]. Research Report of Manufacturing Engineering Department, Boston University, 1996.